陶行知学文库

湖北省公益学术著作出版专项资金项目

丛书主编\周洪宇

陶行知生活教育学说

TAO XINGZHI SHENGHUO JIAOYU XUESHUO

周洪宇　著

华中师范大学出版社

新出图证(鄂)字 10 号
图书在版编目(CIP)数据

陶行知生活教育学说/周洪宇著. —武汉:华中师范大学出版社,2020.11
(陶行知学文库)
ISBN 978-7-5622-9174-9

Ⅰ.①陶… Ⅱ.①周… Ⅲ.①陶行知(1891-1946)—生活教育—教育思想—思想评论 Ⅳ.①G40-092.6

中国版本图书馆 CIP 数据核字(2020)第 207740 号

陶行知生活教育学说

责任编辑:张建英
责任校对:缪 玲 **封面设计**:罗明波
编辑室:学术出版中心 **电话**:027-67867792/3280
出版发行:华中师范大学出版社
社址:湖北省武汉市洪山区珞喻路 152 号 **电话**:027-67863426(发行部)
网址:http://press.ccnu.edu.cn **电子邮箱**:press@mail.ccnu.edu.cn
印刷:湖北恒泰印务有限公司 **督印**:刘 敏
开本:710mm×1000mm 1/16 **印张**:34.5
字数:531 千字
版次:2020 年 12 月第 1 版 **印次**:2020 年 12 月第 1 次印刷
定价:173.00 元

欢迎上网查询、购书

总　序

周洪宇

陶行知是中国近现代享有盛誉的教育家、思想家、政治家和文学家，也是中国近现代原创力最强、真正形成了自己的教育学说体系、富有世界影响力的教育思想家。2007 年，美国知名学者、哥伦比亚大学教育学院大卫·汉森教授在其主编的《教育的伦理视野——实践中的教育哲学》一书中介绍了世界最具影响力的十大教育思想家，其中唯一的中国教育思想家就是陶行知。该书将陶行知与美国的杜威、意大利的蒙台梭利等世界著名教育思想家并列，足见陶行知在国际学术界的巨大影响力及其被国际人士高度认可。

2020 年是陶行知研究 100 周年，2021 年是陶行知 130 周年诞辰和逝世 75 周年。借此机会，我们与华中师范大学出版社合作，编辑出版“陶行知学文库”丛书 50 余册，约 2000 万字，以深化陶行知研究，推动中国教育改革发展，加快建设中国教育学。

一

“陶行知学文库”丛书的编辑出版具有重大的学术价值与现实意义。2020 年是国家“十三五”教育事业发展规划的收官之年，2021 年是国家“十四五”教育事业发展规划的起步之年。值此重要历史节点，编辑出版“陶行知学文库”丛书意义重大而深远。

其一，这是深化当代陶行知研究的迫切需要。

如果将 1920 年北京大学缪金源所写的关于陶行知学生自治思想研究的文章算为正式起点的话，陶行知研究到现在已有整整 100 年历史。回顾百年陶行知研究，可以发现陶行知研究已经逐步发展为一门国际性的学问，在美国、德国、法国、日本、韩国等国家都有不少学者在进行研究并取得了丰硕成果。陶行知研究是一门中国本土成长起来的学问,它是对中国近现代教育家陶行知的专门研究之学。既然是本土之学,中国人自己首先要研究好,这样才能更好地与国外学术界对话和交流,提高我国在国际学术界的话语权。

深化当代陶行知研究需要建立专业的、系统的、科学的“陶行知学”。所谓“陶行知学”,就是一门以陶行知的家世家庭、个人生平、事业贡献、思想学说、人格精神、历史作用和国际影响为主要研究对象的学问。它涉及陶行知本人及其所处的时代环境、所经历的重要活动和重要事件、所交往的重要人物等,重点是研究陶行知的精神文化世界,对陶行知的历史价值及其局限进行历史反思。透过这种研究来看在当时的时代环境下,以陶行知、鲁迅为代表的中国近现代进步知识分子如何处理中西古今关系,走上一条追求真理、救国救民的历史道路,以及我们今天怎样学习和借鉴陶行知思想,推动当代的教育改革和社会进步。“陶行知学”的具体内容应该包括历史研究、文本研究、理论研究、应用研究、比较研究、海外研究和研究史研究等。就其性质而言,它有应用研究的一面,但主要还是基础研究。换句话说,它就是以基础研究为主、应用研究为辅的一门专门学问。

随着中国经济的快速发展、国际地位的日益提高,中国的学术和文化也要有相应的提升,以适应时代的需要。在当前西方学术文化占据强势地位的情况下,加强与西方学术界对话,发出中国自己的声音,很有现实意义。中国当代陶行知研究的重要任务之一,就是发展陶行知学术文化,形成陶行知学术话语体系,促进中西教育学术交流,在国际上拥有更大的话语权。“陶行知学文库”丛书的编辑出版正有助于此。

其二,这是加快建设当代中国教育学的迫切需要。

陶行知从20世纪10年代开始撰写教育论文,至40年代中期去世前,披阅不停、笔耕不辍,数十年如一日,围绕其独特的生活教育思想,著述达四百万字以上,客观上构建了一个概念清晰、原理明确、主张具体、内容丰富、结构完整的教育理论体系,得到了教育界、学术界的充分肯定。陶行知教育学说由若干概念范畴、基本原理和具体主张组成。具体而言,它以政治理念、哲学观点和文化思想为理论基石,以“生活”范畴为逻辑起点,以“生活即教育”“社会即学校”“教学做合一”三大原理为教育哲学依据,以民主教育、科学教育、乡村教育、师范教育、幼儿教育、创造教育、全面教育、终身教育等为具体教育主张，将其有机地建构成一个紧密联系、不可分割的整体，而且随着社会形势的变化与教育实践的深入，不断发展变化，具有鲜明的时代特征和特定的历史内涵。

20 世纪上半期，陶行知在反传统教育和反洋化教育的斗争中，在长期的教育实践过程中，通过批判地吸收古今中外各种教育思想精华和总结自己的教育实践经验，创立了具有中国特色、以教育哲学原理为基础、以各类教育主张为内容的一套完整的生活教育学说。他的生活教育学说是在半殖民地中国社会历史条件下中国人民争取解放、自由、平等的教育理论，也是既符合中国国情又适应社会发展和世界潮流的现代教育思想，达到了近现代中国社会教育思想所能达到的最高高度，成为新中国教育思想体系的重要理论来源之一，也是当今与未来中国教育思想发展的一个重要理论资源。“陶行知学文库”丛书的编辑出版是对陶行知教育学说的系统梳理与科学总结，有助于丰富和建设具有中国特色、中国风格、中国气派的当代中国教育学。

其三，这是加快当代教育改革发展的迫切需要。

陶行知早年毕业于世界著名的教育研究机构——美国哥伦比亚大学师范学院，师从 20 世纪著名的哲学家、教育学家、美国哲学学会会长杜威，世界著名教育史学家、世界教育联合会会长孟禄，知名教育学家、“设计教学法”创始人克伯屈等人，并在美国教育行政学权威、美国教育行政学会会长斯特雷耶教授的指导下撰写博士学位论文，研究中国教育。陶行知一方面深受西方先进教育理论的熏陶，另一方面又有长期的中国教育改革实践经历，教育理论功底深厚，教育实践经验丰富，而且善于总结提炼，具有强烈的自觉去系统建构教育理论体系的愿望与能力，被美国最负盛名的汉学家、哈佛大学东亚研究中心主任费正清教授誉为“杜威博士最有创造力的学生”。

陶行知不仅是一位杰出的教育家、思想家、文学家，也是一位活跃的政治家。他始终把教育变革与社会改造紧密地结合在一起，一生致力于中国的民族独立、国家富强、文教发达、社会进步。他的爱满天下的博大胸襟、乐于奉献的伟大情操、炽烈真诚的教育激情、求真务实的思想作风、不屈不挠的刚毅品质、开拓求新的创造精神，是我们今天进一步推进改革开放、实现中华民族伟大复兴宏伟事业、圆美好中国梦最需要的精神财富。“陶行知学文库”丛书的编辑出版有助于深化陶行知研究，把这些精神财富很好地总结和提炼出来，服务于当代中国教育发展改革的需要，特别是服务于十九大尤其是十九届五中全会后中国教育改革发展、建设高质量教育体系、推进教育现代化、建设教育强国、办人民满意教育的迫切需要。

其四，华中师范大学陶行知研究团队四十年的学术积累使之具有可行性与可操作性。

华中师范大学是改革开放以后中国大陆最早开展陶行知研究的重点高校之一，编辑出版了国内外第一套《陶行知全集》(共 8 卷，湖南教育出版社 1984 年、1985 年出版前 6 卷，1992 年出版后 2 卷)，该书 1986 年获得全国优秀畅销书奖，1988 年获得全国第一届优秀教育图书特别奖，1994 年获得第一届国家图书奖，为全国陶行知研究的顺利开展提供了基本条件；1993 年撰写出版了第一本陶行知研究专著《陶行知教育学说》，该书获得 1995 年首届全国高校人文社会科学研究优秀成果一等奖；1985 年和 1988 年分别培养了国内第一个教育史陶行知研究硕士研究生和第一个历史学博士研究生，这为 2000 年华中师范大学获得教育史学博士学位授权点以及此后培养多位以陶行知研究为论文选题的教育学博士奠定了坚实基础。无论是编纂出版陶行知全集、选集，还是编写年谱长编、人物传记、画传；无论是撰写出版专著，发表研究论文，还是组织开展教育改革实验，创新发展陶行知思想；无论是培养人才，建设一支高素质、专业化、创新型研究队伍，还是建立陶行知国际研究中心、举办专题国际学术会议，让陶行知研究走向世界，华中师范大学都走在国内外教育界、学术界的前列，成为举世公认的陶行知国际研究中心。在著名历史学家章开沅教授、著名教育史学家董宝良教授的导航引路下，一批中青年学者脱颖而出，成为当今国内外陶行知研究领域里的中坚力量。华中师范大学陶行知研究团队四十年深厚的学术积累为“陶行知学文库”丛书的编选出版奠定了坚实基础并提供了可能。

二

“陶行知学文库”丛书的编选范围广、体量大、内容丰富，主要是选取改革开放以来华中师范大学陶行知研究团队的陶行知研究成果，既有陶行知的全集、选集等资料整理，又有专题研究、人物传记、比较研究、国际研究、年谱长编和应用研究等。其中全集有《陶行知全集》(新编本)和《陶行知全集》(精编本)，选集有《陶行知教育论著选》、《陶行知教育名篇选》、《陶行知教育名篇精选》(教师读本)、《陶行知教育名论精要》(教师读本)、《陶行知幼儿教育名篇选读》、《生活教育——陶行知英文著作精选》(中英双语)，专题研究有《陶行知教育学说》、《陶行知生活教育学说》、《陶行知生活教育导读》(教师读本)、《陶行知生活教育理论》(英文版)、《陶行知与中国现代文化》、《陶行知与中外文化教育》、《陶行知与中外文化教育再探》、《陶行知研究的学术谱系》、《我与陶行知研究》，人物传记有《平凡的神圣——陶行知》、《山乡社会走出的人民教育家：陶行知》、《人民之子　陶行知》、《陶行知画传》、《陶行知大传——一位文化巨人的四个世界》、《平凡的伟大：教育家陶行知、杨东莼、牧口常三郎的生活史》、《最后的圣者——陶行知新论》、《教育改变世界——陶行知》(英文版)，比较研究有《蔡元培、黄炎培、陶行知的比较研究》《陶行知与牧口常三郎教育思想比较研究》，国际研究有《陶行知研究在海外》、《陶行知研究在海外》(新编本)、《全球视野下的陶行知研究》、《教育交流与社会变迁：哥伦比亚大学与现代中国教育》(此书大篇幅论述陶行知)，年谱有《陶行知年谱长编》，应用研究也正在编写之中。需要说明的是，"陶行知学文库"丛书选收的研究性著述均为华中师范大学陶行知研究团队成员所作，有些优秀之作因各种原因未能纳入其中，不免有遗珠之憾，敬请原作者谅解。

三

本丛书的编选范围与编选体量决定了其以"陶行知学文库"命名，而非简单地取名为"陶行知丛书"或"陶行知研究丛书"。这既体现了丛书命名的科学性与准确性，也彰显了丛书内容的全面性与专业性。"陶行知学文库"丛书由章开沅先生、朱永新先生、董宝良先生担任顾问，周洪宇、周挥辉任编辑委员会正、副主任，申国昌、操太圣、刘从德、刘大伟、刘来兵为编委会委员，齐彦磊任编委会秘书长，陈诗、窦海元、詹淑兰、范青青、戚同欣、郑媛、王亭力、陈海霞、韩旭帆等为编委会工作人员。在丛书的编选过程中，编委会力求以历史唯物主义为指导思想，以历史研究、比较研究、理论研究等为研究方法，做到历史与逻辑相结合、抽象与具体相结合、理论与实践相结合、本土与域外相结合，深化陶行知研究水平，使之更具专业性、系统性和科学性。依此，编委会对丛书的整体进度作了如下安排：丛书共50余册，分三辑出版，2020年出版第一辑10册，2021—2025年出版第二辑22册，2025年之后出版第三辑约20册。

本丛书在编选过程中得到了著名史学家、教育家章开沅先生，著名教育史学家董宝良先生的关心与支持，华中师范大学教育学院喻本伐教授、余子侠教授、申国昌教授、刘来兵副教授和曾在华中师范大学教育学院任教或学习的现深圳大学师范学院熊贤君教授、聊城大学教育学院胡志坚教授、长江大学教育学院陈竞蓉教授、南京晓庄学院陶行知研究院刘大伟副教授、武汉市市场监督管理局蔡幸福博士以及国内外教育界、学术界的其他朋友等均从不同维度为丛书的立意、构思与修改提出了宝贵的意见和建议。同时，"陶行知学文库"丛书编选工作的顺利展开也得益于编委会各位同志的辛勤付出。华中师范大学出版社社长周挥辉、总编刘从德、学术出版中心主任冯会平和编辑张怀东等人，为丛书出版倾注了大量的心血。值此丛书第一辑付梓之际，谨对以上各位同仁致以最诚挚的谢意！

2020年12月18日于武汉东湖之滨远望斋

前　言

陶行知(1891—1946)是我国近现代伟大的人民教育家、杰出的民主战士和优秀的大众诗人,也是我国近现代原创力最强、真正形成自己的教育学说体系、富有世界影响的教育思想家。毛泽东称其为“伟大的人民教育家”。宋庆龄誉之为“万世师表”。郭沫若尊之为“陶子”,将他与孔子相提并论——“两千年前孔仲尼,两千年后陶行知”。温家宝总理近年来多次号召广大教师要学习陶行知“捧着一颗心来,不带半根草去”的崇高精神。不仅在国内,陶行知在国际上也享有盛誉。日本知名教育史学家、中国研究所前所长、东京专修大学教授斋藤秋男曾经指出:“陶行知不仅是属于中国的,也是属于世界的。”2007 年,美国知名学者、哥伦比亚大学师范学院哲学、教育学教授大卫・汉森(David T. Hansen)在他主编出版的《教育的伦理视野——实践中的教育哲学》一书中,介绍了世界最具影响力的十大教育思想家。其中,唯一的一位中国教育思想家就是陶行知。与美国的杜威、意大利的蒙台梭利等世界著名教育思想家并列,足见陶行知教育学说在国际学术界的巨大影响以及被国际学者的高度认可。

20 世纪上半期,陶行知在反传统教育和反洋化教育的斗争中,在长期的教育实践过程中,通过批判地吸收古今中外各种教育思想精华和总结自己教育实践经验,创立了具有中国特色、以教育哲学原理为基础、各类教育主张为内容的一套完整的生活教育学说。他的生活教育学说是半殖民地半封建社会历史条件下的中国人民争取自由、平等、富强的教育理论,也是既符合中国国情又适应现代社会发展和世界教育潮流的现代教育思想,达到了半殖民地半封建社会教育思想所能达到的最高高度,成为新中国教育思想体系的重要理论来源之一,也是当今与未来中国教育思想发展的一个重要理论资源。

陶行知与非科班出身因而缺乏自觉系统构建教育思想的一般教育家不同,他毕业于世界上最有名的教育研究机构——美国哥伦比亚大学师范学院,师从 20 世纪最著名的哲学家、教育学家、美国哲学学会会长约翰・

杜威(John Dewey),世界著名教育史学家、世界教育联合会会长保罗·孟禄(Paul Monroe),知名教育学家、"设计教学法"创始人威廉·赫德·克伯屈(William Heard Kilpatrick)等人,并在美国教育行政学权威、美国教育行政学会会长斯特雷耶(G. D. Strayer)教授具体指导下撰写博士学位论文,研究中国教育。陶行知一方面深受西方先进教育理论的熏陶;另一方面又有长期本国教育改革实践经历,教育理论功底深厚,教育实践经验丰富,而且善于总结提炼,具有强烈的自觉的系统建构教育理论体系的愿望与能力,被美国最有影响的汉学家、哈佛大学东亚研究中心主任费正清(John King Fairbank)教授誉为"杜威博士的最有创造力的学生"。陶行知从22岁开始撰写教育论文,至20世纪40年代中期去世前一直笔耕不辍,三十年如一日,围绕其独特的生活教育思想,著述达400万字以上,构建了一个概念清晰、原理明确、主张具体、内容丰富、结构完整的教育理论体系,得到教育界、学术界的充分肯定,在中国教育改革与发展的实践中发挥了巨大的作用并产生了深远的影响。由于这个原因,本书的书名没有采用人们常见的"陶行知教育思想"或"陶行知教育理论"的说法,而是采用"陶行知生活教育学说",因为思想与理论有可能是系统完整的,也有可能不够系统完整,而学说则是系统完整、体系严密的思想与理论。客观而言,陶行知的教育思想和理论与同时代其他中国教育家相比,更系统,更完整,更深刻。只有用"陶行知生活教育学说"的书名,才能充分反映和体现其特点。至于"生活教育",是陶行知独创的,明确标明,更显其特色所在。

陶行知生活教育学说由若干概念范畴、基本原理和具体主张所组成。具体而言,它以政治理念、哲学观点和文化思想为主要理论基石,以"生活"范畴为基本逻辑起点,以"生活即教育"、"社会即学校"、"教学做合一"三大原理为教育哲学依据,以民主教育、科学教育、乡村教育、师范教育、创造教育、终生教育等为具体教育主张,有机地构成一个紧密联系、不可分割的整体,而且随着社会形势的变化与自身教育实践的深入,不断发展变化,具有鲜明的时代特征和特定的历史内涵,对于当时中国的教育改革与发展产生了积极作用,也影响到当时的印度等一些第三世界国家。陶行知生活教育学说的内容适应了中国和世界教育发展趋势,符合教育的内在规律,因而对于今天乃至未来中国和世界教育改革与发展,仍有着重要的理论借鉴价值与强烈的现实指导意义,是中国与世界教育宝库中的一笔弥足珍贵的思想财富，值得人们深入地学习、研究、发掘与运用。

尤其值得注意的是，当今的中国正处于一个前所未有的发展机遇期和矛盾凸现期，教育发展与改革的任务空前繁重。中共中央已经正式通过《国家中长期教育改革和发展规划纲要（2010—2020 年）》，并且开始启动实施。未来 10 年是我国实施现代化建设“三步走”战略的关键阶段。制定并实施《国家中长期教育改革和发展规划纲要（2010—2020 年）》，在新的历史起点上加快推进教育改革和发展，对于建设人力资源强国、满足群众接受良好教育的需求、全面建成惠及十几亿人口的小康社会具有重大战略意义。在新的时期、新的形势下，如何从中国国情和现实需要出发，借鉴、运用一切先进的教育思想（特别是陶行知生活教育学说这种既符合国情又适应世情的本土原创性教育理论），来推动中国的教育改革与发展，已成为我国教育工作者的一项十分迫切的任务。了解、学习与研究陶行知生活教育学说，刻不容缓，迫在眉睫。正是出于这个考虑，笔者编写了这本《陶行知生活教育学说》，希望为教育工作者全面了解、学习、研究和运用陶行知教育思想，提供些微帮助。

在编写本书的过程中，笔者力求以历史唯物主义为指导思想，以历史研究、比较研究、理论研究、系统分析等为主要研究方法，把陶行知及其生活教育学说，放在一定的社会历史条件下和思想文化氛围里来认识、理解与描述，做到历史与逻辑的结合、抽象与具体的结合、理论与实践的结合、本土与域外的结合。依此，笔者对全书的框架作了如下安排：全书共分十四章，第一章为“陶行知的生活、求学与交往”，从陶行知早期的生活经历、学习经历以及交往经历，描述与分析陶行知及其生活教育学说产生的社会历史条件和思想文化背景，以及陶行知逐步成长、成熟的具体过程，说明社会存在决定社会意识，任何思想都是时代和社会的产物，为读者了解陶行知生活教育学说的形成背景提供一个观察、思考的视角。第二章和第三章分别为“陶行知的教育生涯与政治活动”和“陶行知的办学活动与教育实验”，从陶行知一生的具体办学活动、教育实验、教育改革与政治活动，介绍陶行知的各种教育实践与政治活动，说明陶行知生活教育学说的形成不是偶然的，而是在长期实践的基础上产生的——实践出真知，实践出理论。第四章为“生活教育学说的思想来源与理论基础”，从陶行知的政治理念、哲学观点、文化思想三个方面，分析陶行知的政治观、哲学观与文化观，说明任何大教育家的教育思想都不是从天上掉下来的，不是无源之水、无本之木，都有其思想来源与理论基础。如果说，教育家的实践是其教育思想产生的“源”，那么，有关思想来源与理论基础就是其教育思想产生的“流”。仅有“源”不够，还得有“流”，“实践之源”与“思想之流”共同构成其教育思想的坚实基础。第五、六、七章分别为“生活教育学说原理之一：生活即教育（本体论）”、“生活教育学说原理之二：社会即学校（场域论）”、“生活教育学说原理之三：教学做合一（方法论）”，从本体论、场域论、方法论三个方面，介绍陶行知的三大教育哲学原理，说明任何大教育家的教育思想都是建立在一定的教育哲学原理的基础上的。没有教育哲学的教育思想，是肤浅的教育思想，更准确地说，是很难对人类带有共性的、深层次的教育问题作出深刻解释的教育思想。普通教育家与大教育家的区别，往往也在于他们的教育思想是否有自己的教育哲学作坚实基础。第八、九、十章分别为“生活教育学说的具体主张：民主教育与科学教育”、“生活教育学说的具体主张：乡村教育、师范教育与教育实验”、“生活教育学说的具体主张：创造教育与终生教育”，从民主教育、科学教育等不同方面，介绍了陶行知的主要教育主张，说明陶行知生活教育学说，不只是几个干巴巴的教育哲学原理作基础，还有针对性很强的若干具体教育主张。具体教育主张是教育哲学原理在现实教育中的合理运用，是教育哲学原理的延伸与发挥，与教育哲学原理相辅相成，共同构成生活教育学说的理论体系。第十一章为“生活教育学说与中国传统教育和美国杜威教育理论的关系”，从陶行知生活教育学说与中外古今教育理论的关系，分析了它与中国传统教育和美国杜威教育理论之间错综复杂的关系，指出陶行知生活教育学说是对两者的继承改造与创新发展，说明任何一种教育思想都是在对前人教育思想成果批判继承的基础上创新发展而来的。一个人要想比前人走得更远，就必须继承改造与创新发展并重，在继承改造中创新发展，在创新发展中继承改造。只有继承没有创新不行，只想创新不去继承也不行，前者可能导致因循守旧，停滞不前，后者则会堕入历史虚无主义的陷阱，都不是历史唯物主义者应有的态度。第十二章为“陶行知的伟大人格精神”，从人格精神的角度，分析了陶行知之所以成为伟大的人民教育家、杰出的民主战士、优秀的大众诗人，是因为他具有爱满天下的博大胸襟、乐于奉献的伟大情操、炽烈真诚的教育激情、不屈不挠的刚毅品质、求真务实的思想作风与开拓创新的创造精神。这说明一个伟大的教育家不仅要有开阔的视野、丰富的知识、精湛的专业技能、高超的教育智慧、亲身的教育实践和独具见地的著述，更要有强大的人格魅力，不仅要“立言”、“立功”，更要“立德”。做事先做人，“立言”、“立功”先“立德”，强大的人格魅力是伟大的教育家有别于普通教育工作者的最主要之处。第十三章为“陶行知生活教育学说的当代价值”，从理论与实际两个角度，分析了陶行知生活教育学说的当代价值，指出陶行知生活教育学说不仅是我国社会主义教育理论体系的重要营养来源，也能为当今和未来中国教育改革与发展提供有益的理论借鉴与现实指导。这说明陶行知生活教育学说虽然诞生于半殖民地半封建社会，距今已近百年，但因符合中国国情和教育规律，还有极为强大的理论生命力和现实指导作用，我们应该认真地学习、研究、发掘与运用。当然，这种学习、研究、发掘与运用，不是教条式的机械照搬，而是根据今天的社会现实和教育实情，创造性的灵活运用，取其精华，充其不足，继承改造，创新发展。第十四章为“陶行知研究在国外及港台地区”，从日本、韩国、美国、欧洲以及中国港台地区陶行知研究的角度，介绍了陶行知教育思想大半个世纪以来在国外及港台地区的传播与研究情况，说明陶行知是20世纪迄今为止中国最有原创力和国际影响的世界级大教育思想家。确实，陶行知教育思想不仅是属于中国的，也是属于世界的，值得每个中华儿女为之骄傲与自豪，值得我们深入地学习、研究、发掘与运用。为便于读者阅读全书后做进一步的研究，后面附有本书主要参考资料及陶行知年谱简编、陶行知研究文献。

笔者在20世纪80年代初就读于华中师范大学历史系，毕业后被分配到学校新成立的教育科学研究所，先后攻读教育学硕士学位和历史学博士学位，从事教育史的教学与研究工作。工作后的第一个任务，就是参与编辑学校组织的《陶行知全集》(湖南教育出版社1984年至1985年出版六卷本，1992年又出版第七、八两卷，形成八卷本)，并在此基础上完成了国内第一篇以陶行知研究为主题的博士学位论文，从此走上了一条陶行知研究的道路。30年来，在著名历史学家章开沅教授、教育史学家董宝良教授等人的指导下，在陶行知早年弟子、中国教育工会原主席方明先生，原中央教科所所长张健先生等人的关心和帮助下，在陶行知研究方面，编辑出版了《陶行知研究在海外》(人民教育出版社1991年版)，参与编辑出版《陶行知全集》(湖南教育出版社1984—1992年版，八卷本)、《陶行知教育论著选》

（人民教育出版社 1991 年版），参与主编或主编出版《陶行知教育学说》（湖北教育出版社 1993 年版）、《陶行知与中外文化教育》（人民教育出版社 1999 年版）、《中国近现代教育思潮与流派》（人民教育出版社 1997 年版）、《中国近现代教育实验史》（山东教育出版社 2001 年版），撰写出版《陶行知与中国现代文化》（山东教育出版社 2010 年版），并完成了《陶行知的四个世界》、《陶行知画传》等书稿。本书就是在学习、研究的基础上撰写完成的，有些内容选取自上述著作中笔者承担的部分，其中也包含了许多前辈与合作者，特别是章开沅教授、邓宗琦教授、董宝良教授、伍文教授、喻本伐教授、熊贤君教授、余子侠教授、熊明安教授等人的智慧与心血。在本书整理的过程中，笔者的学生申国昌教授、黄宝权博士也提供了积极协助。湖北省新闻出版局领导陈锋、胡伟先生和湖北教育出版社副社长陆才坚先生在得知笔者的写作计划后均给予了积极支持，在此谨对各位先生以及相关出版社一并表示衷心的感谢。完全可以说，没有他们的关心、帮助与支持，就不会有这本书的写作与问世！

2011 年是陶行知 120 周年诞辰纪念，谨以此书作为笔者献给这位伟大的人民教育家、杰出的民主战士、优秀的大众诗人的一瓣心香！

周洪宇

2010 年 8 月 8 日初稿

2011 年 3 月改定

目录

第一章　陶行知的生活、求学与交往

第一节　陶行知生活的时代背景

陶行知教育思想是20世纪中西文化冲突与交融的产物。诞生于19世纪末的陶行知，其所处的时代，正是古老的中国与新兴的西方在军事冲突、外交纠纷、经济竞争之外，代表着两种不同社会制度、历史传统的人类两雄的中西文化体系也在相互冲突与交融的时代。中西文化的冲突与交融，给生活在这个时代的人们的身上留下了深深的印记。如果对“五四”时代的杰出人物作些文化背景上的考察，不难发现他们每一个人都是典型的文化复合体——中西文化冲突与交融的产儿，既经受了传统文化的熏陶，又接受了西方文化的洗礼，旧学问与新知识兼备，传统性与现代性并存。在某种意义上，陶行知正为我们提供了一个经历中西文化撞击与交融的人的范本。

一、20世纪中西文化的冲突与交融

从时代条件来看，近代中国经历了千古以来最创痛也是最壮观的历史变革，在一次次的历史性震撼中，中国固有的文化秩序已无法维系，西方文化以不可阻挡之势潮涌般地冲刷着这块古老的大地。正是在这种东西方文化的激烈冲突与碰撞中，一批历史文化名人脱颖而出，犹如星空中的一颗颗闪亮的明星，格外耀眼辉灿，陶行知就是文化星座中最为耀眼夺目的明星之一。他的诞生是特定时代的产物。近代以来，面对东西方不同的文化，中国知识分子曾表现出不同的态度：有东方文明优越论者，有西方文化先进论者，也有东西文化调和论者等。如果说清末的顽固派对西方文化的深闭固拒，是由于他们对资本主义文明的无知，如果说“五四”前的守旧派对西方文化的抵制是由于他们对资本主义文明知之甚少，那么，20世纪20年代初的西方文明论者，却几乎都是对西方

资本主义社会的种种弊端了解相当清楚的人。如果说以前的封建顽固派和文化守旧派在东西文化问题的论战中基本上处于守势的话，那么，这时的东方文明论却差不多都以一种进攻的姿态，对宣扬西方文化的人们发起咄咄逼人的攻击。因为通过第一次世界大战和十月革命，资本主义的内在矛盾像火山爆发一样，一发不可收拾。此时的中国人，特别是中国的知识分子，对资本主义的认识，也发生了相当深刻的变化。资本主义世界已陷入全面危机，而社会主义则为人类带来新的曙光。这样，“资本主义文明破产了”的观念便普遍深入到中国人的心中。正是在这种时代背景下，陶行知作为接受过西方文化的知识分子，却能够挣脱西方文化的束缚，站在振兴民族文化的高度，着力重振民族文化的生机与活力，如倡导推广国画、使用大众文字、发展民族艺术等；同时，他也倡导借鉴西方的先进文化来充实中华民族文化，如大力传播科学、发展话剧事业等。这些均是陶行知对中国现代文化所作出的杰出贡献。

20世纪上半叶是中国社会发展的一个重要的转型期。这一期间，传统的政治秩序和权威崩溃之后，新的政治秩序和权威一时尚未建立起来。南北对峙，新旧军阀各自忙于争夺，无暇他顾，意识形态的控制相对放松。西学纷至沓来，异彩纷呈，思潮迭起，学派林立，形成了春秋战国时期之后又一个“百花齐放、百家争鸣”的高潮。但是，新文化的孕育生长并非一帆风顺。“五四”前夜，伴随着封建势力政治上的复辟活动，文化上也掀起一股尊孔复古逆流。封建与反封建、复辟与反复辟的斗争空前尖锐激烈。先进的知识分子开始认识到思想文化领域里的斗争是和政治斗争紧密相关的，他们试图从思想文化的高度去寻求救国救民的出路，于是积极开展文化启蒙运动，与文化保守主义者展开文化大论战，探寻中国文化发展的方向与道路。1915年兴起的新文化运动，高举科学与民主两面大旗，吹响了向陈旧腐朽的封建主义思想堡垒进攻的战斗号角。民主与科学的提出，反映了中国政治经济发展的要求和人民的迫切需要，遂成为“五四”时期文化思想战线上的两面旗帜，召唤着人们投身于反对封建主义旧文化旧思想的伟大斗争。高擎民主的大旗，新文化运动的倡导者们宣传民主思想，反对封建专制；高擎科学的大旗，新文化运动倡导者们宣传科学思想，反对封建迷信和愚昧、盲从。再加上这一时期西方各种新的思潮陆续传入中国，中西文化正在激烈地冲突与碰撞。中国文化向何处去，成为众多有责任心的中国知识分子所关心与思考的问题。陶行知就是在这个特殊的历史时期，将旧学与新学融于一体，在吸纳与借鉴中西文化精粹的基础上形成了自己的思想体系，在重建中国新文化的过程中，应时代之需要脱颖而出。

二、时代、社会环境与个人的多向选择

20世纪上半叶之所以能够产生像陶行知这样的文化巨人，是当时特定时代条件、社会背景和个人因素共同作用的结果。时代与社会环境造就了人才，人才又通过自己的创造性成就来回报时代与社会。正如法国史学家丹纳（H. A. Taine）所讲：艺术家与艺术品的“产生取决于时代精神和周围风俗”[①]。那么，文化巨人与文化成就的产生同样要受到其所处的时代和环境的影响。中西文化交融的特殊时代造就了陶行知这样的文化伟人，而陶行知也没有辜负社会与时代的期望，在文化教育的众多领域进行了开拓与创建，为时代与社会作出了突出贡献。

文化是人类创造的，人类又受文化的制约与影响。人与文化是一对矛盾的统一体。从某种意义上说，任何个人或群体都无法选择自己所生存的自然生态环境和社会文化环境。当一个婴儿呱呱坠地的时候，甚至还在母腹中的时候，他就被一种文化所选择、所规范。他所生活的地理空间，以及与地理空间密切联系的生产方式、生活方式，既存的社会文化系统，都在有形或无形中制约、影响着他的成长。

陶行知原名陶文濬，字世昌，1891年10月18日（亦说1892年或1893年10月18日）出生于安徽省歙县西乡黄潭源村的一个贫寒家庭。陶母热爱劳动、艰苦朴素的精神，对陶行知一生影响很大。陶行知自幼便饱经世事沧桑，深知农家疾苦。十一二岁时，他就成为家中的半个劳动力。他平日接触的大多是贫民，一直生活在贫民社会环境中，对劳苦大众无比挚爱，对有钱有势者则极为鄙视，自幼便形成了亲民、爱民、为民、救民的思想。这些思想，成为贯穿他一生道路与事业的主线，推动着他奋力开拓“中国性、平民性”的、以人民为本位的文化思想路线。陶行知的故乡歙县，旧属徽州府，徽州人以善于经商闻名全国，徽州人特别能够吃苦耐劳，富于开拓创业精神。陶行知自幼便深受这种精神的感染，萌生了艰苦奋斗、开拓进取的

---

① [法]丹纳：《艺术哲学》，傅雷译，人民文学出版社1983年版，第63页。

意识[①]。徽州商人为了在激烈的商业竞争中始终立于不败之地，他们十分注重自身文化素养的提高。因此，徽州人非常重视发展教育事业，兴建各级各类学校——至清朝康熙年间，社学已发展到512所[②]。徽商拥有的雄厚经济实力与徽州甚为发达的教育事业，使徽州地区的文化学术在明清时期出现了空前繁荣的景象。地域性哲学、经学、医学、绘画、戏剧、建筑、雕刻、盆景等专业性文化得到了长足发展，相继衍化为自成一体、具有鲜明地方特色的派别。新安理学、徽派朴学、新安医学、新安画派、徽班徽调、徽派建筑、徽派雕刻、徽派篆刻、徽派盆景等，无不享有盛名，著称全国。徽派朴学代表了清代学术的最高成就，其学风集中体现了清代学术尚实、笃实的特点。诞生在这种文化地理背景中的陶行知，自然要受到地域文化的影响，其实事求是、大胆怀疑、敢于批判的精神，无疑是徽派朴学基本治学精神的继承与弘扬。

从小的生活环境对陶行知的影响固然重大，但置身于新环境下的青年陶行知又深受新的思想与理论的影响。俄国十月革命后，作为无产阶级的宇宙观和社会革命论的马克思主义传入中国，使灾难深重的中国人民从中看到了中华民族获得解放的新希望。中国的先进分子在欢呼十月革命的同时，也很快地接受和传播了马克思主义，并由效法西方资产阶级革命，转而效法俄国十月社会主义革命，从向西方资产阶级文明寻找出路，转向研究和宣传马克思主义。列宁曾指出，先进的中国人在辛亥革命以来群众革命情绪高涨的影响下，“从欧美吸收解放思想，但在欧美，摆在日程上的问题已经是从资产阶级下面解放出来，即实行社会主义的问题。因此必然产生中国民主派对社会主义的同情，产生他们的主观社会主义”[③]。“五四”期间，随着爱国运动的爆发，新文化运动的深入发展，马克思主义开始在中国得到了广泛的传播。

在这个新的历史环境中，陶行知开始接触和向他人介绍社会主义。

---

① 1923年春，陶行知曾在《游牛首山》这首诗的题注中，对“绩溪牛”的精神予以称赞：“吾乡称绩溪人为绩溪牛，人以为侮辱，我以为尊敬，因为牛是农家之友，没有牛，我们哪里来的饭吃呀！”纵观陶行知的一生，他不正是这样的“绩溪牛”或“徽骆驼”吗？

② 康熙《徽州府志》。

③ 列宁：《中国的民主主义与民粹主义》，《列宁选集》第2卷，人民出版社1960年版，第426页。

1919 年 3 月，他在《新教育》杂志第 1 卷第 2 期上发表《普鲁士教育之基本改革》一文，向中国教育界、思想界介绍马克思和社会主义。1921 年，在他担任《新教育》杂志编辑和主干（主编）时，该杂志还载文介绍了十月革命胜利后俄国的政治、军事、教育、宗教等各方面的情况，并刊登过列宁的照片。1922 年，他与中国共产党领袖李大钊也有过一些来往。诚然，以上言行虽然没有超出民主主义的思想范畴，但却说明了陶行知对社会主义的向往。陶行知很希望从社会主义中吸取一些有利于改造中国社会和文化教育的思想营养。因此，他这时虽然信奉实用主义学说，但并不反对马克思主义和社会主义学说，倒是对社会主义持一种同情和理解的态度。这就为他 20 世纪 30 年代接受马克思主义，在中国共产党的指导下，积极投身于反帝反封建的革命斗争，奠定了思想基础。

20 世纪 30 年代初，尖锐复杂的阶级斗争和深重的民族危机，促使在改造中国社会和文化教育的实践过程中一次次碰壁的陶行知去寻求更有力的理论武器。现实生活告诉他，实用主义并不是科学的世界观和方法论，并不能从根本上解决中国的问题，唯有马克思主义才是引导中国人民从黑暗走向光明的伟大火炬。从此，他逐步走出了实用主义思想体系，开始了对马克思主义的系统学习和研究。陶行知曾经认为，中国农村之所以贫弱，一个重要原因是孩子生得太多，土地一分再分的结果。所以，他一再劝人节育，提倡少生、好生、贵生、厚生、共生的“五生主义”。1932 年7 月，他在《中华教育界》发表《中华民族之出路与中国教育之出路》一文，详尽地阐发了这一主张。同年 12 月，北京大学教授尚仲衣以“子钵”的笔名在天津出版的《大公报》上发表文章，批评他的这一主张。此后，陶行知为了弄清这个问题，趁尚仲衣赴沪之机，特召集留沪文化教育界朋友开了一次座谈会，讨论中国近代社会性质和革命任务。最后，大家统一了看法，明确认识到，中国是一个半殖民地半封建的国家。中国之所以贫穷落后，是因为外有帝国主义侵略，内有封建地主、买办阶级勾结帝国主义剥削、压迫老百姓。所以，文化教育界只有和人民站在一起，共同反对帝国主义和封建主义，中华民族和中国人民才有出路，中国的文化教育才有出路。经过这场争辩，陶行知在思想上感触很深，遂下决心系统学习马克思主义学说，并以此作为自己斗争实践的理论指导。1933 年春节，陶行知借同乡友人程霖生的寓所（当时陶行知住处），请共产党方面的朋友讲解马克思主义，与严竞成、戴伯韬、王洞若等人一起听讲与讨论，系统学习了马克思、列宁的著作。同年3月4日，不顾国民党反动派的法西斯迫害，陶行知与蔡元培、叶恭绰、李公朴、陈望道等人共同发起马克思逝世50周年纪念会，充分表现了他追求真理的大无畏气概。

陶行知对马克思非常景仰。他在出国访问期间，曾三次去伦敦海格特公墓瞻仰马克思墓。1936年10月30日，他与全国学联代表陆璀首次瞻仰马克思墓，在基前摄影留念，并写下《马克思墓》一诗，称赞马克思"光明照万世，宏论醒天下。二四七四八，小坟葬伟大"[①]，流露出他对马克思的无比敬仰之情。1938年2月，他与吴玉章在出席伦敦世界反侵略大会期间，一起去拜谒了马克思墓。他们惊叹这一旷世伟人之墓竟这样平凡。"这象征着生要和大众打成一片，死也要和大众打成一片，才是真正的伟大。"1938年6月回国途经伦敦时，他再次瞻仰了马克思墓。三次拜谒马克思墓，充分表达了他对马克思和马克思主义的崇敬和信仰。

为了能直接阅读马列原著，陶行知在50岁后，又开始学习俄文。当时的苏联是世界上第一个社会主义国家，出版了大量马列著作，对马克思主义作了系统而广泛的宣传。陶行知早年留学美国，精通英文，以后又担任"国民外交使节"，为宣传中国人民抗日救国主张，游历了世界28个国家和地区，学会了几门外语。但他感到这还不够，要学习马列著作，真正掌握马克思列宁主义，非学会俄文不可。在学习中，他的时间抓得很紧，学习态度非常认真，遇到不懂之处，就向他人请教。在陶行知钻研马克思主义的过程中，中国共产党人给予了直接的帮助和影响。中共中央宣传部文化工作委员会(简称"文委")成员田汉很早就开始做他的工作。田汉曾派左翼戏剧家联盟(简称"剧联")的田源到工学团工作，并介绍陶行知阅读英文版的马克思《资本论》，陶行知有时坐在汽车上也孜孜不倦地读这本书。1934年，钱俊瑞到上海参加中国左翼文化界总同盟(简称"文总")领导工作后，也一直在做陶行知的工作。此外，在陶行知创办的教育社团工作的共产党人(其中不少人是他的弟子)也对他做了大量的工作。"教联"、"中青"、"左联"等组织的共产党员刘季平、丁华、徐明清、王洞若、林一心、张劲夫等人，都先后在他身边工作，给予他很大的帮助和影响。

---

① 陶行知:《马克思墓》,《陶行知全集》第4卷，湖南教育出版社1985年版，第414页。

由于其本人的刻苦学习和他人的帮助影响，陶行知逐步弄清了马克思主义的基本原理，掌握了马克思主义的基本思想方法。1934 年 1 月，陶行知在《生活教育》杂志上发表《行知行》一文，正式宣布放弃他使用了 23 年之久的名字陶知行，改为陶行知，表示他坚信辩证唯物主义思想。从知行到行知，反映了陶行知哲学思想的飞跃，标志着他的世界观的根本转变。1943 年，他在《创造年献诗》中写道："行以求知知更行，不知直认为不知。遍览已知求未知，以知与人已愈知。以为武断靠不住，存在从来决意识。解剖内体寻条理，追踪外缘找联系。贯通证据悬断语，屡试屡验验还试。矛盾相生复相克，数量满盈能变质。相推而进正反合，顺沿发展觅定律。"[①]说明他此时已完全接受并能娴熟运用马克思主义，是一个优秀的马克思主义者了。接受马克思主义，为陶行知迅速成长为一个伟大的共产主义战士奠定了思想基础，同时也给他中西结合创造新文化的伟大实践，提供了正确的世界观和方法论。20 世纪 30 年代以后，陶行知就是在马克思主义的理论指导下，从事中国现代文化诸多领域的开拓和创造，成为 20 世纪中国具有代表性的综合型的文化巨人。

从接受传统文化的熏陶始，中经西方文化的洗礼，到归宗马克思主义，这一番曲折深刻的人生经历，使陶行知融中西文化于一体，新旧杂作糅，相辅相成。既有着强烈的民族意识，又具有恢宏的世界眼光；既时时追踪着时代潮流，又处处从中国现实和国情出发。这使陶行知成为近代以来最民族化又最世界化、最有传统性又最有现代性的中国人之一，从他的身上，我们不难窥见在 20 世纪中西文化冲突与交融下近代中国知识分子所走过的人生旅程及其所经历的文化心路。

第二节　陶行知的求学经历

从小家境贫寒的陶行知走过了一条曲折的求学道路，也正是这条不平凡的求学道路，促使他坚定踏实走上了为中国教育普及而不懈努力的人生道路。旸村蒙馆的发蒙与乃父的教育，为其日后接受中国传统文化奠定了坚实基础；崇一学堂求知与金陵大学问学，为其出国深造创造了良好条件；

---

① 陶行知：《创造年献诗》，《陶行知全集》第 4 卷，湖南教育出版社 1985 年版，第 586 页。

美国伊利诺伊大学和哥伦比亚大学这两所名校的深造，则为其创造生活教育理论和开展普及教育运动提供了理论铺垫。

一、旸村蒙馆发蒙

陶行知自幼聪慧，资质优异，而且是家中唯一的男孩，其父陶位朝将家庭的希望都寄托在他的身上。陶位朝有一定的文化基础，还曾担任过教会学校的国文教员，他期望通过教育儿子成才而改变家庭的贫困命运，于是他经常利用闲余时间对陶行知进行识字教育，让其临摹字形。正是早期的智力开发，使得陶行知比一般的孩子聪明，而且勤劳务实，礼貌待人，这就引起了旸村塾师方庶咸秀才的注意。于是，1897 年，6 岁的陶行知便通过束脩之礼入方秀才私塾启蒙。随后陶父继续利用业余时间，在家对陶行知进行习字教育，并传授简单的儒学知识。陶行知的记忆力特别强，三刻钟内就能背诵《左传》43 行。8 岁时，其父重返休宁万安任册书，陶行知也随父入吴尔宽私塾伴读[①]。陶行知在这里接受了较为系统的经学教育，他天资聪颖，刻苦钻研，反应灵敏，深得外祖母、塾师、学友的青睐。在此 5 年他一直苦读中国传统儒学经典，奠定了较好的旧学基础。1903 年，12 岁的陶行知又得到了秀才程朗斋对四书的解读指导。后来，他还不辞艰辛，翻山越岭十几里来到航埠头曹家经馆，向前清贡生王藻请教。他经常站立门外候教，王藻曾赞扬他有一种“程门立雪”的古人之风[②]。这种求学的诚意深深打动了王先生，他对陶行知进行谆谆教诲，陶行知从王藻那里得到了对五经的指点。这样，陶行知通过传统的家庭教育和四处求学的双重途径，受到了良好的传统文化教育，这为其日后成为聚中国传统美德与高尚气节于一身，兼具儒家的亲仁、墨家的兼爱品质的中国文化伟人和教育大家奠定了良好的文化基础。

二、崇一学堂求知

1906 年，陶行知进入隶属于基督教内地会的“徽州府崇一私立中学堂”学习，开始接触西方近代科学文化知识，经受西方文化的洗礼。陶行知

---

① 朱泽甫编：《陶行知年谱》，安徽教育出版社 1985 年版，第 3 页。

② 据《宋史・杨时传》载，北宋杨时就教于程颐，“至是又见程颐于洛，时盖年四十矣。一日见颐，颐偶瞑坐，时与游酢侍立不去，颐既觉，则门外雪深一尺矣”，借喻尊师重道。

跨入崇一学堂，这并非历史的偶然，实与当时的时代环境、他的家庭以及本人际遇，均有密切关系[①]。鸦片战争以后的中国，西方列强在军事侵略、经济掠夺的同时，逐步加强了文化渗透。他们以强大的武力作后盾，迫使清政府签订了一系列不平等条约，并向西方传教士敞开了国门，允许西方传教士在各省租买田地，开设教堂，传播基督教。从此，西方传教士蜂拥而来，很快便深入到中国的穷乡僻壤。当时在安徽地区活动的教会组织，主要有内地会、来复会、浸信会、北长者会、信义会、圣公会等。其中，内地会的势力最大。内地会是英、美等国基督教新教对中国派遣传教士的差会组织，由英国人戴汝生于1865年创立，总会设在伦敦。所派传教士来自各个不同的宗派，以英国、美国、加拿大、澳大利亚和新西兰人为主，亦有少数德国、奥地利、瑞士和北欧人。在安徽打头炮的是密多士（Mr. Meadows）和卫良（Mr. Williamson），经过一番惨淡经营，最后终于1869年在安庆奠定了传教事业的基础。此后几年中，内地会是安徽唯一的教会组织。在1869—1885年期间，先后创立差会总堂四处：安庆（1869）、宁国（1874）、池州（1874）和歙县（1875）[②]。钦县崇一学堂就是他们于1900年为传播基督教教义和西方文化科学知识、扩大教会影响而创办的。校长由歙县内地会教堂的英籍牧师吉布斯（C. W. Gibbs）兼任，此人汉名唐进贤。

陶行知13岁时，一度重返休宁万安工作的父亲陶位朝被解除册书一职，再次回家务农，陶行知也随父离开万安回到歙县。当时教堂通事（翻译）章觉甫与陶位朝是朋友，看见老友落魄潦倒，全家生活困难，便介绍陶行知的母亲到歙县内地会教堂当帮佣，除炊事外，兼做勤杂工。小小年纪的陶行知，颇懂体贴父母，常随父母挑菜挑柴进城出售，卖完菜、柴后，陶行知总是去教堂帮助母亲做一些洗菜、挑水的杂活。崇一学堂校长唐进贤，爱好中国经史文学，见陶行知举止大方、手脚伶俐，又喜其聪明好学，遂嘱陶母送他入学，并免收学费。于是，在15岁这年，陶行知进了崇一学堂这所教会学校求学[③]。

入崇一学堂学习，是决定陶行知一生命运的关键性一步。崇一学堂为

---

① 参见周洪宇：《近代知识分子与教会教育——一项以陶行知为观照基点的历史透视》，章开沅、林蔚主编：《中西文化与教会大学》，湖北教育出版社1991年版。

② 王鹤鸣：《安徽近代经济探讨》，中国展望出版社1987年版，第230—231页。

③ 朱泽甫：《陶行知年谱》，安徽教育出版社1985年版，第5页。

他从旧式知识分子转变为现代文化人，架设了第一块跳板。崇一学堂学制3年，开设的课程有德行、修身、经学、国文、英文、中西历史、算学、代数、格致、地理、音乐、体操等12门，唐进贤一人兼授英文等7门①。这些课程的设置，体现了教会学校把基督教文化同儒家思想中有利于教会的东西结合起来的意图，表明教会教育是一种中西混合式的教育。当时的同学有姚文采、江粹青、程家庚、章文美、章文启、汪邦镐、朱家治、汪嵩祝、洪范五、程祖贻、汪邦荣、汪邦钊、汪孔祁、汪邦钧等18人。他与姚文采、洪范五同住在一间寝室，经常进行背书比赛，陶行知以惊人的记忆力总是夺得冠军。

在崇一学堂，陶行知珍惜时间，发奋攻读，如饥似渴地学习西方文化科学知识，学业上突飞猛进，并滋生了爱国意识。尽管在此所接触到的西方文化还极为有限，崇一虽名为中学堂，实际程度似仅与高小相齐②。但无论如何，它毕竟给幼小的陶行知打开了一扇眺望新世界的窗口。从这扇窗口，他看到了发达的西方，看到了四书五经、子曰诗云所无法告诉他的新世界，他的视野也从一个小小的歙县扩大到全中国甚至全世界。一股强烈的历史使命感由此而开始萌发，他用毛笔在宿舍的墙壁上题写了两行座右铭："我是一个中国人，要为中国作出一些贡献。"并朝夕以此自勉。正是以崇一学堂为起点，他开始了对救国救民真理的艰难探索。

三、金陵大学问学

在崇一学堂学习两年后，因唐进贤临时有事返回英国，学校便关了门。当时，陶行知目睹旧中国贫穷落后，科学医疗很不发达，庸医误人，自己的姐姐因病夭折，遂在好友章文美等人的影响下，像早期的孙中山、鲁迅和郭沫若那样，一度萌生了行医济世、医学救国的念头。为此，他于1909年春投考杭州的一所教会学校——广济医学堂。由于该校对于非基督徒学生在课程学习等方面有歧视性规定，他只待了三天便愤而退学。

离开杭州后，陶行知一度流落苏州，不久又回家专攻了一年英语。1909年秋，巧遇办完事后回到中国的唐进贤，经其介绍，考入南京美国教会美以美会办的汇文书院。1910年春，汇文书院与基督会和长老会合办

① 根据"安徽省徽州府崇一私立中学堂毕业文凭"。

② 关于崇一学堂性质与程度的评估，参见董宝良、喻本伐、周洪宇：《陶行知生平求是》，《教育史研究》1995年第2期。

的宏育书院合并为金陵大学堂，他直接进入金陵大学学习。金陵大学初创时，仅设文科及若干数理学程。文科分预科、本科两部，预科 2 年，本科 3 年。因他此前已有汇文的半年成绩，故预科只读了一年半，便于 1911 年升入文科本科。至 1914 年夏完成学业，他在金陵大学生活和学习了 5 年。如果说跨入崇一是他在人生道路上迈出的关键性的第一步，那么，求学金陵无疑是更为坚实有力的又一脚。

金陵求学的 5 年，正是民族、民主革命浪潮汹涌澎湃之时。陶行知一面勤奋学习，一面踊跃投身于辛亥革命的洪流之中。他曾发起组织大学运动会，以门票收入充作"爱国捐"，帮助黄兴领导的南京留守机关解决财政困难并倡设金大学报《金陵光》中文报，任中文主笔，撰文宣传民主共和思想。

在此期间，陶行知在学习上非常勤奋，不但各门专业课程成绩优异，为全校师生所瞩目，而且还利用课余时间，广泛涉猎了近代西方各种哲学、社会政治学说和大量的中国古代文化典籍。西方的达尔文、赫胥黎、斯宾塞、林肯等人，与中国的孔子、孟子、墨子、庄子、荀子、朱熹、王阳明、王畿等人的著作和学说，均在其博览之列，而近人严复、梁启超、孙中山等人的思想尤为他所熟悉。其中，他对严复介绍的进化论、西方资产阶级民约论和孙中山所宣传的资产阶级民主共和思想，以及明代王阳明的"知行合一"学说，所下苦功更非常人所及。陶行知的哲学思想和政治思想迅速迈入新境，他的世界观和人生观也发生了很大的变化。

此时，陶行知通过阅读严复译述的《天演论》，开始接触并信奉达尔文的进化论。他认为，人类社会一切现象都是"天演"(即进化)的结果。没有"天演"，就没有一切。他在为《金陵光》中文报创刊所写的发刊词《〈金陵光〉出版之宣言》中指出："《金陵光》随学生天演之进步自然发生。"①又在毕业论文《共和精义》里说："共和者，人文进化必然之产物也。使宇宙万物无进化，则共和可以无现；使进化论放诸邦国社会而不准，则共和犹可以无现，无如进化非人力所能御也。进化非人力所能御，即共和非人力所能避。"小至一种具体的刊物，大至一种影响深广的政治学说和体制，无一不

① 陶行知：《〈金陵光〉出版之宣言》，《陶行知全集》第 1 卷，湖南教育出版社 1984 年版，第 3 页。

是人类进化之结果。他还认为，物竞天择是人类社会进化的公理，适者生存，不适者灭亡。“处此物竞之世界，与器间有竞争，与物诱有竞争，即下至饮食起居之细，亦莫不合有竞争之义。于是筹备竞争，宜任劳，实行竞争也，宜百苦。竞争而不能胜，则难生矣！”与此同时，陶行知在对清末民初社会现实冷静观察和思考的基础上，通过对近代中西各种社会政治思想的广采博纳和抉择改造，初步形成了资产阶级共和主义的政治思想。

在自由平等观上，他把共和主义的根本精神概括为自由、平等、民胞（即博爱）三大信条。依据近代西方学者的某些观点，他对自由、平等、民胞作了新的阐释。在他看来，自由可分为法律之内的和道德之内的两种。它们可视为“负面的自由”与“真自由”。前者“人民久已不惜蹈汤赴火以争之，其成绩已大有可观。然人民脱离强暴之羁绊，未必即能自由也”。为什么？“盖天下乏至不可超脱者，有自奴焉！故真自由贵自克。天下之至不可侵越者，有他人焉！故真自由贵自制。天下之至不可忽略者，有公福焉！故真自由贵个人鞠躬尽瘁，以谋社会进化。”显而易见，其“真自由”的含义是自克、自制、个人鞠躬尽瘁以谋社会进化。关于平等，他指出：“天之生人，智愚贤不肖不齐，实为无可韪之事实。平等主义亦不截长补短，以强其齐。在政治上、生计上、教育上，立平等之机会，俾各人得以自然发展其能力而为群用。”他所主张的，不是天赋的平等，而是机会的平等。值得注意的是，他把民胞（博爱）视为比自由平等更为重要的东西，只有“民胞主义昌，而后有共同目的、共同责任、共同义务；而后贵贱可除，平等可现；而后苛暴可蠲，自由可出。苛无民胞主义以植共和之基，则希望共和，犹之水中捞月耳！”民胞实为“共和之大本”，这反映出他对民胞的极端重视，并成为他日后提出的“爱满天下”主张的滥觞。

在对个人与社会的看法上，他认为，共和主义“重视个人之价值”、“唤醒个人之责任”、“予个人以平等机会”，人虽贵贱贫富不同，但价值则一，都是“社会邦国之主人翁也”，都“对社会有天职之当尽耳”，“俱予以自由发展智仁勇之机会，俾得各尽其能”。他明确指出：“共和主义，视人民为社会主权。群之良窳，唯民是视。民苟愚劣，社会绝对不能兴盛。社会欲求兴盛，必负改良个人之责。”所以，共和主义“以博爱为社会组织之大本，而以兄弟视其分子”，“个人为社会而生，社会为个人而立，实共和主义之两元也”。这表明了他试图以社会为基点，将个人与社会两方面协调起来，不致有所偏废。

在政治观上，他赞同美国总统林肯著名的“三民”原则：“政府者，人民之政府，人民自治以谋人民之福利。”陶行知称之为“实共和政治之圭臬焉”，并进一步将其具体化为三点内容：其一，“共和政治图谋国民全体之福利”，给予人民以言论、著述、集会的自由。对于人民的各种建议，“择良而要者施行之”。其二，“共和政治重视共和目的、共同责任”，所以，“共和政治不特有透达既往目的之能力，且有发生将来目的为进步之母”。其三，“共和政治能得最良之领袖”。共和主义承认人民为主权，不是主张无首领，而是主张好首领。“共和首领由民举，必其人能亲民，新民，恤民，然后乃民推戴之。即有大奸巨滑，以媚民手段，占窃神器，然朝违民意，夕可弹劾也。”

在实施共和主义的途径上，他反对“不问国情”，照抄西方的模式，主张根据中国的具体国情，确定实施共和主义的途径。他把中国的具体国情归纳为四点：“国民程度不足”，出现“伪领袖”，“党祸”丛生，存在“多数之横暴”的可能。有鉴于此，他提出四条实施途径：发展教育，便利交通，依靠人文进化，维持一定秩序。尤其难得的是，他此时已对教育的社会功能有了深刻认识：“人民贫，非教育莫与富之；人民愚，非教育莫与智之；党见，非教育不除；精忠，非教育不出。教育良，则伪领袖不期消而消，真领袖不期出而出。而多数之横暴，亦消于无形。况自由平等，恃民胞而立，恃正名而明。同心同德，必养成于教育；真义微言，必昌大于教育。”因此，“教育实建设共和最要之手续，舍教育则共和之险不可避，共和之国不可建，即建亦必终归于劣败”①。可以说，陶行知后来献身教育事业，就是以此时对教育功能的深刻认识为思想基础的。

哲学上开始信从王阳明“知行合一”理论，是陶行知在金陵大学求学期间思想方面的又一重要收获。

进入金陵大学不久，陶行知在该校 F. G. 亨克（Fredericl Goodrich Henke）教授的悉心指导下，开始研究明代大哲学家、教育家王阳明的学说。王阳明的学说产生于 16 世纪初叶，作为理学内部与朱熹学说相对立的异军，曾在中国思想文化领域里占据中心位置达百余年时间，并对后世

---

① 前述引文未特别注明出处，均见陶行知：《共和精义》，《陶行知全集》第 1 卷，湖南教育出版社 1984 年版，第 43—53 页。

产生了深远影响。王学体系可以“致良知”三字来概括，主要包括三大理论：“心即理”论、“知行合一”论和“万物一体”论。王阳明认为，天理存在于人们的心中，心中的天理就是良知，这种良知乃先天具有的是非之心、恻隐之心。格物就是正心，是一种去恶为善的修心功夫。致知是放心中固有的良知，并把这种良知推及各种事物上，使各种事物各得其理。与这种主观唯心主义的认识方法相适应，王阳明在知行关系上提出了“知行合一”论。他主张知是致心中固有之知，行是行心中固有之知，知与行在心学的基础上合而为一。王阳明指出：“知是行的主意，行是知的功夫，知是行之始，行是知之成。”“知行功夫本不可离，只为后世学者分作两截用功，失却知行本体，故有合一并进之说。”“知行合一”论的实质在于把知行结合起来，不离行以求知。王阳明希望通过倡导知行合一，注重道德践履，纠正只知不行或只行不知两种知行脱节的弊端，力促人们实现真正的道德完成，以拯救明代中叶后日益严重的封建社会危机。

王阳明的学说，注重知行统一，重视道德践履，颂扬百折不回、进取奋击的坚强意志，强调“心力”，突出自我，具有反教条、反权威的积极意义。它适应了社会转折时期人们高扬主体意识、实现自我解放、蔑视正统权威、砥砺战斗意志、完善个体人格、统一理论实践的需要，往往成为后世人们冲破思想束缚、解放思想、发展个性的有力武器。19 世纪末 20 世纪初，王学受到了新一代思想家们的普遍重视。从康有为、梁启超等改良派到宋教仁、陈天华等革命党人，直至后来的毛泽东、郭沫若等，都曾极为推崇王学，视之为个人道德修持的工具和改造中国社会的利器。

王阳明的学说，对于金陵大学求学时期的青年陶行知，产生了很大的吸引力。陶行知从完善个体人格与寻求救国之道的双重需要出发，认真学习和研究王阳明的学说，并为之倾倒，信仰“知行合一”的理论。为此，1911 年，他将自己的原名文濬，改为“知行”。1934 年，再改为“行知”，直至 1946 年去世。尽管他 1927 年以后不再赞同王阳明“知先行后”的主张，提出“行是知之始，知是行之成”的理论，但知行问题始终是他关心和努力解决的问题，在他一生的道路与事业中占有极为重要的位置。

金陵大学求学经历对于陶行知的影响，除了体现在其哲学观点和政治思想方面，还体现在其知识结构、价值观念、思维方式、个性心理特征、行为模式和人格风范等方面。凡是与陶行知直接接触过、交谈过或阅读过他作品的人都会发现他学识渊博，涵养丰厚，具有学贯中西的大家风范。而这，首先是在新式学校开其先河的。陶行知幼年从父亲以及别的塾师那里接受中国式的启蒙教育，饱经中国传统文化的熏染，特别是深受尊奉理学、注重经世的徽州文化的影响，因而其知识结构具有中国传统文化的厚实根底。进入崇一学堂之后，他又接受了近代新式教育，学习西方文化科学知识，由四书五经、子曰诗云一变而为声光化电、科学民主。尤其是在金陵大学这所中西文化汇聚的教会大学里，他有意识地改造和重建自己的知识结构，既刻苦钻研生理学、心理学、医学和数学等自然科学，又努力学习文学、哲学、政治学等社会科学；既广泛涉猎近代西方各种哲学、社会政治学说和严复、梁启超、孙中山等先进中国人的论著，又遍览中国古代文化典籍，尤其是对王学的探讨不遗余力，颇有心得。上下数千年，纵横数万里，这种初始的飞越时间与空间的心灵历程，显示出陶行知一生的知识取向——横向采纳与纵向吸取齐头并进，两不偏废。如果说，崇一阶段，中西文化在他那里还只是一种“无意识的交融”，那么，金大时期，就是一种“有意识的融会”了。

经过这番中西文化“有意识的融会”，陶行知的知识结构呈现出鲜明的开放、综合的宏观走向。尽管中国传统文化已成为这个知识结构的重要构成部分，但此时陶行知已跨入了新的时代，进入了世界文化的大系统，获得了一种现代开放意识，因此它不再局限于过去与传统，而是面向世界和时代展露出开放、综合的知识取向。

正是这一在新式学校初步形成的开放的知识结构，不仅使陶行知后来进一步采撷中西文化的精华更为容易，而且使他日后在创造性构建其思想学说时全然没有捉襟见肘的感觉。像这样中西文化交融并摄而形成的渊博知识，在曾经就读于教会学校的民主革命先行者孙中山身上，也同样表现得特别明显。在南华医校时，孙中山不仅博览西方自然科学和社会科学方面的书籍，还特地请了一位老师教授中国经史，对中国传统文化下了不少功夫。或许，博采中西文化之长而自成体系，这正是孙中山、陶行知一类伟大人物的共性，也是他们成功的契机吧！如果说，知识结构的重建还只是陶行知主体意识结构表层的变化，那么，价值观念和思维方式的更新就属于深层的变化。随着知识结构的重建而来的西方文化参照体系的形成，广泛的世界性视野的拓展，陶行知的价值观念和思维方式也相应地发生了实质性的蜕变。

在未入新式学校之前，作为徽州乡村的一名接受传统教育的好学少年，陶行知当时的人生理想只能是传统的“修身齐家治国平天下”。是时代和社会改变了他的命运，也是新式教育促成了他的价值观念的转变。他开始由尊崇君王到服膺民主共和，由重群体轻个体到协调两者关系，由伦理道德至上到主张义利统一。他强烈抨击不合理的封建血统论和世袭制，说“君主嗣统，只问血胤，鲜问才德”，王权世袭，等级森严，主张一切权力归于人民。他高扬个人的价值、个体的独立人格和个性的解放，并努力协调社会与个人的关系，认为它们“实共和主义之两元也”。他还公开宣布：“奉天命为归宿，而不敢止于独善。”表示传统的“独善其身”、“慎独”的个人修养方式业已过时，处于大变革时代的每个中国人，都有“尽天职之价值”和“担负进化之大任”，仅仅满足于“独善其身”是不行的，还必须“为全群谋福利进化”①。当然，我们不能说此时陶行知已与传统的价值观念彻底决裂。思想观念(尤其是价值观念)的转变是一个长期的过程，绝非一朝一夕之事。但无论如何，他此时已经开始走出传统价值观念的思想樊篱。

与此同时，他的思维方式也在悄悄地发生着某种变革，开始从中国传统的偏于直觉顿悟和模糊笼统、忽视实际观察和科学实验、轻视分析和逻辑论证的思维方式，转换为注重逻辑理性、观察实验和严密推理的现代思维方式。思维方式的更新往往与自然科学的学习和实践有密切关系。在进入新式学校以前，陶行知没有接触过近代自然科学。就读崇一学堂后，他对数学产生了浓厚的兴趣。在做习题时，同学们一般都是演算老师布置的习题，别人用一种方法来解答、证明一道习题，他却喜欢从不同的角度来证明，用几种方法来解答，然后从中比较，找出最佳方法。求学金陵大学后，他对数学的兴趣更浓，经常帮助同学解决数学难题，深得师生赞誉。大学时代奠定了他坚实的数学根底，训练了他缜密的逻辑思维能力。这对他一生的事业大有裨益。在日后的治学、工作中，他每每佐以数学方法，收事半功倍之效。他的论文和演说的成功，也与他具有很强的逻辑思维能力分不开②。值得一提的是，在金陵大学期间，他有一段时间热衷于生理科学的实验，曾受美国艾奥瓦大学西少耳教授观点的启发，发明了一种观察视

① 陶行知：《共和精义》，《陶行知全集》第1卷，湖南教育出版社1984年版，第46—48页。

② 许宗元：《陶行知》，人民出版社1988年版，第8页。

神经上的血管影的方法，并专门撰写了一篇研究报告——《视神经上血管影之观察法》，发表在《金陵光》学报上。根据他的研究，此法不用烛光，不用暗室，试验者熟睡于透光室中，醒时向空中微开一目，可见眼前有一网形檀色物——视神经的血管影。这一方法他每天早晨醒来时曾试验多次，并请同学数人也试验多次，皆屡试不爽。这种亲自从事过科学实验的经历，使他具备了注重观察实验的科学态度和实事求是的思想方法，不仅为他后来接受杜威的实验主义教育学说完成了必要的思想铺垫，而且使他后来从事教育救国事业时，始终坚持先试验后推广的原则，反对空谈，强调实干。

这一时期，陶行知的个性心理特征随着社会生活条件、教育条件的改变以及生活经验的积累，逐渐衍化定型。他开始形成一种宏伟的气魄，胸怀祖国，放眼世界，把中国的前途与世界的未来联系起来考虑。以开放的文化心态对待中西文化，既不妄自尊大、盲目排外，又不妄自菲薄、全盘西化，呈现出明显的外倾开放、豁达包容的心理特征。他的历史使命感和时代紧迫感也得到新的升华。如果说崇一时期还只有一种朦胧为祖国作贡献的意识，那么在金大这种朦胧意识就升华为一种自觉的理念。他清醒地意识到："即欲在世界求一生存，犹当夙兴夜寐，不容稍事蹉跎。苟仍委靡不振，习于因循，则保守已无余地，大局何堪设想？"[①]为此，他大声疾呼："由感立志，由志生奋，由奋而捍国，而御侮，勠力同心，使中华放大光明于世界！"[②]为了追求救国真理，完善个体人格，他努力与自己身上的"伪我"作斗争，时时解剖自己，处处克己求真，培养顽强的意志力。他反复告诫自己"欲载岳岳千仞之气概，必先具谡谡松风之德操；欲运落落雪鹤之精神，必先养皑皑冰雪之心志"[③]，并认为能否去伪存真，做一个道德高尚、以民族利益为己任的人，关键"是在及早努力，百折不回，在心中建立真主宰"。应该看到，定型于此时的上述个性心理特征，是陶行知主体意识结构中最富有个性色彩的因素，也是他日后从事救国大业、成为一位杰出的民主战士和伟大的人民教育家的重要主观条件。

---

① 陶行知：《因循篇》，《陶行知全集》第1卷，湖南教育出版社1984年版，第12页。

② 陶行知：《〈金陵光〉出版之宣言》，《陶行知全集》第1卷，湖南教育出版社1984年版，第3页。

③ 陶行知：《为考试事敬告全国学子》，《陶行知全集》第1卷，湖南教育出版社1984年版，第21页。

伴随着上述主体意识结构诸因素的嬗变，此时陶行知的行为模式也发生了某种转换。在金陵大学堂期间，受民主革命浪潮的影响，他发起组织各种爱国演说会、展览会、运动会，积极参加各种社会活动。特别是当他听到武昌起义的消息后，便按捺不住激动的心情，赶回家乡参加地方开明绅士余德民领导的屯溪阳湖余家庄起义，投身群众反清武装斗争，担任县议会的秘书，直至次年春才返校继续学习。这种积极进取、刚毅勇猛、投身武装斗争的行为模式，已与传统士大夫温和保守、消极退让、明哲保身的行为模式有天壤之别。这意味着在金陵大学求学期间，陶行知从观念意识到行为模式，都发生了根本性的转变。

值得注意的是，这一时期，陶行知在各种主客观因素的影响和推动下，为了加强自己的道德修养，完善个体人格，他在研究王学的同时，又对充满道德说教的基督教义产生了极大的兴趣。“入大学后，暇时辄取《新约》展阅之，冀得半言片语以益于身心而涤其伪习”①，把基督教义作为道德修养、完善人格的利器。不仅如此，基于救国救民的需要，他还特别重视基督教义中朴素的人道主义因素，并于 1913 年成为一名基督教徒。

信仰基督教是陶行知早年在自己人生信仰方面所作出的重要选择。这一选择，深刻地影响到陶行知的人格风范的塑造，以及他日后事业的发展。尽管他后来放弃了基督教信仰转而接受更为先进的社会政治学说，但这种影响的痕迹始终或隐或显地体现在他的身上。事实上，他后来所奉行的“爱满天下”的主张及其伟大的牺牲精神，就与基督教的博爱主张和耶稣舍己为人的救世精神有着某种思想渊源。

需要说明，陶行知虽然一度皈依基督教义，但他并未成为一个狂热偏执的基督徒。他对基督教有自己的认识，而且从一开始就是按照自己的理解和需要来接受基督教义的，从未盲目信仰过。他对基督教义既有接纳，又有排拒，接纳中有排拒，排拒中有接纳，这种鲜明的主体意识和清醒的理性精神，使得基督教信仰对他的影响，积极的方面远远大于消极的方面。陶行知之所以被人民所长久崇敬，原因之一是他具有伟大的人格风范，而这一人格风范的塑造又显然离不开基督教信仰所起的作用②。

① 陶行知：《伪君子篇》，《陶行知全集》第 1 卷，湖南教育出版社 1984 年版，第 27 页。
② 周洪宇：《陶行知与基督教》，《安徽史学》1991 年第 4 期。

1914 年 6 月，陶行知以优异的学习成绩毕业于金陵大学。因 1911 年金陵大学已在美国纽约州立教育局和纽约大学注册获得认可，故金陵大学的毕业生可同时接受纽约大学的文凭和学位，并能直接赴美深造。陶行知一贯品学兼优，素为金陵大学美籍校长包文（Bowen）器重，此时包文更是鼓励和支持他赴美深造。在师友和父母的帮助下，1914 年秋，陶行知终于启程赴美留学。

四、伊利诺伊大学攻读

抵美后，陶行知先入伊利诺伊大学攻读市政学硕士学位。按照陶行知原来的设想，他是打算直接到哥伦比亚大学师范学院学习教育的。早在金陵大学时期，他就对教育的社会功能有了明确认识，认识到“教育实建设共和最要之手续，舍教育则共和之险不可避，共和国不可建，即建亦必终归于劣败”，萌生了从事教育事业的念头。而当时的哥伦比亚大学师范学院是美国进步主义教育运动的大本营，聚集了一大批以改革传统教育为志向的新教育理论家，如杜威、克伯屈、孟禄等人，他们中的某些人（特别是实用主义大师杜威）的教育主张，民国初年就通过蔡元培等人介绍，为中国教育界所知晓①。能进哥伦比亚大学师范学院学习本是陶行知的初衷，但因该校的学费高昂，陶行知的经济条件负担不起，只得进了专为学习市政学专业的外国学生免除学费并提供奖学金的伊利诺伊大学②。

虽然陶行知在伊利诺伊大学研修市政学专业，但他研习教育的渴望一直没有泯灭。他在着重学习美国的外交、贸易和欧洲的政治等课程时，还专门选修了一门教育行政学。教这门课的是杜威的信徒——哥伦比亚大学哲学博士罗托斯·台尔塔·考夫曼（Lotlls Dell Coffman）教授③。考夫曼向陶行知介绍了杜威实用主义教育哲学的基本原理，这对陶行知产生了强烈的影响。恰好在 1915 年夏天，陶行知参加了在威斯康星州基尼法湖

① 参见蔡元培《对于教育方针之意见》、《1900 年以来教育之进步》和《新教育与旧教育之歧点》等文，高平叔编：《蔡元培教育文选》，人民教育出版社 1988 年版。

② ［日］牧野笃：《关于陶行知在美国留学期间学习与生活的若干考察》，《陶行知研究在海外》，人民教育出版社 1994 年版，第 150—155 页。

③ 林伯特·O. 布朗：《中国教育中的美国进步主义：陶行知个案》，许美德、巴斯蒂主编：《中外比较教育史》，上海人民出版社 1990 年版，第 191 页。

畔召开的基督教育年会夏季会议，他受到了与会者发言的极大鼓舞，正式决定以毕生精力从事教育工作，并计划一旦从伊利诺伊大学研究生毕业，就转入哥伦比亚大学师范学院深造。基于这种考虑，他在 1915 年夏天，便选修了四门教育课程（“单位、尺度和标准——教育评价基础”、“教育研究法”、“中学课程”和“教育心理学讨论”）。陶行知在伊利诺伊大学学习期间的学习课程见下表①：

学　年	课 程 名 称
1914—1915 第一学期	政治学和公法讨论 城市行政学 国家论 教育行政学
第二学期	政治学和公法讨论 欧洲大陆的政治 美国的外交 美国对外贸易和殖民地贸易
1915 年夏	单位、尺度和标准——教育评价基础 教育研究法 中学课程 教育心理学讨论

1915 年秋，陶行知以优异成绩毕业，并获得了伊利诺伊大学的政治学硕士学位。之后，他便转入他梦寐以求的哥伦比亚大学师范学院，主攻教育专业。

五、哥伦比亚大学深造

陶行知从伊利诺伊大学毕业后，正巧取得了庚子赔款的留学生派遣制度“半费生”资格，有了维持继续深造的起码的经费，他便于该年 9 月下旬转入哥伦比亚大学师范学院，攻读教育行政学博士课程。

① ［日］牧野笃：《关于陶行知在美国留学期间学习与生活的若干考察》，《陶行知研究在海外》，人民教育出版社 1994 年版，第 150 页。

成立于 1754 年的哥伦比亚大学是美国最古老的常春藤盟校之一。20 世纪初，哥伦比亚大学已是一所在国际学术界和教育界享有盛誉的名校，其良好的声誉和浓厚的学术研究氛围吸引了许多在各学科领域出类拔萃、极具声望的学者。其中该校师范学院在院长罗素的努力下，教育学、心理学师资阵容之盛堪称世界教坛之首。这里聚集了一批在世界现代教育史上成就斐然、声名显赫的大师级学者，如杜威、孟禄、桑代克（Edward Lee Thorndike）、克伯屈、斯内登（Sneedden D.）、坎德尔（I. L. Kandel）、拉格（H. Rugg）、康茨（J. S. Counts）等。作为一个极富创造力的群体，这些教育大师除了在各自的研究领域有辉煌建树外，还积极领导和参与了当时如火如荼的教育改革实践。这使哥伦比亚大学师范学院不仅是当时世界上最大的教育研究中心和全美最具影响力的训练教育领袖的基地，而且成为美国进步主义教育运动的领导中心与理论重镇。正是在这一过程中，师范学院成为世界各地的青年学子心往神驰的教育圣地。此期间来美国学习教育的中国学子亦纷纷将其视为自己留学求知、实现人生抱负的首选之校。当年那些远道而来的中国留学生在哥伦比亚大学这所美丽的校园里，沐浴西方科学民主，聆听众多学界大师的教诲，不仅在政治见地、哲学观念、思维方式和教育视野等多方面受到潜移默化的熏陶和影响，而且在学术上亦得到很大提高。尤其值得注意的是，哥伦比亚大学的办学理念中有一条“把哥伦比亚大学纳入国家及世界事务”，正是在这一办学思想指导下，该校积极参与国内外事务，吸引各国学生就读。这对 20 世纪上半叶整个世界教育的发展产生了重要影响，对中国教育的影响尤其显著。

早在 1884 年，哥伦比亚大学师范学院就开始了以招收留学生为目的的与欧洲和东方国家的通信联系。但直到 1904—1905 年才有了第一个来自广东的中国留学生李亨（音译）（Lim，Paul Heng），他于 1909 年毕业，是第一个获得师范学院学士学位的中国留学生①。第一个获得该院博士学位的中国留学生是后任南京高等师范学校和东南大学校长的郭秉文，他于 1914 年以《中国教育制度沿革史》一文获得教育学专业哲学博士学位（Ph. D）。而后任北京大学校长的蒋梦麟于 1917 年以《中国教育原理之研究》一文成为

① Lin Yin Gao. Academic and Professional Attainments of Native Chinese Students Graduating from Teachers College，Columbia University（1909—1950），哥伦比亚大学 1951 年博士学位论文，第 41 页。

该院第二位获得教育学专业的哲学博士学位(Ph. D)的中国留学生[①]。1923年2月，师范学院国际研究所成立后，前来求学的中国学子更是与日俱增。据统计，自1923—1938年的15年间，该所接受的外国留学生来自世界50多个国家和地区，共3652人。其中，中国留学生就有565人之多，仅次于加拿大，位居第二[②]。

"桃李不言，下自成蹊。"中国留学生因仰慕哥伦比亚大学师范学院众多教育大师而纷纷来此求学，他们的聪颖与勤奋也得到了师院名师们的赏识与厚爱。许多知名教授对这些远道而来的中国学子在学业及生活上给予了热忱的指导和帮助，并与他们建立了融洽而深厚的师生情谊。

著名教育家、后任北京大学校长的蒋梦麟曾说："我在哥大遇到许多诲人不倦的教授，我从他们身上得到许多启示，他们的教导更使我终生铭感。"他认为自己"在哥大学到如何以科学方法应用于社会现象，而且体会到科学研究的精神"，"总之，在那几年里收获很大"[③]。杨亮功则回忆："克伯屈与杜威两人对于中国学生皆极亲切。"[④]1927年1月，针对哥伦比亚大学中国留学生的学习情况，克伯屈专门在美国教育杂志上发表《中国教育所学于美国教育的是什么》一文，向中国留学生提出9点建议，充满了对中国留学生的真诚关心。后任清华大学历史系主任的蒋廷黻也说，时任师范学院教育部部长的孟禄教授"多年来对中国教育有兴趣，而且对哥大中国学生花费过很多心血"。受其影响，哥伦比亚大学校长巴特勒曾专门召开中国留学生座谈会[⑤]。1917年9月，已是南开中学校长的张伯苓来到哥伦比亚大学师范学院教育部研修教育学，学习期间，由孟禄亲自指导，彼此结下了深厚的情谊。孟禄两次提名给张伯苓荣誉奖学金，并免除其学费[⑥]，

① 据高麟英文[Lin Yin Gao: Academic and Professional Attainments of Native Chinese Students Graduating from Teachers College, Columbia University(1909—1950)]，1935年师范学院又设立了与学术型的教育学专业哲学博士学位(Ph. D)相区别的应用型的教育博士学位(Ed. D)。

② Report on the International Institute of Teachers College to the Rockerfeller Foundation, January 1939，Appendix，转引自阿部洋：《保尔·孟禄与中国的近代教育》，《外国教育资料》1996年第1期。

③ 蒋梦麟：《西潮与新潮——蒋梦麟回忆录》，东方出版社2006年版，第107—108页。

④ 杨亮功：《早期30年的教学生活·五四》，黄山书社2008年版，第39页。

⑤ 蒋廷黻：《蒋廷黻回忆录》，岳麓书社2003年版，第77页。

⑥ 梁吉生：《张伯苓教育思想研究》，辽宁教育出版社1994年版，第203页。

以支持他的学习和研修。孟禄在为师范学院的各国学生执讲“教育史”课程的过程中，发现中国学生来美留学多在大都市，不熟悉美国乡村情形，而这不利于他们全面了解和学习美国的教育经验。为使他们将来能更好地为自己的祖国效力，孟禄还特地在各处向一些热心教育的人士募捐路费，多次亲自带领陈鹤琴、王文培、郑晓沧等中国留学生和少数日本留学生到美国南方参观①，因为南部诸州以农业为主，有较多地方可供中国效法。当时的中国留学生陶行知在生活上也得到了师院教授们无微不至的关怀。如孟禄热心推荐陶行知申请为在师范学院学习的外国留学生特别设置的“利文斯顿奖学金”，又指点他登门拜访住在纽约市附近的一些捐赠人。由于孟禄的亲切关怀，陶行知终于从众多的申请人中脱颖而出。利文斯顿奖学金的获得，使陶行知得到了基本的经济保障，从而解除了他求学的后顾之忧。多年后，每当陶行知回忆起当初的情景，对孟禄的感激之情总是油然而生。师范学院知名教授对中国留学生的关心和指导，由此可见一斑。

当年在哥伦比亚大学其他院系就读的中国留学生也得到了所在院系知名教授的精心指导和培养，同样与他们建立了深厚的师生情谊。如1915年进入哥伦比亚大学哲学系就读的胡适在杜威的直接指导下学习哲学，他对乃师上课时“用字的慎重选择以及对听众发表意见的方式则印象极深”，他说：“杜威不善辞令。许多学生都认为他的课讲得枯燥无味。他讲课极慢，一个字一个字地慢慢说下去。甚至一个动词、一个形容词、一个介词也要慢慢地想出，再讲下去。在这里你可以看出他讲课时选择用字的严肃态度。”②其所授课程“论理学之宗派”使青年胡适极感兴趣并从中受到启发，从而确定了博士学位论文选题为《中国古代哲学方法之进化史》。胡适在哥伦比亚大学除以哲学为主科外，还以政治理论和汉学为副修。之所以选修汉学，则是因为哥伦比亚大学夏德教授的提议与邀请。晚年的胡适曾回忆说：“夏先生待我甚好。他不但领导我参观哥大那个他所协助建立的小型中文图书馆，他还把他那丰富的中文典籍的收藏全部让我使用。”③彼此成为要好的朋友。而当他完成在哥伦比亚大学的

① 《孟禄与中国教育界同人在中央公园饯别会之言论》，《新教育》，1922年第4期。
② 胡适口述，唐德刚整理、翻译：《胡适口述自传》，安徽教育出版社2005年版，第99页。
③ 胡适口述，唐德刚整理、翻译：《胡适口述自传》，安徽教育出版社2005年版，第95页。

学业，回国前夕前去向导师杜威教授辞行时，“先生言其关心于国际政局之问题乃过于他事。嘱适有关于远东时局之言论，若寄彼处，当代为觅善地发表之”。导师的信任与关照让胡适“至为感念”①。于 1919 年来到哥伦比亚大学攻读历史学博士学位的蒋廷黻则根据其导师海斯和沙费尔德两位教授所授课程的启示，撰写的博士学位论文为《劳工与帝国》。著名经济学家、后任北京大学校长的马寅初于 1906 年赴美留学，在获得耶鲁大学经济学硕士学位后，入哥伦比亚大学研究生院攻读博士学位。为解决学费问题，每到假日他即到码头扛木头、做苦工，或到餐馆洗碗端盘子，后在导师赛利格曼教授的鼎力资助下，才得以安心苦读。1915 年，他完成了博士学位论文《纽约市之财政》，此书后在纽约出版，还被选为哥伦比亚大学一年级新生的教材。而就读于哲学系的冯友兰求学期间，其导师杜威为他申请该校奖学金写过一封很长的信，信的最后一句说：“Mr. Feng is a student of real scholarly calibre（冯君这个学生是一个真正学者的材料。）”②冯友兰不仅因为这封信得到校方格外的关照，而且这句话也使他获得鼓舞和信心。

总之，正是在哥伦比亚大学求学时期，陶行知等中国留学生进一步形成了自己的人生观、价值观和世界观，构建了中西合璧的知识体系，接受了实用主义教育思想的熏陶，树立了先进的教育理念，为日后的教育改革活动奠定了知识、能力和人事关系的厚实基础。

根据校方的安排，斯特雷耶教授担任陶行知的论文指导教师。斯特雷耶教授是美国著名的教育行政学专家、美国教育行政学会会长，学问渊博，但有些学究气。杜威的专长是教育哲学，他虽然不是陶行知的论文指导教师，但陶行知选修了他所讲授的“学校与社会”这门课程。相比之下，他在教育哲学思想上对陶行知的影响远大于斯特雷耶。

杜威的教育哲学是实用主义教育哲学。这种教育哲学以其经验论的实用主义哲学观为基础，强调变迁、行动和实用，主张“教育即生长”、“教育即生活”、“教育即经验的改造和改组”、“学校即社会”、“以儿童为中心”和“从做中学”，要求教育应当与社会有广泛的联系，要反映社会对教育的要

---

① 沈卫威编：《胡适日记》，山西教育出版社 1997 年版，第 92 页。

② 单纯编：《冯友兰自述》，河南人民出版社 2005 年版，第 70 页。

求。教育要密切联系社会生活实际,教育要适应儿童身心发展的特点和规律,要着重培养学生适应生活的能力,要注意培养学生的主动精神和发展学生的个性。尽管这种教育哲学由于杜威本人在政治、哲学等方面的阶级制约性和历史局限性,存在着不少错误的、自相矛盾的东西,但从总体上看,它适应了19世纪末20世纪初急剧变化的社会现实的需要,对于改革美国当时形式主义占统治地位的旧教育,建立现代民主、科学的新教育,是有积极意义的。

陶行知求学哥伦比亚大学期间,正是杜威实用主义教育理论成熟和影响逐渐达到高峰之时。在此前后,杜威的主要教育论著《我的教育信条》、《学校与社会》、《儿童与课程》、《明日之学校》和《民主主义与教育》等,均已相继出版,而最集中最系统地阐述其教育思想的《民主主义与教育》,正好发表于陶行知就读该校的1916年。杜威对旧教育的抨击和对新教育的设想,他的批判精神、探索精神和创造精神,对于早就不满中国旧教育、希望建立一种新教育以维护和发展共和体制的陶行知来说,无疑有极大的吸引力。加之杜威教育学说的理论基础(达尔文的进化论、民主共和的政治主张和注重行动的哲学观)与陶行知在金陵大学时期就已形成的政治思想和哲学观点(达尔文的进化论、林肯的民主共和主张与王阳明“知行合一”的哲学观)在内容与形式上都有相通或相似之处,这些因素都使陶行知一跨入哥伦比亚大学师范学院的大门,就很快沉浸到杜威实用主义教育理论中去了。这一点可以从下面所列陶行知当时在该校学习的课程内容及任课教师的思想倾向看得很清楚①:

学年	课程名称	任课教师
1915—1916 第一学期	学校与社会(伦理学及教育问题) 教育史 实习:美国的公共教育行政 教育哲学 财政学 进步社会的发展	杜威 孟禄 斯特雷耶 克伯屈 塞索库曼 斯列丁

① [日]牧野笃:《关于陶行知在美国留学期间学习与生活的若干考察》,周洪宇编:《陶行知研究在海外》,人民教育出版社1994年版,第150—155页。

续表

学年	课程名称	任课教师
第二学期	教育史 实习:美国的公共教育行政 教育哲学 财政学 教育社会学实习	孟禄 斯特雷耶 克伯屈 塞索库曼
1916—1917 第一学期	实习:教育社会学 各国学校制度的社会基础	斯列丁 康德尔
第二学期	实习:教育社会学 各国学校制度的社会基础	斯列丁 康德尔

以上课程有浓厚的杜威实用主义教育理论的色彩。在这些任课教师中,杜威本人自不必说,讲授"教育哲学"的克伯屈教授是杜威的学生和最得力的助手,讲授"教育史"、"教育行政学"、"教育社会学"和"各国学校制度的社会基础"的孟禄教授、斯特雷耶教授、斯列丁教授和康德尔教授等人,都是与杜威私交甚好、思想上不同程度受杜威实用主义教育理论影响的著名教育家。陶行知正是在这样一批实用主义教育理论大师或具有进步主义教育倾向的著名教育家们的直接教诲下,接受了杜威实用主义教育学说。

信奉杜威实用主义教育学说,这对陶行知日后的人生道路与事业产生了深刻影响。20 世纪 20 年代前后,陶行知对传统教育的批判,就是以杜威实用主义教育学说为理论武器的。他的独树一帜的生活教育理论,也与杜威实用主义教育学说有着某种思想上的联系。当然,陶行知对于杜威实用主义教育学说,也如同他早年对待其他西方文化(如达尔文的进化论、林肯的民主共和思想和基督教的宗教学说)一样,都不是盲从盲信,照搬照抄,而是按照自己的理解和需要来接受,来传播;进而根据中国的具体国情,在充分总结自己长期教育实践宝贵经验的基础上,加以扬弃和发展,形成一种与之有本质区别、为中国人民反帝反封建斗争服务的新型教育理论。

需要说明,留美期间,陶行知对于西方文化的接受,并不限于人们常说的杜威实用主义教育学说,也不限于前文所列陶行知在伊利诺伊大学、哥伦比亚大学两校所学的有关课程的内容。事实上，他对现代西方的诸多哲学、社会政治学说，尤其是当时在西方流行的各派教育新思潮，均有广泛的涉猎与钻研。这一点，在陶行知回国不久发表的一系列文章中体现得特别明显。1917 年秋，陶行知自美归国后，针对国内教育界因循守旧、不思革新的现状，连续发表《试验主义之教育方法》、《教育研究法》、《智育大纲》、《教学合一》、《试验主义与新教育》等文章，大力介绍和宣传欧美教育新思潮、新学说，提倡以科学的试验方法来改造中国旧教育。在这些文章中，他提到的人物及其学说不下十余种，如培根(Francis Bacan)、笛卡尔(Descartes)等人的哲学观点，詹姆斯(William James)、桑代克、华莱士(Wallace)等人的心理学见解，约翰·费斯克(John Fiske)、华莱士(Wallace)等人的动物学理论，弗兰西斯·高尔顿(Francis Oalton)的遗传学思想，裴斯泰洛齐(Pestalozzi)、福禄培尔(Froebel)、赫尔巴特(Herbart)等人的教育试验，沃特(W. Wirt)的葛雷学校，爱莉(Aally)、沙力方夫人(Mrs. Sullifan)等人的盲童教育实践，等等。

陶行知归国后，与其他留学归国人员共同致力于推动当时中国的教育改革与发展，在中国教育界产生了极大的影响和效果。在杜威等哥伦比亚大学师范学院教育家访华及其中国弟子们的宣传推动下，符合了中国社会实际需要的实用主义教育理论盛行一时，成为中国教育理论界普遍认同的主导学说，并被大规模付诸实践。因此，哥伦比亚大学师范学院为彷徨中的中国教育提供了重要的理论支持，促进了轰轰烈烈的现代教育改革运动的开展。

在推动中国教育制度创新方面，清末民初的中国教育界经过长达半个世纪的摸索，在不断反思与改进的过程中，终于建立起与传统迥然有别的近代学制体系。然而，无论是壬寅·癸卯学制，还是壬子·癸丑学制，始终未能摆脱德、日教育模式的束缚，因而存在诸多弊端。20 世纪 20 年代前后，随着实用主义教育思想的盛行，学制改革运动亦拉开帷幕。1922 年壬戌学制的制定，使中国教育体制由模仿日本最终转向以美国为楷模，并朝着与中国社会实际相结合的方向发展。而这一运动的主导者，正是哥伦比亚大学师范学院教育家及其陶行知等中国弟子。如果说杜威、孟禄直接影响了新学制的指导思想、标准及内容，那么以胡适、陶行知为代表的哥伦比亚大学师范学院学子则推动了新学制的审定、颁布与贯彻实施。胡适等不仅积极参加了新学制酝酿、讨论、起草和审定的全过程，而且发表了许多见解独到、颇有分量的理论文章，为学制改革呼吁、鼓动、献计献策；在新学制颁布后，他们又率先垂范，推动新学制的试验与推广。

在推动中国中小学教育教学改革方面，以杜威、孟禄等哥伦比亚大学师范学院教育家访华及归国哥伦比亚大学师范学院学子的共同努力，中小学教育教学改革渐入高潮。杜威等人来华后，除全面宣传资产阶级民主主义教育思想，对学制改革发表重要意见外，还针对中国实际，提出了更适合中国国情的具体的教育改革措施，使得美国教育对中国的影响进一步强化。在中小学教育改革中，课程、教材与教学方法改革历来都是重头戏，也是检验改革得失成败的关键所在。哥伦比亚大学师范学院教育家们对此给予了许多实际的诊断和指导，如他们认为课程设置应适合社会和个人需要，因地制宜，主张变被动灌输的讲演式教授法为学生主动参与的教学法，指导道尔顿制和设计教学法的实验等。归国哥伦比亚大学师范学院学子不仅以中华教育改进社等教育社团为依托，开展了调查、研究、编译、推广、实验等一系列卓有成效的工作，而且陶行知、陈鹤琴等人还相继展开晓庄实验、活教育实验，创办新型学校，为中小学教育的改革别开生路。在哥伦比亚大学师范学院师生的推动下，中小学教育教学改革向纵深发展。当然，并非所有的教学改革实验都取得了成功，但即使是不成功的实验，仍对中小学教育发展产生了持久的影响，并促使人们更深人地思考课程、教材与教学法的改革问题。

以陶行知、陈鹤琴、邰爽秋为代表的哥伦比亚大学学子更致力于杜威教育思想的传播、应用及理论改造，并通过自己长期艰苦的实践和探索，创立了本土特色鲜明的现代教育理论。如陶行知创立了生活教育理论，陈鹤琴创立了活教育理论，邰爽秋创立了民生教育理论，庄泽宣提出了如何使新教育中国化的思想等，陶行知还被美国中国研究权威、哈佛大学费正清教授誉为杜威学生中“最有创造力的一位”。

杜威及其教育学说，此时只是作为众多人物及其学说之一而被加以介绍。这些事实表明，陶行知在留美期间接受西方文化时，从来就没有局限于某人某派学说，而是从改造中国社会和文化教育的需要出发，以海纳百川，吞吐百家的博大胸襟和恢宏气度，博采诸家外来学说之长，融会贯通地形成自己的知识结构和思想体系。

第三节　陶行知的爱情、婚姻与家庭

陶行知之所以能够成为一位人民教育家和文化伟人，其原因是多方面的，除了时代召唤、求学机遇、个人努力之外，还有一个重要因素，就是他的爱情、婚姻与家庭给了他巨大的动力。20 世纪二三十年代，陶行知之所以能够全身心地去开展平民教育与乡村教育运动，主要得益于他的母亲曹翠仂、妹妹陶文渼、妻子汪纯宜全力操持家务，为其解除后顾之忧，从而保证了他将全部精力投入到振兴中华民族教育事业上来。20 世纪 30 年代，他之所以能够以巨大的热情投身于兴办育才学校，创立生活教育社、国难教育社，开展战时教育、国难教育和民主教育，就是从与吴树琴的爱情与婚姻中得到了巨大的精神动力。可以说，爱情、婚姻与家庭，是陶行知事业成功的重要保障。

一、一个大家庭

陶行知的家庭是一个大家庭，除他之外，家庭成员先后包括：父亲陶位朝、母亲曹翠仂、姐姐陶宝珠（幼亡）、妹妹陶美珠（又名文渼）、前妻汪纯宜、长子陶宏（乳名桃红）、次子陶晓光（乳名小桃）、三子陶刚（乳名三桃）、四子陶城（乳名蜜桃）、续妻吴树琴。

父亲陶位朝，以字行，名长生，号笑山（筱山），1867 年生于安徽歙县，1915 年 1 月病逝于南京。他为人厚道，古文功底较好，曾在南京汇文女校教过书。后来回乡务农，过起清贫生活。陶位朝经历曲折，生活艰难，因此他将希望寄托到陶行知身上。他对童年时期的陶行知的学习非常重视，亲自在家教儿子读书识字。陶行知 15 岁时，他又送其入本县的教会学校崇一学堂，为儿子接受西方教育乃至后来的出国留学奠定了较好的基础。陶位朝望子成龙，将儿子的前途放在首位。据陶城回忆：

> 祖父为了大力支持爸爸在美学习，他把吸大烟的恶习都彻底戒掉。对于一个吸鸦片者来说，没有良好的戒烟措施，自己来行戒毒，这是需要多么大的毅力，要忍受多么大的痛苦。但为了儿子能成才，为国效力，他还是作出了多么大的牺牲才把烟瘾坚决

戒掉。慈祖父这种伟大的牺牲精神,为爸爸的前途和伟业着想,确实值得缅怀发扬光大。①

此外,陶行知毕生所保持的那种吃苦耐劳、平实俭朴、敬业奉献的作风,在很大程度上也是受其父亲影响的。

母亲曹翠仂,安徽绩溪人,生于1866年1月20日,因患脑出血于1933年11月26日逝世。她是一位"勤劳、善良、朴实、忠厚、爽朗,富有好学求真精神的劳动妇女"②,在陶行知幼时的记忆中,他母亲除种田务农、操持家务外,还替人缝补浆洗。陶母艰苦朴素,治家节俭,家中丈夫、儿子,后来又有孙子的理发,全由她一人包办,数十年如一日。她这种热爱劳动、艰苦朴素的精神,对陶行知一生影响很大。陶行知把母亲使用过的剃刀视为最可纪念的传家宝。母亲逝世后,他曾作诗一首:"这把刀!曾剃三代头。细数省下钱,换得两担油。"③十一二岁时,陶行知就每天随祖母一起绩麻,跟母亲一起种菜,随父亲一起砍柴、卖柴和卖菜。后来,在他忙于中华教育改进社和晓庄师范创办期间,陶母与陶妹全力支撑着全家的事务,为尽量不让陶行知为家事分心,作出了无私奉献。1927年1月20日(丙寅年腊月十七日),陶行知在母亲过60周岁生日那天,从南京专门给在北京的母亲写了一封信《送给国家的寿面》:"儿从母亲寿辰立志,决定要在这一年当中,于中国教育上做一件不可磨灭的事业,为吾母庆祝,并慰父亲在天之灵。儿起初只想创办一个乡村幼稚园,现在越想越多,把中国全国乡村教育运动一齐都要立他一个基础。儿现在全副的心力都用在乡村教育上,要叫祖宗及母亲传给儿的精神,都在这件事上放出伟大的光来。儿自立此志以后,一年之中,务求不虚度一日,一日之中,务求不虚度一时:要叫这一年的生活,完全的献给国家,作为我父母送给国家的寿面,使国家与我父母都是一样的长生不老。"④陶行知忙于中

① 陶城:《真善美的爱——陶行知一家》,周洪宇等主编:《陶行知与中外文化教育》,人民教育出版社1999年版,第226页。

② 陶城:《真善美的爱——陶行知一家》,周洪宇等主编:《陶行知与中外文化教育》,人民教育出版社1999年版,第228页。

③ 陶行知:《吾母所需剃刀》,《陶行知全集》第4卷,湖南教育出版社1985年版,第216页。

④ 陶行知:《送给国家的寿面——致母亲》,《陶行知全集》第5卷,湖南教育出版社1985年版,第155—156页。

国的教育事业，连为母亲祝寿的时间都难以抽出，只能通过发奋工作来报答母亲的恩情。正如陶城所说："可以说没有祖母，就没有我们兄弟四人的一切。"特别是1930年后，国民党通缉陶行知，陶母带陶妻汪纯宜和四个孙子逃到远离五柳村的山上居住，那段艰苦的日子全靠陶母一人支撑着。陶母在全力照顾全家的同时，还在晚年抓紧时间学习，在孙子们的帮助下，她努力识字，正是在这种家庭教育场景的启发下，陶行知提出了"小先生制"这一伟大的教育理论。因此，在母亲入殓时，陶行知痛哭道："母亲、文渼妹、纯宜妻，你们实在是三位最伟大的女性，实在是被我拖累垮的啊！"①

陶行知有一姐一妹：陶宝珠和陶文渼（又名美珠）。姐姐宝珠出生年月没有记载，幼亡。妹妹文渼生于1895年，病逝于1929年6月6日。她与陶行知在崇一学堂和金陵大学的同学张枝一结婚，但丈夫又早逝，一直无子女，因此，陶行知就将二儿陶晓光和小儿陶城过房给了陶文渼，做她的儿子。她是一个有文化、有见识的女子，一直非常支持陶行知开展乡村教育运动，还亲自办起了晓庄农暇妇女工学处，为广大的农村妇女提供读书与学习的机会。她为陶家立下了汗马功劳，因此，陶宏说：

> 在歌颂我父亲伟大的造就时，在哀悼他那种为大众谋幸福真正是鞠躬尽瘁、死而后已的精神时，千万可别忘了三个无名英雄：第一个就是我的姑母，第二个就是我的祖母，第三个就是我的母亲。在七年内，她们为了父亲的事业而相继牺牲倒下。父亲是为事业拖死的，她们都是为父亲的事业拖死的。她们的精神同样是伟大的，不朽的。②

长子陶宏，1915年生于南京，1975年因心肌梗死而病逝于北京。陶宏与陶行知的关系，既是父子关系，又是朋友与同事关系。他参加了陶行知在国内的大部分教育活动，并且对陶行知教育理论与实践有直接的帮助与影响。譬如，1923年陶行知在平民教育运动中所推广的连环教学法，就是从陶宏教弟弟陶晓光识字中受到的启发，这一史实可以从他于当年10月

---

① 陶城：《真善美的爱——陶行知一家》，周洪宇等主编：《陶行知与中外文化教育》，人民教育出版社1999年版，第228—229页。

② 陶宏：《我和我的父亲》，《纪念陶行知》，湖南教育出版社1984年版，第211页。

8日给儿子的信中得以证实:“桃红、小桃:你两个人很有功劳。我看见你们两个人,哥哥教弟弟读《千字课》,就发现了一个好法子,叫做连环教学法。这个法子是用家里识字的人教不识字的人:我教你,你教他,他又教他。一家当中,先生教师母,师母教小姐,小姐教老妈子,每人花不了多少工夫就可以使全家读书明理了。”①陶行知非常喜欢陶宏和陶晓光,他经常与他们通信。1925年,陶行知收到陶宏和陶晓光的来信后,于1月18日回信说:“你们两个真正好,你们写给我的信都收到了。多谢得很,因为南京打仗,信在南京搁下了,到前天才收到。……孟禄夫人前天从美国到上海,送了两盒玩的东西给你们。大盒是送桃红的,小盒是送小桃的。大盒难玩些。小桃大些的时候,大桃可以借给他玩玩。你们每人都要写一封信谢谢孟禄夫人,收到了就写,要写你们心里的话。写好了寄来,我给你们翻成英语,一齐寄到斐利滨去给他。”②1月30日,他又给陶宏、陶晓光写了题为《三花脸的白话诗》的信:“你说你公道,他说他公道。公道不公道,自有天知道。”③他一直注重教育自己的几个儿子,1927年春,他在忙于筹建晓庄学校的时候,也不忘给家人写信教育儿子,2月11日,他在信中写道:“桃红、小桃在家,自己的事要自己干。衣服要学洗,破了要学缝。烧菜弄饭都要学。还要扫地抹桌。有益的事都要做。”④3月17日,他给陶宏写信:“我很希望你和小桃多学做事。我的主张是:有书读的要做事,有事做的要读书。……我要你们做有知识、有实力、有责任心的国民;不要你们做书呆子。”⑤1927年3月,陶行知创办了晓庄师范学校,他长年累月在外奔波,很少有时间能回家与全家老小团聚,但这丝毫不影响他对孩子们的感情。他利用一切机会表达父爱:家人寄来照片,他总是爱不释手,抽空就

① 陶行知:《连环教学法之发现——致陶宏、陶晓光》,《陶行知全集》第5卷,湖南教育出版社1985年版,第35页。

② 陶行知:《孟禄夫人送玩具——致陶宏、陶晓光》,《陶行知全集》第5卷,湖南教育出版社1985年版,第112页。

③ 陶行知:《三花脸的白话诗——致陶宏、陶晓光》,《陶行知全集》第5卷,湖南教育出版社1985年版,第113页。

④ 陶行知:《下乡拜年和牛大哥同铺——致母亲、汪纯宜等》,《陶行知全集》第5卷,湖南教育出版社1985年版,第165页。

⑤ 陶行知:《晓庄开学勉励桃红——致陶宏》,《陶行知全集》第5卷,湖南教育出版社1985年版,第174页。

看；儿子寄来自己制作的贺卡，尽管上面又涂又画，但他认为这是最好的礼物；每到一地开展教育活动，他都要写信给家人报平安，汇报近况，这既是对家人的慰藉，也是自己表达想家之情的重要方式。1928 年陶宏随全家迁到南京，他入晓庄学校学习，并充分发挥创造力，制订了“十九年度陶宏计划”。20 世纪 30 年代初，陶宏协助父亲开展“科学下嫁”运动，他参与编写《儿童科学丛书》和《儿童天文学活页指导丛书》。1939 年，陶行知在重庆兴办育才学校，陶宏也来到重庆，在中国科学社生物研究所工作，参与筹建育才学校自然组，并负责自制实验仪器。因此，陶行知于 1942 年在给二儿子陶晓光的信中写道：“现在的自然组全靠陶宏一个人力量维持，假使他走，对学校对小孩子都是一大损失。”[①]后来，陶宏受聘到四川大学理学院任教后，还经常写信指导育才学校的孩子，在育才学校最困难的时候，他亲自为育才学校募捐到 18000 元寄给陶行知，帮助育才学校渡过了难关。陶行知去世后，他被调到北京大学理学院化学系任教，后在中国科学院感光化学研究所工作，成为中国感光化学学科的奠基人与开创者之一。

次子陶晓光，生于 1918 年 7 月 5 日，于 1993 年 7 月 6 日在北京去世。1923 年，他在家中教奶奶学习《平民千字课》，成为陶行知后来所倡导的“小先生制”的雏形，“成为中国第一个小先生”[②]。陶晓光回忆说：

> 当时我祖母已 57 岁，她受父亲的影响，发了一个宏愿，要读完 4 本《平民千字课》。那时我才 6 岁，刚读完第 1 册，父亲就让我当“小先生”，教祖母读书。我和祖母一面玩一面读。读到 16 天时，父亲依据 16 课以前的生字写了一封信，从张家口寄给祖母，她居然能一字不差地读了出来。我这个“小先生”的实验给了父亲很深的印象和启发，1934 年他正式提出推广“小先生制”。不久，就在全国 23 个省市取得了显著的成效。[③]

---

① 陶行知：《动员一切朋友，解决南洋接济断绝的困难——致陶晓光》，《陶行知全集》第 5 卷，湖南教育出版社 1985 年版，第 744 页。

② 陶城：《真善美的爱——陶行知一家》，周洪宇等主编：《陶行知与中外文化教育》，人民教育出版社 1999 年版，第 239 页。

③ 陶晓光：《回忆父亲给我的教育》，《纪念陶行知》，湖南教育出版社 1984 年版，第 357 页。

20世纪30年代初，陶晓光协助父亲开展“科学下嫁”运动。他与表叔曹子云一同自行组装了手提式直流无线电收音机数十台，还带着发电机与放映机到农村为农民放电影。这是陶晓光第一次在上海利用无线电台对民众进行科学普及教育。抗战期间，他先后参加桂林的生活教育社，担任了育才学校驻印度的代表，负责为育才学校募集资金，还在加尔各答为育才学校绘画组举办了绘画木刻展览会，以此来募集办学经费。他还为育才学校音乐组购置了一批音乐器材。陶行知去世后，陶晓光辞去中国航空公司无线电工程的工作，又回到育才学校，继承父亲的未竟事业。中华人民共和国成立后，他成为中国人民解放军师级干部、无线电专家。

三子陶刚，1919年11月22日生，1983年病逝于上海。他从小先天不足，身体瘦小而虚弱[①]，先后跟随陶行知在晓庄学校、山海工学团学习。抗战爆发后，先后在徽州日报社当报童，后来甘愿务农种田，先后在桂林临桂教养院农场、重庆育才学校农场工作。陶行知去世后，他一直在上海育才学校和行知中学工作。

四子陶城，1924年11月17日生于北京。抗战期间，他在上海积极宣传抗日，与其他青年创办了《抗日每日战报》，在上海街头向市民报道中国军队的战况，还参加了上海童子军。1938年随父亲到桂林，参加储材学校少年抗日宣传队，张贴抗日宣传画，教孩子们画宣传画，讲抗日故事，教唱抗日歌曲。抗战胜利后，他先后在重庆九龙坡交通大学及上海交通大学学习。中华人民共和国成立后，任哈尔滨工业大学力学系教授。

二、两次爱情与婚姻

陶行知一生经历了两次爱情和婚姻，第一次是与汪纯宜的婚姻，汪为其生了四个儿子：长子陶宏（乳名桃红）、次子陶晓光（乳名小桃）、三子陶刚（乳名三桃）、四子陶城（乳名蜜桃）。第二次是与吴树琴的婚姻。

（一）陶行知的第一次婚姻

陶行知的第一次婚姻是与汪纯宜的婚姻。1914年6月陶行知从金陵大学毕业后不久，就与妹妹陶文渼的同学汪纯宜结婚。汪纯宜生于安徽省

---

① 陶城：《真善美的爱——陶行知一家》，周洪宇等主编：《陶行知与中外文化教育》，人民教育出版社1999年版，第242页。

休宁县，生年不详。3岁就丧父母，后来遵照长辈的意图，按旧式婚姻与陶行知结婚。汪纯宜为人忠厚纯朴，温和慈祥，沉默寡言①。陶行知结婚后，便将全家迁至南京。不久，陶行知踏上了赴美留学的轮船。当他在伊利诺伊大学攻读政治学硕士学位时，长子桃红（即陶宏）于1915年4月在南京出生，给全家带来许多欢乐。1917年秋，陶行知从美国哥伦比亚大学毕业归国，应南京高师之聘，任教育学教员，这样，他和妻子家人团聚。1918年6月，妻子又生次子小桃（即陶晓光）。1919年11月，三子三桃（即陶刚）也在南京出生。

1923年2月，陶行知已是中华教育改进社主任干事。为了全力以赴地做好中华教育改进社的工作，在经南京高师校方同意的情况下，夏季他将全家迁往北京。9月27日，他在杭州开展平民教育，不能回家过中秋，专门写信给母亲和妻子汪纯宜。不管走在哪里，陶行知都心系家庭，总要写信给家中的妻儿老小，汇报自己的外出情况，并关心妻子的身体与生活，关注孩子们的学习与成长。10月17日，他又写信给他的母亲和妻子汪纯宜，一方面，介绍自己在上海、南京、安徽等地开展平民教育的情况；另一方面，劝母亲抽空读《平民千字课》，多识字②。1924年10月29日，当他收到妻子来信祝贺他的生日后，在南京给远在北京的妻子回了信："我实在是不对，连自己最宝贵的生日都忘记了。多谢大家给我做生日，我欢喜的很。可惜这日子我不能在家里和大家一同快乐。"③11月4日，他收到妻子让他在天冷时加棉衣的信函后，回信说："这几天天气稍冷，我请陈妈把我的绸夹袍拿去，找了一个裁缝给我翻了一件棉袍，穿在身上非常暖和。陈妈的算计真好，共总只花了一元三角钱，连棉花一起在内，真是便宜的很。我在外面自己能照应自己，请可放心。我饿了就吃，倦了就睡，事做完了就玩玩，很自然，很快乐。"④

---

① 陶城：《真善美的爱——陶行知一家》，周洪宇等主编：《陶行知与中外文化教育》，人民教育出版社1999年版，第231页。

② 陶行知：《劝慈母读〈千字课〉——致母亲、汪纯宜等》，《陶行知全集》第5卷，湖南教育出版社1985年版，第46—47页。

③ 陶行知：《四个小孩两人分——致母亲、汪纯宜等》，《陶行知全集》第5卷，湖南教育出版社1985年版，第108页。

④ 陶行知：《我的生活——致母亲、汪纯宜等》，《陶行知全集》第5卷，湖南教育出版社1985年版，第109页。

1924年12月13日，汪纯宜在北京生下了四子陶城，乳名蜜桃。12月18日，当陶行知在上海收到在北京的陶宏和陶晓光来信后，他在回信中讲道："你们的信收到了，影戏想必好看得很。阿姑的信也收到了。恭喜你们又得了一个小弟弟。你们可以给他一个名字。……请你们代我向老太太、妈妈、阿姑恭喜恭喜。衣服都收到了。"①1927年1月31日，陶行知在春节来临之际，因忙于筹备晓庄师范学校之事而不能回家过年，便给妻子写了一封信："年年难过年年过，今年已可安安稳稳过年了，请可放心。……家人的照片，都已收到。见照片如见人，固然不错，但我见了照片，更要念着人了。昨夜回宁，现在积极筹备试验乡村师范。"②

陶行知与汪纯宜相处一直和睦，1927年晓庄女子学校成立后，他反复劝导汪纯宜入学读书。他在12月3日给汪纯宜的信中讲道："纯妻：皮袍已收到，质地甚佳，袍面亦特别可爱，新年穿此，在乡间可以大出风头了。一月一日系晓庄学校落成纪念日，将有大热闹。深望你及全家均在此同乐。幼稚园已开学，收了徒弟三人，跟着幼稚园教师学做先生，此法非常有效。时局稍静，你是可以享优先权来此学习的。"③

1928年，为了支持陶行知在晓庄开展乡村教育运动，汪纯宜带着婆婆、小姑还有四个儿子，从北京搬到了晓庄农村。1930年国民党要查封晓庄学校，陶行知匆忙出逃，这使本来就因误食安眠药而精神错乱的汪纯宜，又一次遭到了沉痛打击。于是她产生了自杀的念头，投入夫子庙的一条臭水河欲自尽，幸好遇一义士救起④。1933年11月，陶行知母亲病故，使得陶家更是雪上加霜。汪纯宜的病进一步加重，陶行知让其二子晓光带其母亲与四弟，住进了设在观音寺内的儿童科学通讯学校。陶行知后因投身于国难教育运动，无暇顾及家人，便让陶晓光将汪纯宜送进了天主教办的上海普慈疗养院。该院对精神病患者根本没有采取相应的治疗措施，结果汪

① 陶行知：《用小桃的笔法写信——致陶宏、陶晓光》，《陶行知全集》第5卷，湖南教育出版社1985年版，第110—111页。

② 陶行知：《过年信——致汪纯宜、陶文渼》，《陶行知全集》第5卷，湖南教育出版社1985年版，第159页。

③ 陶行知：《幼稚园艺友——致汪纯宜》，《陶行知全集》第5卷，湖南教育出版社1985年版，第199页。

④ 陶城：《真善美的爱——陶行知一家》，周洪宇等主编：《陶行知与中外文化教育》，人民教育出版社1999年版，第232页。

纯宜于 1936 年 4 月 23 日病逝。

(二)陶行知的第二次爱情与婚姻

陶行知的第二次婚姻是与吴树琴的婚姻。陶行知与吴树琴相识是从 1935 年 7 月 23 日开始的。吴树琴是安徽休宁县人，距陶行知老家仅有百余里，她原是安徽省隆阜第四女子中学学生。1935 年 7 月为了反对父母包办婚姻与另一女生离家出走，经姚文采的介绍与陶行知相识，陶行知将她们介绍到上海中法大学药学专修科学习，从此他们开始书信往来。经过一段时间的交往，吴树琴对陶行知产生了爱情，第二年春，回到老家的吴树琴开始给陶行知写信表达自己对他的好感。自 20 世纪 30 年代初起，陶行知的前妻汪纯宜因受刺激而精神错乱，加之陶行知一直投身于教育事业，故而他无法得到家庭的温暖，爱情更是无从谈起。1933 年底，他在给晓庄学生汪达之的信中谈到娶妻的条件时，明确提出以聪明、健康的乡下姑娘为宜。当时陶行知的家庭出现了很大变故，母亲去世，妻子汪纯宜又成天住在精神病院治疗。可以说，这是陶行知非常艰难的一段时期。当陶行知收到吴树琴表达爱意的书信，吴树琴在信中说她在梦里常常看到陶行知，他非常激动与欣慰，犹如久旱逢甘霖，于是便接纳了这个女子的爱。他在 1936 年 3 月 15 日给吴树琴的信中说：

> 在最近的一封信里，你说到梦里常常看见我，我是多么高兴啊！你写这封信，谅想是用尽气力，拼命的要把心中话写出来，我佩服你的勇敢。老实告诉你，我做了你的梦里人，那是比做南面王还荣幸。我愿意永远在你的梦里安慰你。你不知道吧？我也时常在梦中看见你。不过我是没有你勇敢，从来没有给你说过。现在可以给你知道，你是我梦里最欢迎的人了。……你几个月才给我一封信，叫我想念来信如同三天没有吃奶的小孩。……亲爱的冰小姐！我得到了你的一封信，好像是得到了一种神秘的力量，又好像千军万马来到我的面前，听我的指挥。我的精神顿加十倍，能做十倍的事并且做得十倍的好。①

① 陶行知：《梦中的情景是人生的天国——致吴树琴》，《陶行知全集》第 8 卷，湖南教育出版社 1992 年版，第 776—777 页。

陶行知在与吴树琴的通信中，称吴树琴为“冰小姐”、“冰冰”、“冰妹”等，自称“水”。通过这种称呼，可以看出陶行知对这种迟到的爱情心存顾虑，因为这毕竟是第二次爱情，而且在吴树琴表达爱意时，他的前妻尚在医院治疗，因而他与吴树琴的爱情并不像年轻人那样表现得热烈，体现出一种理性的爱。但从中也可看出，陶行知与吴树琴的爱情是和谐的，因为冰的融化便是水，水的凝结就是冰。此外，也反映出在这次爱情中陶行知是主动的，吴树琴有点被动，陶行知想通过水来融化冰，从而使爱情升华。

1936 年 7 月至 1938 年 8 月的两年多在欧美进行国民外交期间，陶行知始终保持与吴树琴的通信往来，每到一处都要给吴树琴写信并寄一些风景照片。1937 年 6 月 15 日，他在给吴树琴的信中写道：

> 人生遇逆境只有一个秘诀：把忧愁忘掉。吃饭、睡觉、工作、游玩、忘掉，包括奋斗，你若记得这五点，你可以活到一百岁。因此，你得把气忘掉，把闷忘掉，把敌人忘掉，把爱人忘掉，把自己忘掉。什么都可以忘掉，只是不可以把写信忘掉。现在把通信处寄给你。……短短信，常常寄，好吗？①

陶行知在异国他乡只能通过书信来与吴树琴交流感情，他将读吴树琴的来信作为他工作之余的唯一精神享受，他盼望吴树琴的来信几乎到了望眼欲穿的地步。他在 1937 年 4 月 29 日给吴树琴的信中表达了这种心情：

> 你是三月十三的信，我是在两星期前收到的。这封信来后，好像是很久很久没有接到你的信了。但是仔细象[想]了一下，应该是再过两个星期才能接到你的信。何以呢？你大概是每月平均给我一封信。照我现在的心理看来，这好比是每天吃一餐饭，是觉得不能满足。②

---

① 陶行知：《人生遇逆境的秘诀——致吴树琴》，《陶行知全集》第 8 卷，湖南教育出版社 1992 年版，第 787 页。

② 陶行知：《不要听信谣言——致吴树琴》，《陶行知全集》第 5 卷，湖南教育出版社 1985 年版，第 309 页。

后来，他与吴树琴的通信频率明显加快，有时一个月写两三封信，现将1937年6月至8月陶行知给吴树琴的写信时间列举如下：

书信题目	《把实习情况告诉我》	《人生遇逆境的秘诀》	《诗一首，请教正》	《在墨西哥要留到九月底》	《明天到旧金山去，为自由而战》	《国外行程安排》	《加入红十字会》
写信时间	1937.6.12	1937.6.15	1937.6.25	1937.7.17	1937.8.1	1937.8.11	1937.8.22
与下封信间隔时间	3天	10天	22天	15天	10天	11天	

资料来源：华中师范大学教科所编：《陶行知全集》第5卷，湖南教育出版社1985年版，第312—320页；《陶行知全集》第8卷，湖南教育出版社1992年版，第787页。

由上表可见，从1937年6月12日到8月22日共72天，陶行知就给吴树琴写了7封信，几乎平均每周写一封信，说明尽管陶行知在国外，二人相距数万里之遥，但大海都难以隔开他们炽热的爱恋之情。

1938年8月底，陶行知圆满完成了对26个国家的出访，回到香港。他在准备回国之前，于5月23日从华盛顿写信，约吴树琴8月底来香港。7月16日，他又在巴黎写信，告诉吴树琴“可以坐大船三等舱，一直到香港。8月底以前到。不要坐小船，行走慢而会害海病。东西不必多带。衣服和药书应当带，余寄存在人家”①，还为她找好了到香港的联系人。这可以说是安排周到，关怀备至了，同时也可反映出他欲见吴树琴的迫切心情。8月5日，他到新加坡后又写信劝吴树琴“作一次最大的努力来看我。倘若这次不能相见，以后是很困难了”，并随信寄去他为纪念他们二人相识三周年所作的诗：

巴黎无雨也留客，独有今宵不可留。
抬头仿佛江湾月，屈指惊人已三秋。
横贯欧陆我去也，一任铁塔与云浮。
只是数月无音问，重逢何日令人忧。②

① 陶行知：《已托吴涵真帮助你——致吴树琴》，《陶行知全集》第8卷，湖南教育出版社1992年版，第797页。

② 陶行知：《送给冰冰的诗——致吴树琴》，《陶行知全集》第5卷，湖南教育出版社1985年版，第347页。

大概是出于年轻女子羞涩的缘故吧，吴树琴一直没答应按时来香港，因此陶行知回到香港后，未能见到自己的恋人，心情十分难过。他在9月7日给吴树琴的信中写道：读了近日吴树琴的来信，“简直是把我从喜马拉雅山推到玛利亚那的海底去了。晚上睡不着，一半是因为热，一半是念你。通盘算起来，觉得你还是待我好的地方多，待我不好的地方少。但是问你生日，是始终不告诉我，照相也不给我一张，这次又不来，实在是令人难过。可是你一定有你的困难，我是要原谅你。我很希望你能安排一下，和我在一个地方做事，可以朝夕相见，那我就很感激你了”①。之后，9月13日吴树琴便告诉了她的生日。陶行知看后心情一下好转，紧接着于9月22日回信说：“你的九月十三夜的信是给了我一个安慰。”之后的两个月中，陶行知又连续写了几封信催吴树琴来香港，还说“倘若你一定不能到香港来看我，那只好我来上海看你”②。

在陶行知的反复邀请下，吴树琴终于在1939年1月9日写信给陶行知，同意与她的一位取道香港去福州的同学一起去香港。陶行知兴奋至极，他在1月12日的回信中写道：

> 今天接读一月九日来信，知道你将和琴姊来港，这是新年中最好的福音。……我是数着钟点等待你的来临啊。亲爱的冰妹啊！你要知道，叫我多等一天，便是叫我身上减少一磅肉。我有的是肉，减少一二十磅也不要紧，所可虑的，是我精神上有些受不住。你若了解这一点，我相信你会插着翅膀立刻飞到我这里来。
>
> 现在一切都照着你们21日来港计划准备。我亲自要去接你们。快乐的日子快到了吧！③

1939年1月21日，吴树琴来到香港与渴望已久的陶行知相见，这犹

① 陶行知：《希望和你共事——致吴树琴》，《陶行知全集》第8卷，湖南教育出版社1992年版，第798—799页。

② 陶行知：《望你给我来信——致吴树琴》，《陶行知全集》第8卷，湖南教育出版社1992年版，第804页。

③ 陶行知：《数着钟点等待你的来临——致吴树琴》，《陶行知全集》第8卷，湖南教育出版社1992年版，第814页。

如牛郎会织女。吴树琴的到来，也给陶行知吃了一颗定心丸。从此，陶行知更加专心于自己的工作。同时，他也下决心再不让吴树琴离开他，于是他不久就以女婿的名义给吴树琴的母亲写了一封信，委婉地告诉丈母娘他想让吴树琴留在他身边。之后，陶行知就将这位准夫人带到了重庆，开始筹建育才学校。9月份陶行知正式向吴树琴提出结婚。其间她家人不断来信反对，经过吴树琴的努力劝说，家人终于在12月10日来信同意他们结合。于是他们二人于1939年12月底，在重庆古圣寺举行了结婚典礼。陶行知在高兴之余，赋诗一首：

> 天也欢喜，地也欢喜，人也欢喜，欢喜你遇到了我，我遇到了你，当时是你心里有了一个我，我心里有了一个你，从今后是朝朝暮暮在一起，地久天长同心比翼，相敬相爱相扶持。①

育才学校音乐组的学生还给这首诗谱了曲，绘画组学生绘制了各种吉祥的图案贴在新房门上，育才学校师生及附近的农民参加了婚礼。结婚后，吴树琴便投身到帮助陶行知兴办教育的活动中来。她利用自己学医的专业优势，与中国科学社合作在民间秘方的基础上，研制出治疗疟疾的药丸，经万人试用，效果很好。后来，她又到北温泉新药厂工作。他们夫妻每两周相聚一次，在这种离多聚少的日子里，陶行知通过写信与吴树琴交流感情，表达思念之情。二人相敬如宾，恩爱有至。1942年11月，陶行知生日来临之前，吴树琴来信作了安排。陶行知在回信中讲："多谢你为我的生日这样关心，那是我母亲去世后，就没有受过这样的恩宠了。"②1944年陶行知在生日前后，对夫人许下愿：等抗战胜利后，他要带妻子"携手同游全世界名山大川，同访……手创世界和平的人们、思想家、发明家、诗人、美术家，尤其是各国的大众"③。1946年7月25日，陶行知溘然长逝，吴树琴悲痛欲绝。

---

① 陶行知：《结婚证书上的题诗》，《陶行知全集》第11卷，四川教育出版社1998年版，第701页。

② 陶行知：《多谢你为我的生日这样关心——致吴树琴》，《陶行知全集》第8卷，湖南教育出版社1992年版，第862页。

③ 陶行知：《谈谈未来的美梦——致吴树琴》，《陶行知全集》第8卷，湖南教育出版社1992年版，第900页。

陶行知的第一次婚姻是理智、冷静与生活型的，可以说是亲情多于爱情；而第二次婚姻是炽热、浪漫与爱情型的，陶行知从这次婚姻中真正得到了爱情，也有益其事业的发展。

第四节　陶行知的师友群体

正如马克思所说："人的本质并不是单个人所固有的抽象物。在其现实性上，它是一切社会关系的总和。"[①]陶行知也不例外，在他的人生历程中，总是生活于一定的社会关系当中。在不同的阶段，他总会形成不同的交际圈，每个圈都是由特定个体组成的，这个交际圈里成员集体亦可称为群体。综观陶行知的一生，对其形成生活教育理论与开展各种教育实践产生重大影响的，主要有三大群体：江浙教育前辈群体、哥伦比亚大学师友群体、共产党人学生群体。这三个群体对陶行知的人生定位、价值取向、理论创新与实践追求产生了关键性的影响。

一、江浙教育前辈群体

唐宋之前，中国的文化教育中心在北方（主要在河南、陕西、山西、山东等黄河流域地区）；而从两宋开始，随着中国经济重心的南移，文化教育中心也移向了江浙一带。据《宋元学案》统计：北宋共有学者 603 人，其中浙江就有 142 人，居全国第一，首次超过了北方人才大省河南（有 101 人）。到了明清时期，江浙已成为中国人才输出地。据统计：清代共有进士 27014 人，其中江苏与浙江两省共有 5781 人，占全国进士总数的 21.4%，在全国各地遥遥领先[②]。进士中不乏衙门官员，俗语称"无绍不成衙"。而仅就单纯以文化教育为生的学者而言，也是江浙人在全国占据了绝对的优势，清代全国共有重要学者 951 人，而江浙两省就拥有 545 人，占全国总数的 57.3%[③]。如果将对陶行知的成长和教育思想的形成产生过影响近历

---

① 马克思：《关于费尔巴哈的提纲》，《马克思恩格斯选集》第 1 卷，人民出版社 1972 年版，第 18 页。

② 《明清进士题名碑录索引》，吴宣德著：《中国区域教育发展概论》，湖北教育出版社 2003 年版，第 107 页。

③ 萧一山：《清代通史》第 5 册，中华书局 1986 年版，附表《清代学者著述表》。

代江浙教育家汇总起来称为江浙教育前辈群体的话，那么，这个群体成员主要有：张謇（江苏南通人，1853—1926）、蔡元培（浙江绍兴人，1868—1940）、袁希涛（江苏宝山人，1866—1930）、黄炎培（江苏川沙人，1878—1965）、郭秉文[①]（江苏江浦人，1880—1969）等人。这些教育家前辈之所以对陶行知产生了重要影响，一方面是因为他在出国前在江浙接受了数年的教育，对江浙教育界名人心存仰慕之心；另一方面其主要在江浙地区接受教育，因而他深受江浙教育家前辈群体的熏陶与影响。其中对陶行知影响最大的是蔡元培、黄炎培、张謇、郭秉文四位，因郭秉文是双重身份，他既是哥伦比亚大学师友群体的成员，又是江浙教育前辈群体的成员，笔者将其放在下一部分论述。现就其他三位教育家与陶行知交往及其影响作简略分析。

（一）感召与激励：蔡元培与陶行知

蔡元培与陶行知是中国近现代教育史上两位最著名的教育家，一位是立足于正规学校教育来实现中国教育现代化的教育大家，一位是着眼于民间教育普及而实现中国教育公平化的教育大师。这两位均是彪炳千秋、举世闻名的教育家，他们的共同之处在于将毕生的精力投入振兴中华民族教育大业中来。蔡元培比陶行知年长 23 岁，在陶行知就读金陵大学期间，蔡元培已经成为闻名遐迩的教育家。在陶行知心目中，蔡元培是中国教育改革的成功典范，尤其是改革北京大学的成功经验成为他在南京高师进行教育改革和管理晓庄师范学校的示范与样板。就蔡元培对陶行知的影响而言，一方面，这位出生江浙的大教育家，着实在青年陶行知的内心中是一个崇拜与效仿的楷模；另一方面，蔡元培对陶行知有过不少帮助，他们二人有过不少交往。

当陶行知于 1917 年回国担任南京高师教务主任时，蔡元培任北京大学校长并取得了一系列的改革成绩。陶行知借鉴蔡元培的一些改革经验，如学生自治、男女同校等打破了以往传统的管理模式，使南京高师成为继北京大学之后中国现代第二所运用新教育理念办学的高等院校。1921 年底，蔡元培与陶行知等人共同发起成立了中华教育改进社，陶行知起草了《中华教育改进社简章》，并于次年 2 月被聘为主任干事。蔡元培与陶行知

---

① 郭秉文既可视为哥伦比亚大学师友群体成员，也可作为江浙教育前辈群体成员。因为他是江苏人，且比陶行知年长 11 岁，按照通常 10 年为一代人的说法，郭秉文也可以作为陶行知的前辈。

为了开展中华教育改进社的工作，不仅一直保持密切的联系，而且相互支持。1922 年 7 月中华教育改进社第一届年会在山东济南召开，大会选举蔡元培为董事长，当陶行知与王伯秋共同提出《创办青岛大学案》时，蔡元培非常感兴趣，让陶行知在会上解释提案理由，陶行知提出："山东为我国文化发源之地，在学术上占重要之位置。自'山东问题'发生，青岛尤为全球视线所集。……为发展我国固有文化计，为沟通东西文化计，尤不能不设立永久高等学术机关，以谋改进，而扬国光。"①在蔡元培的支持下，该提案得以通过。大会期间，蔡元培与陶行知还一起提出《国立大学与省立大学分别设立案》，成为指导当时中国高校设置的指导性文件。

1927 年，蔡元培任南京政府大学院院长，当陶行知申请创立晓庄师范学校时，蔡元培给予大力支持，并亲自担任晓庄师范学校董事长。陶行知效仿蔡元培办北京大学时所提出的"兼容并包，思想自由"的办学理念，他在晓庄师范学校提出"自由园地"。他对晓庄师生讲："蔡元培办北大是'兼容并包'，晓庄学校则是'自由园地'。"②他学习蔡元培的管理经验，不管是什么党派，也不管是哪里的人，只要有专业特长，热爱乡村教育事业，晓庄学校都来者不拒。1927 年 10 月 2 日，作为晓庄师范学校董事长的蔡元培与陈鹤琴、张宗麟等人一同来晓庄学校参观，陶行知组织师生召开欢迎会，蔡元培在会上作了热情洋溢的讲话：

> 今天承陶校长及诸同学欢迎，感激得很。中国农民占全国国民总数的最多数，所以，要想改良一切制度，都应当从农民的头上做起。诸位在此都抱有大志，研究乡村教育，意义非常重大，这是我所非常赞同的。……
>
> 在路上看到木牌上写的你们的信条有一条是"教法学法做法合一"。很抱歉，这个重要原则我就没有做到。我挂了个董事长的空牌子，却没有和你们共同生活，就没有教学做合一。不过，我相信教学做合一是极其自然的真理。……我们小的时候，说话、跑路和做其他事情，看见父母说话、跑路、做事，就在跟着做的当

① 陶行知：《创办青岛大学案》，《陶行知全集》第 1 卷，湖南教育出版社 1984 年版，第 255 页。

② 辛元、谢放编：《陶行知与晓庄师范》，江苏教育出版社 1986 年版，第 69 页。

中，自然而然地受到同化而学会了，这些都寓有教学做合一的原理在里边。①

蔡元培参观晓庄师范学校后，给予了很高评价。正当蔡元培兴致高、情绪好时，陶行知邀请他用毛笔书写《我们的信条》中关于乡村师范教育的18条，蔡元培欣然提笔用楷书题写了共计260余字的教育信条18条，陶行知将其装裱后挂在晓庄师范学校的犁宫墙壁上。蔡元培来晓庄师范参观并题写教育信条，一方面体现出他对陶行知兴办乡村师范教育的理论与实践的认可与信任，另一方面也反映出他们二人交情之深、关系之密。1928年4月，晓庄师范学校为纪念成立一周年召开联村运动会，蔡元培与吴稚晖、杨杏佛等人一起来参会，使晓庄师范师生与农民很受鼓舞。其间，蔡元培曾两次拨款给晓庄师范，为陶行知办学救了燃眉之急。因此，陶行知于1929年在晓庄师范致谢赞助人会上讲道："拨给公债实现本校乡村计划，为本校今后开一新纪元的，是中华民国大学院蔡孑民院长。"②

20世纪30年代，面对国民党的白色恐怖政策，蔡元培与陶行知、李公朴、陈望道等100多人，于1933年3月14日在上海举行纪念马克思逝世50周年大会，蔡元培发表了演讲，表达了对马克思的敬意，严厉抨击了国民党的文化专制主义。

(二)帮助与支持:黄炎培与陶行知

黄炎培是江浙教育家群体中的重要一员，他毕生致力于发展职业教育，成为中国近现代教育史上第一位职业教育理论家与活动家。他比陶行知年长13岁，当陶行知还在当学生时，他已是江苏省教育司司长。1914年6月，陶行知以优异的成绩完成了在金陵大学的学业，在校方为陶行知等毕业生举行的毕业典礼上，黄炎培以江苏省教育会副会长的名义应邀出席。陶行知学习成绩突出，他全校总评第一的好成绩引起了黄炎培的关注，因此黄炎培亲自为陶行知颁发了毕业证书，并十分赏识陶行知的学识与智慧。从此，他们二人相识，并成为终身相互关照与支持的忘年之交。

---

① 蔡元培:《在晓庄师范学校演说词》,《蔡元培全集》第5卷,中华书局1984年版,第154—156页。

② 陶行知:《对于乡村教育及本校赞助人之总致谢》,《陶行知全集》第2卷,湖南教育出版社1985年版,第135页。

1915年黄炎培赴美国考察职业教育，他到哥伦比亚大学师范学院找到了陶行知，在陶行知等人的帮助与介绍下，结识了著名教育家杜威，并考察了美国一些地方的职业教育情况。可以说，黄炎培在美国期间，陶行知给予了全力帮助，使他在美国考察顺利。当时，陶行知正在撰写毕业论文《中国教育哲学与新教育》。陶行知所写的论文是中国教育哲学，需要在国内查阅大量的资料，而当时他身在遥远的美国，无法回国找资料。就在这时黄炎培结束了对美国的考察并准备回国，于是陶行知就顺便委托黄炎培回国后为其搜集资料。黄炎培回国后便四处为陶行知查找论文资料。1916年12月5日，他在给陶行知寄资料时顺便写信提道："国内青年，学成无用，中学毕业生就业者仅十之一，此为国内最急要之问题。解决方法，一在提倡职业教育；一在使普通教育方法之教材和训练方针，皆能切合于实用。"①陶行知得到黄炎培的赐教，将倡导普通教育与职业教育要切合实用，作为解决中国国内教育脱离实际、所学非所用问题的重要途径。从此陶行知对职业教育产生了兴趣。1917年5月6日中华职业教育社在上海创立，黄炎培任办事部主任，大力倡导发展职业教育。同年，回国在南京高师任教的陶行知便加入了中华职业教育社。黄炎培创办了《教育与职业》杂志，陶行知被聘为评论员和特邀撰稿人。陶行知非常支持黄炎培关于职业教育的观点，于1918年11月在中华职业教育社社刊《教育与职业》第1卷第3期上发表了《生利主义之职业教育》一文，他在该文中首次提出"生活教育"，并将生活教育与职业教育结合起来，强调"职业教育既以养成生利人物为其主要之目的，则其直接教授职业之师资，自必以能生利之人为限"，应当培养"生利主义之职业学生"。他从职业教育的师资、设备、课程、学生等方面作了专门论述，希望通过生利主义的职业教育，来达到"国无游民，民无废才，群需所济，个性所舒"的目的②。以上说明了当时不仅陶行知与黄炎培相互帮助，私交甚密，而且二人的教育观点一致，相互支持，朝着振兴中华民族教育的共同目标而努力。

两人除了共同探讨职业教育问题外，还共同致力于平民教育运动。1923年5月，陶行知、黄炎培、朱其慧等人发起成立了中华平民教育促进总会。他们分头行动，共同推动中国的平民教育进程。陶行知通过编写《平民

① 《黄炎培年谱》，文史资料出版社1985年版，第35页。

② 陶行知：《生利主义之职业教育》，《陶行知全集》第1卷，湖南教育出版社1984年版，第78—86页。

千字课》、创办平民读书处、开办平民教育学校等方式，来开拓平民教育的新局面；而黄炎培也曾规划在山西试办乡村职业教育，以促进地方平民教育的发展。在抗战时期，为了促进中国的民主建设，呼吁团结一致，共同抗日，1940 年 12 月，各民主党派的领导人黄炎培（中华职业教育社）、梁漱溟（乡村建设派）、张君劢（国社党）、左舜生（青年党）等在重庆集会，决定将原来的统一建国同志会改组成为中国民主政团同盟。1941 年 3 月 19 日，中国民主政团同盟在重庆召开大会，会议通过了《中国民主政团同盟政纲》，推选黄炎培为中央常务委员会主席。同年 10 月，中国民主政团同盟正式宣告成立。1942 年，以陶行知等为领袖的救国联合会加入，中国民主政团同盟遂成为集合“三党三派”的民主党派，后更名为“中国民主同盟”。1945 年 9 月 1 日，中国民主同盟在重庆市成立支部，陶行知被推选为支部委员兼宣传部部长。1945 年 10 月 1—12 日，中国民主同盟在重庆召开临时全国代表大会，会议产生了第一届中央委员会，增选陶行知等 33 人为中央委员，还选出由陶行知等 18 人组成的中央常委会，并推举陶行知为民盟中央民主教育委员会主任，负责发展民主教育事业。1946年，陶行知逝世后，黄炎培与沈钧儒等人组织上海各界人士为陶行知开追悼大会，黄炎培还与沈钧儒、马叙伦、茅盾、陈鹤琴等人陪祭。12月4日，黄炎培又与沈钧儒、翦伯赞等人护送灵柩到晓庄公葬。

（三）榜样与示范：张謇与陶行知

张謇是中国近现代著名的实业家和教育家，他重视师范、关注普教，有教育救国的思想，与陶行知的教育理念不谋而合，并给予陶行知良多启示；他躬身实践、勤俭建校、贴近民众的办学经验，深深打动了陶行知的内心，成为激励其潜心办学的动力与楷模。因此，陶行知在 1946 年 6 月 14 日，与将要回解放区的柳湜①告别时，首先谈到对自己影响颇深的张謇。他说：“我告

① 柳湜（1903—1968），湖南长沙县人。1921 年在毛泽东创办的湖南自修大学附设补习学校教书，1928 年加入中国共产党。旋即赴上海，由党派往安徽省委秘书处工作，由于叛徒告密而被捕入狱长达 6 年，他始终未暴露身份。1934 年获释后即前往上海从事地下工作，他的公开身份是上海《申报》读书指导部主任，积极宣传抗日救国。之后，他先后在香港、汉口、重庆从事报刊的编辑工作。他与文化界进步人士沈钧儒、李公朴、史良、陶行知等广泛交往，积极开展抗日民族统一战线工作，参与救国会的建立，声援“一二・九”运动及抗议“七君子”被捕等重大活动。1940 年冬离开重庆前往延安，任陕甘宁边区参议员、边区政府委员、教育厅厅长等职务。中华人民共和国成立后，先后任中央教科所所长、国务院科学规划委员会委员、教育部副部长等职。

诉你，到农村去的方法我是学得谁的。你说的到农村去有三关，我都经验过。其中第二关，就是和农民生活习惯打成一片，我是学得张謇的。……他对我的生活，影响不浅。我搞生活教育，他就是我第一个先生。”[①]这是陶行知第一次公开讲出对他创立生活教育理论与兴办晓庄师范实践影响最大的教育家是张謇。这次谈话一个多月后陶行知就离开了人世，可见张謇对陶行知影响之深，在陶行知心目中分量之重。

张謇是近现代教育史上倡导实业救国的实业家，又是热心兴学的教育家。他是江苏南通人，是近现代江浙教育家群体中出道最早的社会名流，他一生涉猎实业、政治、教育等诸多领域，既是发展实业、兴办教育的实干家，又是参与各种社会交际的活动家。他接受旧式教育，中过状元，任过翰林；但不满清朝腐朽统治，放弃仕途，从事实业，开办教育，成为中国近现代开明绅士与社会名流。他的“父实业、母教育”的主张和实践具有深远的历史意义。他一生创办了20多家企业、370多所学校，为我国近代民族工业的兴起，为教育事业的发展作出了宝贵贡献。他倡导“教育与实业迭相为用”。他在发展实业的同时，在家乡南通开办各类教育。1902年，他创办了我国第一所师范学校——通州师范学校，1905年创建了我国第一座民办博物苑，1907年创办了农业学校和女子师范学校，1909年倡建通海五属公立中学，1912年创办了医学专门学校和纺织专门学校。后来，农、医、纺三所学校合并成为南通学院。后来又兴办了各种中、初级职业学校，短期讲习班和特殊教育事业，如商业学校、银行专修科、测绘专修科、工商补习学校、镀镍传习所、蚕桑讲习所、女工传习所、伶工学社、盲哑学校等，使南通形成了一个以近代农工商科学技术为中心，包括初等、中等、高等教育在内的学校教育和社会教育体系。

张謇对陶行知的影响及其相互之间的交往，主要表现在：第一，名扬四海、享誉学界的张謇在青少年时期的陶行知的心目中留下了深刻印象。张謇于1905年出任江苏学务总会会长，大力发展江苏的新式教育，使江苏的新式教育走在全国的前列。由于张謇的办学成绩突出，经常见诸报端，影响日益扩大，于是1911年应邀出任中央教育会会长。1912年南京政府成立，张謇任实业总长。当时正在江苏南京金陵大学读书的陶行知，身在江

---

① 陶行知：《与柳湜的谈话》，《陶行知全集》第3卷，湖南教育出版社1985年版，第609页。

苏，耳闻目睹张謇的办学事迹，不由对张謇产生了仰慕之心，这为日后从事教育工作，并以张謇为榜样自办学校、发展教育奠定了基础。第二，张謇关注普及教育、重视师范教育，对陶行知产生了一定影响。张謇认为，要想振兴国家，就必须将实业与教育并重。发展教育的重点在于普及教育，而要实现普及教育的目标，就必须兴办学校。“立学校须从小学始，尤须先从师范始。”在他看来，小学是教育之基，而师范是小学之母。因此，要普及教育，就要先发展师范教育。基于这样的认识，他于1902年就在家乡南通创办了中国近代第一所师范学校，成为中国近现代师范教育之父。之后，又创办了一系列的师范学校和传习所。后来，陶行知也提出类似的师范教育思想，强调师范教育乃“国家托命”之所在，“师范教育可以兴邦，也可以促国之亡”。他比较全面地论述了师范教育的任务和作用，提出“教育界要什么人才就该培养什么人才”，强调师范生要热爱师范教育、懂得教育规律、具有丰富的专业知识以及为人师表的高尚品德。值得注意的是，陶行知还是我国乡村师范的最早提倡者和创建者。他曾明确主张以乡村师范作为改造乡村生活的中心，以乡村教师作为乡村生活的灵魂，以乡村自治作为改造乡村的组织保证。第三，张謇开办南通师范学校的经验和做法，成为陶行知创办晓庄师范学校的直接参照。陶行知与张謇的直接交往是在20世纪20年代他在东南大学任教期间。1921年3月，教育部拟批准东南大学董事会成立，张謇就是十大校董之一。张謇经常到东南大学议事，陶行知作为教育家也应邀出席，因此他们之间有过直接的交往。特别是他对张謇创办南通师范学校的经验一直心存敬仰。正是在东南大学教育系工作时，陶行知受张謇的影响而产生了创办一所乡村师范学校的想法。从选择校址、聘请教师、筹建学校、办学思路等方面，陶行知都是学习张謇的。晓庄师范学校与南通师范学校都是乡村师范学校，既然是建立在乡村、为乡村培养师资的师范，就应当学会与农民打交道。因此，陶行知在开办晓庄师范之前向张謇请教，张謇告诉他首先要学会深入农民、与农民打成一片。正如陶行知所说：

和农民生活习惯打成一片，我是学得张謇的。他曾告诉我，要替农民做事，第一就得和农民打成一片，不然，农民就怕你，什么真心话也不同你说。他建设南通的初期，自己就常在农民家中来来去去，吃农民一样的东西，说一样的话。农民并不怕他，他也的确懂得农民的生活不少。[①]

陶行知正是受了张謇的启迪后，才领悟到在乡村办学的真谛。于是他按照张謇办南通师范的做法深入农民之中，亲自参加建校劳动，与学生、农民同吃同住，甚至与农民的耕牛睡在一起。他也要求晓庄师范的师生都学会与农民相处。在他的影响与带动下，晓庄的学生都养成了良好的习惯。正如梁漱溟参观后描述的那样：

开办时，无屋可住，在山下立起三五个帐幕，几个人对着帐幕升起旗子来，就举行开学的典礼。后来人渐多，才分投到附近农家去住，现在因为校舍不够，还有住在农家的。他的用意在使学生能和农人一般吃苦，并且深知农民的问题，所以他们的生活都很平民化，穿短衣服，光着脚，如同农夫一般的。……农民也和他们很亲密。[②]

梁漱溟高度评价这种办学理念培养出的人才一定有能力、有合作精神。陶行知的生活教育理论，也正是在张謇的启发和自己的办学实践中逐步形成与完善的。可见，张謇对陶行知的影响是巨大的。

二、哥伦比亚大学师友群体

哥伦比亚大学是世界一流的著名高等学府，该校师范学院是全世界的教育研究中心，这里名师荟萃，群星璀璨，人才济济。陶行知在该校攻读博士学位的两年时间里，结识了不少世界著名的学术大师，亲耳聆听了他们富有个人创见的学术讲授，正是他们的理论点拨与思想启迪为陶行知建立新的教育理论奠定了坚实基础；同时，他在该校也结识了一批中国留学生，这些人归国后都成为中国现代著名教育家，有不少人与陶行知长期并肩作战，共同推动中国文化教育事业的发展。这个哥伦比亚大学师友群体，对

---

① 陶行知：《与柳湜的谈话》，《陶行知全集》第 3 卷，湖南教育出版社 1985 年版，第 609 页。

② 梁漱溟：《参观南京晓庄学校所见》，《陶行知研究》，湖南教育出版社 1986 年版，第 98—99 页。

陶行知的一生产生了很大影响。

(一)哥伦比亚大学师范学院教师群体

哥伦比亚大学师范学院成立于1888年,原系工业教育协会设立的一所师资培训学校,1898年并入哥伦比亚大学,该院是研究性学院,以培养研究生为主。该院师资力量雄厚,聚集了一批世界一流的名师,如美国进步教育运动的先驱杜威、著名教育史学家孟禄、设计教学法的发明者克伯屈、教育行政管理专家斯特雷耶、教育社会学家斯列丁、教育心理学的奠基人桑代克等。这些教育家大都倡导进步主义教育,哥伦比亚大学师范学院也被誉为进步主义教育的摇篮。1915年9月至1917年7月,陶行知在美国哥伦比亚大学师范学院攻读博士学位。他在哥伦比亚大学两年内先后主修了杜威主讲的"学校与社会"、孟禄主讲的"教育史"、克伯屈主讲的"教育哲学"、斯特雷耶讲授的"美国的公共教育行政"、斯列丁讲授的"教育社会学实习"和"进步社会的发展"、坎德尔主讲的"各国学校制度的社会基础"等课程①。陶行知就读哥伦比亚大学期间,这些老师为陶行知系统讲授过教育专业的课程,给他以睿智的点拨和方法的启迪,为其日后畅游教育学科的知识海洋作好了充分的准备。

指导陶行知博士学位论文《中国教育哲学与新教育》的导师是斯特雷耶教授。陶行知的专业研究方向是教育行政学,他正是在斯特雷耶教授的指导下"研究美国公共教育行政问题,并要把普及国民教育的思想应用到中国教育的发展中"②。1916年2月16日,他为了申请利文斯顿奖学金,在给罗素的信中写道:

> 在此谨向您及利文斯顿捐助人保证,在斯特雷耶教授及其他系科教职员的教导下,再经两年的学习,我将回国与其他教育工作者一起,为我国人民建立一个有效的公共教育体制,以追随美国人的脚步,建设一个真正的民主政体,以达到正义与自由的理想境界。

---

① [日]牧野笃:《关于陶行知在美国留学期间学习与生活的若干考察》,周洪宇编:《陶行知研究在海外》,人民教育出版社1994年版,第150—155页。

② [日]阿部洋:《哥伦比亚留学时代的陶行知》,周洪宇等主编:《陶行知与中外文化教育》,人民教育出版社1999年版,第270页。

从中可以看出，在陶行知心目中，斯特雷耶教授对他的影响比较大，因为斯特雷耶教授是他所修教育行政专业的直接导师，而且为他开设了两个学期的专业课——美国公共教育管理，为他研究教育行政管理奠定了坚实的基础。斯特雷耶教授还亲自指导了他的学位论文。

对陶行知思想影响最大的是杜威博士。因为杜威是世界知名的教育大师，陶行知在就读伊利诺伊大学期间就对杜威有所了解。在该校毕业后，陶行知之所以到哥伦比亚大学师范学院深造，在很大程度上是冲着杜威而来的。首先，杜威倡导的教育即生活、学校即社会、以儿童为中心等实用主义教育思想，对陶行知的影响很大，可以说杜威的教育观是陶行知生活教育理论的源头与诱因。其次，杜威积极投身教育民主管理实践对陶行知在南京高师的改革产生了较大影响。譬如，1915 年杜威与朋友积极创立了美国大学教授联合会，1916 年又成立了纽约教师联合会。在杜威的影响下，陶行知后来回国后，积极投身于中国各种教育社团组织的实践活动。再次，杜威的实用主义哲学思想对陶行知的影响很大。杜威倡导的经验自然主义、实验科学方法论、多元的历史观等给陶行知留下了深刻印象。在杜威心目中最好的学生就是胡适和陶行知。陶行知与杜威在哥伦比亚大学建立了亲密的师生情谊，因此，1919 年，当他与胡适等人得知杜威到日本讲学后，便特邀杜威来华讲学。正是在陶行知等人的精心安排下，杜威在华停留了两年多，走遍大江南北，大力宣扬他的实用主义教育学说，使杜威的思想与学说在中国产生了巨大影响。而且在讲学的大部分时间，陶行知都在场亲自当翻译或做最后点评。

对陶行知学习和生活帮助最多的是孟禄教授。1915 年至 1917 年间，孟禄担任师范学院教育部部长，因为他是陶行知就读哥伦比亚大学期间具体教学与行政事务的管理者，再加上他还亲自为陶行知讲授过两个学期的教育史专业课，所以，陶行知与孟禄接触比较多，孟禄对陶行知的帮助也比较大。正如日本学者阿部洋所说："在师范学院学习期间，使陶得到公私两个方面最好照顾的是孟禄教授。"[①]孟禄曾于 1913 年访问过中国，对中国教育表现出极度的关心，在促进中美文化教育交流方面起到了桥梁作用。

---

① ［日］阿部洋：《哥伦比亚留学时代的陶行知》，周洪宇等主编：《陶行知与中外文化教育》，人民教育出版社 1999 年版，第 271 页。

他热心于对中国留学生的指导，再加上陶行知为人正直、品学兼优，深深地打动了孟禄，因此孟禄不仅给陶行知等留学生传授教育史专业知识，而且给予陶行知生活方面的关怀。1915 年陶行知的父亲去世，其长子陶宏出生。当时，正在美求学的陶行知，除须自费完成学业外，还要承担国内家中生活所必需的开支，“经济状况窘迫至极”①。尽管按照国内有关留学规定，在进入哥伦比亚大学师范学院不久，陶行知获得了部分“庚款奖学金”，但是，因纽约的生活费用昂贵，这笔钱实在是微不足道。陶行知已到了“囊中所有远不足以应付深造”②，而他又如此渴望能够继续完成学业。1916 年初陶行知因生活困难入不敷出时，不得已向孟禄教授求助，孟禄及时给予关心与帮助，亲自出面帮助陶行知申请美国利文斯顿奖学金。在孟禄的指导下，陶行知给担任院长的罗素写了申请信。由于有孟禄教授的相助，陶行知很顺利地拿到了利文斯顿奖学金，这为其顺利完成学业提供了经济保障。1917 年 6 月，陶行知在致力于毕业论文写作的过程中，遇到了资料不足的困难，由于他撰写的论文题目是《中国教育哲学与新教育》，因此必须查阅中国教育的第一手资料。在这种情况下，孟禄再次出面帮助陶行知，他为陶行知想了一个两全齐美的办法，即推荐其继续攻读博士学位，这样可赢得更多的时间来完成论文。1917 年 7 月 26 日，孟禄给当时的博士学位评议委员会主席、政治哲学专业科学部部长伍德布瑞奇(Frederick J. E. Woodbridge)博士写了一封推荐信：

> 我建议为陶文濬先生指定考试日期，这是一个特殊情况。陶先生已满足在籍期间的必须事项，论文题目也得到认可，现在正致力于论文的完成。但是，这篇论文只有当他回国以后，进行有关资料的收集和选择方能完成。然而，他觉得他不可能从中国再回来了。他今后要从事与政府有关的教育事业。因此，我建议特别委员会马上举行考试，论文一经完成，即可委托特别委员会评审。

---

① 周洪宇译：《我的生活经历和今后打算——致罗素的信》，董宝良、喻本伐、周洪宇编：《陶行知教育论著选》，人民教育出版社 1990 年版，第 9 页。

② 周洪宇译：《我的生活经历和今后打算——致罗素的信》，董宝良、喻本伐、周洪宇编：《陶行知教育论著选》，人民教育出版社 1990 年版，第 9 页。

建议考试日期最好定为8月2日。①

孟禄建议伍德布瑞奇博士为陶行知单独举行博士入学考试，然后可以特批他回国边工作边写论文，等论文完成就可授予博士学位。以此可以看出，孟禄与陶行知在哥伦比亚大学的交往是不一般的，他们之间建立了深厚的师生友情。陶行知于1921年夏与范源濂、蔡元培、张伯苓等人商议邀请孟禄来华讲学，于是孟禄于9月5日到达上海，陶行知与黄炎培、郭秉文前往码头迎接。之后，他与王文培、凌冰等先后陪同孟禄到南京、苏州、香港、广州、福州、杭州、北京、天津、保定、石家庄、太原、开封、奉天、济南、曲阜等9省18市进行教育调查和学术讲演。1922年1月7日，孟禄离沪回国时，陶行知与黄炎培、郭秉文等到上海码头送别，并将孟禄在华的教育调查与交流记录编成《孟禄的中国教育讨论》一书，赠送给孟禄博士。陶行知对此次活动的评价是："此次博士（孟禄）来华，以科学的目光调查教育，以谋教育之改进，实为我国教育开一新纪元。"②通过这次接待孟禄博士来华，陶行知一方面回报孟禄在哥伦比亚大学对他的诸多关怀，另一方面扩大了孟禄在中国的影响。

教学中对陶行知影响最大的是克伯屈博士。克伯屈是杜威的得意门生，是设计教学法的发明者，也是哥伦比亚大学最受欢迎的教授之一。他为陶行知等学生讲授了两个学期"教育哲学"课。克伯屈采用的是设计教学法，正如陈鹤琴回忆的那样："这种教法是兴奋剂，个个学生都愿意绞脑回肠去研究问题，检讨问题，辩论问题。在他的教室里二三百个学生没有一个会打盹，没有一个会偷看小说，没有一个不竖起耳朵，提起精神去参加辩论贡献意见呢！"他那"独出心裁而能刺激思想的方法"③，颇具吸引力，经常出现数百名学生竞相选修他的课程，他讲课时常常是座无虚席，听过他讲课的学生都评价很高。陶行知对克伯屈的设计教学法也十分敬佩，他

① ［日］阿部洋：《哥伦比亚留学时代的陶行知》，周洪宇等主编：《陶行知与中外文化教育》，人民教育出版社1999年版，第271页。

② 陶行知：《在孟禄与中国教育界人士饯别会上的讲话》，《陶行知全集》第1卷，湖南教育出版社1984年版，第173页。

③ 陈鹤琴：《我的半生》，《陈鹤琴全集》第6卷，江苏教育出版社1992年版，第591—593页。

在回国进行教育实践的过程中，有不少教学方法是从克伯屈的教学法中受到启示，有许多教法可以找到克伯屈教学法的影子。陶行知在哥伦比亚大学与克伯屈结下了深厚的师生情谊，因此，克伯屈于1929年10月中旬亲自到陶行知创办的晓庄学校参观，当他看到晓庄学校“依照实际生活的方法来实现生活的教育”，予以高度评价：

> 这学校是我这几年天天所想到而急要看的一个学校，今天到这里，是非常快乐的事情！……我现在无论到什么地方，都要宣传在中国的晓庄有一个试验学校，把这里的理想和设施，宣传出去，使全世界的人知道！①

克伯屈来华，陶行知请他到晓庄学校参观，克伯屈给予晓庄学校高度评价：“理论相当完美，付诸实践也很不错。”②可以看出，陶行知在哥伦比亚大学与克伯屈的交往密切，感情深厚。1946年，陶行知病逝后，克伯屈积极筹划在美国召开陶行知纪念会，其目的：一方面，欲使更多的美国人知道陶行知；另一方面，想号召国际社会为陶行知所创办的学校捐款，以便保证其继续发展下去。他们还成立了筹备委员会，杜威担任主席，克伯屈、罗格和推士三人担任副主席，共同商讨于10月10日召开纪念陶行知及捐款集会。

此外，教育心理学家桑代克尽管没有为陶行知授过课，但他对桑代克一直心怀仰慕之情，从他回国后不久所撰写的文章中多次提到桑代克即可看出他对这位大师的敬意。1918年，陶行知在《试验主义之教育方法》一文中列举世界著名教育家时，提到“心耳诺泰刻(Thorndike)之集成教育心理也，亦以试验”③，将其列入世界实验(陶行知习惯称“试验”)主义教育家的行列，为教育科学化作出了突出贡献。同年10月，他又在《在南京高师

---

① [美]克伯屈：《我对晓庄之感想》，《陶行知研究》，湖南教育出版社1987年版，第449—451页。

② [美]克伯屈：《克伯屈日记》(1929年10月25日)，现存哥伦比亚大学师范学院图书馆特藏室。

③ 陶行知：《试验主义之教育方法》，《陶行知全集》第1卷，湖南教育出版社1984年版，第60页。

教育研究会上的演讲》中说道:“桑戴克(Thorndike)欲求父母于子女才能之关系,则以孪生弟兄五十姓而试之,以算数、文法之课窥其尽同,则孪生者之巧拙常等,可以知遗传之故矣。”①可见,桑代克也是对陶行知影响较大的哥伦比亚大学教师群体中的一员。

(二)哥伦比亚大学师范学院学友群体

哥伦比亚大学师范学院是世界上研究教育的最高学府,因名师众多、学科齐全、资料丰富、氛围良好而吸引了世界各地无数学子来此深造。从1909年庚款留学以来,中国赴美留学的人数逐年递增,最多时一年就达300多人。据陈鹤琴讲,从1912年到1949年,从哥伦比亚大学毕业归国的中国留学生就有上万人②。

陶行知从伊利诺伊大学市政专业毕业后,1915年秋季转入哥伦比亚大学师范学院改学教育专业,到1917年8月毕业,在这两年时间内,他结识了一大批中国同学,这些同学后来分布于中国社会各界,成为他一生中重要的学友群体。哥伦比亚大学学友群体成员,主要包括:从康奈尔大学转入哥伦比亚大学学哲学的同龄同乡好友胡适(1891—1962);早于他毕业且第一个获哥伦比亚大学师范学院博士学位的同专业师兄郭秉文(1880—1969);与他同年同船出国、先入霍普金斯大学后入哥伦比亚大学师范学院攻读硕士学位的陈鹤琴(1892—1982);1917年在哥伦比亚大学师范学院获教育学博士学位的蒋梦麟(1886—1964);与陶行知同年赴美先入威斯康星大学后在哥伦比亚大学师范学院攻读教育学博士学位,回国后又在南京高师成为同事的郑晓沧(1892—1979);在华盛顿大学获硕士学位后又转入哥伦比亚大学师范学院的朱经农(1887—1951);从加利福尼亚大学毕业,迟他一年转入哥伦比亚大学主修政治与经济专业的同龄同学孙科(1891—1973);先后在哥伦比亚大学师范学院教育行政专业获学士、硕士、博士学位的李建勋(1884—1976);晚于他入哥伦比亚大学研究院先后获硕士、博士学位的朱君毅(1892—1963);晚他一年入哥伦比亚大学师范学院教育专业并获硕士学位的汪懋祖(1881—1949);1917年入哥伦比亚大学师范学

---

① 陶行知:《在南京高师教育研究会上的演讲》,《陶行知全集》第1卷,湖南教育出版社1984年版,第75页。

② 陈鹤琴:《在江苏省第一届人民代表大会第二次会议上的发言》,《文汇报》1955年2月28日。

院学习并获硕士学位的张士一(1886—1969);与陶行知同期留学哥伦比亚大学并获教育学博士学位的凌冰(1894—1993);留学哥伦比亚大学师范学院并获教育心理学博士学位的庄泽宣(1895—1976);与他同期留学哥伦比亚大学师范学院并先后获教育学硕士、博士学位的张彭春(1892—1957);获哥伦比亚大学师范学院教育学博士学位的刘廷芳(1891—1947);1920年获哥伦比亚大学教育心理学硕士学位的张耀翔(1893—1964);1917年赴哥伦比亚大学师范学院进修与考察的张伯苓(1876—1951);1913—1914年在哥伦比亚大学师范学院考察的俞子夷(1885—1970);先后在哥伦比亚大学师范学院攻读硕士、博士学位的廖世承(1892—1979);1918年在哥伦比亚大学师范学院攻读教育哲学学位的邓萃英(1886—1972);从哥伦比亚大学师范学院教育学博士毕业的傅葆琛(1893—1984);1918年赴哥伦比亚大学专攻教育学的张默君(1882—1965)等。

1. 同籍同龄同学:胡适与陶行知

在哥伦比亚大学师范学院学友群体中,与陶行知交往最密的要数胡适。陶行知与胡适,两人都是安徽人,陶行知是歙县人,胡适是绩溪人,两县均隶属徽州,两人的家乡相距不过几十里路;两人又是同龄,均出生于1891年下半年,陶行知生于10月18日,而胡适生于12月17日,仅相差两个月;两人都是先接受中国传统文化的熏陶,之后又到美国留学接受西方文化的洗礼。

陶行知与胡适的关系,可以分阶段来看,1927年以前二人交往正常,同大于异。

第一,同学哥伦比亚大学,友情深长。胡适于1906年入中国公学学习,1910年7月考取公派赴美留学生,9月入康奈尔大学学农学,因对农学不感兴趣,故于1912年春转入文学院,1914年6月毕业获学士学位,之后入该校研究生院实习。由于他对康奈尔大学哲学系占主导地位的新唯心主义的反感以及对杜威实用主义的信服,遂于1915年9月入哥伦比亚大学哲学系师从杜威攻读哲学博士学位。而陶行知也是1915年9月从伊利诺伊大学转入哥伦比亚大学师范学院改学教育行政学,二人同时进入哥伦比亚大学成为既在哲学系又在师范学院任教的杜威的学生,又是老乡、同龄人,所以一见如故,很快便成为最要好的朋友。再加上他们二人均对杜威怀有崇拜之心,胡适有幸成为杜威的得意门生,陶行知尽管没有成为杜威直接指导的学生，但也知道不少杜威的学术观点，他们二人可以说是一师二徒，同门学友。他们经常一同去找杜威，1916 年 6 月 16 日他们一同请教杜威时，陶行知还为胡适和杜威拍照合影留念。当天胡适在日记中写道："此影为陶文濬所摄"，杜威乃"今日美洲第一哲学家"，"胡陶（陶行知）二君及余皆受学焉"[①]。在同年 7 月 5 日的《胡适留学日记》中收有陶行知与张彭春的合影，胡适在日记中评价道：陶行知与张彭春"皆为今日留学界不可多得之人才"[②]。从中可以看出，胡适在哥伦比亚大学期间与陶行知的交往甚密。回国以后，他们的关系起初一直很好。

第二，南北呼应，配合默契。1919 年 5 月至 1921 年 7 月，他们二人同时陪同杜威在中国各地讲学，并轮流当翻译，他们还利用《晨报》将北京七大演讲中的前五种汇集成《杜威五大演讲》出版，还通过上海泰东图书公司出版《杜威三大演讲》，表现出同为实用主义思想信奉者的合作态度。1919 年 9 月25 日，胡适撰文《大学开女禁的问题》，倡导开启女禁，建议北京大学招收女生。在胡适的呼吁下，北京大学于 1920 年 2 月开始招收女生，实行男女同校。同年 12 月 7 日，陶行知在南京高师的校务会议上提出《规定女子旁听办法案》。1920 年 4 月，他再次提出招收女生案。在陶行知的努力下，南京高师于当年秋季开始招收女子旁听生和正式生，实行男女同校。这样，南京高师与北京大学成为中国最早实行男女同校的高校，为女子与男子接受同等教育开启了绿色通道。可以说，实行男女同校是陶行知与胡适通力合作的结果。

第三，倡导西学，融会中西。陶行知和胡适的经历都可以说是中国近现代文化演变的一个时代缩影：他们二人既受到传统文化的熏陶和习染，从内心深处对中国传统文化存有依恋之情；又受过西方现代文化的导引和洗礼，从理智角度看主张抛开传统，倡导大胆向西方学习。他们二人均采取汇合中西、调和新旧的文化观，一方面，作为中国人有点"恨铁不成钢"的心态，在比较中西文化教育的基础上，在国人面前对中国传统文化进行不遗余力的批判；另一方面，作为深受西方文化教育影响的留学人员，亲身感受到西方科学文化的先进之处，力倡学习西方，但在洋人面前又因强烈民

① 《胡适留学日记》第 4 册，商务印书馆 1947 年版，第 935 页。
② 《胡适留学日记》第 4 册，商务印书馆 1947 年版，第 939 页。

族自尊心的驱动而褒扬民族传统文化的可贵之处。总体来讲，二人倾向于向西方学习。胡适起初极力主张中西文化的调和与融通，将“现代西方文化的精华与中国文化的精华联结起来”。在对待外来文化的态度上，他也反对不分青红皂白地将西方文化全盘搬来中国，他说：“不顾实际问题而囫囵吞枣地把整个有偏见的外国主义搬来中国，实在是一种智慧上的懒惰。”[①]在对待传统文化的问题上，他一方面为引进西方文化扫清障碍而大力批判传统文化的弊端与不足，另一方面又倡导保留传统文化的精华部分，亲自带头整理国故。陶行知也倡导中西融通，新旧并重，既要学习与借鉴西方进步的思想文化，又要继承中国的传统文化。也就是说，要倡导向西方学习先进的文化，但不能“为了学习新的，就抛弃了一切旧的”[②]；主张承袭传统文化中有价值的东西，但要反对一味仿古、“以古进今”的文化观。他说：“有的人见古人怎样解决，我们也怎样解决，这种解决是不对的，是没进步的。因为古时现象不是与今日现象一样。所以以古进今的办法往往是错的。”[③]他认为对“本国以前的经验，如有适用的，就保持他，如不适用的，就除掉他，去与取，只问适不适，不问新和旧”[④]。传承与吸取已有文化中的合理部分，判断的标准是否适用，采用的态度应当是客观的，“以科学方法，揭国粹之真相”。因此，陶行知对胡适的整理国故予以认可，他说：“整理国故如同清理银行账目一样，是有他的位置。”说明他们二人在对待西方文化的态度土亦有相似之处。

第四，交往频繁，相互支持。20 世纪 20 年代初，胡适提出“好政府主义”，内涵包括：一是“好政府是一种有政府主义，是反无政府主义的”[⑤]。二是“好政府主义的基本观念是一种政治的工具主义”，即将政府看做一种人造的工具，旨在实现政治是社会用来谋最人多数的、最大福利上具的目

---

① 葛懋春等编：《胡适哲学思想资料选》下册，华东师范大学出版社 1981 年版，第 210 页。

② 陶行知：《民国十三年中国教育状况》，《陶行知全集》第 1 卷，湖南教育出版社 1984 年版，第 511 页。

③ 陶行知：《教育与科学方法》，《陶行知全集》第 1 卷，湖南教育出版社 1984 年版，第 291 页。

④ 陶行知：《我们对于新学制草案应持之态度》，《陶行知全集》第 1 卷，湖南教育出版社 1984 年版，第 191 页。

⑤ 中国社会科学院近代史所编：《胡适日记》上册，中华书局 1985 年版，第 175 页。

的，提出改革中国政治的最低限度就是建立一个“好政府”。当时陶行知非常赞同胡适的这一政治主张，并加入到宣传与鼓动“好政府主义”的行列。胡适在1922年5月11日的日记中写道：他“打电话与守常(李大钊)商议，定明日在蔡先生家会议，邀请几个好人加入。知行(陶行知)首先赞成，并担保王伯秋(王庞惠)亦可加入”。并且在第二天的聚会讨论中，陶行知表示赞成胡适的政治主张，“他们都赞成了，都列名做提议人”①。这个由当时的知识精英组成的政治改良团体，正式提出了带有自由主义色彩的改良主张。尽管陶行知没有参加后来组成的“好政府”内阁，但是从陶行知支持这种主张和活动，足以说明在1927年以前陶行知的政治文化观与胡适的分歧并不大，他们二人的观点有不少是相同的，他也赞同并支持胡适的一些政治观和文化观。我们姑且不去评价胡适关于“好政府主义”主张是否合理和价值如何，笔者仅就这件事来试图证明陶行知曾支持过胡适的政治文化观。

2. 同伴同学同事：陈鹤琴与陶行知

陶行知与陈鹤琴是终生好友，他们二人几乎是同龄人，陈鹤琴比陶行知小一岁；他们有着相似的求学经历，在出国之前都在国内的教会大学读书，陶行知就读于南京的金陵大学，陈鹤琴就读于上海圣约翰大学；他们是1914年8月同乘“中国号”邮船从上海启程到美国留学的同伴，只是陶行知入伊利诺伊大学学市政，陈鹤琴入霍普金斯大学学文学；他们先后隔一年都进入哥伦比亚大学师范学院学习教育专业，共同聆听了杜威、孟禄、克伯屈、桑代克等教授的教诲；两人归国后，均在南京高等师范学校和东南大学教育系任教授。

“五四”运动前后，陶行知任南京高师教务主任、教授时，陈鹤琴任教育系教授，主讲教育学、心理学、儿童心理学。他们二人经常在一起相互切磋，共同商讨振兴祖国教育事业的大计。二人经常在《新教育》上发表宣传新教育主张、倡导教育改革、主张教育实验的文章，共同推动新教育运动的发展。20世纪20年代初，为了推广白话文，陶行知与陈鹤琴邀请北京大学的胡适来南京高师讲白话文法。之后，为了推动平民教育运动，提倡白话语体文，陈鹤琴花了三年时间编写了《语体文应用字汇》，一方面直接促进了语体文的推广，另一方面为陶行知和朱经农编写平民教育教材奠定了

① 中国社会科学院近代史所编：《胡适日记》下册，中华书局1985年版，第352页。

良好基础。陶行知和朱经农正是在陈鹤琴《语体文应用字汇》的基础上，选择了一千多个字，编成了《平民千字课》，成为当时推动平民教育运动开展的基本教材，从而在全国掀起了平民教育运动高潮。

作为同学同事，陶行知与陈鹤琴二人总是相互支持，相互帮助。陈鹤琴在开展幼稚教育理论研究与实践活动中，陶行知给予了有力的援助，1925年陈鹤琴完成《家庭教育》一书，在商务印书馆出版前，陶行知为该书写了序言，认为该书是“近今中国出版教育专著中最有价值之著作”，“愿与天下父母共读之”。1926年陶行知以中华教育改进社的名义先后两次致函江苏省省长陈陶遗，建议在南京燕子矶创立试验乡村幼稚园，最终得到了省政府的支持，于是1927年11月11日中国第一个乡村幼稚园在南京郊外燕子矶宣告成立，陈鹤琴与张宗麟为负责人。为了推动中国幼稚教育事业的发展，陈鹤琴于1927年发起成立中国幼稚教育研究会，陶行知积极支持，并成为发起者之一，每月召开例会，重点研究中国幼稚教育问题及对策。同时，在陶行知创办晓庄师范学校过程中，陈鹤琴也给予了全力关注与支持。晓庄学校成立前，贴出的招生广告内容，陈鹤琴在20年后还记得一清二楚，他回忆说：“陶先生的试验乡村师范学校招生广告中，末了有这样一行‘学费免，膳宿杂费详见简章。小名士，书呆子，文凭迷，最好不要来！’”①1927年3月15日，举行开学典礼时，陈鹤琴专程从南京赶来祝贺，他看到陶行知在十分简陋的条件下办学，其艰苦办学的精神感动得他几乎落泪。1946年陈鹤琴在悼念陶行知的文章中写道：

> 我还记得，晓庄开学的那一刻情形，几百个学生，几千个乡下男女老百姓在一个空旷的黄泥地上进行开学典礼，陶先生指着蔚蓝的青天作为学校的天花板，踏着黄金色的泥土作为学校的地板，向着同学老百姓报告筹备经过、办学宗旨、教学方式、将来计划，我听了几乎被感动得流下泪来。陶先生艰苦卓绝的精神，创造力的伟大，思想的前进，确是空前未有的。②

---

① 陈鹤琴：《近百年来的大教育家》，《纪念陶行知先生文选》，江苏省教育学会1981年编印，第100页。

② 陈鹤琴：《近百年来的大教育家》，《纪念陶行知先生文选》，江苏省教育学会1981年编印，第100页。

正是陶行知的这种不畏艰辛的创业精神，时刻激励着陈鹤琴积极献身中国的幼儿教育事业，成为中国现代首位学前教育家。

二人始终保持着交往。1940 年陈鹤琴为了逃避汉奸的暗杀，来到了重庆，到育才学校找到陶行知。二人相见，亲切万分，促膝谈心，怀旧话新。在陶行知的陪同下，陈鹤琴参观了育才学校的校园、设施、教学与管理等。他又一次被陶行知在艰苦环境下振兴民族教育的精神所感动，不久，他便在江西创立省立实验幼稚师范学校，像陶行知那样亲自参加建校劳动，并且边劳动边唱着陶行知创作的《锄头舞歌》。1946 年 5 月，陶行知领导的生活教育社成立上海分社，他推选陈鹤琴为理事长，办起了生活教育社社员进修班。7 月 25 日，陶行知因脑出血逝世，当天下午陈鹤琴从《联合晚报》上看到陶行知去世的噩耗，放声大哭。在陈鹤琴和史良的努力下，在上海幼师召开陶行知追悼会筹备会议，陈鹤琴与上海幼师师生做了大量的准备工作。10 月 27 日，由 7000 人参加的陶行知追悼大会召开，陈鹤琴担任大会执行主席并致悼词。12 月 4 日，他又与沈钧儒、翦伯赞等人护送灵柩到晓庄。在公葬时，陈鹤琴含泪宣读祭文。他说："行知先生的死，不仅全国教育工作者在哭，全国人民在哭，就是全世界的人民，也都为这巨星的陨落而挥泪！"之后，为了将陶行知创办的育才学校办下去，陈鹤琴出任育才学校顾问委员会主席，誓将"陶行知先生未竟的事业"①完成。

3. 校友同门上司：郭秉文与陶行知

郭秉文比陶行知年长 11 岁，1908 年就赴美国留学，1911 年在乌斯特大学获理学学士学位，同年入哥伦比亚大学师范学院主修教育学，就在陶行知赴美国的当年，郭秉文已获哥伦比亚大学教育学博士学位，成为中国现代第一位教育学博士学位获得者。留学期间任中国留美学生联合会会长，并兼任会刊主编。1915 年应南京高等师范学校校长江谦的邀请，担任教务长。1917 年 9 月，陶行知从美国归来，郭秉文邀请他来南京高师担任教育学专任教员兼教务助理。1918 年 3 月，江谦因病离职疗养，省公署任命郭秉文为代理校长。1918 年 5 月，南京高师成立教育专修科，郭秉文聘陶行知为主任教员，并兼代理教务主任。陶行知先后主讲过"教育学"、"教

① 陈鹤琴：《近百年来的大教育家》，《纪念陶行知先生文选》，江苏省教育学会 1981 年编印，第 101 页。

育哲学”、“教育行政”、“教育统计”、“师范学校与小学组织及行政”、“中等教育”、“学务表册”、“比较教育”等课程。1919 年 9 月，郭秉文正式被任命为校长，陶行知就被聘为教务长。陶行知上任后，积极配合郭秉文进行教育教学改革，先后实行学生自治、男女同校、改教授法为教学法等。特别是在开女禁问题上，陶行知与郭秉文携手并肩、共同努力，终于在南京高校中率先实行男女同校。1920 年 4 月 7 日，南京高师决定自当年暑期正式招收女生。考虑到这一举措可能遇到的阻力，为造声势，郭秉文与蔡元培、蒋梦麟和胡适等人商定，南北一致行动，共同开放“女禁”。实行男女同校的消息传出，朝野哗然，流言四起，就连思想比较开明的张謇和南京高师老校长江谦也明确表示反对。针对这一情况，郭秉文和陶行知多方解释，做通了南京高师教师的工作，招收女生的入学考试终于如期进行。高等教育中“女禁”被打破，推进了教育的民主化，揭开了中国高等教育史上新的一页。

陶行知与郭秉文密切配合，共同成为邀请杜威来华访问的倡导者和发起人。1919 年 2 月，陶行知得知杜威在日本讲学的消息后，便马上去找正准备到美国考察的南京高师校长郭秉文，他们商定由郭秉文去美国而途经日本时，面见杜威并当面邀请他来华讲学。当陶行知与胡适联系时，胡适已发出了邀请函，于是陶行知和郭秉文决定南北联合搞好杜威来华讲学一事。3 月，郭秉文赴日本面见杜威，并亲自邀请他来华讲学，杜威欣然答应。他在给胡适的回信中写道：

> 郭秉文博士同陶履恭教授前日来看我，他们问我能否在中国住一年，作演讲的事。这个意思很动听，只要能够两边大学的方面商量妥帖了，我也愿意做。我觉得几个月的旅行实在看不出什么道理。要是能加上一年工夫，也许我能有点观察了。①

不久，陶行知也接到郭秉文从日本寄来的信。信中讲到他已面见杜威，并亲自发出邀请，杜威很高兴地答应来中国讲学，不仅同意按照沿上海、南京、长江流域到北京等地的线路，而且主动提出要在中国一直活动到 1920 年底。郭秉文还答应到哥伦比亚大学后向校方请示杜威来华长时间

---

① 张宝贵编著：《杜威与中国》，河北人民出版社 2001 年版，第 19—20 页。

讲学事宜。同时，郭秉文因出国，他将接待杜威来华之事委托给陶行知，经与胡适、蒋梦麟等人协商，最后由南京高师陶行知、北京大学胡适和江苏教育会蒋梦麟三人分别代表三个单位，组成接待组。最后，蔡元培致函哥伦比亚大学校长巴特勒敦请杜威来华讲学一事，哥伦比亚大学同意蔡元培的请求。于是，杜威从1919年4月30日抵达上海，到1921年7月11日离华返美，在中国讲学时间长达两年两个月零12天。此次活动可以说是陶行知与郭秉文及其他哥伦比亚大学学友通力合作的结果。

1921年夏，陶行知又与郭秉文等人商讨接待孟禄来华考察的工作，议定以实际教育调查社的名义邀请孟禄来华考察四个月。9月5日，孟禄到达上海码头，陶行知、郭秉文和黄炎培前去迎接，次日与孟禄座谈教育问题。他们二人陪同孟禄先后在上海、南京、苏州、香港、广州、福州、杭州、北京、天津、太原、东北等地进行讲学、考察与访问。1922年1月7日，孟禄离沪回国时，郭秉文与陶行知等人又去码头送行。1921年9月，教育部批准郭秉文为东南大学校长，陶行知任教育科主任；南京高等师范学校之各本科仍由南京高等师范学校继续办理；南京高师自1921年起不再招生，俟其学生全部毕业后即并入东南大学。1921年，陶行知担任《新教育》的编辑、主编。当时《新教育》杂志的编委会成员大都是哥伦比亚大学毕业的教育界名流，陶行知与郭秉文、蒋梦麟、张伯苓、胡适、汪懋祖、郑晓沧、朱经农、刘廷芳、凌冰、张士一、张耀翔、吴卓生、王文培、李建勋等哥伦比亚大学校友共同组成编辑队伍。1923年，陶行知为了全身心投入中华教育改进社的工作当中，向郭秉文提出辞去东南大学教育系主任之职，郭秉文一直挽留，陶行知先后打了四五次报告才获准。从1917年陶行知到南京高师工作，与郭秉文开始合作，到1923年离开南京到北京，在这六年当中他们精诚合作，配合默契，结下了深厚的情谊。

三、共产党人学生群体

陶行知的共产党人学生群体是在不同时期的办学实践中逐步形成的，主要包括：任教东南大学时的学生张宗麟、王越、金海观等；晓庄师范时的学生张劲夫、刘季平、方与严、戴伯韬、操震球、程今吾、王洞若、孙铭勋、董纯才、汪达之、马侣贤、徐明清、石俊、叶刚、谢风韶、高缨等；工学团的学生张健、方明、杨应彬、许翰如等；育才学校时的学生李鹏、张昌、胡晓风、田大畏、李治元、陈尧楷、徐永培、徐相应等;社会大学时的学生陈作仪、韦德富、任士学、汪文风等[①]。

(一)李鹏与陶行知

国务院原总理、第九届全国人大常委会委员长李鹏(1928—2019),曾为育才学校自然组学生。他于 1939—1941 年初在育才学校读书,是自然组的成员。他在育才学校学习期间,受到陶行知的亲自教诲,陶行知吃苦耐劳、勤俭节约的生活习惯,爱生如子、诲人不倦的师长风范给他留下了深刻印象。李鹏在 1946 年 8 月撰文纪念陶行知时讲道:"忆及先生生平为人民服务的事迹,特别是在 1939 年的育才学校,我亲受先生教诲,他那艰苦朴实的作风,对待青年慈祥的爱抚,使我难以忘却。"[②]他还回忆了在育才读书期间学校的教学、管理情况:"校中学生的管理是发扬自治作风,实行民主集中制,提倡互助友好精神。"他对陶行知的生活教育理念记忆犹新,陶行知创作的诗歌《人生两个宝》:"人生两个宝,双手与大脑。用脑不用手,快要被打倒。用手不用脑,饭也吃不饱。手脑都会用,才算是开天辟地的大好佬。"他记得很熟。直到离开育才数年后,他还对育才学校的生活记得非常清楚,他记得在 1940 年国民党加紧破坏育才学校,迫使一些名师离开学校,陶行知让育才学生自力更生,"种地生产,解决学校困难"。说明当时李鹏在育才学校读书时,陶行知对他的影响是很大的。当 1946 年陶行知逝世后,李鹏深表悲痛:"我看到先生逝世的消息,心中很难过。……我们誓继承先生未竟的遗志,为中国的独立和平民主的事业而奋斗。"[③]

(二)张劲夫与陶行知

原国务委员兼国家经委主任、中共中央顾问委员会常委张劲夫(1914—2015),安徽肥东人,由于家庭贫困,无法在私立国文补习学校读书,于是在邓西亭老师的推荐下,他于 1930 年 5 月入陶行知创办的南京晓庄学校学习。可没多久,国民党就查封了晓庄学校,张劲夫与大部分学生一样被逐出学校,入太平门蚕桑试验场,半工半读学习蚕桑。20 世纪 30 年代初,他写信给在上海的陶行知,表达了自己想去山海工学团的愿望。经

① 参见周毅、金成林编著:《创造奇葩——陶行知的弟子们》,四川教育出版社 2001 年版。

② 李鹏:《陶行知先生与育才学校》,《晋察冀日报》1946 年 8 月 15 日第 4 版。

③ 《中国陶行知研究会会讯》1992 年 9 月 30 日,第 2 页。

陶行知同意，他于1932年冬去了工学团，后来参与编辑《生活教育》杂志，“九一八”事变后积极参加抗日救亡宣传活动，1935年后他担任山海工学团团长。因他在晓庄学校时就开始与地下党接触，深受共产党的影响，于1933年向党组织递交了入党申请书，并于1935年12月加入中国共产党。1936年陶行知发起成立国难教育社，让他担任总干事，为上海国难教育社中共总党团委员、中共战地服务团特别支部委员。1937年“八一三”事变后，他带领山海工学团部分师生及农友组成上海战地服务团，并亲任团长。10月，领导上海战地服务团在卢汉的云南部队开展抗日救国宣传教育工作。上海沦陷后率战地服务团转入市郊打游击，不久调到中共江苏省委军委机关工作。中华人民共和国成立后，历任中共浙江省委常务委员兼浙江省人民政府财政经济委员会主任、华东军政委员会财政经济委员会副主任、国务院地方工业部副部长、中国科学院副院长、国家科学技术委员会副主任等职。1975年后，历任国务院财政部部长、中共安徽省委第一书记、安徽省省长，并兼任安徽省军区第一政治委员。1982年起任国务院国务委员兼国家经济委员会主任。是中共第八届候补中央委员，第十一、十二届中央委员，第三、四届全国政协常务委员。在中共十三大上被选为中央顾问委员会常务委员。

（三）刘季平与陶行知

先后任教育部代部长及常务副部长、国家图书馆馆长、文化部顾问的刘季平（1908—1987），江苏如东人。1927年2月，在江苏如皋师范学校加入中国共产党，因领导学生闹学潮而被校方开除。1928年春，他慕名来到南京晓庄师范学校求学。陶行知的踏实俭朴、关心民众、无私奉献精神与共产党人的全心全意为人民服务宗旨有很多地方是相似的，因此，共产党人在此广泛开展活动。1928年底刘季平被党组织任命为晓庄师范第一党支部书记，同时，又被学校选为保卫本校与附近乡村免受土匪侵扰的晓庄联村自卫团的副团长。1929年，陶行知推荐他到北平慈幼院任研究部主任，他按照陶行知的办学理念，提倡学生自己管理自己，对儿童实行“六大解放”，遭到传统势力的压制与排斥。

1930年，他回到晓庄师范学校，被党组织任命为中共南京市委宣传部部长。当年4月，刘季平与继任党支部书记石俊为声援南京下关英商和记洋行蛋厂工人罢工，组织了上万学生、市民参加示威游行，蒋介石以此为借口派兵查封晓庄学校。国民党当局对刘季平展开追捕，脱险后刘季平去了金陵大学，后因参与发动红五月全市斗争遭逮捕。在苏州参加狱中斗争，被转入镇江侦缉队关押。1931 年初，与同狱难友锉断脚镣越狱。1932 年回上海后，在党的左翼文化总同盟领导下筹建上海教育者联盟，出版《教育新闻》。6 月，再次被捕。他设法托人带信告知陶行知：法庭就要开庭审理，只有律师出庭辩护才有可能摆脱绝境，而雇律师要交付 500 元大洋。陶行知在开庭前四小时得知消息后，马上停止了正在举行的自然学园会议，四处筹集资金，终于在开庭前将 500 元大洋交到了律师手上。正是在陶行知和律师的帮助下，刘季平仅被判了 5 年。

1933 年，刘季平因在狱中发动犯人反对狱方残酷迫害的斗争，被押送山东烟台监狱。他在狱中攻读《资本论》、《中共六大文献》等，并撰写文章，设法送至上海陶行知手里，陶行知将其发表在《生活教育》杂志上。1937 年 8 月，获释回沪，参加国难教育社的活动，同时与戴伯韬等人共同编辑《抗战教育》。之后，到桂林参加生活教育社，并担任常务理事编辑《生活教育通讯》。1941 年至苏中根据地任行署文教处长兼管行政学院、二专署专员等职，以陶行知的生活教育理论为指导，积极开展教育实践活动。中华人民共和国成立后，历任上海市人民政府秘书长、副市长、市委常委，山东省委书记处书记，安徽省委书记处书记，教育部代部长及常务副部长，北京图书馆馆长，文化部顾问等职。1984 年 10 月，任中国陶行知研究会首届会长。

（四）董纯才与陶行知

教育部原党组书记、常务副部长董纯才（1905—1990），是陶行知创办南京晓庄师范学校时的学生，20 世纪 30 年代他又追随陶行知参加“科学下嫁”运动，是陶行知的得意门生之一。

1927 年春，董纯才的父亲失业，家境困难，正当他徘徊在上学与失学的十字路口时，陶行知正在南京晓庄办乡村试验师范学校，董纯才迫不及待地阅读完陶行知起草的介绍晓庄师范学校的招生材料后，当机立断去了晓庄。1928 年 2 月，他正式入学，成为晓庄师范学校的第三批学生。入学后给他的第一印象是：

> 崭新的环境，崭新的生活。在洁白的雪下，晓庄师范安静而别致，全部房屋都是茅草屋顶，土红色干打垒的墙，大玻璃窗。屋

前是宽敞的走廊，全是民族风格的建筑。这都是陶行知先生带领学生们自己动手建造的。[①]

董纯才本来就是抱着改造乡村、教育救国的理想来晓庄求学的，再加上陶行知这种朴实的工作作风和整洁的校容校貌给他留下了深刻印象，他马上就喜欢上了这所与众不同的学校。

董纯才在来晓庄前就曾先后就读于南方大学、国民大学、光华大学，因此他成为晓庄学校学生中仅有的三名大学生之一。入学的当天晚上，他就目睹了陶行知甘于吃苦的精神：他让学生们睡在床上，他自己却睡在铺有稻草的地铺上，这让董纯才深受感动。在学校的日常教学和管理中，没有系统的课堂教学，教务、会计、庶务、扫地、放哨等均由师生自己来干，陶行知也亲自参加各项劳动。陶行知的模范行动，深深打动了董纯才的心，在他的心田里，播下了勤劳朴实、热情为民的种子。

陶行知让董纯才筹备生物研究室，在董纯才与秉志老师的辛勤努力下，他们建起了由两间陈列室组成的生物研究室，他们和其他学生一道东奔西走、北上南下，几乎将长江中下游一带以及沿海一些地方的标本，都采集齐全了。他们还在晓庄饲养了蛇、兔等动物，正是在晓庄的生物实验，为他在 20 世纪 30 年代撰写大量科普读物奠定了良好基础。

1930 年晓庄学校被查封后，董纯才与生物组的同学带着显微镜等实验仪器回到了武汉。1931 年春，陶行知从日本流亡回国隐居上海后，便写信给董纯才，约他到上海参加“科学下嫁”运动。董纯才马上来到上海，加盟陶行知创办的自然学园。他参加编写了《儿童科学丛书》中的 23 册，近 3 万字。之后，他又编写了一系列科普读物，如《游泳的动物》、《爬行的动物》、《行走的动物》、《动物大观》等；还翻译了苏联的科普作品，如《人和山》、《不夜天》、《几点钟》等。

1937 年，全面抗战爆发后，陶行知发起了国难教育运动，董纯才为了寻求抗日救国的新曙光，于 10 月奔赴革命圣地延安，从此走上了革命的道路。

(五)戴伯韬与陶行知

“文革”前曾任教育部党组书记、中央教育科学研究所所长的戴伯

① 王有盛：《董纯才》，《中国现代教育家传》，云南民族出版社 1985 年版，第 359 页。

韬(1907—1981),是陶行知晓庄师范学校的学生,先后20多年跟随陶行知从事教育救国、科学救国事业。

戴伯韬是陶行知创办的晓庄师范学校学生中仅有的三名大学生之一,他在入晓庄师范以前,曾就读于江苏省立商业专科学校,但他不喜欢从事商业。1926年当他从《乡教丛讯》上得知陶行知在南京创办晓庄师范学校后,便决定报名。1927年3月,他离开商业专科学校来到南京晓庄师范学校,参加了由陶行知亲任主考官的入学考试。考试别开生面,先是让报名入学的学生各自选一个题目进行演讲,之后就是让他们穿着草鞋去开垦荒地。经过一番艰苦劳动后,陶行知批准他入学,成为晓庄师范学校的第一批学生。在校期间,当北伐军进入南京后,陶行知让戴伯韬等人组成救护队,迎接国民革命军。之后,他与其他同学在乡村发动和组织农民协会,开展打击封建地主和土豪劣绅的斗争。第二年秋,他从晓庄学校毕业,开始了乡村教育实践活动。1930年国民党查封晓庄学校时,戴伯韬与同学们一道开展护校运动。晓庄学校解散后,他被迫流浪于上海、浙江等地。

1931年,陶行知从日本归国后,开展"科学下嫁"运动,特邀戴伯韬来上海,创办了自然学园,对儿童进行普及科学教育。他协助陶行知创办了儿童科学通讯学校,编写了《儿童科学丛书》,还与董纯才一起编写小学自然科学课本,后来又编写农民科普读物。1934年陶行知创办《生活教育》,并指派戴伯韬负责编辑工作。其间他在该刊上发表了60多篇儿童科普作品。1936年,陶行知在上海成立国难教育社,让戴伯韬担任理事,具体负责《生活教育》杂志的编辑工作。全面抗战爆发后,陶行知又创刊《战时教育》,让戴伯韬担任编辑。1937年9月,戴伯韬和刘季平等同学从上海转到武汉,10月该刊正式出刊,受到武汉教育界的欢迎与好评。由于他表现出色,当年年底正式加入了中国共产党。

1938年9月,戴伯韬按照党组织的安排,从武汉来到重庆,他将《战时教育》杂志的编辑部带到了重庆。1939年5月,他和王洞若、陆维特等人协助陶行知筹备育才学校,7月,育才学校正式开学,陶行知任命戴伯韬为副校长,但由于国民党的反对未能任职,他只好开展地下活动。后来他奔赴苏北解放区开展革命教育工作。

戴伯韬作为陶行知的学生,在思想上、工作上对陶行知的帮助都很大。他既是陶行知在教育理论上的学生,又是陶行知在革命理论方面的老师。

(六)方明与陶行知

曾任中国教育工会主席、党组书记、中国陶行知研究会会长的方明(1917—2008),是陶行知创办的山海工学团学员,是陶行知生活教育理论的尊崇者、宣传者和实践推动者。

1934年夏,方明看到《申报》上刊载陶行知创立的中国普及教育助成会招聘工读生的广告后,便辞去苏州钱庄的工作,只身一人来到上海,成为中国普及教育助成会的一名工读生。陶行知让方明等10名工读生在工学团充当小先生,到农村进行普及教育,陶行知经常带给方明一些《生活教育》等进步刊物。当陶行知发现街头卖报的报童不识字时,他就专门指派方明去教那些不识字的报童。于是方明和另一位小先生将报童组织起来成立了卖报儿童工学团。他每天在街头教这些穷孩子识字,使用的课本是陶行知编写的《平民千字课》。当时《良友》画报还专门刊载了一幅照片:在街头的一个墙角,二十几个孩子围坐在方明的周围,大的十几岁,小的只有六七岁。方明蹲在地上,正在给工学团的孩子们放留声机。照片的说明写着"教育专家陶行知创办的流浪儿童工学团,这位进步的知识分子正实施国难教育工作"[①]。1936年1月,陶行知在上海创立国难教育社,方明参加了该组织,并将流浪街头的儿童召集到借来的一间房子里,进行识字教育和国难教育。1937年全面抗战爆发后,他加入了中国共产党,后来一直从事教育工会工作。1985年中国陶行知研究会成立后,他先后任秘书长、副会长、会长,为宣传和实践陶行知的生活教育理论竭尽了全力。他还关心教师权益,倡设教师节,提出制定教师法,得到了教育界广大教师的好评。

(七)张健与陶行知

原山海工学团小先生、中共地下党员张健(1921—2011),曾在《党在白区教育的一个据点》一文中写道:"由于中国革命形势的发展和陶行知先生本人的思想进步,山海工学团已经成为上海地下党领导的一个新民主主义教育的据点。许多革命的学者、知识分子到过山海工学团讲学。"上海地下党领导的两个进步组织左翼教育工作者联盟(简称"教联")和中国青年反帝大同盟(简称"中青")就设在山海工学团内。"教联"的主要成员有徐明

① 唐旬:《方明》,《中国现代教育家传》第7卷,湖南教育出版社1988年版,第257—258页。

清、王洞若、张敬仁、张劲夫、王东放等人。“中青”的主要成员有毛远耀、林一心、宋任远、钟民、方明、张健、戴季康等人。这些人大都是中共地下党员，也是山海工学团的主要“工师”。1935 年后，山海工学团还正式成立了地下党团组织。第一任党团书记是王东放，组织委员林一心，宣传委员张健。1934 年，陶行知创办的晨更工学团陈企霞、袁超俊、柴川若、王东放、赵璋 5 位成员，因从事地下革命活动而遭国民党逮捕，晨更工学团也因此被封闭。面对白色恐怖的陶行知对山海工学团的革命活动，不但未加阻止，而且尽力予以保护。国民党曾几次派人进山海工学团搜捕，都被陶行知顶了回去。

这个共产党学生群体，对陶行知一生的思想转变在一定程度上产生了重大影响，同时陶行知爱国奉献、心系民众、踏实敬业、吃苦耐劳的优秀品质也给他的学生们留下了深刻印象，时刻激励与鞭策着这个群体的每一位成员牢记党的宗旨，将人民的利益视为最高的利益，将民族解放大业作为毕生的追求。他们之中的大部分人终生奋斗在文化教育战线，这与陶行知的直接教育、熏陶与影响是分不开的。

第二章　陶行知的教育生涯与政治活动

第一节　陶行知的教育生涯

陶行知的一生是献身教育的一生，是勤于实践的一生，是求索创新的一生。教育是与陶行知相伴终生的事业，教育是他毕生的追求。正如文学家郑振铎所评价的那样："行知先生是一位敢说敢做的大教育家，他是以教育为终身事业的。前期的晓庄，后期的育才，都给予中国以极大的影响。"①陶行知倡导、主持、组织、发动和参与的各个教育团体和各种教育活动，连贯起来恰好是一部中国现代教育活动史。

一、主持南京高师、东南大学教育科，提倡教育革新

1917 年 9 月，刚从哥伦比亚大学师范学院毕业的陶行知，在南京高等师范学校校长郭秉文的邀请下，来到该校任教育学教员兼教务助理，先后讲授"教育学"、"教育行政学"、"教育统计"等课程。1918 年 5 月学校成立教育专修科，学校提升他为主任教员兼代理教务主任。1919 年 10 月，教务主任郭秉文被提拔为校长，陶行知便出任教务主任。他上任以后，大胆地进行了一系列的教学与管理改革。

第一，改教授法为教学法。他针对以往中国学校教育的一些弊端，如"先生只管教，学生只管受教，好像是学的事体，都被教的事体打消掉了"②。而且先生都"以被称教授为荣，他的方法叫做教授法，他好像是拿知识来赈济人的"③。陶行知认为，教师的责任不仅在教书，而是在教学，应当将重点放在教学生学，"让教的法子自然根据学的法子"，"先生不但要

---

① 郑振铎：《敢说敢做的大教育家》，《纪念陶行知先生文选》，江苏省教育学会 1991 年编印，第 57 页。

② 陶行知：《教学合一》，《陶行知全集》第 1 卷，湖南教育出版社 1984 年版，第 87 页。

③ 陶行知：《在晓庄学校寅会上的演讲》，《乡教丛讯》1928 年 1 月 15 日。

拿他教的法子和学生学的法子联络，并须和他自己的学问联络起来”[①]。当时南京高师的一些教师反对陶行知的这一改革，但后来在其他学校率先接受陶行知的这一改革主张后，南京高师也推行了这一制度。

第二，学生管理中实行学生自治制度。陶行知为了培养学生的自我管理意识和自治能力，他极力倡导学生成立各种社团组织，通过开展活动来进行自治管理。最初他与其他学校的领导共同发起成立了南京学术讲演会，以活跃学术研究空气。之后，在他的支持和鼓励下，南京高师学生成立了不少研究团体，他还担任工读协助研究委员会、改良考试委员会等学生社团主任和学生自治委员会、暑假学校委员会、女生研究委员会委员等职，通过这些社团活动，来培养学生的自治能力和管理能力，从而增强学生在社会上的适应能力与交际能力。为了让更多人了解他的学生自治主张，他还特意撰写了《学生自治问题之研究》一文，于 1919 年 10 月发表在《新教育》上，他介绍了学生自治的内涵、学生自治的需要、学生自治的好处、学生自治的范围、学生自治与学校的关系等相关内容，成为当时南京高师乃至全国高校学生自治的指导性文件。

第三，力倡实行男女同校。1919 年 12 月 7 日，陶行知向校务会议提交了《规定女子旁听办法案》，“本校各科功课，有宜于女子旁听者，可否通融办理，容其旁听，遂其向学之志愿”，“本校各班有余额时，除本校职教员、学生、毕业生旁听外，得酌收女子旁听生”，“女子旁听生必具中等学校毕业之程度”[②]。1920 年 2 月，北京大学由代理教务长胡适提议招收了两名女生，开创了中国高校男女同校的先河。不久，陶行知于 1920 年 4 月校务会议上明确提出当年秋季开始招收女生。南京高师接受了陶行知的建议，于当年秋季开始招收女子旁听生和正式生，实行男女同校。这样，南京高师与北京大学成为中国最早实行男女同校的高校，为女子与男子接受同等教育开通了绿色通道。

第四，运用科学手段进行教务管理。1919 年 10 月，陶行知担任教务主任后，在编制课程表时发现以往的方法较为陈旧，不够科学，协调不够，

---

① 陶行知：《教学合一》，《陶行知全集》第 1 卷，湖南教育出版社 1984 年版，第 88—89 页。

② 陶行知：《规定女子旁听办法案》，《陶行知全集》第 1 卷，湖南教育出版社 1984 年版，第 143 页。

常常出现教室和实验室不能充分利用，教师与学生又因无上课场所而怨声载道。针对这种情况，陶行知将统计学原理运用于教务管理，首先将全校所有课程、班级、教师、学生、教室、实验室均开列出来，然后通过统计学理论去编排所有课程表，结果大大提高了实验室和教室的利用率，一改过去教师、教室和课程不统筹、不协调的弊端，提高了全校的教学质量。

如果说，20 世纪 20 年代北京大学与南京高师是中国高等教育改革的两面旗帜，南北呼应，带动全国，一度成为中国高等教育改革的领头雁与排头兵，那么，南京高师的成功改革是与陶行知的努力分不开的。譬如"教学法"的提出、男女同校的实施、学生自治的倡导等，均成为中国现代高等教育改革的冲锋号角。

二、主持中华教育改进社，推动全国教育改革

中华教育改进社成立于 1921 年 12 月 23 日，是由实际教育调查社、新教育共进社、新教育编辑社三个团体合并组建而成的。在该社成立之前，陶行知就起草简章，并直接负责筹备事宜。之所以要成立中华教育改进社，主要是为了打破"门户之见、派别之分"，以实现"牺牲己见，力谋合作"①。中华教育改进社董事会由蔡元培、熊希龄、张伯苓、汪兆铭、黄炎培、郭秉文、李建勋、袁希涛、范源濂 9 人组成。1922 年 2 月，在上海召开董事会，范源濂被推为董事长，陶行知担任主任干事。主任干事的主要职责为拟定活动计划、进行预算决算、任免职员雇员、执行董事会决议以及其他事务。入社社员分两类，一类是集体社员，由各级各类学校及教育学术团体、教育行政机关参加；一类是个人社员，为个人研究学术或办理教育有成绩者。社内设有学术部、事务部和专门委员会。其中学术部，又下设调查、研究、编译、推广四科；事务部，下设会计、文牍、庶务三科；还设有 32 个专门委员会，如教育行政、高等、中等、初等、幼稚、义务、乡村、师范、职业、理化、数学、生物、国语、英语、历史、地理、美育、音乐、心理测验、教育测验等委员会。

中华教育改进社的总部设在北京，起初陶行知一边处理社内事务，一边兼东南大学（南京高师已并入东南大学）教育系主任和教授之职，基本上

① 陶行知：《四年前的这一周》，《陶行知全集》第 1 卷，湖南教育出版社 1984 年版，第 597 页。

将大部分精力放在了中华教育改进社。每月奔波于北京与南京之间一次，陶行知感到力不从心，二职难以兼顾，所以于 1923 年 7 月辞去东南大学教育系主任之职，但仍兼该校教育系教授。此后，他便迁到北京，全身心负责中华教育改进社事务。

中华教育改进社以调查教育实况，研究教育学术，力谋教育改进为宗旨。陶行知任主任干事期间，着重做了以下四方面的工作：第一，广泛开展教育调查。从 1922 年到 1925 年，陶行知主持开展了一系列的教育调查，如全国教育统计调查，对北京、南京、无锡、济南等地的教育调查，对小学教育的专题调研，对中国图书馆的调查等，并编出了《中国之教育统计》，为中国现代教育决策提供了重要的依据，也为后来研究中国现代教育积累了第一手资料。第二，深入开展教育研究。陶行知聘请一批中外教育家开展对中国教育现状的研究，并要求各个专业学术委员会开展相应学科的研究，如对学制、教育经费、师范教育、普及教育、女子教育、平民教育、乡村教育、科学教育等一系列问题的研究，极大地丰富了中国的教育理论。第三，编译教育书刊。陶行知主持《新教育》、《新教育评论》杂志，并聘请 40 多名中外专家担任编辑。还与其他机构合办了《中等教育季刊》、《初等教育季刊》等，发表了大量研究教育方面的文章。同时，他主持下的中华教育改进社，还编辑出版了《平民丛书》、《中华教育改进社丛书》等。第四，从事教育推广工作。改进社大力开展平民教育、乡村教育、科学教育、女子教育和职业教育等推广工作，促进了中国教育的发展。陶行知是以上四项活动的总设计师和总协调者。

在陶行知亲自主持下，中华教育改进社每年举办一次年会。1922 年 7 月3 日至 8 日在济南召开第一次年会，出席人数为 366 人，共收到提案 119 件，“我们可以说这些议决案，是现代中国教育界思潮信仰的缩影”①，主要议案有《推广女子教育案》、《推行平民教育案》、《创办青岛大学案》等。1923 年 8 月 20 日至 25 日，在北京召开第二次年会，出席人数为 570 人，共收到提案 120 件，会议重要议题有修订社章和年会规程、参加世界教育会议、推进义务教育与科学教育等，陶行知还在会上作了《平民教育》的讲演。1924 年7 月3 日至 9 日，在南京召开第三次年会，出席人数为 600 人，共收

① 陶行知：《中华教育改进社第一届年会报告叙》，《陶行知全集》第 1 卷，湖南教育出版社 1984 年版，第 265 页。

到提案127件，会议重要议题有收回教育权、促进蒙古教育、推进平民教育等，陶行知还在会上举办了全国教育展览会。1925年8月17日至25日，在太原召开第四次年会，出席人数为700人，共收到提案78件，会议重要议题有建议将教育写入宪法、抵抗日英文化教育侵略、组织国家教育政策委员会等，陶行知还在会上作了《中国教育政策之商榷》的讲演。

中华教育改进社的活动对中国现代教育的发展具有重要作用，因此，当时有人称赞中华教育改进社"对于中国教育之改进，功绩甚大"①。而中华教育改进社的成就是与陶行知的直接努力分不开的。就教育调查而言，每次均是在陶行知的精心设计与周密安排之下开展的，而且他亲自参加，在收到数据之后要作认真分析，从而得出对中国各类教育的分析结论。因此，杨贤江评价说："这种调查是教育用科学研究的初步，最足以供给实际教育的参考，所以认为是我国教育实际改进的先声。"就召开年会而言，陶行知在选择会址、决定会期、编制预算、征集议案、办理食宿、编辑会讯、安排程序、接待宾客、接洽游览、分组讨论等一系列具体事宜上，均作了精心安排与准备。中华教育改进社的活动走向与工作重心，均是由陶行知来规定与把握的。

三、组织中华平民教育促进总会，开展平民教育运动

"五四"新文化运动以来，平民教育运动日益被提上中国教育的议事日程，陆续有教育家呼吁开展平民教育运动。1919年邓中夏在北京大学发起平民运动讲演团，1920年毛泽东在湖南组织平民夜校；杜威来华讲学之后，陶行知在南京高师成立平民识字班、平民夜校。1922年7月在济南召开的中华教育改进会第一次年会上，平民教育作为一个重要议案被列入会议讨论议题。之后，平民教育问题一直成为萦绕在陶行知脑际的一个问题，在对平民教育进行广泛调查的基础上，他努力寻求解决中国平民教育的出路。经过认真思考，他认为，必须成立一个全国性的平民教育领导机构，才有利于在全国范围内有组织有计划地推行平民教育。于是，1923年5月，陶行知经与朱其慧（熊希龄夫人）、黄炎培、朱经农、胡适、袁希涛等人协商，共同发起成立中华平民教育促进会筹备会，作为中华教育改进社的下设分会，朱其慧任筹备主任，陶行知任筹备干事，具体负责在北京和南京

① 《第一次中国教育年鉴》，开明书店1934年版，第163页。

的筹备事宜。筹备会推举陶行知和朱经农共同编辑平民教育读本。6 月 20 日，南京平民教育促进会成立，除发表宣言，筹集资金，创办平民学校外，还议定筹备中华平民教育促进总会。之后，陶行知在南京创办了 3 所平民教育试验学校，在北京创办了 4 所试验学校。

1923 年 8 月 22 日至 25 日，中华教育改进社在北京清华学校召开第二次年会，陶行知在会上作了题为《平民教育》的演讲，号召动员全社会力量来全力实施平民教育。在陶行知的组织、宣传和发动下，借助中华教育改进社的力量，会后的第二天，即 26 日下午中华平民教育促进总会举行了成立大会，600 多名代表分别代表 19 个省区参加了会议，大会讨论了组织大纲，选出了董事会，各省区各推出 2 名董事。然后，又选出执行董事 9 人，最后推选朱其慧为董事长，陶行知为董事会执行书记兼安徽省董事。平教会附设在改进社之下，为改进社事业的一部分。会议决定由陶行知、晏阳初、姚金绅 3 人共同草拟《中华平民教育促进总会简章》。陶行知一向对平民教育非常重视，他在为中华平民教育促进总会制定的规划中，提出了三条建议：一是聘请专家，对平民教育各种问题进行分工研究；二是开展平民教育的各种试验，包括开办各类平民学校，培养人员分赴各省区；三是本会与各地各界通力合作，大力开展平民教育运动。同时，他还为平民教育促进会规定了五项基本的活动内容：第一，开展研究。即进行平民学校组织、教学、训育、管理等方面的研究，教材教具研究，乡村平民教育研究，少数民族教育研究，华侨平民教育研究等。第二，进行试验。在各省区开展平民教育试验，先在北京、南京、广州等地试办。第三，编辑出版。编写平民教育课本、习字帖、教师指南、平民应用字典等，主办平民周报、平民教育画报，出版平民丛书。第四，推行平民教育运动。采取放映平民教育活动电影、发行平民教育招生传单、开办平民图书馆、开展讲演会等各种宣传形式。第五，筹集资金①。

平民教育促进总会成立后，为了扩大宣传力度，陶行知等人起草的《中华平民教育促进会宣言》于 1923 年 9 月在《新教育》上发表，强调“中国人有百分之八十不识字，即三万万二千万人。这些不识字的人里面，至少有一万万是十二至二十五岁的青少年。为使这一万万人在极短的时间里，受

---

① 陶行知：《中华平民教育促进会总会之进行方针与计划》，《陶行知全集》第 3 卷，湖南教育出版社 1985 年版，第 668—670 页。

一点相当的教育……希望他们在百忙中每天能抽一点钟工夫来受四个月的平民教育”[①]。但进行平民教育最为关键的问题是编写平民教材。为此，他身体力行，率先承担起编写平民教育课本的重任。他与朱经农共同研究平民教育课本的编写，他定下编写的宗旨是“培养人生与共和国国民必不可少之精神态度；训练处理家常信札、账目和别的应用文件的能力；培养继续读书看报领受优良教育之志愿和基本能力”[②]。经过认真研究，他与朱经农在参考陈鹤琴《字汇》的基础上，编成了《平民千字课》4 册，该书通俗易懂，图文并茂，融思想性、知识性与教育性于一体，是当时开展平民教育运动的最佳教材。经过一段时间的试教后，于 1923 年 11 月由上海商务印书馆正式出版，初版很快销售一空，月余后再版 30 万部[③]。陶行知将所得的稿费全部用于平民教育事业。到 1924 年底，能读懂《平民千字课》的平民已有 50 多万人。这极大地推动了全国平民教育运动的开展。同时，陶行知从 1923 年秋至 1924 年春，他东奔西走，足迹踏遍大半个中国，先后到南京、安庆、南昌、武汉、襄樊、沙市、宜昌、芜湖、北京、张家口、开封、上海等地进行讲演，宣传平民教育，并倡导各地兴办平民读书处。正是在他的辛勤奔波和努力下，全国各地开展了形式多样的平民教育运动，为促进中国广大民众文化素质的提高起到了积极的作用。

四、发起乡村教育同志会，推行乡村教育运动

陶行知在开展平民教育的过程中，深深感到乡村平民不仅缺乏文化知识，而且缺乏谋生知识，因此，要解决乡村平民的问题必须进行乡村改造运动。这样，乡村教育就被提到了议事日程，于是他将乡村教育列为 1925 年 8 月在太原召开的中华教育改进社第四次年会的主题之一，陶行知在报告中强调中华教育改进社今后的工作重点是：“一为科学教育；二为乡村教育。”[④]因为在陶行知心目中乡村教育应该是中国教育的首要任务，他早在

---

① 陶行知：《中华平民教育促进会宣言》，《新教育》第 7 卷第 1 期。

② 陶行知：《〈平民千字课〉编辑大意》，《陶行知全集》第 1 卷，湖南教育出版社 1984 年版，第 361 页。

③ 陶行知：《请看三字经之流行——致朱经农》，《陶行知全集》第 5 卷，湖南教育出版社 1985 年版，第 65 页。

④ 陶行知：《中华教育改进社第四届年会社务报告》，《陶行知全集》第 1 卷，湖南教育出版社 1984 年版，第 549 页。

20 世纪 20 年代初就曾讲过："乡村教育不发达，可说已达极点。我国人民，乡村占百分之八十五，城市占百分之十五。就是有六千万人居城，三万万四千万人居乡。然而乡村的学校只有百分之十。"[①]为此他非常关注乡村教育，提出"到乡村去"的口号。

从 1926 年开始，陶行知就积极筹划建立乡村试验学校，他于年初在改进社内成立了乡村教育研究部，专门聘请赵叔愚等人为专职研究人员，研究乡村教育的发展之路，以便促进乡村教育的发展。1926 年 11 月 21 日，他又在上海召开了乡村教师研究会第一次会议，在会上作了《我们的信条》的演讲，倡议："我们从事乡村教育的同志，要把他们整个的心献给我们三万万四千万的农民。我们向着农民'烧心香'，我们心里要充满那农民的甘苦。"[②]12 月 3 日，他在《新教育评论》上发表了《中华教育改进社改造全国乡村教育宣言书》，指出："乡村教育的政策是要乡村学校做改造乡村生活的中心，乡村教师做改造乡村生活的灵魂。"在凸现了乡村教育的重要地位的同时，陶行知还提出了乡村师范学校的办学宗旨为"造就有农夫身手、科学头脑、改造社会精神的教师"；只有这样的教师，才能胜任乡村教育的重任。乡村教育的目标是"为我们三万万四千万农民服务。我们已经下了决心，要筹募一百万元基金，征集一百万位同志，提倡一百万所学校，改造一百万个乡村"[③]。这些均为成立乡村教育同志会奠定了良好的基础。

1926 年 12 月 25 日[④]，乡村教育研究会第二次会议在南京召开，陶行知邀请乡村学校的教师代表参加了会议，会议的中心议题就是发起并成立乡村教育同志会，陶行知在会上宣读了由他和赵叔愚共同起草的《中华教育改进社乡村教育同志会简章》，经过与会代表的讨论后通过了这一简章。

---

① 陶行知：《师范教育之新趋势》，《陶行知全集》第 1 卷，湖南教育出版社 1984 年版，第 167 页。

② 陶行知：《我们的信条》，《陶行知全集》第 1 卷，湖南教育出版社 1984 年版，第 651 页。

③ 陶行知：《中华教育改进社改造全国乡村教育宣言书》，《陶行知全集》第 1 卷，湖南教育出版社 1984 年版，第 646 页。

④ 以往所有关于陶行知的传记都笼统地将乡村教育研究会第二次会议的开会时间写为"12 月中下旬"，未能找到其召开的确切时间。笔者在认真查阅《陶行知全集》所有文稿后，发现在第 5 卷《新使命——致丁兆麟》的信件中有这样的记载："开原小学全体教员五人，拟于本月（1926 年 12 月）廿三日来宁参观，嘱将本星期日之联合研究会改在二十五日举行。"由此可见，乡村教育研究会第二次会议的准确召开时间是 1926 年 12 月 25 日。而乡村教育同志会正是在此次会议上正式成立的。

简章明确提出“以群策群力、共谋中国乡村教育之改造为宗旨”;会员资格为“实际在乡村学校服务者,学术实力足以研究或提倡乡村教育者,初中以上各级学校末二年学生预备毕业后从事乡村教育者”。会议正式确定以陶行知撰写的《我们的信条》为会员的行动纲领和指南。会员分三类:第一类会员的职责是依据《我们的信条》“进行本职本校本村之改造”;第二类会员的职责是切实研究乡村教育;第三类会员的职责是当好会刊编辑[①]。会议决定创办《乡教丛讯》作为乡村教育同志会的会刊,以扩大乡村教育的影响。乡村教育同志会设委员长 1 人、文牍 1 人、会计 1 人、庶务1 人、编辑 4 人,设执行委员 9 人,承担会务工作。执行委员从会员中选举产生,任期 3 年。每年改选 3 人,连选的连任。第一次执行委员任期 1 年、2 年、3 年各 3 人。执行委员会每月举行会议一次,遇到重要问题临时开会讨论。执行委员的职责是“联合全国同志,力谋乡村教育之改造;编辑《乡教丛讯》,以沟通各地乡村教育同志之声气;调制全会同志一览以资本会存查;答复会员质疑问难”等。每位会员每年应交纳会费大洋 4 角,《乡教丛讯》每期将邮寄给每位会员一份。

1927 年 1 月 1 日,陶行知主编的乡村教育同志会会刊《乡教丛讯》正式创刊,该刊为半月刊,第一年出 24 期,每月 1 日和 16 日出刊。仅半年时间,乡村教育同志会会员就发展到上千人。该刊上发表了一系列指导乡村教育的文章,如《中华教育改进社辅导乡村小学办法》、《中华教育改进社拟订全国乡村学校大比赛办法》、《中华教育改进社特约乡村学校办法》、《中华教育改进社试验乡村师范学校组织大纲》等。

陶行知发起成立的乡村教育同志会以及创办的《乡教丛讯》,为后来创办晓庄乡村师范学校作好了组织、思想和舆论上的准备,可以说,它拉开了陶行知发动和领导中国乡村教育的序幕。

五、创办中国普及教育助成会,发动普及教育运动

中国普及教育助成会成立于 1933 年 9 月 18 日,陶行知创立这个群众团体的目的是在中国普及教育,以“工以养生,学以明生,团以保生”为宗

---

① 陶行知:《中华教育改进社乡村教育同志会简章》,《陶行知全集》第 3 卷,湖南教育出版社 1985 年版,第 737 页。

旨,力求将工学团的经验推广到全国各地。会址设在上海威海卫路中社,并拟定普及教育助成会简章及普及教育研究院组织大纲,提出“发现最经济、最迅速、最能持久、最能令人进步之方法,力谋普及大众与儿童向上生活所需要之教育,以助成中华民国与大同世界之创造”①。普及教育助成会的会务主要有调查生活教育需要、拟制教育方案、补助中心试验、编辑新创材料、培养专门人才、辅导普及工作,共六项。会员分三种:一是永久会员。凡提倡普及生活教育,一次交纳1000元会费以上者均可以成为永久会员;二是提倡会员。赞成助成会宗旨,热心普及生活教育,并年交纳会费100元以上者,均可以入会。三是工作会员。凡赞成助成会宗旨,实际参加普及生活教育实践,并年交纳会费1元以上者,可以入会。

中国普及教育助成会还成立了董事会,由执行董事、省区董事、当然董事三类组成。董事会的职责有制定会议章程、任免干事长、核定计划、预算决算、职员任免、筹集经费、吸纳会员等。董事任期为3年,设有董事长、书记、司库。助成会的具体事务由干事长负责。为了工作便利,还设立了总务部、调查部、试验部、辅导部、编辑部。普及助成会每年召开一次会员大会,每月召开一次董事会。经费来源主要有会费、纪念金、特别捐、补助费、投资利息等多种形式。

中国普及教育助成会成立后,开展了各种普及教育活动。1934年招聘十余名工读生,充当“小先生”,并在上海江湾、沪西、浦东、杨树浦等地设立工人夜校、识字班;以普及教育助成会的名义成立了余日章小学、余日章第二小学;还成立了报童工学团、流浪儿童工学团等。

中国普及教育助成会为陶行知后来实施工学团运动提供了组织保障和思想保障,起到了宣传、发动和推广的作用。

六、成立国难教育社和生活教育社,开展战时教育运动

“九一八”事变后,日本帝国主义加紧对华侵略,中华民族处于危难之际。“一二·九”运动掀起了全国的抗日救国热潮,为了配合抗日宣传,陶行知发起成立了国难教育社,他和张劲夫、王洞若起草了《发起组织国难教

---

① 陶行知:《普及教育研究院组织大纲》,《陶行知全集》第3卷,湖南教育出版社1985年版,第708页。

育社缘起》。1936 年 2 月 23 日，国难教育社正式在上海成立，参加成立大会的社会各界人士，不仅有教师、学生、工人、农民、店员、商人，还有科学家、艺术家、律师、记者以及宗教界、出版界、文艺界人士等。会上陶行知被选为国难教育社理事长，张劲夫为总干事，大会发表了《国难教育社成立宣言》：

> 我们除了反抗敌人的侵略，没有法子可以获得民族解放；我们除了流血，不会获得民族自由。
>
> …………
>
> 国难教育，是民族解放斗争中最重要的工作，这决不是少数人能够担负起来的。
>
> …………
>
> 国难教育社是我们行动的指导机关，是我们行动的设计机关，我们不但要积极地拥护它，并且要诚意接受它的指导，执行它的设计。同时我们不要忘记：只有有组织的力量，才是真的战斗的力量，只有集体的行动，才是真的战斗的行动。①

《国难教育社成立宣言》还大声疾呼："警钟响了，危机迫在眼前了！从今日起，我们应该总动员，奋勇地执行国难教育的工作，坚决地担负起国难教育的工作，争取中华民族的解放和自由。"②

陶行知与王洞若、张劲夫、丁华等人共同起草了《国难教育社简章》，规定了该社的宗旨是："谋推进大众文化，实施国难教育，以启发中国大众争取中华民族之自由平等，保卫中华民国领土与主权之完整。"③国难教育社总社设在上海，全国各地均设立分社，总社下设总务、组织、指导、编辑、宣传五个部。国难教育社领导各地分社主要开展如下工作："开办大众学校、读书会、时事研究会；开办新文字补习班；开办国难教育讲习班；举办军事、

---

① 陶行知：《国难教育社成立宣言》，《陶行知全集》第 3 卷，湖南教育出版社 1985 年版，第 754—755 页。

② 陶行知：《国难教育社成立宣言》，《陶行知全集》第 3 卷，湖南教育出版社 1985 年版，第 755 页。

③ 陶行知：《国难教育社简章》，《陶行知全集》第 3 卷，湖南教育出版社 1985 年版，第 757 页。

防毒救护、运用交通工具等常识技术讲习班；举办国难演讲、旅行演讲；组织巡回电影放映团、巡回演讲团、巡回唱歌团、巡回戏剧团、弄堂流通图书馆、马路流通图书馆、乡村流通图书馆；出版大众社会小丛书、大众自然小丛书、大众剧本、大众诗歌、大众小说、大众唱本、大众说书、大众连环画；出版大众国难读本、各级学校国难补充教材；调查各地国难教育之设施及敌人文化侵略之实况；指导分社及社员团；介绍前进书报。"①

此后，陶行知就投身到国难教育、战时教育运动之中，将他的生活教育运动推向了一个新的阶段。"七七"事变后，日本帝国主义加紧侵略，许多城市相继沦陷，在这国难当头的危急时刻，陶行知为了进一步推进国难教育、战时教育和全面教育，于 1938 年 12 月 15 日在广西桂林召集两千多群众集会，正式成立了生活教育社，陶行知亲自主持成立大会并发表讲话，他在会上号召生活教育社的同志承担四种任务：一是力求自己长进，把自己的团体变成抗战建国的真正力量；二是影响整个教育界共同进步；三是普及抗战建国的生活教育运动；四是普及反侵略的生活教育运动。他号召大家："凡是有群众的地方，都是进行教育的地方。"②白崇禧、郭沫若、邱昌渭等人出席了成立大会，并在会上讲话。大会选举陶行知为生活教育社理事长，理事会由陶行知、李任仁、邵力子、黄炎培、汪达之、刘季平、戴伯韬、吴新稼、沈钧儒、顾颉刚、雷宾南、杨东莼、田汉、王洞若、尚仲衣、周月宾、陆璀、张劲夫、方与严、林砺儒、徐特立、俞庆棠、孙铭勋等组成，生活教育社的成员中有不少是我党地下工作者。理事会每三个月举行一次，理事会下设总务、组织、编辑、服务、调查设计等四个部和一个专门委员会，分别由刘季平、戴伯韬、王洞若、杨东莼担任各部的常务干事。监事会负责考核理事会、常务干事会的工作，检查社员言论与不端行为，以及审查本社经济出纳事项等。不久，戴伯韬负责的四川分社、潘一尘负责的浙江分社、张劲夫发起的安徽分社、张宗麟发起的上海分社、吴涵真负责的香港分社、徐谷荪负责的西北分社、曾木已负责的鄂西分社、楼南高负责的山西分社、戴自俺负责的贵州分

---

① 陶行知：《国难教育社工作大纲》，《陶行知全集》第 3 卷，湖南教育出版社 1985 年版，第 760 页。

② 魏华龄：《生活教育社桂林纪事》，《陶行知研究》，湖南教育出版社 1987 年版，第 282 页。

社、刘琼负责的福州分社、台和中负责的甘肃分社等相继成立[①],正式社员达2400多人。生活教育社成为拥有广泛群众基础的教育团体。

生活教育社是一个民间教育团体,是"教育界的大家庭。它是教育思想者的团体,又是教育运动者的团体,又是教育工作者的团体,又是培养教师的团体,又是一般人学习生活和知能的团体,又是一个共同生活体"[②]。生活教育社成立后,开展的主要活动有:编辑《战时教育》和《生活教育通讯》、进行桂林岩洞教育、成立儿童工学团、开展成人教育和儿童教育、创办特殊教育机构等。其中一项重要活动就是推行山洞教育。因为桂林有上百个岩溶洞,当地民众将之作为天然的防空洞,陶行知就利用这些山洞来进行教学。他动员了上万名知识分子来当教师,规定一个山洞为一所学校,推行普及教育,还通过实行"小先生制"来进行战时教育,并以在桂林的新安旅行团和孩子剧团为依托,组织两个团的孩子为伤员和难民服务。

1939年春,生活教育社相继邀请徐特立作了中国农民运动和解放区教育工作问题报告,范长江作了国内外形势报告,叶剑英作了《积小胜为大胜》的演讲,受到了群众的热烈欢迎。同年4月,创办了《工作与学习》杂志,由刘季平任主编。6月,生活教育社《西南儿童》正式创刊,由陆静山任主编。该刊是针对中国儿童而创办的,办刊的宗旨为:全中国的小朋友团结起来,互相通讯、互相学习、互相帮助。打倒日本鬼子,创造新中国;打倒法西斯,创造新世界。刊物设有国内新闻、战时常识、儿童创作、儿童通讯、儿童言论、儿童歌曲、国画故事、儿童文学等栏目。1943年8月25日,该刊被国民党当局查封。生活教育社还在桂林七星岩设立岩洞教育民众书报阅览处,为广大民众提供阅读服务;先后举办过"中国儿童运动问题"座谈会、时事讨论会、"战时教育之总检讨"、"宪政运动与国民教育"问题研讨会等活动。陶行知领导的生活教育社,以生活教育理论作指导,大力倡导实行岩洞教育和"小先生制",实实在在地推动了战时教育和全面教育的发展。正如当时《解放日报》的社论所评价的那样:"生活教育社所提倡的生活教育与小先生制,是实际的,同时又是革命的。因为它是实际的、与生活

---

① 童富勇、胡国枢:《陶行知传》,教育科学出版社1991年版,第389页。

② 陶行知:《告生活教育社同志书》,《陶行知全集》第3卷,湖南教育出版社1985年版,第342页。

打成一片的。”[①]延安新教育学会也高度评价陶行知创办的生活教育社及其生活教育理论：“这不仅是对摧毁中国传统教育起了很大的革命作用，同时也是为中国新教育树立了一块基石。”[②]

1939 年 4 月 15 日，生活教育社重庆办事处成立，陶行知制订了活动计划：成立晓庄研究所，研究难民教育、华侨教育、伤兵教育等实际问题，筹备成立育才学校，成立重庆夏令共学会等。1940 年 3 月 15 日，生活教育社召开 13 周年纪念会，陶行知发表了《生活教育运动十三周年纪念告同志书》，总结了 1938 年至 1940 年初生活教育社所开展的主要工作，包括成立晓庄研究所、创办育才学校、新安旅行团的伤兵难民教育、各省的战时教育情况等。1940 年 6 月，生活教育社社员魏东明和戴伯韬成立了生活教育社延安分社，在边区政府的领导下，开展了一系列生活教育运动。

七、主持民盟中央教育委员会，推动民主教育活动

民盟是中国民主同盟的简称，其前身是中国民主政团同盟，是由黄炎培、梁漱溟、章伯钧、左舜生、张君劢等人发起，于 1941 年 3 月 19 日在重庆秘密成立的。皖南事变后，国共合作遭到破坏，抗日民族统一战线面临危机。一些主张民主抗日的人士，迫切希望国共两党能够联合起来，团结抗日，争取抗战胜利，以实现中华民族的解放。在这种背景下，以统一建国同志会为基础，联合中华职业教育社、乡村建设协会、中国青年党、国家社会党、中华民族解放行动委员会的成员及其他人士，成立了中国民主政团同盟，公推黄炎培为中央委员会主席。1941 年 10 月 10 日，在香港的民盟机关报《光明报》发表《中国民主政团同盟成立宣言》和《中国民主政团同盟对时局主张纲领》。1942 年，以沈钧儒、陶行知等为领袖的救国联合会加入，中国民主政团同盟遂成为集合“三党三派”的民主党派。中国民主政团同盟最初的政治主张是“贯彻抗日主张，实践民主精神，加强国内团结”。1944 年 9 月 19 日，中国民主政团同盟在重庆召开全国代表会议，将名称改为“中国民主同盟”。10 月发表《对抗战最后阶段的政治主张》，响应中国共产党提出的建立民主联合政府的号召。1945 年 9 月 1 日，陶行知被

① 陶行知：《生活教育社十五周年》，《解放日报》1942 年 3 月 15 日。

② 《延安新教育学会致函陶行知先生庆祝生活教育社十五周年》，《解放日报》1942 年 3 月 15 日。

推选为民盟重庆市支部的支部委员兼宣传部部长。

1945年10月1—12日，中国民主同盟在重庆召开临时全国代表大会（即第一次全国代表大会），大会通过了《政治报告》、《临时全国代表大会宣言》、《中国民主同盟纲领》、《中国民主同盟组织规程》。会议产生了第一届中央委员会，增选陶行知等33人为中央委员，选出由陶行知等18人组成的中央常委会，还决定推举陶行知为民盟中央民主教育委员会主任，负责发展民主教育事业。

陶行知担任民盟中央民主教育委员会主任之后，根据形势的需要，于1945年11月1日将《战时教育》更名为《民主教育》。他在创刊号上发表《民主教育》一文，对“民主教育”作了界定：“民主教育是教人做主人，做自己的主人，做国家的主人，做世界的主人。……民主教育是民有、民治、民享之教育。说得通俗些：民主教育是人民的教育，人民办的教育，为人民的幸福而办的教育。”[①]民主教育的核心是围绕人民的利益，为人民办教育，教人民争取民主权利，实施民主的教育理念。陶行知还阐释了民主教育的具体内涵：教育为公，以达到天下为公；教人民肃清法西斯细菌，以实现真正的民主；启发觉悟性，教人民自觉进行自觉的学习；培养创造力，以实现创造的民主和民主的创造；各尽所能，各学所需，各教所知，使大家各得其所；在民主的生活中学习民主，在争取民主的生活中学习争取民主；尽量采用简笔汉字拉丁字母，双管齐下，以减少识字困难；充分利用无线电及其他近代交通工具，以缩短距离，使边远地方之人民小孩，可以加速地享受教育；民主教育应该是整个生活的教育，应该要工以养生，学以明生，团以保生；承认中国是从农业文明开始渡到工业文明，经济是极端贫穷[②]。他后来又撰文《民主教育之普及》，强调：“民主教育一方面是教人争取民主，一方面是教人发展民主。……民主教育的任务是配合整个国家之创造计划，教人依着民主的原则，发挥各人及集体的创造力，以为全民造幸福。”[③]

① 陶行知：《民主教育》，《陶行知全集》第3卷，湖南教育出版社1985年版，第569页。
② 陶行知：《民主教育》，《陶行知全集》第3卷，湖南教育出版社1985年版，第569—570页。
③ 陶行知：《民主教育之普及》，《陶行知全集》第3卷，湖南教育出版社1985年版，第571页。

为了进一步落实民主教育理念，深入开展民主教育实践活动，陶行知与李公朴于 1946 年 1 月 15 日创办了社会大学，陶行知担任校长，他在《社会大学运动》中讲道：社会大学之道“在明民德，在亲民，在止于人民之幸福”①。也就是说，社会大学之道，要明白人民的大德，要亲近老百姓，要为人民谋幸福。社会大学分夜大学、函授大学、新闻大学、旅行大学、广播大学五部分，全校分经济、文学、新闻、教育、民间艺术五个系。办学宗旨是“为人民服务”②，学校管理采用民主自治的制度，每四个月为一个学期，每天四节课，每年三个学期，两年零八个月即可毕业。社会大学是由民主人士创办的学校，是追求民主的大学，是实行民主管理的大学，是教育人民的大学。创办社会大学是陶行知实施民主教育的重要实践活动。

第二节　陶行知的政治活动

正如沈钧儒所说，陶行知“是一个彻底的爱国者和一个彻底实行的救国者”③。

为了挽救中华民族的命运，陶行知始终以极高的政治热情，立足于中国革命的实际，积极参与中国近现代史上历次拯救中国命运的革命实践活动。特别是他“作为一个无保留追随党的党外布尔什维克”（周恩来语），紧跟中国共产党的革命步伐，从民主人士的角度不断地为祖国的前途和人民的解放而奔走呼号，为推动中华民族的解放事业作出了不少贡献。

一、参加辛亥革命地方起义

1911 年秋，陶行知升入金陵大学文学系学习。1911 年 10 月 10 日，武昌起义爆发，全国各地纷纷响应，江苏全省到处掀起革命的浪潮。在武昌起义爆发后的 20 多天时间里，苏州、镇江、无锡等地先后宣告光复，南京成

---

① 陶行知：《社会大学运动》，《陶行知全集》第 3 卷，湖南教育出版社 1985 年版，第 586 页。

② 陶行知：《社会大学的创办》，《陶行知全集》第 3 卷，湖南教育出版社 1985 年版，第 590 页。

③ 沈钧儒：《一切着眼于救国》，《纪念陶行知先生文选》，江苏省教育学会 1981 年编印，第 33 页。

为一座孤城。夺取南京,对于革命军来说意义重大,不仅可以有效遏制清兵对武昌的反扑,还可以形成与武汉遥相呼应的两个革命重镇。当时,驻守南京的清兵分为新军九镇和旧军江防营两部分,前者是倾向革命的部队,他们受到武昌新军起义的感召,革命热情高涨,于11月7日举起了义旗,向南京发动进攻,但因弹药缺乏而失利。同盟会上海支部立即通电全国,要求调集各省兵力来增援,顿时,光复各省均派兵力火速增援南京,大战在即。此时,金陵大学决定停课放假,让学生各自回家。陶行知与安徽籍的同学一起回到家乡,投身到这场革命的洪流之中。据陶行知的同乡程管侯后来回忆说:"1911年……参加余德民、陶行知、汪章瑞、程则裴等在屯溪阳湖余家庄起义,清县知事先期出走,休宁富户地主代表汪觉生等拥夏慎大取得县政权。"[①]陶行知自己也曾于1916年在为申请利文斯顿奖学金致哥伦比亚大学师范学院罗素院长的信中写道:"我考入金陵大学,令人高兴的是,在金大对于基督徒学生和非基督徒学生均一视同仁。三年后,第一次革命爆发了,我回徽州,任县议会的秘书。干了半年后,又返校继续完成学业。"[②]正是在民主革命思想的影响下,陶行知的思想进步很快,他开始关心政治和国内形势,参与组织学生团体,积极投身社会实践,通过演讲和募捐等活动来支持民主革命。

1912年5月,为了帮助解决黄兴领导的南京留守机构遇到的财政困难,陶行知亲赴苏州的东吴大学,发动该校学生到南京联合召开运动会,把售出的门票充当"国民捐"[③]。这说明当时陶行知已经具有了较高的政治素养和追求民主的炽热情怀。为了给新型民主共和国家的建立提供理论依据,他在金陵大学期间就钻研了民主共和理论,他撰写的大学毕业论文是《共和精义》。在孙中山三民主义学说的指导下,他认为"自由、平等、民胞,共和之三大信条也。共和之精神在是,共和之根本在是"。他认为,共和对个人与社会均具有重要意义:"重视个人之价值","唤醒个人之责任","予个人以平等机会";"共和政治图谋国民全体之福利","重视共和目的、

---

① 叶椿遐、殷松年、汪麦浪等:《陶行知参加辛亥革命地方起义初证》,《徽州实验区》1988年第1期。

② 陶行知:《我的简历及志向》,《陶行知全集》第8卷,湖南教育出版社1992年版,第727页。

③ 陶行知:《陶行知年表》,《陶行知全集》第1卷,湖南教育出版社1984年版,第673页。

共同责任”,“能得最良之领袖”。他还论述了共和与教育、共和与文化、共和与交通、共和与秩序等之间的关系①。

二、领导南京“五四”爱国运动

1919年5月4日,北京爆发“五四”爱国学生运动,这一消息传到南京后,南京高师的学生立即通过游行和散发传单等方式来响应。5月9日,南京各界6000多人聚集在小营演武厅召开国耻纪念大会。陶行知、刘伯明、钟叔进等人发表演说,阐明国耻历史,表达誓雪国耻的决心,痛斥卖国贼和日本帝国主义,要求拒绝在《巴黎和约》上签字,取消“二十一条”。陶行知在演讲中说道:

> 今日为国耻纪念,吾人视之应哭。然哭亦徒然无益于事,惟愿国人对于此种国耻纪念应有如何之决心,以希达到削除此种国耻之日,庶乎可尽人民为国之目的。否则,徒然有此国耻纪念,以表示其意思而无削除之望,又何必有此纪念?!然希冀削除此耻,其应当进行事件有六,吾人当勉为之:(一)必求达到归还青岛之目的;(二)不承认卖国贼所订各种密约;(三)保全我最高级之北京大学;(四)释放我代表真正民意之学生;(五)扩张教育,增进人民智识;(六)振兴实业,重持全国金融。希望国人勿贪财色名利而自堕其人格,要有真正之决心继续进行,终必达到削除此九日国耻之目的。②

听了演说后,当场有学生咬破手指,沥血疾书“还我山东”四个大字。会后,举行游行示威活动,并散发大量传单。第二天,陶行知等人前去英美领事馆,表达了中国人民反对《巴黎和约》、要求归还青岛的立场。5月13日,南京20多所中等以上学校各选4人参加南京学界联合会成立大会。大会以“提倡服务社会,发挥爱国主义精神”为宗旨,通过了大会章程,选举陶行知为会长。南京学界联合会成立后,便开始组织学生散发传单,开展露天

---

① 陶行知:《共和精义》,《陶行知全集》第1卷,湖南教育出版社1984年版,第43—53页。

② 陶行知:《南京国耻纪念会演说大旨》,《陶行知全集》第8卷,湖南教育出版社1992年版,第65页。

演讲，社会影响很大，致使下关扛驳转运公司拒绝装卸日货，南京总商会坚决抵制日货[①]。5月20日，南京政府当局和校方阻止学生继续进行反帝爱国运动，身为南京高师教务长的陶行知，不畏政府的压力，不听校方的劝阻，仍以学界联合会会长的名义，继续组织学生开展爱国学生运动。由于当时南京高师校长郭秉文正在美国考察，学校事务由陶行知与学监主任陈容共同主持，陶行知坚决支持学生运动，而陈容阻挠学生参加游行和罢课，与陶行知争执，后陈容羞愤辞职。南京各校学生因陈容的顽固立场而脱离学界联合会，独立组成学生联合会。6月2日，南京学生联合会成立，陶行知被聘为顾问。11月7日，在全国各界联合会筹备会的推动下，由南京学生联合会发起的南京各界联合会筹备会成立，陶行知以欧美同学会代表的身份被选为会长。12月8日，南京社会各界上万人集会抗议“福州惨案”，陶行知又被推为大会副主席，复被公推代表教育界与另一商界代表向江苏省军民两长请愿，抗议日军枪杀福州学生的暴行。1921年6月2日，安徽学界又发起了一场反对军阀独裁、争取教育经费独立的运动，遭到军阀镇压，伤50余人，有2名中学生死亡，造成震惊全国的“六二惨案”。当时陶行知正在安庆讲学，他挺身而出，撰写文章肯定学生的正义行为，并帮助学生转学，在他的帮助下有不少学生转到了南京上学。总之，陶行知不仅是南京学生运动的领导者，也是安徽学生运动的支持者，他在中国近现代学生运动史上起到了领导与组织的作用。

三、支持晓庄师生反帝爱国运动

1927年3月15日，新型的晓庄学校诞生于北伐战争的炮火声中，学校成立伊始，师生就组建了红十字救护队，并在多处设立妇孺收容所，特别是燕子矶小学设立的妇孺收容所，收集了200多名难民。晓庄师生遵照陶行知“严格训练”、“认真救人”[②]的要求，真正起到了救护在战争中受伤的士兵和民众的作用。3月24日，北伐军进入南京城，晓庄学校的师生与市民一起上街欢迎北伐军。正当全市人民沉浸在北伐军取得胜利的喜悦之际，聚集在长江口的英、美、日、法、意等帝国主义国家的舰队借口“保护侨

---

① 朱泽甫：《陶行知年谱》，安徽教育出版社1985年版，第20页。

② 陶行知：《十三位门徒——致母亲、汪纯宜等》，《陶行知全集》第5卷，湖南教育出版社1985年版，第173页。

民”，疯狂炮轰南京，打死打伤中国士兵和居民两千多人，制造了震惊中外的“南京惨案”。中国人民没有被帝国主义的血腥屠杀所吓倒，陶行知领导下的晓庄师范学校学生参加了江苏省学生联合会和全国学生联合会，他们纷纷上街宣传革命道理，在人群聚集的地方进行讲演，散发传单，控诉帝国主义的罪行，揭露军阀的卖国行径。他们还协助附近的农民成立农民协会，开展反对土豪劣绅的斗争。晓庄学校的学生还配合北伐军调查土豪缪子欣收购粮食接济军阀的通敌行为，扣留了停泊在燕子矶江边资敌的两只粮草船只，并将这些通敌的土豪抓起来，在群众大会上公审。学生们给他们戴上高帽，进行游街示众，沿途高呼“打倒土豪劣绅”、“打倒列强”、“打倒军阀”等革命口号①。在晓庄师生的带动下，南京北郊的农民运动也轰轰烈烈地开展了起来，有力地打击了封建主义与帝国主义的嚣张气焰。这些充分说明陶行知是始终站在人民立场上的，他不仅毕生追求人民的教育事业，而且一直支持进步的民族解放事业。因此，他创办和领导的晓庄师范学校，不仅是乡村师范教育的典范，也是爱国民主教育的楷模。

四、响应“八一宣言”，发表“共同声明”

当日本帝国主义占领东北，进一步加紧侵华步伐，华北告急之时，中国共产党参加了 1935 年 7 月在苏联莫斯科召开的共产国际第七次代表大会，大会号召建立国际反法西斯同盟，要求国共合作，共同抗日，建立抗日民族统一战线。1935 年 8 月 1 日，中国共产党驻共产国际代表团以中国共产党中央委员会的名义，发表了《为抗日救国告全体同胞书》，又称“八一宣言”。宣言呼吁和号召各党派、各界同胞、各军队停止内战，以便集中一切国力去为抗日救国的神圣事业而奋斗，组织全中国统一的国防政府和全中国统一的抗日联军；实行全体同胞总动员，以战胜日本帝国主义②。这一宣言在国内产生很大影响，普遍受到广大人民的欢迎。11 月 28 日，中华苏维埃中央政府和中国工农红军革命委员会发表了《抗日救国宣言》，提出了具体的抗日救国十大纲领。在中国共产党的领导下，12 月 9 日，北平五六千大中学生举行了反日救国示威游行，高呼“打倒日本帝国主义”、“停止内

① 戴伯韬：《陶行知的生平及其学说》，香港新中国书局 1949 年版，第 11 页。

② 王桧林主编：《中国现代史》上册，北京师范大学出版社 1985 年版，第 405 页。

战，一致抗日”等口号，遭到反动军警的镇压。这就是“一二·九”爱国学生运动。毛泽东于12月27日在陕北召开的党的活动分子会议上作了《论反对日本帝国主义的策略》的重要讲话，号召放手大胆地团结一切可以团结的力量，尤其是那些有影响的社会知名人士，建立最广泛的抗日民族统一战线。

正是在中国共产党倡导建立抗日民族统一战线的正确路线的指引下，陶行知等一批进步知识分子进一步密切了与共产党的关系，积极走上了抗日救国的道路。1935年12月12日，陶行知与沈钧儒、马相伯、邹韬奋、章乃器、李公朴、周建人、郑振铎等280多名文化教育界著名人士，联合发表了《上海文化界救国会宣言》，又称“共同声明”。陶行知是这一共同声明的主要发起者和组织者，沈钧儒回忆说：“陶先生是当时奔走呼号极其努力的一人。”①宣言积极响应中国共产党的号召，提出“停止内战，一致抗日，维护领土主权完整”②等抗日救国主张。宣言高度评价“一二·九”学生运动，倡议全国人民早日奋起，争取民族解放，保卫中华民族的主权与领土完整；要求立即出兵讨伐冀东及东北叛变组织，严惩一切卖国贼，集中全国人力、物力、兵力抵抗日本帝国主义的侵略。宣言还倡导保障人民结社、集会、言论、出版等自由。该声明的发表，引起了全社会的关注。12月27日，上海文化界人士成立了上海文化界救国会，陶行知当选为执行委员兼教育委员会主任，具体负责主持与发动教育界的救亡运动。会后，又发表了《上海文化界救国会第二次宣言》，再次呼吁建立全国文化救亡统一战线，反对文化统治，停止内战，坚决抗日。陶行知又于1936年2月初写了《战斗》一文，痛斥当时国民政府的不抵抗政策，批判“明哲保身，听天由命，等待五十年，三天亡中国，不抵抗主义”③，指出“中华民族已到存亡关头，凡是受麻醉而不战斗，或迷恋在私斗里的人，都要被历史的巨浪所淘汰，留下真正的斗士用他们的热汗和鲜血把新的历史一页一页的写成”。他大声疾呼：“要大众组织起来担负救国的责任，才是真正的救国。……用我们的汗和血继续的写这部伟大而光荣的新历史。”④

---

① 沈钧儒口述、方与严整理：《一切着眼于救国》，《纪念陶行知》，湖南教育出版社1984年版，第149页。

② 《上海文化界救国运动宣言》，《生活教育》1935年12月，第2卷第22期。

③ 陶行知：《战斗》，《陶行知全集》第3卷，湖南教育出版社1985年版，第12页。

④ 陶行知：《战斗》，《陶行知全集》第3卷，湖南教育出版社1985年版，第14页。

五、从事国民外交，争取抗战外援

1936年7月11日，陶行知应邀参加在英国伦敦召开的国际新教育第七次代表大会，会议的中心议题是“一个新教育者如何用教育的工具去改变现实，创造新世界向前发展的条件”，应邀参会的代表来自50多个国家。会后，陶行知以救国会国民外交使节的身份，出访了英国、瑞士、比利时、法国、德国、意大利、土耳其、美国，考察这些国家的文化教育状况，并借机大力宣传中国的抗日救国主张，争取各国对中国人民抗战的支持和援助。他于7月11日从香港启程，14日到达新加坡，应邀作了题为《新中国与新教育》的报告。26日离开新加坡去马来西亚和印度，了解了当地人民的生活疾苦，他在印度时赋诗《印度的高利贷》：“没得吃，要借债；没得穿，要借债；嫁女儿，要借债；印度农人一身都是债。”①表现出对国外贫苦大众的深切同情。8月7日到达伦敦，陶行知和留美同学张彭春参加了第七届新教育会议，陶行知在会上作了《中国救亡运动与小先生普及大众教育运动实践情况的报告》，各国代表对陶行知所介绍的“小先生制”、“教学做合一”、“工学团”等理论与实践表示关注，特别是印度、加拿大、墨西哥等国的代表尤为感兴趣，代表们打算回去也照样试试②。

1936年8月31日，陶行知又应邀与全国学联代表出席了在瑞士日内瓦召开的有35个国家参加的世界青年和平大会，在会议期间他通过各种努力收到了美国、英国、苏联、西班牙等国青年领袖在中国青年抗日意见书上签名的效果，让世界各国青年了解中国的抗战，支持中国的正义战争。9月2日，他又赶赴比利时首都布鲁塞尔参加另一个国际性会议——世界和平大会。出席此次会议的还有钱俊瑞、陈友松、陈铭枢、胡秋原等人，陶行知被大会选举为主席团成员，大会结束时，他又被选为世界和平大会中国执行委员，并代表中国代表团起草了《致国际和平大会主席书》：

为使国际和平会议在远东更有效的发展，以及使这个运动在

---

① 陶行知：《印度高利贷》，《陶行知全集》第4卷，湖南教育出版社1985年版，第393页。
② 戴伯韬：《陶行知的生平及其学说》，香港新中国书局1949年版，第98页。

远东与西方有密切的联系，我们参与比京会议的中国代表诚恳的请求国际和平大会的常务会议尽速派遣代表到中国去，以资常务委员会与中国委员会有以联系。

我们深信大会此举对世界和平与正义的运动大有裨益，而为中国人民所欢迎。①

大会接受了陶行知等人递交的建议书。年底，在宋庆龄的主持下在上海召开了远东反侵略大会，旨在赢得国际友人对中国抗日战争的支持。

1936 年 9 月 20 日，陶行知又出席了在法国巴黎召开的全欧华侨抗日救国大会，参加会议的有来自英、法、德、瑞士、荷兰等国的代表共 400 多人，其他国家的侨胞纷纷来函祝贺，陶行知在会上发表了《〈团结御侮的几个基本条件与最低要求〉之再度说明》的演讲，演讲的主题为团结御侮是中华民族当前神圣的任务，他还即席吟诗《中华民族大团结》，倡导"停止内战"、"打倒包办救国"、"大众一起联起来，方能创造新中国"、"救国第一是抵抗，抵抗须大家干"、"作战和团结的中心是打倒日本帝国主义"②。10 月 30 日，他与陆璀在离英赴美之前，去伦敦市郊瞻仰马克思墓，敬献花圈，摄影留念，还赋诗《瞻仰马克思墓》。这是他三次瞻仰马克思墓的第一次③，充分体现出他对马克思主义的敬仰与推崇。

1936 年 11 月 9 日，陶行知从英国抵达美国纽约，开始了在美国的国民外交和抗战宣传活动。他首先来到他的母校——哥伦比亚大学，先后拜访了克伯屈、杜威、孟禄等友人以及中国人民美国之友协会、女青年会国际研究所、世界电讯社、红十字男职员俱乐部、国际扶轮社、美国作家协会、波特兰图书馆协会、外国教士会等团体。通过广泛接触友人和团体，他一方面想了解美国各界对中国抗战的态度，另一方面有针对性地开展抗日救国宣传，以便争得国际援助。经过陶行知的努力，美国人对中国抗战的态度，

① 陶行知：《出访二十六国日志》，《陶行知全集》第 3 卷，湖南教育出版社 1985 年版，第 170—171 页。

② 陶行知：《〈团结御侮的几个基本条件与最低要求〉之再度说明》，《救国日报》1936 年 10 月 5 日。

③ 1938 年 2 月，陶行知第二次与吴玉章前往瞻仰；1938 年 6 月，他又与留美学生李信慧第三次瞻仰马克思墓。

由漠视到关注再到帮助。1937年8月27日—9月25日，陶行知在墨西哥进行抗日救国宣传，受到墨西哥总统的接待。他希望各国停止向法西斯国家出售军火，不许法西斯国家使用各国的港口，“请以与共同的敌人作战为我们友谊的开始”[①]。结束对墨西哥的访问后，他于9月底又回到美国，在港口、码头工人中进行抗日宣传活动，倡导禁止为日本人搬运军需物资。11月17日，他与留美学生共同成立了中华经济研究社，专门研究美日经济关系，并向美国人民宣传抗日救国服务。11月19日，他在加拿大国会及维多利亚剧院集会上作了《和平与民主》的演讲，呼吁民主国家团结起来，共同反对侵略者。1938年春，他再度赴欧洲各国，先后到英国、爱尔兰、荷兰、法国、比利时等国，在侨胞中进行了广泛的抗日爱国宣传讲演。之后，他再次去美国和加拿大，进行宣传和募捐活动。1938年8月30日，陶行知结束了两年一个月的海外抗日宣传活动，回到香港。在这两年当中，陶行知先后访问了26个国家。

正因为陶行知每到一个国家都要利用各种场合，尽可能与社会各阶层人士接触，并巧妙利用各种集会机会进行演说，大力宣传中国抗日救国的形势和需求，因此，欧美各国人民对中国的抗战情况有了深入了解，从而争取到这些国家人民和团体的可贵支持与帮助。可以说，陶行知的国民外交，有力支援了国内的抗日救国运动，为促进中国的民族解放事业作出了不可磨灭的贡献。

六、反内战、反独裁，争取和平民主

郑振铎曾讲过：陶行知“是一位不屈不挠的民主斗士，许多年来为民主运动而斗争着，从来没有放松过一下，休息过一刻”[②]。的确，陶行知为了中国的民主进步事业作了不懈的努力，尤其是抗战胜利后，面对国民党发动内战、实行一党专制的独裁统治，他挺身而出，奋力争取和平民主。1945年，蒋介石撕毁《双十协定》后，激起了全国各界人士的极大愤慨。11月，陶行知与沈钧儒等民主进步人士共同发起成立反内战联合会，他在成立大会上

---

① 陶行知：《出访二十六国日志》，《陶行知全集》第3卷，湖南教育出版社1985年版，第179页。

② 郑振铎：《敢说敢做的大教育家》，《纪念陶行知先生文选》，江苏省教育学会1981年编印，第57页。

还朗诵了自己的诗歌《立刻停止内战》:“哥哥放了一枪,弟弟回敬一弹……立刻停止放枪,双方各回原防;听候主人查明,万事和平商量。谁再放第一枪,便是内战罪犯。还要实行民主,团结才有保障。”①反映了陶行知期望和平与民主的心声。

1945 年 12 月 1 日,昆明大中学校师生进行反内战运动,国民党派军队镇压师生,西南联大等校的 4 名师生惨遭杀害,制造了震惊全国的“一二·一”惨案。12 月 7 日,陶行知为死难者作了悼诗《昆明因反内战被杀于再先生及荀极中潘琰李鲁连同学千古》:

是谁杀中国人?是中国自己的“好汉”。
是哪儿来的枪?是从友邦来的枪。
是哪儿来的子弹?是从同盟国来的子弹。
让我们的同胞知道,一齐起来制止这悲惨的内战。②

以此来谴责国民党意欲发动内战、践踏民主的反动行为。12 月 9 日,重庆各界进步人士举行“陪都公祭‘一二·一’死难烈士大会”。在育才办事处的晨会上,陶行知慷慨激昂地向师生讲话,控诉国民党反动派的罪行,他讲道:“今天是陪都公祭‘一二·一’昆明死难烈士的日子!我要去参加祭礼。我已于昨日晚把我的破布烂棉花的诗稿整理好……我是可以交代了,无顾虑地去参加祭礼了。参加是危险的,但有正义感、爱国热忱的人都应该去参加。我是校长,不能强迫大家去,希望大家慎重考虑后决定。”③会后,他马上写好了祭文、挽诗,然后视死如归地走向了公祭会场。在他的带动下,育才办事处的师生都紧跟他去参加公祭大会。同时,他还给妻子吴树琴写好了遗书:

---

① 陶行知:《立刻停止内战》,《陶行知全集》第 4 卷,湖南教育出版社 1985 年版,第 665—666 页。

② 陶行知:《昆明因反内战被杀于再先生及荀极中潘琰李鲁连同学千古》,《陶行知全集》第 4 卷,湖南教育出版社 1985 年版,第 675—676 页。

③ 吴树琴:《尽瘁民主事业直到最后一息》,《陶行知一生》,湖南教育出版社 1984 年版,第 19 页。

> 我现在拿着昨晚编好的诗歌全集，去交给冯亦代先生出版，然后再到长安寺去祭昆明反内战被害烈士。也许我们不能再见面。这样的去，是不会有痛苦，望你不要悲伤。你有决心，有虚心，有热心。望你参加普及教育运动，完成四万万五千万人之启蒙大事，以奠定天下为公之基础，再给我一个报告，再见！①

政协开会期间，陶行知和李公朴在沧白堂举行讲座，宣传民主与和平主张。1946 年 2 月 1 日，国民党特务公然向讲台扔石头，打伤讲演者和听众多人。陶行知组织育才学校和社会大学的师生保护中共代表王若飞和其他民主人士。2 月 10 日，重庆社会各界人士数万人，在较场口召开庆祝政协会议成功大会，反动军警、特务殴打李公朴、郭沫若、马寅初及群众 60 多人，制造了震惊中外的“较场口血案”。当时，陶行知是大会主席团成员，他率育才学校和社会大学学生参加会议，特务反诬陶行知带领学生捣乱会场秩序。法院传讯陶行知，他不屈不挠，聘请史良为育才学校法律顾问，向法院提起“追诉”，对反动派的诬蔑进行了有力的反驳。之后，尽管反动派更加嚣张，但陶行知不顾恐吓和危险，一如既往地领导育才学校和社会大学师生继续为和平和民主作不懈的努力。

正是因为他坚定地反内战、反独裁，倡导和平与民主，因而进了国民党反动派的黑名单，成为他自誉的“黑榜探花”。正如郭沫若在纪念陶行知时所讲：

> 我和他最后一次的见面是二十三日的晚上，他和好些朋友在我寓里谈了很久的话。八点过，我们又同赴一位朋友的邀请，在十点钟左右我们便分手了。他那时丝毫也没有呈现出什么异状，在分手时我还半开玩笑地请求他保重身体：“你是黑榜状元，应该留意呢”，我这样对他说。“不是状元是探花，是黑榜探花。你也准定榜上有名的”，他也半开玩笑地这样回答了我。现在想起来，这“黑榜探花”倒成了事实了，他恰巧是李公朴、闻一多遇刺以来

---

① 陶行知：《视死如归——致吴树琴》，《陶行知全集》第 5 卷，湖南教育出版社 1985 年版，第 936 页。

为民主而死的第三名。迟李公朴十五天，迟闻一多十一天，而都在这七月里面。真真是多事的七月，可诅咒的七月！[①]

从郭沫若的回忆中，可以看出陶行知的病逝，也与他为争取和平与民主而遭到反动势力的打击、恐吓以致长期处于精神高度紧张状态，再加上为了民主运动而不辞辛苦、奔走操劳以致积劳成疾有直接关系。可以说，陶行知将普及教育与争取民主作为一生追求的主要目标，正是追求民主使他的人生更加绚丽多彩，使他的教育生涯更具魅力。因此，与他共事多年的史良为他写了挽联：

教育与民主不可分离，遍栽桃李万千，遗志克承，先生无恨；
专制与法西斯成一气，纵有妖魔一二，和平争取，我辈有人。[②]

① 郭沫若：《痛失人师》，《纪念陶行知先生文选》，江苏省教育学会 1981 年编印，第 55 页。

② 《新华日报》1946 年 8 月 4 日。

第三章　陶行知的办学活动与教育实验

第一节　晓庄师范的生活教育实验

陶行知十分重视教育实验。受杜威实用主义教育思想及其实验方法论影响很深的他，1917 年回国后，便撰写发表了《试验主义之教育方法》、《试验主义与新教育》、《试验教育的实施》等文章，将教育实验（他习称"教育试验"）作为一种科学方法和活动来提倡，并且亲自领导开展了一系列教育实验，取得了令人瞩目的成绩。

南京晓庄师范、上海山海工学团是陶行知在 20 世纪 20 年代中后期和 30 年代初期先后创办的两所教育机构，也是陶行知在全面抗战爆发之前从事生活教育实验的主要场所。南京晓庄师范、上海山海工学团的生活教育实验是当时进步的教育工作者为中国教育寻觅曙光、探索中国化的教育道路的宝贵实践。他们在乡村师范教育和普及教育方面的探索，对当时中国教育的改革起了积极的推动作用，成为抗战前国内最有影响的教育实验之一。

一、晓庄师范的创办缘起与经过

近代以来，虽经戊戌变法、辛亥革命和"五四"新文化运动的激荡，中国传统教育开始向现代教育过渡，但因积弊已久，教育与生活、社会与学校相脱节的现象仍很严重。特别是乡村教育，完全是照搬城市教育那一套，严重脱离乡村实际，脱离农民生活。为了改变这种状况，1926 年，陶行知乘中华教育改进社下设乡村教育研究部之机，聘请东南大学乡村教育教授赵叔愚、金陵大学农业教授兼农场主任邵仲香为研究员，共同调查沪宁路沿线优良乡村学校现状，筹办试验乡村师范，谋划乡村教育之改进。

陶行知认为，师范教育是"改造社会环境的一个重要方法"，并坚定地表示："我从前曾经为师范教育努力，现在正是为师范教育努力，以后仍继续为师范教育努力。”下决心“要筹募一百万元基金，征集一百万位同志，提倡一百万所学校，改造一百万个乡村”①。

根据这一思想，陶行知于1926年12月撰写了《试验乡村师范学校答客问》一文，强调试验乡村师范学校的实验性质，指出晓庄的实验“就是用科学的方法去开新的生路”。同时，《新教育评论》刊登出陶行知拟订的《中华教育改进社设立试验乡村师范学校第一院简章草案》，对试验乡村师范学校的培养宗旨、目标、组织管理制度、学习科目、考试办法等，作了明确规定。

1927年3月5日，陶行知用筹集的开办费1万元，常年经费1.2万元，设备费5000元，购买了南京神策门外小庄（后由陶行知改名为晓庄）田园200亩、荒山10里作为校址和农场。特约燕子矶小学、尧化门小学为第一、第二中心小学，并聘请吕镜楼、杨效春、邵仲春、朱葆初等人为指导员（即教员）。同时，陶行知分别在《新教育评论》、《乡教丛讯》等刊物上，刊登了《中华教育改进社设立试验乡村师范学校招生广告》、《告来本院应试的同志》。招生广告分培养目标、考试科目、报考资格、报名期、投考期等部分。培养目标十分明确，即农夫的身手、科学的头脑和改造社会的精神三项。考试科目完全不同于传统的学校，包括：(1)农务或土木操作一日；(2)智能测验；(3)常识测验；(4)作汉文一篇；(5)三分钟演说。考试科目根据培养目标的需要而设立。招生广告见报后，引起了教育界特别是青年学生的浓厚兴趣。他们纷纷来函，索要报名简章，询问报考具体事宜。

1927年3月11日，试验乡村师范学校招生考试第一天上午，共有13名青年准时参加入学考试。考试当天，正是北伐军与盘踞在南京的直系军阀孙传芳部褚玉战斗方烈之时。当时，南京大小学校均因战事激烈而纷纷停课。试验乡村师范学校偏偏选择此时招生开学，大家都担心无人会冒生命危险前来应试。结果却出人意料，令陶行知喜出望外。3月15日，试验乡村师范学校（简称晓庄师范）在南京郊外的小庄正式开学。这标志着由陶行知发起和主持的生活教育实验拉开了序幕，也象征着中国教育重心开始出现由城市向农村转移的重大历史性转折。

二、晓庄师范的办学宗旨与培养目标

晓庄师范的实验是按照陶行知关于生活教育的设想来开展的。其办学

① 朱泽甫：《陶行知年谱》，安徽教育出版社1985年版，第99页。

宗旨为:“根据中心学校办法,招收中等以上各级学校末年级生加以特殊训练,俾能实施乡村教育并改造乡村生活。”①遵循这一指导思想,师生们选择了荒山野岭作为建校的校址。开始只有两间茅草盖的房屋和草泥抹的墙壁。师生们自己动手开辟校园,种粮种菜,绿化环境,注意根据中国当时农民生活状况进行实验。晓庄师范的培养总目标为“培养乡村人民儿童所敬爱的导师”。为达此总目标,陶行知又进一步提出了五项培养目标:(1)农夫的身手;(2)科学的头脑;(3)改造社会的精神;(4)健康的体魄;(5)艺术的兴趣。

所谓“农夫的身手”,是指试验乡村师范学校要培养的是能刻苦耐劳、能劳动、能实干、能与农民打成一片,为乡村人民儿童所敬爱的导师。这一条是陶行知从事乡村师范教育实验时最强调的。他对学生们说:

> 农夫的身手是本校第一个培养目标。我们师生都是认清了这个目标来的。以本校的目光看来,对于农事懈怠,简直是反革命。希望大家有则改之,无则加勉,我当尽我的能力为大家排除一切困难,使大家对于农事可以充分学习。……本校旗帜鲜明得很,我们大家所干的是乡村教育的革命。从事乡村教育革命必须有农夫的身手,反对农夫的身手,就是反革命。②

所谓“科学的头脑”,是指具有近代的自然科学与社会科学知识,对科学技术产生浓厚的兴趣,并注重实验,到农村去积极推广应用科学方法,指导农民科学种田。

所谓“改造社会的精神”,是对学生思想素质的一项特殊要求。活的乡村教育,必须要有活的乡村教师,活的乡村教师必须“第一有农夫的身手;第二有科学的头脑;第三有改造社会的精神”,具备这三条的“教师就是改造乡村生活的灵魂”。他们“一年能使学校气象生动,二年能使社会信仰教育,三年能使科学农业著效,四年能使村自治告成,五年能使活的教育普及,十年能使荒山成林,废人生利”。

所谓“健康的体魄”,是对学生的素质要求。陶行知认为,“健康是生活的出发点”,健康的体魄是成就一切事业的基础,因而他多次提出“健康第一”的口号。

---

① 陶行知:《中华教育改进社设立试验乡村师范学校第一院简章草案》,《陶行知全集》第1卷,湖南教育出版社1984年版,第656页。

② 陶行知:《农夫的身手》,《乡教丛讯》第1卷第15期,1927年8月1日。

所谓“艺术的兴趣”，是对从事乡村教育的人所应有的美学修养的要求。

三、晓庄师范的实验条件与组织机构

为实现上述目标，陶行知在学校建设上作了许多努力，创造了必要的实验条件，使之成为一所与旧式学校迥然不同的新式学校。

在实验条件方面，除挑选南京北郊劳山脚下的荒坡为校址外，还有200亩田园作为学生耕种土地，有大片荒山供学生造林；拨少数经费供学生自造茅屋作为校舍与宿舍；并在附近农村设立几所中心学校和小学，供学生实施教学做。

晓庄师范先后建有小学师范院、幼稚师范院各1所，中心小学8所，中心幼稚园4所，民众学校3所，中心茶园2所，中心木匠店1家，乡村医院1家，联村救火会1所，石印工厂1家。这些机构都围绕生活教育的要求进行多角度、多层次、多类型的实验。

陶行知在晓庄师范的组织管理上作了独特的实验。晓庄师范设校长1人，由陶行知自己担任，校内设执行部（校长兼任部长）、研究部、监察部。执行部下设第一院（小学师范院）、第二院（幼稚师范院）。第一院由赵叔愚任院长，第二院由陈鹤琴任院长。校长、院长之下各设干事1人、校工1人。乡村师范中的教师不称教员，统称指导员。学校除校长、第一院院长、第二院院长、指导员外，不设其他职员，实行师生集体治校，民主管理，它的组织叫“乡村教育先锋团”。

乡村教育先锋团由全校师生共同组成。校长就是团长，两院院长是副团长，全校指导员组成指导部，有指导会议。全体学生选出总队长1人。学生以4至8人为1队，每队选出队长1人。由全体师生组成团务会议。从团长到团员，全体成员都受团规的约束和团务会议的制约。团设肃纪部，执行全团纪律。团长有指挥全团各种行动之权，每周举行团务会议一次，为全团最高权力机构。学校经济公开，校务公开，发表意见自由，安排个人工作自由，但必须遵守各种公约，不得妨害集体生活秩序。如果有人违反公约，通过小组生活检讨会解决，重大问题在团务会议（全体大会）上评论，形成一种既有自由又有纪律、既有民主又有集中的集体生活秩序①。

---

① 童富勇、胡国枢：《陶行知传》，教育科学出版社1991年版，第112页。

四、晓庄师范的实验内容与措施[①]

其一，招生看重农事经验。试验乡村师范规定："招收下列各种程度之学生培养之：一、初级中等学校第三年学生之有农事经验者；二、高级中等学校第三年学生之有农事经验者；三、大学第三年学生之有农事经验者；四、在职之教育行政人员及教职员之具有上列各项相等程度者。"[②]文化程度可以有所不同，但强调有"农事经验"是一致的。

其二，考试方式别具一格。报考者在3月10日报到，次日上午考国文、常识测验、智能测验，下午演说及辩论；12日上午垦荒施肥，下午修路；13日考试成绩揭晓；14日便办理入学手续；3月15日开学。国文试题是"孟子说'劳心者治人，劳力者治于人'，这话对吗？"演说的试题有20个，学生临时抽题准备3分钟，到时登台演讲3分钟；演讲要求用国语，通俗易懂。垦荒考试更是新奇。陶行知在山坡下用白粉线画好一小块荒地，投考者手中拿了一把山锄，哨子一响，大家便挥锄垦荒。成绩视垦荒熟练程度及垦荒多少而定。这种考试改变了传统做法，强调农事经验，面向农村实际，可谓破天荒之举，在当时影响极大。

其三，实行教学做合一，课程以乡村生活为中心。晓庄师范将课程分为五大部分：(1)中心学校活动教学做；(2)中心学校行政教学做；(3)分任院务教学做；(4)征服自然环境教学做；(5)改造社会环境教学做。

中心学校活动教学做共30学分，包括：(1)国语教学做；(2)公民教学做；(3)历史地理教学做；(4)算术教学做；(5)自然教学做；(6)园艺农事教学做；(7)体育游戏教学做；(8)艺术教学做；(9)童子军教学做；(10)其他学生活动教学做。

中心学校行政教学做共3学分，包括：(1)整理校舍教学做；(2)布置校景教学做；(3)设备教学做；(4)卫生教学做；(5)教务教学做；(6)经济教学做。

分任院务教学做共6学分，包括：(1)文牍教学做；(2)会计教学做；

---

① 本处部分内容参考了邓宗琦、熊贤君：《为中国教育寻觅曙光》，《教育研究与实验》1989年第1期。

② 陶行知：《中华教育改进社设立试验乡村师范学校第一院简章草案》，《陶行知全集》第1卷，湖南教育出版社1984年版，第658页。

(3)庶务教学做;(4)烹饪教学做;(5)洒扫整理教学做;(6)缮写教学做;(7)招待教学做。

征服天然环境教学做共16学分,包括:(1)科学的农业教学做;(2)基本手工教学做;(3)卫生教学做;(4)其他教学做。

改造社会环境教学做共5学分,包括:(1)村自治教学做;(2)平民教育教学做;(3)合作组织教学做;(4)乡村生活调查教学做;(5)农民娱乐教学做①。

其四,打破学校的围墙,开展联村系列活动。陶行知反对关起校门,使学校与社会隔离起来。他主张晓庄师范的学生应与附近的村民建立广泛联系,熟悉他们的生活,了解他们的疾苦,与他们联合开展活动。为此,晓庄师范进行了打破学校围墙的实验。陶行知除了在学校设置一些为村民服务的活动课程,包括联村自治、民众教育、合作组织、乡村调查和农民娱乐教学做外,还专门成立了社会改造部,由他兼任部长,部下设总务、教育、卫生、农林、交通、水利、自卫、经济、救济、妇女、编辑、调查共12股,具体负责社会改造的规划和指导。社会改造部将学校周围的和平门、上元门、观音门、尧化门、太平门以内的地区作为改造实验区域。

陶行知重视开展乡村体育运动,发起成立农民武术会,主张恢复"我国国民应有的尚武精神"。学校每年春秋两季举行两次规模较大的联村运动会。运动会结合乡村生活实际拟定比赛项目,如成人参加的项目有国术、跑山、挑柴、挑粪、举石担、玩石锁和田径等;学生可参加的项目有跳远、跳绳、掷球、提水、竞走及短跑等。

20世纪二三十年代的晓庄,偏僻荒凉,常有散兵游勇在此流窜为匪,危害百姓。为保一方平安,晓庄师范在冯玉祥将军的支持下,成立了晓庄联村自卫团。联村自卫团还发起禁烟禁赌活动,张贴布告:"本团责任,在运用村民自己的力量,以维持地方的治安。……查烟馆赌窝,为窝藏盗匪之所。本团为正本清源计,自当一律禁绝,才算为地方除害。"②晓庄全校师生到农村作宣传,宣讲吸鸦片之害,号召人人投入禁烟运动。联村自卫团维护了地方治安,烟赌也曾一度禁绝,乡村改造方面取得显著进展。

---

① 陶行知:《中华教育改进社设立试验乡村师范学校第一院简章草案》,《陶行知全集》第1卷,湖南教育出版社1984年版,第656—659页。

② 辛元、谢元:《陶行知与晓庄师范》,江苏教育出版社1986年版,第58页。

其五，改革教育实习体制，试行新的实习办法。为使实习顺利进行，陶行知设置了一批中心学校。中心学校与晓庄师范的关系，不是传统的附属关系。中心学校是主，晓庄师范是从；中心学校是太阳，晓庄师范是月亮。晓庄师范根据中心学校的要求设置课程，中心学校需要什么就教什么。学生要经常到中心学校里去，在中心学校里教学做。

其六，颁发统一的毕业文凭。如果学生学业成绩合格，发给修业证书，俟服务半年，经过考查，确能按照生活教育原理和晓庄师范精神办学者，发给毕业证书。但入学时程度不同，颁发的证书各异，"初级中学程度学生给予初小教师证书"；"高级中学程度学生给予高小教师证书"；"大学程度学生给予师范学校教师证书"；"各级教师证书之外依据特殊才能之表现加给各级校长及乡村教育辅导员证书"①。

五、晓庄师范实验的中止

陶行知在晓庄师范开展生活教育实验，引起了社会各界的瞩目，晓庄师范成了教育界的一盏明灯。此时正值"四一二"事变不久，政治上乌云密布，江南各省一些受迫害无处栖身的进步青年学生，将晓庄师范看成求学的理想之地。该校开展勤工俭学，学费很低，于是不少青年进入晓庄学习，还有的是隐名改姓秘密来的，其中有些是共产党员或共青团员。虽然陶行知不知道他们的政治身份，但认为他们是有抱负、有作为的青年，所以对他们主动关怀，多加支持。

到 1929 年，进步青年的力量已大大地发展了，共产党员和共青团员合起来差不多有二三十人。1930 年初，上海进步知识界成立中国自由大同盟，晓庄师范中共地下党支部也串联中央大学、金陵大学等部分师生发起组织中国自由大同盟南京分部。2 月，分部在晓庄师范犁宫举行成立大会。该组织是中共南京地下党的外围组织，其成立为开展南京群众运动创造了便利条件，同时，也使晓庄师范的各项进步活动与全市的学运、工运进一步密切联系起来。当时，南京下关和记工厂工人不堪忍受英国资本家的残酷压迫，举行了反帝大罢工，晓庄师范地下党组织积极支持推动这一罢

① 陶行知:《中华教育改进社设立试验乡村师范学校第一院简章草案》,《陶行知全集》第 1 卷，湖南教育出版社 1984 年版，第 659 页。

工斗争。3月下旬，日本帝国主义军舰十余艘，擅自闯入长江耀武扬威，而国民党政府不仅不加制止，反而鸣炮欢迎，激起了南京各界人民的愤怒。消息传到晓庄，广大师生义愤填膺。4月3日，国民党政府勾结帝国主义镇压罢工工人，造成“四三”惨案，更使南京的工人、学生、市民怒不可遏。晓庄师范学生刘焕宗这时已任南京地下党宣传部部长，他根据党的指示，联络南京各校学生，组成“四三”惨案后援会，4月5日发动了全市支持工人的反蒋示威游行，迫使英国老板接受罢工工人的条件。但这一正义行动，却使晓庄师范成了国民党要人们的眼中钉、肉中刺。蒋介石认为晓庄师范是这次风潮的“祸源”，他通过孙科、谷正伦施加压力，要陶行知交出晓庄师范的共产党员名单，立即开除闹事学生。陶行知则坚决站在学生一边，明确表示学生的行动是爱国的、正义的，学生没有错，断然拒绝了这一无理要求①。

蒋介石恼羞成怒，遂于4月8日命令教育部停办晓庄师范。教育部随即派出5人为“晓庄师范保管员”，于9日下午3时到晓庄师范办理接收手续。4月12日，南京卫戍司令部派出全副武装的部队，强行封闭了晓庄师范。同一天，国民党政府下令通缉陶行知。晓庄师范的生活教育实验至此中止。

六、晓庄师范生活教育实验的影响与评价

陶行知在晓庄师范从事的生活教育实验前后不过三年多时间，但却在国内外产生了广泛而深远的影响。就国内而言，其影响可以从教育和社会两大方面来考察。

在教育方面，晓庄师范的生活教育实验，在20世纪20年代中后期树起了一面教育革命的大旗，为中国教育改革探索到一条新路。中国历来以农业立国，20世纪20年代，农村人口占全国人口的85%，城市人口仅占15%，农业、农村、农民问题是解决当时中国问题的关键所在，而乡村教育又与上述三大问题的解决有密切关系。不解决乡村教育问题便很难真正解决好上述三大问题。陶行知通过对自己回国后数年教育实践的反省，发现以杜威实用主义教育学说为代表的西方现代教育思想，虽然在反对封建传统

---

① 王琳：《忆晓庄学校——兼记人民教育家陶行知先生》，《过去的学校》，湖南教育出版社1982年版，第451页。

教育方面有一定的积极作用，但它毕竟不完全适合中国的国情。他经过大量的调查研究，认识到农村问题，特别是乡村教育问题的重要性和严重性，决心将教育改革的重心由城市转移到农村，改革乡村教育，使广大农民及其子女受到教育。他与同时代的黄炎培、晏阳初、梁漱溟等人，率先从事乡村教育改革，在教育界掀起了一场教育革命，引起了时人对于乡村教育问题的广泛关注，对于转变当时教育改革的方向与重心，起了积极推动作用。

陶行知在晓庄师范开展的生活教育实验，直接推动了乡村师范教育的发展。晓庄师范在办学宗旨、培养目标、组织机构、课程教法、招生和毕业制度等方面的改革，着眼于纠正封建传统教育脱离生活实际、脱离广大民众的弊端，强调教育与生活、学校与社会的联系，创造出一种新的乡村师范办学模式，给人以耳目一新之感，吸引了教育名流和一线的教育工作者前往考察、观摩。一时间，各地大中小学和师范学校校长、教师前往参观访问者络绎不绝，在南京参加第一次全国教育会议的全体代表也曾集体前往参观，教育家梁漱溟为办理乡村教育还曾专程赴晓庄师范取经。晓庄师范的办学模式由此也迅速在全国范围内得到推广。在晓庄师范生活教育实验的影响下，江苏、浙江、安徽、福建、广东、江西、河南等省，在 1927 年后增设了许多乡村师范。这些学校在筹办过程中，无不以晓庄师范为仿效样板，有的甚至直接求援，陶行知也总是尽量予以支持。浙江湘湖师范等校就是由陶行知亲自选派优秀学生创办的，故有“浙江晓庄师范”之称。晓庄师范毕业的学生，也广受欢迎，有的去担任乡师校长，有的去做教育局局长，有的从事乡村教育的辅导研究工作，更多的人去担任各县市增设的中心小学的教师、校长，他们对推动乡村师范教育的发展和改革起了重要作用。

晓庄师范的生活教育实验对于当时教育行政当局的乡村教育政策，也产生了明显的影响。在 1928 年 5 月召开的第一次全国教育会议上，教育行政当局先后通过了《提倡乡村教育设立乡村师范案》、《请大学院明令各省注意训练乡村教育师资案》等议案。8 月，教育行政当局又公布了《全国教育会议议决乡村师范学校制度和办法》。1929 年 4 月，在国民政府公布的教育宗旨里，明确指出“师范教育……使其独立设置并尽量发展乡村师范教育”。1930 年 4 月，第二次全国教育会议议决全国教育，进一步规定了初、中、高三级乡村师范。教育行政当局还要求各省市教育厅局，从 1931 年起，各县立中学应逐渐改组为职业学校或乡村师范学校。时人认为，教育行政当局之所以如此重视和推广乡村师范学校，“一部分由于晓庄师范的努力所引起，也可说是公认的事实”①。

在社会方面，晓庄师范的生活教育实验也引起了社会各界的普遍关注。党政要人纷纷慕名而来，蒋介石、宋美龄夫妇于1928年下半年两次到晓庄参观；军政部长冯玉祥也数次去晓庄考察，他对晓庄师生自己动手做饭的办法非常欣赏，打电话给所辖第二集团军总司令部，命令官员一律自己做饭，不用伙夫，以节省军费。某军人在中央大学称赞陶行知的教学做合一是“新发明的最好教育法”，还有军人将陶行知自编教育文集《中国教育改造》翻印数千部，分送其防区内各教育机关。

晓庄师范生活教育实验在国内不断扩大影响的同时，也开始在国际教育界产生影响。1927年9月，为迎接在加拿大召开的世界教育会议，陶行知撰写了《中国乡村教育运动之一斑》的专题会议报告，其中重点介绍了以晓庄师范为代表的乡村师范学校和中心小学、中心幼稚园的实验工作，第一次向国际教育界介绍晓庄师范的生活教育实验，开始引起国际教育界的关注。中国的近邻——日本的教育界对陶行知在晓庄师范的生活教育实验表示出浓厚的兴趣，“已在注意晓庄学校的理想和办法，文字方面如《支那之理想学校》等，已有几篇发表”②。陶行知当年的班主任、美国哥伦比亚大学师范学院的克伯屈教授在1929年10月下旬参观晓庄之后，对于晓庄师范的生活教育实验更是赞扬有加，称他多年来一直在到处寻找这一种实验学校，现在在晓庄终于找到了：“他的实施的方针和办法，以及发动的理想，进步的过程，都合乎我的标准。这也可以代表中国整个民族的精神。”他预言晓庄“作为教育革命的策源地”，必将在历史上留下其地位，“过了一百年以后，大家要回过头来，纪念晓庄！欣赏晓庄！”他还表示，今后“无论到什么地方，都要宣传在中国的晓庄有一个试验学校，把这里的理想和设施宣传出去，使全世界的人知道”③。

① 金观海：《论吾国的乡村师范》，《金海观教育文选》，浙江教育出版社1990年版，第53页。

② 陶行知：《今后中华民族的使命》，《陶行知全集》第2卷，湖南教育出版社1985年版，第126页。

③ 克伯屈：《我对晓庄之感想》，《陶行知研究》，湖南教育出版社1987年版，第449—451页。

晓庄师范的生活教育实验是陶行知生活教育学说的第一次重要实践，其重点主要是放在乡村师范教育的改革上。它对于纠正封建传统教育脱离生活实际、脱离广大民众的弊端，改革旧的乡村师范教育办学模式，发展新型乡村师范教育，起了十分积极的作用。它所创造出来的新的乡村师范教育办学模式，在20世纪二三十年代成为教育界人士开办乡村师范教育所借鉴的样板。在晓庄师范实践的基础上，陶行知对杜威的教育思想进行了改造，并对自己的实践经验进行了总结，提出了其生活教育理论，主张“生活即教育”、“社会即学校”、“教学做合一”。可以说，晓庄师范的办学实践和生活教育理论的产生，既是陶行知独具特色的教育思想的正式形成，又是他其后一系列生活教育实验的起点。尽管陶行知在晓庄师范的生活教育实验还存在着一定程度的理想主义色彩，但这次实验无论是对他本人以后的一系列实验，还是对当时和其后中国教育的实验，都具有非常重要的意义。

第二节　山海工学团的生活教育实验

陶行知于20世纪30年代在上海创办山海工学团，旨在实现“工以养生，学以明生，团以保生”，以期全面实践生活教育理论，真正推动普及教育运动。

一、山海工学团的创办缘起与经过

晓庄师范被国民党政府查封后，陶行知被迫流亡日本。1931年3月，他从日本潜回上海，匿居在法租界里。尽管处境艰难，但他对事业的追求并没有放弃。

1932年夏，陶行知在其教育小说《古庙敲钟录》中提出了“工学团”的教育理想，设想以工学团教育来代替传统的学校教育。什么叫工学团呢？陶行知在《普及什么教育》一文中作了详尽回答：

> 什么叫做工学团？工是工作，学是科学，团是团体。说得清楚些是，工以养生，学以明生，团以保生。说得更清楚些是，以大众的工作，养活大众的生命；以大众的科学，明了大众的生命；以

大众的团体的力量，保护大众的生命。工学团是一个小工场，一个小学校，一个小社会。在这里面是包含着生产的意义，长进的意义，平等互助、自卫卫人的意义。它是将工场、学校、社会打成一片，产生一个富有生活力的新细胞。①

陶行知用工学团，而不用工场、社团等名称命名他理想中的乡村学校，除了工学团分别代表的三层意思，还包含着他试图从形式、内容上完全区别于传统学校的想法。他说：

一般办学校的是抱着书本而忘了人生；一般办工厂的是抱着黄金而忘了人生：一般社会运动者是抱着标语而忘了人生。从这样改到那样，从那样改到这样，若忽略了人生的大前提，都会使你失望。我们的学团只是以人生为大前提，在我们心目中，人生是超过一切。因为要培养合理的人生，所以反对学校、工厂及一切忽略人生之组织，而要创造出一种富有人生意义的工学团。②

工学团没有一定的模式，它可大可小，从几个人的家庭、店铺到几十个人的学校、庙宇，几百人的村庄、监狱，乃至几千人的工厂、几万人的军队，都可以造成一个富有意义的工学团。所以，它是不同于任何传统教育的"三不像"，是一种全新的教育组织形式。

陶行知认为"工以养生，学以明生，团以保生"的基本主张，是改造旧教育和"培养合理的人生"的要件。工学团可以创造一种富有人生意义的集团。如果全国的家庭、商店、工厂、学校、军队、乡村一个个都变成工学团，人人生产，人人长进，人人平等互助，人人自卫卫人，那么，工学团便可成为"中华民族的救生圈"，"中华民族的新生命"也就"在工学团的种子里潜伏着"。他认为，广大乡村既是中国新教育之"新大陆"，也是工学团"最好的育苗场"。只要开辟一个苗圃，就能培养一批园丁，这些园丁便可带着幼苗到处栽培，使它繁殖到天之尽头。所以，在乡村试验工学团，前途无量。为

---

① 陶行知：《普及什么教育》，《陶行知全集》第 2 卷，湖南教育出版社 1985 年版，第 636 页。
② 陶行知：《古庙敲钟录》，《陶行知全集》第 2 卷，湖南教育出版社 1985 年版，第 568 页。

此，他发表《乡村工学团试验初步计划说明书》，正式向社会宣布试验工学团的打算。

在这一计划中，陶行知以往的教育探求被充分归纳集成并引申发展。此前倡导的生活教育基本理论，如“社会即学校”、“生活即教育”和“教学做合一”，统统沿用为工学团试验的指导思想；此前依靠当地农民因陋就简、少花钱多办事等乡村办学经验，仍被列为办理工学团的基本方法。工学团计划的拟定，是陶行知中国教育出路新探求、新试验的又一开端，它象征并体现着学校教育的根本改造、普及教育的崭新途径，以及民族救亡的强烈愿望。

1932 年夏，由赞同陶行知在《古庙敲钟录》中描绘的乡村工学团主张的人，发起组织了一个乡村改造社筹备会。会上推举陶行知、丁柱中、欧伟国、陈立廷、沈嗣庄、海斯、叶桂芳等 7 人为执行委员，主持工学团的具体创办事宜。

7 月，陶行知指派晓庄学生马侣贤、戴自俺、郑先文、王作舟等人，按上述要求，分头寻找试验乡村。他们以上海为出发点，兵分两路：一路由戴自俺、马侣贤带队，沿着京沪线，经昆山直抵苏州；一路由郑先文、王作舟带队，沿着沪杭线，经过梅陇等地直抵松江。

9 月 9 日，王作舟沿沪太汽车路继续寻找，终于在大场附近找到一座古庙。庙前场地空旷，周围有许多村庄，交通便利，没有学校，正是创办新村工学团的理想场所。

9 月 15 日，陶行知亲自下乡指导创办乡村工学团事宜，决定以孟家木桥为乡村工学团团部，并以此为中心，进行一次社会调查。调查发现，孟家木桥周围的大小村庄共 27 个，住户 628 家，共有 3000 多人。南面的村庄因离上海近，以种菜卖菜为业；北面和西南村庄，以种棉花为主。在调查研究基础上，陶行知决定先成立孟家木桥儿童工学团一所，作为基地，以后逐渐向周围村庄发展。

9 月 25 日，马侣贤等人根据陶行知的指示，率先在侯家宅创办青年夜校一所，吸引 44 位青年农友参加夜校活动。

10 月 1 日，孟家木桥儿童工学团正式成立。用原租定的房子为活动场所，聘请指导员 4 人，艺友 2 人，儿童工学团团员 24 人。不久，工学团的小农场、木工场、袜工场、藤工场陆续举办，团员也从 24 人增至 48 人。团员们一方面跟随工艺师傅学习技术，一方面在指导员的指导下学习文化科学知识。因为孟家木桥附近的村庄处于宝山县和上海市的交界处，且此时日本已侵占东北，觊觎华北，号称“天下第一关”的山海关已无险可守，所以，陶行知遂将创办的工学团命名为山海工学团。“山海”一名，语意双关，凝结了陶行知在国难之际创办工学团的一番苦心。

孟家木桥儿童工学团的成立，标志着山海工学团正式成立。10月1日这一天也就成为山海工学团的成立纪念日。具体经办人马侣贤也就成为山海工学团的第一任团长。为了便于立案，山海工学团以“山海实验乡村学校”的名义向宝山县教育局立案。因此，山海工学团又可称作山海实验乡村学校。

二、山海工学团的办学宗旨、培养目标与培养内容

陶行知在《工学团组织大纲草案》中，曾对工学团的办学宗旨、培养目标与培养内容有明确说明。

关于乡村工学团的方针。乡村工学团的主体和教育对象是本村全体农民，包括男女老少。其办学方针是“来者不拒，不来者送上门去”。

关于工学团的宗旨和培养目标。工学团以联合本村青年、儿童，“自动的实行工以养生、学以明生、团以保生的教育，以参加新村、新国、新世界之创造”为宗旨，以培养工学团成员具有健康的生活、劳动的生活、科学的生活、艺术的生活、改造社会的生活为目标。

根据工学团的性质和特点，其学习或者说训练、培养的内容必定异于传统的学校教育内容。陶行知把它归纳为“六大训练”或“六大培养”。其具体内容是：

1. 普遍的军事训练，使人人成为保国的健儿；
2. 普遍的生产训练，使人人成为造富的工人；
3. 普遍的科学训练，使人人能在劳力上劳心；
4. 普遍的识字训练，使人人获得传达思想的符号；
5. 普遍的民权训练，使人人成为中华民族的主人；
6. 普遍的生育训练，使人人到了生育年龄可以生得少，生得好，以再造未来更优良的民族。

陶行知要求乡村工学团将上述“六大训练”在自己乡村里尽量推进，以造成中华民国的健全分子，并与全国的100万个乡村联合起来，共同推进。他认为，这样做就可以使整个中华民族“起死回生”，就可以造成一个“伟大的、令人敬爱的中华民国”。

1932年夏，陶行知撰写了《乡村工学团试验初步计划说明书》，系统地阐述了乡村工学团与传统教育的区别，并具体回答了如何建立乡村工学团等重要问题。陶行知认为，乡村工学团与传统教育至少有“七大区别”，换言之，乡村工学团与传统学校相比，有七个特点：

(一)传统的方法，是学校与社会隔离；乡村工学团主张以社会为学校。

(二)传统的方法，是生活与教育分家；乡村工学团主张生活即教育。

(三)传统的方法，把师生界限分得太严；乡村工学团主张会的教人，不会的跟人学。我们跟农人学田，农人跟我们学科学，这是相师相学的意思。我们还可以教大徒弟去教小徒弟，七十二行都有资格做先生，都有资格做太上先生。先生既多，学问自广。

(四)传统的方法，是先生教而不做，学生学而不做；乡村工学团主张先生在做上教，学生在做上学。教与学都以做为中心，这便是教学做合一之要义。

(五)传统的方法，是教劳心者不劳力，不教劳力者劳心；乡村工学团主张在劳力上劳心，才算真正的做，否则便是瞎做瞎学瞎教了。

(六)传统的方法，教人先费几年，把智识装满了再去行；乡村工学团主张“行是知之始”，我们要在行动上去追求真知识，有行的勇敢，才有知的收获。

(七)传统的方法，是教少数人升官发财；乡村工学团主张与大众共甘苦，共休戚，以取得整个中华民族之出路。[①]

---

① 陶行知：《乡村工学团试验初步计划说明书》，《陶行知全集》第2卷，湖南教育出版社1985年版，第594页。

陶行知认为，乡村工学团的主体，应该是“本村之真农人”。所谓真农人，就是“靠自己动手种地吃饭的人”。村外的同志，只处于“推动、赞助、辅导的地位”。而这种推动、赞助、辅导，以适合本村需要的时期为限。推动的宗旨在求本村之自动；赞助之宗旨在求本村之自助；辅导之宗旨在求本村之自导。多年的乡村改造运动的实践经验使陶行知感到，“乡村改造运动者，最忌替农人做”。代替农人做，一手包办，最终农人仍旧不会自己做。农人自己不会做，那么替农人做也就失去了意义。

三、山海工学团的组织机构

关于山海工学团的组织机构，陶行知在《工学团组织大纲草案》中作了规定：工学团设团长 1 人，团副 1 人，领导全团活动。设小工师（“小先生”）若干人，分管技术或文字指导。团部会议为最高机关，负责制定全国共同遵守之规约及共同行动计划。另设考核员 2 人，以监督全团团员及职员的行为。每团设指导员 1 人，由导师担任。

考核工学团的团员须挂绿布条徽符，上书“××工学团××人”。凡以一种技术或文字至少教 2 人者，则在绿布条上加一颗金星。其所教学生又教学生 2 人者，则在绿布条上加两颗金星，表示有两代学生。对“小先生”的考核，以“小先生”所教学生的成绩为依据。教会家中 1 人通读《老少通千字课》4 册，可得 4 分。跳出家庭，教邻居 1 人通读《老少通千字课》者，可得 5 分。教的人越多，得分越高。

山海工学团设指导员 5—10 人。指导员除能教普通小学及民众学校的文化课外，还要有人能兼任无线电、电话机及活动电影机修理的指导，兼任农事及合作社指导，兼任音乐及戏剧指导，兼任自卫指导，兼任科学及简单工艺指导。

四、山海工学团的活动与措施

山海工学团中最先成立的是孟家木桥儿童工学团。该工学团自 10 月 1 日建立之后，迅速开展了如下工作：(1)工读结合。设有木工、袜工、藤工三个手工工场，聘请工匠作技术指导，师生学手工，工匠学文化，自己动手制作课桌椅、简易教具、玩具及实验器具。同时还在生物教师指导下，学习养蜂、养兔、种菜等农副业生产。工学团通常上午学习文化科学和政治知识，下午参加劳动。(2)防治疾病，普及医药卫生常识。工学团设立小诊疗所，聘请医生担任医学指导，免费为农民治病，送医送药上门，辅导农民家庭卫生。(3)开展文娱活动。每星期五晚上举行同乐会，师生农友欢聚一堂，演节目、讲故事、玩科学游戏。

孟家木桥儿童工学团影响所及，使得山海地区周围近十里内的各村，如萧场、沈家楼、红庙、夏家宅、越泾巷、侯家宅等相继办起工学团。按年龄性别分，则有青年工学团、儿童工学团、幼儿工学团和妇女工学团；按生产性质分，则又有棉花工学团、养鱼工学团、养鸡工学团、缝纫工学团和纺织工学团。

紧随山海工学团之后而创办的是晨更工学团和光华工学团。它们设立在沪西周家桥工业区的边沿，分别由晓庄学生徐明清和朱泽甫负责主持。选择这一城乡交接的结合部作为办学地点，显然是陶行知的精心考虑。此后在上海创办的工学团，还有晓庄学生孙铭勋、戴自俺主办的劳勃生路劳工幼儿团，陶行知倡办的中国普及教育助成会，方明主办的静安寺报童工学团和流浪儿童工学团，在徐明清启发引导下，英美烟厂女工朱冰如主办的浦东女工读书班等。上述单位，尽管有的名称不叫工学团，但其实质都是工学团的组织。

在陶行知的推动下，工学团实验不久便取得了可喜的成绩。在这一新型的教育组织中，陶行知及其弟子和当地群众同甘共苦，努力奋斗。他们在做中教农民科学种田，发动农民修桥铺路，抗旱救灾，发展生产，移风易俗。他们为工人开办夜校，举办文艺体育活动。1933 年 10 月，在为庆祝山海工学团成立一周年所举办的展览会上，展品琳琅满目，前来祝贺的本地及外地来宾济济一堂。此后，有关工学团实验情况经常出现在报刊上和电影中，成为进步教育运动的一面旗帜。人们常常怀着浓厚的兴趣前来参观，上海文化界知名人士也常常应邀来此讲课或演出。

为了更好地开展实验，普及教育，陶行知在 1934 年“一·二八”淞沪抗战两周年之际提出了“小先生制”。在他看来，“小先生制”是推行生活教育的理想途径。“生活即教育”、“社会即学校”和“教学做合一”等基本原理，都可以在“小先生制”中得到贯彻。一般的学校要和社会联系有不少困难，“小先生制”就如一根根活动的电线伸展到社会底层，又如一条条血管，将学校与社会连接起来，充分发挥着这一新型的文化细胞在整个社会文化网络中的作用。

在推广实践“小先生制”的过程中，陶行知总结归纳出不少在普及教育中很有实用意义的原则和方法。

即知即传，是最主要的原则和方法。与即知即传相对立的是守知奴，那种“大头鬼”式的守知奴同那种“大肚鬼”式的守财奴都是社会上的怪物。即知即传才能收伏守知奴，做到知识公有，使中国人聪明起来。能够即知即传的成人，可称“大先生”，小孩便称为“小先生”。“小先生”的职务，不但是教人，更重要的是教人去教人。“小先生”的成绩并不仅在直接所教学生的人数，更在间接所传代数之多。等到“小先生”所教的学生也能教人，像滚雪球一样越滚越大，“小先生”工作的意义也越见其大。

非班级常规，是第二条原则和方法。如果不从实际出发，硬要“小先生”做起传统先生，把一个班级的小学生交给他去领导，那便是摧残“小先生”，必定一败涂地。所以，克服贪多的野心，把“小先生”所担任的人数减少到两三个，是保证“小先生”成功的基本条件。

开门教人，是第三条原则和方法。关起门来由优秀的大同学教小同学，这种外国流行过的“蓝喀斯特制”，同“小先生制”毫不相干。“小先生制”不但要把在校和不在校的小孩都变成“小先生”，而且要打开大门去找学生。不论是家中不识字的父母兄嫂姐弟，还是隔壁邻居不识字的大人小孩，都是他的对象。只有开门，1000 万“小先生”才能变为 3000 万，才能体现“小先生制”的力量。否则，关起门来教来教去，1000 万人还是原数，终与“小先生制”无关。

与生活连在一起教，是第四条原则和方法。文字是生活的符号。在现实生活中，符号与生活可以很自然地联系在一起。教一位不识字的妻子识字，可帮她读丈夫的来信；教一位不识字的母亲识字，可帮她认医生为其病儿所开的药方；山海工学团进行电化教育，会读入场券的可以半价入座。

要有指导和考核，是第五条原则和方法。“小先生”在完成自己使命的过程中，会遇到种种困难，如找不到学生和不明自己职务，导师都应随时指导。导师还应加强考核，考查“小先生”所教学生所干出的战绩。在山海工学团用计分法考核，凡小先生教会一人读写一册《老少通千字课》者得 1 分，教会二人读写一册书或教会一人读写二册书者则得 2 分，余可类推。“小先生”团员证上有一颗金星，教出一代“小先生”则加一颗金星。

在陶行知的积极倡导下，“小先生制”在普及教育运动中充分显示了自己的力量。一重重传统的普及教育方法难以攻克的关口，如先生关、课本关、纸笔关、灯油关、文字关、城乡关、会考关、饭碗关，等等，在“小先生”手持现代文明钥匙开启之下，纷纷开门迎纳普及教育的阳光。尤其在攻克女子教育关方面，“小先生制”更显示了自身的优长。年轻女子接受普及教育，常常受到来自家庭和社会习惯势力的各种阻碍。“小先生”却可把灶前、屋角、新娘洞房作自己的课堂，失学的女子在他面前不再害羞。“小先生”像热烈无比的太阳，他一出来，女子教育的许多障碍就像冰雪一样融化了。

在陶行知的积极倡导下，“小先生制”在普及教育运动中充分展现了自己的成绩。到 1934 年底，亦即“小先生制”问世 11 个月后，它已经推行到全国 19 个省、4 个特别市。湖北江陵和浙江鄞县全县开始普遍采用“小先生制”，安徽教育厅视“小先生制”为普及全省教育之重要途径。在上海及其四郊已有“小先生”万余人。在宜兴西桥，晓庄畲儿岗，无锡河埒口，淮安之新安，歙县之王充，山东之邹平和泰山，河北之南开和定县，河南之百泉、洛阳和开封，广东之百侯，山西之舜帝庙等地，都有“小先生”活跃的身影。

与此同时，“小先生制”在国外也迅速引起反响。日本著名实验学校东京池袋儿童之村小学的教师译述了陶行知有关“小先生制”的论文。他们表示要深刻反省日本教育过去照搬照抄德国和美国教育的弊病，更多地“注视邻邦中国的动向”，考虑“在教育运动方面的相互协力”①。在东南亚地区，“小先生制”也引起人们的重视。1935 年，新加坡《星洲日报》刊发了陶行知介绍“小先生运动”的文章。

五、山海工学团教育实验的影响与评价

山海工学团创办后，各地来参观者络绎不绝，并相继仿效。在陶行知的支持和具体帮助下，工学团的种子迅速在全国播种、发芽、开花、结果。如徐明清主办的北新泾晨更工学团，朱泽甫主办的光华工学团，方明主办的静安寺报童工学团、流浪儿童工学团，朱冰如主办的浦东女工读书班、吴

---

① 朱泽甫：《山海工学团诞生前后》，《陶行知一生》，湖南教育出版社 1984 年版，第 230 页。

淞铁路夜校及无锡“小先生”承国英主办的西桥儿童工学团，等等。尽管有的名称不叫工学团，其实质都是工学团，都是山海工学团的姊妹团、兄弟团；都是环绕着山海之光放出来的卫星，循着山海的轨道在运行旋转，都是在陶行知关怀和直接领导下培养起来的，都是陶行知生活教育学说的体现与实践。

山海工学团的生活教育实验是陶行知生活教育学说的又一次重要实践。它与晓庄师范生活教育实验重点放在乡村师范教育的改革上不同，主要是探讨如何配合民族救亡的头等任务，改变学校教育的内容和形式，用新的思路、原则和方法，去实现整个中华民族的教育普及重任。晓庄师范生活教育实验的基本思想和方法被继承和沿袭下来，并在新的形势下得到进一步丰富和发展。它所创造出来的新的普及教育的思路、原则和方法（特别是“小先生制”），对20世纪三四十年代的普及教育事业起了明显的推动作用，甚至革命根据地的教育普及工作，也对之有所借鉴；其影响还扩大到国外，尤其是日本、印度、缅甸、印度尼西亚和新加坡等国。当然，也应看到，晓庄师范生活教育实验中的某些理想主义成分此时也并未完全清除，虽然它已较过去有了一定的减少。

陶行知发起的工学团运动，是一次生活教育实验，也是一场乡村教育革命运动，一场新民主主义运动。原山海工学团小先生、中共地下党员张健，曾在《党在白区教育的一个据点》一文中写道：“由于中国革命形势的发展和陶行知先生本人的思想进步，山海工学团已经成为上海地下党领导的一个新民主主义教育的据点。许多革命的学者、知识分子到过山海工学团讲学。”上海地下党领导的两个进步组织——左翼教育工作者联盟（简称“教联”）和中国青年反帝大同盟（简称“中青”）就设在山海工学团内。“教联”的主要成员有徐明清、王洞若、张敬仁、张劲夫、王东放等人。“中青”的主要成员有毛远耀、林一心、宋任远、钟民、方明、张健、戴季康等人。这些人大都是中共地下党员，也是山海工学团的主要“工师”。1935年后，山海工学团还正式成立了地下党团组织。第一任党团书记是王东放，组织委员林一心，宣传委员张健。晨更工学团的陈企霞、袁超俊、柴川若、王东放、赵璋5人，因从事地下革命活动而遭国民党逮捕，晨更工学团也因此被封闭。陶行知对山海工学团的革命活动，不但不加阻止，而且还尽力予以保护。国民党曾几次派人进山海工学团搜捕，都被陶行知顶了回去。

第三节　育才学校的生活教育实验

重庆育才学校、社会大学是陶行知在20世纪30年代末和40年代中后期先后创办的两所教育机构，也是陶行知在抗战期间和抗战结束之后从事生活教育实验的主要场所。陶行知这两个实验注意吸取了此前晓庄师范和山海工学团实验的经验教训，克服了过去实验中的某些不足，在理论和实践两个方面，都进一步丰富了生活教育。它们在人才教育和成人业余教育方面的探索，推动了当时的中国教育改革，也为当今人才教育和成人业余教育积累了宝贵的经验。

育才学校的生活教育实验是陶行知人才教育思想的一个重要实践，它标志着生活教育理论和实践发展到一个新的阶段。

一、育才学校的创办缘起与经过

陶行知在长期的生活教育运动中积累了经验，又经历28个国家和地区之行，开阔了眼界，对生活教育有了新的认识。他在全面抗战爆发后回到祖国，信心百倍，感到努力多年的普及教育运动，在抗战建国的事业上应该有英雄用武的机会了。他打算扎扎实实干几件工作，一方面继续抓普及教育，“用教育来动员全国民众觉悟起来，在抗战建国纲领之下，担当这重大的工作，所以普及教育，实为今天所亟需”，“以提高整个民族的意识及文化水准”。他致力于“生活教育运动中的一件新发展的工作”[①]，即拯救被战争所贻误的青少年中的人才幼苗，为国家、民族和人类“培养人才之幼苗”[②]。育才学校的创立即是这一愿望的实现。

陶行知立志创办育才学校的动机，按照他的自述，有其远因，也有近因。

从远因看，有两个动机：“第一，是受爱迪生的幼年生活”的启示。爱迪生的孩童时期的遭遇，使陶行知深感人才必须从小培养。陶行知曾这样记述：

---

① 陶行知：《育才学校创办旨趣》，《陶行知全集》第3卷，湖南教育出版社1985年版，第379页。

② 陶行知：《致育才之友书》，《陶行知文集》，江苏人民出版社1981年版，第729页。

他在十二岁的时候，就开始干科学的试验，他常把化学药品带到学校去，而且是欢喜动手，对于先生上的功课，觉得干燥无味，不大注重，所重的只是他自己愿意玩的化学把戏。那时美国的教师也像今日中国教师一样的古板，过不了三个月，便以“坏蛋”之罪名，把爱迪生开除了。爱迪生幸亏有一位好的母亲。她说我的蛋并不坏，指定家中之地下室给爱迪生做实验，只吩咐他不要把毒药放在厨房、饭厅里去。她自己教他英文、历史、地理，化学实验则让爱迪生自习。爱迪生因为得到一位了解自己的贤母，所以仅仅受了三个月的学校教育，也能成为一位现代的大发明家。爱迪生幼年的故事，给了我两个深刻的印象：一是科学要从小孩学起，二是科学的幼苗要像爱迪生的母亲一样爱护才能保全。①

“第二，是法拉第之幼年生活”，也给陶行知很大的启发。法拉第是发电机原理的发明者，他幼年在一个书店里做学徒，订书订得慢，别的学徒到利波老板那里去告状。利波对众徒弟说：你们有所不知，法拉第是一面订书，一面吃书；书订好了，头脑也吃饱了；你们当中如果有人像他那样用功，我也可以宽容。法拉第装订一部百科全书，翻到电气一章，只有两面，他看完觉得不够味，说他将来要写一本电气的书。法拉第的科学生涯虽得益于进了皇家学院之后，但当他做学徒的时候，倘若得不到利波老板的识拔宽容，这根科学的幼苗也许早已被人摧残了。

除了这两个早在陶行知心头萦绕的远因外，用他自己的话说，这次回国以后，又增加了三个新的近因。一是法国邮船上的见闻：

一九三八年，我从埃及坐了一只法国邮船回国，出了红海，看见一位三岁光景的外国小孩在甲板上跳舞，细看才知道他是配着所开放的留声机片跳舞。他是很快乐的在甲板上活跃，因为留声机是开放着一支快乐的曲。我异想天开，竟要求换一张悲哀的片子，看这孩子表情有何变动。当这悲哀的片子一响，孩子立即变

① 陶行知：《致育才之友书》，《陶行知文集》，江苏人民出版社 1981 年版，第 727 页。

容，如泣如诉，好像是失掉亲爱的人一般的舞去。我再问有革命的片子否？开留声机的朋友说：《马赛曲》如何？我说甚佳。《马赛曲》一开，小孩立即拿着拳头冲锋，作种种战斗表演，甚至做出向客人进攻之姿势。我看了以后，下一判断，小孩之音乐天才，三岁可测验，测验确实，便应及时培养。

二是湖北临时保育院之所见：

汉口沦陷前二十天光景，我们看见一位害癞痢的小朋友在那儿指挥许多小朋友唱歌，我请了一位音乐家教给他音符和拍子，他三天竟能将一支不曾听过的歌用音符记录下来。一个没有音乐才干的人是三年也不见得能学会。

三是在重庆临时保育院所受之感触：

一九三八年十一月参观临时保育院，院长告诉我，常有达官贵人大学教授来院挑选干儿子，当着难童说，这个秃子不要，这个麻子不要，这个嘴唇缺的不要，那个长得好我要。这些失掉父母的难童于今还要受这难受的刺激，听了令人愤慨。当时我表示我若来选，只问他，有无才干。倘使有才干，虽是秃子、麻子、缺嘴都要。我不要他们做干儿子，只是为民族培养人才的幼苗。[①]

这五个印象在陶行知的“脑子里各各独立存在了很久”。当他第二次回到香港时，忽然这几个意思凝聚起来了：“几年来普及教育中的遗憾须求得补偿，选干儿子的做法，应变为培养国家民族人才幼苗的办法，不管他有什么缺陷，只要有特殊才能，我们都应该加以特殊之培养。”[②]这样创办育才学校的目的就明确了。在“1939 年 1 月的一天晚上正一时，我就草拟育

---

① 陶行知：《致育才之友书》，《陶行知文集》，江苏人民出版社 1981 年版，第 727—729 页。

② 陶行知：《育才学校创办旨趣》，《陶行知全集》第 3 卷，湖南教育出版社 1985 年版，第 376—377 页。

才学校创校计划与预算”,“请张仲仁(一麟)先生领导创立董事会,延且得到赈委会许俊人(世英)先生之同意而实现”。育才学校校董会于3月在香港成立,张一麟任董事长,由赈委会负担全部经费。拨给开办费4.5万元,经常费每月3000元,陶行知于是把全部时间投入到育才学校的创办工作之中。为了在重庆立足,他与社会各界开展了广泛的接触,并专门给宋美龄写了信,请她支持①。

陶行知苦心“创办育才的主要意思在于培养人才之幼苗,使得有特殊才能的幼苗不致枯萎,而且能够发展,就必须给予适当的阳光、空气、水分和养料,并扫除害虫”。陶行知的这个美好理想在育才学校得到较为完满的实现。

为把育才学校办成培养人才幼苗的一所理想学校,陶行知有条不紊地着手进行各项开办工作,亲自制订了《育才学校教育纲要草案》。他在香港筹募到经费以后,立即到四川,与生活教育社的战友王洞若、戴伯韬(白桃)、帅昌书(丁华)、魏东明、陆维特等人(他们都是共产党员)商量,要求他们一道来创办育才学校。在他们的积极参与下,1939年5月,在四川省重庆市北碚清凉亭成立了育才学校筹备处。由王洞若协助陶行知制订办学计划,请马侣贤负责筹募经费和租借校舍,请陆维特、孙铭勋、张望等组织选拔测验组。经保育院的领导机关——战时妇女指导委员会同意,选拔测验组于1939年夏天分赴各地保育院、孤儿院等难童机构,从智力测验、文化考查及特殊能力考察三个方面,综合分析、择优选拔儿童入学,各项工作进行得颇为顺利。1939年7月20日,这所培养人才幼苗,具有少年专科性质的新型学校——育才学校在重庆北碚北温泉诞生。8月初,迁到草街子凤凰山上的古圣寺正式上课。第一批到校学生40余人,开课时有学生71人,到年底增加到近百人,第二年增加到152人。以后每年都陆续有新同学增加,也有从外省不远千里跋涉而来的。

二、育才学校的办学宗旨与培养目标

陶行知明确提出:“育才学校根据中华民国教育宗旨及抗战建国需要,

---

① 陶行知:《育才学校创办旨意——致宋美龄》,《陶行知全集》第5卷,湖南教育出版社1985年版,第366—367页。

用生活教育之原理与方法，培养难童中之优秀儿童，使成为抗战建国之人才。”[①]“要为整个民族利益来造就人才”，便须“引导学生们团起来做追求真理的小学生；团起来做自觉觉人的小先生；团起来做手脑双挥的小工人；团起来做反抗侵略的小战士”。他认为：“真的集体生活必须有共同目的，共同认识，共同参加。而这共同目的、共同认识和共同参加，不可由单个的团体孤立的建树起来。否则，又会变成孤立的生活，孤立的教育，而不能充分发挥集体的精神。”[②]陶行知借用孟子的话：“先立乎其大者，则其小者不能夺也”，他认为，“我们中国现在最大的事”是“团结整个的中华民族，以打倒日本帝国主义而创造一个自由平等幸福的中华民国。我们的小集体要成了这个大集体的单位才不孤立，才有效力，才有意义”，他反对把学校作为培养只求个人“升官发财”的“人上人”[③]。为此，他要求育才学校的教学密切结合社会实际，把培养学生的人生观放在首位，德智体美劳全面发展，尤重德育。他要求实施“智仁勇合一的教育”，培养“智仁勇兼修的人”，“不智而仁是懦夫之仁；不智而勇是匹夫之勇；不仁而智是狡黠之智；不仁而勇是小器之勇；不勇而智是清谈之智；不勇而仁是口头之仁”。他强调，“道德是做人的根本，根本一坏，纵使你有一些学问和本领也无甚用处。没有道德的人，学问本领愈大，就能为非作恶愈大”，他把道德看做“建设人格长城的基础”[④]。为帮助学生树立革命人生观，陶行知取消了国民政府教育部颁发的“公民”、“社会”课，而开设了社会发展史、政治经济学等马克思主义理论课，还专设劳动课，结合形势，举办时事讲座。育才学校在各项工作中，坚持了正确的政治方向，最终成为革命人才的摇篮。

三、育才学校的组织机构与师资队伍

建立一支政治素质好、专业知识强、忠诚于人民教育事业的教职员工队伍，是陶行知办育才学校成功的重要经验。陶行知团结了一批志同道

---

① 陶行知：《育才学校教育纲要草案》，《陶行知全集》第3卷，湖南教育出版社1985年版，第366页。

② 陶行知：《育才学校创办旨趣》，《陶行知全集》第3卷，湖南教育出版社1985年版，第378页。

③ 陶行知：《育才学校创办旨趣》，《陶行知全集》第3卷，湖南教育出版社1985年版，第379页。

④ 陶行知：《每天四问》，《陶行知全集》第3卷，湖南教育出版社1985年版，第471页。

合、与他长期共同奋斗的生活教育社的战友，作为办学骨干，建立起校务部（方与严为主任）、总务部（马侣贤为主任）、研究部（王洞若为主任）与生活指导部（帅昌书为主任）等精干的校级领导机构，又请了当时堪称第一流的专家担任各个系的主任与教授。他们不仅是学有专长的学者、专家，而且多是有强烈爱国思想的志士。先后来校担任教学的：音乐组有任光、贺绿汀、姜瑞芝、李凌、任虹、范继森等；戏剧组有章泯、水华、舒强、沙蒙、刘厚生等；舞蹈组有戴爱莲、吴晓邦、盛婕等；美术组有陈烟桥、张望、汪刃锋、许士祺、丰子恺、王琦、叶浅予、华君武等；文学组有艾青、力扬、魏东明、陆维特、徐荇等；社会组有孙铭勋、廖意林、苏永扬、屠公博等。还请来许多名流、作家如翦伯赞、田汉、何其芳、吴玉章、邓初民、周谷城、秦邦宪、萨空了、徐迟、姚雪垠、黎国荃、陆诒等来校兼课或讲学。学校还办了“林间讲座”，特邀郭沫若、夏衍、曹靖华、刘白羽、周而复、周扬、邵荃麟、艾芜、戈宝权、沙汀、程今吾等去演讲。可谓人才济济，极一时之盛，充分显示出陶行知善纳众流的办学才能与育才学校的兴旺。后来学校还派学生到设在重庆的中央乐园和音乐学院去学习、请教。名师出高徒，有了这批优秀的园丁，才使凤凰山上繁花似锦，育才学校培养出了大批人才。

育才学校地处穷乡僻壤，物质条件很差，怎么能留得住这么多的名人来校服务呢？这除了当时处在抗战大背景，还与许多进步知识分子聚集在陪都重庆有关。他们把投身育才学校、培养有为少年视为献身民族救亡的实际行动，政治觉悟高是这批师资的内在动力；而陶行知善用人才，能团结大家共同奋斗，使育才的教职员工各尽所能地贡献自己的力量与才智。

四、育才学校的实验内容与措施

（一）基础知识与专业技能并重

为了“使得有特殊才能的幼苗不致枯萎，而且能够发展”①，陶行知在创办育才学校时就确定了基础教育与专业教育并重的指导思想，按学生的特长分专业编组，给以不同的专业教育。开始时设立音乐、戏剧、文学、绘画和社会科学五个相当于系科的组，后来又增设了自然科学组、舞蹈组与

① 陶行知：《育才学校创办旨趣》，《陶行知全集》第3卷，湖南教育出版社1985年版，第377页。

普通组,各专业组吸收有一定特长或条件的同学,普通组则吸收智力较高,但一时尚未发现某种特殊才能的儿童,一俟在学习的过程中发现其特长,即转组学习,给以特殊培养。

陶行知在长期的生活教育实践中,已日益明确了生活教育采取"教学做合一"的原则,不应放松基础知识、基本理论的教学,相反,不论何种专业,都应学好四门共同必修课:语文、数学、外语和科学方法(相当于思想方法论)。他认为这四门基础课是掌握现代科学、开发现代文明的"四把钥匙",是每一个学生都应认真学习的。所以学生又按文化程度编成不同年级,学习语文、数学、物理、化学、历史、地理、英语、哲学常识、音乐、体育等文化必修课(基础课)。除了共同必修课,又视不同专业规定专业课程,名曰特修课,还开设第二外语,成立各自的科研兴趣小组。如文学组开设西洋文学史、中国古代文学史、名著选读、习作。音乐组开设弦乐、声乐、键盘、视唱。自然组开设科学新知识、物理、化学、代数、几何、解析几何、动物、植物、制作(木工)、天文学。根据自然组的需要,尤重外语学习。德国科学发达,所以确定德语为第二外语。社会组开设辩证唯物主义与历史唯物主义、社会发展史、新民主主义论、整风文献等。每天上午一律为普通基础课,下午前两节是专业组活动,第三节是统一的劳动课。把特殊教育与基础教育统一起来,使学生对特殊知识技能的了解与掌握,扎根在对人生、对世界各方面的关系以及宇宙、人类历史发展的知识更为广阔的基础上。

育才学校分专业培养人才,但"和传统的人才教育办法有所不同"。陶行知认为:

> 传统的人才教育,一般地是先准备普通的基本教育,然后受专门的高等教育。我们的办法是不作这样严格的时间上的划分,我们选拔具有特殊才能的儿童,在开始时便同时注意其一般基础教育与特殊基础教育。前者所以使儿童获得一般知能及优良的生活习惯与态度;后者所以给予具特殊才能之儿童以特殊营养,使其特殊才能得以发展而不致枯萎,并培养其获得专门知能之基础。表面上看来,这是一般基础教育与专科基础教育之过早的区分,但根据我们的办法,这是及早防止一般基础学习及专科基础学习之裂痕。我们要及早培养儿童对于世界和人生一元的看法。

> 倘若幼年的达尔文对于生物浓厚的爱好是发展伟大的进化论者达尔文的条件之一，那末今天提早发展儿童之个别优异倾向，实在有其理由。倘若中国近年来文化工作之脱离广泛社会实际生活，和技术专业家之缺少正确的认识可以作为殷鉴，那么，今天便在一般基础教育与特殊教育中予以统一，防止那样的分裂倾向，实在有其必要。①

因为陶行知在培养专业人才时一开始就重视基础知识和系统理论，并使二者正确结合，所以培养出来的、以后成名的专家，都是基础雄厚、造诣高深的人才②。

育才学校培养人才幼苗，对开始显示某些特殊才能的青少年儿童，因材施教，实行人才教育。陶行知为此特别指出，“育才学校有三个不是”，以阐明其办学的特点：一、不是培养小专家；二、不是培养他做人上人；三、不是丢掉普及教育，而来干这特殊的教育。育才学校之创立，只是生活教育运动中一件新发展的工作，它是丰富了普及教育原定的计划，绝不是专为这特殊教育而产生特殊教育，也不是丢掉普及教育而来做特殊教育。育才学校自始至终的实践，都贯彻了陶行知的这一办学宗旨，既发展了培养专门人才的特殊教育，又进一步推动了普及教育，充实了生活教育运动的内容。

（二）注重知情意合一的教育

育才学校还注重知情意合一的教育。陶行知针对“中国数十年的新教育是知识贩卖的教育”这个弊病，而赞成“有心人曾慨然提倡感情教育，知情意并重的教育”，但他又批评那种把知情意三者“割裂的训练”，孤立的感情教育。他说：

> 书本教育也许可以使儿童迅速获得许多知识，神经质的教师也许可以使儿童迅速地获得丰富的感情，专制的训练也许可以使

① 陶行知：《育才学校教育纲要草案》，《陶行知全集》第 3 卷，湖南教育出版社 1985 年版，第 367 页。

② 陶行知：《育才学校教育纲要草案》，《陶行知全集》第 3 卷，湖南教育出版社 1985 年版，第 367 页。

一个人获得独断的意志，但我们何所取于这样的知识，何所取于这样的感情，何所取于这样的意志？知情意的教育是整个的，统一的。知的教育不是灌输儿童死的知识，而是同时引起儿童的社会兴趣与行动的意志。情育不是培养儿童脆弱的感情，而是调节并启发儿童应有的感情，主要的是追求真理的感情；在感情之调节与启发中使儿童了解其意义与方法，便同时是知的教育；使养成追求真理的感情并能努力与奉行，便同时是意志教育。意志教育不是发扬个人盲目的意志，而是培养合于社会及历史发展的意志。合理的意志之培养和正确的知识教育不能分开，坚强的意志之获得和一定情况下的情绪激发与冷淡无从割裂。现在我们要求在统一的教育中培养儿童的知情意，启发其自觉，使其人格获得完备的发展。①

（三）注重创造教育

陶行知在《育才学校创办旨趣》中就做过设计，把育才学校作为“生活教育运动中的一件新发展的工作”，一种创造性的实验。1941 年 6 月出版的《战时教育》第 6、7、8 期合订本上，他发表了《育才二周岁之前夜》的长篇论文，提出“集体创造”的主张。他说：“集体创造的目的在运用有思考的行动来产生新价值。我们虽不能无中生有，但是变更物质的地位，配合组织，使价值起质的变化而便利于我们的运用。这也构成普通功课之一部分，使学生在集体创造上学习创造。”他将这年 6 月 20 日到 7 月 20 日定为“集体创造月”，并开始有领导、有计划地进行，要求师生们用脑又用手，“创造健康之堡垒”、“创造艺术之环境”、“创造生产之园地”、“创造学问之气候”，迎接两周年校庆。8 月 1 日，陶行知又在育才学校宣布“创造年”开始，并制订了《创造年计划大纲》和《育才创造奖办法》，提出了“一切为创造，创造为改善生活、提高生活”的号召。这个时期，陶行知撰写了许多鼓励大家发挥创造性的文章、诗歌，其中最有名的是《育才十字诀》、《创造年献诗》和《创造宣言》三篇。陶行知认为在一个有志者看来，“处处是创造之地，天天是

① 陶行知：《育才学校教育纲要草案》，《陶行知全集》第 3 卷，湖南教育出版社 1985 年版，第 367—368 页。

创造之时，人人是创造之人”，“只要有一滴汗，一滴血，一滴热情，便是创造之神所爱住的行宫，就能开创造之花，结创造之果，繁殖创造之森林”。

在陶行知创造教育思想的指导下，育才学校出现了浓厚的创造气氛，学生激发起创造的兴趣，发挥了创造的才能，取得了创造的成果。全校师生自己动手，克服了物资供应上的种种困难，在不到一年的时间里，建起了露天舞台、深湾游泳池、环校马路等。在学业的创作上，有儿童文学、剧本、歌曲、舞蹈、美术、史地材料、自然科学实验、科学仪器工具等方面的创作百余种，全校掀起创造风。1941 年，学校还设立了“育才幼年研究生”制，吸收幼年研究生 27 人。他们在各专业老师的指导下，进行专题研究，有的从地下发掘的残碑断砖、和尚坟墓中考证了古圣寺的历史，有的研究苏德战争，写出了长达 20 万字的论文，受到翦伯赞教授的赞扬。

（四）注重集体生活

陶行知教育思想在育才学校的成功之处，或者说育才学校的最大特色之一，是整个学校生活组成了一个和谐有机的整体，形成了奋发向上的优良校风，这也是陶行知对生动活泼的集体生活理想的试验与实现。

陶行知认为，只有用集体生活才能实现他的创造教育的理想与计划，也就是全校师生共同创造合理、进步、丰富的生活，形成优良的学风与校风，建设理想的成才环境，并通过这种集体生活来教育儿童，引导他们团结起来做追求真理的小学生，团结起来做自觉觉人的小先生，团结起来做手脑双挥的小工人，团结起来做反抗侵略的小战士。

在陶行知看来，这种集体生活也是民主集中制的体现。在民主方面，启发学生的自觉、自动、自治，生动活泼地发展个性；在集中方面，注意组织生活与严肃整齐，注意教师的辅导，防止散漫与自流。陶行知有一句名言是“办学如治国”①，要求有好的政治气候与社会环境。一个学校的理想环境是革命性与艺术性统一的环境，是一种井然有序的环境。他要求“阵有阵容，校有校容，有其内必形诸外”。他认为军风不正必吃败仗，校风不正就会把青年引入邪路。按照“生活即教育”的原理，“育才学校的生活与教育是统一的，它认定劳动生活即是劳动教育，用劳动生活来教育，给劳动生

① 陶行知：《不能用人之长，便是自己短——致马侣贤》，《陶行知全集》第 5 卷，湖南教育出版社 1985 年版，第 397 页。

活以教育；它认定健康生活即是健康教育，用健康生活来教育，给健康生活以教育；它认定政治生活即是政治教育，用政治生活来教育，给政治生活以教育；它认定文化生活即是文化教育，用文化生活来教育，给文化生活以教育”。“育才学校的集体生活，在其总的意义上来说，便是一种政治生活。也就是说，育才学校的政治教育笼罩着整个集体生活。”①全校师生在健康、进步的集体生活中潜移默化，共同提高。

育才学校集体生活的具体实施有几个方面：

第一，学生自治。育才学校建立了学生自治会，设主席及文化、康乐、卫生、劳动、服务 5 个干事。1940 年，自治会成立校生活委员会，设生活团正副团长及 5 个部：自我教育部、社会工作部、服务部、卫生部、康乐部。以组为单位编为中队，设中队长及上述性质相同的 5 个干事(股)。中队下编为若干分队(自治小组)，自治会的所有干部都由学生民主选举。

全校学生在自治会主席及各干事的领导下，过有组织的集体生活。组内的生活则由中队长与中队干事领导。为了健全民主生活，通过民主方式制定了奖惩办法。但在方式方法上不采取简单粗暴的做法，而是采取说服、谈心、批评、表扬、介绍好的典型等方式。学生有了过失，一般由自治会处理，教师不包办；学生自治会不能解决的，才交给教师处理，以至训导委员会或校长解决。学生如犯了重大错误，需要处分的，则先弄清事实，分析产生的原因，加以说服、启发自我反省，有了一定认识，然后才给予适当处分，使犯错的学生心悦诚服。在处分方式上，废除了体罚与开除。奖惩办法规定，学生犯最严重的过失(如损害老百姓的利益)，必须离开学校的集体生活，也只是调换环境，分配到新的地方去锻炼，给以反省、改过的机会；或者干脆就到陶行知住的地方，由他个别教育。这种做法与别的学校开除不同，学校仍与被调换环境的同学保持联系，如有明显的悔改表现，便可回校学习。

集体的组织生活，处处保持严肃、整齐的校容，什么东西应摆在什么地方，应该怎样摆，都安排得井井有条。陶行知提出，凡是两件以上的物品(如鞋子、衣服、面盆等)放在一起时，都要让它们排起队来。整齐的校容，

① 陶行知：《育才学校教育纲要草案》，《陶行知全集》第 3 卷，湖南教育出版社 1985 年版，第 370 页。

对于形成团结、紧张、严肃、活泼的校风，有非常重要的作用。

第二，文化生活。育才学校的文化生活也是丰富多彩的。有写读进修会、讨论会、辩论会、晚会、朝会、名人演讲等。如朝会上的“精神早点”，内容生动活泼，每周有一中心，由各组学生轮流担任，其作用在使各组交流学习心得。各组又围绕中心出若干小题目，每天一个，分头准备，专人报告。如社会组讲中国的党派问题（分为各党派的政治主张、发展历史、代表人物等），自然组讲爱迪生（有爱迪生的历史、爱迪生的母亲、爱迪生的研究精神、爱迪生的发明——电影、留声机等小题），文学组讲报告文学（有什么是报告文学、怎样写报告文学、报告文学作品介绍等小题）。通过这样的朝会，不仅加重了全校的学习空气，而且有助于各组学习成绩的提高。又如晚会，有故事晚会、诗歌朗诵会、化装表演等。

第三，康乐生活。当时是战争年代，育才学校经济困难，无钱购买运动器械。他们就用穷办法，用最少的钱置办一些简单的运动器具来开展活动，如掷手榴弹、攀绳束、爬竹竿、跳绳、跳高、跳远、到温泉游泳等；组织各种文娱活动小组，开展经常性的活动；还有组织远足旅行等活动。

第四，卫生生活。陶行知对学校的卫生生活很重视。他认为，集体生活首重健康，一分预防胜于十个医生。健康之堡垒有三道防线：第一道防线是制造扑灭病菌的工具，如苍蝇拍、捕鼠器、纱罩、蚊帐、消毒器械等；第二道防线为实施环境卫生，如井水、厕所、厨房、饭厅、阴沟、仓库、家畜栏、垃圾堆，均作为重点清洁卫生场地，以控制病菌的滋生蔓延；第三道防线是靠身体的力量与病菌肉搏，这道防线包括营养、运动、防疫注射、生理卫生。三道防线都无法抵挡，肉搏也告失败，只好通过治疗，入后方医院医治。为了保持全校环境的清洁卫生，各组分工包干，经常打扫，并定期举行大扫除。推广公筷、公食。开始两人合用一个脸盆，互助倒水不把毛巾入盆，以防沙眼等疾病的传染，后来改为一人一个脸盆。陶行知撰写的《育才卫生二十九事》，则是全校师生的卫生宪章。

第五，劳动生活。劳动不仅是同学们学习生活的需要，也是建设学校的需要。育才学校能在荒山古庙上创办起来，全靠师生们一双双宝贵的手。他们整修了学校周围的道路，还在凤凰山上新修了一条路。他们将学校面前山上树林里修筑的小径加以开辟利用，取名为普式庚林（即俄国文豪普希金），成了全校师生最喜爱的地方。在山地上种植蔬菜，后又开垦荒地，师生中还开展评选劳动英雄的活动。各组种地分工包干到人，集体劳动，劳动干事负责检查督促。生产收益二八分成，八分交公，二分归己。生产有指标、定任务，不能达到标准的则由学校收回土地。学校如有运输任务，也由同学们量力分担，学校把节省下来的工资给学生“打牙祭”，改善伙食①。

(五)课堂教育与校外教育、社会活动相结合

陶行知的生活教育理论在育才学校有了多方面的发展，“社会即学校”的主张得到了进一步贯彻。有计划地开展各种形式的社会活动，是育才学校整个“教学做”活动的有机组成部分，是陶冶青少年情操、培养学生“生活力”的重要途径。

为使课堂教育与校外教育、社会活动有机地结合起来，育才学校有计划地定期组织学生深入社会、接触实际，并规定每个星期一下午，有时加两个晚上，学生须分批去搞社会调查，开展群众工作，让学生养成与工农群众打成一片的感情与习惯。具体方法因时而异，也有去工厂的，更多的是到附近农村去，分头访贫问苦，送教上门，送医上门，治疗小病小伤，教农民、小煤窑工人及他们的子女识字、唱歌，讲抗日道理，打扫卫生。同学们亲切地称这些活动为“走亲戚”。“走亲戚”对同学们帮助很大，也受到老百姓的欢迎。育才学校还组织见习团去工厂、农村、艺术团体、科研单位进行调查、实习，最后，以见习成绩向全校及社会汇报。

校外活动最有影响的是各组结合专业，发挥特长，开展各类宣传活动。绘画组的同学们在“为老百姓而画”的响亮口号鼓动下，背起画夹到民间去，“到老百姓的队伍里去画，跟老百姓学画，教老百姓学画”②。他们成立了“育才美术团”、“儿童美术团”，举办“抗敌儿童画展”，得到了各界的好评，重庆《新华日报》于 1942 年 1 月 12 日在第 2 版还作了专题报道。冯玉祥将军专门写了《小艺术家赞——为育才学校儿童画展而作》加以赞扬。

音乐组经常到校外举行演奏会，据当时重庆《新华日报》报道，从 1940 年到 1946 年仅在重庆即举行了 14 场音乐会。戏剧组的活动也很出色，他们

---

① 丁华:《育才学校的新教育——陶行知教育理论的创造》,《陶行知一生》,湖南教育出版社 1984 年版,第 279—280 页。

② 陶行知:《为老百姓而画》,《陶行知全集》第 3 卷,湖南教育出版社 1985 年版,第 582 页。

常到外地公演。每次演出，从前台到后场，从布景到灯光效果，一切由学生自理。这样的演出，对育才学校的师生来说，既是政治上生动的自我教育，也是有益的艺术实践。舞蹈组虽然成立较晚，但不甘落后，创作并演出了不少进步的歌舞剧。文学组更是全校创作、宣传活动中的骨干，他们先后组织了"佚名社"、"榴火社"、"浪花社"，开展文艺创作，举行诗歌朗诵会，配合抗日宣传。社会学组在城市、集镇进行街头演出，收到了很好的效果，成为一支救亡宣传的轻骑兵。自然组也进行了富有专业特色的社会活动，他们运用学到的知识，开展了凤凰山林木普查，给各类树木挂上牌子，标出学名、俗名、差别、特性和用途等，然后请专家与老农鉴定。同学们还在老师的指导下，建立"鸟类迎宾馆"、"昆虫招待所"、"植物园"、"水族馆"等，对动植物的习性分类研究。他们研究从凤凰山到北温泉十几公里区域的植物与土壤，为种植业提供可靠数据，直接为农民、农业服务。他们举行"谈天会"，观察星斗，探索太空的奥秘。他们开展科普宣传，通俗讲解自然科学的历史，如讲爱迪生的历史，他怎样发明电影、留声机等的生动故事。育才学校的女同学还帮助附近村落成立"妇女合作社"，有组织地制鞋、缝衣，送到城市出售，开辟生财之道，还帮助妇女扫盲读书等。

多种多样的社会活动，打破了先生教死书、学生读死书的沉闷空气，培养了学生理论与实践密切结合的思想方法，增强了同劳动人民的联系，还大大提高了学习兴趣。学生在教学做合一的生活中，感到的不是枯燥无味、空洞无物，而是生动具体，饶有兴味。这样的学习生活，使学生的德智体美劳全面发展，知情意的培养高度统一。

五、育才学校教育实验的影响与评价

育才学校是陶行知继晓庄师范、山海工学团之后创办的又一所新式学校。陶行知在该校从事的生活教育实验，在理论和实践两个方面都取得了丰硕成果。

从理论方面来看，陶行知在育才学校的生活教育实验，突出集体生活和政治教育，注重教师的主导作用，强调基础知识与专业技能并重，这都较晓庄师范、山海工学团时期有了长足的进步，表明陶行知的生活教育理论正在克服此前的某些不足，进一步深入轰轰烈烈的抗战生活，与时代的任务与前进的人群相统一，业已步入一个新境界，变得更加丰满成熟。

从实践方面来看，陶行知在育才学校的生活教育实验，注重培养追求真理、追求进步的青年，培养勇于为祖国、为人民奉献生命的革命战士，造就了一大批杰出人才。育才学校从1939年开办到1946年陶行知还健在时，共招收学生410人，他们后来的去向，据不完全统计，去延安的有22人，去中原、华北、苏北、皖南、浙东、云贵等根据地的有76人，去川东华蓥山开辟革命根据地的有23人，去新华日报社工作的工人，在成渝一带参加地下革命斗争的有13人①。总计有140多人直接走上革命工作岗位，占总人数的1/3强。有些人在艺术、科学、文教部门经过长期磨炼，成为出色的专家与领导干部。当年育才学校音乐组的同学后多成为北京、上海音乐学院的著名教授，或音乐界的著名作曲家和演奏家，其他组的情况也是桃李芬芳②。

第四节　重庆社会大学的生活教育实验

社会大学是陶行知成人业余教育理论的一次重要实践，它验证和发展了陶行知的生活教育学说。

一、社会大学的创办缘起与经过

对于办一所大学，陶行知早有考虑。早在1936年，陶行知就提倡要办一所"民族解放的大学校"，这所大学校要比中央大学"大二三十万倍"。它不需要花几百万元钱去建造像武汉大学那样皇宫一般的校舍，所有工厂、农村、店铺、家庭、戏台、茶馆、军营、学校、庙宇、监牢都可以成为这个大学校的分校。这实际上就是无形的社会大学。因为当时中华民族正处在抗日救亡的"国难"之中，所以，陶行知没有具体考虑如何筹办问题。

抗战胜利后，国内出现了一个短暂的和平时期。毛主席亲临重庆与国民党谈判，签订了《双十协定》。协定提出"以和平、民主、团结、统一为基础……长期合作，坚决避免内战，建设独立、自由和富强的新中国"，召集政

① 吕长春:《育才学校的优良传统》,《陶行知研究》,湖南教育出版社1987年版,第151页。

② 陶行知:《育才学校的创办》,《陶行知全集》第3卷,湖南教育出版社1985年版,第552页。

治协商会议，协商国是。当时，和平与民主是全国人民的愿望。

为了促进重庆民主运动的开展，陶行知主持的生活教育社等团体，每周星期六在管家巷28号育才学校驻渝办事处举办民主讲座，周恩来也曾去讲过形势和任务问题。许多来听讲座的进步青年，要求进一步组织起来，较系统地学习革命理论。青年们的要求，由金秀堤、周西平、陈作仪、王性容等人向中共中央南方局负责青运的刘光作了汇报。刘光很支持，要大家团结起来想办法，组成学习的团体。1945年12月，当金秀堤等人向陶行知汇报青年要求组织起来学习的愿望时，陶行知具体地提出创办一所以培养在业青年为主的文科夜大学的设想。陶行知说："有这个计划已经十年了，但过去政治条件不允许，现在政协成功了，可以办了。"①不久，由陶行知和方与严召集茶话会，专门研究筹办社会大学的问题。陶行知在会上阐述了办社会大学的意义和方法。会后，由金秀堤、翁维章、李企实、章增扬、徐健等人出面，在一次民主讲座上提出筹办社会大学的倡议，得到了热烈的响应。

由于各方面的积极支持，整个筹备工作只进行了20多天，1946年1月15日，社会大学在重庆市管家巷28号院内开学了。在举行开学典礼的那天，冯玉祥、张澜、沈钧儒、史良、饶国模、任宗德、周宗琼等人到会讲了话，周恩来也亲自出席。当时有学生197人。

二、社会大学的办学宗旨与培养目标

陶行知认为，办好一所大学，必须具备三个条件：要有热心的教授，要有好学的学生，要有正确的办学宗旨。对此，他借用四书上的一句话，加以修改，赋予新的内容。他说："大学之道，在明民德，在亲民，在止于人民之幸福。"②在社会大学开学典礼上，他进一步阐述了"明民德"的内涵：

> 要使人民头脑觉悟，自己起来作主人，自己团结起来，联合起来，要不让公仆造反，要公仆为老百姓服务，去谋求自己的解放，

① 陶行知：《社会大学的创办经过和它的实践》，《社会大学》，昆明北门出版社1946年版，第28页。

② 陶行知：《社会大学运动》，《陶行知全集》第3卷，湖南教育出版社1985年版，第586页。

达到捣毁旧的、痛苦的地狱生活，创造新的世界，新的生活。这就是我们新的人民大学之道，就是社会大学的宗旨。[①]

社会大学的培养目标就是要培养既愿意接受大众领导，又能领导大众的人才。换言之，就是培养能为大众服务的人，使社会上各种人都成为对社会有用的人才。

关于社会大学的教育方针，李公朴与陶行知商议后提出，以人格教育、知识教育、组织教育、技术教育等四项为社会大学的教育方针。李公朴具体解释为：人格教育是以革命的人生观和正确的宇宙观的建立为中心，而这又是四项教育的重点、核心。知识教育以社会科学，特别是政治经济学为主。组织教育就是培养和发展每一个人的组织能力。技术教育着重自动的、集体的学习方法。

三、社会大学的实验条件与组织机构

根据陶行知提出的“自己来发起，自己来筹款，自己选校董，自己选校长”的办法，民主集体决定请冯玉祥、张澜、沈钧儒、饶国模、任宗德、史良、陶行知、李公朴诸人为校董，公推冯玉祥为董事长，推举陶行知为校长、李公朴为副校长兼教务长（李去昆明后，由方与严继任教务长），又在常来听民主讲座的青年中，选金秀堤、周西平为教务工作人员，翁维章为部务工作人员。在中共的支持和各界进步人士吴玉章、郭沫若等人的赞助下，很快聘齐了一批教授。在重庆社会大学任教的有翦伯赞、华岗、邓初民、许涤新、王昆仑、侯外庐、罗克汀、章乃器、何思敬、徐苓、宋云彬、杨晦、胡风、何其芳、骆宾基、黄芝岗、力扬、艾芜、曹靖华、潘菽、孙起孟、李公朴、陶行知、方与严、孙铭勋、陈翰伯、张友渔、宣谛之、章汉夫、于刚、潘天觉、田汉、巴金等人。还有许多著名人士也到重庆社会大学讲学。邓颖超也被请去讲了妇女问题，秦邦宪、邓发、冯玉祥、黄齐生、乔冠华等人也作过专题讲座。

关于社会大学的入学与招生问题，陶行知说过，只要能听讲又能记笔记，便有入学资格。在正常情况下，学生是来一个，收一个；来两个，收一

---

① 陶行知：《社会大学的创办经过和它的实践》，《社会大学》，昆明北门出版社 1946 年版，第 29 页。

双;来一千,收一千;来一万,收一万。陶行知说,全中国四万万五千万,全世界二十万万二千万,如果愿意这样干,都欢迎入这个大学堂。重庆社会大学基本上是按照这一原则来招生的。学生多为职业青年,有小报童、公共汽车售票员、在码头上干苦力的小力夫、剧团里的小演员等。为了统一编班,一般要求新生具有高中毕业水平,以便入学后能按大学一年级课程上课。由于当时的客观环境,每个学生的入学都要有一位政治上倾向进步的人士作介绍,以避免国民党特务分子混入。不过,进入社会大学要履行一定的入学考试手续。考试内容为:(1)论文一篇,题目是"民主世界与新中国之创造";(2)中文自传一篇;(3)英文自传一篇;(4)口试(政治审查方式之一)。对一些有志为民族解放而求学的青年,考试分数略微放宽。对一些政治上别有用心的人,严加审查。据了解,当时重庆市国民党政府有关部门,为控制社会大学,专派两名特务前来报名。由于这两人是一位国民党要员介绍的,不能明加拒绝,陶行知及其同仁就用巧妙的方法让他们参加考试,要求他们用英文写一份详细自传,并写一篇作文,这两个人对英文一窍不通,只得灰溜溜地走了。由于入学审查严格,保证了社会大学学生政治上的可靠性,为后来在严重的白色恐怖下坚持斗争打下了基础。

学校的经费有三个来源:一是由中共中央南方局拨付开办费;二是由陶行知以"生活教育社"的名义出面募捐;三是向学生收一点学杂费,每人每期两万元(在当时大约可以买三四十碗面),确有困难的可以减免。学校的开支也很节省。教师基本上是尽义务,许多教师将每小时1000元的讲课费(时称"车马费")也捐给了学校。办事工作人员也都由学生们自己担任,无须另外开支。校舍是借育才学校绘画组的几间教室,作分系上课用。另外,用毛竹篾席围建了一个可容四五百人上全校通课的"礼堂",名曰"奎杓堂",此堂也兼作育才学校的学生饭堂。

四、社会大学的实验内容与措施

重庆社会大学是陶行知成人业余教育思想的一种实践,也是生活教育理论的创造性实践。这不仅表现在学校的筹建立足于自己创造,自己动手,自己筹款,更重要的是体现在教育内容、教育方法上。他们除重视专业知识的学习外,还十分重视学习革命的理论和实践。

(一)学制

社会大学的学制主要有三个特点:(1)按学生的特长和兴趣爱好分系。第一期分四个系:政治经济系、文学系、教育系和新闻系。原拟办民间艺术系,因报考学生不多,遂并入了文学系。第二期因抗战胜利,大批公私单位复员或裁撤,工作变动,造成学生流动很大,于是减少了教育系。第一期入学学生中,计政治经济系 74 名,文学系 54 名,教育系 40 名,新闻系 29 名。(2)上夜课。社会大学学习是每天晚上 6 点半钟至 9 点 50 分,上 4 节课。社会大学实际上是夜大学。(3)修业期限。原拟每学期 16 周,全部修业 8 个学期,共计两年零八个月。第一期因受抗战胜利复员影响,提前两周结业。

(二)课程设置

社会大学的课程分类,一是公共必修课,各系都要学,采取上大课的办法进行;二是各系专修课,当时因热心的教授很多,都是知名学者,存在“因人设课”的现象,不免重复和庞杂,但各位教授讲授的内容各有侧重,各有特色,仍很受欢迎;三是专题讲座,即把原“生活教育社”举办的星期六“主讲座”改为社会大学专题讲座,后因华岗教授离渝,他在星期二讲授“中国近百年史”的时间,改作专题讲座时间。专题讲座有全校的,也有各系办的,非本校学生只要有人介绍,证明其关系也可以参加听讲,听众有时达到四五百人。

现将第一期的公共必修和各系专修课的课程、授课教授和课时,整理列表如下:

一、各系必修课		
课　程	**教　授**	**每周授课时间**
中国通史	翦伯赞	二小时
中国近百年史	华　岗	三小时
政治问题	邓初民	三小时
二、政治经济系课程		
课　程	**教　授**	**每周授课时间**
经济学	许涤新	二小时
现代政治问题讲话	王昆仑	二小时
中国学术思想史	侯外庐	二小时
哲学	罗克汀	二小时

续表

课　程	教　授	每周授课时间
现代经济问题讲话	章乃器	二小时
宪法	何思敬	二小时
三、文学系课程		
课　程	教　授	每周授课时间
语文学	徐　荇	二小时
中国文学史	宋云彬	三小时
文艺思潮	杨　晦	二小时
创作方法	胡　风 何其芳	二小时
作品选读	骆宾基 艾　芜	二小时
民间戏剧	黄芝岗	二小时
诗与习作	力　扬	二小时
苏联文学	曹靖华	每两周二小时
四、教育系课程		
课　程	教　授	每周授课时间
教学法	孙起孟	二小时
普通心理	潘　菽	二小时
十字教育	李公朴	二小时
民主教育	陶行知	一小时
生活教育	方与严	三小时
幼儿教育	孙铭勋	二小时
五、新闻系课程		
课　程	教　授	每周授课时间
新闻学概论	陈翰伯	二小时
时事分析	张友渔	二小时
社论研究	宣谛之	二小时
报馆管理	于　刚	二小时
美国新闻事业	章汉夫	二小时
苏联新闻事业	潘天觉	二小时

专题讲座的老师和专题有：秦邦宪的“辩证唯物论的几个法则”，邓发的“解放区民主政府的工业和劳工政策”和“欧洲职工运动”（出席世界职工大会后的考察报告），田汉的“西南地区的文化活动”，乔冠华的“国内局势问题和国际局势的关系和影响”，柳湜（陕甘宁边区政府教育厅厅长）的“边区民主教育的新气象”，郭沫若的“我怎么研究古代史”等。冯玉祥、沈钧儒、章伯钧等也都来作过专题报告。

第二期继续任教的有张友渔、于刚、罗克汀、艾芜、邓初民、力扬、何其芳等，增聘的教授和所开课程（包括顶替离开教授的课程）有林辰的“中国文学史”，丁易的“语文学”、“新闻写读”，李光诒的“新闻采访”，田伯萍的“新闻编辑”，张友渔的“新闻学概论”、“时事分析”，孟超的“戏剧选读”，屈楚的“戏剧概论”，聂绀弩的“文学概论”，沈起予的“西洋文学史”，李紫翔的“民主政治与民主宪法”。其他如柳倩、熊复、田家、王亚平、陈白尘、郭则沉、梁漱溟、马哲民、洪沛然、于在、甘祠森、何鲁、老舍、漆鲁鱼等人也授过课和作过专题报告。

从上述课程设置的内容和授课教授的阵容可以看出，社会大学教学的知识性、战斗性和针对性是很强的。教授们在讲授中都很注意联系实际。如许涤新在讲授“经济学”时，就以马克思主义政治经济学的观点分析了当时中国社会的经济形态。邓初民在讲授“中国政治问题”时，着重阐释了毛泽东《论联合政府》的基本观点，联系分析了当时旧政协的有关问题。何思敬在讲授宪法时，着重批判了国民党的《五五宪草》等，不仅使学生提高了基本理论知识，也更认清了当时时局中的各种问题。

社会大学的课程不限于这些专业课，还十分重视社会实践，并把这种实践与当时的革命形势和革命斗争紧密地结合起来。早在1936年全面抗战爆发前，陶行知就说过，民族解放大学校可以说从生到死，是一个终身的过程，它最主要的一门功课，就叫“民族解放教学做”，也可以说是“救国教学做”。先生教什么？教救国。学生学什么？学救国。这门功课所包括的内容，都是以民族解放的实际行动为中心的。有计划有组织的各种实际行动的过程，这些“便是这个大学校的课程”①。

---

① 陶行知：《民族解放大学校》，《陶行知全集》第3卷，湖南教育出版社1985年版，第16页。

重庆社会大学也同样非常重视革命理论的学习和社会的实践。例如，新闻系的学生除学新闻学概论、编辑学、采访学等专业课程外，还参加社会调查、时事政治问题的讨论和一些专题辩论，并利用各种机会进行写作采访等实习。虽然重庆社会大学处在国民党统治区的战时首府，学生的实习受到很大限制，但在中国共产党南方局的正确领导下，通过统一战线，尽量为社会大学的同学提供实习的条件。如中共的机关报《新华日报》、民主同盟的《民主报》，都为社会大学的学生提供了发表消息、通讯、文章、影评、剧评的条件。那时，《民主报》有些领导人，虽有国民党这样或那样委员的头衔，但工作人员中有不少编辑、记者都是共产党员、进步人士，特别是那些报纸的副刊，往往是掌握在共产党地下党员的手中，相互暗中联络，成为社会大学学生发表调查报告、政治经济论文和文学艺术作品的一个渠道。

尤其重要的是，学生们都积极参加了当时革命斗争的社会实践。除了许多同学各自在党组织的领导下参加地下斗争之外，社会大学作为一个集体，是站在当时民主运动的前列的。社会大学一成立，就组织同学们参加了“沧白堂事件”和“较场口事件”中的组织工作和保卫工作。1947 年初，又参加了“抗暴运动”的示威游行和宣传活动，有十多人被敌特毒打致伤，更有政治经济系的韦德富同学因此被捕，后牺牲在中美合作所的集中营里。随后社会大学组织一些同学到农村参加武装斗争，筹集经费，采购军械、医药、电讯器材，支持武装斗争。另一部分同学参加各期《挺进报》的收听消息、编刻、印发的工作。他们协助中共川东地下临委清理组织，做好迎接解放的各方面的工作。

(三)学习与考核

社会大学实行“自学为主，教授为辅”，提倡“学、教、做”结合，强调“主动、实践、集体”。各系均编成学习小组，实行学习互助，开展课堂讨论，进行专题研究。当时，专题研究比较风行，题目都是结合实际选定的，如“中国封建社会问题”、“哲学问题”、“文学上的现实主义问题”等。此外，校、系学生自治会还组织有读书研究组、笔记组、时事研究组、戏剧研究组、音乐研究组等，学生可自由选择参加。各系都办有壁报，每周一期，刊载同学们的学习心得和研究报告。社会大学第二期新闻系还办有油印的《社大新闻》，交流学习情况，反映同学中的动态以及对当时有关政治问题的表态。社会大学也有社会实习，如新闻系就是到《新华日报》去实习的。

学期结束时，从五个方面进行考核：(1)对本学期的每门课程，根据“学、教、做”相结合的精神，写出心得，说明学到什么，教给了别人什么，做到了什么，作一个学习总结。(2)回答问题。实行开卷考试，可以翻阅资料，允许交换意见，留给撰写时间，但要求写自己的真正认识。(3)各小组写出小组学习总结，作为集体答卷。(4)组织集体专题研究。每个专题组织2—7人不等，自选题目，自由组合，分头准备，集体研究，写成报告。(5)每人写一篇一学期来的学习、生活的态度和作风上的自我反省。

采取这样的学习内容和学习方法，同学们都很有兴趣，很自觉。虽然同学们在白天有沉重的工作负担，晚上又有繁重的学习任务，但大都信心十足，感到“日新又日新”，收获很大。

五、社会大学生活教育实验的中止

社会大学的出现，对国民党反动派来说，显然是一个危险的异端。它一方面受到中国共产党的领导和各界进步人士的关怀和支持，一方面也遭到国民党反动派的极力破坏。早在成立之初，1946年2月16日，教育部就“训令”重庆市教育局“视察”社会大学。3月7日视察大员一来，就百般挑剔，一说社会大学不像大学，二要社会大学履行立案手续，三要社会大学筹备基金。教育部并有社会大学“设备简陋”的批语。对此，陶行知说，“简”，我们承认，但只有简才容易行。特别是在中国，要有新的大学之道，“君子为之，何陋之有？”①把他们顶回去了。

国民党政权发动全面内战之后，对社会大学的迫害越来越严重，最后终于下了毒手。1947年3月1日，国民党政权查封《新华日报》并包围中共四川省委，次日，又武装搜查育才学校城区办事处并查封了社会大学，仅仅存在一年零一个半月的社会大学，以及社会大学的生活教育实验随即中止。

六、社会大学教育实验的影响与评价

社会大学是抗战胜利后在中共中央南方局支持下，由陶行知创办的一所革命的新式学校。它从诞生之日起，就成为当时重庆人民革命民主运动

---

① 陶行知：《谈社会大学》，《陶行知全集》第3卷，湖南教育出版社1985年版，第594页。

的一座堡垒，成为陶行知生活教育理论的实验基地，尽管其存在时间不长，但对生活教育理论和实践的发展起了重要作用。

陶行知在社会大学的生活教育实验中，提出了两种社会大学理论（即有形的社会大学与无形的社会大学），具体论述了有形的社会大学的内容，包括夜大学、早晨大学、函授大学、新闻大学、旅行大学、电播大学等。这是对生活教育理论中“社会即学校”思想的具体化和极大丰富，对于当今中国推进非正规教育，使更多的适龄青年有求学深造的机会，具有重要的启示意义。

社会大学的生活教育实验，也推动了当时的民主运动，培养和造就了一批革命干部。不少师生为人民解放事业英勇战斗，奋不顾身，在敌人屠刀下壮烈牺牲，谱写了可歌可泣的一页。幸存下来的人，终于迎来了解放，并投身于建设社会主义祖国的伟大事业。

第四章　生活教育学说的思想来源与理论基础

第一节　政治理念

陶行知不仅是伟大的教育家，而且是伟大的政治家。他的政治思想是其精神世界的重要构成部分，因为政治与教育有着密切的关系，只有在良好的政治环境中，才能办出好的教育。因此，陶行知作为教育家必然要关心政治，并且在社会活动与政治实践中形成了自己的政治理念。

一、政治理念的渊源

陶行知的政治思想，是他在从事改造中国社会和文化教育的伟大实践过程中，充分吸收古今中外各种有益的民主思想而形成的产物。早年，为了寻求救国救民之道，他通过广泛地涉猎近代西方各种哲学、社会政治学说和中国古代典籍，接受了近代西方资产阶级的民约论和天赋人权说、林肯的“民治、民有、民享”的共和民主观念、孙中山的三民主义理论，并从中国传统文化中继承了儒家的“民贵君轻”、“民为邦本”的思想，墨家的“兼爱”思想，初步形成了以近代西方民主共和思想为主体成分和核心内容的政治思想。“五四”以后，特别是20世纪30年代以后，通过社会实践的磨炼，并在中国共产党人的帮助、影响下，陶行知对中国民族民主革命的对象问题，以及无产阶级及其政党在中国革命中的地位与作用，都有了明确的认识，赞同和支持中国共产党的政治主张，并大力发扬中国传统文化中的重民精神，主张“民为贵”、人民第一、一切为人民、天下为公、文化为公，形成了以新民主主义和社会主义民主观为基本内容的新型政治思想，成为一名“无保留追随党的党外布尔什维克”（周恩来语）。

第一，深受中国传统文化的影响。陶行知从中国传统文化中继承了儒家的“民贵君轻”、“民为邦本”思想，墨家的“兼爱”思想，初步形成了以近代西方民主共和思想为主体成分和核心内容的政治思想,形成了亲民、爱民、为民、救民等民本思想,这些政治思想成为贯穿他一生道路与事业的主线,推动着他奋力开拓“中国性、平民性”、以人民为本位的文化教育思想路线。

第二,受到西方进化论的影响。在金陵大学求学的5年,正是民族、民主革命浪潮汹涌澎湃之时。在此期间,陶行知广泛涉猎了近代西方各种哲学、社会政治学说,西方的达尔文、赫胥黎、斯宾塞、林肯等人的著作和学说,均在其博览之列,而严复、梁启超、孙中山等人的思想尤为他所熟悉。其中,他对严复介绍的进化论、西方资产阶级民约论和孙中山所宣传的资产阶级民主共和思想所下的苦功更非常人所能比。此时,陶行知通过阅读严复译述的《天演论》,开始接触并信奉达尔文的进化论。他认为,人类社会一切现象,都是“天演”(即进化)的结果。没有“天演”,就没有一切。他在为《金陵光》中文报创刊所写的发刊词《〈金陵光〉出版之宣言》中指出:“《金陵光》随学生天演之进步自然发生。”[①]他又在毕业论文《共和精义》中说:“共和者,人文进化必然之产物也。使宇宙万物无进化,则共和可以无现;使进化论放诸邦国社会而不准,则共和犹可以无现,无如进化非人力所能御也。进化非人力所能御,即共和非人力所能避。”小至一种具体的刊物,大至一种影响深广的政治学说和体制,莫一不是人类进化之结果。

第三,受孙中山自由平等思想的影响。陶行知自由平等的政治理念受到孙中山自由平等思想的深刻影响,他在1927年写的《平等与自由》一文中多次提到孙中山的平等与自由思想的精华所在。“中山先生解释平等意义,有很大的贡献。他说,世界上有真平等、假平等、不平等。”[②]孙中山是以人们的立足点来划分这三个概念的,提出“大家的立脚点平等,才是真平等”。陶行知还吸收了孙中山着眼于国家利益的自由观,他说:“按中山先生的意思,说到自由,是要求国家之自由。”他在吸收孙中山思想的基础上,提出“现在我们要救中国,亟当抑制个人之自由,切不可火上加油的提倡一盘散沙的自由了”[③]。他还从孙中山栽山芋的方法中悟出人生“出头处要

---

① 陶行知:《〈金陵光〉出版之宣言》,《陶行知全集》第1卷,湖南教育出版社1984年版,第3页。

② 陶行知:《平等与自由》,《陶行知全集》第2卷,湖南教育出版社1985年版,第22页。

③ 陶行知:《平等与自由》,《陶行知全集》第2卷,湖南教育出版社1985年版,第23页。

自由”的道理，进而提出“国家能否得到出头的自由，那就非靠民众之努力与奋斗不可了”①。

第四，受到林肯共和民主观念的影响。他赞同美国总统林肯著名的“三民”原则：“政府者，人民之政府，人民自治以谋人民之福利”，称之为“实共和政治之圭臬焉”，并进一步将其具体化为三点内容。其一，“共和政治图谋国民全体之福利”，给予人民以言论、著述、集会的自由。对于人民的各种建议，“择良而要者施行之”。其二，“共和政治重视共和目的、共同责任”。所以，“共和政治不特有透达既往目的之能力；且有发生将来目的为进步之母”。其三，“共和政治能得最良之领袖”。共和主义承认人民为主权，不是主张无首领，而是主张好首领。“共和首领由民举，必其人能亲民，新民，恤民，然后乃推戴之。即有大奸巨滑，以媚民手段，占窃神器，然朝违民意，夕可弹劾也。”

第五，受到马克思主义的影响。“五四”期间，随着爱国运动的爆发，新文化运动的深入发展，马克思主义开始在中国得到了广泛传播。在时代潮流的推动下，陶行知开始接触和介绍社会主义。1919 年 3 月，他在《新教育》杂志第 1 卷第 2 期上发表《普鲁士教育之基本改革》一文，向中国教育界、思想界介绍马克思和社会主义。1921 年，在他担任《新教育》杂志编辑和主干（主编）时，该杂志还载文介绍了十月革命胜利后俄国的政治、军事、教育、宗教等各方面的情况，并刊登过列宁的照片。1922 年，他与中国共产党领袖李大钊也有过一些来往。诚然，以上言行虽然没有超出民主主义的思想范畴，但足以体现陶行知对社会主义的向往——他很希望从社会主义中吸取一些有利于改造中国社会和文化教育的思想营养。20 世纪 30 年代初，尖锐复杂的阶级斗争和严重的民族危机，促使在改造中国社会和文化教育的实践过程中一次次碰壁的陶行知去寻求更有力的理论武器。现实生活告诉他，实用主义并不是科学的世界观和方法论，并不能从根本上解决中国的问题，唯有马克思主义才是引导中国人民从黑暗走向光明的伟大火炬。从此，他逐渐走出了实用主义思想体系，开始了对马克思主义的系统学习和研究。1933 年春节，陶行知借同乡友人程霖生的寓所（当时陶行知住处），请共产党方面的朋友讲解马克思主义。与严竟成、戴伯韬、王

---

① 陶行知：《平等与自由》，《陶行知全集》第 2 卷，湖南教育出版社 1985 年版，第 24 页。

洞若等人一起听讲与讨论，系统学习了马克思、列宁的著作。3 月 14 日，不顾国民党反动派的法西斯统治，他与蔡元培、叶恭绰、李公朴、陈望道等人共同发起马克思逝世 50 周年纪念会，充分表现了追求真理的大无畏气概。为了能直接阅读马列原著，陶行知在 50 岁后，又开始学习俄文。当时的苏联是世界上第一个社会主义国家，出版了大量马列著作，对马克思主义作了系统而广泛的宣传。由于其本人的刻苦学习和他人的帮助影响，陶行知逐步弄清了马克思主义的基本原理，掌握了马克思主义的基本思想方法。1934 年 1 月，陶行知在《生活教育》杂志上发表《行知行》一文，正式宣布放弃他使用了 23 年之久的名字陶知行，改为陶行知，表示他坚信辩证唯物主义思想。从知行到行知，反映了陶行知哲学思想的飞跃，标志着他的世界观的根本转变。1943 年，他在《创造年献诗》中写道："行以求知知更行，不知直认为不知。遍览已知求未知，以知与人已愈知。以为武断靠不住，存在从来决意识。解剖内体寻条理，追踪外缘找联系。贯通证据悬断语，屡试屡验验还试。矛盾相生复相克，数量满盈能变质。相推而进正反合，顺沿发展觅定律。"[①]说明他此时已完全接受并能娴熟掌握辩证唯物主义，是一个优秀的马克思主义者了。接受马克思主义，为陶行知迅速成长为一个伟大的共产主义战士奠定了思想基础。

二、政治理念的演变

陶行知是热爱祖国、热爱人民、力倡民主的中国近现代知识分子的杰出代表，是一位不断进步成长为党外布尔什维克的政治家。他毕生致力于平民教育事业，为人民教育事业作出了伟大的贡献。从"九一八"事变后，他的政治立场日渐鲜明，政治理念日趋成熟。

（一）爱国主义思想的逐步生成与强化

陶行知早在读书时期即具有鲜明的爱国思想。在美留学期间，他先学市政专业，但感到学市政仅是为了做官，便毅然改学教育，希望通过教育唤醒民众救中国，回国后立即着手改造旧教育。"五四"运动之后，进步的知识分子纷纷到民间去，走与工农相结合的道路，陶行知也积极地投入到群众爱国斗争的行列。"九一八"事变后，民族危机加深，陶行知坚决拥护中

---

① 陶行知:《创造年献诗》,《陶行知全集》第 4 卷,湖南教育出版社 1985 年版,第 586 页。

国共产党的抗日民族统一战线政策，自觉地把教育与爱国的民族解放斗争结合起来。1936年，他和沈钧儒、邹韬奋、马相伯发起组织救国会，积极投身于抗日救亡运动。他在抗日救国活动中无私无畏的表现，使他成为救国会的群众领袖之一，并受全救会（全国各界救国联合会）的委托，以国民外交使节的身份，到世界各国宣传抗日，动员海外侨胞支援祖国的抗日救亡运动，并争取国际友人的同情和赞助，把抗日救国联合战线的种子撒遍世界各地。陶行知在海外奔走了25万余公里，历时两年零一个月，足迹遍及28个国家和地区。陶行知在欧洲利用一切可能的机会大力宣传抗日救国的主张，他和钱俊瑞、陆璀三人代表中国人民参加了在比利时召开的世界和平大会和世界青年大会；他以中国代表团主席的身份向4900名代表，报告了日本破坏和平和我国民众反抗侵略的救国运动，博得了代表们的赞赏和同情。大会结束时，他被推选为中国执行委员。他在巴黎举行的中国学生会和华侨抗日救国会的欢迎会上，痛陈日本侵华罪行，提出只有坚决抗日才能救中国，只有抗日才能不做亡国奴，驳斥“还要等五十年再抵抗”的妥协投降政策。他竭力宣传建立全欧华侨抗日救国总机关，各国华侨纷纷响应。他又和王海镜、胡秋原等人发表告海外侨胞书，号召全欧华侨不分党派，不问信仰，在抗日救国目标之下，团结一致抵抗日本侵略，英国、法国、德国、瑞士、荷兰等国侨胞代表及各地来宾四百余人聚集巴黎，举行了全欧华侨抗日救国大会，旅居比利时、苏联、意大利、土耳其各国侨胞也都纷纷致函致电，表示对大会的拥护和祝贺。他的活动把海外侨胞救国运动推向高潮。在他的推动下，美国许多城市成立了抗日救国会，宣传游行，开展义卖捐献活动，推销救国公债。1937年秋，美国华侨成立了旅美华侨统一捐献救国总会。有些华侨领袖之间过去不团结，但在救国活动中变成了兄弟和朋友。纽约华侨也在万人游行中联合了起来。陶行知一方面自己做联络和争取国际友人的工作，同时动员华侨广交外国朋友，用美国人去影响美国人。他还亲自和华侨一道去做码头工人的工作，说服他们不要替日本搬运军事物资。于是在美国，一方面是大批日货卖不掉，另一方面码头上一堆堆的军事物资运不出去。陶行知四次去加拿大。1938年4月，在华侨集中的温哥华市，加拿大医疗界援华会召集大会，陶行知在会上发表了激动人心的演说。他感激加拿大人民对中国人民的支援，特别提到国内在敌后开展的游击战，宣传中国人民的抗日决心。陶行知在海外卓有成效的外交活动，在广大华侨和国际友人中，争取到了众多的支援，为祖国赢得了荣誉。正如曾和他共同战斗过的钱俊瑞在悼念他的文章中说："他是国家之宝，我们祖国有了他，是我们极大的光荣。在世界范围内，他为我们祖国添上万丈光芒。"他在出国期间，不仅宣传抗日救国，争取国际援助，同时也热情支持被压迫民族抗击侵略者的斗争。他到红海口，了解到埃塞俄比亚人三路进攻意大利侵略军，立即写诗致敬，并祝愿不愿做奴隶的人们和被压迫民族联合起来，共同打倒帝国主义。他在西亚和非洲目睹了不同信仰的两个民族互相残杀，立刻劝告他们，被压迫民族应该联合起来，抵抗共同的敌人。

（二）亲民、爱民、为民、救民思想的形成

陶行知出身于贫苦家庭，自幼饱受艰辛，从切身的感受中，他对灾难深重的广大劳苦大众有深刻的了解并报以同情，这是他热爱人民的阶级根源和社会根源。他怀着满腔热情写了不少反映工农大众疾苦并为他们鸣不平的诗篇。在《一幕悲剧》里，他把一个饥寒交迫的妇女忍痛将亲生儿子送给路人的生离死别的情景描绘了出来，读了令人深感悲痛。他在海轮上看到机舱里工作的工人，被煤火烤得如同煤炭一样，感慨万分，写下了《人与煤炭》一诗，表达了他对压迫中国工人的三座大山的无比愤恨。1923 年，他在一封家信中说："我本来是一个中国平民，无奈十几年的学校生活渐渐地把我向外国的贵族方向转移，学校生活对于我的修养固有不可磨灭的益处，但是这种外国的贵族的风尚却是很大的缺点，好在我的中国性、平民性是很丰富的，经过一番觉悟，我就像黄河决了堤，向那中国的平民的路上奔流回来了。"他回国以后，目睹灾难深重的祖国，人民处于水深火热之中，工农大众被摒弃于校门之外，于是决心放弃大学教授的优越条件，到平民中去，提出并推动平民教育到乡间去的运动。1927 年初，他毅然脱掉西装革履，穿上布衣草鞋，睡地铺，住牛栏，在南京郊外荒野里办起了晓庄师范，决心打破旧的传统，把教育送给农民。他以为农民服务为乐事，是中国教育界第一个认识和重视农民问题的人。抗战胜利后，陶行知在中国共产党的领导下，奋不顾身地投入反独裁、反内战、争民主、争和平的革命斗争中。他比以往更公开地强调反对由"少数资产阶级作主，为少数人服务"的"旧民主"，大声疾呼要提倡"人民大众作主，为人民大众服务"的"新民主"。

陶行知一生热爱人民，全心全意为人民服务的目的，就是要人民做国

家的主人，为人民谋幸福。他说：民主教育是“教人民做主人，做自己的主人，做国家的主人，做世界的主人”。为了全心全意谋求人民大众的解放，他不仅创立和推行了生活教育学说，还为人民大众创作了大量的诗歌，被称为大众诗人。他的诗歌是当时白话诗中最能表达人民大众正义呼声的诗歌，郭沫若曾把《行知诗歌集》称为“人民经”。陶行知积极提倡“为老百姓绘画”。他提出：“到老百姓队伍里去画，跟老百姓学画，教老百姓画画。”他要求“画出老百姓的好恶悲欢，作息奋斗，平凡伟大”，使“乡村美化，都市美化，中国美化，世界美化”，其根本目的就是陶行知自己说的，“将老百姓的智慧和创造力启发，创造老百姓愿有的新天下”。从上可见陶行知从同情平民，同情农民，同情工人和广大劳苦大众，逐渐进步到热爱人民并努力做到全心全意为人民服务，其重要的因素就是他在实际生活和斗争中树立了“人民大众作主”的“新民主”思想。陶行知热爱人民、全心全意为人民服务的光辉业绩，正是一个杰出政治家高贵品质的具体表现。

（三）从民主主义到党外布尔什维克

陶行知热爱祖国、热爱人民，是他逐步成为党外布尔什维克的两大基石，也是一个党外布尔什维克政治家思想与行动的反映。然而陶行知并非一开始就是马列主义者，他和当年的许多马列主义者一样，也是有一个不断进步和不断发展的过程。

辛亥革命兴起后，他接受了民主革命思想并积极宣传。在金陵大学读书期间，他组织爱国演说会，举办爱国捐，宣传爱国思想。他在出国留学期间，时刻不忘祖国。他精通英语、德语、法语，但他从不用英语和本国人说话，因此，他留学美国时，被人称为百分之百的中国人。回国后，他任南京高等师范学校教务长，被推为南京学术界联合会会长，“五四”爱国运动兴起，他动员高师及全市学生开展反帝爱国运动。他刚从国外回来时，信奉美国总统林肯的“民有、民治、民享”的旧民主主义思想。他认为中国落后就在于文化教育落后，平民不识字，于是满腔热情地投入平民教育活动。在教育实践中，他感到占中国人口80％的农民受不到教育，是国家贫穷落后的重要原因，于是下决心办乡村教育。这时，他在政治上非常崇拜孙中山，主张唤起农民革命。这个思想充分反映在《锄头舞歌》中，他说：“天生了孙公做救星呀！唤醒锄头来革命呀！”后来，他亲眼看见晓庄师生支持南京和记洋行工人罢工的正义斗争受到蒋介石的血腥镇压。学校被关闭，自己遭通缉,铁的事实给了他深刻的教育。1931 年“九一八”事变后,日本帝国主义步步入侵,国民党反动派推行“攘外必先安内”的反动政策,中国共产党却领导全国人民掀起了抗日救亡运动,陶行知便积极投入救亡运动。在陶行知的思想发展变化过程中,有两个明显特点:一是从为农民服务发展到为劳苦大众服务。他在上海创办工学团,得到中国共产党的支持和帮助,并和左翼人士亲密合作,拒绝那些对日妥协投降以及积极反共的国民党分子加入工学团。这时,他在工厂区办工人夜校,宣传抗日救亡,逐步认识到工人阶级的力量,写下了“光棍的锄头不中用,联合机器来革命”的歌词。二是政治上跟着中国共产党走,把生活教育与民族解放斗争结合起来。陶行知有救国救民的抱负,但如何才能救国救民?他想用创办乡村师范来救国救民,可是,蒋介石封闭了他办的晓庄师范学校。他认识到,中国人民要自由解放,不从根本上推翻反动统治,单靠教育来实现是不可能的。同时他认识到,中国共产党集中了中华民族的优秀儿女,为祖国人民的解放事业前仆后继,确实是中国人民的希望。在共产党人的影响和帮助下,他开始学习马列主义,看田汉介绍给他的英文版《资本论》,思想上受到不少启发。“一二·九”运动后,抗日高潮兴起,在张劲夫、王洞若等人的帮助下,他认识到当时中华民族的当务之急就是救亡图存。从此他就在政治上跟着中国共产党走,成为党的亲密朋友,旗帜鲜明地提出要为工农劳苦大众求解放办教育,并自觉地把生活教育与民族民主革命斗争结合起来,成为当时上海救国会和国难教育社的领袖,山海工学团也成为上海地下党领导下的一个新民主主义教育据点。

由于思想不断进步,陶行知逐渐认识到中国要独立富强,必须打倒帝国主义,打倒国民党反动派。他和鲁迅一样,一般不在文章中引用马、恩、列、斯著作中的语句,但文章的精神实质和当时党的方针路线是一致的。在白区党组织遭到破坏的日子里,陶行知和宋庆龄、何香凝、鲁迅、沈钧儒、邹韬奋等党外人士,在上海积极宣传共产党的主张,宣传马克思主义世界观。

1939 年 7 月,陶行知在重庆创办育才学校,这所学校得到以周恩来为代表的中共中央南方局的关怀和支持。学校里有党的地下支部,学校负责人和教师很多是共产党员,成为国民党统治区里一所延安式的革命学校。育才学校后来培养了一批又一批人才被送到革命根据地或游击区工作。

陶行知在重庆与李公朴、史良等创办的社会大学，也是在地下党组织和民主人士的支持下办起来的。周恩来、董必武、邓颖超、吴玉章和中共中央南方局的同志对陶行知十分关怀，陶行知和南方局的同志也经常来往。陶行知不顾特务的监视，常找周恩来、董必武谈心。他读了《新民主主义论》后，曾高兴地说："中国有救了！"他在《民主》一文中指出："民主的意义还在发展，因为它的内容还是在发展。"他强调："近人毛泽东先生的新民主主义"是"实现真正民主的路线"，呼吁"创造一个自由独立进步的新中国"。这时的陶行知已摆脱了"民有、民治、民享"的旧民主主义思想，拥护以共产主义为指导思想的新民主主义。当他读到《在延安文艺座谈会上的讲话》时，兴奋地对人说："为谁服务这个根本问题，把我以前说的话讲得更明确了。"他为几位奔赴解放区的同志送行时说："你们到了光明区，加紧努力，我只要还有一丝留在重庆的可能，我都要在这里奋斗！"

陶行知热爱祖国，热爱人民，在救国救民的道路上不断前进。到 20 世纪 30 年代中期，他终于毫无保留地跟着中国共产党走，反帝、反封建、反官僚资本主义，以生命为代价，为中国人民的教育事业和新民主主义革命事业作出了巨大的贡献。他确是一个名副其实的党外布尔什维克政治家。

然而，解放后在"左"的思想影响下，这位党外布尔什维克受到了一些不适当的批评。如 1951 年批判电影《武训传》时，竟把集资办学的陶行知和武训等同批判（武训兴学已作了重新评价）；批判梁漱溟的改良主义和批判杜威的实用主义时，也牵连到陶行知，给他扣上了"改良主义"的帽子。因此很长时间再没有人敢提陶行知，更无人去研究他的教育学说。至今还有一些不明真相的人，脑子里还残留着他那被歪曲的形象。实践是检验真理的标准，从他的历史实践我们可以清楚地看到，陶行知办教育不是想维护反动统治，恰恰相反，他自始至终反对传统教育，更反对蒋介石的反动统治。他既不接受国民党反动派高官厚禄的利诱，又不怕蒋介石的屠刀威胁，办育才学校那么困难，他也不去乞求国民党反动派的经费补贴。蒋介石反共反人民屠杀爱国民主人士，陶行知却无保留地追随共产党的路线站在民主斗争的前列。至于陶行知开始想以教育救国，从旧民主主义到新民主主义，再到党外布尔什维克，这是不少革命者所走过的道路，也是人们追求进步的正常发展规律，给陶行知戴上"改良主义"帽子是无根据的。我们研究陶行知，首先要清除"左"的影响，还其本来面目，在政治上实事求是地给以正确的评价。

三、政治理念的内涵

陶行知政治理念的核心是民主，可以说他的政治理念正是围绕民主这一主线展开的。他认为，民主是“中国之起命仙丹”、“政治的盘尼西林”、“精神的维他命”，“民主能叫四万万五千万老百姓团结成一个巨人”，民主能“给我们新的力量，来创造一个自由独立进步的新中国和一个富足平等幸福的新世界”①。具体内容主要包括以下几个方面：

（一）共和思想

陶行知在就读金陵大学期间，他的政治理念集中表述为对共和理想的追求。反映这一理念的代表作是他的大学毕业论文《共和精义》，在该文中，陶行知对共和思想作了具体的论述。

第一，论述了共和的信条。他认为，共和之信条主要有三：“自由、平等、民胞”。所谓“自由”，就是按照社会需要去自己支配自己的行为，从而朝着有利于社会发展和维护他人利益的方向发展。“法律之内有自由”，“道德之内有自由”。也就是说，自由应受法律的约束和道德的规范。他认为违反法律和侵犯道德的自由是负面的自由。“盖天下乏至不可超脱者，有自奴焉！故真自由贵自克。天下之至不可侵越者，有他人焉！故真自由贵自制。天下之至不可忽略者，有公福焉！故真自由贵个人鞠躬尽瘁，以谋社会进化。”关于“平等”，他指出：“天之生人，智愚贤不肖不齐。实为无可韪之事实。平等主义亦不截长补短，以强其齐。在政治上、生计上、教育上，立平等之机会，俾各人得以自然发展其能力而为群用。”②他所主张的，不是天赋的平等，而是机会的平等。所谓“民胞”，在陶行知看来即是“博爱”。他认为只有“博爱心生，国人以兄弟相视”，自由平等才能真正得以实现，国民才有共同的目的、责任和义务，“苟无民胞主义以植共和之基，则希望共和，犹之水中捞月耳”③。因此，他视“民胞”为“共和之大本”，所谓“共和之大本则在民胞焉”④。陶行知早期追求的共和理想是受到西方资产阶

---

① 陶行知：《民主》，《陶行知全集》第 3 卷，湖南教育出版社 1985 年版，第 567 页。

② 陶行知：《共和精义》，《陶行知全集》第 1 卷，湖南教育出版社 1984 年版，第 45 页。

③ 陶行知：《共和精义》，《陶行知全集》第 1 卷，湖南教育出版社 1984 年版，第 45 页。

④ 陶行知：《共和精义》，《陶行知全集》第 1 卷，湖南教育出版社 1984 年版，第 45 页。

级民主与自由思想影响的结果。

第二,涵盖了共和的内容。陶行知认为,共和的内容主要包括以下三个方面:首先,共和主义强调国民在社会发展中的重要作用。他论述了三个要点:一是"共和主义重视个人之价值",尽管个人有"智愚强弱之不同"、"成败利钝之不同",但在服务社会的价值方面是没有差异的。二是"共和主义唤醒个人之责任",突出了每个国民要有"天下兴亡,匹夫有责"的责任感,"群策群力,群运群智,群负群责,以求群之进化强利"①。三是"共和主义予个人以平等机会",强调消除阶级差别,消除贵贱贫富之分,给予每个人自由发挥才能的机会,使"各尽其能,为全群谋强利进化"。其次,共和主义强调个人价值与社会价值的统一。陶行知认为,共和主义要求"个人为社会而生,社会为个人而立"。共和主义将人民视为社会主体,因为社会要想兴旺发达,"必负改良个人之责",即社会发展的前提是首先要有健全的国民,"民苟愚劣",社会兴盛将会成为空谈。因此,陶行知重视社会赋予个人的责任,强调"济弱扶倾"。只有如此,社会才会"日趋于进化"②。再次,共和主义强调建立民主政府。陶行知认为,"政府者,人民之政府"。民主政府是民主政治的重要保障,只有建立民主的政府,才能保证人民自治,进而为人民谋福利。他吸收了林肯提出的"民有、民治、民享"思想。陶行知称赞共和政治有三大优点:一是"共和政治图谋国民全体之福利"。共和政治能够给予人民以言论、著述、集会之自由,可以集各界人士的意志以上达;同时,政府又能"择良要者施行之"。这样上下渠道畅通,就可达到上下通达、令行禁止的目的。二是"共和政治重视共和目的、共同责任"。陶行知指出,专制政体导致"有理想无实习理想之机会,则理想不得达"。在这样的社会中,贤达对于社会改良虽有理论创见,但难以付诸实施。而在共和政体下,"苟有良策,人民共持其目的,共负其责任"。这样就可提高行政效率,推动社会进化。三是"共和政治能得最良之领袖"。在陶行知看来,领袖在治理国家中起着至关重要的作用。"正当领袖"应由国民选举产生,这样可以保证其做到"亲民、新民、恤民"③,同时,也可得到人民的拥戴。

---

① 陶行知:《共和精义》,《陶行知全集》第1卷,湖南教育出版社1984年版,第46页。
② 陶行知:《共和精义》,《陶行知全集》第1卷,湖南教育出版社1984年版,第46—47页。
③ 陶行知:《共和精义》,《陶行知全集》第1卷,湖南教育出版社1984年版,第47—48页。

(二)自由意识

陶行知的自由意识是其政治理念的核心内容之一,不过他的自由观是在不断演变的,他对自由的论述是一个动态的过程。他从就读金陵大学期间就开始关注自由意识,当时他将自由纳入其共和信条之中,认为自由应是在法律与道德许可范围内的自由,“逾越法律,侵犯道德,此自由之贼”。他还强调“自由有正负”,“非依法律,不得侵及人民之生命财产,此负面之自由也”。他当时更强调的是“克己自制”式的自由,“真自由贵个人鞠躬尽瘁,以谋社会之进化”①。到 1927 年他在谈到自由时,对孙中山提出的自由观念进行了评述,他认为,孙中山强调的自由的重心在国家的自由,并对孙中山过分强调国家与团体自由的观点不太赞赏,尤其是对孙中山提出的“革命成功以后个人可以不要自由”的观点持怀疑态度。他以树木生长为例,来说明革命成功后应当重视个人的自由。他说:

> 革命成功以后个人可以不要自由这句话,我很怀疑。因此我常想着什么地方要自由,什么地方不要自由。我又想到种山芋时所得的感想。我问邵德馨先生山芋如何栽法。他告诉我说:“底下可以安根,上面可以出头,山芋乃可活。”因此,我忽然悟到人生“出头处要自由”。如树木有长五尺长的,一丈长的,十丈长的;树的出头处是要自由的。如果我们现在只许树可以长五尺,不许他长一丈与十丈,那世界上不是无成材了吗?因此我们要使他尽他的力量自由长上去。……如果你把一丈的压到五尺,因为他受了过分的压制,也是要死的。②

他认为自由既包括国家的自由,又包括个人的自由;即使革命成功后,仍应重视个人的自由,不能人为压制个人的自由。这是陶行知对自由的理解。

(三)民主观念

20 世纪 30 年代以前,陶行知的民主观念深受西方资产阶级共和观念

---

① 陶行知:《共和精义》,《陶行知全集》第 1 卷,湖南教育出版社 1984 年版,第 44 页。
② 陶行知:《平等与自由》,《陶行知全集》第 2 卷,湖南教育出版社 1985 年版,第 23 页。

的影响;30年代以后,陶行知逐渐放弃对欧美式民主的追求,而倾向共产党所提倡的民主观。“九一八”事变之后,中华民族陷入了深重的危机之中,陶行知指出:“现在中国第一件大事是保障中华民国领土主权之完整,与争取中华民族劳苦大众之自由平等。”他将挽救民族危亡,实现国家独立作为当时的头等大事,同时强调抗战是中国“唯一的出路”,只有抵抗才能最终“浮出来一个伟大的自由平等的中华民国”①。陶行知针对国民党政权的“攘外必先安内”、“救国必先救党”,提出了“安内必先御外,救党必先救国”的主张。全面抗战爆发后,陶行知指出,人民的力量对于抗战具有重要意义,“从民主中表现出来的力量,不是封建专制的日本所能克服的”②。他还强调,抗战“若能注重民主”,则“至少能够动员三万万五千万人”,抗战就一定能够取得最后胜利。陶行知的认识与共产党人的主张大体趋于一致,他认为人民民主是“人民大众作主,为人民大众服务”的民主。特别是抗战胜利后,陶行知对民主又有了新的认识。他说:“民主的意义还是在发展,因为它的内容还是在发展。”③他将民主从政治民主扩展到经济民主、文化民主、社会民主、国际民主。他认为,“毛泽东先生写的《新民主主义论》,和中国民主同盟临时全国代表大会所通过的纲领,都系实现真正民主的路线”。为此,他对民主作了精辟的论述:

> 民主是中国之起命仙丹。民主能叫四万万五千万老百姓团结成一个巨人。民主能给我们和平,永远消除内战之危机。民主好比是政治的盘尼西林,肃清一切中国病。民主又好比是精神的维他命,给我们新的力量,来创造一个自由独立进步的新中国和一个富足平等幸福的新世界。民主第一,人民万岁!④

为了实现他所论及的真正民主,1945年11月他先后参加了重庆各界

---

① 陶行知:《告生活教育社同志书》,《陶行知全集》第3卷,湖南教育出版社1985年版,第334页。

② 陶行知:《全面抗战与全面教育》,《陶行知全集》第3卷,湖南教育出版社1985年版,第321页。

③ 陶行知:《民主》,《陶行知全集》第3卷,湖南教育出版社1985年版,第567页。

④ 陶行知:《民主》,《陶行知全集》第3卷,湖南教育出版社1985年版,第567—568页。

人士举行的反内战大会，并发表了讲话，他在讲话中呼吁民众起来制止内战，争取和平民主。同年12月，他又参加了重庆各界追悼昆明“一二·一”死难烈士大会，并撰写祭文高度评价学生们为争取民主而勇于牺牲的革命精神。1946年6月“下关惨案”发生后，陶行知作为上海和平运动领导者，就下关事件向外国记者澄清是非，斥责“反动的力量是逐渐将三民主义变为法西斯的组织”[①]。同年7月中旬，李公朴、闻一多在昆明被国民党特务暗杀，陶行知怒斥道：国民党专横霸道已经20多年了，他们拥有全国的军队和警察，然而他们还要像蛇蝎一样的向上爬，去杀害那些进步的手无寸铁的评论者的生命。他致函育才学校全体师生时讲道：“死了一位民主战士，就感召培养一万个民主新战士来替补；死了一百位民主战士，就感召培养一百万位民主新战士来替补。”“只要我们肯得为民主死，真民主就会来到，而中华民族也一定可以活到万万年。”[②]

可见，陶行知的民主观念经历了一个自由民主主义者向激进民主主义者转变、再由激进民主主义者向自觉的马克思主义者转变的过程[③]。陶行知民主观念的转变，可以说是他从亲自参与的政治实践中，在不断提高政治思想意识的前提下实现的。亲身的经历使陶行知逐步认识到，国民党的专制统治将会断送中国的民主前程；而只有共产党领导的革命运动才能真正引导中国走上民主之路，因而他坚定地一如既往地追随共产党，成为一名亲自践行民主的“党外的布尔什维克”。

第二节 哲学观点

陶行知的精神世界丰富多彩，不仅涉及文化观念与教育思想，而且涵盖政治理念和哲学观点。其中他深受中西文化影响的哲学观点，是其构建文化教育思想的重要理论基础，是指导其从事办学实践活动的行动指南，

---

① 陶行知：《就南京“下关事件”对外国记者发表谈话》，《陶行知全集》第3卷，湖南教育出版社1985年版，第616页。

② 吴树琴等：《一个英勇的民主战士》，《陶行知纪念文集》，四川人民出版社1982年版，第90—91页。

③ 胡晓风：《论陶行知思想转变的三个阶段》，《安徽教育学院学报》（社会科学版）1987年第3期。

也是指导其进行人生抉择的重要向导。现就陶行知哲学观点的来源、形成与演变、构成及特征作如下探究。

一、哲学观点的来源

陶行知的哲学观点根植于中国传统文化的深厚沃土，是在吸收与借鉴西方现代文化的基础上形成的。就其来源而言，主要受中国传统文化和美国实用主义哲学的影响，具体分述于下。

(1)中国传统知行观是陶行知哲学观的第一大来源。我国古代思想家对知行关系大都作过精辟的论述，而且强调行的重要性，从孔子、墨子、荀子到王夫之、颜元等人都提出了行先知后、知行并重的思想。墨子、王夫之等人的思想对陶行知的影响很深，正如他自己所讲："《墨辩》提出三种知识：一是亲知，二是闻知，三是说知。亲知是亲身得来的，就是从行中得来的。闻知是从旁人那儿来的，或由师友口传，或由书本传达，都可以归为这一类。说知是推想出来的知识。我们拿'行是知之始'来说明知识之来源，并不是否认闻知和说知，乃是承认亲知为一切知识之根本。闻知与说知必须根于亲知里面方能发生效力。"①说明墨子的"亲知"、"闻知"、"说知"给陶行知的印象很深。尤其是王阳明的知行观对陶行知的哲学观的形成产生了至关重要的影响，1910 年在金陵大学读书期间，他将自己的名字改为"陶知行"，1934 年他在《行知行》一文中讲道："在二十三年前，我开始研究王学，信仰知行合一的道理，故取名'知行'。"②到 20 世纪 30 年代，他将王阳明的知行观进行了创造性的改造，他说：

> 至于阳明先生的"知行合一"是"即知即行"，那么"知行"就一样地困难，或是一样地容易，实在"知"和"行"不能分开，不过是一件事的两面而已。③
>
> 王阳明说："知为[是]行之始，行为[是]知之成。"我说："行为

① 陶行知：《行是知之始》，《陶行知全集》第 2 卷，湖南教育出版社 1985 年版，第 152—153 页。

② 陶行知：《行知行》，《陶行知全集》第 2 卷，湖南教育出版社 1985 年版，第 687 页。

③ 陶行知：《在湘湖师范教学做讨论会上的答问补遗(节录)》，《陶行知全集》第 8 卷，湖南教育出版社 1992 年版，第 245 页。

[是]知之始,知为[是]行之成。”①

王阳明的话,我可以把他翻半个——180 度的筋斗,意思就是把他的话来个倒栽葱。②

为此,他于 1934 年 7 月将自己的名字改为“行知”,以体现其哲学观的变化。不论讲“知行”,还是讲“行知”,都可以看出其深受中国传统文化影响的事实。另外,他对孙中山哲学观的分析及对国民“知易行难”心理习惯的剖析,也可反映出陶行知哲学观受到的中国传统行知观的深刻影响。

(2)杜威实用主义哲学思想是陶行知哲学观的第二大来源。陶行知赴美留学后,接受了杜威的实用主义思想,但他在吸纳西方哲学观的过程中始终立足中国传统文化,并将其作为自己的文化根系,只是在此基础上去有鉴别地吸收。因此他说:“我们必须有从自己经验里发生出来的知识作根,然后别人的相类的经验才能接得上去。倘使自己对于某事毫无经验,我们决不能了解或运用别人关于此事之经验。”③陶行知在哲学观方面吸取杜威的思想主要有强调“做”与“行”的重要性,注重理论与实际的联系;注重科学实验,以科学方法办教育。他在自己已经形成的知行观的基础上,对杜威实用主义哲学思想作了创造性的吸收,从而形成其兼容中西的富有特色的哲学观。

二、哲学观点的形成与演变

陶行知哲学观点的核心是认识论,其哲学观点的形成过程是一个动态的过程,主要经历了由“知行”到“行知”再到“行知行”的过程,是从相信“知是行之始”的唯心主义转化到坚信“行是知之始”的唯物主义,最后形成了“行知行”的辩证唯物主义观点的过程。陶行知的哲学观点形成与演变过程大致可分为四个阶段。

---

① 陶行知:《仍在不辍研究中的“生活教育”》,《陶行知全集》第 8 卷,湖南教育出版社 1992 年版,第 303 页。

② 陶行知:《从教育上谋国难的出路——手脑并用》,《陶行知全集》第 8 卷,湖南教育出版社 1992 年版,第 309 页。

③ 陶行知:《答朱端琰之问》,《陶行知文集》,江苏人民出版社 1981 年版,第 226—227 页。

第一阶段是信奉“知是行之始”。陶行知就读金陵大学期间，学习与研究了王阳明的知行观，十分推崇王阳明提出的“知是行之始，行是知之成”的哲学观点。为了表示对王阳明知行观的虔诚信奉，他特意将自己的名字改成“陶知行”。他认为，认知在先，实践在后；先知后行，知行并重。这种哲学观点带有明显的唯心主义色彩，是青年陶行知树立哲学观的开始。

第二阶段是“行是知之始”。1927 年陶行知在创办晓庄乡村师范学校过程中，愈来愈意识到实践的重要性，开始将前一阶段的知行关系作了一个颠倒，将行置于知之先，提出行先知后的哲学观点。正如他在 1934 年所讲：“七年前，我提出‘行是知之始，知是行之成’的理论，正与王阳明先生的主张相反，那时以后，即有顽皮学生为我改名，常称我‘行知吾师’。我很乐意接受。”①他将名字改成“行知”，表明他的哲学观点发生了重大转变。这次转变是由“知行”向“行知”的转变，也是由唯心主义认识论向唯物主义认识论的转变。

第三阶段是“行知行”。如果说由“知行”向“行知”转变是陶行知哲学观点的第一次飞跃的话，那么由“行知”向“行知行”的演变是第二次飞跃，因为前两个阶段只是看到了认识过程的局部，而未看到整个认识过程。只有到了“行知行”阶段，才真正看到了认识的全过程，即由实践到认识再到实践，这是一个不断提高的过程。形成这一思想的标志是 1934 年他撰写的《行知行》一文。他形成了这一哲学观点后，便开始重新审视与评判杜威的实用主义哲学观点，他认为，杜威倡导的“行动”既缺乏知识来源，又缺少理论指导，“好比是一个单极电路，通不出电流”②。能够意识到杜威的哲学观点存在不足之处，说明他在哲学观点方面已趋成熟，形成了具有自身特色的哲学理论。而且他对实践也有了更新的认识，他说：“其实实验是一种有目的、有计划、有组织、有步骤、有创意的把戏。把戏或实验都是一种行动。”如同电的知识是从电的行动中得出来的一样，“这个进程是‘行知行’，而不是‘知行知’”。鉴于以上认识，他又将“行知行”作为自己的笔名，以体现自己哲学观点的又一次重大转变。

第四阶段是初步吸纳辩证唯物主义的哲学观。陶行知在抗战期间广

① 陶行知：《行知行》，《陶行知全集》第 2 卷，湖南教育出版社 1985 年版，第 687 页。

② 陶行知：《思想的母校》，《陶行知全集》第 2 卷，湖南教育出版社 1985 年版，第 404 页。

泛与中国共产党人接触，他经常向周恩来、董必武等人请教理论问题，深受马克思主义哲学思想的影响。他还研读毛泽东著作，结合自己的思想实际去体会与感悟马克思主义哲学理论，因而由一个朴素的唯物主义者“变成了已经基本上具有辩证唯物主义观点的党外布尔什维克”①。他在认识论上有了新的提高，他说：“人类与个人最初都由行动而获得真知，故以行动始，以思考终，再以有思考之行动始，以更高一级融会贯通之思考终，再由此而跃入真理之高峰。”②因此，周恩来在陶行知逝世后评价说：“十年来，陶先生一直跟着毛泽东同志为代表的党的正确路线走，是一个无保留追随党的党外布尔什维克。”③陶行知还于 1943 年在《创造年献诗》中说：“行以求知知更行，不知直认为不知。遍览已知求未知，以知与人己愈知。以为武断靠不住，存在从来决意识。……矛盾相生复相克，数量满盈能变质。”可见，他已初步接受了辩证唯物主义的哲学理论。

三、哲学观点的构成及特征

陶行知的哲学观点主要包括：第一，由民主主义世界观向共产主义世界观的转变。尽管学术界有不少人否认陶行知最终形成了共产主义世界观，但是经过认真梳理陶行知哲学思想的转变历程，我们不难发现他的确经历了这一重大的转变。首先，从三次更名即可看出他与传统观念的决裂，实现了从唯心主义的世界观逐步向唯物主义直到辩证唯物主义世界观的转变。其次，从“半个筋斗”可以知晓其世界观的转变，他先后讲过两次“半个筋斗”：一次是针对中国传统哲学观提出的，一次是针对西方现代哲学观提出的，这两次实现了世界观的创造性的转变。最后，从教育实践中也可看出其世界观的转变。他之所以完成了由民主主义向共产主义世界观的转变，主要以其爱国心和人民性为思想基础，以接触民众、服务民众、接受进步思想为重要条件，以敬仰马克思主义、接受共产党领导为

---

① 董宝良：《简析陶行知认识论的发展阶段》，《华中师范大学学报》(社会科学版)1989 年第 2 期。

② 陶行知：《育才二周岁前夜》，《陶行知全集》第 3 卷，湖南教育出版社 1985 年版，第 440 页。

③ 周恩来：《一个无保留追随党的党外布尔什维克》，《纪念陶行知》，湖南教育出版社 1984 年版，第 3 页。

转变关键[①]。第二，由唯心主义认识论向唯物主义认识论的转变。陶行知认识论演变过程是一个由“知行”到“行知”再到“行知行”的过程，是从相信“知是行之始”的唯心主义转化到坚信“行是知之始”的唯物主义，最后形成了“行知行”的辩证唯物主义观点的过程。第三，由民主主义人生观向无产阶级人生观的转变。逐步形成了以“追求真理做真人”为奋斗目标，以“为一大事来，做一大事去”的人生理想，以“捧着一颗心来，不带半根草去”为人生宗旨，以大公无私、克己奉公、舍己利人、全心全意为人民服务为人生价值的崇高人生观。第四，逐步形成了“人民第一，一切为人民”、“文化为公”、“天下为公”[②]的价值观。陶行知价值观的内涵包括：物质价值与精神价值统一，道德价值与知识价值统一，自我价值与社会价值统一，价值观与真理观统一[③]。正是在这种价值观的引导下，他一生从事教育为公、文化为公的实践活动，进而成为中国近现代伟大的人民教育家和20世纪综合性的文化巨人。

陶行知的哲学观点具有以下几方面的特点：

第一，强调行动的实践性。陶行知的哲学观点是在实践活动中形成的，是在深刻感悟中国教育与政治的关系，亲自投身于新民主主义政治实践之中，在研究与吸纳传统文化合理因素和借鉴西方现代理论的基础上，逐步形成其以实践为核心的哲学观的。同时，他始终坚持这一哲学观点，以此为指导去开展其人民教育实践，用自己的亲身实践来践行自己的哲学观点。他是一个毕生注重实践的教育家，正如钱俊瑞所评价的那样：“陶先生极端重视实践。重视理论与实践结合的精神，是使他的事业与思想不断往前发展的基本原因之一。他坚决反对教条，反对束缚人们头脑的腐朽东西，他的战斗口号是‘打倒裹头巾’。他强调实践是理论的源泉，理论是实践的总结与指导。”[④]陶行知正是在实践中提出了以实践为核心的哲学观点，实践性是陶行知哲学观点的一大特点。

---

① 张邦民：《试论陶行知世界观的发展过程》，《陶行知研究》，湖南教育出版社1986年版，第296—302页。

② 陶行知：《小学教师与民主运动》，《陶行知教育论著选》，人民教育出版社1991年版，第635页。

③ 周洪宇等主编：《陶行知与中外文化教育》，人民教育出版社1999年版，第113—126页。

④ 钱俊瑞：《一代巨人陶先生》，《纪念陶行知》，湖南教育出版社1984年版，第38页。

第二，为民服务的人民性。陶行知一生从事教育实践，兴办各类学校，其主要目的是服务人民，他的信念是一切为了人民，一切服务人民。李维汉评价说："全心全意为人民服务，教育了人民又锻炼了自己的思想、才能、道德、文章，成为一个完人。"①人民性是陶行知教育观的核心内容，也是其哲学观的鲜明特点。可以说，陶行知的哲学是人民的哲学，他的教育哲学、政治哲学、科学哲学都是立足于人民、服务于人民大众的。他终生"深入人民，与人民打成一片，同患难，共呼吸，理解人民的思想与情绪，学习劳动人民宝贵的优秀气质"②。人民性是陶行知哲学观点的又一大特点。

第三，勇于开拓的创造性。陶行知学说的创造性不仅体现在教育观方面，而且也反映在哲学观方面，创造性是其思想体系的一大特点。他的创造精神与他的人民意识有关，他着眼于通过培养创造力，解放头脑，解放双手，从而实现人民当家作主的终极目的。他提倡"创造新自己，创造新中国，创造新世界"③。他的《创造宣言》一文表达了自己的创造观点，他在继承中国传统哲学观与吸收杜威实用主义哲学观的过程中，创造性地进行了改造，将某些观点与说法"翻了半个筋斗"，体现了他在继承基础上的创造性。同时，他在践行自己哲学观点的过程中，创造性地开展了一系列的教育实践活动，如实施平民教育、乡村教育、战时教育、国难教育、民主教育等。创造性是陶行知哲学观点的第三大特点。

第三节　文化思想

陶行知不仅是中国近现代伟大的人民教育家，而且是20世纪综合性的文化巨人。陶行知关于文化建设方面的思想，为丰富其精神世界起到了重要的支撑作用。文化与教育本身就是一对孪生姐妹，陶行知的文化思想为其教育思想的丰富与建构提供了丰厚沃土。

一、文化思想的渊源及演变

在如何对待中西文化的问题上，陶行知不仅从理论上阐明了自己的主

---

① 李维汉：《对人民忘了自己》，《陶行知研究》，湖南教育出版社1986年版，第299页。

② 罗克汀：《陶行知的哲学思想》，《陶行知研究》，湖南教育出版社1986年版，第291页。

③ 陶行知：《社会大学运动》，《陶行知文集》，江苏人民出版社1981年版，第805页。

张，而且也体现在他的思想学说和文化实践中。关于陶行知的思想来源，他本人曾在与柳湜的谈话中有所论及："大半都是从资产阶级、大地主以及老百姓的启发而来的。自然，我的思想不是抄他们的，他们有的只启发我想到某一面。有的我把它反过来，就变成了真理。有的是不能想出的，是要群众动手才能看到。动手最重要，这个东西创造一切。"①这段话非常清楚地说明，他的思想学说(特别是他的生活教育学说)是以实践为根据，总结实践的经验而来的，同时又是博取兼收、融合中西文化的结果。

陶行知的政治思想，是他在从事改造中国社会和文化教育的伟大实践过程中，充分吸收古今中外各种有益的民主思想的产物。早年，为了寻求救国救民之道，他通过广泛地涉猎近代西方各种哲学、社会政治学说和中国古代典籍，接受了近代西方资产阶级的民约论和天赋人权说，林肯的"民治、民有、民享"的共和民主观念，孙中山的三民主义理论，并从中国传统文化中继承了儒家的"民贵君轻"、"民为邦本"思想，墨家的"兼爱"思想，初步形成了以近代西方民主共和思想为主体成分和核心内容的政治思想。"五四"以后，特别是 20 世纪 30 年代以后，通过社会实践的磨炼，并在中国共产党人的帮助、影响下，他对中国民族民主革命的对象问题，以及无产阶级及其政党在中国革命中的地位与作用，都有了明确认识，赞同和支持中国共产党的政治主张，并大力发扬中国传统文化中的重民精神，主张"民为贵"、人民第一、一切为人民、天下为公、文化为公，形成了以新民主主义和社会主义民主观为基本内容的新型政治思想，成为一个"无保留追随党的党外布尔什维克"。

在哲学思想上，陶行知最先接受的是王阳明的哲学思想，特别是他的"知行合一"学说。他把王学作为个人道德修持的工具和改造中国社会的利器，从王学中认识到真知必然具有实际效果，而知与行、理论与实践则是一致的。他还取"知行"为笔名，以示对传统知行观的继承与弘扬。王阳明的知行合一说或为其思想上的"期待视野"②。他在留美期间，又接受了注重行

① 陶行知：《与柳湜的谈话》，《陶行知全集》第 3 卷，湖南教育出版社 1985 年版，第 609 页。

② 所谓"期待视野"(Erwartung Shorizont)，是当代德国美学家姚斯(H. R. Jauss)接受理论的中心概念。它指阅读一部作品(又被称为"本文")时读者的阅读经验所构成的思维定向或先在结构。此处借指陶行知在接受杜威实用主义学说之前，已完成了必要的思想理论准备。

动的杜威实用主义学说，从杜威那里获得了真理进化的学说以及人类一切形式的活动都是解决问题的工具的观念。他把王阳明的“知行合一”说与杜威的实用主义行动哲学结合在一起，形成了一个注重行动与思想一致的哲学观，这是他在哲学上糅合中西文化所作的最初尝试。“五四”新文化运动中，他就用这种中西合璧的哲学思想来指导自己改革中国社会和文化教育的实践，批判传统的旧教育体制和理论，宣传西方的新教育理论与方法。

20 世纪 20 年代中叶，随着文化教育实践的深入开展，他受流行于当时思想界的墨学思潮的影响，对墨翟的知识论产生了浓厚兴趣，并从中吸取了思想养分。墨子强调感性认识是知识的基础：“天下之所以察知有与无之道者，必以众之耳目之实，知有与亡为仪者也。请惑闻之见之，则必以为有；莫闻莫见，别必以为无。”[①]陶行知说：“《墨辩》分知识为闻、说、亲三种。……闻知是别人传授进来的，说知是自己推想出来的，亲知是自己经验出来的。依教学做合一的理论说来，亲知是一切知识的基础。没有亲知作基础，闻知和说知皆为不可能。”[②]他由此进一步推导出“闻知与说知须安根于亲知里面方能发生效力”的唯物主义结论，这为他后来接受并形成辩证唯物主义哲学观打开了一条通道。

20 世纪 30 年代，经过一次次现实生活中的碰壁，陶行知愈来愈看出王阳明“知行合一”说和杜威实用主义学说的致命弱点，因而从认识论、方法论上对两者加以分析批判，并公开申明“‘即知即行’是王阳明的格言，和我现在奉行的‘即行即知’，‘行是知之始’是不同的。‘行是知之始’和‘即行即知’是一方面说明人类与个人的知识的起源，一方面叫行动取得主导的地位。行动产生理论；行动发展理论。行动所产生发展的理论还是为着要指导行动”[③]。同时，他又郑重指出，杜威的“思想五步法”所叙述的过程“好比是一个单极的电路，通不出电流。他没有提及那思想的母亲。这位母亲便是行动”[④]。从此，他就在哲学的根本问题上与王阳明、杜威分了

① 《墨子·明鬼下》第 2 册，中国书店 1988 年影印版，第 1 页。

② 陶行知：《谈教学做合一——致朱端琰》，《陶行知全集》第 5 卷，湖南教育出版社 1985 年版，第 207 页。

③ 陶行知：《答复庶谦先生》，《陶行知全集》第 3 卷，湖南教育出版社 1985 年版，第 105—106 页。

④ 陶行知：《思想的母亲》，《陶行知全集》第 2 卷，湖南教育出版社 1985 年版，第 404 页。

手，并以辩证唯物主义的哲学观作为其教育学说的认识论基础。扬弃王阳明与杜威的哲学观点，并力图将墨子的知识论与马克思主义的哲学观结合在一起，形成一个新的中西合璧的哲学思想体系，这是他在哲学上糅合中西文化所作的又一次尝试。虽然这两次尝试因时代和个人的种种局限，还存在这样或那样的不足，但都是极有意义的，反映出近代中国先进知识分子博取兼收、融合中西的不懈努力与追求。

陶行知的职业是教育事业。他是中国近现代最杰出的教育家和教育思想家。在教育思想方面，他的博取兼收、融合中西的特点体现得最为鲜明。就拿他的教育思想的核心内容"生活即教育"、"社会即学校"、"教学做合一"三大主张来说，明显可以看出是从杜威"教育即生活"、"学校即社会"、"从做中学"的教育信条蜕变而来的。杜威的教育思想是杜威根据19世纪末20世纪初美国急剧变化的社会现实的迫切需要而提出来的，对于改革美国当时形式主义占统治地位的旧教育，建立更加充满活力的现代民主、科学的新教育，曾经起过积极作用。但是，它毕竟是19世纪末20世纪初美国那个特定时代和社会的产物，是在美国文化土壤上形成和发展起来的。陶行知所置身的时代和社会，所面临和亟待解决的问题，都与之截然不同。因此，陶行知根据中国的国情，将"教育即生活"、"学校即社会"和"从做中学"批判地改造成"生活即教育"、"社会即学校"和"教学做合一"。陶行知对此曾有明确说明："教育即生活这句话，是从杜威(John Dewey)先生那里来的，我们在过去是常常用它。但是，从来没有问过这里边有什么用意。现在，我把它翻了半个筋斗，改为'生活即教育'。……与'教育即生活'有连带关系的就是'学校即社会'。'学校即社会'也就是跟着'教育即生活'而来的，现在我也把他翻了半个筋斗，变成'社会即学校'。"[①]这很清楚地表明他与杜威的关系，是一个从学习接受到改造扬弃的过程。他选择了杜威，从杜威那里受到了启迪，又根据中国的实际和自己的实践改造了杜威。从"教育即生活"到"生活即教育"，并不只是文字上的翻新，这里面包含了陶行知整个政治思想、哲学思想的根本性转变，这是他随着对中国社会了解的加深，他的人生观、世界观产生跃进在教育观上的反映。

---

① 陶行知:《生活即教育》,《陶行知全集》第2卷,湖南教育出版社1985年版,第180—182页。

在教育思想的其他方面，情况也大体如此。比如，他从儒家“民为贵，社稷次之，君为轻”的思想中得到启示，将它改造成“人民第一”的具有时代气息的现代民主观，并以此作为一条贯穿其社会实践，尤其是教育实践的红线，他从孟子和王阳明“善养浩然之气”、“善致良知”以“立真去伪”的思想实践中受到教益，提出教育的目的就是“教人求真”，“学做真人”。他借鉴中国古代教育一贯注重觉悟的优秀传统，提出生活教育的首要任务即为“促进自觉性之启发”，并把《大学》中的“大学之道，在明明德，在亲民，在止于至善”重新表述为“大学之道，在明民德，在亲民，在止于人民之幸福”；他把注重群体利益的传统与现代社会生活的集体精神相结合，提出“集体主义的自我教育”的重要教育原则；他接受王阳明关于尊重儿童个性发展的教育思想，把王阳明“必使其趋；向鼓舞，中心喜悦”，以达到“自然日长月化”的论述译成现代语言：“我们培植儿童的时候，若拘束太过，则儿童形容枯槁；如果让他跑，让他跳，让他玩耍，他就能长得活泼有精神。”[1]他还对王阳明主观唯心主义的“知行合一”论加以科学改造，提出符合辩证唯物主义观点的“实践第一”的观点，等等。

他不仅积极地改造扬弃中国传统文化，而且善于把中西文化的思想精华巧妙地糅合在一起，进行对比分析，互作阐发，使新思潮、新理论、新方法能够得到广泛的承认和推广。比如，他称赞中国古代哲学家荀子最懂得试验精神。“荀子曰：‘大天而思之，孰与物畜而制之！从天而颂之，孰与制天命而用之！望时而待之，孰与应时而使之！因物而多之，孰与骋能而化之！思物而物之，孰与理物而勿失之也。’此数语，可谓中试验精神之窍要矣。”[2]这样的介绍暗合和满足了人们圣人崇拜与“古已有之”的社会心理，为西方实验主义思潮在华的广为传播铺平了道路。又如，他在介绍西方的启发式教学论时，将它与中国古代孔子的启发式教学论作一对比分析，并运用杜威的实验主义教学论对之作了新的阐发。“孔子说：‘不愤不启，不悱不发。’我更要进一步说，使他不得不愤，使他不得不悱。杜威先生也说，教学生的法子，先要使他发生疑问；查出他疑难的地方，使他想种种方法，

① 陶行知：《学生自治问题之研究》，《陶行知全集》第1卷，湖南教育出版社1984年版，第136页。

② 陶行知：《试验主义之教育方法》，《陶行知全集》第1卷，湖南教育出版社1984年版，第59页。

去解决这个问题。从这些方法之中，选出顶有成效的法子，去试试看对不对。如其不对就换法子；如其对了，再去研究一下。照这方法来解释同类的问题和一切的问题。”[①]这种对比分析，既发掘了中国古代教学论的思想精华，又宣传了西方的启发式教学论。

综上所述，陶行知从改造中国社会和文化教育的需要出发，始终坚持民族主体精神，以海纳百川的博大胸襟和恢宏气度，冶中西文化思想精华于一炉，熔铸成具有鲜明的时代性和民族性的现代文化思想学说，是近代中国先进知识分子融合中西文化的杰出典范。

二、文化思想的形成及特质

19 世纪中叶以来，中西文化一直处在冲突之中。就文化本体而言，由于时代的差异，一边表现为农业文明，一边表现为工业文明。在这种本源性的冲突面前，近代以来的每一个中国人尤其是知识分子，都面临着一个不可回避的文化选择。陶行知的一生，正好处在中西文化冲突的转折点上。孩提时代，他饱受了中国传统文化的熏陶。青少年时代进入教会学校学习后，逐渐接触到中西文化冲突的社会现实。从此，他开始有选择地学习中西文化，以寻找救国救民之道。他向西方学习，最先获得的思想武器是达尔文的进化论学说。他运用“物竞天择、适者生存”的进化论观念对中西文化的冲突作了初步评析。与此同时，他又努力钻研王阳明的“知行合一”学说，还改原名“文浚”为“知行”，以示对传统知识观的继承和弘扬。大学毕业后，他赴美留学深造，又接受了杜威的实用主义学说。在“五四”新文化运动中，他运用实用主义方法论，批判传统的旧教育体制和理论，介绍西方的新教育理论与方法，主张有选择地吸取和更新外来文化，反对不问国情、“仪型他国”的倾向。“五四”时期，马克思主义在中国得到了广泛传播。陶行知接触马克思主义后，考察中西文化问题有了科学的方法论。20 世纪 30 年代，他开始运用唯物史观论述文化问题，进一步提出在创造的基础上对中外优秀的文化加以继承和发展，并把这一主张贯彻其全部文化实践和理论之中。他是近代以来中国先进知识分子对文化冲突作出明智选择的典范。

---

① 陶行知：《新教育》，《陶行知全集》第 1 卷，湖南教育出版社 1984 年版，第 125 页。

鸦片战争以后，资本主义列强以武力打开了封建中国紧闭的国门，西方文化接踵而至。从此，呈现在中国人面前的便是两种不同的文化——以欧洲资本主义时代文化为主体的西方文化和与中国封建社会相适应的传统文化。这两种文化形态有何异同，孰优孰劣，其发展趋向又是什么等问题，牵动了一代代有识之士的心，因为它关系到国家的前途与民族的命运。到了“五四”时期，随着第一次世界大战和十月革命以后国内外形势的变化，文化论战也达到了高潮，形成了东方文化派、西化派和唯物史观派三大阵营，几成鼎足之势。在这场文化论战中，陶行知就有关问题发表了自己的看法，阐明了他的中西文化观。

梁漱溟、张君劢等人是东方文化派的头面人物。他们认识不清世界大战的本质原因，加上他们对中国传统文化的依恋，认为世界大战的爆发，是“西学的破产”、西方文明的破产，幻想用东方文化来拯救西方文化。在梁漱溟看来，文化“不过是那一民族生活的样法”，而“生活就是没尽的意欲(Will)——此所谓‘意欲’与叔本华所谓‘意欲’略相近——和那不断的满足与不满足罢了”[①]。由于意欲的可能满足状况不同，便出现了不同的三种生活样法，西方文化“是以意欲向前要求为其根本精神的”[②]，“中国文化是以意欲自为调和持中为其根本精神的”，“印度文化是以意欲反身向后要求为其根本精神的”[③]。他认为，西方生产虽然发达，但因生产的发展带来了两极分化与道德沦丧，“这样一来就致人类文化要有一根本变革：由第一路向改变为第二路向，亦即由西洋态度改变为中国态度”[④]。“质而言之，世界未来文化就是中国文化的复兴。”[⑤]与梁漱溟的观点一样，张君劢也认为西方文化的成就是在解决人与自然的关系问题上，中国文化的成就则是在解决人与人之间的关系问题上。张君劢更明确地说：“自孔孟以至宋元明之理学家，侧重内生活修养，其结果为精神文明。三百年之欧洲，侧重以人支配自然界，故其结果为物质文明。”[⑥]他们由此认为，中国文明在根本

---

① 梁漱溟：《东西文化及其哲学》，上海商务印书馆 1922 年版，第 24 页。
② 梁漱溟：《东西文化及其哲学》，上海商务印书馆 1922 年版，第 24 页。
③ 梁漱溟：《东西文化及其哲学》，上海商务印书馆 1922 年版，第 55 页。
④ 梁漱溟：《东西文化及其哲学》，上海商务印书馆 1922 年版，第 166 页。
⑤ 梁漱溟：《东西文化及其哲学》，上海商务印书馆 1922 年版，第 199 页。
⑥ 张君劢：《人生观》，《清华周刊》第 272 期。

上高于西方文明，中国缺少的是物质文明，所以西方的物质文明是应当仿效的，但在精神文明方面，中国则远远胜过西方，对于中国的精神文明，应特别去保存和发扬。这种全盘否定西方文化，全盘肯定中国传统封建文化的思潮，无疑是对新文化运动的全面反动。

面对东方文化派的挑战，以胡适为代表的西化派和以瞿秋白为代表的唯物史观派都作出了有力的反击。胡适敏锐地指出了东方文化派把各民族的文化分为物质的与精神的两种类型的谬误所在，他说："文明(Civilization)是一个民族应付他的环境的总成绩。"而"文化(Culture)是一种文明所形成的生活的方式"。他又说："凡一种文明的造成，必有两个因子：一是物质的(Material)，包括种种自然界的势力与质料；一是精神的(Spiritual)，包括一个民族的聪明才智，感情和理想。凡文明是人的心思智力运用自然界的质与力的作品，没有一种文明是精神的，也没有一种文明单是物质的。"既然如此，把文化分为物质的与精神的两截，进而来区分东西文化高低的说法，就站不住脚了。瞿秋白赞同胡适的论点，指出："东西文化的差异，其实不过是时间上的"，"是时间上的迟速，而非性质上的差别"。他运用历史唯物主义的基本原理，对这一论点作了新的论证。他对"文化"作广义的解释："所谓'文化'(Culture)是人类之一切'所作'"，包括生产力、经济关系、社会政治组织以及社会心理和各种思想系统四个方面。其中，生产力是决定其他三项因素的发展的最终动力，文化的特性即根源于生产力发展的水平。中西文化由于生产力"发展程度不同，故有差异的结果"。他的结论是："西方文化，现已经资本主义而至帝国主义，而东方文化还停滞于宗法社会及封建制度之间。"[①]未来的人类文化，不同于封建宗法文化和资本主义科学文化，是一种新型的"社会主义的文明"。作为西化派和唯物史观派的同道，陶行知也撰文对东方文化派的观点给予反驳。他从胡适、瞿秋白等人的文化思想中吸取了有益成分，并结合自己文化实践的亲身体会，明确阐述了自己的中西文化观。他指出："现在有一班人，开口就说，西方的物质文明比东方好，东方的精神文明比西方高。这句话初听似乎有理，我实在是百思不得其解。"因为"精神文明与物质文明是合而

① 瞿秋白：《现代文明的问题与社会主义》，《瞿秋白选集》，人民出版社 1985 年版，第 24 页。

为一的”,不存在单一的物质文明或单一的精神文明。他举例说,由于电话机的发明,第一次飞越大西洋的飞行家林白从德国柏林通电话到美国和他的老母亲说话,这“既是精神文明破天荒的成功,也是物质文明破天荒的成功”,这就有力反驳了东方文化派把文化分为互不相关的物质与精神两截的谬论。

值得注意的是,陶行知在论战中提出了一个重要观点,即认为生产工具在文化中占有特别重要的地位。他说:“人的生活,必须有相当的工具,才能表现出来。工具充分,才有充分的表现,工具优美,才有优美的表现,工具伟大,才有伟大的表现。”他指出:“人的特别本领就是不专靠自己的身体为工具。人能发明非身体的工具,制造非身体的工具,应用非身体的工具,文明人与野蛮人的最大分别就是文明人能把这些非身体的工具发明显得格外多,制造得格外精巧,运用得格外普遍。”他还指出:工具是物质文明与精神文明合而为一的“媒介”。“精神与物质接触必定要靠着工具。工具愈巧则精神愈能向着物质发挥。工具能达到什么地方即精神能达到什么地方。”①

陶行知的这一见解对于探讨人类文化本质的同一性具有重要意义。确实,人类文化起源于生产工具的发明、制造和运用。人类文化的最根本的基础就是生产工具。看到了生产工具作为人类文化的基础这一点,就找到了人类文化同一性的根据。这是非常重要的。东方文化派的根本谬误就是不承认人类文化本质的同一性,把地域上不同的各民族的文化看成是完全不能相通的东西,以此作为他们拒绝西方文化的立脚点。应该肯定,陶行知的上述观点尽管还不能说完全正确,但比起东方文化派来说,确实要高明得多,与唯物史观派的观点有相同或相通之处。这就为其理论后来发展到马克思主义文化观架设了一座思想桥梁。20 世纪 30 年代,接受了马克思主义的陶行知更加自觉地运用唯物史观来分析人类文化的本质问题,他在《文化解放》一文中,对文化的本质、功用以及文化解放的对象、任务、方法和途径等一系列问题作了重要论述,进一步发展了他的文化思想。

他认为人类文化可以作广义和狭义两种解释。从广义上看,“除了大

---

① 陶行知:《生活工具主义之教育》,《陶行知全集》第 2 卷,湖南教育出版社 1985 年版,第 76—77 页。

自然之外，凡是人类所创造的一切都是文化了。凡是可以用来生产、战斗、交通、享乐、治理、思想的工具以及这些工具所引起的变化都可以当作文化看待了”。照此看法，文化是与大自然相对的。世界上的一切可以分成两大类，一类是没有加上人工的，叫做自然；另一类是人工所创造的，叫做文化。他指出，这个定义虽然有其涵盖面广的优点，但是在这个广义的定义之下，研究讨论的工作是不易进行的。因此，他主张“从这广大事物里抽出一部分来，特别叫它为‘文化’”，即所谓“狭义文化”。这部分文化“便是记录思想、传达思想、发展思想、改变思想的符号、工具和行动”。依此而言，在文化里面包含了书籍、报纸、戏剧、电影、学校教育、社会教育、民众运动、高深学术研究等。值得注意的是，他特别强调指出：“文化所要记录、传达、发展、改变的思想乃是人类生活中心的思想，即是政治经济的思想，文化脱离了政治经济便成了不可思议。”“在本质方面看，文化工作是反映着人类经济政治的思想。”

从这种文化观出发，陶行知引导人们合乎逻辑地推论出下述结论：人类文化的产生和发展是同一的，只是近代各民族政治经济发展的不同，才导致中西文化出现巨大差异。而帝国主义的野蛮侵略与封建主义的专制统治又进一步加剧了这种差异。因此，要从根本上解决中西文化冲突，首先必须解决中国社会最紧迫的现实问题，即民族的解放和大众的解放，并且要运用文化工作作为“民族大众解放的斗争的武器”。

为了把文化从“小众”手里解放出来，使整个文化成为大众的文化，让大众更好地运用这一斗争武器实现自身的解放和民族的解放，陶行知大声疾呼要对文化从认识、工具、方法、组织、时间和新文化创造等方面实现解放。所谓“认识上的解放”，即把文化从各种错误歪曲的观念里（如文化无用论、文化万能论、文化静止论等）解放出来，明确文化是政治经济斗争的武器，这个武器的掌握不能靠等待，不能靠他人的恩赐，而应靠行动，靠人民大众自己去争取。所谓“工具的解放”，即推行大众易写易认的新文字，使大众在短期内就会写信、读书、看报，了解国家大事，提高思想觉悟。所谓“方法的解放”，即废除灌注式的教授法，开展相互的自由讨论；打破知识封锁，把白话文解放成大众文；反对教而不做或学而不做，在行动上推进大众文化。所谓“组织上的解放”，即把文化从“模范监牢”式的旧学校里解放出来，使它跑进大社会里去，提倡“社会即学校”，把茶馆、酒楼、戏院、破庙、茅棚、晒台，甚至茅厕，都作为大众的课堂，整个民族解放运动都当成大众的课程。所谓“时间上的解放”，即将学生从周考、月考、学期考、毕业考、会考等各类考试中解放出来，将大众从繁忙的工作中解放出来。所谓“新文化创造的解放”，即把新文化从文化界“刽子手”剪刀的虎口里解放出来。陶行知明确指出：“大众文化是大众的文化，是大众为自己推动的文化，是大众为自己谋幸福除痛苦而推动的文化。大众文化的解放是要大众运用集体的力量来争取的。它绝不是小众可以送来的礼物，并且民族解放、大众解放、文化解放是一个分不开的运动。必得要联起来看，联起来想，联起来干，才会看得清楚，想得透彻，干得成功。”①

陶行知上述关于文化问题的主张，比较科学地界定了文化概念，正确地阐明了人类文化的本质，物质文明与精神文明的关系，以及文化与政治经济的关系。尤其是他的“文化解放”的思想，充满了浓厚的战斗气息，具有鲜明的时代特色，其独到的见解令当时的文化思想界耳目一新。

20世纪40年代，陶行知的文化思想随着其文化实践的深入而日趋成熟，这突出体现在他明确提出了“民主的、大众的、科学的、创造的”四大方针②。中国文化向何处去？中国文化的发展应走什么道路？这是陶行知毕生探索的大问题。早年，他一度有过困惑、彷徨，也有过失误、挫折，但他始终没有放弃自己的探索和追求。经过长期社会实践的磨炼和对各种新思潮的比较、鉴别，他逐渐认识到，无论是东方文化派的主张，还是西化派的主张，都不符合中国人民真正的愿望，都不是人民大众所需要的文化。因此，他在科学地总结中西文化论争的基础上，提出了“民主的、大众的、科学的、创造的”四大方针。这一文化主张虽然是当时政治形势的产物，虽然主要是就教育而言的，但同时也是陶行知晚期文化思想及他对中国文化发展道路独立思考的产物。它达到了当时人们所能达到的思想高度，在中国近现代思想文化史上无疑是十分杰出的。

众所周知，就在陶行知提出这一文化主张稍前的1940年2月，毛泽东在他的名著《新民主主义论》（又名《新民主主义的政治与新民主主义的文化》）中提出了“民族的科学的大众的文化”主张。这一文化主张是毛泽东

① 陶行知：《文化解放》，《陶行知全集》第3卷，湖南教育出版社1985年版，第80页。

② 陶行知：《大众的艺术》，《陶行知全集》第3卷，湖南教育出版社1985年版，第501页。

对近百年来文化论争，特别是“五四”以来文化论争的总结及对新民主主义文化的阐述，也显然是党内外马克思主义者和其他先进分子智慧的结晶。陶行知、毛泽东两人的文化主张，尽管在文字表述上略有差异（如陶行知没有毛泽东所提到的“民族的”一条，而毛泽东也没有陶行知所提到的“民主的”、“创造的”两条），但两人文化主张的精神实质是完全一致的。他们的文化主张互为补充，同时达到了时代的思想高度，在中国近现代思想文化史上均占有重要位置。尤为难得的是，两人的处境和身份虽然大相径庭，但他们通过各自的探索都得出了相同或相近的结论。这说明，不同的人只要从同一立场出发，向着同一方向前进，不断地追求真理，追求进步，终究有一天会殊途同归，他们的思想学说也必然会不谋而合、异曲同工。

三、对待中西文化的态度

如何对待中西文化，这是近代以来思想家、政治家经常面临的一个问题。在这个问题上，陶行知不像当时的东方文化派和西化派，或者固守传统文化、主张排斥西方文化，或者否定传统文化、主张全盘西化，而是以批判继承、融合创造的态度对待中西文化，力图对两者改造、消化，熔铸成新的统一体。

陶行知对待中西文化的态度是与他对中西文化的基本认识与评价联系在一起的。陶行知青少年时代便在教会学校和国外著名高等学府受到严格、正规的西方文化熏陶，形成了崭新的价值观念、知识结构和思维方式，具有强烈的历史使命感和时代紧迫感。这使他得以比同时代大多数人具有更高远的目光，将中国文化放到整个近现代世界文化的大参照系中判断其价值，从而得出现时中国文化在总体上落后于西方文化的结论：“中国有四千余年的历史，两千余年的文化，照理讲来应该站在时代的最前线”，可是，“现在不但不能和欧美各国并驾齐驱，而且还处处跟人不上”[①]。从这一基本认识出发，他主张要积极向西方学习，大力引进和介绍西方先进文化，变革中国传统文化，使中国“可以比骋列国，可以雄视寰球”[②]。与此

---

① 陶行知：《目前中国教育的两条路线——教劳心者劳力，教劳力者劳心》，《陶行知全集》第 2 卷，湖南教育出版社 1985 年版，第 597 页。

② 陶行知：《民国三年之希望》，《陶行知全集》第 1 卷，湖南教育出版社 1984 年版，第 34 页。

相关，他提出用新的价值观念重新评判中国传统文化。他反对“沿袭陈法”、“以古进今”的泥古态度，指出：“彼泥古之人以仍旧贯为能事。行一事，措一词，必求先例。有例可援，虽害不问，无例可援，虽善不行。然今昔时势不同，问题亦异。问题既异，方法当殊。故适于昔者未必适于今。徒执古人之成规，以解决今之问题，则圆枘方凿，不能相容，何能求其进步也？”①他又说：“有的人见古人怎样解决，我们也怎样解决，这种解决是不对的，是没进步的。因为古时现象不是与今日现象一样。所以以古进今的办法往往是错的。”②同时，他也反对“为了学习新的，就抛弃一切旧的”③，就是说他反对为了学习西方先进的东西，而不分青红皂白将本国传统的东西一概抛弃。

他认为对“本国以前的经验，如有适用的，就保存它；如不适用，就除掉它，去与取，只问适不适，不问新和旧”④。不合现实的，虽新不取；可以借鉴的，虽旧不去。他主张以客观的态度，“以科学方法，揭国粹之真相”。他把中国封建儒学斥为“伪知识”，认为它是一种严重脱离实际经验的闭门造车，但又不彻底否定，认为“我国先秦诸子如老子、孔子、孟子、庄子、墨子、杨子、荀子等都能凭着自己的经验发表文字，故有独到的议论”。他不提倡“整理国故”，但也不反对一部分人去整理国故，认为“整理国故如同清理银行账目一样，是有他的位置”。他希望整理国故的先生们经过缜密的工作之后，能够在被“伪知识”湮没之中整理出“真知识”即传统文化的精华。同时，他也提醒整理者要格外谨慎，千万不可毫无保留地陶醉于其中，以至于不可自拔，成为传统文化的盲目推崇者⑤。这就使他与东方文化派或其他文化折中派划清了思想界限。

---

① 陶行知：《试验主义与新教育》，《陶行知全集》第1卷，湖南教育出版社1984年版，第93—94页。

② 陶行知：《教育与科学方法》，《陶行知全集》第1卷，湖南教育出版社1984年版，第291页。

③ 陶行知：《民国十二年中国教育状况》，《陶行知全集》第1卷，湖南教育出版社1984年版，第511页。

④ 陶行知：《我们对于新学制草案应持之态度》，《陶行知全集》第1卷，湖南教育出版社1984年版，第191页。

⑤ 陶行知：《“伪知识”阶级》，《陶行知全集》第2卷，湖南教育出版社1985年版，第85页。

对待西方文化，他主张采用批评的态度和创新的观念，有选择地吸取和借鉴。他提倡学习西方，但反对一味抄袭，更反对西化派"全盘西化"的主张。在他看来，即使西方好的经验，也未必对我们都有用。他强调要考虑"国情"，"应该明辨择善，决不可舍己从人，轻于吸收"。结合中国近代教育发展的历史，他认为在这方面我们已有深刻的教训。我国兴办新式教育以来，"最初仿效泰西，继而学日本，民国四年取法德国，近年特生美国热，都非健全的趋向。学来学去，总是三不象"①。这种从外国照搬来的东西，"不论它们在本国多么富有成效，经这样照搬来，是不会结出成功之果的"。他提出，对于西方的新理论、新方法，应"不再是生搬硬套，而是先存疑、考察、实验，然后才加以选择"②。陶行知对那些"醉心西化、动辄效颦"的人提出严厉批评，认为他们"不知宜于彼者，未必皆宜于我"③。胡适在香港一次演讲中说，东亚大陆只有香港才能实行强迫教育、普及教育，并举出了三点理由：一是有钱，二是治安好，三是"接近外人，可借鉴的地方很多"，一副十足的洋奴口气。胡适竟荒谬地认为，只有已沦为英国殖民地、全盘西化了的香港才有资格普及教育！陶行知驳斥说，照此说来，中国要普及教育，首先必须变为殖民地的香港，才能"痛痛快快的来干它一个普及教育运动"。他嘲笑胡适，"到那时，不消说得，文学革命的巨子是一变而为英国远东殖民地普及教育之导师了"④。

陶行知明确指出，学习西方先进文化，应有一种"自新、常新、全新"的意识。所谓"自新"意识，即在坚持民族主体性的前提下，主动地吸收西方先进文化，从根本上实行自我改造；所谓"常新"意识，即始终保持对外开放，不间断地学习西方先进文化，否则，"今日新的事，到了明日未必新；明日新的事，到了后日又未必新"；所谓"全新"意识，即不单有外表形式的新，还要有内在精神的新，"这样才算是内外一致，不偏不倚"⑤。

---

① 陶行知：《我们对于新学制草案应持之态度》，《陶行知全集》第1卷，湖南教育出版社1984年版，第190页。

② 陶行知：《民国十二年中国教育状况》，《陶行知全集》第1卷，湖南教育出版社1984年版，第511页。

③ 陶行知：《教育研究法》，《陶行知全集》第1卷，湖南教育出版社1984年版，第66页。

④ 陶行知：《胡适的普及教育理论》，《陶行知全集》第2卷，湖南教育出版社1985年版，第772页。

⑤ 陶行知：《新教育》，《陶行知全集》第1卷，湖南教育出版社1984年版，第123页。

20 世纪 20 年代以后，陶行知开始运用唯物史观来看待中西文化问题，进一步提出必须继承优秀的中西文化，抛弃束缚人们思想的“老八股”和“洋八股”。他指出，反对“老八股”，“不是反对固有的优点，我们对于中国固有之美德是竭诚的拥护”；反对“洋八股”，“并不是反对外来的知识，我们对于外洋输入的真知识是竭诚的欢迎”①。他主张在创造的基础上对中外优秀文化加以融合和发展，提出在中西文化汇合的伟大交流中，“文化是作进一步创造的基础，而不是仅仅创造一次以后便停止不前的东西”②。陶行知这种批判继承、融合创造中西文化的观点，无疑是极有价值的创造。

陶行知作为一个民主主义者，于 20 世纪 30 年代接受了马克思主义的唯物史观，他运用这一理论来解释人类文化的本质问题。他认为，文化应当分为广义与狭义两种：从广义来讲，除了大自然外，凡是人类所创造的一切都是文化，凡是可以用来生产、战斗、交通、娱乐、治理、思想的工具以逐步形成这些工具所引起的变化都可以当做文化；从狭义来看，人们为了表达自己的思想，反映自己的精神生活，特意创造出来的一些物质与非物质的东西就是文化，“特别叫它为‘文化’，这部分便是记录思想、传达思想、发展思想、改变思想的符号、工具和行动”。这是他运用唯物史观给狭义文化所下的定义，“从本质方面看，文化工作是反映着人类经济政治的思想”③。

陶行知为文化所作的界定，较为科学地说明了文化的本体内涵，前者涵盖了文化的宏观层面，泛指人类物质文明与精神文明的总和，后者比较科学地区分了物质文明与精神文明的内涵，较为具体地阐明了文化的内涵。他强调：“文化所要记录、传达、发展、改变的思想乃是人类生活中心的思想，即是政治经济的思想。文化脱离了政治经济便成了不可思议。”④根据这一观点，人类文化的产生与发展是同一的，只是近代以来各民族经济政治发展的不平衡，才导致中西文化出现极大的差异，特别是帝国主义的侵略与封建主义的专制统治更加大了这种差距。因此，陶行知运用历史唯

① 陶行知：《告生活教育社同志书》，《陶行知全集》第 3 卷，湖南教育出版社 1985 年版，第 338 页。

② 陶行知：《出访二十六国日志》，《陶行知全集》第 3 卷，湖南教育出版社 1985 年版，第 183 页。

③ 陶行知：《文化解放》，《陶行知全集》第 3 卷，四川教育出版社 1991 年版，第 460 页。

④ 陶行知：《文化解放》，《陶行知全集》第 3 卷，四川教育出版社 1991 年版，第 461 页。

物主义的观点，得出结论：要从根本上解决中西文化上的差异与冲突，就必须解决中国社会存在的现实问题，促进民族的解放与大众的解放，并把文化作为民族与大众解放的武器，推动全民族的解放。

陶行知之所以能够较为科学地阐明文化的本体内涵，就是因为他经过反复的抉择之后，接受了马克思主义的唯物史观，并且运用这一理论来指导文化理论研究，进而得出了科学的结论。

第五章　生活教育学说原理之一：生活即教育(本体论)

第一节　“生活即教育”的产生背景

一、教育背景

马克思主义认为,社会意识是社会存在的反映。要弄清楚某一种思想学说,必须首先从了解产生这种思想学说的社会历史条件入手。下面,我们以教育与生活关系的演变为线索,对“生活即教育”产生的教育背景略作追溯。

从总体上说,在陶行知以前的教育发展史上,教育经历了一个与人民大众生活由融合到逐渐分离的过程。

在原始社会,教育与生活是融合在一起的。当时,由于劳动工具十分简陋,生产水平很低,人们的劳动只能维持自身的生存,社会上没有剩余产品,生产资料为氏族公有,没有阶级和剥削,人们共同劳动,共同消费,过着平等的集体生活。当时也不存在脑力劳动与体力劳动的分工,没有文字和书籍,没有专门的教育机构和专职教师。年轻的后代是在生产劳动和社会生活的实践中,接受长辈的教育。教育内容和方法非常简单,一般是结合着生产和生活实践,通过成年人的言传身教对儿童个别进行的。教育对全氏族儿童一律平等,没有阶级性。当然,这时教育与生活的融合还极为初步、简陋。

进入奴隶社会以后,教育就与生活分离了。随着生产力的发展,社会上有了剩余产品,出现了脑力劳动与体力劳动的分工,出现了剥削阶级和被剥削阶级,并产生了国家。国家产生以后,统治阶级需要一种专门机构培养其官吏和士人。这样,专门的教育机构——学校教育也应运而生了。奴隶社会的教育具有明显的阶级性。只有奴隶主子弟能入学校学习,而劳动人民子弟只能在生产劳动和日常生活中，跟长辈学习一些为人之道和生产劳动的知识与技能。当时，学校教育同劳动人民原始形态的教育是并存的。奴隶主通过学校传播统治阶级思想，让自己的子弟学习统治阶级的意识形态、行为规范、伦理道德、射御戎战等治人之术，把他们培养成国家大大小小的统治者，而劳动人民原始形态的教育，主要是通过家传形式或师徒制传授生产经验和一些粗浅的文化知识，为社会培养劳动力，以维系社会生产的延续和发展。

到了封建社会，教育与生活出现进一步分离。在中国两千多年的封建社会中，只有封建统治阶级的子弟才有条件入学校学习，而大多数劳动人民的子弟因交不起“束脩”而被排斥在学校大门之外。劳动人民基本上还是通过父传子、师带徒的形式，在生产劳动和社会生活实践中接受教育。自汉武帝确立“独尊儒术”之后，孔子首创的儒家思想成了占统治地位的正统思想，儒家经典变成了历代学校的教育内容。历代的选士和科举，虽在形式上或重经义，或重诗赋，或用八股取士等有所不同，但在内容上大都以“四书五经”儒家经典为标准。封建统治者通过科举控制了全国的教育，用儒家的封建伦理思想奴役人民，使教育服务于培养忠于封建主的奴才，因而也使学校逐渐成为科举的附庸，导致教育内容日趋形式化、教条化，更加脱离人民大众，脱离生活实际。

1840年鸦片战争以后，帝国主义侵入，中国开始由封建社会沦为半殖民地半封建的社会，从而也产生了半殖民地半封建的文化教育。清末以来，在资产阶级革命派和维新派的推动下，出现了废科举、兴学校的教育改革运动，颁布了新学制，翻译了不少外国的教科书，引进了从赫尔巴特到杜威等西方的教育理论和方法。这些对中国教育从传统向现代转型都起了某些积极的作用。但由于中国仍处于半殖民地半封建的社会历史条件下，整个国家教育的性质和面貌并没有得到根本的改变。在当时的新式学堂里，声光化电代替了子曰诗云，但读书做官、死读书等传统教育思想仍然支配着学校，“老八股教育”和“洋八股教育”合流，教育仍然严重脱离社会生活实际，尤其是脱离人民大众的生活实际。正是在这样一种历史背景下，针对传统教育和洋化教育的弊端，陶行知提出了“生活即教育”的主张。

二、理论背景

陶行知“生活即教育”的立论是在一定的理论背景下提出来的。这个理论背景就是20世纪上半叶杜威“教育即生活”等实用主义教育思想在中国教育界的广泛流行。

“教育即生活”是杜威实用主义教育学说的一个基本原理和主张。这一思想是杜威针对20世纪初叶美国学校教育严重脱离社会生活实际的现状，以及英国教育家、社会学家斯宾塞“教育是将来生活的预备”的主张而提出来的。杜威基于实用主义的经验论，认为“教育就是经验的改造或改组。这种改造或改组，既能增加经验的意义，又能提高后来经验进程的能力”①。他把教育视为从已知经验到未知经验的连续过程，是经验不断增加的过程。经验的获得又总是和社会生活实践分不开的，因而是“教育生活的过程，而不是将来生活的预备”②。由此出发，他进一步提出“学校即社会”、“儿童是中心”和“从做中学”等主张。这些教育主张对于改革美国的传统学校教育，以适应当时处于急剧变化中的美国社会的发展，曾起到一定的积极作用。

20世纪20年代前后，伴随着民主政体的建立、资本主义经济的发展和中西文化交流的日益加强，杜威“教育即生活”等实用主义教育思想也逐渐传入中国。民国初年，经蔡元培等人的介绍，实用主义教育思想开始传入中国③。“五四”运动期间，杜威来华讲学，实用主义教育思想成为当时中国传播最广、影响最深的一种西方资产阶级教育思潮。杜威1919年4月30日到上海，至1921年7月11日离北京回国，历时两年又两月余，先后到直隶、山东、山西、湖北、湖南、江苏、江西、浙江、福建、广东等11个省讲演，在北京、南京两地作系统演说，在北京高师、南京高师两校讲学。当时报刊大量发表他的讲演，如《新教育》杂志第1—3卷各期均宣传杜威的哲学和教育理论，第3期出了“杜威专号”。《北京晨报》出版了《杜威五大讲演》，两年内印行达十几次之多。他在北京高师的讲演记录已编成了《平民主义与教育》，在南京高师的讲演记录，也编成《杜威教育哲学》于1922

① 赵祥麟、王承绪编译：《杜威教育论著选》，华东师范大学出版社1981年版，第159页。

② 赵祥麟、王承绪编译：《杜威教育论著选》，华东师范大学出版社1981年版，第4页。

③ 参见蔡元培1912年4月发表的文章《对于教育方针之意见》。该文曾指出：“曰实利主义之教育，以人民生计为普通教育之中坚。其主张最力者，至以普通学术，悉寓于树艺、烹饪、裁缝及金、木、土工之中。……今日美洲之杜威派，则纯持实利主义者也。”后来，蔡元培在1918年5月30日天津青年会的演讲《新教育与旧教育之歧点》和1919年3月15日北京青年会的演讲《贫儿院与贫儿教育的关系》中，又多次对此加以论及。

年由商务印书馆出版。他的学生胡适、蒋梦麟、陶行知等人以及教育界人士在这期间发表了许多论著宣传实用主义哲学和教育理论。一时间，杜威实用主义教育思想风靡全中国。“教育即生活”等主张，成为中国教育界的口头禅。

不容否认，在封建传统教育思想仍然在中国教育界占有支配地位的历史条件下，在生活自生活、教育自教育，两者毫不相关、毫无联系的情况下，杜威的“教育即生活”等实用主义教育思想被引进到中国来，以反对中国传统教育中的形式主义，是具有某种进步意义的，也的确产生了一定的积极作用。但是，“教育即生活”等主张毕竟是杜威针对20世纪初美国教育所存在的问题而提出的，是美国社会文化环境的产物，且不论其政治倾向是错误的、哲学基础是非科学的，即使其基本内容有合理之处，也不能完全适合中国的国情，不能真正解决中国教育存在的问题。

基于此因，陶行知经过一番亲身体验之后，终于幡然悔悟，痛下决心，从“教育即生活”的信奉者一变而成为批判者，针锋相对地提出了“生活即教育”的主张。他曾讲过：“我可以说‘教育即生活’，是杜威先生的教育理论，也是现代教育思潮的中流。我从民国六年起便陪着这个思潮到中国来。8年的经验告诉我说：‘此路不通。’在山穷水尽的时候才悟到‘教学做合一’的道理，所以‘教学做合一’是实行‘教育即生活’碰到了墙壁、把头碰痛时所找出来的新路。‘教育即生活’的理论至此乃翻了半个筋斗。……没有‘教育即生活’的理论在前，绝产生不出‘教学做合一’的理论。但到了‘教学做合一’的理论形成的时候，整个教育便根本改变了方向。这个新方向是‘生活即教育’。”他还指出：“‘教育即生活’这句话，是从杜威（John Dewey）先生那里来的，我们在过去是常常用他，但是，从来没有问过这里边有什么用意。现在，我把他翻了半个筋斗，改为‘生活即教育’。”[①]由此可见，陶行知的“生活即教育”主张是对杜威“教育即生活”主张直接改造的结果；它与“教育即生活”既有某种思想上的联系，也有本质的区别。

综上所述，陶行知的“生活即教育”并非无的放矢，全凭臆想，更非无源之水、无本之木，而是在一定的社会背景（特别是教育背景和理论背景）下产生的。

---

① 陶行知：《生活即教育》，《陶行知全集》第2卷，湖南教育出版社1985年版，第180页。

第二节 “生活即教育”的含义与实质

一、“生活”、“教育”范畴

“生活”范畴是陶行知教育学说的基本概念，也是其整个理论体系的逻辑起点。陶行知对“生活”范畴的阐释，与人们对“生活”的一般理解不尽相同。他的“生活”范畴，具有特定的含义。正是以这个含义独特的“生活”范畴为理论基石，陶行知构筑起他的整个教育学说的理论体系。关于“生活”范畴，陶行知在不同时期、不同场合，针对不同问题作过不同解释。从总体上说，其基本含义有两点：一、泛指一切生物的生存和发展的活动，即“有生命的东西，在一个环境里生生不已的就是生活”①；二、特指构成社会历史的主体——人类的全部生活实践，即“生活主义包含万状，凡人生一切所需皆属之”②，“所谓‘做’是包含广泛意味的生活实践的意思”③。它既包括个人生活和社会生活，又包括物质生活和精神生活。而且，社会的物质生活实践始终是其中居于首要地位的因素，决定制约着其他方面的生活实践。上述两层基本含义不是相互对立、相互排斥的，而是相互补充、相互阐明的。

陶行知的“生活”范畴是从杜威那里借过来的，但与杜威的“生活”范畴在内容实质上有根本区别。杜威的实用主义教育学说也是以“生活”范畴作为其整个理论体系的逻辑起点。杜威说：“生活就是通过对环境的行动的自我更新过程。”“生活的延续就是环境对生物需要的不断的重新适应。”杜威又说：“我们使用‘生活’这个词来表示个体的和种族的全部经验。”④杜威还说：“学校必须呈现现在的生活——即对于儿童说来是真实而生气勃勃的生活。”⑤杜威所说的“生活”，是一个从生物学中引申出来的范畴，

---

① 陶行知：《生活即教育》，《陶行知全集》第2卷，湖南教育出版社1985年版，第180页。

② 陶行知：《生利主义之职业教育》，《陶行知全集》第1卷，湖南教育出版社1984年版，第78页。

③ 陶行知：《教育生活漫忆》，《陶行知全集》第3卷，湖南教育出版社1985年版，第623页。

④ 杜威：《民主主义与教育》，王承绪译，人民教育出版社1990年版，第2—3页。

⑤ 赵祥麟、王承绪编译：《杜威教育论著选》，华东师范大学出版社1981年版，第4页。

是生物有机体适应环境的“刺激——反应”,是个人应付环境、适应现实的行为,而不是以人民大众为主体的、以生产劳动为首要内容的改造社会、征服自然的社会实践。陶行知借用了杜威的“生活”范畴,但赋予其新的含义。他不是一般地谈论生物为生存和发展而进行的活动,而是着重指构成社会历史的主体——人类的生活实践;他不是毫无主次地开出一份包括各种生活内容的清单,而是把制造和使用工具的生产劳动视为生活的首要内容;他不是指个体的、消极适应性的生活,而是指社会的、积极能动的实践。他所说的“生活”包括制造和使用工具的生活,健康的、劳动的、科学的、艺术的和社会的生活,民族解放斗争的生活,争取民主自由平等的生活,等等。简而言之,如果说杜威的“生活”实质上是指人们应付和适应眼前资本主义社会的现实生活的各种活动,那么,陶行知的“生活”实质上是指半殖民地半封建的中国人民大众反帝反封建,争取民族独立、民主平等和社会发展的全部社会实践。

当然,陶行知的“生活”范畴本身也有一个发展演进的过程,起初,它的含义还比较笼统和抽象,并不十分明确和具体,尚未与杜威的“生活”范畴完全划清思想界限。后来,随着其教育实践的逐步深入和思想认识的不断提高,它才逐渐明确和具体起来,走出杜威实用主义哲学思想和教育学说的樊篱,日益接近马克思主义的“生活”观。

“教育”范畴是陶行知教育学说中与“生活”范畴具有同等重要地位的又一基本概念。它与“生活”范畴有着密切联系。谈“生活”必然涉及“教育”,谈“教育”也必然涉及“生活”。没有离开“生活”的“教育”,也没有离开“教育”的“生活”,两者是一而二、二而一的关系。离开了“生活”和“教育”这两个范畴,陶行知教育学说的理论体系就不可能建立起来,因此,我们在弄清了“生活”范畴之后,有必要考察一下“教育”范畴。

与“生活”范畴一样,关于“教育”范畴,陶行知在不同时期、不同场合,针对不同问题时也作过不同解释。大致说来,它有两层意思:第一,教育是培养人的活动,用陶行知的话说,“教育是教人化人”①,“教人做人”②,“使

① 陶行知:《地方教育与乡村改造》,《陶行知全集》第2卷,湖南教育出版社1985年版,第128页。

② 陶行知:《空前之全国教育大会》,《陶行知全集》第1卷,湖南教育出版社1984年版,第458页。

人天天改造，天天进步，天天往好的路上走”[①]，是“引人向上向前生活”[②]；第二，教育是“生活的改造”[③]，是“民族解放、大众解放、人类解放之武器”[④]。培养人与改造生活这两种活动又是密不可分、相互推动的，它是一件事物的两个方面。前者是教育的本质，后者是教育的功能。教育的根本作用就是通过培养人来改造生活。如前所述，陶行知所说的“生活”，既包括个人生活，又指社会生活。所以，教育改造生活，实质上是改造社会生活，即改造半殖民地半封建中国的社会生活，以实现民族解放、大众解放和人类解放。

陶行知的“教育”范畴也是从杜威那里借用过来的，却与杜威的“教育”范畴存在本质差异。杜威认为，“教育就是经验的改造或改组”[⑤]，“教育是生活的过程，而不是将来生活的预备”[⑥]，教育就是不断生长[⑦]（简称“教育即经验的改造”，“教育即生活”，“教育即生长”）。三句话含义相同，互为表里。他提出这样的概念，是针对“传统教育”的。他认为，“传统教育”远离生活，不适应美国现实的需要，应该把社会生活的内容当做教育的主要内容，资本主义社会需要什么，学校就教什么。这种教育虽然较“传统教育”与社会近了一点，注意到了社会的实际需要，但并未真正解决好教育与生活的关系，而且它的服务对象不是人民大众，而是在资本主义社会居统治地位的资产阶级。

陶行知成功地改造了杜威的“教育”范畴，使之含有新的内容。他从半殖民地半封建中国的社会现实出发，把培养人与改造社会生活联系起来，提出“生活即教育”，“教育就是社会改造”。他把人民大众反帝反封建、改造中国的社会生活作为教学的首要内容，把教育做成社会改造的重要工

---

① 陶行知:《新教育》,《陶行知全集》第1卷,湖南教育出版社1984年版,第123页。

② 陶行知:《桂林战时民众教育工作人员须知》,《陶行知全集》第3卷,湖南教育出版社1985年版,第29页。

③ 陶行知:《地方教育与乡村改造》,《陶行知全集》第2卷,湖南教育出版社1985年版,第128页。

④ 陶行知:《谈生活教育——致一位朋友》,《陶行知全集》第5卷,湖南教育出版社1985年版,第477页。

⑤ 杜威:《民主主义与教育》,王承绪译,人民教育出版社1990年版,第82页。

⑥ 赵祥麟、王承绪编译:《杜威教育论著选》,华东师范大学出版社1981年版,第4页。

⑦ 杜威:《民主主义与教育》,王承绪译,人民教育出版社1990年版,第57页。

具,并进一步提出了“教育是民族解放、大众解放、人类解放之武器”。他正确地认识并阐明了教育的本质、功能与服务对象,把教育与生活真正地结合起来,为广大的人民群众,尤其是其中的工人和农民及其子女服务。他的教育观不仅具有鲜明的阶级倾向,而且充满时代的气息,是对传统教育观的一次革命性改造。正如他自己所说,“这种教育观,是把教育从游戏场、陈列室解放出来输送到战场上去”。

陶行知对教育的认识是不断深化的。“五四”时期,他对教育的看法与杜威的观点没有什么差异,仍肯定杜威“教育是继续经验的改造”的说法。他说:“‘教育’是什么东西?照杜威先生说,教育是继续经验的改造(Continuous reconstruction of experience)。”我们个人受了周围的影响,常常有变化,或是变好,或是变坏。教育的作用,是使人天天改造,天天进步,天天往好的路上走;就是要用新的学理,新的方法,来改造学生的经验[①]。在创办晓庄学校、推行乡村教育时期,他通过自己的教育实践开始认识到杜威“教育”范畴的不足,尝试着从其他角度来重新界定“教育”范畴,比如,他把教育与人类生活实践首要内容的制造和使用工具的生产劳动联系起来,提出“教育是什么?教育是教人发明工具,制造工具,运用工具”[②]。又如,他把教育与社会生活的改造联系起来,提出“教育就是生活的改造”。因为陶行知此时对“生活”范畴具体内容的认识还不十分明确和具体,所以,这时他的教育观还残留着一定程度杜威教育观的痕迹。20世纪30年代以后,随着民族危机的空前加剧和抗日民族运动的蓬勃高涨,他的教育观发生了根本变化,明确认识到:“教育不是玩具,不是装饰品,不是升官发财的媒介。教育是一种武器,是民族、人类解放的武器。”[③]这表明陶行知的教育观已完全摆脱了杜威思想的影响,形成了个人的独特风格。

弄清了陶行知教育学说中“生活”和“教育”范畴的含义和实质,就为我们理解和掌握“生活即教育”命题(原理)的含义和实质,打下了初步基础。

---

① 陶行知:《新教育》,《陶行知全集》第1卷,湖南教育出版社1984年版,第123页。

② 陶行知:《生活工具主义之教育》,《陶行知全集》第2卷,湖南教育出版社1985年版,第77页。

③ 陶行知:《告生活教育社同志书》,《陶行知全集》第3卷,湖南教育出版社1985年版,第338页。

二、“生活即教育”的含义

“生活即教育”的命题(原理),含义非常丰富。概括起来,主要包括如下三层意思:

第一,从生活的角度说,“生活含有教育的意义”。陶行知认为:“教育的根本意义是生活之变化。生活无时不变即生活无时不含有教育的意义。因此,我们可以说:‘生活即教育。’”①“生活含有教育的意义”来源于“生活具有教育的作用”。后者原是瑞士资产阶级民主主义教育家裴斯泰洛齐1826年在其论著《天鹅之歌》中最早提出的一条重要的教育原则。后来杜威接受了这条原则,并加以阐发,肯定“一切沟通(因而也就是一切真正的社会活动)都具有教育性”,“共同生活过程本身也具有教育作用”②,旨在反对美国当时脱离社会生活的学校教育。陶行知在反对传统教育和洋化教育的过程中,批判地继承了这一教育思想,并根据中国的具体国情,加以创新和发展,使之具有新的思想内容。他在给“生活教育”下定义时,始终将“用生活来教育”作为最重要的内涵之一。所谓“用生活来教育”,就是承认生活的教育作用,相信生活含有教育的意义。

生活为什么能起教育的作用?生活又怎样起教育的作用?陶行知认为:“生活与生活一磨擦便立刻起教育的作用。磨擦者与被磨擦者都起了变化,便都受了教育。”③他用唯物辩证法的观点来分析生活如何起教育的作用,从生活的矛盾斗争中看到了生活的教育作用,认为“受过某种教育的生活与没有受过某种教育的生活,磨擦起来,便发出生活的火花,即教育的火花,发出生活的变化,即教育的变化”④。生活又怎样起教育的作用?陶行知指出:“过什么生活便是受什么教育”,“过康健的生活便是受康健的教育;过科学的生活便是受科学的教育;过劳动的生活便是受劳动的教育;过艺术的生活便是受艺术的教育;过社会革命的生活便是受社会

① 陶行知:《生活教育》,《陶行知全集》第2卷,湖南教育出版社1985年版,第633页。

② 杜威著:《民主主义与教育》,王承绪译,人民教育出版社1990年版,第6—7页。

③ 陶行知:《生活教育之特质》,《陶行知全集》第3卷,湖南教育出版社1985年版,第25页。

④ 陶行知:《生活教育之特质》,《陶行知全集》第3卷,湖南教育出版社1985年版,第26页。

革命的教育”①。他又说：“过好的生活，便是受好的教育；过坏的生活，便是受坏的教育；过有目的的生活，便是受有目的的教育；过糊里糊涂的生活，便是受糊里糊涂的教育；过有组织的生活，便是受有组织的教育；过一盘散沙的生活，便是受一盘散沙的教育；过有计划的生活，便是受有计划的教育；过乱七八糟的生活，便是受乱七八糟的教育。”②他强调把自己“放在社会的生活里，即社会的磁力线里转动，便能通过教育的电流，射出光，放出热，发出力”③。

第二，从教育的角度说，“教育以生活为中心”，通过生活来进行，以求得生活的向前、向上与提高。陶行知在研究作为现实世界的教育现象时，是把教育与社会生活实践紧密联系起来考察的。他认为，生活与教育是同一过程，教育不能脱离生活，生活也不能脱离教育。有什么样的生活就应有什么样的教育，教育的内容应根据生活的需要。他猛烈抨击以文字、书本为中心的传统教育和洋化教育，提倡以“生活为中心之教育”。在他看来，文字、书本只是生活的工具，不是生活的本身，教育即来源于生活，由生活产生，文字、书本不能喧宾夺主，作为教育的中心内容。他指出，传统教育和洋化教育的“文字中心之过在以文字当教育”，把教育等同于读书，“以为文字之外别无教育”，其实是错误的。文字、书本只是求知的一种工具，生活中随处是工具，只有在生活中求得的教育才是活的、有用的教育。他打了一个非常形象的比喻：教育好比是蔬菜，文字好比是纤维，生活好比是维他命；以文字为中心而忽略生活的教科书，好比是有纤维而无维他命之蔬菜，吃了不能滋养体力。

他主张，教育要通过生活来进行，“用生活来教育”。也就是说，“要想受什么教育，便须过什么生活”。如果“过的是少爷生活，虽天天读劳动的书籍，不算是受着劳动教育；过的是迷信生活，虽天天读科学的书籍，不算是受着科学教育；过的是随地吐痰的生活，虽天天写卫生的笔记，不算是受着卫生的教育；过的是开倒车的生活，虽天天谈革命的行动，不算是受着革命的教育。我们要想受什么教育，便须过什么生活”④。只有使教育与社

① 陶行知：《教学做合一下之教科书》，《陶行知全集》第 2 卷，湖南教育出版社 1985 年版，第 288 页。

② 陶行知：《生活教育》，《陶行知全集》第 2 卷，湖南教育出版社 1985 年版，第 634 页。

③ 陶行知：《生活教育》，《陶行知全集》第 2 卷，湖南教育出版社 1985 年版，第 635 页。

④ 陶行知：《生活教育》，《陶行知全集》第 2 卷，湖南教育出版社 1985 年版，第 634 页。

会生活实践切实结合起来，在生活中进行教育，教育才能发出力量而成为真正的教育。

第三，从生活与教育的关系说，“生活决定教育”，“教育改造生活”。陶行知说：“从生活与教育的关系上说，是生活决定教育。”[①]又说：“教育就是生活的改造。”[②]所以，生活决定教育，教育改造生活。两者相互推促，共同前进。

生活决定教育，首先体现为教育的起源、目的、原则、方法都为生活所决定。教育起源于人类社会生活的需要。人类要生存和发展下去就需要不断向下一代传授人类生产劳动的经验、技能，传授社会生活的经验，教育就是为了满足人类社会生活的需要而产生的，教育的目的也是满足“生活所必需”。陶行知认为，不能为办教育而办教育。他的教育目的一直是明确的，即为了人民大众的生活需要，为大众求解放，为人民谋幸福。教育的原则、方法更为生活所决定。生活具有教育的意义和作用。教育应以生活为中心，并通过生活来进行，不能以文字、书本为中心，不能关在小鸟笼似的学校里读死书、死读书。其次，生活的全面性导致了教育的全面性。他说：“生活教育的要求是：整个的生活要有整个的教育。”[③]并说：“民主教育应该是整个生活的教育。他应该要工以养生；学以明生；团以保生。他应该是健康、科学、艺术、劳动与民主组成之和谐的生活，即和谐的教育。”[④]他还将“整个生活的教育”归结为“全面教育”，即“心、脑、手并用”，学政治、学经济、学文化相结合。健康、科学、劳动、艺术及民主将构成和谐的生活[⑤]。又次，生活决定了教育的场所。“到处是生活，即到处是教育；整个的社会是生活的场所，亦即教育之场所。”[⑥]生活是大众唯一的教育，社会

---

① 陶行知：《谈生活教育——致一位朋友》，《陶行知全集》第5卷，湖南教育出版社1985年版，第477页。

② 陶行知：《地方教育与乡村改造》，《陶行知全集》第2卷，湖南教育出版社1985年版，第128页。

③ 陶行知：《晓庄三岁敬告同志书》，《陶行知全集》第2卷，湖南教育出版社1985年版，第210页。

④ 陶行知：《民主教育》，《陶行知全集》第3卷，湖南教育出版社1985年版，第570页。

⑤ 陶行知：《全民教育》，《陶行知全集》第3卷，湖南教育出版社1985年版，第554页。

⑥ 陶行知：《生活教育》，《陶行知全集》第2卷，湖南教育出版社1985年版，第633—634页。

是大众唯一的学校。再次，生活的变化引起了教育的变化。他说："教育的根本意义是生活之变化。"①生活起了变化，教育也要起变化。生活是不断前进的，教育也要不断前进。教育要随着生活的发展而发展，站在生活的面前，引导人们过"向前向上"的生活。换句话说，就是过反帝反封、民族民主革命的生活。最后，生活的连续性决定了教育的终生性。他说："天天变动，就是天天受教育。差不多从出世到老，与人生为始终的样子。"②又说："生活教育与生俱来，与生同去。出世便是破蒙，进棺材才算毕业。"③他指出："现在这种小学六年、中学六年、大学四年的教育制度，都可以'短命教育'四字代表之。我们所要干的是整个寿命的教育，不是短命的教育。"④在他看来，"教育最重要的成就在使众人养成一种继续不断的共同求进的决心。我们要对众人养成的态度是：活到老；做到老；学到老"⑤。"终生教育。培养求知欲。学习为生活，生活为学习。只要活着就要学习。一旦养成学习习惯，个人就能终生进步不断。"⑥

生活决定教育，教育又反过来改造生活，推动生活发展。

教育改造生活，首先是改造社会生活。而改造社会生活的一个重要内容，就是改造社会政治。陶行知认为："政治与教育原是不能分离的，二者能同时并进，同时革新，国民革命才有基础和成功的希望。""教育上的革命"应该配合"政治上的革命"⑦。他还认为："主张生活即教育，就是要用教育的力量，来达民之情，顺民之意"，"是要解放全人类的"⑧。他在自己的全部教育生涯中始终把教育改造与社会政治生活改造紧密结合在一起，以发挥教育改造社会的巨大作用，并逐步探寻到正确的政治方向，使教育为人民大众服务，为反帝反封建反官僚资本主义的新民主主义革命斗争服

① 陶行知：《生活教育》，《陶行知全集》第 2 卷，湖南教育出版社 1985 年版，第 633 页。

② 陶行知：《新教育》，《陶行知全集》第 1 卷，湖南教育出版社 1984 年版，第 126 页。

③ 陶行知：《新教育》，《陶行知全集》第 2 卷，湖南教育出版社 1985 年版，第 634 页。

④ 陶行知：《普及教育》，《陶行知全集》第 2 卷，湖南教育出版社 1985 年版，第 762 页。

⑤ 陶行知：《中国普及教育方案商讨》，《陶行知全集》第 2 卷，湖南教育出版社 1985 年版，第 804 页。

⑥ 陶行知：《全民教育》，《陶行知全集》第 3 卷，湖南教育出版社 1985 年版，第 554 页。

⑦ 陶行知：《晓庄试验乡村师范学校创校概况》，《陶行知全集》第 2 卷，湖南教育出版社 1985 年版，第 17 页。

⑧ 陶行知：《生活即教育》，《陶行知全集》第 2 卷，湖南教育出版社 1985 年版，第 184 页。

务。20世纪20年代，他创办晓庄学校，积极推行乡村教育运动，以改造社会、改造农村、改变中国贫穷落后的面貌为理想，提出生活教育要以培养学生和农民群众“征服自然改造社会的本领”为总目标，使之具有“康健的体魄”、“农夫的身手”、“科学的头脑”、“艺术的兴趣”和“改造社会的精神”①。到了20世纪30年代，国难当头，民族危机深重，他又提倡国难教育运动，提出：“教育没有独立的生命，它是以民族的生命为生命。唯有以民族的生命为生命的教育，才算是我们的教育。……国难教育的任务，在唤醒大众组织起来救国。”②并得出“教育是民族解放、大众解放、人类解放之武器”③这一著名论断。以后他提倡战时教育、民主教育等运动以及先后创办山海工学团、育才学校、社会大学等教育事业，都是为人民大众民族民主的革命斗争服务，与人民大众民族民主革命斗争的历史发展相结合。生活教育的方向是人民大众反帝反封建的新民主主义教育的方向。

教育改造社会生活的又一方面是促进社会经济的发展。教育必须重视科学传播，面向经济，与工农业生产实际相结合，与生产劳动相结合，使中国从“农业文明过渡到工业文明”，实现工业化，“创造富的社会”，为人民大众谋幸福，这是陶行知一贯的思想。早在大学时代，他就认识到：“‘共和之要素有二：一曰教育；二曰生计。’然教育苟良，则人民生计必能渐臻满意。”④“五四”时期，他大力提倡“生利主义之职业教育”，主张教育要“养成生利人物”，认为倘如此，则国无游民，民无废才，群需可济，个性可舒。在从事平民教育运动时，他便提出能够识字读书之后“要继续受职业训练”的主张。在从事乡村教育时期，他就主张“教育与农业携手”，建设“科学农业”，认为“教育没有农业，便成为空洞的教育”，“农业没有教育，就失了促进的媒介”，提出了农村教育要与现代科学技术结合，促进农业进步的观点。他还倡议“把政治、经济、教育打成一片，做一个政富教合一的小试

---

① 陶行知：《第二年的晓庄》，《陶行知全集》第2卷，湖南教育出版社1985年版，第132页。

② 陶行知：《国难教育方案之特质》，《陶行知全集》第3卷，湖南教育出版社1985年版，第19页。

③ 陶行知：《谈生活教育——致一位朋友》，《陶行知全集》第5卷，湖南教育出版社1985年版，第477页。

④ 陶行知：《共利主义之职业教育》，《陶行知全集》第1卷，湖南教育出版社1984年版，第80页。

验”,形成了“政富教合一”的理论。20 世纪 30 年代初,他积极开展“科学下嫁”运动,努力把科学普及工农大众中去,创办以培养“生产能力”与“科学能力”等六大能力为主旨的工学团,提倡生产教育的科学教育。抗战时期,他提出学校不但“是一个学问的组织,而且是一个战斗体”,“一个生产体”,“学习科学,帮助创造科学的新中国。现在的世界是一个科学的世界,整个中国必须受科学的洗礼”。抗战胜利之后,他在从事民主教育运动的过程中,仍主张民主教育要为改变贫穷落后的现状,为创造“富”的社会、富强的中国、人民的幸福而奋斗。他指出:“科学不发达,不能造富,所以应该有科学的生产,科学的劳动。”①1946 年初,他把生活教育运动的方针概括为“民主的、大众的、科学的、创造的方针”②。

教育改造社会生活还有一个方面,即把“文化从小众手里解放出来”。他认为,教育的功能是多方面的,既有政治、经济的功能,也有文化的功能;不仅“传递社会的经验”,而且“是社会经验之改造”③,具有“引导人产生新价值的力量”④。在半殖民地半封建社会历史条件下的中国,教育的首要任务是把“文化从小众手里解放出来”。他指出:“文化是大众所创造的”,可却“被小众所独占”。“现在应该将文化从小众手里解放出来。创造文化的大众应该享受创造的结果。”怎样才能把文化从“小众”手里解放出来呢?他指出了以下几种途径:一是“认识上的解放”,即把文化从种种错误歪曲的观念里解放出来;二是“工具的解放”,即提倡使用新文字;三是“方法的解放”,即废除灌注的教授法,代之以“相互之自由讨论”,反对“知识私有”、“知识封锁”,主张“即知即传”,把白话文解放成大众文,提倡“教学做合一”,“在行动上来推进大众文化”;四是“组织上的解放”,即“把文化从松花江监牢里解放出来,使它跑进大社会里去。社会即学校,文化的场所多着哩”;五是“时间的解放”,即“争取时间来推进大众文化”;六是“新文化创造的解放”,即反对“文化刽子手”对新文化创造的摧残。他认为,取得文化解

---

① 陶行知:《实施民主教育的提纲》,《陶行知全集》第 3 卷,湖南教育出版社 1985 年版,第 543 页。

② 陶行知:《大众的艺术》,《陶行知全集》第 3 卷,湖南教育出版社 1985 年版,第 581 页。

③ 陶行知:《谈教学做合一——致朱端琰》,《陶行知全集》第 5 卷,湖南教育出版社 1985 年版,第 206 页。

④ 陶行知:《教学做合一下之教科书》,《陶行知全集》第 2 卷,湖南教育出版社 1985 年版,第 300 页。

放的关键，是要靠“大众运用集体的力量来争取的”，“决不能由少数知识分子代办”，“大众文化是大众的文化，是大众为自己推动的文化，是大众为自己谋幸福除痛苦而推动的文化”，“民族解放、大众解放、文化解放是一个分不开的运动。得联起来看，联起来想，联起来干，才会看得清楚，想得透彻，干得成功”①。可以说，陶行知一生提出的各种教育主张，推行的各个教育运动，都是为了把文化从小众手里解放出来，让文化的创造者大众所享用。

教育不仅改造社会生活，也改造个人生活。这两者又是紧密联系在一起的。教育的基本功能是通过培养人来改造社会生活。那么，教育如何培养人以充分发挥其改造社会生活的巨大作用呢？陶行知认为，这就必须把培养人与生活实际密切结合起来，引导学生追求“高尚的生活”。他说：“‘生’字的意义，是生活或是生存。学生所学的是人生之道。人生之道，有高尚的，有卑下的；有片面的，有全部的；有永久的，有一时的；有精神的，有形式的。我们所求的学，要他天天加增的，是高尚的生活，完全的生活，精神上的生活，永久继续的生活。”②“教育的作用，是使人天天改造，天天进步，天天往好的路上走。”③

陶行知指出：“在一般的生活里，找出教育的特殊意义，发挥出教育的特殊力量。同时，要在特殊的教育里，找出一般的生活联系，展开对一般生活的普遍而深刻的影响。把教育推广到生活所包括的领域，使生活提高到教育所瞄准的水平。”④这既是陶行知对生活教育者的殷切期望，又可视为他对生活决定教育、教育改造生活的扼要说明。

总之，生活含有教育的意义，教育应以生活为中心，通过生活来进行，生活决定教育，教育改造生活，这些就是“生活即教育”的基本含义。

三、“生活即教育”的实质

“生活即教育”原理，是生活教育理论的核心，是生活教育理论中具有本体论意义、体现其本质观的主张，也是陶行知教育学说中最易引起人们

---

① 陶行知：《文化解放》，《陶行知全集》第3卷，湖南教育出版社1985年版，第76—80页。

② 陶行知：《新教育》，《陶行知全集》第1卷，湖南教育出版社1984年版，第126页。

③ 陶行知：《新教育》，《陶行知全集》第1卷，湖南教育出版社1984年版，第123页。

④ 陶行知：《〈战时教育〉半月刊方针——致戴伯韬》，《陶行知全集》第5卷，湖南教育出版社1985年版，第472页。

误解乃至曲解的一个思想。为了弄清其实质，这里有必要对社会上和理论界流行甚广的一些错误认识做出分析。

其一，陶行知是把教育和生活画等号，把教育原始化、低级化吗？

“生活即教育”如果从字面上讲，当然是“生活就是教育”的意思。有人根据这一字面上的意思，认为陶行知的这一主张，实际上是抹杀了教育同生活的区别，把两者完全等同起来。其实，这完全是一种误解。陶行知的确说过：“生活与教育是一个东西，不是两个东西。在生活教育的观点看来，它们是一个现象的两个名称。”[①]但这是讲生活与教育具有某种深刻的、内在的同一性或一致性，生活与教育经历着同一过程，教育不能脱离生活，生活也离不开教育，而并非把生活与教育简单地等同起来，完全看做一回事。

我们认为，对于陶行知的“生活即教育”原理(包括他的其他原理和思想)，不能仅仅根据其字面上的意思就下断语，而应根据他当时提出、形成、实施这些主张的历史条件、时代特点和他本人的论述做出全面、准确、客观的分析。前面说过，在陶行知提出、形成和实施其教育主张之前，在人类社会教育发展史上，教育与生活的关系经历了一个由融合到分离的过程。进入阶级社会以后，学校教育便被剥削阶级所垄断，脑力劳动成了剥削阶级的事情，只有剥削阶级的子弟才能入校学习，学校教育成为人们进行阶级统治的工具，而劳动人民子弟则被排斥在学校大门之外。劳动人民基本上还是通过父传子、师带徒的形式，在生产劳动和社会实践中接受教育。在学校教育的教育内容上，主要传授统治阶级思想，学习统治者的治人之术，几乎与社会生活实际没有什么直接联系。进入近代社会以后，中国的文化教育虽然在西方文化教育的猛烈冲击下开始发生某些变化，但教育脱离人民、教育脱离生活的状况，却没发生根本性的改变。正是针对半殖民地半封建社会中国传统教育和洋化教育的这两个根本弊端，同时又考虑到当时人民大众接受教育的实际情况，陶行知才提出了“生活即教育”的主张。

此外，从当时的时代特点来看，近代中国社会在帝国主义(尤其是日本帝国主义)的侵略下，正日益走向殖民地化。反帝反封、争取民族解放和民主自由成为时代的中心课题。但学校教育的教育内容严重脱离社会现实，

① 陶行知：《教学做合一下之教科书》，《陶行知全集》第2卷，湖南教育出版社1985年版，第288页。

完全不能适应人民大众反帝反封建革命斗争的需要。只有人民大众自身的社会生活实践，才能真正满足这种需要，才是最好的教育内容。

而且，就连陶行知本人也是明确反对以生活等同教育、取消教育的。1936 年，他在谈到某些人对“生活即教育”的误解时说：“有人说，生活既是教育，那么，便有生活即有教育，又何必要我们去办教育呢？他这句话，分析是对的，断语是错的。我们承认自古以来便有生活即有教育。但同在一社会，有的人是过着前进的生活，有的人是过着落后的生活。我们要用前进的生活引导落后的生活，要大家一起来过前进的生活，受前进的教育，前进的意识要通过生活才算是教人真正的向前去。”[①]他又说：“教育上是生活反映出来的影子。”“是好生活即是好教育；是坏生活即是坏教育；有目的的生活即是有目的的教育；无目的的生活即是无目的的教育；有计划的生活即是有计划的教育；无计划的生活即是无计划的教育；合理的生活即是合理的教育；不合理的生活即是不合理的教育；日常的生活即是日常的教育；进步的生活即是进步的教育。”[②]这些话的意思是说，生活是一个整体，教育是一个局部，生活包括教育，而不等同教育，更不能替代教育。生活本身也有内容、性质的不同，有前进的生活，也有落后的生活；有革命的生活，也有反动的生活。但同一社会里，有的人是过着前进的、革命的生活，有的人则是过着落后的乃至反动的生活。教育者要用前进的生活来引导落后的生活，用革命的生活来改造反动的生活，使大家一起来过前进的、革命的生活，受前进的、革命的教育。只有这种前进的、革命的生活，才真正含有教育的意义。教育者应该办的教育，就是这种前进的、革命的教育。他所反对的或取消的，是落后的、反动的教育，而不是教育本身。

值得注意的是，陶行知在用英文表示“生活即教育”、“社会即学校”时，一般都是用关系词“as”而非“is”来表示生活与教育、社会与学校的关系。比如，1938 年 9 月，他应印度民族运动领袖甘地之邀，用英文撰写《中国的大众教育运动》时，文中便是“Life as Education”、“Society as School”。在 1938 年的《中国》和 1945 年的《全民教育》这两篇英文论著

---

① 陶行知：《生活教育之特质》，《陶行知全集》第 3 卷，湖南教育出版社 1985 年版，第 27 页。

② 陶行知：《晓庄三岁敬告同志书》，《陶行知全集》第 2 卷，湖南教育出版社 1985 年版，第 209 页。

中，也是用“Society as the School”或“Society as School”来表示“社会即学校”①。“as”与“is”虽一词之差，但含义颇有出入。“as”的意思是“似”，“is”的意思是“是”。陶行知在不同时期、不同情况下都用“as”而不是“is”来表示生活与教育、社会与学校的关系，说明陶行知在使用这些意思接近而又颇有差异的英文词语时，经过了深思熟虑，反复斟酌，绝非偶然的信手为之，随便搭配。这显然是仿效乃师杜威“教育即生活（Education as life）”、“学校即社会（School as Society）”的精细用法。从陶行知对英文词语“as”的使用中，我们也可窥知他强调的是生活与教育、社会与学校的同一性或一致性，而并非把生活与教育简单地等同起来，完全看做一回事。

其二，陶行知的“生活即教育”不过是杜威“教育即生活”的翻版吗？

陶行知的“生活即教育”是对杜威的“教育即生活”的直接改造。有人据此认定“生活即教育”与“教育即生活”并无根本不同，“翻了半个筋斗”并没有跳出杜威的窠臼，不过是杜威“教育即生活”的翻版而已。其实，这也是一种误解。

不错，陶行知的“生活即教育”是对杜威“教育即生活”直接改造的结果。但应当看到，它更是陶行知长期反传统教育和洋化教育历史实践的产物，是陶行知针对 20 世纪上半叶中国社会和教育的具体实际而提出来的。这就决定了陶行知的“生活即教育”与杜威的“教育即生活”不仅是字词的颠倒，而且在内容、性质上有着根本区别。

首先，“教育即生活”宣扬的是教育无目的论，认为教育的目的在教育过程之中，而不是在教育过程之外，主张抓住现实，不要强调“遥远的将来”，抓住一个一个具体的行动，达到一个一个具体的目标，以应付眼前的事就是目的。而“生活即教育”则主张教育是有目的的，旗帜鲜明地提出教育应“促进自觉性之启发，创造力之培养，教育之普及，生活之提高”，指出教育是民族解放、大众解放、人类解放的工具，应为反帝反封、争取民族解放和民主自由的伟大斗争服务。

其次，“教育即生活”的对象主要是指儿童，指在学校学习的学生，意图在于使学校更多顾及儿童的生活，使学校不用成人生活的标准去要求儿童，使儿童不仅仅为未来的生活作准备。而“生活即教育”的对象，则不仅指儿童，而且指一切成人，包括工人、农民、城市贫民、军人、妇女乃至和尚、

① 参见《陶行知全集》第 6 卷，湖南教育出版社 1985 年版，第 513、538、567、572 页。

道士等，对象和范围要大得多，旨在让一切人都纳入教育的对象。

又次，“教育即生活”只是把社会上的“生活”引入学校，这还不是真正的社会生活。“生活即教育”则是拿进步的生活去改造落后的生活，拿整个的生活去解放褊狭的生活，拿全部生活去做教育的材料。或言之，以人民大众改造社会、征服自然的全部社会实践去做教育的内容。

再次，“教育即生活”将教育和生活关在学校大门里，使教育与丰富多彩的社会生活相隔绝，教育的场所就是学校。而“生活即教育”则主张到处是生活，即到处是教育；整个的社会是生活的场所，亦即教育的场所。这就扩大了教育的范围和场所，从根本上改变了教育的概念。

最后，“教育即生活”认为学校的功能是“把现存的社会风俗纯化和理想化”，旨在保存和巩固资本主义社会的秩序，防止产生对资本主义的离心力量。而“生活即教育”则主张教育要为人民大众反帝反封建的革命斗争服务，为建立民主自由的新中国服务，为人民大众谋利益。

由此可见，陶行知的“生活即教育”并不是杜威“教育即生活”的翻版，两者之间在宗旨、对象、内容、性质上有着根本的不同。当然，指出它们之间的本质差异，并不意味着两者就没有任何共同之处。事实上，两者都是以反对形式主义的传统教育为基础的，都强调生活与教育的一致性，主张教育要密切联系生活实际并为社会发展服务。陶行知对杜威的“教育即生活”的改造具有崭新的思想内容和性质。

总之，陶行知的“生活即教育”既不是把教育与生活画等号，把教育原始化、低级化，也不是杜威“教育即生活”的翻版，与“教育即生活”没有什么不同。它以反对传统教育和洋化教育、建立新型的人民教育为宗旨，强调生活与教育的一致性，认为生活含有教育的意义和作用，教育应以生活为中心，通过生活来进行，教育决定于生活并反作用于生活，主张教育要与社会生活相联系，教育要与生产劳动相结合，教育要为人民大众谋利益，为反帝反封建、建立民主自由的新中国服务，这就是“生活即教育”的实质。

第三节　“生活即教育”的作用及评价

“生活即教育”是陶行知教育学说中的核心思想和基本原理，是陶行知在反对传统教育和洋化教育的长期斗争中，在批判地继承杜威的“教育即生活”思想和总结自己教育实践经验的基础上产生的。它的出现给“五四”以后中国新教育的发展带来了深刻影响，更新了人们对教育、生活以及两者关系的认识，反映出教育的一些规律性的东西，不仅在历史上起过积极作用，即使对我们今天的教育仍具有重要的现实意义。

一、“生活即教育”给“五四”以后中国新教育的发展带来了深刻影响

在“五四”以前的中国历史上，教育一直被剥削阶级所垄断，只有统治阶级的子弟才能入学校学习，劳动人民子弟则被拒于学校大门之外。学校的教育内容主要是儒家经典，以文字和书本为中心，严重脱离社会生活实际。教育脱离人民、脱离生活，是中国传统教育的两个主要弊端。

为了改变这种状况，近代中国的许多有识之士曾经提出过种种主张和设想，做出过种种努力，但终因各种原因而收效甚微。“五四”运动期间，趁民主思潮高涨之机，陶行知怀着要使全中国人民都受教育的宏愿，开始从事其改造中国社会和教育的伟大实践，登上了现代中国的历史舞台，与他同时代的众多有识之士一起，演出了一幕幕有声有色、威武雄壮的活剧。

他针对传统教育和洋化教育脱离人民、脱离生活的弊端，揭起“生活即教育”的大旗，主张教育要和社会生活相联系，教育要与生产劳动相结合，教育要为人民大众服务，这就给“五四”以后的中国教育界带来了一场思想观念上的伟大革命，极大地影响了现代中国的教育发展。

“生活即教育”主张教育要与社会生活相联系，反对教育脱离社会生活实际，这就击中了传统教育和洋化教育的要害。旧教育的基本特征就是“死”，就是与生活相脱离。陶行知看清了这一点，针锋相对地提出教育必须和生活相结合，生活是教育的灵魂和生命。他把教育的范围由学校扩大到整个社会，以人民大众的全部生活实践为教育的内容，从而把教育从狭小的范围内彻底地解放了出来，改变了以往人们对教育、生活及其相互关系的陈旧认识，在人们思想观念的深处造成了一场“强烈地震”。

“生活即教育”主张教育要为人民大众服务，反对教育只为少数贵族少爷小姐服务。陶行知说：“我们要求教育机会均等。”[①]“无论什么阶级，都

① 陶行知：《民主教育》，《陶行知全集》第3卷，湖南教育出版社1985年版，第569页。

要有受教育的机会。受教育的机会被剥夺最多的是农工及子弟。”“民主教育是要力求农工劳苦阶级有机会受教育。”①让工农大众及其子弟受教育，这就把教育权从统治阶级手中夺了回来，交还给了人民大众，为“五四”以后中国新教育的发展指明了正确方向。

“生活即教育”的思想，与当时反动统治的思想是相对抗的，在实质上与马克思主义的教育观息息相通。它的思想内核，如教育要与社会生活相联系，教育与生产劳动相结合，教育为人民大众服务的思想，已被新中国的教育理论所吸收，并被融合和体现在政府的一系列方针政策之中，成为中国特色社会主义的教育理论体系的一个重要组成部分。

二、“生活即教育”对我们今天的教育仍具有重要的现实意义

“生活即教育”原理所反映出教育的一些规律性的东西，不仅在历史上起过积极作用，而且对我们今天的教育仍具有不可忽视的理论价值和实践价值。“生活即教育”强调生活与教育的一致性，认为生活含有教育的意义和作用，提出教育以生活为中心，通过生活来进行，承认教育决定于生活而又反作用于生活，主张教育要与社会生活相联系，教育要与生产劳动相结合，教育要为人民大众服务。这些思想都含有许多值得借鉴的合理成分，有助于我们进一步认识教育的对象、内容和途径，认识教育、生活及其相互关系，进一步加强教育与社会生活的密切联系，使教育更好地为人民大众服务，为社会主义现代化建设服务。

当然，作为一种特定社会历史条件下的产物，由于时代和个人两方面的原因，“生活即教育”在理论和实践上还存在着一些不足之处。如对生活与教育的联系说得比较多，而对两者之间的区别(或差异)说得比较少。此外，过去有些人、有些地方在实施这一原理时，曾经由于认识不够，经验不足，发生过一些偏向。但所有这些问题都需要从当时那种特定的时代背景来加以理解，不能过于求全责备，更不能不分青红皂白地把什么偏颇都算在陶行知的账上。

---

① 陶行知:《实施民主教育的提纲》,《陶行知全集》第3卷，湖南教育出版社1985年版，第541—542页。

第六章　生活教育学说原理之二：社会即学校(场域论)

第一节　“社会即学校”的产生背景

一、教育背景

关于“社会即学校”产生的教育背景，实际上在前面分析“生活即教育”产生背景时已涉及了，这里只想再略微说明一下。

如前所述，在原始社会里，由于生产力十分低下，社会上没有剩余产品，生产资料为氏族公有，没有阶级和剥削，也不存在脑力劳动与体力劳动的分工，没有文字和书籍，也没有出现学校这种专门的教育机构。从某种意义上说，这个时期，“社会就是学校”①。

进入奴隶社会以后，随着生产力的发展，社会上有了剩余产品，出现了剥削阶级和被剥削阶级，产生了脑力劳动与体力劳动的分工，并产生了国家。这时，统治阶级需要一种专门机构来培养和造就官吏和士人，于是，就产生了学校。学校从以劳动为目的的教育领域里分离出来，具有独立的存在形态，这在人类文明史和教育史上是一个划时代的进步。但是，由于阶级的存在，学校教育的对象只能是奴隶主和地主阶级的子弟，至于劳动人民子弟则只能在学校的大门外“望门兴叹”，仍旧在生产劳动和社会生活的实践中，接受以劳动为中心的教育。而统治阶级的子弟在学校里学习他们的意识形态、行为规范、伦理道德等有关统治劳动人民的“治人之术”。这样，学校不仅对社会上的广大人民群众关上了大门，也与活生生的社会生活隔绝出来，形成社会自社会、学校自学校的局面。

近代以降，在西方文化的冲击下，随着中国传统社会结构的演变，中国

---

① 陶行知:《生活即教育》,《陶行知全集》第2卷,湖南教育出版社1985年版,第183页。

传统教育也发生了明显的变化。废科举，兴学校，颁布新学制，引进西方各种先进的教育理论和方法，学校的大门逐渐向社会民众开放，学校教育的内容也开始接近社会生活。但是，由于当时中国处在半殖民地半封建的社会历史条件下，学校教育的性质和面貌没有也不可能有真正的改变。“新学办了三十年，依然换汤不换药，卖尽气力，不过把‘老八股’变成‘洋八股’罢了。‘老八股’与民众生活无关，‘洋八股’依然与民众生活无关。”①仍然是学校自学校、社会自社会。教育严重脱离人民大众的社会生活实际。针对传统教育和洋化教育的弊端，从推广大众教育的目的出发，陶行知在提出“生活即教育”的同时，又提出了“社会即学校”。

二、理论背景

如果说，“生活即教育”的理论背景是20世纪上半叶杜威“教育即生活”在中国教育界的广泛流行，那么，“社会即学校”的理论背景则是杜威的另一个主张“学校即社会”的喧嚣一时。

“学校即社会”是紧随着“教育即生活”而来的。杜威在提出了“教育即生活”后，又提出了“学校即社会”。杜威认为，学校是一个重要的社会机构，这个机构早在有了文字交往之后就出现了，其目的是世代传递社会遗产，并有效地进行社会交往。作为一种典型的社会环境，学校担负着特定的培养人才的任务。学校具有三种特殊功能：一是学校能将错综复杂的社会生活简单化，为青少年提供一个简化的环境，使青少年将分成若干部分的复杂文化，逐步地、分阶段地吸收，不至于陷于混乱，无所适从；二是学校能尽量排除现存环境中无价值的东西，不让其影响儿童的心理习惯；三是学校为每个人提供了一个不受社会团体限制的社会，为人们创造了一个新的、广阔的学习环境。为了使学校正常发挥功能，他指出，学校应该具有社会生活的全部含义。这一看法与他对教育的理解是一致的，教育既然是一种社会过程，学校便是社会生活的一种形式。学校应办成一个小型的或雏形的社会。社会上的各种机构在学校里都可以模拟，使学生在学校就能接触到丰富的社会生活实践。具体说来，社会上的一切，如卫生局、市政厅

① 陶行知：《生活工具主义之教育》，《陶行知全集》第2卷，湖南教育出版社1985年版，第76页。

等，都可以请到学校里来，使之应有尽有，成为一个小型社会。

杜威抨击与世隔绝的经院式学校，要求学校富有生活气息，并且对学校各方面的性质作了理论上的探索，在当时是相当引人注目的，具有很大的影响，对扭转美国教育的时弊起了一定的积极作用。

“五四”运动期间，杜威来华讲学，在宣传其“教育即生活”的同时，也宣传了“学校即社会”。“学校即社会”与“教育即生活”一样，一时也为中国教育界许多人奉为圭臬，并深信不疑。

应该承认，比起学校自学校、社会自社会的情形，“学校即社会”的提出显然是一个进步。它对纠正中国传统学校完全脱离社会生活实际的弊端，确实起了某些积极作用。然而，杜威的“学校即社会”是有局限性的，其错误的政治倾向和不科学的哲学基础暂且不说，即便是其基本内容，也多有谬误，况且拿到与美国社会文化环境差异颇大的中国，更显得方枘圆凿。

早期的陶行知，在接受和传播杜威“教育即生活”的同时，也接受和传播了“学校即社会”。但是，经过一段时期的实践之后，发觉不论是“教育即生活”还是“学校即社会”，在中国都行不通。现实告诉他，“学校即社会”是不适合中国国情的。于是，他从中国的具体实际出发，又把“学校即社会”翻了半个筋斗，改为“社会即学校”。

由此可见，陶行知的“社会即学校”，是针对传统教育和洋化教育的弊端，从推广大众教育的目的出发，在其教育实践的基础上，直接改造杜威“学校即社会”的结果。

第二节　“社会即学校”的含义与实质

一、“社会”、“学校”范畴

“社会”范畴与“生活”、“教育”范畴一样，也是陶行知教育学说的基本概念之一。在分析了“生活”、“教育”范畴之后，有必要进一步探讨“社会”范畴的含义。

首先需要说明，陶行知对“社会”范畴没有作过专门论述，我们主要是从他对“社会”范畴的使用来了解这一范畴的基本含义。大致说来，他的“社会”范畴主要有两层意思：一是泛指各种由于种种利益关系而互相联系起来的人群及其组织；二是特指以工农为主体的人民大众及其组织，例如“工学团”、“文化细胞”、“文化网”等。

陶行知的“社会”范畴是一个与其“生活”范畴有着内在联系的概念。他的“生活”范畴主要是指人民大众的生活实践，与之相应，他的“社会”范畴也主要是指人民大众的生活组织（场所）。人民大众生活在一定的组织（场所）里，结成一定的社会关系，从事其生活实践。他们在这种组织（场所）里，相互之间发生作用，通过生活与生活的摩擦以及生活的变化和斗争，意识到自己的生活，不断地加以改进，从而共同得到提高。

在某种意义上，陶行知倡导“工学团”、“文化细胞”、“文化网”等，都是其“社会”范畴的具体体现。“工学团”是陶行知自创的一个名词，依他的解释：“工是工作，学是科学，团是团体。说得清楚些是，工以养生，学以明生，团以保生。说得更清楚些是，以大众的工作，养活大众的生命；以大众的科学，明了大众的生命；以大众的团体的力量，保护大众的生命。”①“工学团是一个小工场，一个小学校，一个小社会。在这里面是包含着生产的意义，长进的意义，平等互助、自卫卫人的意义。它是将工场、学校、社会打成一片，产生一个富有生活力的新细胞。”②他指出：“工学团可大可小，从几个人的家庭、店铺，几十个人的学校、庙宇，几百个人的村庄、监狱，几千人的工厂，几万人的军队，都可造成一个富有意义的工学团。”③他还特别说明：“团不是一个机关，不是一个工学的机关。假使它只是一个工学的机关，那便成了一个半工半读的改良学校而不是工学团。团是团体，是力的凝结，力的组织，力的集中，力的共同发挥。”④人民大众正是生活在这种团体里团结起来，集中力量保护自己的利益，抵御敌人的进攻，争取民族民主斗争的胜利。

“文化细胞”是陶行知自创的又一个名词。他认为，为了适合大多数人

---

① 陶行知：《普及什么教育》，《陶行知全集》第 2 卷，湖南教育出版社 1985 年版，第 636 页。

② 陶行知：《普及什么教育》，《陶行知全集》第 2 卷，湖南教育出版社 1985 年版，第 636 页。

③ 陶行知：《普及什么教育》，《陶行知全集》第 2 卷，湖南教育出版社 1985 年版，第 636—637 页。

④ 陶行知：《普及什么教育》，《陶行知全集》第 2 卷，湖南教育出版社 1985 年版，第 637 页。

的生活,便利大多数人继续不断地长进,必须创造一种下层文化的组织,这种组织便叫"文化细胞"。他提议:"每一家店铺,每一工厂,每一机关,每一集团组成一个文化细胞。这种细胞里的分子有两种,一是识字的,一是不识字的。我们叫每一个细胞里的识字分子教导不识字分子,说得正确些,我们要叫识字分子取得现代知识精神,连文字一同教给不识字的分子。这样一来,每个文化细胞里的分子都能继续不断地长进。"他还指出:"这种文化细胞在山海工学团范围以内叫做工学队,为工学团最下层之组织单位。俞塘称它为生活教育团,安徽省会称它为普及教育团。有人建议称它为自学团或共学团。"①

在"文化细胞"的基础上,陶行知建议形成一个"文化网"。他说:"文化细胞虽是最下层的组织,但是光棍的细胞是没有多大用处,我们必须把一个个的'文化细胞'联合起来,结合一个文化网。""在城市里,每一铺户里的识字者与不识字者组织一个生活教育团,继续不断的共同教学做,便成了一个'文化细胞'。有了这个'文化细胞'的组织,这一铺户里的人便可以活到老做到老,教到老学到老。如果一条街上的'文化细胞'都联了起来,成了一街的文化组织,再进一步,一区的街文化组织都联了起来,成了一区的文化组织,以至全市的文化组织,那便是有了文化网的作用了。我们可以称为街文化网、区文化网、市文化网。乡下的可以称为村文化网、乡文化网等。"②不难发现,这种"文化细胞"和"文化网",既是人民大众的生活组织,又是人民大众的文化组织,都是陶行知"社会"范畴的具体化。显然,这与杜威的"社会"范畴是截然不同的。

"学校"与"社会"是同一命题(原理)的两个相关范畴,如同谈"生活"必然涉及"教育"一样,谈"社会"也必然关联到"学校"。

那么,陶行知的"学校"范畴有哪些基本含义呢?概括起来,一是指正规的、专门的教育机构,也就是人们通常所理解的学校;一是指人民大众生活的场所,"整个的社会是生活的场所,亦即教育之场所"③。从他一贯论

① 陶行知:《文化细胞》,《陶行知全集》第2卷,湖南教育出版社1985年版,第828—829页。

② 陶行知:《文化网》,《陶行知全集》第2卷,湖南教育出版社1985年版,第830页。

③ 陶行知:《生活教育》,《陶行知全集》第2卷,湖南教育出版社1985年版,第633—634页。

述的重心来看，显然更为重视后者，这与杜威也是大不相同的。

当然，陶行知的认识有一个发展变化的过程。最初，他的“学校”范畴的含义与杜威没有根本不同。他在1919年的一次题为《新教育》的演讲中指出：“要使学校成为一个小共和国，须把社会上一切的事，拣选他主要的，一件件的举行起来。不要使学生在校内是一个人，在校外又是一个人。要使他造成共和国民的根基，须在此练习。对于身体方面、道德方面、政治方面，凡国民所不可不晓得的，都要使他晓得，那学校便成为具体而微的社会了。”①尽管在讲演中他已指出，学校是小的社会，社会是大的学校，但从所讲的重心来看，此时的重点是放在前面的，是围绕着“学校即社会”来展开立论的。这里的“社会是大的学校”还不能简单地等同于日后的“社会即学校”，至多只能视为“社会即学校”的萌芽。在平民教育运动中，陶行知通过总结推行杜威的“学校即社会”的教训，开始对传统的和洋化的“学校”观进行反思，逐渐认识到，在半殖民地半封建社会的历史条件下，传统的学校教育的那一套是无法适应人民大众的社会现实生活的需要的，应该对旧的学校来一个根本的改造。因此，他从推广人民大众教育的目的出发，在充分考虑到人民大众现实处境的基础上，直截了当地提出“社会即学校”，把人民大众的生活场所，都当成教育的场所，这就彻底改造了旧的“学校”观，使其“学校”具有不同于杜威的思想新质。明白了陶行知教育学说中“社会”和“学校”范畴的含义，这就为下面分析“社会即学校”的含义和实质，创造了必要前提。

二、“社会即学校”的含义

陶行知的“社会即学校”，如同其“生活即教育”一样，有着极为丰富的含义。举其要者，大致有三：

首先，从社会的角度说，“社会含有学校的意味”②。或者说，“以社会为学校”。“把整个的社会或整个的乡村当作学校。”③这是“社会即学校”的基本含义。陶行知根据他的“生活即教育”，进一步指出：“到处是生活，

---

① 陶行知：《新教育》，《陶行知全集》第1卷，湖南教育出版社1984年版，第126页。

② 陶行知：《创造的教育》，《陶行知全集》第2卷，湖南教育出版社1985年版，第617页。

③ 陶行知：《晓庄三岁敬告同志书》，《陶行知全集》第2卷，湖南教育出版社1985年版，第211页。

即到处是教育;整个的社会是生活的场所,亦即教育之场所。因此,我们又可以说:'社会即学校。'"①

陶行知为什么主张"社会即学校"呢?这主要是他有鉴于传统教育和洋化教育均不能适应人民大众生活实际的需要,同时又充分考虑到人民大众的现实处境。也就是说,他是从推广大众教育的目的出发而提出这一主张的。

他认为,传统的学校教育,最大的弊病是脱离社会生活实际。他对于脱离社会生活实际的学校教育深恶痛绝,说:"没有生活做中心的教育是死教育。没有生活做中心的学校是死学校。没有生活做中心的书本是死书本。在死教育、死学校、死书本里鬼混的人是死人——先生是先死,学生是学死!先死与学死所造成的国是死国,所造成的世界是死世界。"②依他之见,无论是"老八股",还是"洋八股"的学校教育,都好比鸟笼一样将学生圈套在狭小的范围里与社会生活隔绝,与人民大众的生活实际无关,是仅仅服务于少爷、小姐、政客、书呆子的特殊学校,只有少数"有钱、有闲、有面子的人才能进去的"。为此,他主张拆除学校与社会之间的"高墙",把学校从"鸟笼里"解放出来,与整个乡村、整个城市、整个国家、整个世界、整个宇宙相联系,和人民大众的生活实际相联系,打破当时少数统治者对学校的垄断,使教育不再成为"少爷的手杖,小姐的钻戒,政客升官的梯子,书呆子的轮回麻醉的乌烟"。他提出在学校教育中,要让有志献身于社会改造的"人中人",去改造恶浊的旧社会,创造美好的新社会,使人民真正过上幸福美好的新生活。

另一方面,从人民大众的现实处境来看,"社会是大众唯一的学校,生活是大众唯一的教育"③。陶行知说:"课堂是既不许生活进去,又收不下广大的大众,又不许人动一动,又只许人向后退不许人向前进,那么,我们只好承认社会是我们的唯一的学校了。马路、弄堂、乡村、工厂、店铺、监牢、战场,凡是生活的场所,都是我们教育自己的场所。"这样一来,"我们所

---

①　陶行知:《生活教育》,《陶行知全集》第2卷,湖南教育出版社1985年版,第633—634页。

②　陶行知:《教学做合一下之教科书》,《陶行知全集》第2卷,湖南教育出版社1985年版,第289页。

③　陶行知:《生活教育》,《陶行知全集》第2卷,湖南教育出版社1985年版,第634页。

失掉的是鸟笼，而所得的倒是伟大无比的森林了。为着要过有意义的生活，我们的生活力是必然的冲开校门，冲开村门，冲开城门，冲开无论什么自私自利的人所造的铁门。所以，整个的中华民国和整个世界，才是我们真正的学校咧”[①]。

基于上述考虑，陶行知积极从事“社会即学校”的实践，在社会上办各种各样方便人民大众及其子弟的学习场所，如他本人先后创办了民众茶园、自然学园、通讯学校、空中学校、工学团、业余学校、旅行团、社会大学等。他的基本宗旨，就是推广大众教育，使人民大众都能有机会学习现代文化科学知识，学会现代的技能，并以现代的方法发挥其力量，取得反帝反封建民族民主革命的胜利。一句话，救亡必须启蒙，启蒙为了救亡。

其次，从学校的角度说，“学校含有社会的意味”[②]。也就是说，学校要“了解社会的需求”[③]，与社会生活实际紧密结合起来，为社会改造和发展服务。

陶行知对脱离人民大众生活实际的学校多有批评。他在《攻破普及教育之难关》一文中指出：“一个乡下先生住在一个破庙里教死书，就好比是一只孤鸦。他无意也无暇与农人交接。他教他的书，对农人的一切是不能过问。他所办的学校是与社会隔离。学校不能运用社会的力量以谋进步，社会也没法吸收学校的力量以图改造，双方都失掉互济的效用。这种孤僻的学校，普及了也没有意思。”他主张对这种学校来一个彻底改造，具体做法之一是：“现在假使一切都不改，只把小学生变作小先生，这没有意义的学校便变成一个很有意义的学校，这位孤零零的赘疣的寒酸先生便立刻变成一位村庄中所不可少的有作为的先生了。比方这个学校原来有三十个学生都变成小先生，便好像是三十根电线接到各村去和他们通起电流来。在这些电线上所通的电流有来也有往。一个个小先生可以把各村的问题、困难带来和先生讨论，又可以把学校里从外面得来的知识与力量带去和农人与不能进学校之小孩讨论。有时大家来他一个总集合，在各村的问题上求他一个总解决。例如总动员救旱灾，除蝗虫，打倒土豪劣绅、贪官污吏、

---

① 陶行知：《生活教育之特质》，《陶行知全集》第3卷，湖南教育出版社1985年版，第27页。

② 陶行知：《创造的教育》，《陶行知全集》第2卷，湖南教育出版社1985年版，第617页。

③ 陶行知：《教育的新生》，《陶行知全集》第2卷，湖南教育出版社1985年版，第712页。

帝国主义。”①如此一来,学校就被彻底改造成一种新型的学校。

当然,陶行知上面说的只是一个改造旧学校的例子,还不能完全反映出他改造旧学校的全部设想。在实际生活中,陶行知对改造旧学校、建设新学校曾提出了许多有益的建议,并做了大量的努力。他一生办了各种类型的新学校,如安徽公学、晓庄学校、湘湖师范、山海工学团、育才学校、社会大学等。在这些学校中,学校与社会生活建立了密切的联系,并延伸到大自然里。

陶行知虽然对传统的学校教育颇为不满,但他对学校的社会功能却从未轻视,甚至可以说给予了极大的重视。这与他对教育的本质及其功能的认识是一致的。他把学校的社会功能提到很高的层次上来强调。他一直坚信:学校应当是社会改造的中心。“我们深信乡村学校应当做改造乡村生活的中心。”“乡村教师应当做改造乡村生活的灵魂。”②他还充满信心地向世人宣布:“我们的新使命是要征集一百万个同志,创设一百万个学校,改造一百万个乡村。”并表示:“我们以极诚恳的意思,欢迎全国同胞一齐出来,加入这个运动!赞助他发展,督促他进行,一心一德的来为中国一百万个乡村创造一个新生命,叫中国一个个的乡村,都有充分的新生命,合起来造成中华民国的伟大的新生命。”③从这些不乏理想主义色彩的言辞中,可以窥知他对学校(当然这是指新型的人民大众的学校)的社会功能重视到何等程度!

最后,从社会与学校的关系来说,“运用社会的力量,使学校进步,动员学校的力量,帮助社会进步”④。两者互相影响,共同进步。这与陶行知对生活与教育关系的认识是完全相同的,都体现出陶行知教育学说中的辩证思想。

陶行知认为,传统“学校与社会中间是造了一道高墙。改良者主张半

① 陶行知:《攻破普及教育之难关》,《陶行知全集》第2卷,湖南教育出版社1985年版,第787—788页。

② 陶行知:《再论中国乡村教育之根本改造》,《陶行知全集》第2卷,湖南教育出版社1985年版,第5页。

③ 陶行知:《再论中国乡村教育之根本改造》,《陶行知全集》第2卷,湖南教育出版社1985年版,第6页。

④ 陶行知:《实施民主教育的提纲》,《陶行知全集》第3集,湖南教育出版社1985年版,第545页。

开门,使‘学校社会化’。他们把社会里的东西,拣选几样,缩小一下搬进学校里去,‘学校即社会’就成了一句时髦的格言。这样,一只小鸟笼扩大而成为兆丰花园里的大鸟笼。但它终究是一只鸟笼,而不是鸟世界。生活教育者主张把墙拆去。我们承认,‘社会即学校’。这种学校是以青天为顶,大地为底,二十八宿为围墙,人人都是先生都是学生都是同学。”他特别强调:“不运用社会的力量,便是无能的教育;不了解社会的需求,便是盲目的教育。倘使我们认定社会就是一个伟大无比的学校,就会自然而然的去运用社会的力量,以应济社会的需求。”①

就两者关系而言,“学校不能运用社会的力量以谋进步,社会也没法吸收学校的力量以图改造”,这样一来,“双方都失掉互济的效用”②。这种学校和社会当然都应改造,只有改造了它们本身,它们才有可能真正地相互推促,共同前进。

那么,怎样才能做到“运用社会的力量,使学校进步,动员学校的力量,帮助社会进步”呢?陶行知提出了原则性的意见。他指出:“应当有社会是学校的观点,整个社会是学校的观点,整个社会是学校,学校不过是一课堂。……并且对于大的社会,才能有民主的贡献。而学校本身就可以成为民主的温床,培养出人才的幼苗。”

总之,社会含有学校的意味,学校含有社会的意味;到处是生活,即到处是教育;整个的社会是生活的场所,亦即教育之场所;整个的社会活动,就是教育的范围;运用社会的力量,使学校进步;动员学校的力量,帮助社会进步,这些就是“社会即学校”的基本含义。

三、“社会即学校”的实质

作为“生活即教育”的自然延伸,“社会即学校”也是生活教育理论的基本内容之一,是生活教育理论的场域论。与“生活即教育”一样,“社会即学校”也经常引起人们的误解乃至曲解。下面结合有关的议论,做简略分析。

其一,陶行知是要取消学校,让教育倒退到学校出现以前的原始落后

---

① 陶行知:《教育的新生》,《陶行知全集》第2卷,湖南教育出版社1985年版,第711—712页。

② 陶行知:《攻破普及教育之难关》,《陶行知全集》第2卷,湖南教育出版社1985年版,第788页。

状态去吗？

“社会即学校”如果从字面上讲，当然是“社会就是学校”的意思。有人据此认定陶行知的这一主张，是忽视了学校与社会的差异，没有看出学校教育的特殊性，把两者完全等同起来。显然，这是一种误解。陶行知这一主张的本意，是强调学校与社会具有某种深刻的内在同一性或一致性，社会离不开学校，学校也不能脱离社会，绝无将两者等同起来，进而取消学校的意思。

在上一章说过，对于陶行知“生活即教育”原理，不能仅仅根据其字面上的意思就下断语，而应根据他当时提出、形成、实施这些主张的历史条件、时代特点，以及他本人的论述做出全面、准确、客观的分析。这一基本原则对于考察“社会即学校”也是完全适合的。

应该看到，陶行知提出“社会即学校”的时代，正是中国在帝国主义侵略下日益走向殖民地化的时代，民族救亡是压倒一切的中心任务。但是，无论是传统的还是洋化的学校教育，都严重脱离社会实际生活，脱离人民大众，这就不能满足人民大众反帝反封建革命斗争的需要，甚至还起着相反的阻碍作用。正是针对传统教育和洋化教育的弊端，从推广大众教育的目的出发，同时又充分考虑到人民大众的现实处境，陶行知才提出“社会即学校”的。

事实上，陶行知本人是明确反对以社会等同学校、取消学校的。他在1940年8月10日致潘畏三信中的一段话，颇能说明这个问题。他在说到师范教育时说：“现在师范学校虽有缺点，我们的任务是改造不是取消。说得更正确点的话，我们应该就学校这种特殊机构予过去的师范教育以改造。过去我们办晓庄试验乡村师范便是这个意思。”并明确指出：“说我们是在企图取消学校教育了（这是带有一种挑拨性的话），而这绝非我们的本意。”[①]综观陶行知一生，他都在不停地办学校。他办了安徽公学办晓庄师范，办了晓庄师范又办山海工学团，办了山海工学团又办育才学校和社会大学。他所办的学校不仅数量多，而且类型广，有幼儿园、中小学，有师范学校和特殊教育学校，还有成人大学、开放大学等。在中国教育史上，迄今为止还找不到有哪个教育家办学有他那么多而广。遍览他的所有言论，也找不出他主张取消学校的片言只语。所以，如果说这种说法不是恶意曲

① 陶行知：《我们不是企图取消学校教育——致潘畏三》，《陶行知全集》第5卷，湖南教育出版社1985年版，第619页。

解，那就是无意误解，均应加以澄清。

其二，陶行知的“社会即学校”与杜威“学校即社会”是“一脉相承”的吗？

有人根据陶行知的“社会即学校”是对杜威的“学校即社会”直接改造而来这一点，断言“社会即学校”与“学校即社会”仍然是“一脉相承”，相去不远。其实，这也是一种误解。

必须指出，“社会即学校”虽然是陶行知对杜威“学校即社会”直接改造的结果，但它更是陶行知在反传统教育和洋化教育的斗争中，从推广大众教育的目的出发，考虑到人民大众的现实处境而提出的。也就是说，前者只是“流”，而后者才是“源”。“源”“流”不辨，已属欠妥；倒“流”为“源”，更不应该。

实际上，这两个命题所包含的思想，也是根本不同的。杜威的“学校即社会”，是把学校作为社会的雏形，用陶行知的比喻说，这不过是在一个大鸟笼里搁上些假山石和花草树木罢了，学生依然被囚于鸟笼之中而不得解放；而陶行知的“社会即学校”，则是把广阔的丰富多彩的社会生活与学校教育打通，把学校办成一座大学校，使“教育的材料，教育的方法，教育的工具，教育的环境，都可以大大增加，学生、先生也可以更多起来”①。如果说，杜威的“学校即社会”是“不自然的、虚伪的和无力量的”教育，那么，陶行知的“社会即学校”就是真正的“创造的教育”②。

总之，陶行知的“社会即学校”，既不是要取消学校，让教育倒退到学校出现以前的原始落后状态中去，也不是与杜威的“学校即社会”毫无区别地一脉相承；它的实质就是运用社会各方面的力量，建立社会和学校的联系，创办人民大众所需要的学校，培养出适合社会各方面需要的人才，更好地为反帝反封建民族民主革命斗争服务。

第三节　“社会即学校”的作用及评价

“社会即学校”是陶行知在反传统教育和洋化教育、提倡新型教育的过

---

① 陶行知：《社会即学校——三答操震球之问》，《陶行知全集》第 2 卷，湖南教育出版社 1985 年版，第 201 页。

② 陶行知：《创造的教育》，《陶行知全集》第 2 卷，湖南教育出版社 1985 年版，第 617 页。

程中形成的一个重要思想。作为"生活即教育"思想在理论上的自然延伸,它界定了"生活即教育"的范围,构成了生活教育的场域论和范围论,丰富和完善了陶行知的生活教育学说。它一产生便极大地震撼了中国的教育界,给旧的学校观和教育观带来了根本性变革,有力地配合了半殖民地半封建中国人民大众反帝反封建的伟大斗争。即使在今天,"社会即学校"思想对于当前的教育改革仍具有宝贵的理论参考价值。

一、"社会即学校"彻底改造了旧的学校观和教育观

在传统社会里,教育权被统治阶级所垄断,学校始终为少数统治者及其子弟服务,学校也一直被视为少数士大夫子弟接受封建伦理道德和文化知识教育的特殊场所。学校与大众、学校与社会之间,垒起了一道不可逾越的高墙。近代以来,若干有新思想的先进人士从西方引进了新兴教育理论,提出教育要面向生活,学校应联系社会实际,这固然在某种程度上冲击了封建教育思想,但并未真正改变旧的学校观和教育观。学校与大众、学校与社会之间,仍然横亘着一道巨大的鸿沟。

有鉴于此,陶行知从推广大众教育的目的出发,在充分考虑到人民大众现实处境的基础上,明确提出了"社会即学校"的思想。他一方面主张把整个社会作为学校,整个生活作为教育,另一方面又强调学校教育不能关门办学,必须与整个社会生活联系起来。这就从根本上改变了以往人们对于学校的认识,丰富了"学校"这个概念的内涵,扩大了它的外延,彻底改造了旧的学校观和教育观,使学校与大众、学校与社会之间真正地联结在一起,适应了近代中国社会发展的需要。

"社会即学校"思想,不仅与当时反动统治思想相对抗,也在本质上与马克思主义教育观有共同之处。陶行知的整个教育思想,特别是他的"社会即学校"思想,不同于前人之处,就在于他虽然特别重视学校教育,却始终从中国整个社会着眼,从广大人民群众的实际需要着眼,而且无论是谈社会还是谈学校的教育,都是以社会实践为依归,尤其是在后期,更是以革命的社会实践为中心,来处理各种教育问题。这种从广义的教育观点来看待教育,紧密结合社会实践,在办教育的过程中充分考虑人民大众现实处境与迫切需要的思想,与马克思主义教育思想的基本精神是一脉相通的。

我们知道,马克思主义主张在推翻资产阶级统治、建立无产阶级专政

的政权以前，除宣传共产主义、批判资本主义和旧教育外，只能要求“用社会教育代替家庭教育”、“对一切儿童实行公共的和免费的教育”和“把教育同物质生产结合起来”①，积极依靠部分进步文化教育工作者开展社会文化教育，提高人民大众的思想文化水平，培植改变现实社会条件的社会物质基础，也就是说根本不可能指望资产阶级教育为无产阶级服务。列宁在俄国革命取得胜利后不久，曾明确指出：“教师不能把自己限制在狭隘的教学活动的圈子里。教师应该和一切战斗着的劳动群众打成一片。新教育学的任务是要把教师的活动同建立社会主义社会的任务联系起来。”②他非常重视社会教育，多次召开社会教育处长会议，反复强调社会教育对于改造整个生活具有重要意义。中国共产党人也一贯重视社会实践教育，毛泽东、邓小平等人都强调要把解放军以至全国办成大学校，都把实干中的学习看成是更重要的学习。凡此种种，都从一个侧面说明陶行知教育思想，特别是其“社会即学校”思想，是与马克思主义教育思想相吻合的。

二、“社会即学校”为当代教育改革提供了理论借鉴

“社会即学校”在旧中国的教育界刮起了一阵“思想飓风”，猛烈冲击了旧的学校观和教育观，完全改变了人们以往有关学校和教育的看法，有力地推动了教育文化向下层民众的转移。这是一个了不起的历史贡献。但是，贡献归贡献，这一思想在教育理论上是否站得住脚？或者说，它是否真正符合教育的客观规律呢？回答是肯定的。

“社会即学校”一反传统的学校观和教育观，特别强调社会与学校的一致性，认为社会含有学校的意味，学校也含有社会的意味。既提倡学校教育敞开大门，面向社会生活，为人民大众服务，又主张把整个社会都办成学校，把人民大众的生活场所都当成教育的场所，提出学校与社会互相影响，共同进步。尤其是无论谈社会教育还是学校教育，都始终以现代中国的社会实践为依归，重视教育与社会实践的联系，等等，这都在一定程度上反映出教育的若干规律性的东西。因此，它在理论上是能够成立的，在实践上

① 马克思、恩格斯：《共产党宣言》，《马克思恩格斯选集》第1卷，人民出版社1972年版，第273页。

② 列宁：《在全俄国际主义教师代表大会上的演说》，《列宁全集》第27卷，人民出版社1972年版，第418页。

也是可行的。

中华人民共和国成立以来，在中国共产党的正确领导和全国人民特别是广大教育工作者的共同努力下，我国的社会主义教育事业取得了举世公认的辉煌成就。但也不可否认，由于传统教育思想的遗毒尚未完全肃清，目前学校自学校、社会自社会、学校脱离社会实践的状况仍较普遍。针对这种状况，我们在坚持马克思主义教育思想基本原则的同时，完全可以借鉴和吸取陶行知“社会即学校”思想中的合理因素，以推动当代中国教育改革的深入开展。

三、“社会即学校”符合未来教育的发展趋势

当今时代，世界教育正由传统的小教育走向新型的大教育，而这种大教育的基本特征之一，便是社会化的教育，即教育的社会化和社会的教育化。这种社会化的教育，是对传统的学校教育在空间上的极大扩展。

随着科学技术和经济、社会的发展，学校与社会交往的机会增多起来。一方面，教育自觉地走出学校的大门，主动渗透到社会文化细胞中去，教育不再仅仅是教育部门的事，它已成为社会的、公共的事业，广泛地依靠社会各方面的力量来进行，教育日益社会化；另一方面，社会也逐渐教育化，成为一所“大学校”。社会文化的每个细胞都包含着教育的因素，承担着教育的责任。社会通过各种形式的教育来影响社会成员，使之成为学校教育的补充。换句话说，除了学校的正规教育外，所有政府部门、机关团体、工厂、农村、部队、商店、街道等每一个社会基层单位，都在对人们进行各种各样的教育，社会上的每一个人随时随地都在接受各种各样的教育。而学校也将成为社会文化中心，学校的一切设备和图书资料都向社会开放，学校的成员也承担着部分社会教育的任务。

社会化的教育，还突出体现在学校教育不再是唯一的教育，学校教育与社会教育、家庭教育逐步形成了三足鼎立的态势。教育的覆盖面正在逐步扩大。小教育，学生的信息来源几乎是唯一在学校，而且主要是获取知识信息；而大教育，学生还可以从电视、录像、广播、录音、电影、戏剧、书籍、报刊乃至网络等多种渠道获取各种各样的信息，学生成才依赖学校、社会和家庭三位一体的教育。

世界教育发展的上述情况，正是陶行知早在80年前所一贯提倡的，历

史已经证明并且还将继续证明，陶行知的“社会即学校”思想，是符合未来教育发展基本趋势的，是极有生命力的一种教育主张。陶行知的这一思想，不仅是对中国教育也是对世界教育的一大贡献，世界各国的教育工作者都将从中吸取有益的思想养分。

毋庸讳言，陶行知的“社会即学校”思想并不是完美无缺的。由于这一思想是针对旧的学校观提出的，这就难免对旧的否定较多而肯定较少，容易在否定旧学校观的糟粕的同时连同某些精华也否定了。同时，陶行知的追随者们当年在推行“社会即学校”思想主张时，受到许多条件的限制，以致在某些具体的措施办法方面，出现了这样那样的偏颇。这些都值得后人引以为鉴。当然，瑕不掩瑜，就总体而论，“社会即学校”思想是正确的，值得我们很好的学习、研究与运用。

第七章　生活教育学说原理之三：教学做合一(方法论)

第一节　"教学做合一"的产生和发展

陶行知认为,传统教育注重机械灌输,呆读死记,重教轻学,脱离实践,重知轻行,手脑两分,层层考虑,束缚学生。教学中采取填鸭式教学法(又叫注入式教学法),不顾学生实际情况,一味死灌:教师讲,学生听;教师写,学生抄;教师问,学生答;教师主宰整个教学过程,学生毫无任何主动性和积极性。而且,"先生教而不做,学生学而不做"[①],教师为教而教,学生为学而学,教与学都与"做"脱离,轻视行动,手脑分家,"教用脑的人不用手,不教用手的人用脑",读书的人除劳心以外,不去劳力;除读书以外,不去做工,以致不能生产,而"做工的人除劳力以外,不去劳心,除做工以外,不去读书,以致不能自保其利益,而受他人的横搜直刮"[②]。针对这一问题,陶行知在倡导"生活即教育"、"社会即学校"的同时,又提出了"教学做合一"的主张。

第二节　"教学做合一"的含义与实质

什么是"教学做合一"? 陶行知指出:

> 教学做合一是生活现象之说明,即是教育现象之说明。在生活里,对事说是做,对己之长进说是学,对人之影响说是教。教学

---

① 陶行知:《乡村工学团试验初步计划说明书》,《陶行知全集》第2卷,湖南教育出版社1985年版,第594页。

② 陶行知:《目前中国教育的两条路线——教劳心者劳力,教劳力者劳心》,《陶行知全集》第2卷,湖南教育出版社1985年版,第598页。

做只是一种生活之三方面，而不是三个各不相谋的过程。同时，教学做合一是生活法，也就是教育法。它的涵义是：教的方法根据学的方法；学的方法根据做的方法。事怎样做便怎样学，怎样学便怎样教。教与学都以做为中心。在做上教的是先生，在做上学的是学生。在这个定义下，先生与学生失去了通常的严格的区别，在做上相教相学倒成了人生普遍的现象。①

既然教与学都以"做"为中心，那么，什么是"做"？陶行知说：

"做"字在晓庄有个特别定义。这定义便是：在劳力上劳心，单纯的劳力，只是蛮干，不能算做；单纯的劳心，只是空想，也不能算做，真正的做只是在劳力上劳心。我们做一件事便要想如何可以把这件事做好，如何运用书本，如何运用别人的经验，如何改造用得着的一切工具，使这件事做得最好。我们还要想到这事和别事的关系，想到这事和别事的相互影响。我们要从具体想到原理，从我相想到共相，从片断想到系统。②

由此可见，"教学做合一"并非只重视实践的技能而忽视理论知识，只强调个人的狭隘经验而轻视间接的经验和系统的知识。它强调的是教育是以社会生活实际的"做"为中心，行动（劳力）和思想（劳心）结合才能取得"真知"。这种主张有助于加强理论与实际的联系，加强教育与生产劳动、社会生活的联系，培养学生手脑并用，消除劳心与劳力的对立，促进人的智力、体力和谐发展。

第三节　"教学做合一"的作用及评价

陶行知的"教学做合一"主张，不仅仅是指一种教育方法的原理和原

---

① 陶行知：《教学做合一下之教科书》，《陶行知全集》第2卷，湖南教育出版社1985年版，第289页。

② 陶行知：《谈教学做合一——致朱端琰》，《陶行知全集》第5卷，湖南教育出版社1985年版，第204页。

则,也指根据此原理和原则派生出来的一系列具体教育方法,如“小先生制”、集体主义之自我教育法等。所谓“小先生制”,即是以小孩子做教师,利用识字的小孩教授不识字的小孩或成人,以解决普及教育运动中师资奇缺的矛盾。这种方法不是“把一个班小学生交给一个小先生去领导”,不是用小孩去代替传统班级的教师,也不是关在学校内由“大同学教小同学”,“他的职务是教人去教人”。一个小先生教会两个人识字,这两个人又去教其他不识字的人。这样,像滚雪球一样,不断地“教人去教人”,普及教育的力量就越来越多,越来越大①。所谓“集体主义之自我教育法”,是指建立在集体生活基础上的一种自我教育方法。这种方法“打破了教育与传统学校之必然联结”,凡是“集体生活所在的地方,就是教育所在的地方”,“凡是集体的组织都可以成为学校”②。义勇军救护队、救亡剧团、壮丁训练处、伤兵医院、难民收容所等都是学校。在这些学校中,通过集体生活,实行“自觉觉人”,在一切为了争取抗战胜利的总目标下,厉行批评与自我批评,开展集体主义和民主精神的训练,以充分培养和增强抗战建国的力量。“小先生制”、集体主义之自我教育法等具体方法丰富和充实了“教学做合一”的原理和原则,使之在“五四”以后中国教育的改革与发展中产生了积极影响。

值得注意的是,陶行知提出“教学做合一”的主张之后,在当时的教育界引起了人们的广泛关注。有的持完全赞同的态度,认为该主张在教育实际中具有普适性,建议将之从学校教育推广、运用到民众教育中去。陈礼江断言:“只有民众教育才算是以‘宇宙为教室,万物为导师,生活为课程’。只有民众教育才能运用‘教学做合一’的方法,建造大众的新生命。”③

但是也有些教育工作者对“教学做合一”的主张在文字表述上持保留意见,有的干脆就将之改为“做学教合一”。宝山县立师范学校教师孙伯才在1928年春考察了陶行知实验其生活教育思想的基地南京试验乡村师范学校(简称晓庄师范)之后,认为“教学做合一”的提法不如“做学教合一”更为明确和醒目。他说:

---

① 陶行知:《怎样指导小先生》,《陶行知全集》第2卷,湖南教育出版社1985年版,第656—657页。

② 王洞若:《集体主义的自我教育》,《陶行知研究》,湖南教育出版社1987年版,第264页。

③ 陈礼江:《民众教育的哲学基础》,《山东民众教育月刊》1931年第1期。

这做学教合一与教学做合一，在原则上本是同出一辙的，不过那教学做合一很会引起人的误解，以为是由教而学，由学而做，一种演绎的说法；做学教合一比较醒目一些，因为做是生活的手段，由做上学，由做上教，不致误会到“做”是教学后之一种附属物。一般的人们对于做学教合一的认识，往往要弄到“做”与“教学”分家，假使做与教学分了家，那便是把生活与教育分了家，这是做学教合一原则的罪人。

他还认为：

我们既与以自然的社会的生活环境做教育的中心题材，我们便在这自然的社会的生活环境中活动。这活动就是“做”。我们从做上学，我们从做上教。怎样做，我们就怎样学；怎样学，我们就怎样教；做什么，我们就学什么；学什么，我们就教什么。质言之，做是学习之动机，也是教的出发点。

这样，做学教合一才是切合实际生活的教育。①

正因为如此，宝山师范是以“做学教合一”来标示的，与晓庄师范的“教学做合一”原则上一致而提法上有别，显得格外引人注目。

对于宝山师范的这种“标新立异”之举，陶行知不但毫不介意，反而以赞赏的口吻予以某种肯定。陶行知在一次关于“教学做合一”的演讲中，曾专门提及此事，谓“‘做’既占如此重要的位置，宝山县立师范学校竟把教学做合一改为做学教合一，这是格外有意思的”②。他还在一次晓庄师范为宝山师范学生参观团举行的欢送会暨同乐会上诚恳地表示：“我很希望我们两校像兄弟一般，携着手共同为中国乡村教育立一基础起来。”③

还应该看到，陶行知的“教学做合一”与杜威的“做中学”是有本质不同的。陶行知的“教学做合一”是以“行是知之始，知是行之成”这一具有唯物

① 孙伯才：《“做学教合一”之理论与实际》，《教育杂志》1928 年第 11 期。

② 陶行知：《教学做合一》，《陶行知全集》第 2 卷，四川教育出版社 1991 年版，第 43 页。

③ 陶行知：《共同为中国乡村教育立一基础起来》，《陶行知全集》第 2 卷，四川教育出版社 1991 年版，第 69 页。

主义因素的认识论为依据的，而杜威的“做中学”则是以主观唯心主义经验论为基础的。在教学理论和实践上，前者所说的“做”，是同“教”与“学”紧密结合、三位一体的；后者的“做”，却同“教”与“学”无内在的联系。至于在教育目的方面，两者更是大相径庭。杜威的“做中学”旨在培养能够适应资本主义社会发展需要的人才，而陶行知的“教学做合一”，则旨在反对“死的书本”的“伪知识”，求得“实际生活”的真知；反对老八股、洋八股教育把学生培养成“只会读书不会做事”的“书呆子”、“字纸篓”，而要培养“在劳力上劳心”，能运用“活的知识”，有“行动”能力、“生活力”和“创造力”的新人。

第八章　生活教育学说的具体主张：民主教育与科学教育

第一节　民主教育

在中国历史上，有两位大教育家为世人所推崇、敬仰，被人们誉为圣人：一位是古代的孔夫子，另一位就是现代的陶行知。

孔子与陶行知的教育思想和实践都极大地影响了中国文化教育的发展，他们的伟大人格也都深深地感染、熏陶着一代代青少年及教育工作者。但陶行知与孔子有一点却很不相同，那就是陶行知办教育完全是为了人民大众，而孔子则主要是为了统治阶级。进而言之，这一点也是陶行知与中国历史上绝大多数教育家的不同所在。陶行知是教育家，但他不是一般的教育家，而是人民的教育家。

一、教育要为人民大众服务

教育掌握在哪些人手中、为哪个阶级服务是一个根本的问题。长期以来，由于国家政权掌握在反动统治阶级手中，教育成了少数统治者及其子女的专用品，而与广大劳动人民无缘。统治阶级通过学校传播本阶级的思想，让自己的子弟学习统治阶级的意识形态、行为规范、伦理道德、射御戎战等"治人之术"，把他们培养成国家大大小小的统治者。广大劳动人民的子弟则被排斥在学校大门之外，只能在生产劳动和日常生活中，通过父传子、师带徒等形式，跟长辈学习一些为人之道和生产劳动的知识与技能。教育严重地脱离人民大众，脱离社会生活实际。

近代以降，在西方民主、科学思想的影响下，一些先进的中国人为改变这种状况曾进行了种种努力，探寻中国教育发展的方向。在"五四"新文化运动中走上历史舞台的陶行知继承了前辈们的未竟之业，继续寻觅中国教育的曙光。他高举起反对传统教育、洋化教育的大旗，在教育领域发动了一场根本性的变革,为创建一种新型的人民教育,奋斗了一生,成为中国近现代知识分子在文化教育界的一个杰出代表。

陶行知出身于安徽歙县的一个贫寒家庭,自幼饱经世事沧桑,深知农家疾苦。父母艰苦勤劳的优良品质给陶行知以深刻的影响,使他从小就养成了艰苦朴素的生活作风。他生活在半殖民地半封建的旧中国,亲眼看见了中国人民尤其是农民深受帝国主义、封建主义和官僚资本主义的残酷剥削和压迫。他同情和热爱劳动人民,恨其所恨,爱其所爱,从小就形成了亲民、爱民、为民、救民的思想。这影响了他并决定了他一生努力的方向。

为了给中国人民谋解放、谋幸福,陶行知走上了一条为人民办教育的道路。他看见清末以来尽管废科举、兴学堂,但是新学办了几十年,依然换汤不换药,卖尽气力,不过把“老八股”变成“洋八股”罢了。“老八股”与民众的生活无关,“洋八股”依然与人民大众的实际生活无关[①]。他决心彻底改变这种状况,办一种为人民大众服务、与民众生活密切相关的新教育,“要使全中国人都受到教育”[②]。为了实现这个愿望,1917 年他从美国留学回来后,就大力推行教育改革,先后开展了平民教育运动、乡村教育运动、普及教育运动、国难教育运动、战时教育运动、全面教育运动和民主教育运动,创办了安徽公学、晓庄试验乡村师范学校、山海工学团、育才学校和社会大学等新式学校,提出了“生活即教育”、“社会即学校”、“教学做合一”、“在劳力上劳心”、“以教人者教己”等生活教育理论,并发明了“即知即传”、“小先生制”等普及教育的方法,积极推广大众教育,让广大劳动人民都有受教育的权利和机会。

陶行知在国民党政权统治之下的中国办教育,环境异常险恶,条件十分艰难。他政治上屡遭打击,经济上缺乏来源,如果没有远大的理想、坚定的意志以及超乎常人的毅力是不行的。他不像当时的某些教育家为了推行自己的教育主张,蜷伏在国民党的卵翼之下,依靠国民党政权来办教育,甚至为虎作伥,蒙蔽人民。他既主张人民的解放,又相信人民的力量、人民的智能,认为人民自己为自己办的教育,才是理想的教育。他尊重人民,相信人民,学习人民,依靠人民来办教育。

---

① 陶行知:《生活工具主义之教育》,《陶行知全集》第 2 卷,湖南教育出版社 1985 年版,第 76 页。

② 陶晓光:《回忆父亲给我的教育》,《行知研究》1981 年第 3 期。

为了办人民的教育，他首先与人民打成一片，做到人民化。他曾任20世纪20年代初中国最有名的两所大学之一的南京高等师范学校（今南京大学前身）的教务主任、教育科主任兼教育系主任，做过名牌大学的教授，还一度干过全国性教育团体——中华教育改进社的总负责人（总干事）和中华教育文化基金董事会执行秘书，有很高的社会地位，有优裕的生活环境，但他为了办人民的教育，毅然放弃了这一切。他脱下西装革履，穿上布衣草鞋，到贫穷落后的农村去办教育，与“牛大哥”同睡，自找苦吃。他当年在美国留学时的同窗孙科、胡适等人在仕途上飞黄腾达，他却自觉地、心甘情愿地一步步“向下走”。尽管学校越办越低，职衔越来越小，生活越来越差，但他始终不以为然，矢志不渝地走为人民办教育的道路。他没有自己，只有他人；没有家庭，只有社会；没有索取，只有奉献。他是人民的仁者、智者、勇者、圣者。正因为如此，他“富贵不能淫，贫贱不能移，威武不能屈”。

陶行知为人民的教育事业服务，在政治上坚决站在人民的一边，与帝国主义、封建主义和官僚资本主义作坚决的斗争。辛亥革命时期，他就参加过家乡人民推翻当地封建政权的武装起义。“五四”时期，他积极支持学生反帝爱国运动。北伐期间，他发动晓庄师范学生积极支持北伐军。“四一二”反革命政变后，他支持学生声援下关和记工厂工人反对英商剥削和反对日本军舰停泊南京的反帝大游行。为此，晓庄师范被国民党当局查封，他本人也遭通缉，被迫逃亡日本。“九一八”事变后他的政治立场更为鲜明，他抨击国民党反动派的卖国投降政策，与沈钧儒、章乃器、邹韬奋等人联名发表团结御侮宣言，响应中国共产党“团结抗日、一致对外”的主张，并受全国各界救国联合会的委托，出访28个国家和地区，宣传抗日救国主张，开展人民外交活动。他到伦敦，先后三次拜谒马克思墓。抗战胜利后，他站在民主革命运动的前列，成为中国共产党的亲密战友。他从自己多年的实际经验中，深切了解中国共产党是中国人民的代表，是为中国人民利益奋斗的中坚，是中华民族的希望，所以他不怕诬蔑打击，与中国共产党携手奋斗。

陶行知对大众教育的提倡和实践，开辟了一条人民教育的新路线。他把教育的对象由过去的少数统治者及其子弟转变为广大的劳动人民尤其是农民及其子弟，把教育的目的由过去的培养剥削者和统治者转变为培养具有生活力和创造力，为民族、为人类谋利益的新人，把教育的重心由少数的大城市转到广大的乡村，把教育的内容、方法等改造得适合人民大众实际生活的需要，把办教育的依靠者由反动统治阶级转到人民大众自身，这就改变了旧教育的性质与格局，给中国数千年的教育带来了一场根本性的变革。这不仅在中国教育史上，就是在世界教育史上，也是有重要意义的。

陶行知为中国教育开辟的新路线，是人民的路线，是教人民做主人的路线，是教人民自己起来为自己创造幸福而自己办教育的路线。这条路线仍然是我们今天办教育的路线。近年来，党中央明确提出要“依靠人民办教育，办好教育为人民”，这一主张与陶行知的思想是完全一致的。陶行知早在六十多年前就指出，人民教育是“人民的教育，人民办的教育，为人民自己的幸福而办的教育”①。毫无疑问，我们今天办教育的路线正是对陶行知路线的继承和发展。可以相信，沿着陶行知当年开辟的这条路线走下去，我国的社会主义教育事业一定会发展得更快更好。

二、教育要从国情出发

陶行知早年曾留学美国并师从杜威，是杜威门下的中国高足之一。1917 年回国后，他满怀改造中国旧教育的热忱，积极地宣传和引进杜威的实用主义教育理论，试图用杜威的一套观点和方法来反对封建传统教育，解决中国教育的根本问题。经过 8 年的试验，他逐渐意识到杜威的那一套并不适合中国的国情，在中国行不通。于是，他幡然醒悟，从此走上了探索中国教育本土化的道路。

中国人口众多，农村人口占 85％以上。当时的文盲有 3.3 亿人，并且主要分布在广大的乡村。根据当时的国情，陶行知确定以基础教育作为我国教育现代化的重点，并以农村教育作为重点中的重点。20 世纪 20 年代中期以后，陶行知主要从事基础教育工作，认为基础教育不发达，民族振兴就没有希望。在基础教育中，农村教育尤为重要，它是解决中国教育问题的关键。为此，陶行知联合一批有志于中国教育改造的进步教育工作者，大力推行乡村教育运动，为数亿农民“烧心香”，以提高广大农民的思想觉悟和文化水平。

① 陶行知：《民主教育》，《陶行知全集》第 3 卷，湖南教育出版社 1985 年版，第 569 页。

陶行知又结合中国的具体实际，确定了办教育的原则和方法。他认为，中国是一个大国，又是一个穷国，人口众多，底子很薄，各地经济发展又极不平衡。这些与西方发达国家的情况迥然不同。要发展教育事业，如果“拿富国的办法，引到中国来，无异是乡下人吃大菜”①。因此，“我们必须发现穷办法，着重穷办法”②。根据这种认识，他运用穷办法，积极开设各种比较简陋的教育机构，让尽可能多的人民大众得到受教育的机会。

陶行知这种从国情出发，确定教育改革与发展的重点、突破口，以及办教育的原则和方法的思想，值得我们认真地学习和研究。今天，我们要立足于当前我国仍处于社会主义初级阶段这一基本特点，坚持一切从中国的国情出发，重点发展基础教育，尤其是农村教育，提倡勤俭办教育的精神，并努力扩大教育经费的来源，走政府、社会团体和个人多方集资办学的路子，并实行多种层次、多种规格、多种形式、多种途径办学，各地区应因地制宜地采取适合各自需要的方式方法，来发展各级各类教育事业，以提高中华民族的科学文化水平。

陶行知有着强烈的人民意识和民主精神。他坚决反对教育脱离人民大众，反对教育为少数统治者服务，主张“教育为公”、“文化为公”③，坚持教育为人民大众服务的方向。他沿着“五四”新文化运动的民主与科学这一方向继续迈进，回国后开始从事平民教育、乡村教育和普及教育等运动，努力使广大人民群众，尤其是占中国人口85%的农民获得受教育的机会。他反对封建礼教和理学教育，采取多种形式和途径如推广国语和新文字等，对民众进行思想启蒙，还大力提倡女子教育，争取妇女受教育的权利。

抗战胜利后，他对教育民主化作了进一步探索。他积极提倡民主教育，以实现“人民大众做主，为人民大众服务”的宗旨，并将民主教育的要点和方法归纳为：教育为公以达到天下为公，教育机会必须均等；教人民肃清法西斯细菌；启发觉悟性；培养创造力，以实现创造的民主和民主的创造；各尽所能，各学所需，各教所知，各得其所；在民主的生活中学习民主；尽量采用简笔汉字拉丁字母；充分运用无线电及其他近代通信工具，使边远地

① 陶行知：《普及教育》，《陶行知全集》第2卷，湖南教育出版社1985年版，第757页。

② 陶行知：《民主教育》，《陶行知全集》第3卷，湖南教育出版社1985年版，第570页。

③ 陶行知：《实施民主教育的提纲》，《陶行知全集》第3卷，湖南教育出版社1985年版，第540页。

方的人民，可以享受教育；民主教育应该是整个生活的教育；承认中国是从农业文明开始过渡到工业文明，经济极端贫穷，我们必须发现穷办法，着重穷办法，运用穷办法，以办成丰富的教育；等等。

在学校中，陶行知的办学充满了民主精神，他认为“师生共生活、共甘苦，为最好的教育”[①]。“民主的教师必须要有：（一）虚心；（二）宽容；（三）与学生共甘苦；（四）跟民众学习；（五）跟小孩子学习；……肃清形式、先生架子、师生的严格界限。”[②]陶行知主张师生平等，重视学生在教学过程中的主体地位，强调儿童个性的发展和创造力的培养，因材施教，教学相长。在学校管理上，注意发挥教师与学生的作用，提倡“集体自治”，健全集体生活，培养学生参与未来民主政治的能力。在学制系统上，他主张从“单轨出发”，再到“多轨同归”，以后还要“换执便利”。

陶行知对民主教育的探索，给我们留下了许多宝贵的经验。他在教育的对象、师生关系、教学过程及学校管理上的不少见解，都含有合理因素，我们应该很好地加以总结和借鉴。

第二节　科学教育

陶行知高度重视科学教育问题，认为科学教育是与民主教育相辅相成的，两者相互依存，缺一不可。科学教育包括教育的科学化和科学的教育化两个方面。陶行知很早就对这两个方面有明确的认识，并给予了极大重视。

一、教育应科学化

在教育的科学化方面，陶行知从美国回来后，即积极从事教育实验，提倡用科学的精神来办教育，反对“沿袭陈法”的传统教育和“仪型外国”的洋化教育。他一方面身体力行，把教育统计学、教育行政学的科学原理和方法运用于日常的教育工作之中，加强教育的科学化管理；另一方面又以中华教育改进社主任干事的身份，发起组织邀请外国专家来华讲学，推行科

---

①　陶行知：《我们的信条》，《陶行知全集》第1卷，湖南教育出版社1984年版，第652页。

②　陶行知：《实施民主教育的提纲》，《陶行知全集》第3卷，湖南教育出版社1985年版，第543页。

学教育与测验。在他和胡适、蒋梦麟等人的努力下,美国著名教育家孟禄(哥伦比亚大学教授)、推士(俄亥俄州立大学教授)、麦柯尔(哥伦比亚大学教授)、柏克赫斯特(马萨诸塞州道尔顿中学教师)、克伯屈(哥伦比亚大学教授)等人先后来华讲学,宣传各自的教育理论与方法。陶行知还于1942年倡议并主编了中华教育改进社丛书,出版了推士的《中国之科学教育》(英文版)、《中国教育一瞥录》(随孟禄调查报告)、《中国全国小学概况》(英文版)、《中国教育统计概览》、《中国最近教育状况》(英文版)等书。从此,西方的教育测验与统计,特别是智力测验被引进到中国,教育的科学化逐步开展起来。

二、科学应教育化

在科学的教育化方面,他做的工作更多、更具体。1925年,他提出"科学教育应从儿童时代入手"①。1932年又指出:"科学要从小教起。我们要造成一个科学的民族。"②20世纪30年代初,他创办"自然学园"和儿童科学通讯学校,编写《儿童科学丛书》,把科学知识送给儿童和工农群众,以后又改为"空中学校",每周播送科学知识,并与高士其、董纯才、吕镜楼等人一起从事科学普及事业,以及"科学下嫁"运动。他在当时就已明确认识到"从农业文明过渡到工业文明,最重要的知识技能,无过于自然科学"③。因此,不论形势多么严峻,条件多么困难,他都坚持科学教育。从晓庄学校到上海工学团,再到育才学校,他始终把科学列为教育内容之一。1945年,他指出:"现在的世界是一个科学的世界,整个中国必须受科学的洗礼,方能适于生存……时机早已到来,刻不容缓,我们必须培养科学的幼苗,撒播科学的种子,使全中国遍开科学之花,丰收科学之果。"④1946年,他在为生活教育制订方针时,特地将"科学的"列为四大方针之一。

---

① 陶行知:《小学理科——致吕镜楼》,《陶行知全集》第5卷,湖南教育出版社1985年版,第114页。

② 陶行知:《关于科学教育——致庄泽宣》,《陶行知全集》第5卷,湖南教育出版社1985年版,第247页。

③ 陶行知:《教学做合一下之教科书》,《陶行知全集》第2卷,湖南教育出版社1985年版,第292页。

④ 陶行知:《从5周年到50周年》,《陶行知全集》第2卷,湖南教育出版社1985年版,第513页。

陶行知早在七八十年前就清楚地看到科学教育在现代社会生活中的作用，指出“科学要从小教起，我们要造成一个科学的民族”、“科学教育应从儿童时代入手”，并积极开展教育试验和科学教育，推广科学普及事业，把科学知识传给广大人民群众，尤其是青少年儿童，这些都是非常难得的。

第九章　生活教育学说的具体主张：乡村教育、师范教育与教育实验

第一节　乡村教育

陶行知是我国近现代最早重视农村问题和农村教育的先进中国人之一。20 世纪 20 年代中期，他就开始了对农村教育的调查和改革试验工作，成为中国改革农村教育的开拓者。陶行知生活在半殖民地半封建的旧中国，亲眼看见了中国人民尤其是农民深受帝国主义、封建主义和官僚资本主义残酷的经济剥削和政治压迫，而且在文化教育上毫无地位的状况。他深刻地认识到，中国是以农立国的国家，农民占全国人口总量的 85%，农民的地位与处境如何决定着民族的兴衰。他在中国教育界最先觉悟到，农民是中国的主体，中国教育的重点在农村。据此，他明确主张，要改造中国社会，必先改造乡村社会，要改造乡村社会，就必须使教育下乡，“用教育的力量，来唤醒老农民，培养新农民”。

对如何搞好乡村教育问题，陶行知提出了著名的“大联合”思想。他说：“我们要有一个大规模的联合，才能希望成功！那应当联合中之最应当联合的，就是教育与农业携手。中国乡村教育之所以没有实效，是因为教育与农业都是各干各的，不相闻问。教育没有农业，便成为空洞的教育，分利的教育，消耗的教育。农业没有教育，就失了促进的媒介。”不仅如此，“教育更须与别的伟大势力携手，教育与银行充分联络，就可推翻重利；教育与科学机关充分联络，就可破除迷信；教育与卫生机关充分联络，就可以预防疾病；教育与道路工程机关充分联络，就可改良路政。其他不胜枚举”。他深信，只要实现了教育与有关各方的“大联合”，乡村教育就能沿着正确的方向得到迅速的发展。

陶行知的乡村教育思想对于我们深化农村教育改革颇有启示意义。我们要进一步提高对农村教育改革重要性和必要性的认识，努力解决农村

教育同农村经济发展需要相脱节的问题。要把教育与农业、科学、卫生、交通、银行等部门密切联系起来，用科学技术等方面的力量从根本上改变我国农村贫穷落后的面貌。

第二节　师范教育

在师范教育方面，陶行知也提出过许多正确的主张。他在中国教育界最先把师范教育与民族的前途和国家的命运紧密联系起来，称“教育是立国的根本”，而师范教育乃“国家托命”之所在，“师范教育可以兴邦，也可以促国之亡”。他比较全面地论述了师范教育的任务和作用，提出“教育界要什么人才就该培养什么人才”，师范教育要为教育界培养教育行政人员，培养各种指导员、学校校长、职员和教员。陶行知还从师范教育自身的特点出发，对培养什么样的人和怎样培养人发表了自己的看法，强调师范生要热爱师范教育，懂得教育规律，具有丰富的专业知识以及为人师表的高尚品德。值得注意的是，他还是我国乡村师范的最早提倡者和创建者。他曾明确主张以乡村师范作为改造乡村生活的中心，以乡村教师作为乡村生活的灵魂，以乡村自治作为改造乡村的组织保证。他的乡村师范理论和实践，对我国20世纪20年代以来的乡村教育和师范教育产生了广泛而深远的影响。

陶行知的师范教育思想有很多内容值得我们参考借鉴。我们要把师范教育的地位和作用提高到一个新的高度来认识，大力发展师范教育。根据社会主义现代化建设的需要，调整师范学校的教学内容和教学方法，更好地体现出师范学校的特点和优点，以培养更多适应教育需要的教师。采取有力的措施，加强对农村教师的培训，以提高农村教育事业的质量。各类师范学校，都要特别注意培养师范生忠诚人民教育事业、懂得教育规律、掌握丰富的专业知识和技能、具有为人师表的高尚品德。此外，还应千方百计地提高人民教师的社会地位和经济待遇，使全社会形成一种尊师重教的良好风气。

第三节　教育实验

陶行知十分重视教育实验。受杜威实用主义教育思想，特别是其实验方法论影响甚深的他，1917 年回国后，便撰写并发表了《试验主义之教育方法》、《教育研究法》、《试验主义与新教育》、《试验教育的实施》等一系列文章，将教育实验(他习称“教育试验”)作为一种科学方法和活动提倡，并且亲自领导开展了一系列教育实验，取得了令人瞩目的成绩。陶行知是近现代中国最早提倡教育实验的教育家之一，他在教育实验方面的经验和理论，值得今人重视。

一、教育实验是“发明之利器”

陶行知对教育实验极为重视。在他看来，教育实验“设统系，立方法，举凡欲格之物，尽纳之于规范之中。远者近之，微者大之，繁者简之，杂者纯之，合者析之，分者通之，多方以试之，屡试以验之。更较其异同，审其消长，观其动静，察其变化，然后因果可明，而理可穷也。故试验者，发明之利器也”。他进而断言，“试验虽不必皆有发明，然发明必资乎试验”①。

陶行知在考察了人文社会科学和自然科学的发展历程之后，对实验方法与科学发展之间乃至实验方法与社会进步之间的关系有了更深的理解。他认为：“故欧美之所以进步敏捷者，以有试验方法故；中国之所以瞠乎人后者，以无试验方法故。征之世界进步，试验方法既若此不可废也，则其应用于教育界者，又何若哉？”就教育来说，它为“群学之一种，介乎形而上学、形而下学之间。故其采用试验方法也，较迟于物理、生物诸学。然近二百年来，教育界之进步，何莫非由试验而来？”“是故试验之消长，教育之盛衰系之。”②由此可见，科学发展、社会进步、教育盛衰都与实验方法有密切关系。

二、教育实验应着眼现实，解决本国实际问题

陶行知认为，教育实验不能从纯理论出发，应该将理论的探讨与本国实际问题的解决结合起来，这样才能收到实效。在他看来：

---

① 陶行知：《试验主义之教育方法》，《陶行知全集》第 1 卷，湖南教育出版社 1984 年版，第 59—60 页。

② 陶行知：《试验主义之教育方法》，《陶行知全集》第 1 卷，湖南教育出版社 1984 年版，第 60—61 页。

中外情形有同者，有不同者。同者借镜，他山之石，固可攻玉。不同者而效焉，则适于外者未必适于中者。试一观今日国中之教育，应有而无，应无而有者，在在皆是。此非仪型外国之过欤？若能实行试验，则特别发明，足以自用；公共原理，足以教人。教育之进步，可操左券矣。[①]

陶行知所开展的教育实验，始终坚持从实际出发，解决本国教育改革中的现实问题。他在从事平民教育运动时，发现中国教育的难点和重点不在城市，而是乡村。因为“中国的乡村教育关系到全世界五分之一的人民”，只有普及了乡村教育，才能真正提高中华民族的文化水平。而普及乡村教育又必先培养适应时代需要的新型乡村教师，所以他创办了试验乡村师范学校，试图通过乡村师范教育的实验，解决“中国今日教育最急切的问题”。正是由于陶行知十分注重随现实生活的变化、社会实践的需要而进行各种类型的教育实验，才创造出各种新的教育模式，如晓庄师范——乡村师范教育模式；山海工学团——普及教育和职业教育模式；育才学校——人才教育和创造教育模式；社会大学——成人业余教育模式等[②]。

三、教育实验须有“缜密的计划”，不可草率从事

陶行知认为，教育实验是一件严肃的事情，事关教育的成败，事先必有“缜密的计划”[③]，应有通盘考虑。对要解决的问题，要“知其要”，即要清楚地知道教育实际工作中存在哪些问题，需要如何改进，以及如何逐步实施，达到实验的目的。如果“计划不确，方法无定，朝令暮改，偶尔尝试”，“无缜密的计划……不是真正的试验了”[④]。

陶行知从事的各项教育实验，对此十分重视。无论是晓庄师范，还是山海工学团、育才学校和社会大学，都在事先进行调查研究的基础上制订

① 陶行知：《试验主义与新教育》，《陶行知全集》第1卷，湖南教育出版社1984年版，第94页。

② 侯怀银：《陶行知论教育试验》，《教育科学研究》1994年第1期。

③ 陶行知：《试验教育的实施》，《陶行知全集》第1卷，湖南教育出版社1984年版，第111页。

④ 陶行知：《试验教育的实施》，《陶行知全集》第1卷，湖南教育出版社1984年版，第111页。

了“缜密的计划”,对实验的各个环节都有通盘考虑,统筹规划。同时,他还在实验过程中,根据情况的变化,及时调整实验设计和方案,以求收到最佳的实施效果。

四、教育实验“要得人”,“要有组织”,要建立基地

陶行知认为,教育实验“第一要得人”①,即要有懂实验、会实验、视野开阔、胸襟博大的教育家来主持,那些“凭空构想者”、“武断从事者”、“不了了之者”②是搞不好教育实验的。其次,教育实验还要有组织,要依靠团体的力量和大家的智慧,群策群力,集思广益,才能做得好。此外,还要建立实验基地,作为实验的场所。他认为,实验基地就是实验学校。他对当时没有为“试验教育原理而设的”实验学校很不满,批评“现在所有的学校,大概都是按一定的格式办的,目的有规定,方法有规定。变通的余地既然很少,新理安能发现?”③他建议,今后凡是师范学校及研究教育的机关,都应当注重实验的附属学校;地方上也应当按照特别情形,选择几个学校,做实验的中心点。他还特别强调师范学校应和附属小学“格外密接”,认为“附属小学不但是实习的地方,简直是试验教育原理的机关。……是‘教育学的实验’”④。

陶行知开展教育实验,首先是找一批有抱负、有理想、敢于创造、甘于奉献的人来做自己的战友和助手,如晓庄时期的赵叔愚、张宗麟,山海时期的马侣贤、张劲夫,育才时期的孙铭勋,社会大学时期的李公朴等。这些人是他事业上的同志、生活中的挚友。除了个人,他对团体在实验中的作用也十分重视。早年他从事教育改造运动,便依托中华教育改进社来进行,后来从事平民教育、乡村教育、普及教育、国难教育、民主教育等教育改革实验,便发起组织中华平民教育促进总会、乡村教育先锋团、普及教育助成会、国难教育社和生活教育社等团体,作为他开展教育实验的组织依托。

---

① 陶行知:《试验教育的实施》,《陶行知全集》第1卷,湖南教育出版社1984年版,第111页。

② 陶行知:《试验主义与新教育》,《陶行知全集》第1卷,湖南教育出版社1984年版,第94页。

③ 陶行知:《试验教育的实施》,《陶行知全集》第1卷,湖南教育出版社1984年版,第110页。

④ 陶行知:《师范教育之新趋势》,《陶行知全集》第1卷,湖南教育出版社1984年版,第168—169页。

他对教育实验基地的建设也极为关心。他特约许多中小学和幼稚园作为实验学校，从事教育原理的实验工作。他还以晓庄师范、山海工学团、育才学校、社会大学作为乡村教育、普及教育、人才教育、民主教育实验的实验基地，不断地验证、丰富和发展其生活教育理论。

五、教育实验应善用科学方法

陶行知认为教育实验是一种探索或验证真理的科学活动，必须善用科学方法，才能收到成效。

什么是科学方法呢？他提出："科学方法是有步骤的，是有线索的。"①从他所说的内容来看，科学方法包括观察法、试验法、比较法、统计法、测验法等。在他看来，观察法使人"观察愈力，则物感愈众"；比较法能剖析、洞察"古今中外之异同，因果是非之轨迹，同时并观，了如指掌"②；统计法"将千万的事实征集起来，分类起来，表列起来，再把它们的真相关系一齐发现起来，然后乃能下他的判断"；测验法"如治病的听肺器一样，可以看出病来。欲知病之所在，非测量不可"。统计法与测验法相互为用，"没有统计，也测不出来；没有测验，也统计不出来"③。各种科学方法都是"建设新教育的利器"，各有长短。只有根据不同情况综合使用，才能收到成效。

六、从事实验者应具备科学精神、创造精神和拼搏精神

教育实验是一个探索真理、创造未来的过程。在这个过程中，充满了未知的事物，也充满了各种困难和阻力。陶行知认为，一个成功的教育实验者只有具备科学精神、创造精神和拼搏精神，才能战胜困难，克服阻力，达到预期目标。在他看来，所谓科学精神，就是指对任何问题都要想个透彻，多发疑问，不可武断盲从。知之为知之，不知为不知。在进行实验时，要有"数目的观念"④，切忌犯"差不多"这个中国人的老毛病。所谓创造精

---

① 陶行知：《教育与科学方法》，《陶行知全集》第1卷，湖南教育出版社1984年版，第291页。

② 陶行知：《教育研究法》，《陶行知全集》第1卷，湖南教育出版社1984年版，第67页。

③ 陶行知：《教育与科学方法》，《陶行知全集》第1卷，湖南教育出版社1984年版，第295页。

④ 陶行知：《教育与科学方法》，《陶行知全集》第1卷，湖南教育出版社1984年版，第293页。

神，就是“敢探未发明的新理”，“将试验精神向那未发明的新理贯射过去……一心要把那教育的奥妙新理，一个个的发现出来”[①]。所谓拼搏精神，就是“不怕辛苦，不怕疲倦，不怕障碍，不怕失败”[②]，“视阻力为当然，失败为难免，具百折不回之气概，再接再厉之精神”[③]。

陶行知本人便是具有科学精神、创造精神和拼搏精神的杰出教育家。他在教育实验中，始终坚持实事求是的科学精神，力避盲从武断，重视运用科学方法来解决问题。他还敢于探索新事物，每次实验都力求推陈出新，从实验中发现“教育之真理”，“发古人所未发，明今人所未明”[④]。他所创办的晓庄师范、山海工学团、育才学校、社会大学都是在不同环境、不同条件下进行的新实验和新探索。尤为难得的是，他一生所开展的各种教育实验，都是在极端艰难的条件下进行的，面临着各种难以想象的困难与阻力，但他从未犹豫退缩，始终以坚定的信心、昂扬的斗志去迎接挑战，终于取得了令人瞩目的丰硕成果，为中国的教育宝库贡献了一份厚重的礼物——生活教育学说。

---

① 陶行知：《第一流的教育家》，《陶行知全集》第1卷，湖南教育出版社1984年版，第113页。

② 陶行知：《第一流的教育家》，《陶行知全集》第1卷，湖南教育出版社1984年版，第113页。

③ 陶行知：《试验主义与新教育》，《陶行知全集》第1卷，湖南教育出版社1984年版，第95页。

④ 陶行知：《智育大纲》，《陶行知全集》第1卷，湖南教育出版社1984年版，第72页。

第十章　生活教育学说的具体主张：创造教育与终生教育

第一节　创造教育

陶行知在长期的教育实践中非常重视创造教育问题，曾对创造教育作过许多精辟的论述。解放儿童创造力的教育思想是陶行知教育理论中的一个重要组成部分。其基本内容主要为这样三点：一、应该承认儿童身上蕴藏着创造力；二、应该从六个方面去解放儿童创造力；三、应该从三个方面去培养儿童创造力。这些思想集中体现在《创造的儿童教育》、《实施民主教育的提纲》、《民主教育》、《小学教师与民主运动》等文章中。

一、"小孩有创造力"

陶行知认为，儿童的创造力是"千千万万祖先，至少经过五十万年与环境适应斗争所获得而传下来之才能之精华"①，又是需要经过后天的精心培养才能充分发展的。作为一个教育工作者，应该培养和充分发挥儿童的创造力。他以自己亲身经历的两件事情为例，来说明儿童身上蕴藏着创造力。一件事情是，陶行知创办的南京晓庄学校停办以后，晓庄的教师和师范生不能回晓庄小学任职，而私塾先生又被小孩们拒绝，在不得已的情况下，小孩们便自己组织起来，推举同学做校长、教员，自己教，自己学，自己办，还自称"自动学校"。当陶行知听到这个消息之后，就写了一首诗赞扬他们："有个学校真奇怪，大孩自动教小孩。七十二行皆先生，先生不在学如在。"②他写好后交给几个大学生看，大家都说诗写得很好。于是，他就将诗寄给了"自动学校"的孩子。第三天，陶行知收到了小孩们寄来的回

---

① 陶行知：《创造的儿童教育》，《陶行知文集》，江苏教育出版社 1981 年版，第 749 页。

② 陶行知：《小先生》，《陶行知文集》，江苏人民出版社 1981 年版，第 638 页。

信，他们认为这首诗里有一个字要更改，还提出一连串的问题：大孩教小孩，难道小孩不能教大孩吗？大孩能够“自动”，难道小孩不能“自动”吗？而且大孩教小孩有什么奇怪呢？陶行知看到这封回信后非常高兴，觉得小孩们的意见是很正确的，便马上把诗句改为“小孩自动教小孩”。他由此认识到：“黄泥腿的农村小孩改留学生的诗，又是破天荒的证明，证明小孩有创造力。”①另一件事情是，有一次，陶行知在南通推行“小先生制”，写了一篇一分钟的演讲词，文中有一段话：“读了书，不教人，甚么人？不是人。”当陶行知讲完后，有个小孩马上说，陶先生，你的演讲最好把“不是人”改为“木头人”，“木头人”比“不是人”要更好一些。因为“不是人”三个字不具体，桌子不是人，椅子也不是人，而“木头人”是给人们一个具体的印象。从这件事情里，陶行知又一次认识到“小孩子有创造力”。他指出：“我们要真正承认小孩子有创造力，才可以不被成见所蒙蔽。小孩子有多少都有其创造的能力。”

现代生理科学实验的结果证明，陶行知“小孩子有创造力”的论点，是符合实际情况的，是有充分科学根据的。近年来，大脑研究和生化研究的一连串突破，使人们不能不承认，人的大脑中还有很大一部分潜力未被利用。从最新的生理研究材料来看，3 岁儿童的脑重是 1011 克，7 岁儿童是 1280 克，9 岁儿童是 1350 克，12 岁儿童是 1400 克，而一般成人脑重也不过是平均 1400 克。这意味着，仅就脑重而言，一个 12 岁的儿童已经基本达到一个成人的水平了。儿童脑重的迅速发展也相应地促进了儿童智力的迅速发展。倘以 17 岁时所达到的智力作为 100，那么，从出生至 4 岁就达到了 50%的智力，4 岁到 8 岁达到了另外的 30%的智力，其余的 20%智力在 8 岁至 17 岁时达到，此后便是智力的缓慢发展时期。有科学家指出，人的大脑估计有 140 亿个神经细胞。从 18 岁至 20 岁后逐年减少。人的大脑皮层细胞，每年失去成年初期的 0.8%，60 岁时将失去近 50%。这些生理研究材料说明，人在出生后到 17 岁时，都是具有相当的创造力基础的，完全可以从事发明创造工作。

陶行知的论点不仅在理论上得到了验证，而且在古今中外的实际生活中也得到了充分的证明。从古代来看，中国如三国时的曹植 7 岁能写诗。

---

① 陶行知：《创造的儿童教育》，《陶行知文集》，江苏人民出版社 1981 年版，第 751 页。

初唐的王勃6岁善文辞,9岁读《汉书》。中唐的杜甫5岁能诗文,7岁咏凤凰。晚唐的白居易五六岁可即席赋诗,15岁写出“离离原上草,一岁一枯荣,野火烧不尽,春风吹又生”的名诗。李贺则在7岁就写出《高轩过》的名篇。北宋的晏殊7岁开始写文章。明末的夏完淳5岁就知五经,9岁善诗文。外国如高斯9岁能解级数求和的问题。李比希11岁热心化学试验。麦克斯韦14岁发表数学论文。朗道14岁上大学。维纳4岁就可自由地阅读书籍,14岁便大学毕业。莫扎特4岁开始作曲,10岁写歌剧《简单的伪装》,14岁作《密特里特泰》,17岁作《卢西奥西利亚》,他在十二三岁时已让欧洲震惊。贝多芬和海顿都是13岁作曲。舒伯特自幼擅长钢琴、小提琴,18岁时创作《魔王》。但丁7岁就给阿特丽斯作恋诗。席勒14岁写史诗《莫泽》,15岁写《厄拉曼》,18岁著《群盗》、《雨果的悲剧》。歌德8岁时除德语外,还懂得法语、意大利语、拉丁语和希腊语,10岁开始写剧本。泰戈尔15岁开始写剧本。车尔尼雪夫斯基16岁学会7种外国语言。从当代来看,幼儿便具有相当发达智力的事例,更是不胜枚举。据有关材料记载,我国湖南怀化市一个名叫陈铁佳的小孩,1岁10个月能认识800多个汉字。江西南昌市宁铂两岁半能全部背诵毛泽东的30余首诗词,六七岁时攻读医书,能看脉象,准确地诊断病情,八九岁学习天文,能用肉眼识别几十个星座。辽宁抚顺市10岁儿童吴大可归纳出“序数推算法”。谢彦波11岁上中国科技大学少年班,他的理解力、记忆力都很强。外国如美国的小女孩维尼伏雷特,2岁开始记日记,3岁写论说文,4岁用世界语写剧本,5岁时能用8个国家的语言表达思想。日本儿童三轮光范,1岁8个月就能读书、写字,2岁时开始记日记,11岁翻译出版《詹天佑》。苏联9岁小姑娘伊札木·拜捷米罗娃创作钢琴和民族乐协奏曲《山间》,作品受到专业作曲家的推崇,等等。古今中外的这些事例,都说明儿童是具有创造力的。

总之,早在20世纪初叶,陶行知就已认识到“小孩子有创造力”,需要教师去精心培养和开发,这正是他用科学态度办教育的最好证明。

二、儿童创造力的“六大解放”

陶行知认为,认识到儿童有创造力,就应该进一步将其解放出来。否则,儿童创造力这种巨大的潜在的智力资源就会被埋没。这不仅是教育工作者的严重失职,也是对民族、对国家宝贵财富的重大浪费。那么,应该从哪些方面去解放儿童的创造力呢？陶行知提出了“六大解放”的建议：

（1）解放儿童的眼睛。陶行知认为，传统的封建教育给儿童戴上了一副封建的有色眼镜，使他们脱离社会实际生活，“两耳不闻窗外事，一心只读圣贤书”，成为无益于社会的“小书呆子”。所以，他指出，不要让儿童“戴上封建的有色眼镜，使眼睛能看事实”[①]。应该培养儿童对大自然进行观察，对大社会进行分析，在大自然、大社会的怀抱中，陶冶性情，锻炼意志，培养分析问题、解决问题的能力。他翻译的一首名为《打开眼睛看看》的诗里就有这样的句子：“打开眼睛看，看人怎样干？苏联真伟大，个个是好汉。工人打胜仗，浑蛋都滚蛋。自由又平等，大家好吃饭。”[②]他将这首译诗献给全国儿童，正反映出他对儿童解放眼睛，观察世界，成为改造社会的新一代的殷切期望。

（2）解放儿童的头脑。陶行知认为，儿童的创造力被固有的迷信、成见、曲解、幻想等层层裹头布包缠了起来。要发展儿童的创造力，先要把儿童的头脑从迷信、成见、曲解、幻想中解放出来。迷信要不得，成见要不得，曲解要不得，幻想要不得。那么，对“这种种要不得的包头布”该如何处理呢？他向人们发出了战斗号召：“要把他一块一块撕下来，如同中国女子勇敢的撕下了裹脚布一样。”[③]“这种种要不得的包头布”就像“女子的裹脚布”，这是多么生动的比喻！多么深刻的思想！他进一步分析说：“自从有了裹脚布，从前中国妇女是被人今天裹、明天裹、今年裹、明年裹，骨髓裹断，肉裹烂，裹成一双三寸金莲。自从有了裹头布，中国的儿童、青年、成人也是被人今天裹、明天裹、今年裹、明年裹，似乎非把个个人都裹成一个三寸金头不可。”[④]人们的头脑被裹成了“三寸金头”，多么可悲的结局！为此，陶行知郑重地向人们指出：“如果中华民族不想以三寸金头出现于国际舞台，唱三花脸，就要把裹头布一齐解开，使中华民族的创造力可以突围而出。”[⑤]在这里，陶行知所谈的对象已不仅仅限于儿童，也包括青年、成人乃至整个中华民族了。他将解放头脑、发挥创造力与儿童的未来、与中华民

---

① 陶行知：《实施民主教育的提纲》，《陶行知文集》，江苏人民出版社 1981 年版，第 784 页。

② 陶行知：《行知诗歌集》，生活·读书·新知三联书店 1981 年版，第 407 页。

③ 陶行知：《创造的儿童教育》，《陶行知文集》，江苏人民出版社 1981 年版，第 751 页。

④ 陶行知：《创造的儿童教育》，《陶行知文集》，江苏人民出版社 1981 年版，第 751 页。

⑤ 陶行知：《创造的儿童教育》，《陶行知文集》，江苏人民出版社 1981 年版，第 751 页。

族的未来紧密地联系在一起。尤其值得注意的是，他发出这种解放头脑的战斗呼唤时，正是中华民族与日本帝国主义侵略者决一死战的最后关头，非常具有现实性。

（3）解放儿童的双手。陶行知认为，人类自从腰骨竖起，前脚变成一双可以自由活动的手，进步便一日千里，超越一切动物。自从这个划时代的解放以后，人类乃能创造工具、武器、文字，并用以从事更高级的创造。假使人类把双手束缚起来，就不能执行头脑的命令。我们要在头脑指挥下用手，使用机器制造，使用武器打仗，使用仪器从事发明。他还一针见血地指出了中国传统封建教育的弊病："中国对于小孩子一直是不许动手，动手要打手心，往往因此摧残了儿童的创造力。"①要根绝这个弊端，就必须解放儿童的双手。陶行知还以爱迪生的母亲关心爱迪生成长的故事为例，说明长辈不要轻易否定儿童的创造力。他说："在爱迪生时代，美国学校的先生也是非常的顽固，因为爱迪生喜欢玩化学药品，不到三个月就把他开除了！幸而他有一位贤明的母亲，了解他，把家里的地下室让他做实验。爱迪生得到了母亲的了解，才一步步的把自己造就成发明之王。那时美国小学的先生不免也阻碍学生的创造力的发展。"他呼吁："我们希望保育员或先生跟爱迪生的母亲学，让小孩子有动手的机会。"②应该培养儿童手脑并用，从事生产实践，从事科学实验，从事发明创造。他在《手脑相长歌》中写道："人生两个宝，双手与大脑。用脑不用手，快要被打倒。用手不用脑，饭也吃不饱。手脑都会用，才算是开天辟地的大好佬。"③应该指出，陶行知"手脑相长"的观点与马克思主义教育学"人的全面发展"的思想是基本相符的。马克思主义认为，自从人类社会出现两大分工后，尤其是脑力劳动和体力劳动的分离和对立，导致了人的智力和体力的片面发展。而在未来的社会里，教育对于所有已满一定年龄的儿童来说，就是生产劳动同智育和体育的结合，它不仅是提高社会生产的一种方法，而且是造就全面发展的人的唯一方法。尽管陶行知早期还不是一个马克思主义教育家，他的"手脑并用"的观点并不出自马克思主义关于两大分工的理论，但他"手脑并用"的观点毕竟已含有马克思主义有关教育与生产劳动相结合，以促进人

① 陶行知：《创造的儿童教育》，《陶行知文集》，江苏人民出版社 1981 年版，第 752 页。
② 陶行知：《创造的儿童教育》，《陶行知文集》，江苏人民出版社 1981 年版，第 752 页。
③ 陶行知：《行知诗歌集》，生活・读书・新知三联书店 1981 年版，第 79—80 页。

的全面发展的思想因素。

(4)解放儿童的嘴。陶行知认为,中国人一般习惯是不多说话,儿童没有言论自由。大人说什么,小孩就听什么,就照着做,久而久之,使儿童养成一种盲从陋习。这种状况是不利于儿童成长的。“儿童应当有言论自由,有话直接和先生说,并且高兴心甘情愿和先生说。首先让先生知道儿童们一切的痛苦。”①小孩子有问题要准许他们问,从问题的解答里,可以增进他们的知识。他指出:“小孩子得到言论自由,特别是问的自由,才能充分发挥他的创造力。”②他写了一首题为《每事问》的诗,阐发了这个道理:“发明千千万,起点是一问。禽兽不如人,过在不会问。智者问的巧,愚者问的笨。人力胜天工,只在每事问。”③在这首诗中,他将发明创造的起点,归结于“问”,强调了“问”在一切发明创造中的重要地位,生动而形象地说明了“问”的作用。

(5)解放儿童的空间。陶行知认为:“从前的学校完全是一只鸟笼,改良的学校是放大的鸟笼。要把小孩子从鸟笼中解放出来,放大的鸟笼比鸟笼大些,有一棵树,有假山,有猴子陪着玩,但仍然是个放大的模范鸟笼,不是鸟的家乡,不是鸟的世界。鸟的世界是森林,是海阔天空。现在鸟笼式的学校,培养小孩用的是干腌菜的教科书。我们小孩子的精神营养非常贫乏,这还不如填鸭,填鸭用的还是滋养料,让鸭儿长得肥胖的。”因此,“我们要解放小孩子的空间,让他们去接触大自然中的花草、树木、青山、绿水、日月、星辰以及社会中之士、农、工、商、三教九流,自由的对宇宙发问,与万物为友,并且向中外古今三百六十行学习”④。他还进一步指出:“创造需要广博的基础。解放了空间,才能搜集丰富的资料,扩大认识的眼界,以发挥其内在之创造力。”⑤“扩大了空间,才能各学所需;扩大了空间,才能各教所知;扩大了空间,才能各尽所能。”⑥

(6)解放儿童的时间。陶行知说:“一般学校把儿童的时间排得太紧。

---

① 陶行知:《实施民主教育的提纲》,《陶行知文集》,江苏人民出版社 1981 年版,第 784 页。
② 陶行知:《创造的儿童教育》,《陶行知文集》,江苏人民出版社 1981 年版,第 753 页。
③ 陶行知:《行知诗歌集》,生活·读书·新知三联书店 1981 年版,第 12 页。
④ 陶行知:《创造的儿童教育》,《陶行知文集》,江苏人民出版社 1981 年版,第 753 页。
⑤ 陶行知:《创造的儿童教育》,《陶行知文集》,江苏人民出版社 1981 年版,第 753 页。
⑥ 陶行知:《实施民主教育的提纲》,《陶行知文集》,江苏人民出版社 1981 年版,第 784 页。

一个茶杯要有空位方可盛水。现在中学校有月考，学期考，毕业考，会考，升学考，一连考几个学校，有的只好在鬼门关去看榜。连小学的儿童都要受着双重夹攻。日间由先生督课，晚上由家长督课，为的都是准备赶考，拼命赶考，还有多少时间去接受大自然和大社会的宝贵知识呢？赶考和赶路一样。赶路的人把路旁风景赶掉了，把一路应该做的有意义的事赶掉了。除非请医生，救人，路是不宜赶的。”①“考试没有这样的重要，更不宜赶，赶考首先赶走了脸上的血色，赶走了健康，赶走了对父母之关怀，赶走了对民族人类的责任，甚至于连抗战之本身责任都赶走了。最要不得的，还是赶考把时间赶跑了。”②他明确表明了自己对过多考试的态度：“我个人反对过分的考试制度的存在。一般学校把儿童全部时间占据，使儿童失去学习人生的机会，养成无意创造的倾向，到成人时，即有时间，也不知道怎样下手去发挥他的创造力了。”③为此，他大声疾呼：“创造的儿童教育，首先要为儿童争取时间之解放。”④

对上述六个方面解放儿童创造力的思想，陶行知曾明确概括为“六大解放”。他对“六大解放”有一个总结性的表述：“解放眼睛，敲碎有色眼镜，教大家看事实。解放头脑，撕掉精神的裹头布，使大家想得通。解放双手，剪去指甲，摔掉无形的手套，使大家可以执行头脑的命令，动手向前开辟。解放嘴，使大家可以享受言论自由，摆龙门阵，谈天，谈心，谈出真理来。解放空间，把人民与小孩从文化鸟笼里解放出来，飞进大自然大社会去寻觅丰富的食粮。解放时间，把人民与小孩从劳碌中解放出来，使大家有点空闲，想想问题，谈谈国事，看看书，干点与老百姓有益的事，还要有空玩玩，才算是有点做人的味道。有了这六大解放，创造力可以尽量发挥出来。”⑤这段文字生动形象地表达了陶行知有关儿童创造力要实行“六大解放”的思想，在某种意义上，也抨击了传统教育的弊病，揭露了国民党反动政府的专制，表明了他的反对独裁、主张民主的政治倾向。

---

① 陶行知：《创造的儿童教育》，《陶行知文集》，江苏人民出版社 1981 年版，第 753 页。

② 陶行知：《创造的儿童教育》，《陶行知文集》，江苏人民出版社 1981 年版，第 753—754 页。

③ 陶行知：《创造的儿童教育》，《陶行知文集》，江苏人民出版社 1981 年版，第 754 页。

④ 陶行知：《创造的儿童教育》，《陶行知文集》，江苏人民出版社 1981 年版，第 754 页。

⑤ 陶行知：《民主教育》，《陶行知文集》，江苏人民出版社 1981 年版，第 792—793 页。

三、培养儿童创造力的“三个需要”

陶行知认为，在儿童的眼睛、头脑、双手、嘴、空间、时间都解放出来后，还必须对解放出来的儿童创造力予以适当的培养。怎样才能做到适当的培养呢？这就要注意做到“三个需要”：

(1)“需要充分的营养。”陶行知说：“小孩的体力与心理都需要适当的营养。有了适当营养，才能发生高度的创造力，否则创造力就会被削弱，甚而至于夭折。”①这一点说的是培养儿童创造力所需要的物质基础。“充分的营养”是培养和发挥高度创造力的基本条件。没有这个基本条件，儿童就不会有强壮的身体和健全的心理，就会使被解放出来的创造力在萌芽时被扼杀。

(2)“需要建立下层的良好习惯，以解放上层的性能，俾能从事于高级的思虑追求。否则必定要困于日用破碎，而不能够向上飞跃。”②这一点说的是要注意使儿童养成良好的生活、学习习惯，注意训练儿童的思维能力。有了良好的生活、学习习惯，经常地思考问题，儿童的大脑就会越用越活，越用越灵，对复杂的问题，也能进行深入分析，得出正确的结论。

(3)“需要因材施教。”陶行知以种植松树和牡丹所施肥料不同为例，生动形象地说明了对不同教育对象，要有不同的教育方法。松树和牡丹所需要的肥料不同，你用松树的肥料培养牡丹，牡丹会瘦死；反之，你用牡丹的肥料培养松树，松树也受不了，会被烧死。同样道理，培养儿童的创造力要像园丁一样，首先要认识他们，这样他们才能“欣欣向荣”，否则也会死于枯萎③。这一点说的是培养儿童创造力的正确方法。因材施教是中国古代著名的教学原则，两千多年前，大教育家孔子在教育实践里，就注意对不同的受教育者提出不同的要求，采取不同的教育方法。宋代著名教育家程颐、朱熹都说过：“孔子教人，各因其材。”“因材施教”一词正来源于此。陶行知将因材施教教学原则与培养儿童创造力紧密联系起来，认为因材施教的目的不仅要使学生学习更好，获得更多的知识，还要使学生产生一定的创造力。这样，陶行知就给因材施教这条古老的教学原则注入了新鲜血

---

① 陶行知：《创造的儿童教育》，《陶行知文集》，江苏人民出版社 1981 年版，第 754 页。
② 陶行知：《创造的儿童教育》，《陶行知文集》，江苏教育出版社 1981 年版，第 754 页。
③ 陶行知：《创造的儿童教育》，《陶行知文集》，江苏教育出版社 1981 年版，第 754 页。

液,赋予它以新的、更为深刻的思想内容,从而使之更富有生命的活力。应该指出,这是陶行知在中国教育思想史上的一个贡献。

此外,陶行知还强调指出:"创造力最能发挥的条件是民主。"[①]他所说的"民主"包含两层意思:一是政治上的民主,一是教育上的民主。前者是后者的基本前提,后者是前者的最终贯彻。对于充分发挥人们的创造力来说,这两种民主都缺一不可、相辅相成。一方面,要实现政治上的民主,就要创造民主的环境,让广大人民群众都有受教育的机会,都有从事科学研究的自由,都有从事发明创造的权利。另一方面,教育者与受教育者之间一定要有民主的关系。教师在教学过程中要循循善诱、耐心启发、因材施教,切忌动辄对受教育者施以强制,那样只会培养出唯唯诺诺、墨守成规的庸人,培养不出富有创造力的天才。总而言之,"只有民主才能解放最大多数人的创造力,而且使最大多数人之创造力发挥到最高峰"[②]。值得注意的是,陶行知疾呼"创造力最能发挥的条件是民主"的口号时,正是 1944 年底。其时,以蒋介石为首的国民党政府一方面消极抗日,另一方面又在其统治区内压制民主运动,实行专制统治。陶行知向人们强调指出这一点,不仅是在教育上要引起教师的注意,更重要的,它还具有明显的政治意义:与其说是关于教育问题的一种学术见解,毋宁说是对国民党政府专制独裁的强烈抗议。这正好说明陶行知在政治上,"一直跟着毛泽东同志为代表的党的正确路线走",将其所从事的教育事业与政治斗争密切结合起来,为反对专制独裁,争取民主、自由、普及大众教育,提高全民族的文化水平而英勇斗争,不屈不挠,终于由一个激进的民主主义者变为"无保留追随党的党外布尔什维克"和"伟大的人民教育家"。

四、对陶行知解放儿童创造力教育思想的评价

陶行知的创造教育理论,是有一定科学根据的,也是符合马克思主义教育学原理的。

马克思主义教育学认为,人的遗传素质是有差异的,但遗传素质只提供人们日后发展的物质前提,而决定人发展的更重要的因素,还是后天环

---

① 陶行知:《创造的儿童教育》,《陶行知文集》,江苏教育出版社 1981 年版,第 754 页。
② 陶行知:《创造的儿童教育》,《陶行知文集》,江苏教育出版社 1981 年版,第 755 页。

境的教育。陶行知的教育思想与马克思主义教育学原理在不同程度上的吻合,正说明陶行知的教育思想是进步的。陶行知解放儿童创造力的教育思想有不少合理因素,值得我们学习和借鉴。尤其需要指出的是,早在20世纪初叶,陶行知能以现代科学的眼光,如此清楚地看到培养和开发儿童创造力的重要性,并提出一系列切实可行的具体办法,从事具体的教育实验,这是非常难能可贵的。从当前世界各国教育界都把培养和开发学生智力资源作为首要任务的趋势来看,更能感到陶行知当年的远见卓识。

陶行知提出的解放儿童创造力的教育思想,在今天有着强烈的现实意义。如何培养和开发学生的智力资源,以适应时代的飞跃发展,已成为我国教育界面临的一个重大问题。在这种情况下,研究陶行知解放儿童创造力的教育思想,显得更有必要。应该指出,尽管时间已过去了七八十年,中国社会发生了翻天覆地的根本变化,我国教育事业已取得了辉煌的成就,但教育工作还存在着不少问题。陶行知当年提到的儿童教育六个方面存在的问题,仍然没有彻底解决。许多学生视野不开阔,很少有手脑并用的机会,遇事怕动脑筋,即使不懂也不敢提问题,活动的范围比较狭窄,功课太多,以至没有什么时间去干一点自己感兴趣的事情,尤其是一些学校片面追求升学率,各种考试繁多,在学校教师督得紧,在家里家长管得严,造成学生学习负担过重。从小学到中学,一关又一关,一切都围绕着考试的指挥棒转,把一个活蹦乱跳的天真儿童,弄成为脸无血色、缺乏朝气的"小老头"。这不仅严重摧残了儿童的身心健康,也毁灭了儿童的创造力。为了彻底改变这种状况,今天我们仍然应该本着马克思主义的立场、观点和方法,尽可能从陶行知教育理论中吸取合理因素,大力开展教育改革,努力培养和开发学生的智力资源。只有这样,我们的后代才有前途,我们的社会主义现代化事业才有希望,我们的民族才能永远屹立于世界伟大民族之林。

第二节　终生教育

终生教育是陶行知教育学说的一个重要内容。它以生活教育主张为理论基石,是生活教育理论的派生物。按照生活教育理论,教育不仅涉及人类生活的全部领域,也贯穿于人类生活的整个过程。教育应无限地向横向拓展,形成教育的社会化,也应无限地向纵向延伸,形成教育的终生化。终生教育思想的出现,是陶行知生活教育理论的重大发展和突破,亦是他教育学说日臻成熟和完善的明显标志。陶行知的终生教育思想,是中国和世界教育思想宝库中的一份珍贵遗产。本书用“终生教育”,而不是“终身教育”来表述陶行知的这一重要教育思想。

一、终生教育思想的形成与发展

(一)产生背景

陶行知的终生教育思想,是他在反传统教育和洋化教育的斗争中,为适应近代中国社会政治、经济、文化发展的需要,通过充分借鉴古今中外教育思想的精华和总结自己教育实践的宝贵经验而提出来的。1840 年以后,随着帝国主义列强侵略的日益加强,古老的中国由一个独立的封建社会逐渐沦为一个半殖民地半封建社会。民国以后,帝国主义列强,尤其是日本帝国主义步步紧逼,中华民族面临着亡国灭种的空前危机。要救亡图存,就必须广泛地动员千百万民众,提高他们的思想政治觉悟,万众一心,同仇敌忾,共赴国难。而要做到这一点,就必须大力发展教育事业,扩大教育机会,使全中国的每一个老百姓,特别是幼儿和成人,都接受一定的教育,具备起码的文化水平,能够看书读报,并且养成终生学习的习惯,与时俱进。这样他们才有可能在反帝反封建的斗争中发挥巨大的力量,去建立一个真正自由、民主、独立、富强的新中国。

然而,近代中国的教育(无论是传统的还是洋化的),都还不能满足这样的需要。旧教育是一种小众的贵族教育,而不是人民大众的教育——有钱、有权者才能享受教育,无钱、无权者则被拒之门外。广大劳苦大众及其子女,只能在生活中接受教育。同时,它将人生划分为彼此分离、毫不相关的三个阶段,即学龄前、学龄中及学龄后。这实际上将人生抛开了一大半,严重忽略了入学前的学习和离校后再学习的问题。换句话说,即只重视学校教育,忽略学前教育和成人教育。这种教育的主要弊端是严重的形式化和划一化,脱离人民大众,脱离社会实际生活,难以适应近代中国社会政治、经济和文化发展的需要。陶行知的终生教育思想就是在这样一种历史背景下产生的。

陶行知的终生教育思想,是他批判地继承古今中外优秀教育遗产的产物。一方面，它是对杜威“连续性”的教育观念的直接扬弃。杜威在达尔文进化论和詹姆士心理学原则的基础上，提出了教育是一个“连续性过程的观点”。他认为，“教育是经验的继续不断的改组或改造”①。经验的获得又总是和社会生活实践分不开的，因而“教育是生活的过程，而不是将来生活的预备”②。既然教育是一个过程，那就不会是学校教育之前和之后的中断。陶行知创造性地发展了这一“连续性”的教育观点，将之转化为终生教育的思想。这是陶行知对杜威教育学说的继承与超越。另一方面，它是对中国古代“活到老，学到老”思想的丰富和发展。两千多年前，荀况在《荀子·法行》中指出：“少而不学，长无能也；老而不教，死无思也；有而不施，穷无与也。”欧阳修在《答李诩第二书》中也认为：“学之终身，有不能达者矣，于其所达，行之终身，有不能至者矣。”至于“活到老，学到老”一语，更是一句在中国民间流传颇广、妇孺皆知的格言。陶行知立足于现代科学的高度，对之作了一番翻新，进一步形成了终生教育的思想。

更为关键的是，陶行知的终生教育思想是对自己长期教育实践宝贵经验的科学总结。如果把古今中外有关教育思想的精华视为“流”的话，那么，陶行知自己长期的教育实践就是其终生教育思想的“源”。不认识到这一点，就不可能真正认清他的终生教育思想的来源，也不可能真正弄清他的终生教育思想的含义和实质。

终生教育思想是陶行知对自己长期教育实践宝贵经验的科学总结。1917年，陶行知由美归国后，便致力于人民大众的教育普及事业。其间，他除了积极从事学校教育改革外，还对幼儿教育和成人教育作了许多科学实验和理论探索，得到了不少宝贵经验。在此基础上，他了解并认识到终生教育的重要性与必要性，从而在中国，也可以说是在世界最早明确揭橥了终生教育的主张，这是他对中华民族乃至整个人类的一大贡献。

（二）形成和发展过程

陶行知的终生教育思想经历了一个萌芽、形成和发展的过程。

1917年至1926年，是陶行知终生教育思想的萌芽阶段。1918年，陶行知发表《生利主义之职业教育》一文，认为“生活主义包含万状，凡人生一

---

① 赵祥麟、王承绪编译：《杜威教育论著选》，华东师范大学出版社1981年版，第159页。
② 赵祥麟、王承绪编译：《杜威教育论著选》，华东师范大学出版社1981年版，第4页。

切所需皆属之。其范围之广，实与教育等”[①]。已看到了生活与教育相一致的方面，孕育着“生活即教育”思想的胚胎，这就为其终生教育思想的提出奠定了初步的理论基石。次年7月，他在一次题为《新教育》的演说中讲道：“照杜威先生说，教育是继续经验的改造(Continuous reconstruction of experience)。我们个人受了周围的影响，常常有变化，或是变好，或是变坏。教育的作用是使人天天改造，天天进步，天天往好的路上走；就是要用新的学理，新的方法，来改造学生的经验。”[②]并明确指出：“既然晓得教育是继续经验的改造，那么对于天然界和群界，自然受他的影响；天天变动，就是天天受教育，差不多从出世到老，与人生为始终的样子。”[③]显然，他已经意识到教育是一个连续性的过程。“差不多从出世到老，与人生为始终。”尽管他此时还深受杜威实用主义教育的影响，但已开始萌发了自己终生教育的思想，这的确是一个了不起的发现，是对世界教育的卓越贡献。

1927年至1935年，陶行知的终生教育思想逐渐形成。随着陶行知教育实践的进一步开展，他对传统教育和洋化教育的弊端认识得更加清楚了，开始感觉到杜威的实用主义学说虽然有反封建反传统的积极作用，但仍不能真正适合中国的具体国情和人民大众的现实需要。于是，他在1927年创办晓庄师范学校，推行生活教育，并初步形成了生活教育学说。生活教育是生活所原有、生活所必需的教育。它突破了人只是在一定的学龄阶段接受正规学校教育的“一次性教育”的观念。1934年2月，他在《生活教育》一文中指出：“生活教育与生俱来，与生同去。出世便是破蒙，进棺材才算毕业。”[④]同年3月，他在《从穷人教育想到穷国教育》一文中又说：“他是活到老，做到老，学到老，教到老，一直到进了棺材才算结业。”[⑤]同年12月，他在一次题为《普及教育》的演讲中，批评现有的小学6年、中学6年、大学4年的教育制度实质上是一种“短命教育”，公开申明“我们所要

① 陶行知：《生利主义之职业教育》，《陶行知全集》第1卷，湖南教育出版社1984年版，第78页。

② 陶行知：《新教育》，《陶行知全集》第1卷，湖南教育出版社1984年版，第123页。

③ 陶行知：《新教育》，《陶行知全集》第1卷，湖南教育出版社1984年版，第126页。

④ 陶行知：《生活教育》，《陶行知全集》第2卷，湖南教育出版社1985年版，第634页。

⑤ 陶行知：《从穷人教育想到穷国教育》，《陶行知全集》第2卷，湖南教育出版社1985年版，第645页。

干的是整个寿命的教育，不是短命的教育”，主张活到老，做到老，学到老①。次年3月，他在《中国普及教育方案商讨》一文中，进一步提出了“整个寿命现代化”的主张，他说：“整个寿命现代化，不仅是四个月、一年、二年、四年之义务教育。教育最重要的成就在使众人养成一种继续不断的共同求进的决心。我们要对众人养成的态度是：活到老，做到老，学到老。”②上述言论，已初步揭示出终生教育的本质含义，即教育必须贯彻人生的始终，从出世到进棺材，人人都必须接受教育。不仅如此，陶行知还对教育必须贯彻人生始终的原因作了深刻分析。他指出，一方面由于“学问没有止境”，“社会的进步”“没有止境”③，一个人的进步也没有止境；另一方面，又由于人只有“活到老，做到老，学到老”，才能做一个“与时代俱进”的“长久的现代人”，才能“保证川流不息的现代化”④。由此可见，早在20世纪二三十年代，陶行知对终生教育思想已作了相当全面而深刻的论述，只不过尚未正式使用“终生教育”这一概念而已。

20世纪40年代，陶行知的终生教育思想得到了丰富并发展，并正式使用了“终生教育”的概念。全面抗战爆发后，陶行知进一步认识到，要想使教育更加适合眼下救亡斗争的需要，就必须扩大教育的对象，使每个年龄层次的人都能受教育。他认为：“从教育的对象说：不只着重青年教育，而且要顾到老年人和小孩子的教育。”⑤这与传统教育只注重青年教育，忽略小孩子和老年人的教育，只注意学校教育，而忽略家庭教育和社会教育，是截然不同的。这既是教育观念的变革，又是政治观念的更新。抗战结束后，为争取真正的民主、平等和自由，陶行知积极提倡民主教育，创办多种成人教育机构和中心，特别是社会大学和夜大学等。在这一过程中，他的终生教育思想得到了初步发展。1945年5月，他发表了著名的《实施民主

---

① 陶行知：《普及教育》，《陶行知全集》第2卷，湖南教育出版社1985年版，第762页。

② 陶行知：《中国普及教育方案商讨》，《陶行知全集》第2卷，湖南教育出版社1985年版，第804页。

③ 陶行知：《从穷人教育想到穷国教育》，《陶行知全集》第2卷，湖南教育出版社1985年版，第645页。

④ 陶行知：《攻破普及教育之难关》，《陶行知全集》第2卷，湖南教育出版社1985年版，第782页。

⑤ 陶行知：《全面抗战与全面教育》，《陶行知全集》第3卷，湖南教育出版社1985年版，第328页。

教育的提纲》，指出："无论老少，也应该受教育。生活教育很早就提出活到老学到老。"并举例说："生活教育运动中最老的学生为八十三岁之王老太太，她说：'我也快进棺材了，还读什么书？'但经她的孙儿曾孙的鼓舞，她的热情也烧炽起来了。因为她的缘故，她的媳妇也得读书了。"①同年 9 月，他在《全民教育》一文中首次明确使用了"终生教育"这个概念，并将之界定为："培养求知欲。学习为生活；生活为学习。只要活着就要学习。一旦养成学习习惯，个人就能终生进步不断。"②这是对他过去终生教育思想的重新概括和明确表述，不仅表明了陶行知终生教育思想日趋成熟，也显示出其生活教育理论的日臻完善。同年 12 月，他还在《民主教育之普及》一文中进一步指出："教人，好学，都是传染的，等大家都传染了教人、好学的习惯，便教人、好学成了瘾，整个中华民族便成了一个教人、好学的民族，万万年的进步是得到了保证。古人云：学然后知不足。一个感到不足，他便要向高处追。"因此，民主教育不但可能做到全面普及，而且可能做到立体的普及③。终生教育的实施，有助于教育从全面普及走向立体普及。这表明包括了终生教育思想在内的陶行知的生活教育理论，实质上是一种现代的"大教育观"。

二、终生教育思想的内涵

作为生活教育理论的一个派生物，终生教育在总体上是受生活教育理论支配和制约的。同时，终生教育思想本身又具有相对的独立性，有它独特的含义和思想内容，值得我们深入地学习和探讨。

陶行知的终生教育思想包含以下两层基本意思：

第一，教育"与人生为始终"。陶行知从生活教育的观点出发，认为"生活即教育"，生活与教育是同一过程，人生有多久，教育也应有多久，教育"差不多从出世到老，与人生为始终"。他反对传统观点将人生划分为彼此分离、毫不相关的三个阶段，即学龄前、学龄中和学龄后，认为这必然会导

---

① 陶行知：《实施民主教育的提纲》，《陶行知全集》第 3 卷，湖南教育出版社 1985 年版，第 541 页。

② 陶行知：《全民教育》，《陶行知全集》第 3 卷，湖南教育出版社 1985 年版，第 554 页。

③ 陶行知：《民主教育之普及》，《陶行知全集》第 3 卷，湖南教育出版社 1985 年版，第 573 页。

致只重视学校教育，而忽略学前教育和成人教育。他抨击现存的小学6年、中学6年、大学4年的教育制度实质上是一种“短命的教育”，也批评义务教育，“不仅是四个月、一年、二年、四年”的事情。在他看来，教育不是在学校教育结束后就算完事的，它应贯穿于人生的全过程，包括贯穿于人的一生不同阶段的学前、小学、中学以及成人教育等，应是一种“整个寿命的教育”。他主张不同阶段的教育应从纵的方面相互连接，构成一个完整系列，使人们永远“与时代俱进”。

第二，“家庭、店铺、工厂、机关、寺庙、民团、军队及现有学校做下层之教育场所”。根据生活教育的观点，终生教育应是各种正规教育和非正规教育的总和。陶行知一贯重视家庭教育，认为家庭教育在人的发展中具有重要地位。他指出：“婴孩期就必须奠定民主教育的基础。或许，目前处理这问题最好、最经济的办法是通过教父母兄弟姐妹，尤其是通过教母亲、姐妹及女仆来教婴儿。”①他还要求家庭教育应注意养成新生儿童个性，注意培养儿童的创造力。陶行知也很重视社会教育，从某种意义上说，他的生活教育理论就是一种广义的社会教育理论。他是根据“社会即学校”的原则，倡导“动员社会上现有的一切可能动员的力量、学校及个人尽力为民众服务。庙宇、茶馆、监狱、兵营、商店、工厂、残废士兵医院、普通学校不上课时空出的教室，都应给识字小组及训练中心使用。八千万受过一段时间再教育的识字成人可作为教师，帮助家人及邻居进步”②。在他看来，这些地方或机构实际上都是一种教育机构和渠道，都有教育意义，对人的发展都有重要影响。因此，他希望把各种正规和非正规的教育机构和渠道，通过横向的连接，构成一个有机的整体，以促进人全面和谐的发展。

概括起来说，陶行知的终生教育思想，核心是强调教育的终生化与一体化，即在纵向上，要实现从零岁开始直到老年，包括学前教育、学校教育、成人教育三个层次的一体化；在横向上，要实现家庭教育、学校教育、社会教育三个方面的一体化，以克服现存教育体制的弱点，培养和造就适应社会需要的各种人才，适应近代中国社会政治、经济、文化发展的需要，保证

---

① 陶行知：《全民教育》，《陶行知全集》第3卷，湖南教育出版社1985年版，第554—555页。

② 陶行知：《全民教育》，《陶行知全集》第3卷，湖南教育出版社1985年版，第554—555页。

“川流不息的现代化”。

三、终生教育的对象、内容与途径

终生教育是从生活教育理论派生出来的一种重要的教育思想，是对生活教育理论的丰富和发展。它在对象、内容与途径等方面，既有与生活教育理论相一致的地方，又有其自身的特质。在对象方面，它既主张“不论宗教信仰、种族、财富及所属阶级有何不同，男孩与女孩机会均等，男子与女子机会均等，成人与儿童机会均等”[①]，又特别强调成人与儿童的教育问题，主张“无论老少，也应该受教育。生活教育很早就提出活到老，学到老”[②]。为此，陶行知不仅积极提倡，而且身体力行。这可以从创立乡村幼稚园和社会大学等一系列教育实践中得到证明。与之相适应，在内容方面，特别强调以儿童和成人的生活为教育的中心，主张围绕着儿童和成人的生活来开展教育。“过什么生活便是受什么教育”，“过康健的生活便是受康健的教育；过科学的生活便是受科学的教育；过劳动的生活便是受劳动的教育；过艺术的生活便是受艺术的教育；过社会革命的生活便是受社会革命的教育”[③]。并着重指出：“我们要用前进的生活来引导落后的生活，要大家一起来过前进的生活，受前进的教育。”[④]总之，应以反帝反封建民族民主斗争的社会生活为幼儿和成人教育的中心内容。在途径方面，终生教育和生活教育虽然是互相包容的，但终生教育更加强调家庭教育和社会教育，把家庭教育和社会教育看成与学校教育同等重要，它主张对传统教育制度加以彻底改造。他尖锐地批评国民政府教育部颁布的《实施义务教育暂行办法大纲》，说这个大纲纯粹是指学龄儿童的教育，没有改变成人教育与儿童教育各干各的、不能打成一片的弊端。他主张“根据民主思想从根本上重建学校及学制，使民有、民治、民享的教育在中国蓬勃发展”[⑤]。

---

① 陶行知：《全民教育》，《陶行知全集》第3卷，湖南教育出版社1985年版，第554页。

② 陶行知：《实施民主教育的提纲》，《陶行知全集》第3卷，湖南教育出版社1985年版，第541页。

③ 陶行知：《教学做合一下之教科书》，《陶行知全集》第2卷，湖南教育出版社1985年版，第228页。

④ 陶行知：《生活教育之特质》，《陶行知全集》第3卷，湖南教育出版社1985年版，第27页。

⑤ 陶行知：《全民教育》，《陶行知全集》第3卷，湖南教育出版社1985年版，第554页。

他一方面提倡家庭教育和社会教育，另一方面又积极改造学校教育，以求让灵活机动、富有弹性的教育体制代替千篇一律、僵化不变的教育体制。为使更多的幼儿和成人受教育，他还在教育实践中为终生教育提出和创造了一些崭新的教育学组织形式与方式，其中主要有幼稚园、中心学校、工学团、旅行团、社会大学以及“小先生制”、传递先生制、自动进修制等。这些都丰富和发展了他的生活教育学说。

四、终生教育思想的评价

陶行知的终生教育思想，萌芽于20世纪20年代，形成于20世纪30年代，发展于20世纪40年代。它的出现，丰富和发展了生活教育理论，对近代中国教育的改革和发展产生了积极作用，成为世界教育宝库里一颗璀璨夺目的明珠。

（一）陶行知的终生教育思想丰富和发展了生活教育理论

陶行知终生教育思想的提出，标志着他的生活教育理论日臻成熟。他早期的生活教育理论主要由“生活即教育”、“社会即学校”、“教学做合一”等基本命题和若干范畴组成。终生教育思想提出后，极大地丰富了生活教育理论的内容。它主张教育是一个终生的全过程，“差不多从出世到老，与人生为始终”[①]，“与生俱来，与生同去。出世便是破蒙，进棺材才算毕业”[②]。又主张教育应包括各种正规和非正规教育的机构或形式。在重视学校教育的同时，不忽略学前教育和成人教育，在抓好学校教育的同时，又强调家庭教育和社会教育。这就使生活教育理论中的“教育”概念，在时间和空间方面有了进一步延伸和扩大，使“生活即教育”、“社会即学校”的思想更为具体和丰富。总之，它是对生活教育理论的重大发展和突破。

（二）陶行知的终生教育思想推动了近代中国的教育改革和发展

近代中国的教育，只重视学校教育，忽略学前教育和成人教育，忽略家庭教育和社会教育。终生教育思想的提出，对于改变这种局面产生了巨大作用。具体说来，这主要体现在以下几个方面：第一，促进了成人教育的发

① 陶行知：《新教育》，《陶行知全集》第1卷，湖南教育出版社1984年版，第126页。

② 陶行知：《生活教育》，《陶行知全集》第2卷，湖南教育出版社1985年版，第634页。

展。成人教育是陶行知终生教育思想的主要组成部分。从20世纪20年代起，他就重视成人教育，把成人教育视为近代中国教育改革的突破口之一。他创办暑期学校，推行平民教育和乡村教育，是我国大规模的平民教育运动的首创者和主持者之一，为平民教育运动的开展呕心沥血，付出了极大的努力。20世纪40年代，为使广大工农大众受教育，他积极推行普及教育、国难教育、战时教育和全面教育。特别是在抗战胜利以后，为解决广大青年失学问题，他又倡办了社会大学，独创了成人教育新的组织形式，还设想今后的社会大学要更为丰富多样，除了无形的社会大学之外，还应有夜大学、早晨大学、函授大学、新闻大学、旅行大学、电播大学等。这些主张和设想，不仅促进了近代中国成人教育的发展，就是在今天仍具有重要的理论价值和现实意义，值得人们高度重视。第二，促进了学前教育的发展。陶行知是我国早期重视幼儿教育的教育家之一。在他的终生教育思想中，幼儿教育占有非常重要的位置。在幼儿教育方面，从事过许多扎实的实践和理论探讨。他把幼儿教育视为基础教育的基础，强调儿童的个性，重视培养儿童的创造力，主张对儿童实行"六大解放"。在儿童教育理论方面，有了重大建树，彻底改造了近代中国的学前教育，并为我国未来学前教育的发展指明了方向。第三，促进了学校教育的变革。陶行知一贯注重学校教育的改革，长期以来，他集中探讨了学校教育如何与社会生活紧密联系等问题。他主张教育系人民大众生活所原有，所自营，所必需，不能成为少数小众的专利品。无论贫富贵贱、男女老幼都应有受教育的权利和机会。要建立更为灵活机动的新型学校教育体制，使人民大众及其子女都能入学受教。他强调学校教育的内容要以生活为中心，而不应以文字为中心；主张学校教育的方法和手段要多样化，要使学生自觉自动，学会学习，发展学生的创造力，而不是强迫灌输；他改变了传统的学校观念，提出了一种崭新的现代学校观。所有这些为学校教育理论和实践的发展，为当代中国的教育改革提供了重要的理论借鉴。第四，促进了学校教育以外的教育事业的发展。陶行知把终生教育视为一个宏大的战略，它的实现要通过家庭教育、学校教育、社会教育诸方面的协力合作。为此，他在发展学校教育的同时，注重利用一切可以利用的因素，开展各种形式的社会教育。他主张凡有人的地方，就是教育的场所。在他看来，家庭、当铺、茶馆、轮船码头、博物馆、电影院、图书馆，甚至防空洞等，都可作为教学的课堂。他还主张利用广播、电影、幻灯等现代技术作为教育的手段，使终生教育在中国的每一个角落、每一层面扎下根，并推广开来。他自己是这些主张的身体力行者，走到哪里，就在哪里开展教育，不拘形式，灵活多变，他倡导在学校教育之外，实行各种形式的教育，对我国社会教育的发展产生了积极影响。

(三)陶行知的终生教育思想是世界教育宝库里的一颗明珠

陶行知是现代终生教育的先驱。他的终生教育思想，不仅在中国教育思想史上，就是在世界教育思想史上，也是有重要地位的。长期以来，人们一般认为法国教育理论家保尔·朗格朗(Paul Lengrand)是现代终身教育的最早倡导者，认为"终身教育"这一概念是在他任联合国教科文组织秘书处成员时，于1965年召开的国际成人教育促进会议上所作的《论终身教育》的报告里提出的，并认为终身教育的基本思想是在他于1970年出版的《终身教育引论》中首次阐发的。这种看法是不符合历史事实的。正如前所述，陶行知早在20世纪20年代前后就已萌生了终生教育的思想，20世纪30年代已基本形成，20世纪40年代已有初步发展并已明确使用了"终生教育"的概念。他于1945年发表的《全民教育》，原是一篇英文论文。在这篇英文论文中，"终生教育"被译为"Education for the whole life"，意即"整个人生过程的教育"。这与今天通行的英文词"life long education"(终身教育)实际上是一回事。陶行知的《全民教育》由生活教育社刊行后，曾作为一份宣传材料，向西方有关民间援华组织和人士广为散发，其中一个目的就是希望能得到国际友人的支持和赞助。由此可见，早在20世纪20年代中期，陶行知的终生教育思想就已开始传播到国外。郎格朗是否看过这篇英文论文，我们不得而知，但可以断定：陶行知对"终生(身)教育"概念的使用和对这一思想的阐述，均早于郎格朗20年左右的时间。如果说到其萌生，那就要早于郎格朗近半个世纪。当然，笔者这样说，丝毫没有否认郎格朗的历史贡献的意思。事实上，郎格朗首次以专题论著的形式发表《终身教育引论》，系统论述终身教育理论，并利用他后来任联合国教科文组织终身教育科科长的身份，积极从事终身教育的理论指导和教育实践，使终身教育在20世纪60年代开始成为国际性的教育思潮，这都是值得后人称道的。笔者的目的在于，澄清历史事实，把最早提出、阐述"终生(身)教育"概念和思想的人与最早系统论述"终生(身)教育"概念和思想的人搞清楚。如果说陶行知是第一个提出、阐述"终生(身)教育"观念和思想的人，那么，郎格朗就是第一个系统论述“终生（身）教育”并使之开始成为国际性教育思潮的人。他们都是世界终生（身）教育思想发展史上具有里程碑意义的卓越人物。

当然，正如任何一种伟大的思想在提出之初都不可避免存在某些不足一样，陶行知的终生教育思想自然也不是完美无缺的。从总体上看，陶行知还只是初步提出、阐述了“终生教育”的概念和思想，许多有价值的观点并没有充分展开，这就使得他的终生教育思想还没有形成一套比较严密完整的理论。之所以如此，主要是因为近代中国是一个半殖民地半封建社会，现代的政治、经济、文化还未充分发育生长，历史赋予他那一代教育工作者的使命是以教育作为拯救民族危亡的武器，客观现实不允许他有充裕的时间去思考终生教育所有方面的问题。这是时代使然，环境使然，我们不能离开具体的历史条件和环境来加以苛求。列宁有句名言：“判断历史的功绩，不是根据历史活动家没有提供现代所要求的东西，而是根据他们比他们的前辈提供了新的东西。”[①]我们对待陶行知的终生教育思想，也应采取这种科学态度。

---

① 列宁：《评经济浪漫主义》，《列宁全集》第2卷，人民出版社1972年版，第150页。

第十一章　生活教育学说与中国传统教育和美国杜威教育理论的关系

第一节　生活教育学说与中国传统教育的关系

陶行知在吸收与借鉴杜威实用主义教育理论，继承中国传统教育思想的基础上，经过深入调查与了解中国学校教育的现状，创造性地提出了自己的生活教育学说，并在实施的过程中对影响和阻碍中国当时教育发展的传统教育理论进行了深刻的批判与抨击，从而为他的新教育理论的推广与实践创造了良好的条件。

一、陶行知对待传统教育的态度

在陶行知教育学说的范畴体系中，"传统教育"是一个有其特定内涵的概念，它与人们通常所说的"传统教育"并不完全相同。陶行知所说的"传统教育"，既指中国封建社会长期形成的以儒家教育为代表的教育思想、内容、方法和制度等，又指从外国传入的以赫尔巴特教育思想为代表的近代西方教育模式。陶行知称前者为"老八股"，称后者为"洋八股"。在他看来，"老八股"与"洋八股"虽有新旧之不同，但都脱离人民大众，脱离生产劳动，脱离社会生活，"都是靠着片面的工具来表现的"，即都是靠着文字与书本来表现的①。当然，对于这两种"传统教育"的批判，陶行知并非不分主次，而是有所侧重的。因为当时"老八股"对中国教育界的影响更大更深一些，所以，他通常所说的"传统教育"，更多的是指"老八股"，即中国的封建传统教育，这也是他批判的主要对象。

陶行知对传统教育的批判，经历了一个由现象到本质、由局部到整体、

---

①　陶行知：《生活工具主义之教育》，《陶行知全集》第 2 卷，湖南教育出版社 1985 年版，第 76 页。

由方法到方向的不断深化的过程。这一过程与他政治上和思想上的不断进步是密切相关的。

起初,他对传统教育的批判还只限于教学方法。他1917年离开美国回国时,正值国内新文化运动日趋高涨。尤其是"五四"运动之后,"民主"、"科学"的口号响彻云霄,改革传统教育已成为一股巨大的时代潮流。乘着这股潮流,他首先把斗争的锋芒对准了传统的教学方法。传统的教学方法采取填鸭式灌输,呆读死记书本,重教不重学。针对这一痼疾,他于1919年2月发表了《教学合一》一文,抨击旧学校"好像是书架子字纸篓的制造厂","论起名字来,居然是学校,讲起实在来,却又像教校",重教太过,遂将教学两者分离开来。为了改变这种状况,他在南京高等师范学校毅然把传统的"教授法"改名为"教学法",一时间国内各学校纷纷仿照实行。他又大肆宣传杜威教育学说,提倡试验主义教育方法,主张共同生活、学生自治等。

20世纪20年代以后,他对传统教育的弊端有了进一步认识,开始意识到传统教育的弊端不仅仅是个方法上的问题,更是体制、内容乃至根本方向的问题。此时,他批判的面也逐步扩展开来。他猛烈抨击传统教育脱离人民大众,脱离生产劳动,脱离社会生产。为此,他把改造旧教育的重点由过去单纯地改造旧学校移向改造社会与创办新学校。他与朱其慧、晏阳初等人发起了全国范围的声势浩大的平民教育运动,试图通过读书识字来提高民众的文化水平和思想觉悟。接着,他又与赵叔愚等人在南京市郊老山(后改名劳山)脚下的小庄(后改名晓庄),创办试验乡村师范学校,对传统的学校教育进行全面改革,努力解决旧教育脱离人民大众生活的问题,为中国教育探求生路。

从20世纪30年代初起,伴随着政治上的不断进步,他对传统教育的批判日趋全面而深刻,明确指出传统教育是一种贵族式的小众教育,它将政治上无权的劳苦大众排斥在教育之外,只有那些有钱有势人家的少爷、小姐才能上学念书。不仅如此,它还是一种"吃人教育",一方面"教学生自己吃自己",让他们读死书,死读书,死记硬背,不许到大社会里、大自然里去活动,并用各种考试来督促,结果"肩不能挑,手不能提,面黄肌瘦,弱不禁风",身体的健康也没有了,以致"读书死";另一方面,"教学生吃别人","教人劳心而不劳力","教人升官发财","吃农人、工人血汗”[①]，这就彻底揭露了传统教育的吃人本质。抗战胜利以后，他进一步把批判传统教育的矛头直指国民党反动派的封建买办法西斯教育，揭露和抨击其推行的“思想统制”政策，并高举民主革命的旗帜，创办育才学校和社会大学，使之成为国民党统治区的民主堡垒。由批判历史遗存下来的封建传统教育到直接把矛头对准国民党反动派的封建买办法西斯教育，这反映出他政治上、思想上的不断进步，也体现了他教育思想的日趋成熟。

应该指出，陶行知对传统教育的批判，不是毫无分析的。他在旗帜鲜明地反对“满朝朱紫贵，尽是读书人”的“升官教育”和“为教书而教书，为读书而读书”的“超然教育”的同时，还明确地指出：“反传统教育也不是反对固有的优点，我们对于中国固有之美德是竭诚的拥护。”[②]他公开主张：对于人类从几千年生活斗争中所得到并体现在传统教育中的宝贵的历史经验，“必须用选择的态度来接受”，但“必须通过现生活，从现生活中滤下来，才有指导生活的作用”[③]。从他的教育实践和理论来看，他对传统教育的某些有益的教育内容与方法，都有所吸取和借鉴。比如，他为教育学生成为民主战士，曾引用《论语》和《孟子》中的话，赋予其新的思想内涵：“让我再详说英勇的民主战士是怎样培养出来。第一套功夫是‘仁者不忧，知者不惑，勇者不惧，达者不恋’。第二套功夫是‘富贵不能淫，贫贱不能移，威武不能屈，美人不能动’。有了这些德性，无论过着什么关口，也会胜利的通过。虽杀身亦成仁了。”[④]又比如，他继承翻新了传统教育的语言表达方式，经常运用中国古代教育家的名言来表述其教育观点，曾将《大学》中的“大学之道，在明明德，在亲民，在止于至善”一句话改成“我们的新的大学之道，在明‘民’德，在亲民，在止于人民之幸福”[⑤]，恰当地表达了新型大学的宗旨。他还将王阳明的名言“即知即行”翻新为“即知即传”，巧换一字，新意尽出。此外，他还改造继承了传统教

---

① 陶行知：《传统教育与生活教育有什么区别》，《陶行知全集》第 2 卷，湖南教育出版社 1985 年版，第 733—734 页。

② 陶行知：《告生活教育社同志书》，《陶行知全集》第 3 卷，湖南教育出版社 1985 年版，第 338 页。

③ 陶行知：《生活教育之特质》，《陶行知全集》第 3 卷，湖南教育出版社 1985 年版，第 27 页。

④ 陶行知：《为民主斗争前仆后继——致育才同学会上海分会全体同学》，《陶行知全集》第 5 卷，湖南教育出版社 1985 年版，第 964 页。

⑤ 陶行知：《谈社会大学》，《陶行知全集》第 3 卷，湖南教育出版社 1985 年版，第 593 页。

育的某些行之有效的方法，如“注重自觉”、“集体教育”等，他曾指出：“中国古代教育是一贯的注重觉悟。‘大学之道在明明德。’明德即真理。第一个明字便是明白和阐明。明白是自觉，阐明是觉他。这个道理和‘先知觉后知’，‘先觉觉后觉’是相通的。并且觉悟是智仁勇三达德之康庄大道。‘仁者不忧，智者不惑，勇者不惧。’因为不惑，才能不忧，不惧。不惑便是思想贯通而觉悟了。《中庸》说‘不诚无物’。无论是‘自诚明’，或是‘自明诚’都离不了诚。不诚便没有觉悟。诚心追求真理才能自觉觉他。”

由此可见，陶行知对传统教育从来不是一笔抹杀、全盘否定的，而是有批判、有继承、有发展的。他的目的很明确，用他自己的话说：“我们之所以反对洋化教育和传统教育，是要开辟出一条大路，让这半殖民地争取自由平等的教育可以出来。”如果说，陶行知早年在新文化运动中为了配合冲击旧的意识形态，迎接“德先生”和“赛先生”的到来，曾对传统教育否定得比较多的话，那么，20 世纪 20 年代中期以后，为了纠正教育界食洋不化、仪型他国的不良倾向，重建“中国化”、“民族化”的教育理论体系，陶行知便日益注重发掘传统教育的民主性精华，并将其与现代教育理论结合起来。正是在这个意义上，我们认为陶行知教育思想是以现代教育理论为主干，同时又吸取了大量传统教育的合理因素而形成的一种教育学说，既有强烈的时代气息，又有鲜明的民族特色。在近现代中国，陶行知是为数不多的将时代性与民族性有机地融合在一起并获得成功的教育家之一。

二、生活教育与传统教育的区别

生活教育固然吸取了传统教育的不少合理因素，但生活教育毕竟与传统教育有着根本的不同，生活教育是针对传统教育的弊端提出的，是对传统教育的全面反拨。“反传统”是生活教育的基本特征。

生活教育与传统教育究竟有哪些区别？关于这个问题，陶行知曾作过多次归纳总结，现根据他本人的有关论述，并结合我们的若干分析，试作如下说明：

首先，在教育的性质上，传统教育是小众教育，是士大夫教育。几千年来，反动统治阶级的极少数人垄断了受教育权，只有奴隶主、地主及其子弟才能入学校学习，而广大劳动人民的子弟则被排斥在学校大门之外，只能在生产劳动和日常生活中，跟长辈学习一些为人之道和生产劳动的知识与技能，广大劳动人民的子弟与学校教育无缘。陶行知曾一针见血地指出："教育是成了少爷、小姐、政官、书呆子的专有品"，"是少爷的手杖，小姐的钻戒，政客升官的梯子，书呆的轮回麻醉的乌烟"[①]。传统教育是"拿穷人的血汗钱培养富人的少爷小姐"，只有那些"有钱、有闲、有面子"人的子弟才有书念，"中国的教育雨不落在劳苦人的田园里。中国的教育雨专落在大都会的游泳池里给少爷小姐游水玩"[②]。

生活教育则不同。生活教育是"大众教育"、"民主教育"，"是大众自己的教育，是大众自己办的教育，是为大众谋福利除痛苦的教育"[③]，"它与装饰品之传统教育根本不同。它不是摩登女郎之金刚钻戒指，而是冰天雪地下的穷人的窝窝头和破棉袄"[④]。它主张"教育为公"，机会均等，"无论什么阶级，都要有受教育的机会。受教育的机会被剥夺最多的是农工及子弟。农工阶级忙碌一天，还陷入吃不饱饿不死的状态，当然再谈不到受教育。民主教育是要力求农工劳苦阶级有机会受教育"[⑤]。一句话，传统教育是反动统治阶级的教育，生活教育是人民大众的教育。

其次，在教育目的上，传统教育是"治术"教育，是"人上人"教育，是"吃人的"教育。传统教育的目的是使剥削阶级的子弟成为新一代的剥削者和统治者，就是说它仅仅是为剥削阶级的政治统治服务的教育，它不培养生产工作者，它不是为生产和为经济服务的教育。用陶行知的话说，"传统教育，他教人劳心而不劳力，他不教劳力者劳心。他更说'劳心者治人，劳力者治于人'，说得更明白一点，他就是教人升官发财。发谁的财呢？就是发农人、工人的财，因为只有农人、工人才是最大多数的生产者。他们吃农人、工人血汗，生产品使农人、工人自己不够吃，就叫做吃人的教育"[⑥]。

---

① 陶行知：《普及什么教育》，《陶行知全集》第2卷，湖南教育出版社1985年版，第636页。

② 陶行知：《攻破普及教育之难关》，《陶行知全集》第2卷，湖南教育出版社1985年版，第799页。

③ 陶行知：《大众教育与民族解放运动》，《陶行知全集》第3卷，湖南教育出版社1985年版，第61页。

④ 陶行知：《生活教育》，《陶行知全集》第2卷，湖南教育出版社1985年版，第635页。

⑤ 陶行知：《实施民主教育的提纲》，《陶行知全集》第3卷，湖南教育出版社1985年版，第541—542页。

⑥ 陶行知：《传统教育与生活教育有什么区别》，《陶行知全集》第2卷，湖南教育出版社1985年版，第733—734页。

生活教育则不同。生活教育是“人中人”教育，是“主人”教育。它不是养成人上人的富人教育，也不是养成人下人的奴婢教育，它有别于传统教育“一边在极少数人做贵族，做官吏，做人上人，做统治他人的士大夫；另一边则教大众做奴婢，做顺民，做人下人，做被人统治的劳苦群众”①。“他不教人升官发财，他只教中国的民众起来做主人，做自己的主人，做政府的主人，做机器的主人。他教人要在劳力上劳心，即使有人出来做官，他是要来服侍农人和工人，看看有吃农人或工人的人，他要帮助农人、工人把他干掉。……他更教人做到‘工以养生，学以明生，团以保生’。说得更清楚些是：教大众以大众的工作养活大众的生命；以大众的科学明了大众的生命；以大众的团体的力量保护大众的生命。”②

由此可见，生活教育的目的实际上是要培养人们做自己和国家的主人，培养具有自觉性和创造力的追求真理的真人，培养为民族、为人类求解放、谋幸福的人，“使他们为自己创造，为社会创造，为国家创造，为民族创造。更要把他们的一双手解放开来，使他们为自己生利，为社会生利，为国家生利，为民族生利”③。既为反帝反封建革命斗争服务，又为近代中国社会经济发展服务。简而言之，生活教育是为适应生活向前向上的需要，为民族、为大众、为人类求解放、谋幸福的教育。

再次，在教育内容上，传统教育是以文字为中心的教育，是脱离社会生活实际的书本教育，是教学与训导分家的教育。它以文字作为教育的全部内容，认为文字以外别无教育。于是，识字读书便等于整个教育而占据了学生的全部时间，学生耗费全部精力于此。而这些文字又只是记载寓剥削阶级统治术于其中的社会历史知识、圣人之言和祖先遗教之类的剥削阶级意识形态及相应的文化知识，绝少有科学的内容和与生产有联系的内容，脱离人民大众，脱离生产劳动，脱离社会生活。不仅如此，传统教育还把训育置于教学范围之外，教、训分家的现象极为普遍。“教育好像是教人读书，训育好像是训练人做人或是做事；教育好像是培养知识，训育好像是训

① 杨效春：《我们的教育》，《中华教育界》第20卷，第7期，1933年，第37页。

② 陶行知：《传统教育与生活教育有什么区别》，《陶行知全集》第2卷，湖南教育出版社1985年版，第734页。

③ 陶行知：《目前中国教育的两条路线》，《陶行知全集》第2卷，湖南教育出版社1985年版，第559页。

练品行；教育又好像是指所谓之课内活动，训育则好像是指所谓课外活动。”①教、训分家使得教育内容更为单薄和狭窄。

在陶行知看来，传统教育的内容“使人坐而言，不使人起而行。教育好比是菜蔬，文字好比是纤维，生活好比是各种维他命(vitamin)。以文字为中心而忽略生活的教科书，好比是有纤维而无维他命之菜蔬，吃了不能滋养体力。……它是中国小孩子的手铐，害得他们双手无能。它是死的、假的、静止的。它没有生命的力量。它是创造、建设、生产的最大障碍物。它叫中国站在那儿望着农业文明破产而跳不到工业文明的对岸去”②。

生活教育则不同。生活教育是以生活为中心的教育，生活的一切方面都成为教育的内容。换句话说，它是以人类生活的内容为内容的。生活教育的内容究竟有哪些呢？陶行知曾将人类生活划分为康健的生活、劳动的生活、科学的生活、艺术的生活和改造社会的生活，因而其教育内容包括有康健的教育、劳动的教育、科学的教育、艺术的教育和社会改造的教育等方面。陶行知还明确提出过“全面教育”的主张，要求“心、脑、手并用。学政治、学经济、学文化相结合。健康、科学、劳动、艺术及民主将构成和谐的生活”③。可见，生活教育的内容是极为全面而丰富的。

生活教育并不一概否定文字和书本的作用，但它认为文字和书本都只是工具，是人们生活和实践的工具。工具是给人用的，文字和书本也是给人用的。所以，它主张“用书”而不主张“读书”，反对“读死书，死读书，读书死”。陶行知多次表示：“我们要活的书，不要死的书；要真的书，不要假的书；要动的书，不要死的书；要用的书，不要读的书。总起来说，我们要以生活为中心的教育做指导，不要以文字为中心的教科书。”④

在教育与训育的关系上，陶行知明确表示：“生活教育的要求是：整个的生活要有整个的教育。……智识与品行分不开，思想与行为分不开，课内与课外分不开，做人做事与读书分不开，即教育与训育分不开。生活教

① 陶行知:《晓庄三岁敬告同志书》,《陶行知全集》第 2 卷,湖南教育出版社 1985 年版,第 210 页。

② 陶行知:《教学做合一下之教科书》,《陶行知全集》第 2 卷,湖南教育出版社 1985 年版,第 294 页。

③ 陶行知:《全民教育》,《陶行知全集》第 3 卷,湖南教育出版社 1985 年版,第 554 页。

④ 陶行知:《教学做合一下之教科书》,《陶行知全集》第 2 卷,湖南教育出版社 1985 年版,第 295 页。

育之下只有纵的分任，决无横的割裂。”[①]

第四，在教育方法上，传统教育是机械灌输，呆读死记，重教轻学，脱离实践，重知轻行，手脑两分，层层考试，束缚学生。教学中采取填鸭式教学法（又叫注入式教学法），不顾学生实际情况，一味死灌，教师讲，学生听。教师写，学生抄。教师问，学生答。教师主宰整个教学过程，学生毫无任何主动性和积极性。而且，“先生教而不做，学生学而不做”[②]，教师为教而教，学生为学而学，教与学都与“做”脱离，轻视行动，手脑分家，“教用脑的人不用手，不教用手的人用脑”，“读书的人除劳心以外，不去劳力；除读书外，不去做工，以致不能生产”，而“做工的人除劳力以外，不去劳心，除做工以外，不去读书，以致不能自保其利益，而受他人的横搜直刮”[③]。

尤有甚者，还以层层考试，束缚学生的思想和行为，扼杀其创造力。在中国古代，自隋唐起，历代封建统治者便通过科举制度来迫使士子就范。明清之后，“八股取士”更使众多学人整日埋首章句辞赋之学，“两耳不闻窗外事，一心只读圣贤书”。及至近代，科举制度虽废，但阴魂不散，变着方式继续毒害青年。国民党统治时期，推行会考制度，学校教育以会考为中心任务，“学生是学会考，教员是教人会考。学校是变成了会考筹备处。会考所要的必须教。会考所不要的就不必教，甚至于必不教。……所要教的只是书，只是考的书，只是《会考指南》！教育等于读书；读书等于赶考”。学生们“赶了一考又一考。毕业考过了接着就是会考。会考过了接着就是升学考。一连三个考赶下来，是会把肉儿赶跑了，把血色赶跑了，甚至有些是把性命赶跑了”。陶行知一针见血地指出，这种“会考”制度是“变相的科举”，“大规模的消灭民族生存力”[④]。

生活教育则不同。为了消除传统教育制度下劳心与劳力相对立、教育与生活劳动相分离的局面，使人手脑并用，全面发展，生活教育强调实践，重

---

① 陶行知：《晓庄三岁敬告同志书》，《陶行知全集》第 2 卷，湖南教育出版社 1985 年版，第 210 页。

② 陶行知：《乡村工学团试验初步计划说明书》，《陶行知全集》第 2 卷，湖南教育出版社 1985 年版，第 594 页。

③ 陶行知：《目前中国教育的两条路线——教劳心者劳力，教劳力者劳心》，《陶行知全集》第 2 卷，湖南教育出版社 1985 年版，第 598 页。

④ 陶行知：《杀人的会考与创造的考成》，《陶行知全集》第 2 卷，湖南教育出版社 1985 年版，第 676 页。

视行动，以“做”为中心，把教师的教和学生的学统一在“做”上面，既重视教，更重视学；既重视知，更重视行；既重视教师的主导作用，更重视学生的主体作用。生活教育主张：“教的方法根据学的方法；学的方法根据做的方法。事怎样做便怎样学，怎样学便怎样教。教与学都以做为中心。在做上教的是先生，在做上学的是学生。”①陶行知称这种教育方法为“教学做合一”法。

依陶行知的解释，“教学做合一”的“做”，是“包含广泛意味的生活实践的意思”②，是人类生活中一切有意义的活动。具体言之，“做的发明，是创造，是实验，是建设，是生产，是破坏，是奋斗，是探寻出路”，还包括文艺等精神活动③。它不是狭义的“做”，更不是盲行盲动，而是劳力上劳心。因此，它有以下三种特征：①行动，②思想，③新价值的产生。举个例子说，“鲁滨孙在失望之岛上缺少一个放水的小缸。一天烧饭，他看见一块泥土被火烧得像石头样的硬。他想，一块碎土既有如此变化，那么用这土造成一个东西，或者也能如此变化。他要试试看。他动手用土造成三个小缸的样子，架起火来把它们烧得通红，渐渐的冷下去，便成了三只坚固而不漏水的小缸。这里有行动，有思想，有新价值之产生——泥土变成水缸。这是做。这是教学做合一之做”④。

这种“做”不排斥教师的讲授、谈话、演示和学生的讨论、练习、实验、研究等具体方法，它只要求将这些具体方法统一在实践的基础上，要求教师的教和学生的学都与社会实际相结合，从实践中去追求真知识。这种“做”也不笼统地反对考试，它只要求“停止那毁灭生活力之文字的会考，发动那培养生活力之创造的考成”。所谓“创造的考成所要考核的是生活的实质，不是纸上的空谈”。举例而言，“创造的考成”所要考成的内容为：“（一）校内师生及周围人民的身体强健了多少？有何证据？（二）校内师生及周围人民对于手脑并用已经达到什么程度？有多少是获得了继续不断的求知欲？有何

---

① 陶行知：《教学做合一下之教科书》，《陶行知全集》第 2 卷，湖南教育出版社 1985 年版，第 289 页。

② 陶行知：《教育生活漫忆》，《陶行知全集》第 3 卷，湖南教育出版社 1985 年版，第 623 页。

③ 陶行知：《教学做合一下之教科书》，《陶行知全集》第 2 卷，湖南教育出版社 1985 年版，第 290 页。

④ 陶行知：《教学做合一下之教科书》，《陶行知全集》第 2 卷，湖南教育出版社 1985 年版，第 289—290 页。

证据？（三）校内师生及周围人民对于改造物质及社会环境已经达到什么程度？有何证据？”[①]可见，在陶行知的教育方法里，无论是教学还是考核，都是力图把主体和客体、理论与实践有机地统一起来，以达到追求真知识、培养生活力的目的。这样一种教育方法，是与那些专在文字与书本上下功夫，只会满堂灌输、呆读死记、重教轻学、重知轻行的传统教育方法截然有别的。它有助于加强理论与实际的联系，加强教育与生产劳动、社会生活的联系，培养学生手脑并用，消除劳心与劳力的对立，促进人的智力、体力和谐发展。

第五，在教育的组织形式上，传统教育是封闭式的学校。这种学校“门前挂着闲人莫入的虎头牌以自绝于社会”，关起门来办教育，“学校自学校，社会自社会”，不仅把教育的范围局限在传统学校的鸟笼内，成了为少数人所有的“小众教育”，而且造成学校教育与社会实际严重脱节的现象。在具体教学组织形式上，传统教育先多采取个别教学，后来又引进近代西方以集体教学为基本特征的班级授课制，以课堂教学为中心开展教学活动，完全忽视课外活动。尤为严重的是，无论是古代的个别教学还是近代的课堂教学，都是在封闭式的学校中进行的，远离活生生的社会现实，因而无法适应社会变迁的需要。

生活教育则不同。它提倡“社会即学校”，主张以人民大众的生活场所为教育的场所，让整个社会都成为人民大众的学校。主张以宇宙为教室，奉万物为宗师，“马路、弄堂、乡村、工厂、店铺、监牢、战场，凡是生活的场所，都是我们教育自己的场所”。生活便是教育，也是课程，教育以人民大众的各种生活实践为中心来开展活动。在具体的组织形式上，陶行知独创了工学团这一集生产、教育、自卫三种职能兼而有之的新型团体。“工是工作，学是科学，团是团体。说得清楚些是：工以养生，学以明生，团以保生。说得更清楚些是：以大众的工作养活大众的生命，以大众的科学明了大众的生命，以大众的团体的力量保护大众的生命。”“工学团是一个小工场，一个小学校，一个小社会。在这里面是包含着生产的意义，长进的意义，平等互助、自卫卫人的意义。它是将工场、学校、社会打成一片，产生一个富有生活力的新细胞。”“工学团可大可小，从几个人的家庭、店铺，几十个人的

---

①　陶行知：《杀人的会考与创造的考成》，《陶行知全集》第2卷，湖南教育出版社1985年版，第677页。

学校、庙宇，几百个人的村庄、监狱，几千人的工厂，几万人几十万人的军队、建设工程队（例如导淮、筑路的大队民工），都可造成一个富有意义的工学团。”[①]工学团把学校、工厂（农村）、社会打成一片，是陶行知理想中的社会基层单位。按照陶行知的设想，每一个基层组织都可办成这样的工学团，也可叫“自学团、共学团、普及教育团、生活教育团”或“工学队”。每一个这样的工学团是一个“文化细胞”，把各个“文化细胞”联合起来就组成“文化网”，构成一个大社会、大学校[②]。

生活教育提倡“社会即学校”，但并不赞同取消学校。它主张对传统的学校予以彻底的改造，拆除学校与社会之间的围墙，把学校从“鸟笼里”解放出来，与整个乡村、整个城市、整个宇宙相联系，以社会的中心问题作为学校的中心问题，和人民大众的生活实际相联系，“教人做工求学管政治，把政治、经济、教育打成一片”[③]。意在打破少数统治者对学校的垄断，使教育不再成为“少爷的手杖，小姐的钻戒，政官升官的梯子，书呆子轮回麻醉的乌烟”；培养站在人民之中，有志于献身改造社会、改造自然的新人，使学校教育更好地为民族解放和祖国富强服务。

最后，在教育的时限上，传统教育是一种片断的教育。它有初、中、高阶段的划分，每一阶段皆有毕业的时期，而且初等教育只为中等教育做准备，中等教育只为高等教育做准备，逐级上升，缺一不可。幼儿教育、成人教育乃至老人教育等，在这种整齐划一的教育制度里没有其地位。人们从学校里毕业了，就意味着结束了受教育的阶段。这种教育必然带来如下问题：一是断绝穷人受教育的机会。穷人不光缺乏金钱，同时还缺乏系统的时间。不用说中等和高等教育，就连初等教育，穷人既因为无钱供子女入学，又因需子女在家庭中帮助生产劳动，无法找出 4 年或 6 年之久的系统的时间来，所以也无法入学。二是忽视了幼儿教育，尤其是 6 岁以前的儿童教育。三是剥夺成人（特别是老人）受教育的机会。中国有许多跌落在教育圈外的成年男女，他们在幼年时因为穷，没能入学；在传统的教育制度

---

① 陶行知：《攻破普及教育之难关》，《陶行知全集》第 3 卷，湖南教育出版社 1985 年版，第 792—793 页。

② 陶行知：《文化细胞》，《陶行知文集》，江苏人民出版社 1981 年版，第 829—831 页。

③ 陶行知：《晓庄三岁敬告同志书》，《陶行知全集》第 2 卷，湖南教育出版社 1985 年版，第 211 页。

下，还是不能入学。没有什么学校为成人实施中等教育和高等教育。四是不利于人们的自学。不进学校就意味着没有受教育，人们自学所取得的成就，很难受到社会的承认。而从学校毕业后，也无须再受教育了。诸如此类，不一而足。陶行知批评说："现在这种小学六年、中学六年、大学四年的教育制度，都可以'短命教育'四字代表之。"[①]

生活教育则不同。生活教育是一种终生教育（或曰"终身教育"）。它贯穿在人一生的整个活动过程中，是全生命期的教育。一个人自幼至老，生活一天就应受一天的教育。"生活教育与生俱来，与生同去。出世便是破蒙，进棺材才算毕业。"[②]学习为生活；生活为学习。只要活着就要学习。一旦养成学习习惯，个人就能终生进步不断[③]。所以，生活教育没有阶段，不能中止，也无毕业可言。活到老，做到老，学到老。整个人生的时期，都是受教育的时期。儿童青年固然应受生活教育，成人及老人也应受生活教育。这就为既无钱又无闲的穷人提供了受教育的机会，有助于人们的自学提高。"与时代俱进，才能做一个长久的现代人。"[④]

综上所述，生活教育是陶行知在反传统教育和反洋化教育的斗争中，针对传统教育的弊端而提出来的，与传统教育在教育的性质、目的、内容、方法、组织形式乃至时限等方面，都存在着本质的区别。

生活教育不仅是反帝反封建，实现民族解放、国家富强的战斗武器，更重要的是，它还是一种与现代社会生活相适应并为之服务的现代教育理论，具有旺盛的生命活力，应该而且可以为当代中国的教育改革与发展提供某些理论借鉴。

第二节　生活教育学说与美国杜威教育理论的关系

20世纪初，美国著名教育家杜威针对当时美国学校教育严重脱离社会生活实际的现状以及英国教育家斯宾塞提出"教育是将来生活的预备"

---

① 陶行知：《普及教育》，《陶行知全集》第2卷，湖南教育出版社1985年版，第762页。

② 陶行知：《生活教育》，《陶行知全集》第2卷，湖南教育出版社1985年版，第634页。

③ 陶行知：《全民教育》，《陶行知全集》第3卷，湖南教育出版社1985年版，第554页。

④ 陶行知：《攻破普及教育之难关》，《陶行知全集》第2卷，湖南教育出版社1985年版，第782页。

的主张而提出了"教育即生活"的实用主义教育主张。杜威提出该理论的哲学基础是实用主义思想，他认为，"教育就是经验的改造或改组，这种改造或改组，既能增加经验的意义，又能提高后来经验进程的能力"①。"教育是生活的过程，而不是将来生活的预备。"②为此，他进一步提出了"学校即社会"、"儿童是中心"、"从做中学"等主张。这些思想，曾对改革美国的传统学校教育以适应社会发展的需要起到过积极作用。到了20世纪第二个10年，这些主张陆续传入我国教育界。不可否认，这些教育主张对批判与改造我国传统教育具有一定的积极作用，但实用主义教育思想毕竟是针对美国的，中国的教育现状与欧美有很大差异，陶行知经过认真调查中国教育的实际之后，幡然醒悟，逐步由"教育即生活"的实用主义教育理论的信奉者变为一名坚定的批判者。他说："我从民国六年起便陪伴着这个思潮来中国，8年的经验告诉我：'此路不通。'"他开始怀疑杜威的教育理论，找出了其中不合理的地方，进而创造性提出了"教学做合一"的理论，他说："'教育即生活'这句话，是从杜威先生那里来的，我们在过去是常常用他，但是，从来没有问过这里边有什么用意。现在，我把他翻了半个筋斗，改为'生活即教育'。"③

一、杜威的影响与陶行知的超越

杜威是20世纪上半叶盛行一时的美国实用主义教育流派的主要代表人物，是现代世界教育史上最有影响的教育改革家和教育思想家。他针对当时美国教育的弊端，提倡"教育即生活"、"学校即社会"、"从做中学"，主张以儿童为中心，以个人直接经验为中心和以活动为中心，这种实用主义教育主张代表了当时资产阶级教育和教育思想发展史上的新潮流，不仅在资本主义世界中有着广泛的国际影响，而且对旧中国的教育界也有相当大的影响。

陶行知是杜威的学生，早年受业于杜威，曾经信奉和宣传过杜威的教育主张。1914年，他先在伊利诺伊大学学市政，后转入哥伦比亚大学师范学院攻读教育，接受了杜威的教育学说，成为杜威的得意门生。

① 赵祥麟、王承绪编译：《杜威教育论著选》，华东师范大学出版社1981年版，第159页。
② 赵祥麟、王承绪编译：《杜威教育论著选》，华东师范大学出版社1981年版，第4页。
③ 陶行知：《生活即教育》，《陶行知全集》第2卷，湖南教育出版社1985年版，第180页。

1917年，他带着杜威的实用主义教育理论回国，希望用它来解决中国传统教育的弊端，实现其“使全国人民都有受教育机会”的宏愿。在就任南京高等师范学校教育科主任、代理教务主任期间，积极发表文章，提倡试验主义教育思想。1919年，杜威来华讲学期间，他亲自担任翻译，并陪同其到外地参观、讲学。“五四”运动以后，在实用主义教育思想指导下，他大力开展教育改革和教育实验，抨击封建传统教育，积极提倡“新教育”，主张建立以人民为中心的、民主的、活的教育。这一时期，陶行知受杜威教育思想的影响甚深。

但是，经过8年的教育实践，现实告诉他：杜威的实用主义教育思想，在中国行不通，因为它并不符合中国的国情。当时的中国是一个半殖民地半封建的国家，民族危机深重，经济相当落后，文化教育不发达，新式学校数量不多，而且基本上掌握在统治阶级手里，不能真正克服传统教育脱离人民、脱离社会、脱离生活的痼疾。于是，他从失败中不断总结经验教训，开始改造杜威的教育理论，将其“教育即生活”、“学校即社会”的主张“翻了半个筋斗”，改为“生活即教育”、“社会即学校”，提出了颇具中国特色的“生活教育学说”，并相继创办了晓庄师范学校、山海工学团、育才学校和社会大学等教育机构，开展了乡村教育、普及教育、国难教育、战时教育、全面教育和民主教育等运动，使教育成为民族解放、大众解放、人类解放的武器。正是在长期的教育实践中，他逐渐摆脱了杜威教育理论的影响，实现了对杜威的超越[①]。

陶行知完成对杜威的超越，原因是多方面的，除了教育改革实践促使他思想上的变化外，还有伟大的革命斗争，促使他在政治思想上也发生了根本的变化。也正是这后一个变化，才使他的整个思想完成了质的飞跃[②]。

陶行知是“由卓越的民主主义战士转变到伟大的共产主义战士”[③]的。他早年是一个爱国主义者和民主主义者，他的爱国心和平民性使他具有救国救民的宏愿。为实现这一崇高的理想，他与同时代的许多爱国志士一

---

① 当然，这种“超越”只是就整个思想体系而言，并不意味着陶行知与杜威不存在任何思想上的联系。事实上，直到陶行知去世前，他的思想层面仍保留着一些杜威的东西。

② 董宝良：《再论陶行知与杜威在教育思想上的联系与区别》，《华中师范学院学报》1982年第6期。

③ 胡乔木：《在中国陶行知研究会成立大会上的讲话》，《教工月刊》1985年第11期。

样，努力向西方寻求救国救民之道，毅然赴美留学。当他留美归来以后，重新回到人民大众中间，推行平民教育。他满以为只要在劳苦大众中办学，普及教育，提高人民大众的文化水平，就可以改造中国的乡村乃至全社会。后来他才懂得，教育改革不触及政治体制是不可能的——国民党反动派不允许他传播进步的教育思想，办改造社会的学校。所以他创办的晓庄师范，后来被封禁，他本人也遭通缉。血的教训，使他懂得了什么是反动、什么是革命的道理，促使他在进步道路上迈出了可贵的第一步。“九一八”事变后，目睹日益深重的民族危机和国民党反动派的妥协退让，他的政治思想进一步向左转。特别是在“一二·九”学生爱国运动被镇压之后，他就完全走上了反蒋抗日的革命道路，成为一个伟大的共产主义者，由中国共产党的亲密朋友变为中国共产党的忠诚战士。政治立场的转变和政治思想的变化，是陶行知超越杜威的重要动因。

还应看到，陶行知哲学观点的发展变化也是促成其教育思想逐渐摆脱杜威影响的一个因素。陶行知的哲学思想经历了一个由唯心主义到唯物主义，再由唯物主义到辩证唯物主义的发展过程。最初，陶行知是相信“知是行之始”观点的。早在金陵大学求学期间，他就对王阳明的“知行合一”学说产生了浓厚兴趣，笃信“知是行之始，行是知之成”，并将自己的原名“文濬”改为“知行”。留美回国以后，深受英国经验唯物主义、法国唯理论、德国实验主义以及美国实用主义的影响，萌发了唯物主义思想因素。在创办晓庄师范学校、开展生活教育实验过程中，通过对《墨辩》“亲知、闻知、说知”的吸取和自身教育实践的体验，哲学思想逐渐由“知是行之始”转变到“行是知之始”。20 世纪 30 年代以后，在马克思主义哲学思潮的影响下，加上对本人教育实践的认真总结，他进一步主张“行知行”，已具有辩证唯物主义观点。哲学思想的变化也促使他的教育思想在根本立场和观点上与杜威分道扬镳。

二、生活教育与实用主义教育的区别

生活教育不仅与传统教育存在本质差异，也与实用主义教育有着根本不同。陶行知与杜威虽然都是从生活与教育的关系上去研究教育现象，但细加分辨，就会发现两者之间有天壤之别。陶行知曾郑重声明，他的生活教育是真的，杜威的生活教育是假的：“又拿生活教育来说吧，您又可以发现两种不同的说法：一种主张‘教育即生活’；另一种是主张‘生活即教育’。

我现在想把生活教育的特质指出来，目的不但要使大家知道生活教育与传统教育之不同，并且要使大家知道把假的生活教育和真的生活教育分别出来。”[①]具体说来，两者的根本区别体现在教育的性质、目的、内容、方法和组织形式等方面。

教育究竟为谁服务，向哪个阶级开门，教育对象应该是什么人，这是陶行知与杜威教育理论的一个根本分歧。杜威在《民主主义与教育》一书中，一方面宣扬“教育民主”，“注意给大家以平等和宽厚的条件求得知识的机会”，一方面又强调“一个划分阶级的社会，只需特别注意统治阶级子弟的教育”。至于广大的劳苦大众及其子女，只需在杜威设计的实验学校学习一点初步的知识和技术，能为资本家创造利润就足够了。这就清楚地表明，杜威的教育对象主要是“少爷小姐”，他所办的教育是为资产阶级服务的“小众教育”。而陶行知的生活教育恰恰相反，提倡办为全国劳苦大众服务的“大众教育”。他反复声明他的生活教育是为人民大众服务的。“生活教育是大众的教育，大众自己办的教育，大众为生活解放而办的教育。”[②]他强调指出其生活教育的阶级实质：“它不是摩登女郎之金刚钻戒指，而是冰天雪地下的穷人的窝窝头和破棉袄。”[③]陶行知的整个教育思想都贯穿着一条红线，即教育为人民服务，为穷苦大众服务。

教育要培养什么人，为哪一个阶级培养人才，这是陶行知与杜威教育理论的又一个根本分歧。历史告诉我们，不同的阶级有不同的教育目的。尽管杜威标榜自己是“教育无目的论”者，认为在教育过程之外不要再添加其他目的，教育本身就是目的，但他并不是说教育本身不该有目的。事实上，杜威的教育目的是很明确的。他说：教育目的就是“要养成配做社会的良好分子的公民”[④]，这种“良好”的“公民”在“政治方面的要求”是：“不做欺诈卑劣的手段，还贵能互相监督，相互纠察”；在其他方面的要求是：“第一，乃要做一个良好的邻居或朋友；第二，不但我受他人的益处，还要他人

---

① 陶行知：《生活教育之特质》，《陶行知全集》第 3 卷，湖南教育出版社 1985 年版，第 25 页。

② 陶行知：《生活教育之特质》，《陶行知全集》第 3 卷，湖南教育出版社 1985 年版，第 26—27 页。

③ 陶行知：《生活教育》，《陶行知全集》第 2 卷，湖南教育出版社 1985 年版，第 635 页。

④ 《杜威五大讲演》，北京晨报社 1920 年 8 月版。

受我的益处；第三，应该做一个生利的生产的人，不要做分利的人；第四，应该做一个好的消费家；第五，应该做一个良好的创造者和贡献者。”从这里我们可以看出，杜威对其教育对象要求成为一个干练的美国公民，既有谋生的知识与技术，又有维护资产阶级民主的思想与性格，以履行资产阶级民主社会的义务和责任。由此可知，即使教育机会均等，平民子女包括黑人孩子得到了受教育的机会，但一般也只能被培养成为资产阶级生产利润的工具，并对自己被奴役、被歧视、被剥削的命运具有容忍性。

与此相反，陶行知公开主张教育是有目的的，这就是“促进自觉性之启发，创造力之培养，教育之普及，及生活之提高”①，其宗旨是通过培养人才来改造社会，提高人民大众的生活。从创办晓庄师范起，他在要培养什么样的人的问题上就与杜威不一样，主张培养“在劳力上劳心”的现代人，培养能够为劳苦大众服务、改造社会的人。“九一八”事变后，国难深重，他又提出了培养保卫国土主权、争取民族解放的战士的要求。在办育才学校时，他进一步提出要把学生培养成追求真理的小学生、自觉觉人的小先生、手脑双挥的小工人、反抗侵略的小战士。抗战胜利后，他更加明确希望把学生造就成民主革命的战士。从他一生办学的实践来看，不论在晓庄师范和山海工学团，还是在育才学校和社会大学，他在中国共产党的帮助下，培养出一大批教育工作者、艺术人才和为革命献身的干部。仅以育才学校为例，当时全校共400多名学生，而为延安和各解放区输送的干部，约占全部学生的1/3。总之，杜威要培养的是为资产阶级利益服务的人才，而陶行知要培养的是为人民大众利益服务的人才。

因为陶行知与杜威在培养什么样的人的问题上根本不同，所以，他们采用的教育内容、方法和组织形式也不同。

杜威以个体适应性生活及在此基础上产生的经验为中心，主张将“教育生活化”，以“儿童自己本能的能力”为教育的素材。他所说的“生活”，并不是整个实在的社会生活，而是片断的、非实在的、个人的日常生活。这种生活又是指儿童个体的思想、冲动、兴趣、习惯等先天的本能的生长、发展的生活，是儿童的游戏、讲故事、观察、手工活动的生活，是脱离社会的、日

① 陶行知：《生活教育运动十三周年纪念告同志》，《陶行知全集》第3卷，湖南教育出版社1985年版，第417页。

常的家庭生活。这种以儿童自我为中心的生活与经验的教育内容的观点，是杜威主观经验论哲学在教育上的表现，也是其改良主义政治思想在教育上的表现。杜威嫌“学校里的教育太枯燥了，必得把社会里的生活搬一些进来，才有意思”。这种“教育生活化”，实际上是把生活当做装饰品，去点缀教育的内容，而不是把整个社会生活当做教育的中心内容。它“将教育和生活关在学校大门里，如同一个鸟关在笼子里的”，只是在学校范围内扩大儿童的生活经验，是把教育当做生活，而不是“拿全部生活去做教育的对象”①。这种以鸟笼式的生活为中心的教育，只能是改良主义的，仍然没有根本改变教育与生活相脱离的状况。

陶行知虽与杜威在反对传统教育以文字、书本为中心这一点上有共同之处，但他所提倡的“生活即教育”是以社会生活及在此基础上产生的经验为中心的，主张“用生活来教育”，以社会生活为教育的素材。这与杜威大相径庭甚至针锋相对。他认为，“过什么生活，便是受什么教育”，“要想受什么教育，便须过什么生活”，有什么样的生活就应有什么样的教育，教育的内容应根据生活的需要。从他的教育实践来看，的确是做到了这一点。晓庄时期，他规定教育内容为“中心小学工作教学做”、“分任校务教学做”、“征服自然环境教学做”、“改造社会环境教学做”、“学生生活处理”等；山海工学团时期，他明确提出了军事能力、生产能力、科学能力、识字能力、运用民权能力和节制生育能力等六大教育内容；育才时期，他总结了生活教育的实践经验，进一步提出要把开发现代文化宝库的“四把钥匙”——语文、数学、外语、科学方法教给学生，学生一方面根据各自的特殊才能被分别编成专业小组，学习专业知识的特修课，一方面又按文化程度分年级，学习文化知识的必修课。此外，还有生产劳动、军事训练、抗敌艺术演出、社会民主斗争等教育活动。这些教育内容，都是紧密结合改造社会、改造自然的社会生活实际，都是以半殖民地半封建社会中国人民大众的生活需要和政治需要为依据的，使生活与教育真正地联系在一起，克服了传统教育的痼疾。

在教育方法上，杜威和陶行知都强调“做”，一个是“做中学”，一个是“教学做合一”，但两者却有本质差异。首先，杜威的“做中学”，是他的“教

① 陶行知:《生活即教育——再答操震球之问》,《陶行知全集》第 2 卷，湖南教育出版社 1985 年版，第 199 页。

育即生活”、“学校即社会”的教育论在教学中的应用,是杜威整个教育思想体系的一个组成部分,而陶行知的“教学做合一”,是受“生活即教育”、“社会即学校”的教育论指导的,同“做中学”在教育指导思想上有明显区别。其次,杜威“做中学”的“做”,与陶行知“教学做合一”的“做”,虽然“做”字相同,但因两者的认识论基础不同,也有实质的不同。杜威是经验论者,他所说的“做”,是指人与自然环境和社会环境所进行的交涉,从中得到的经验兼具主观与客观的性质,如果脱离人们的主观经验,这种经验就不能存在,这种“做”实际上是生物个体适应环境的活动。而陶行知早年虽然一度相信杜威的这种看法,但后来随着其哲学思想的发展变化,具有了辩证唯物主义观点,他所说的“做”,主要是指人类的社会生活实践,包括生产劳动、科学实验、阶级斗争、文化活动等。因此,陶行知的“做”与杜威的“做”,文字虽同,含义实异。在教育实践中,陶行知与杜威也不一样:陶行知强调的“做”,是让学生同工农交朋友,为工农子女办识字班,参加革命运动,演出革命戏剧,办音乐会,宣传抗日救国;而杜威却只让儿童在“雏形社会”的学校里,做些日常生活的事,如在学校工厂中学做木工、金工,在学校农场里练习种地,在学校厨房中学烹饪,或到图书馆、实验室中看他们想看的书,做有趣的实验等。可见,两人所说的“做”,不仅有真“做”与假“做”之分,也有革命与不革命的性质之分。最后,从教学过程来看,两人虽然都强调“以做为中心”,但陶行知所说的“做”,是同“教”与“学”紧密结合的,是把知与行、理论与实践、教育与生活紧密结合的,是反对传统教育“读死书、死读书、读书死”的,它不同于杜威的“做中学”,只强调“做”,与“教”和“学”无内在联系,以做代学,以做代教,从而在客观上降低教师在教学过程中的主导作用,忽视了向学生系统地传授文化科学知识。简而言之,陶行知的“教学做合一”与杜威的“做中学”具有根本的不同。

在学习场域和组织形式上,陶行知与杜威也有着严重的分歧。杜威提出“学校即社会”,主张“学校社会化”,认为如果不把现实的社会生活简化起来,缩小到一种雏形的状态,儿童一旦同纷繁复杂的现实生活接触,便会陷入迷乱:“他不是被正在进行的那种活动的多样性所淹没,以致失去自己有条不紊的反应能力,便是被各种不同的活动所刺激,以致他的能力过早地被发动,致使他的教育不适当地偏于一面或者陷于解体。”[①]因此,他建

① 赵祥麟、王承绪编译:《杜威教育论著选》,华东师范大学出版社1981年版,第4页。

议把学校办成一个小型的或雏形的社会。社会上的各种机构如商店、工场、邮局等，都可以在学校里模拟，使学生在学校里就能接触到社会生活。陶行知认为杜威的“学校即社会”是把社会上的东西搬一些进学校，把丰富多彩的社会生活压缩到渺小的学校中去，把真的社会变成假的社会，把生动活泼的教育内容变成死气沉沉、干巴巴的教育内容。因此，他批评杜威的“学校即社会”的教育好像把一只活泼的小鸟从天空中捉来，关进鸟笼里一样，顶多只是“顾念鸟儿寂寞，搬一两丫树枝进笼，以便鸟儿跳得好玩，或者再提几只生物来，给鸟儿做陪伴”。但“鸟笼毕竟还是鸟笼，决不是鸟的世界”①。这种教育，使学校与社会之间隔着一道墙，学校自学校，社会自社会，学校与社会仍然分离。学生被锁在小小的学校里，“闭门造车”，这样培养的人根本无法适应社会的需要。

为了克服杜威“学校即社会”的不足，真正处理好学校与社会的关系，陶行知提出了“社会即学校”的主张，在积极呼吁改进学校与社会的联系，以社会生活作为学校教育内容的同时，进一步主张以社会作为教育的范围，“整个的社会是生活的场所，亦即教育之场所”②，使教学的课堂扩延到社会和大自然中去。这样，“教育的材料，教育的方法，教育的工具，教育的环境，都可以大大增强，学生、先生也可以更多起来”③。在教育实践中，陶行知组织学生以社会为课堂，走出校门，到工厂和农村演戏，宣传抗日救国，开展扫盲运动，投身民主教育运动，为革命事业作出了重要贡献。这与杜威“学校即社会”的“鸟笼教育”，把师生锁在学校的小天地里，脱离火热的社会斗争，只做些游戏、作业，恰好形成鲜明的对比。

指出陶行知与杜威在教育思想上的种种区别，并不否认陶行知吸取了杜威的一些教育观点。概括起来，陶行知从杜威那里主要吸取了以下几方面的内容：一是重视发挥教育改造社会的功能；二是反对传统教育只重视以文字、书本为中心，忽略教育与生活、与社会的联系；三是强调“做”，注重行动，加强知与行、理论与实际的联系，反对死读书本、手脑两分；四是注重科学实验，以科学方法办教育；五是提倡教育民主化，反对教育工作中的专

---

① 陶行知：《生活教育》，《陶行知全集》第2卷，湖南教育出版社1985年版，第633页。

② 陶行知：《生活教育》，《陶行知全集》第2卷，湖南教育出版社1985年版，第633—634页。

③ 陶行知：《社会即学校》，《陶行知全集》第2卷，湖南教育出版社1985年版，第201页。

制独裁，等等。

陶行知之所以能吸取杜威的某些教育观点，绝不是偶然的。这首先是由于杜威反对传统教育的不少主张有积极的因素，如强调教育应当与社会有广泛的联系，反映社会对教育的要求，要适应儿童身心发展的特点和规律，注重培养学生适应社会的能力，发展学生的个性，要加强知与行的结合，重视科学，重视实验，等等。尽管它们被包容在实用主义的思想体系之中，但它们还是在某种程度上反映了现代教育的若干客观规律。其次，也是由于陶行知善于从中国的国情出发，根据当时国内教育改革的需要，批判地吸取了杜威教育思想中的积极成分。这种吸取是符合事物发展的客观逻辑的。因为，一种新的教育思想的出现，总是要批判继承一些原有的教育思想，它不可能凭空从天上掉下来。当然，也应看到新出现的教育思想与原有的教育思想虽然有联系，但又不等于在这两种新旧教育思想之间没有质的区别。众所周知，马克思、恩格斯创立唯物辩证法时，就是批判地吸取了黑格尔的辩证法的。关于这一点，斯大林曾明确指出："但这并不是说，马克思与恩格斯的辩证法和黑格尔的辩证法是一个东西。"又说："其实，马克思与恩格斯仅仅从黑格尔的辩证法中采取了它的'合理的内核'，而摒弃了黑格尔的唯心主义的外壳，并向前发展了辩证法。"①因此，我们完全可以说，陶行知在创立生活教育学说时，吸取了杜威教育理论中的"合理的内核"，摒弃了那些实用主义的杂质，并把教育同生活联系的主张向前推进了一大步。正是基于这一点，我们说，陶行知不是杜威，陶行知就是陶行知。

---

① 联共（布）中央特设委员会编：《苏联共产党（布）历史简明教程》（中文版），人民出版社 1954 年第 8 版，第 136 页。

第十二章 陶行知的伟大人格精神

第一节 爱满天下的博大胸襟

陶行知热爱祖国。“我是一个中国人,要为中国作出一些贡献来”[①],这是他少年时期立下的爱国志向。“国家是大家的。爱国是每个人的本分,顾亭林先生说得好:‘天下兴亡,匹夫有责。’我觉得凡是脚站在中国土地,嘴吃中国五谷,身穿中国衣服的,无论是男女老少,都应当爱中国。”[②]这是他对爱国主义最通俗的解释,也是最朴素的感情。“我是中国人,我爱中华国。中国现在不得了,将来一定了不得。”[③]这是他对祖国所寄予的希望和坚定信念。爱国必然爱民,由此,他以“爱满天下”的精神,爱平民,爱农民,爱工人,爱广大劳苦大众。“他爱人类,所以他爱中华民族,所以他爱中华民族中最多数最不幸之农人。”[④]他愿为苦难的农民“烧心香”,因而他大力倡导乡村教育;他爱工人,他唱出了“光棍的锄头不中用呀!联合机器来革命呀!”[⑤]他倡导“科学下嫁”,创办各种工学团,开展工农教育;他爱天下一切劳苦大众,愿意终身为劳苦大众服务,做人民的“老妈子”。从爱国爱民出发,他爱教育,决心一辈子献身教育,立志要用教育来爱国爱民,救国救民。为此,他反对封建主义的传统教育,反对帝国主义的洋化教育和奴化教育,决心闯出一条适合中国国情的新教育之路来。因此,他矢志不渝地奋斗了一生。从爱国、爱民、爱教育出发,他“无保留地追随党”,全身心地投入中国共产党所领导的抗日救亡运动,把自己的一切纳入革命的轨

---

① 陶行知:《陶行知年表》,《陶行知全集》第1卷,湖南教育出版社1984年版,第672页。

② 陶行知:《预备钢头碰铁钉》,《陶行知全集》第5卷,湖南教育出版社1985年版,第67页。

③ 陶行知:《中国人》,《陶行知全集》第4卷,湖南教育出版社1985年版,第411页。

④ 张劲夫:《中国近代教育史上的一座宝库》,《陶行知研究》,湖南教育出版社1985年版,第30页。

⑤ 陶行知:《新锄头舞歌》,《陶行知全集》第4卷,湖南教育出版社1985年版,第198页。

道，直到生命的最后一息。

第二节　乐于奉献的伟大情操

“捧着一颗心来，不带半根草去”，是他献身精神的生动体现。陶行知的献身精神具体体现在：(1)全心全意为人民的教育事业献身。为了中国的教育事业，他是“为了苦孩，甘为骆驼；于人有益，牛马也做”。“愿把整个的心捧出来献给小孩”，愿为农民“烧心香”。他从中国的国情出发办教育，苦心探索，矢志追求。他艰苦奋斗办教育，动员群众，发动社会，一生劳碌奔波；他边试验，边探索，边实践，边总结，为中国创造新的教育理论付出了毕生精力；他身教重于言教，求真务实，身体力行，时时处处以身作则，为人师表。(2)他甘愿为抗日救国事业献身。民族危亡，国难当头，他挺身而出，不顾劳累，出访28个国家和地区，宣传抗日救国，揭露日本军国主义罪恶，争取国际援助，力争侨胞支持。回国后倡导国难教育、战时教育，创办育才学校，收留难童，培养人才幼苗，使教育为抗日救国服务。(3)他献身于新民主主义革命事业，一贯同情、支持、保护和营救共产党人。从同情革命事业，到自觉追随中国共产党，服从中国共产党的领导，不但把自己的教育事业纳入到革命的轨道，而且全力以赴地投入到反独裁、争民主、反内战、争和平的斗争中。

第三节　炽烈真诚的教育激情

徐特立说过：“杜威虽是一个伟大的教育家，但不是一个革命家。行知却是一个革命家，同时在教育方面起了伟大的革命作用……”①那么，作为一个革命家，陶行知的炽烈真诚的教育激情体现在何处呢？首先，在祖国处于半殖民地半封建社会，阶级斗争与民族斗争异常激烈的历史条件下，他虽然不是一个共产党员，但他的阶级斗争觉悟却很高。他反帝、反封建、反殖民主义，“为人民奋斗者，血写人民史诗”，为了国家，为了人民，他全心全意跟着中国共产党走，奋斗到最后一刻，真正做到了“鞠躬尽瘁，死而后已”。其次，

---

①　徐特立：《陶行知学说》，《解放日报》1946年8月12日。

反映在世界观的自我改造、自我革命上，陶行知也很突出。他自觉从“知行”观转变为“行知”观，从唯心主义转变为唯物主义。他自觉下农村，办乡师，实行知识分子与工农相结合；他又自觉办工学团，与工农交朋友，拜工农为师。吴玉章说：“回忆陶先生，我想起了他的革命精神，凡一切过去的思想、学说、理论、制度等等，都要经过理性的裁判，如有不合理，即使人人认为神圣不可侵犯的东西，他也大胆地要反对要革命……”①最后，教育理论与教育实践上的大胆改革与创新，也是陶行知教育激情的重要体现。

第四节　不屈不挠的刚毅品质

陶行知说：“失败是成功之母，奋斗是成功之父。”他一生奋斗、埋头于事业的精神是后人一致公认的。他的艰苦奋斗精神，主要表现在：事业上的专一性，他赤诚爱国，忠于革命，为了救国救民，矢志不渝地探索开拓，立志创新；意志上的坚忍性，他做任何事情都目标明确，意志坚决，一经决定，就会苦战到底，不达目的，誓不罢休；思想作风上的踏实苦干精神，他在思想理论上的探索，细致周密，虚心求真，一步一个脚印，如办学实践上的探索，他从计划、募捐、教育、教材、教法等，处处都能周密部署，从校长、教师到工友，几乎事事都要亲自动手；生活上的艰苦朴素，他公私分明，不抽烟，不喝酒，处处以身作则，为人师表，他原是留过学的大学教授，在当时社会，地位不算低，收入不算少，只要他愿意，他满可以像他的同学孙科、胡适那样飞黄腾达，但是他为了自己所认定的事业，甘愿脱掉西装革履，下乡办乡村师范，甘愿赤脚穿草鞋与师生同吃同住同劳动，做当地农民戏称的“挑粪校长”。为了事业，无论办学，还是出国访问，他总是夜以继日，连续苦战，战斗不息。“陶行知先生不仅是鲁迅先生所说的‘中国的脊梁’那一类优秀人物，是杰出的为中华民族作了很多有益的事情的那一类埋头苦干的‘脊梁人物’，而且是属于鲁迅先生形容的柔石一类‘损己利人’的高尚人物。”

第五节　求真务实的思想作风

“千教万教教人求真，千学万学学做真人”，这是陶行知为人与教人的

① 吴玉章：《回忆陶行知先生》，《新华日报》1946 年 9 月。

宗旨之一。为此，他在政治上求真，追求进步，追求光明，追求革命，从旧民主主义革命走向新民主主义革命，从“天生孙公做救星呀，唤醒锄头来革命”，“革命成功靠锄头”转变为“光棍的锄头不中用呀！联合机器来革命呀！”[①]这是他在政治认识上求真的结果，是一个质的飞跃。在世界观的改造上，从接受王阳明“知是行之始，行是知之成”的“知行”观转变为“行是知之始，知是行之成”的“行知”观，是他在哲学思想上求真的结果。在教育思想上，将杜威的“教育即生活”、“学校即社会”、“做中学”翻半个筋斗为“生活即教育”、“社会即学校”、“教学做合一”，是他“吾爱吾师，吾更爱真理”的求真过程的结晶。晓庄师范、山海工学团、育才学校、社会大学等的创办，是他教育实践上求真的实际行动。作风上他也求真，他民主，待人宽容，不苛求人，爱满天下。“民之所好好之，民之所恶恶之，教人民进步者，拜人民为老师。”[②]他一生求真，谦逊待人，求真善美，反假丑恶。他为人处世最重视一个“真”字，一生说实话，办实事，重视名实相符，言行一致，重视真才实学，不求虚名，从不弄虚作假。他勇于自我批评，听得进不同意见，能团结大多数人，因而平民百姓、工农群众、中小学生，甚至小贩、报童都喜欢他。

第六节　开拓求新的创造精神

“敢探未发明的新理，敢入未开化的边疆。”[③]一生探求、开拓、创造，是陶行知的最大特点。陶行知从中国的国情出发，从实践实验着手，创造了一整套以生活教育学说为核心的教育学说；他开拓性地创办了一批内容与形式全新，多层次、多轨制、多形式的幼儿园、中小学、乡村师范、工学团、育才学校、社会大学等。他在办学的指导思想、教学、教材、教法等方面进行了一系列探索，为中国教育创造了一批新的办学典型；他倡导了平民教育、乡村教育、普及教育、国难教育、战时教育、民主教育等一系列教育运动，从中国的国情和革命斗争的实际出发，为中国的教育改造探索新路，也为中国的教育文化事业，为中国的革命事业培养了一大批具有开拓创造精神的

---

① 陶行知：《新锄头歌舞》，《陶行知全集》第 4 卷，湖南教育出版社 1985 年版，第 198 页。

② 陶行知：《民方所好三首》，《陶行知全集》第 4 卷，湖南教育出版社 1985 年版，第 660 页。

③ 陶行知：《第一流的教育家》，《陶行知全集》第 1 卷，湖南教育出版社 1984 年版，第 113 页。

人才。陶行知重视创造，倡导创造，自己也事事处处开拓创造，连他别具一格的大众诗，也是具有独特陶行知味道的创造。他的创造，不仅为中国的教育开辟了道路，更重要的是为提高中国劳苦大众的科学文化水平，为提高中华民族的觉悟和素质，为中国的革命作出了贡献。

陶行知的上述六种精神是一个有机的整体。其中，爱国精神和献身精神是陶行知精神的两大基石，教育激情是陶行知精神的原动力，求真精神是陶行知精神的核心，艰苦奋斗精神、创造精神是献身精神和求真精神的重要体现。正是这六种精神，构筑了陶行知丰富而深邃的精神世界，为他在中国现代文化诸多领域进行开拓和创新，提供了巨大的精神动力。

第十三章　陶行知生活教育学说的当代价值

第一节　生活教育学说是我国社会主义教育理论体系的重要营养来源

建立具有中国特色的社会主义教育理论体系，是目前我国教育事业改革与发展的迫切需要。要建立这样一个教育理论体系，除了要总结中华人民共和国成立以来发展教育事业的新鲜经验以外，还必须从古今中外教育家的思想中去吸取营养，而陶行知的生活教育学说，无疑应作为重要的营养来源之一。作为一种与现代社会生活相适应的教育学说，生活教育在许多方面都反映了教育发展的客观规律，蕴含着不少合理因素，它的现代大教育观、主体教育论、生活课程论、实践教学法和终生教育论等，为我国社会主义教育理论体系提供了丰富的思想养分。

一、“生活即教育，社会即学校”——现代大教育观

生活教育的基本主张是“生活即教育，社会即学校”，认为生活含有教育的意义和作用，教育应以生活为中心，通过生活来进行，生活决定教育，教育改造生活，整个的生活要有整个的教育，而且“到处是生活，即到处是教育；整个的社会是生活的场所，亦即教育之场所”①。主张冲破学校与社会之间的“高墙”，把学校的一切延伸到大社会乃至大自然中去，促使封闭式的教育逐步向开放式的教育转变，使学校与社会、教育与生活密切结合，培养真正适合社会需要的各种人才，让教育真正成为推动社会进步的力量。这种把教育深深植根于整个人类社会生活的教育观，无疑是对传统的把教育与学校完全等同的小教育观的彻底否定。它是一种与现代社会生活相适应并为之服务的新型的现代大教育观。这种教育观，从横向上看，

① 陶行知:《生活教育》,《陶行知全集》第2卷，湖南教育出版社1985年版，第634页。

打通了学校教育与家庭教育、社会教育，使社会成为一所新型的"大学校"；从纵向上看，将个体受教育的时限从短暂的学校教育阶段延伸到个体的终生，主张个体的生活教育就是个体的终生教育，其核心是社会化的教育和终生化的教育，而这两点正是现代大教育的基本特征。

二、培养"真善美的活人"——主体教育论

针对传统教育的弊端，陶行知从反帝反封、争取民族解放国家富强的总任务出发，把社会发展的客观需要与受教育者的特点结合起来，把社会发展与人的发展统一起来，提出了培养"真善美的活人"这一主张。培养"真善美的活人"具有两层含义：一是受教育者在德、智、体、美、劳几方面的和谐发展，用陶行知的话说，要做一个"真善美的活人"必须具有"康健的体魄、农夫的身子、科学的头脑、艺术的兴趣和改造社会的精神"；二是具有主体意识、独立个性、开拓精神和创造才能的"活人"。为了培养这种"真善美的活人"，他非常重视受教育者在教育中的主体地位和作用，重视学生的个性全面发展、潜能的充分发挥和主体性的提高，强调"心、脑、手并用，学政治、学经济、学文化相结合。健康、科学、劳动、艺术及民主将构成和谐的生活"①。由此可见，培养"真善美的活人"，既是陶行知生活教育学说的教育目的论，又是一种具有现代理论特质的"主体教育论"，是一种以人为中心的、民主的、全面的教育。它符合弘扬人的主体性、提高人的素质的现代教育的发展趋势，可以为具有中国特色的社会主义教育理论体系提供有益的思想营养。

三、"教育以生活为中心"——生活课程论

传统教育以文字和书本为中心内容，这些文字和书本主要记载寓剥削阶级统治术于其中的社会历史知识、圣人之言和祖先遗教之类的剥削阶级意识形态以及相应的文化知识，绝少有科学的内容和与生产有联系的内容，严重脱离人民大众的社会生活实际，旨在培养统治集团所需要的统治人才和驯服的民众。陶行知有鉴于此，针锋相对地提出了"教育以生活为中心"的主张，认为生活的一切方面都应成为教育的内容。说得更明确一

① 陶行知：《全民教育》，《陶行知全集》第3卷，湖南教育出版社1985年版，第554页。

些，人民大众改造社会、征服自然的一切方面都是教育的内容。“过什么生活，便是受什么教育”，“要想受什么教育，便须过什么生活”①。教育内容必须根据社会生活的需要来安排。他把社会生活划分为健康的、劳动的、科学的、艺术的和改造社会的五方面，并相应提出健康的、劳动的、科学的、艺术的和改造社会的五种教育内容。他并不一概否定文字和书本的作用，但他认为文字和书本只是工具，是人们社会生活实践的工具。工具是给人用的，文字和书本也是给人用的。所以，他主张“用书”而不主张“读书”，反对“读死书、死读书、读书死”。陶行知这种独特的“生活课程论”，固然容易忽视知识的逻辑顺序，并产生某些负面效应，但它对于纠正传统教育只重视文字和书本，不重视社会生活实际的严重弊病，加强教育与生活的联系，使教育更好地满足社会需要，是有重要的积极作用的。因受传统教育思想的影响较深，我们的课程论还有浓厚的书本中心的倾向，忽视生活的教育作用，忽视在生活中进行教育，忽视教育与生活的内在联系，陶行知的“生活课程论”正可弥补其不足，使之逐步合理而科学。

四、“教学做合一”——实践教学法

“教学做合一”是陶行知生活教育的教学论和教学法。陶行知认为，传统教育方法将教、学、做分为三项不同的事情是不对的，教、学、做不是三件事，而是一件事。他以“做”为中心，把教与学统一起来，主张“教的方法根据学的方法；学的方法根据做的方法。事怎样做便怎样学，怎样学便怎样教。教与学都以做为中心。在做上教的是先生，要做上学的是学生”②。先生拿做来教，乃是真教；学生拿做来学，乃是真学。教与学不能分离开来。他还指出，这种“做”不同于狭义的“做”，而是“包含广泛意味的生活实践的意思”③，是人类生活中一切有意义的活动。具体说来，“做是发明，是创造，是实验，是建设，是生产，是破坏，是奋斗，是探寻出路”，还包括文艺等精神活动④。

---

① 陶行知：《生活教育》，《陶行知全集》第 2 卷，湖南教育出版社 1985 年版，第 634 页。

② 陶行知：《教学做合一下之教科书》，《陶行知全集》第 2 卷，湖南教育出版社 1985 年版，第 289 页。

③ 陶行知：《教育生活漫忆》，《陶行知全集》第 3 卷，湖南教育出版社 1985 年版，第 623 页。

④ 陶行知：《教学做合一下之教科书》，《陶行知全集》第 2 卷，湖南教育出版社 1985 年版，第 289—290 页。

这种“做”不是盲行盲动，而是在劳力上劳心。它具有行动、思想、新价值的产生三个特征。在他看来，这种“做”不排斥传统的讲授、谈话、练习、考试等方法，它只要求将这些具体方法统一在实践上，要求教与学都要与实践相结合，从实践中去追求真知识。

“教学做合一”的目的在于培养在劳力上劳心、手脑双挥的人。它克服了传统教育重教而不重学、重知而不重行、重教师主导作用而忽视学生主体作用的不足，有助于加强教与学的结合、学与用的结合、教育与生产劳动的结合、劳力与劳心的结合、知识分子与工农群众的结合、理论与实际的结合，促进人的智力、体力和谐发展。可以断言，这种“实践教学法”将会丰富我们现有的教学论和教学法，将教学论和教学法发展到一个崭新的阶段。

五、“教育与人生为始终”——终生教育论

传统教育将人生划分为彼此分离、毫不相关的三个阶段，即学龄前、学龄中和学龄后，而且它在学龄中(即通常所谓的学校教育阶段)，又有初、中、高阶段的划分，每一阶段皆有毕业的时期，逐级上升。这实际上将人生抛开了一大半，严重忽略了入学前和离校后的学习和再学习问题。换句话说，即重视学校教育，忽视学前教育和成人教育。这种教育的主要弊端是严重的形式化和划一化，脱离人民大众的实际社会生活，难以适应现代社会发展的需要。

陶行知批评这种单一的教育制度是“短命的教育”。在他看来，教育不是在学校教育结束后就算完事的，它应贯穿于人生的全过程，包括贯穿于人的一生不同阶段的学前、小学、中学、大学以及继续教育等，应是一种“整个寿命的教育”[①]。他从生活教育的观点出发，认为“生活即教育”，生活与教育是同一过程，人生有多久，教育也应有多久，教育“差不多从出世到老，与人生为始终”[②]。他说：“生活教育与生俱来，与生同去。出世便是破蒙，进棺材才算毕业。”[③]又说：“教育最重要的成就在使众人养成一种继续不断的共同求进的决心。我们要对众人养成的态度是：活到老；做到老；学到老。”[④]只

---

① 陶行知：《普及教育》，《陶行知全集》第2卷，湖南教育出版社1985年版，第762页。

② 陶行知：《新教育》，《陶行知全集》第1卷，湖南教育出版社1984年版，第126页。

③ 陶行知：《生活教育》，《陶行知全集》第2卷，湖南教育出版社1985年版，第634页。

④ 陶行知：《中国普及教育方案商讨》，《陶行知全集》第2卷，湖南教育出版社1985年版，第804页。

有推行“终生教育，培养求知欲。学习为生活，生活为学习。只要活着就要学习”①，“与时代俱进，才能做一个长久的现代人”②。

值得注意的是，陶行知“教育与人生为始终”的思想，早在 20 世纪 20 年代前后就被提出来了，这比现在人们公认的世界上最早一位提出终生教育思想的人——法国教育理论家保尔·郎格朗要早 40 多年。我们完全可以说，陶行知是现代终生教育理论的先驱。他的终生教育思想，不仅在中国教育思想史上，而且在世界教育思想史上，都占有突出的地位，是对世界教育理论发展作出的划时代的贡献。

当然，以上所述只是陶行知教育学说的一部分精华，还不能完全反映其全貌。要建立具有中国特色的社会主义教育理论体系，尚需要对陶行知教育学说进行更为深入地发掘和探讨。

第二节　生活教育学说能为我国教育改革提供有益的理论借鉴

陶行知教育学说不同于许多一般教育家的理论之处，在于它在本质上是一种实践(行动)教育学说，具有很强的操作性。它不仅在理论方面具有现实意义，更重要的是，它在实践方面具有现实意义。它既是具有中国特色的社会主义教育理论体系的重要营养来源，又能为当前中国的教育改革与发展提供有益的理论借鉴。为了搞好我国的教育改革与发展，我们在坚持以马克思主义教育思想为指导原则的同时，还应充分学习和借鉴陶行知的生活教育理论和实践。

一、借鉴陶行知“教育立国”思想，充分认识到教育在社会主义现代化建设中的地位和作用

陶行知一贯重视教育的地位和作用。早在金陵大学时期，他就在其大学毕业论文《共和精义》中系统阐明了教育与建设共和国家的关系：“人民

① 陶行知：《全民教育》，《陶行知全集》第 3 卷，湖南教育出版社 1985 年版，第 554 页。
② 陶行知：《攻破普及教育之难关》，《陶行知全集》第 2 卷，湖南教育出版社 1985 年版，第 782 页。

贫，非教育莫与富之；人民愚，非教育莫与智之；党见，非教育不除；精忠，非教育不出。……教育实建设共和最要之手续，舍教育则共和之险不可避，共和之国不可建，即建亦必终归于劣败。”[①]留学美国期间，他在1916年2月16日致哥伦比亚大学师范学院院长罗素的信中也表明：“我坚信没有真正的公共教育就不可能有真正的共和国。”[②]回国后不久，1918年10月，他就在南京高师教育研究会上指出：“夫国之盛衰，视乎教育。”[③]1921年10月，他在《师范教育之新趋势》一文中，明确地提出了“教育是立国的根本”这一观点[④]，把教育的地位和作用提到一个空前的高度来认识。1925年8月，他在中华教育改进社第四届年会上讨论中国教育政策时指出：“国家运用教育以达立国之目的。”[⑤]特别值得注意的是，他在1926年11月演讲《我们的信条》时，公开宣布“我们深信教育是国家万年根本大计”[⑥]。这些都充分反映出他对教育在国家发展中的地位和作用极为重视。

我们今天正在进行着一场前无古人的伟大事业。要搞好社会主义现代化建设，就必须充分认识到教育的地位和作用。在这方面，陶行知不仅以他的远见卓识给我们以启迪，还以他的不懈努力给我们以表率。我们要学习和借鉴陶行知“教育立国”的思想，牢牢树立“社会主义建设必须依靠教育”的观念，采取切实措施，如增加教育经费、提高教师政治经济地位等，保障教育在社会主义现代化建设中的战略地位。

二、借鉴陶行知“生活即教育”思想，使教育与社会生活更加紧密地结合起来

陶行知的“生活即教育”思想，强调生活与教育的一致性，认为生活含

---

① 陶行知：《共和精义》，《陶行知全集》第1卷，湖南教育出版社1984年版，第51页。

② 周洪宇译：《陶行知致J. E. 罗素函》，《南京大学学报》(高等教育版)1991年第2期，第70页。

③ 陶行知：《在南京高师教育研究会上的演讲》，《陶行知全集》第1卷，湖南教育出版社1984年版，第74页。

④ 陶行知：《师范教育之新趋势》，《陶行知全集》第1卷，湖南教育出版社1984年版，第166页。

⑤ 陶行知：《中国教育政策之商榷》，《陶行知全集》第1卷，湖南教育出版社1984年版，第555页。

⑥ 陶行知：《我们的信条》，《陶行知全集》第1卷，湖南教育出版社1984年版，第651页。

有教育的意义和作用，教育应以生活为中心，通过生活来进行，教育决定于生活又反过来促进生活的发展，主张教育要与社会生活相联系，教育要与生产劳动相结合，要为人民大众服务。这种思想在实质上与马克思主义教育思想是一致的。它的思想内核，已被今天中国特色社会主义教育理论所吸收，并融合和体现在国家的一系列方针政策之中，成为今日中国教育理论体系的一个重要组成部分。

“生活即教育”思想启示我们，教育必须为社会主义建设服务，为人民大众的物质文化和精神文化生活服务。因此，任何脱离社会主义建设实际，脱离人民大众物质文化、精神文化生活需要的教育，都在改革之列。

社会主义教育事业的改革与发展，必须与社会主义物质文明、精神文明和制度文明建设的需要相适应。根据其需要，改革旧的教育体制、教育结构、教育思想、教育内容、教育方法等，中心是围绕着一个怎样适应社会主义建设需要培养合格人才的问题。解决这些问题首先要做的一件重要事情，就是重新认识教育与生活的关系，牢牢树立“教育必须为社会主义建设服务”的观念。

三、借鉴陶行知“社会即学校”思想，构建一个多层次、多形式、开放的大教育体系

陶行知的“社会即学校”思想，主张社会含有学校的意味，学校含有社会的意味；到处是生活，即到处是教育；整个的社会是生活的场所，亦即教育之场所；整个的社会活动，就是教育的范围；运用社会的力量，使学校进步，动员学校的力量，帮助社会进步。这些思想的一个突出特征就是始终从整个社会着眼来考虑教育问题，一切以社会实践为依归，强调学校与社会的密切联系，在积极改造现有学校教育的同时，努力把社会办成一所全民的大学校。

从“社会即学校”的观点出发，我们应根据社会发展的需要，开展大规模的教育活动，不仅要使现有各级各类学校与社会息息相通，而且要促进社会成员受教育。教育的形式不拘一格，应根据各自的具体情况，采取多种形式。不仅可以办从幼儿园到大学的全日制学校，也可以办各种各样的半日制学校；可以办脱产学习的正规学校，也可以办不脱产的业余学校；可以办长期的培训学校，也可以办各种各样的短训班；还可以办广播电视大

学、函授大学、自修大学、网络大学等等。通过这些教育活动和办学形式，形成一个既包括家庭教育、学前教育，也包括初、中、高等的普通学校教育和职业技术教育，还包括电大、函授、网络教育、自修等多种形式的成人教育和老年教育的现代大教育体系。

四、借鉴陶行知“全面教育”思想，培养德、智、体、美、劳全面发展的人才

“全面教育”是生活教育的重要观点。陶行知明确指出：“全面教育。心、脑、手并用。学政治、学经济、学文化相结合。健康、科学、劳动、艺术及民主将构成和谐的生活。”[①]他把德、智、体、美、劳视为不可分离的整体，主张培养德才兼备、“手脑双挥”，有生活力、创造力，“善于征服自然，改造社会”的能人。这种全面发展的教育思想与马克思的全面发展教育思想可谓异曲同工。

陶行知全面发展的教育思想对于今天我们培养社会主义现代化建设人才是有借鉴价值的。在过去一段时期里，由于种种原因，我们的教育工作中存在着只重视智育，忽视德育、体育、美育和劳动教育的现象，培养出来的人，难以胜任社会主义现代化建设的需要。当前这种状况有了很大改变，但还不能说问题已经全部解决，这就需要我们进一步贯彻落实全面发展的教育方针，像陶行知那样，重视人的德、智、体、美、劳的全面发展，强调情操与知识并重的教育。“智识与品行分不开，思想与行为分不开，课内与课外分不开，做人做事与读书分不开，即教育与训育分不开。”[②]通过这种整体教育与全面要求，来培养全面发展的具有独立个性的一代新人。

五、借鉴陶行知“教学做合一”思想，加强理论联系实际

陶行知把教学做视为一件事，以“做”（实践）为中心，把教与学统一起来，主张“事怎样做便怎样学，怎样学就怎样教。教与学都以做为中心。在做上教的是先生，在做上学的是学生”[③]。陶行知提倡教学做合一的基本

---

① 陶行知：《全民教育》，《陶行知全集》第3卷，湖南教育出版社1985年版，第554页。

② 陶行知：《晓庄三岁敬告同志书》，《陶行知全集》第2卷，湖南教育出版社1985年版，第210页。

③ 陶行知：《教学做合一下之教科书》，《陶行知全集》第2卷，湖南教育出版社1985年版，第289页。

精神是强调教与学、学与用、知与行的结合，这与今天提倡的理论联系实际的原则可以说是一回事。尽管陶行知当年提倡的教学做合一的内容和具体做法对于今天并不完全适用，但其原则精神仍可借鉴。

为了纠正学校教育工作中理论脱离实际的倾向，培养解决实际问题的能力，各级各类学校都应根据自己的情况去贯彻教学做合一的原则。“在一般的干部或科技人员、教学人员，就应该干什么，学什么；做什么，学什么；边工作边学习，在工作学习中提高自己的工作能力。职业学校及中等专业学校特别要重视教学做合一。在初等教育和普通中学中，系统地学习各种科学文化知识时也要注意理论与实际结合，否则不仅不能提高教学质量，也影响今后学习专业的成绩，因为他们学习普通科学文化知识的目的，还是为了将来的‘做’。在各类专门的高等院校里，实行理论与实践的教学做，有利于培养各种专门人才独立工作的能力。在各种业余学校补习班或专门技术训练中，则按照不同情况有所侧重，有的侧重文化知识的学习或复习提高(这里当然有做，比如独立地完成作业提高解题能力等)，有的即以做为中心。只有如此，才能真正学到科学技能，才能学到熟练的技术。”①总而言之，按照各自不同的情况，有所侧重地开展教学做，有助于加强理论联系实际，培养学生解决实际问题的能力。

六、借鉴陶行知的“小先生制”，加快扫盲速度，提高中华民族的基本素质

“小先生制”是陶行知独创的一种普及教育的方式和形式。它是由小孩子教师，“负着普及教育之使命”。它不是“把一个班小学生交给一个小先生去领导”，不是用小孩子去代替传统班级的教师，也不是关在学校内由“大同学教小同学”，“他的职务是教人去教人”。一个小先生教会两个人识字，这两个人又去教其他不识字的人。这样，像滚雪球一样，不断地“教人去教人”，普及教育的力量就会越来越多，越来越大。② 陶行知创立“小先生制”的目的，在于尽快普及教育，以实现其“教育为公”、“文化为公”的伟

---

① 何祚：《认真研究与借鉴陶行知教育思想，建立具有中国特色的社会主义教育科学体系》，《行知研究》1984 年第 5 期。

② 陶行知：《怎样指导小先生》，《陶行知全集》第 2 卷，湖南教育出版社 1985 年版，第 656—657 页。

大抱负。

笔者认为，陶行知的“小先生制”特别适用于目前我国的扫盲工作。由于我国人口众多，底子太薄，中华人民共和国成立以后虽然大力发展普通教育事业，但目前仍有一定数量的文盲和半文盲，扫盲仍是今天的一项重要任务。在扫盲工作中，如果仍走传统路线，靠少数人去进行，那是很难奏效的。只有运用“小先生制”，才有可能比较迅速地完成扫盲任务。

从中国的国情和国力出发，坚持走群众路线，用穷办法来办教育，过去在老解放区运用“小先生制”来扫盲，曾经收到过明显效果。历史已经证明这条路子是可行的。现在我们的条件比当年好多了，可以而且应该取得更好的成绩。只要我们把各种力量组织起来参加扫盲，肯定会取得比当年更好的效果。

七、借鉴陶行知“乡村教育”思想，深化农村教育改革

陶行知非常重视农村教育问题。他认为中国是农业大国，农民占全国人口总数的 85％，“中国的乡村教育关系全世界五分之一的人民”。但是，中国现在的乡村教育走错了路，“他教人离开乡下向城里跑”，“他教农夫子弟变成书呆子”，完全不能适应乡村生活的需要。为了“使乡村教育适应中国乡村生活的需要”，他建议让教育与农业、科学、银行、卫生、交通等“伟大势力”携手，共谋改造之策[①]。他还提出以乡村学校作为改造乡村生活的中心，以乡村教师作为改造乡村生活的灵魂，以乡村自治作为改造乡村的组织保证，不仅要“农业、教育、科学”等携手并进，而且要“把政治、经济、教育打成一片”，通过这些来造就中国乡村“新生命”，进而“造成中华民国的伟大的新生命”。

陶行知的上述乡村教育思想对于我们目前深化农村教育改革极有启示作用。我们要进一步提高对农村教育改革重要性和必要性的认识，把它放在中国和世界未来发展的高度来思考。同时，要努力解决农村教育与农村经济发展需要相适应的问题，使之与农村的生活、劳动相结合。这就是说，除了文化教育之外，还要大力发展职业技术教育。而且，要让农村教育

---

① 陶行知：《中国乡村教育之根本改造》，《陶行知全集》第 1 卷，湖南教育出版社 1984 年版，第 653—654 页。

与农业、科学、卫生、交通、银行等部门紧密结合,进一步总结和推广改革开放以来在教育改革中产生的各种新经验,如安徽的“农科教多位一体”、山东平度市的“三教统筹”、重庆合川区的“政富教合一”和广汉市的“创业教育”、山西柳林县前元庄的“村校一体”等,用科学技术的力量来从根本上改变我国农村贫穷落后的面貌。

八、借鉴陶行知“师范教育”思想,大力发展师范教育

陶行知第一个把师范教育与民族的前途和国家的命运紧密联系起来,称“教育是立国的根本”,而师范教育乃“国家托命”之所在,“师范教育可以兴邦,也可以促国之亡”①。他比较全面地论述了师范教育的任务和作用,提出“教育界要什么人才就该培养什么人才”,师范教育要为教育界培养教育行政人员,各种指导员,各种学校校长、职员和各种教员,并由此而提出学校“要什么教员就该培养什么教员”、“教育界的人才要什么就该教他什么”、“谁在那里教就教谁”三条原则,并且从师范教育自身特点出发,对培养什么样的人和怎样培养人都提出了新的见解。他还主张以乡村师范作为改造乡村生活的中心,以乡村教师作为改造乡村生活的灵魂,以乡村自治作为改造乡村的组织保证等。

陶行知“师范教育”理论,有很多内容值得今天参考。我们要把师范教育的地位和作用提高到振兴中华的高度来认识,大力发展师范教育,根据社会主义现代化建设的需要,调整师范教育的教学内容和教学方法,更好地体现出师范的特点和优点,把中等师范教育的重点转向基层,面向广大农村,以培养更多适应现代教育需要的教师。

九、借鉴陶行知“政富教合一”思想,把教育与政治、经济打成一片,进行社会整体改造

陶行知的生活教育学说,既是一种现代教育理论,又是一种社会整体改造理论。1929 年,他明确提出了“教育就是社会改造”的观点,认为“办学和改造社会是一件事,不是两件事。改造社会而不从办学入手,便不能

① 陶行知:《师范教育之彻底改革——致石民佣、费锡胤等》,《陶行知全集》第 5 卷,湖南教育出版社 1985 年版,第 161—162 页。

改造人的内心；不能改造人的内心，便不是彻骨的改造社会。反过来说，办学而不包含社会改造的使命，便是没有目的，没有意义，没有生气。所以教育就是社会改造”[①]。1930 年，他又进一步提出：“我们既承认‘社会即学校’，那么，社会的中心问题便成了学校的中心问题。这中心问题就是政治经济问题。……晓庄所办之自卫团、妇女工学处，现在向省政府建议设置之试验乡以及十九年度计划中之生产事业，都是想把政治、经济、教育打成一片，做个政富教合一的小试验。”他还明确指出：“政富教合一的根本观念是要将政富教三件事合而为一。”如何使它们合一呢？“要叫他们在‘遂民之欲达民之情’上合起来。”“在教育的立场上说，我们所负的使命：(一)是教民造富；(二)是教民均富；(三)是教民用富；(四)是教民知富；(五)是教民拿民权以遂民生而保民族。”[②]

从“政富教合一”的观点出发，我们必须把教育、政治、经济三个方面作为一个整体来考虑，不能孤立地进行某一方面的改革。在制定教育改革方案或推行教育改革过程中，都不能忽视政治、经济方面的因素，应该把教育改革与政治改革、经济改革有机地联系在一起，系统地进行，使三者相互推动、共同发展。一句话，要树立社会整体改革的观念，使我国社会主义事业的各项改革得以稳步、协调、顺利地进行。

十、借鉴陶行知坚持从国情和国力出发，正确对待古今中外教育经验的基本改革原则，建立具有中国特色的社会主义教育体系

我们进行教育改革的基本出发点和终极目的，是建立中国特色的社会主义教育体系。在这方面，陶行知以其亲身实践，给我们做出了光辉榜样，值得很好地学习和借鉴。

陶行知在长期的教育实践中，始终坚持从中国的国情和国力出发，正确对待古今中外教育经验。他批判地继承了古今中外许多有益的教育经验，既反对“沿袭陈法”的不适应时代的封建传统教育，但又不是虚无主义

① 陶行知：《地方教育与乡村改造》，《陶行知全集》第 2 卷，湖南教育出版社 1985 年版，第 128 页。

② 陶行知：《晓庄三岁敬告同志书》，《陶行知全集》第 2 卷，湖南教育出版社 1985 年版，第 211—212 页。

地反对其固有的优点;既反对"仪型他国"不切合国情的"拉洋车"式的洋化教育,但又不是笼统地排斥外来有用的东西。他主张对于"外国的经验,如有适用的,采取他;如有不适用的,就回避他。本国以前的经验,如有适用的,就保存他;如不适用,就除掉他。去与取,只问适不适,不问新和旧"[①]。一切以是否切合中国的具体实际为依归。他还认为"我们深信一个国家的教育,无论在制度上、内容上、方法上不应常靠着稗贩和因袭,而应该准照那国家的需要和精神,去谋适合,谋创造。同时我们又认定这个国家,如果是现代的国家,如果是现代世界的一个国家,那么他的教育,便不能不顺应着时代和世界的教育趋势,而随伴着竞进"[②]。这就是说,教育既要考虑本国的具体情况和实际需要("国情"),又要顺应时代和世界的发展趋势("世情"),坚持民族性和时代性的统一,"国情"和"世情"的统一。陶行知本人创立的生活教育学说,就是以海纳百川、吞吐百家的博大胸襟和恢宏气度,博采古今中外诸家之长而熔铸成的。它既符合世界进步潮流又适合中国国情,具有鲜明的中国特色、中国作风和中国气派。

我们今天进行教育改革,需要很好地学习和发扬这种"古为今用""洋为中用"的科学精神,借鉴陶行知从中国实际出发,正确对待古今中外教育经验的基本改革原则,反对传统陈腐的观念和全盘西化的主张,正确处理传统教育与现代教育、中国教育与外国教育之间的关系,并在实践中借鉴生活教育学说,总结中华人民共和国成立以来发展教育事业的新鲜经验,建立中国特色的社会主义教育体系。

最后,需要说明一点,任何一个教育家的思想和实践都有他的历史局限性,陶行知当然也不例外。因此,我们对待陶行知的教育学说,要从实际出发,创造性地加以运用,而不能停留在简单模仿陶行知的想法和做法的水准上。陶行知的教育学说,在许多方面都反映了教育发展的客观规律,因此,它的许多基本原理和方法,具有普遍借鉴的意义。但由于所处的时代和环境不同,有些东西已经过时,我们今天应根据新的情况来加以取舍,并力求有所发展和创新。只有这样,才符合陶行知教育学说本身的精神,

---

① 陶行知:《我们对于新学制草案应持之态度》,《陶行知全集》第1卷,湖南教育出版社1984年版,第191页。

② 陶行知:《〈新教育评论〉创刊缘起》,《陶行知全集》第1卷,湖南教育出版社1984年版,第568页。

使生活教育适应时代，推动社会，更好地为建立中国特色社会主义教育体系服务。

第三节　怎样造就第一流的教育家——陶行知的启示

陶行知在《第一流的教育家》一文中说："我们常见的教育家有三种：一种是政客的教育家，他只会运动，把持，说官话；一种是书生的教育家，他只会读书，教书，做文章：一种是经验的教育家，他只会盲行，盲动，闷起头来，办……办……办。"那么，怎样做一流的教育家呢？

首先是立志。

要做一流的教育家，首先要立志，立宏伟大志。古人说：有其志必成其事。陶行知之所以能成为中国一流的教育家，首先就在于他少小立志，要拯救中华，"为中国做出一番大事业来"。陶行知的人生志向并非生而有之，而是因时而生，依势而更。管窥其求学历程，便可以从中得到印证。

陶行知的人生志向，大体经历了如下四次阶段性的变更。

一是医药救国。与孙中山、鲁迅等人一样，少年陶行知开始确立的人生志向便是行医，救死扶伤。他 17 岁从徽州崇一学堂毕业之后，便赴杭州投考广济医学院，促使他发愿学医的直接动因是其姐的幼殇以及家乡缺医少药的现状。此时的他将满腔报国之志化作做一名拯救世人肉体苦痛的良医的人生志向。

二是文学救国。陶行知在广济医学堂就读的时间不长，即因受到歧视而愤然退学回乡。在家苦学英语半年后，又于 1909 年考入南京汇文书院就读。此时他的兴趣开始朝文学定向。尤其是通过《金陵光》的编辑及作品的陆续见诸报端，更日益坚定了他以文学刷新国民精神风貌的人生志向。

三是政治救国。辛亥革命的爆发催生了陶行知政治救国的梦想。他不仅回乡参加了屯溪阳湖余家庄起义，而且担任徽州议会秘书达半年之长。其后，政治救国的理想不断加强。他的毕业论文《共和精义》就蕴含着"非共和之不足救国"的思想追求，并把赴美伊利诺伊大学攻读政治学硕士学位寻求政治救国之道作为自己的人生志向。

四是教育救国。陶行知留学美国后，深感美国社会的繁荣与富强，深受进步教育运动的熏陶和影响，深切认识到教育改造社会的作用及力量，便开始萌发了“教育救国”的思想。他在1915年获得伊利诺伊大学政治学硕士学位之后，毅然选择美国的教育重镇——哥伦比亚大学师范学院作为他获取“更高级学位(博士)”的理想之所。入读该校后，他曾明确地表露了这种教育救国的志向：“我的毕业志愿是，通过教育而非武力来创建一个民主国家……我坚信，没有真正的公共教育就不可能有真正的共和国。”因此，“我回国后将与其他教育工作者合作，为我国人民建立一套有效的公共教育体制”，“我要使全中国人都受到教育”。这便奠定了他留美归国后的人生志向。陶行知一旦立下平生志，就“壮志未酬誓不休”。综观他的人生之旅，依其学术水平、自身条件、管理才能、个人际遇来看，无论走上“红道”、“黄道”，都有可能是“高官厚禄”、“衣食无忧”。但他不为名利所引诱，不为权势所左右，对于种种“红道”、“黄道”均不屑一顾，而是埋头走自己的“正道”——“为中国教育寻觅曙光，探获生路”，“不做政客教育家”，终生甘为孺子牛。

陶行知在人生道路上还经历了四次推却。

一是坚辞大学教授之教职。陶行知是民国初期的留学生，毕业于美国著名大学，完全有条件在大学里终生从教。然而这位留洋多年的大学教授，身居教育高层的知名人物，毅然决然地放弃每月500元大洋的优裕生活，脱下西装革履，穿上草鞋布衣，离开都市，走进乡村，投身平民教育和乡村教育，“把整个的心献给我们三万万四千万的农民”。“这是何等的魄力，教育界有这种魄力的人，不愧受我们崇拜！”

二是婉拒大学校长之高职。陶行知在大学里当过教授、教务主任、教育科(相当于今日的院)主任和教育系主任等职。凭自身条件，当个大学校长理所当然。事实上，1924年底，北京政府教育部就聘请他担任武昌高等师范学校(今武汉大学前身)校长这一高职，但被他婉言谢辞。1928年，他的母校金陵大学又有聘他为校长的美意，他又婉转推辞，依然坚守着自己的教育阵地，甘于清贫，乐为人梯。

三是推脱教育厅厅长之官职。陶行知学教育出身，且有管理才能，担任教育厅厅长之官职，完全能够胜任。事实上，他的行政才能早已为当政者所闻。1927年，冯玉祥将军就诚聘他任河南省教育厅厅长之职，他推却不就。时任安徽省主席的李宗仁邀请他回安徽做教育厅厅长，被他推脱。

试想一般读书之人逢此机运,莫不趋之若鹜,而陶行知却嗤之以鼻,一笑了之,这又是何等的魄力!

四是谢辞总干事之要职。以陶行知的条件和才干,向右转而亲近现实政权,官居要职,不仅可能而且可以实现。1938 年 10 月,他赴亚、非、欧、美宣传抗日归来,即受到蒋介石的召见并出席蒋夫人宋美龄为其主持的接风宴,还与蒋夫人进行了长达两个多小时的“深谈”。宋美龄再三要求他留下担任三青团总干事之要职。这对“政客的教育家”来说无疑是绝大喜事,然而陶行知却不趋炎附势,他用极其真诚坦率而又巧妙的方式予以谢辞,依然以“回国三愿”作为自己归国后事业的寄托和最大的志愿!

透过陶行知人生志向的四次抉择和人生际遇的四次推却,我们可以看出陶行知“为中国做出一番大事业来”的人生志向是何等高远,矢志献身教育的意志是何等坚强!这正是陶行知作为一流的教育家不同于其他教育家的感人之处,这也正是陶行知作为人民教育家的本色所在。

其次是立功。

做一流的教育家,既要立宏伟之志,又要立显赫之功。古人曰:志不立则无以立功。陶行知之所以能成为中国一流的教育家,就在于他不仅有献身教育之志,而且有投身教育之行。“敢入未开化的边疆”,“为中国教育探获生路,寻觅曙光”,“不做书生的教育家”。

陶行知一生曾经发起七大教育运动。

一是发动平民教育运动。对于平民教育,陶行知界定为“平常人民的教育”,要用最少时间,最少经费,教导年长失学之人读书学文化、爱国做主人。1920 年,他在南京高等师范学校组织学生到附近平民社会中推行平民识字活动,这是他在实践上迈向平民教育的第一步。1923 年 6 月,在参观浙江嘉兴等地的平民教育之后,陶行知开始全力投入平民教育事业,并在平民教育运动中作出了许多创造性贡献:创造推行平民读书处,作为平民教育的教学组织形式;编辑出版《平民千字课》,作为平民教育的课程教材;发明推广连环教学法,扩大充实平民教育师资队伍。

二是推行乡村教育运动。陶行知力倡对乡村教育进行彻底改造,走出一条生路,培养农夫的身手、科学的头脑和社会改造的精神。为此,他先后组织了乡村教育同志会、乡村教育研究会、民众教育研究会,创设了《乡教丛讯》、《乡村教师》周刊,并创办了晓庄学校。

三是开展普及教育运动。争取在中国实现普及教育是陶行知一生最大的心愿，也是他毕生从事教育实践及其教育思想体系的中心。在开展普及教育运动中，他把重点放在农村，进行“全国财力总动员”，创造了适合中国国情的普及教育的方式和方法。

四是发起国难教育运动。1931年到1935年，是陶行知推行国难教育运动时期，他以教育为武器展开抗日救亡运动。国难教育的提出，正是他多年来倡导救亡的大众教育的合理发展，旨在推进大众文化，争取中华民族之自由平等，保卫国家领土与主权之完整。

五是投身战时教育运动。随着抗战的全面爆发，陶行知把“国难教育”改为“战时教育”，把战场变成学堂，创办了《战时教育》旬刊，发展壮大了全国战时教育协会，在香港设立了中华业余补习学校，使战时教育成为随战事进展而产生的特殊生活。

六是从事全面教育运动。陶行知认为，全面教育即全面发展的教育，通过心、脑、手并用，实现智力和体力的全面发展；通过学政治、学经济、学文化相结合，实现教育内容的全面展开；通过把健康、科学、劳动、艺术及民主构成和谐的生活，实现人的全面和谐发展。

七是倡导民主教育运动。倡导民主教育运动，实现教育民主化，是陶行知几十年来立足于教育事业，孜孜追寻民主政治的必然结果，也是他自身民主资质长期积淀的客观反映。他认为民主教育之目的就是“教育为公”，进而实现“天下为公”的民主政治。

陶行知一生从事教育的四大领域。

一是社会教育。社会教育是陶行知提出的“社会即学校”这一基本原理的具体运用，使受教育的覆盖面迅速扩大。他在社会上创办了昆明学校、笑山平民读书处、儿童科学通讯学校等各种方便人民大众及其子弟的学习场所，运用社会力量，推动教育事业的发展，给旧的学校观和教育观带来了根本性变革，有力配合了中国人民反帝反封建的伟大斗争。

二是师范教育。陶行知认为：“师范教育可以兴邦，也可以促国之亡。”正因为如此，他终生致力于师范教育，并亲自创办和主持了晓庄师范，堪称中国提倡乡村师范教育第一人。他在师范教育中坚持理论联系实际，一切从实际出发，运用“教学做合一”的方法，并大力推行“艺友制”。

三是特殊教育。陶行知认为对于有特殊才能的儿童应该进行特殊教育，为此，他创办了育才学校，专门收容有才能的难童入学。他力倡对特殊才能应注意从小发现，及时培养，在集体生活中和普通教育的基础上实施全面发展的特殊教育。在教育过程中，注意因材施教，采用启发式教学方法，培养创造能力和自学能力，充分发挥其主观能动性，在学校、家庭和社会的密切配合下，共同推动特殊教育的发展。

四是成人教育。陶行知通过提出“活到老，做到老，学到老”的主张，把成人教育的地位提高到了“终生教育”的高度，目的在于培养德、智、体、美、劳全面发展的国民和劳动者。他强调成人自身的物质利益，采用适合成人教育特点的教育方法，充分调动其学习积极性。他主持创办的山海工学团、中华业余补习学校、重庆社会大学等直接推动了成人教育的发展。

再次是立言。

做一流的教育家，仅立显赫之功还不够，还要立传世之言。陶行知会通古今，学贯中西，述而且作。他之所以能成为中国一流的教育家，就在于他“敢探未发明的新理”，为中国教育实践进行理性思考，“不做经验的教育家”。

陶行知自幼受中华传统文化的熏陶，儒学造诣颇深。读中学时开始接触西学，后负笈游美，在哥伦比亚大学师从杜威、孟禄、克伯屈等教育大师，接受了西方先进的教育思想。这种博采古今、融会中西的知识结构，使他能高瞻远瞩，对当时中国教育的弊端有深刻独到的见解。回国后他站在教育改革的前沿，以扎实渊博的理论素养和无所畏惧的开拓精神，为建立中国的新教育，另辟蹊径，创立了独树一帜的生活教育理论体系。从留下的500万字的皇皇巨著中，我们能够清晰地感受到他为中国教育实践所进行的理性思考。

陶行知立足国情，既反对“沿袭陈法”，又反对“仪型他国”，在批判地继承古今中外各种教育思想和总结自己教育实践经验的基础上，先后提出了六大理论。

一是生活教育。“生活即教育”、“社会即学校”、“教学做合一”为其三大基本原理。陶行知在更广阔的层面上构建新的教育体系，将学校教育的范畴横向延伸，扩展到社会生活的最外延，主张把整个社会作为学校，整个生活作为教育，强调学校教育要与社会生活相联系，反对脱离生活实际，这击中了传统教育和洋化教育的要害。他还对旧教育的性质、目的、内容、方法、组织形式以及时限等方面进行了全面革新，彻底改造了旧的学校观和教育观，引起了教学方法的根本变革。生活教育在陶行知的理论体系中居于中心地位，是其他理论和主张的基础。

二是民主教育。反对教育脱离大众、仅为少数统治者服务，坚持教育必须属于人民、依靠人民和为了人民的幸福。倡导教育为公、机会均等。提出了实施民主教育的方法、原则以及新型的课程观、师生观、管理观。民主教育作为一种根本的指导思想，贯穿于整个生活教育理论体系之中。

三是全民教育。针对国弱民贫的现实，陶行知提出了扫除文盲、普及教育、治愚与治穷相结合的全民教育理论。其内容涉及平民教育、乡村教育、女子教育、幼儿教育、民族教育、职业教育、师范教育以及高等教育，涵盖了不同层面、不同区域和不同性质的教育。他曾说“要用四通八达的教育来创造一个四通八达的社会”。全民教育正是一种消除不平等的立体途径，民主教育也只有通过全民教育才能最终得以实现。

四是全面教育。关于教育的培养目标，陶行知指出：“千教万教教人求真，千学万学学做真人。”即教育要培养的是在德、智、体、美、劳等方面全面发展且具有创造精神的人，要求“心、手、脑”并用，真、善、美合一。全面教育是针对教育对象个体而言的，属微观层面。

五是全程教育(终生教育)。生活教育强调人的全程教育和不断学习，认为教育必须贯穿人生的始终，主张不同阶段的教育应从纵的方面相互连接，构成一个完整系列。陶行知在世界上最早明确提出了终生教育的概念。它的实施，使民主教育从全面普及走向立体普及成为可能，是一种“大教育观”。

六是创造教育。陶行知早在1919年4月发表的《第一流的教育家》一文中，就把“敢探未发明的新理，即是创造精神；敢入未开化的边疆，即是开辟精神”，作为不同于政客的教育家、书生的教育家和经验的教育家的第一流教育家的特征，提倡做“创造的教育家”。20世纪30年代和40年代又先后发表《创造的教育》、《创造的儿童教育》、《创造宣言》和《创造年献诗》等文章，指出教育者“所要创造的是真善美的活人”，“处处是创造之地，天天是创造之时，人人是创造之人”。他的创造教育思想至今仍值得我们很好地总结、发掘和运用。

六大理论的提出，表明了陶行知开辟新理的探索独具特色，是前无古人的。

陶行知教育思想还具有下述四种特征。

一是实践性。陶行知教育理论是适应时代和民众实际需要,以社会实践为依归的理论。其著名的“教学做合一”就是一种实践教学法,反对传统教育的“三脱离”,主张学与用结合,教育与生产劳动结合,理论联系实际,具有极强的实践性。

二是民主性。陶行知指出:“生活教育是大众的教育,大众为生活解放而办教育。”其理论是面向大众、面向社会,为广大民众服务的理论,同时,这个理论尊重儿童,重视受教育者在教育中的主体地位和作用,主张学生自己管理自己,强调教师与学生共甘苦,做民众之公仆,具有鲜明的民主性。

三是科学性。其全面教育理论和全程教育(终生教育)理论顺应了时代发展的潮流,合乎教育发展的规律,充满了科学性。时至今日,仍然值得我们借鉴。

四是民族性。陶行知曾说:“去与取,只问适不适,不问新与旧。”其理论是植根于中国土壤,根据中国国情对中外教育学说进行改造创新的理论,是从人民利益出发,为民族解放、祖国富强服务的理论,具有突出的民族性。

最后是立德。

立志是立功的动力,立功是立言的前提,立德是立言的基石。陶行知之所以能成为中国第一流的教育家,原因很多,但最主要的还在于他具有优秀的道德品质和良好的精神风貌,这是他不断进取、开拓创造的内在动力。

陶行知具有难得的四大品质。

一是诚实。诚实是一种优秀的道德品质,是个人对待学习、生活、工作、他人及自己态度的道德基础。陶行知不仅待人真诚,而且做事笃实,也就是实事求是,言行一致,表里如一。陶行知曾以荷花自喻“但开君子花,留芳千万年”,为了教育学生诚实无欺、冰心玉质,他将育才学校的水池命名为“周子池”。

二是无私。陶行知不仅公德高尚,而且私德廉洁。他信奉孙中山的“大公无私”,不计个人之得失,不营个人之私利。凭他的学历、才气和名望,完全可以衣食无忧,然而他却放弃每月 500 元大洋的优厚待遇。他多次出国募捐，却从不中饱私囊，而是无私地捐献给中国的教育事业。

三是自信。自信是相信自己的思想、道德、能力的心理状态，是取得最终成功的有利心理条件。没有自信，就会“怕难、怕苦、怕孤、怕死”，就会“埋没了一生”；有了自信，就会“放大胆量，单身匹马，大刀阔斧，做个边疆教育的先锋”。正是这种强烈的自信，使得陶行知在为中国教育寻觅曙光、探获生路的坎坷曲折的人生之途上，“不怕辛苦，不怕疲倦，不怕障碍，不怕失败，一心要把那教育的奥妙新理，一个个的发现出来”。

四是刚毅。刚毅也是一种优秀的道德品质和心理品质，陶行知的刚毅品质主要表现在他的“大丈夫精神”上，“平时要以‘仁者不忧，智者不惑，勇者不惧，达者不恋’的精神培养学生和我们自己，有事则以‘富贵不能淫，贫贱不能移，威武不能屈，美人不能动’相勉励”。正是这种刚毅使他四拒名利的诱惑，不为权势所左右，“不为五斗米折腰”，“为人民奋斗者，血写人民史诗”。

不仅如此，陶行知还具有六种精神。

一是爱满天下的博大胸襟。陶行知的博爱精神，首先体现在他的爱国精神上，“爱国是每个人的本分”，他认为“凡是脚站中国土地，嘴吃中国五谷，身穿中国衣服的，无论是男女老少，都应当爱中国”。爱国必须爱民，由此他以“爱满天下”的精神，爱学生、爱平民、爱工人、“爱中华民族中最多数最不幸之农人”。从爱国爱民出发，他爱教育，决心一辈子献身教育，立志要用教育来救国救民。他更爱中国共产党，由此他成为一个“无保留地追随党的党外布尔什维克”。

二是乐于奉献的伟大情操。“捧着一颗心来，不带半根草去”，是陶行知献身精神的生动体现。他全心全意为人民的教育事业献身，愿为农民“烧心香”，为了工农子弟“甘做骆驼”。在民族危亡、国难当头之时，他挺身而出，不顾劳累，奔波海外，宣传抗日，争取国际支援。回国后又不顾危险，抨击国民党政权专制独裁，呼吁和平，为中国的民族命运、民主进步和教育改革付出了毕生心血。

三是炽热真诚的教育激情。徐特立说过：“杜威虽是一个伟大的教育家，但不是一个革命家。行知却是一个革命家，同时在教育方面起了伟大的革命作用……”①作为一个教育家，陶行知的教育激情体现在以下几个

① 徐特立：《陶行知学说》，《解放日报》1946 年 8 月 12 日。

方面:首先,在祖国处于半殖民地半封建社会,民族斗争与阶级斗争都非常激烈的条件下,他虽然不是一个共产党员,但他的阶级斗争觉悟却很高。他反帝、反封建、反殖民主义。“为人民奋斗者,血写人民史诗。”为了国家,为了人民,他真心跟着中国共产党走,奋斗到最后一刻,真正做到了“鞠躬尽瘁,死而后已”。其次,他很注意世界观的自我改造和自我革命。他自觉从“知行”观转变为“行知”观,从唯心主义转变为唯物主义。他自觉下农村,办乡师,实行知识分子与工农相结合;他又自觉办工学团,与工农交朋友,拜工农为师。最后,教育理论与教育实践上的大胆改革与创新,也是陶行知教育激情的重要体现。

四是不屈不挠的刚毅品质。陶行知奉行“失败是成功之母,奋斗是成功之父”的人生准则,一生奋斗不息,为了事业所表现出来的坚忍不拔的精神,得到了人们的一致公认。他的坚忍精神,主要表现在:事业专一。他赤诚爱国,忠心革命,为了救国救民,矢志不渝地探索开拓,立志创新。意志坚忍。他做任何事情都目标明确,意志坚决,一经决定,苦战到底,不达目的,誓不罢休。生活艰苦朴素。他公私分明,不抽烟,不喝酒,处处以身作则,为人师表,为了自己所认定的事业,甘愿脱掉西装革履,下乡办乡村师范,赤脚穿草鞋与师生同吃同住同劳动,做当地农民戏称的“挑粪校长”。为了事业,他无论办学,还是出国访问,总是夜以继日,连续苦战,忍饥挨饿,战斗不息。

五是求真务实的思想作风。“千教万教教人求真,千学万学学做真人。”这是陶行知为人与教人的终极旨趣。他一生求真善美,反假恶丑,说真话,办真事,做真人,重真才实能。他不仅政治上求真,追求进步,追求光明,而且思想认识上也求真,“行是知之始,知是行之成”。在教育上,他通过调查、研究、实验等真功夫来验证教育理论和实践,从而提出符合教育规律的教育理论。陶行知的务实精神主要体现在他务实的作风和实干的行动上。他从不讲空话,做虚事,搭花架子,搞形式主义,而是实事求是,因时制宜,因地制宜。他根据中国教育的实际,适时地提出并实施的七大教育运动,即是他务实精神的具体体现。

六是开拓求新的创造精神。“敢探未发明的新理”、“敢入未开化的边疆”,即是陶行知的创造精神。他从中国的国情出发,从实践试验着手,创造了一整套以生活教育为核心的教育理论;他开拓性地创办了一批内容与形式全新，多层次、多轨制、多形式的幼儿园、中小学、师范、工学团、育才学校、社会大学等；他从办学的指导思想、教育目的、教学内容、教材和教法等方面进行了一系列探索，为中国教育创造了一批新的典型；他不仅为中国的教育改革探获了一条新路，而且为中国的革命事业培养了一大批具有开拓和创造精神的人才。就连他那别具一格的大众诗，也是具有独特陶行知味道的创造。

一个教育工作者，既要志存高远，又要求真务实；既要总揽全局，又要细处入手；既要德正学高，又要自强弘毅；既要富有创见，又要勤于实践；既要善于借鉴，又要勇于创造；既要立足本土，又要放眼全球。简而言之，既立志立德，又立功立言，这才可能成为一流的教育家。这是陶行知教育思想与实践给我们的一个重要启示，也是每位教育工作者或准教师应该牢牢铭记在心的。

第十四章　陶行知研究在国外及港台地区

第一节　陶行知研究在日本和韩国

如同其他中国学研究一样，日本学者在陶行知研究方面，其起步之早、发展之快、研究之深广、成果之丰硕，均居各国学者之首，给人以突出的印象。这固然是由于日本学者在地理、历史、文化等方面享有天然的优势，但更为重要的，是因为陶行知与日本有着密切的关系。1930 年 4 月，国民党政府以“勾结叛逆、阴谋不轨”等罪名，强行封闭南京晓庄学校，并下令通缉陶行知。是年秋至次年春，陶行知一度避难于日本。此后，他始终和日本教育界直接或间接地保持着联系。他的生活教育理论和实践引起了日本有关人士的极大关注，并对日本的教育产生了有形或无形的影响。综观 80 多年来日本学者研究陶行知的历史，大体上可以分为第二次世界大战结束以前、结束以后和 20 世纪 80 年代以来这样三个阶段。

一、陶行知思想对 20 世纪三四十年代日本的影响

20 世纪 30 年代初至 40 年代中叶(第二次世界大战结束前)是第一阶段。这一时期，日本资本主义已发展到帝国主义阶段，一小撮军国主义者对内采取高压政策，严厉镇压工农大众的反抗运动，对外发动侵略战争，把战火烧到周边的亚洲国家，给这些国家的人民带来了痛苦和灾难。但是，无论是在国内还是在国外，日本军国主义者的日子都并不好过。在国内，工人阶级日益觉醒，以各种形式(包括教育革新运动)与统治集团进行着激烈的斗争；在国外，侵略者遭到中国等亚洲各国人民的殊死抵抗，教育成为这些国家人民争取民族解放的战斗武器。陶行知及其教育理论和实践就是在这种历史背景下，开始被日本有关人士介绍给国内教育界和人民大众的。

最早把陶行知的生活教育理论和实践介绍给日本教育界的，是一位曾

在东京池袋“儿童之村”小学执教、名叫牧泽伊平的进步人士。“儿童之村”小学是以杜威实用主义教育思想为基础，以世界教育革新思潮为背景的日本大正自由主义教育运动的产物，由野口援太郎等人创办于 1924 年 4 月。这所学校一反赫尔巴特教育思想的形式主义倾向，重视课程计划、教师指导以及尊重学生的自主性和能动性，成为当时日本自由主义教育运动的中心。1934 年 4 月 10 日，自称陶行知学生的中国留学生叶维奏等人访问了这所小学。他们向该校的教师户塚廉、牧泽伊平等人介绍了陶行知领导的“小先生”运动等有关情况，引起了牧泽伊平、户塚廉等人的浓厚兴趣，认为陶行知“小先生”的教育主张和实践，与他们正在从事的教育革新运动有某种相似之处，遂在思想上产生了强烈的共鸣。1935 年，以户塚廉、牧泽伊平等人为中心，创办了《生活学校》杂志。牧泽伊平于是年 1 月在《生活学校》杂志创刊号上，以“岸本辰三”的笔名撰写了《中华民国的新教育——世界新教育的动向(一)》一文，向日本教育界介绍了陶行知的“小先生”运动。这是日本教育界第一篇评介陶行知教育理论和实践的文章，也是日本教育界传播和研究陶行知教育思想的开始。同年 6 月，牧泽伊平又在《教育》杂志上发表了题为《中华民国的“小先生”普及教育运动》一文，署名“陶行知述、牧泽伊平译”。该文是把陶行知在新加坡《星洲日报》和厦门《华侨日报》上发表的有关文章，在叶维奏、林承志等人的帮助下翻译成日文的。此后，牧泽伊平于 1939 年 5 月，在《青年教师》杂志上发表了他与当时南京汪伪政权教育部长赵正平的侄子赵如珩关于“小先生”运动的谈话纪要。接着，他又在《训导生活》杂志 1940 年 2 月号上，撰写了《中国的生活教育运动》一文，介绍陶行知的“工学团”运动。1945 年夏，这位介绍陶行知教育理论和实践的有识之士，因病溘然长逝。

牧泽伊平关于陶行知的“小先生”运动的介绍，引起了日本教育界有关人士的高度重视。著名教育家留冈清男曾就此发表感想说：“我国教育界或者吃腻了德国和美国的教育理论，或者追随着时髦来鲁莽地宣传不知所以然的日本精神。与其如此，倒不如应该用同程度的关心来注视邻邦中国的动向，应该不惜在教育运动方面相互协力。”此后，日本教育界越来越多的人开始了解和学习陶行知的教育理论和实践，将此作为教育革新运动的借鉴。

与牧泽伊平同时，另一位“儿童之村”小学教师、《生活学校》杂志的负责人户塚廉也开始向日本人介绍陶行知的教育理论和实践。他在1935年1月《生活学校》杂志创刊号上发表的牧泽伊平《中华民国的新教育》文章后，写了一篇颇有感触的“编后记”，指出：“世界新教育运动的一项，的确是应该登载介绍世界新教育联盟及其加盟各国的生气勃勃的活动。从正在编辑中的岸本先生处我看到了4月份参观‘儿童之村’的中国新教育运动家们主办的杂志，了解到在某些文明国家，该运动的出发点是观念主义、理想主义和精神主义的。与此相比，陶行知的教育运动却是从整个人民生活的需要来出发的。我随即向岸本先生要了那篇稿件。我真希望去看看在中国这个特殊的、被欺虐的国家里先知先觉者是怎样活动的。”

不仅如此，户塚廉等人还积极开展与陶行知领导的山海工学团进行资料交换为主的经验交流。他们把《生活学校》杂志寄给山海工学团，陶行知也把他撰写的寓言童话《乌鸦》和论著《中国教育改造》回赠给他们。“儿童之村”小学与山海工学团还彼此互通书信。抗日战争全面爆发前夕，由于日本法西斯的镇压和财政困难，“儿童之村”小学于1936年7月被迫解散。此后，户塚廉自力坚持发行《生活学校》杂志。但是，在日本军国主义分子全面发动侵华战争之后不久，《生活学校》杂志也于1938年8月被迫停刊了。两国教育革新者之间的友好交流由此而中断。

这一时期，除了牧泽伊平、户塚廉等人的介绍和宣传外，日本新闻界也对陶行知的有关情况作了报道。“九一八”事变，尤其是“七七”事变后，陶行知的政治倾向越来越明显，他坚决反对蒋介石“攘外必先安内”的政策，支持中国共产党建立“抗日民族统一战线”的主张，与沈钧儒、邹韬奋等人共同创建全国各界救国联合会，以教育改造配合政治救亡，成为战时中国政治舞台上一位重要的社会活动家。敏锐的日本新闻界很快便发现了这一点。他们分析了中国现存的各派抗战力量，将陶行知视为抗日人民战线派的主要领袖之一。

村田孜郎在一篇题为《抗日中国的背景》的文章中，首先介绍了《团结御侮的几个基本条件与最低要求》，指出：“这声明书就是中国人民战线派的领袖章乃器（原浙江实业银行副经理）、沈钧儒（上海律师公会会长）、陶行知（国难教育社代表）、邹韬奋（生活日报社经理）等四个人在民国二十五年七月十五日联名签署的。它给了支那各个方面很大的影响和冲击。它是了解人民战线派的主张和政策，具有丰富参考价值的文献。”文中还介绍说：“国难教育社——以教育界的泰斗、理论方面的领袖陶行知为代表的组织，其目的在于实施国难教育方案和完成民族解放斗争的任务。目前，在有组织有理论地进行抗日宣传，并发行其机关刊物《国难教育》周刊。”

另一位记者中保与作的文章《抗日人民战线派的背后》也进行了类似的分析和介绍。他在介绍了沈钧儒、章乃器、王造时、史良、宋庆龄等人后，说另外还有很多重要人物，其中“特别引人注目的就是国难教育社的陶行知”。“陶行知是中华教育界的泰斗。他领导的国难教育社是站在‘我们除了流血以外没有获得民族自由的方法’这种立场上，‘教育大众团结起来，解决困难，并且教知识分子去给广大民众传播关于民族危机的知识’，以‘争取中华民族的自由平等，保卫中华民国完整的领土和完整的主权为宗旨’的。此外，陶行知一边创办《生活教育》杂志半月刊，一边创办‘儿童工学团’，教育卖报儿童。”

日本新闻界对于陶行知有关情况的报道，使陶行知的名字开始为日本教育界之外更多的民众所知晓。日本新闻界成为当时教育界之外介绍和宣传陶行知教育理论和实践的又一个重要渠道。

此外，日本著名教育家国分一太郎、海后宗臣等人在他们的论著《中国的孩子——以其为主体的文化生活基础》、《中国旧秩序下的儿童文化性格》和《近代中国教育的特点》中，也对陶行知的教育理论和实践作了不少评介。尤其值得注意的是，日本当时有两部重要的人物辞典均不约而同地在1940年将陶行知作为重要人物列入。一部是创元社的《亚洲人名事典》，另一部是由桥川时雄编纂、日本中华法令编译馆出版的《中国文化界人物总鉴》。这些论著和辞典连同上述文章与报道的发表、出版，使陶行知及其教育理论和实践为当时日本许多人(特别是教师)所共知。

从总体上看，虽然这一时期日本教育界、新闻界乃至出版界对于陶行知及其教育理论和实践作了不少介绍和宣传，但这些文字大多属于一般性的叙述，尚未出现具有理论深度的研究成果，离真正的学术研究相距甚远。从某种意义上说，这一时期是日本陶行知研究的前阶段，或者说准备期。当然，我们也应看到，如果没有这一时期日本教育界、新闻界乃至出版界许多有识之士的积极介绍和宣传，为后来的研究工作铺平了道路，奠定了坚实的基础，那么，战后日本陶行知研究的迅速发展是不可能的。

二、二战后日本对陶行知研究的重视

20世纪40年代中叶(第二次世界大战结束后)至20世纪80年代初是第二阶段。战后,日本处于美军占领之下。美国出于长远利益的考虑,宣布实行五大改革:解放妇女、工人有团体权、教育自由主义化、废除专制政治和经济民主化。1947年,日本正式公布教育基本法,开始实施教育民主化。但是,什么是教育民主化?为什么要实施教育民主化?如何实施教育民主化?对于这一系列问题,当时日本社会各界的看法是不同的。一方面,各种反动势力正重新抬头,竭力想把教育民主化纳入到他们的轨道;另一方面,进步力量也试图把包括战后教育民主化在内的各种民主改革作为日本人民的自主改革来进行,以争取战后日本沿着真正民主的轨道行进。正是在这种背景下,被誉为"中国民主教育之父"的陶行知及其教育理论和实践又再次引起日本教育界有关人士的重视。他们一边继续介绍陶行知的教育理论和实践,一边开始对其作理论研究。

户塚廉战后回到家乡静冈县挂川市。他对早年"儿童之村"小学、《生活学校》杂志与山海工学团的交流留下了很深的印象。所以,他在自己发行的《乡土报》和《父母子女报》上,一直坚持向日本读者介绍和宣传陶行知。

与此同时,陶行知研究也在日本学术界正式开展起来,涌现出一批像斋藤秋男、新岛淳良等颇有影响的研究者。他们大多接受过良好的高等教育,学养丰厚,思想进步,对中国人民素持友好态度,怀抱改造旧教育、重建新日本的理想,又长期在高等院校或研究机构工作,专门研究中国教育问题,故一旦着手陶行知研究,很快就发表和出版了一批研究成果,引起了国际学术界的关注。其中,研究时间最早、最长,成果最多,也影响最大的,当推斋藤秋男。

斋藤秋男是日本东京专修大学教授,曾任中国研究所理事长。他早年毕业于东洋大学中国哲学文学科。后专攻教育学,尤以中国教育史研究见长,是日本著名的老一代教育史学家,先后出版过《中国的近代教育》、《新中国的教育建设》、《中国现代教育史》、《中国教育史》等著作。早在1945年日本侵华战争结束时,他和另外几个日本军人一起在湖南省洞庭湖附近农村"就地解散",经过岳州到汉口,在汉口某书店里偶然看到中国民主同盟在重庆发行的机关刊物《民主星期刊》，读到陶行知为实现儿童解放和民主政治而写的富有特色的诗篇和讽刺时政的文章，深受感动。从那时起，他就开始研究陶行知。60多年来，无论中日两国的政治风云如何变幻莫测，无论陶行知在中华人民共和国成立之后的声名是毁是誉，也无论自己的教学、科研和社会活动多么繁重，他都始终如一、坚持不懈地研究陶行知，并取得了丰硕的成果，出版和发表了《新中国教师之父——陶行知》（刀江书院1951年版）、《民族解放的教育》（明治图书出版公司1961年版）、《陶行知评传》（劲草书房1968年版）、《陶行知生活教育理论的形成》（明治图书出版公司1983年版）等四部专著以及许多专题论文，博得国际学术界和中日两国人民的好评。下面，重点介绍斋藤秋男教授这四部专著的有关情况。

从1946年7月陶行知逝世，到1949年中华人民共和国成立为止，中国陆续发表了一批研究陶行知的文章，介绍他的生平事迹和教育事业。《人民教育》杂志第4期（1950年8月号）的社论，特别是该社论引用的中共中央宣传部部长陆定一写的悼词，给当时的斋藤秋男以很大启发。由此斋藤秋男认识到，陶行知生前虽然没有到过解放区，但是他的教育思想曾经给解放区的教师以很大的影响。而且，在他逝世后，中国教育界的进步人士纷纷表示要继承陶行知的精神。同时，斋藤秋男还考虑到，战后的日本教育界、进步教师正在热切盼望实行一种符合日本民族特点的民主教育，故非常有必要把陶行知推行的民主教育介绍给他们。特别是在战后日本的学校教育里，浸透着美国教育家杜威的教育理论。可是在中国，陶行知结合中国的实际情况，早已把杜威的教育理论加以改造，使之中国化了。陶行知的这一实践，对日本的教师肯定会有帮助。于是他就收集有关资料，撰写了题为《新中国教师之父——陶行知》的专著。在这本书里，斋藤秋男把对陶行知的研究与他自己所提出的问题，即他作为一个知识分子和一个教师应有的人生态度是什么，紧密地联系起来。他后来在谈及这本书时曾说："第一本书反映并刻画了我跟朋友和长辈们一起亲自经历过的日本'战后'。因此，这本书对笔者来讲是一个纪念，但是作为陶行知研究未超出习作的范围。"作者的自谦固然反映出这本书是一部不够成熟的作品，但也表现出作者永不满足、继续追求的精神。正是以此为起点，作者又编译出版了他的第二本书《民族解放的教育》。

1957年秋，斋藤秋男获得了随北海道和平委员会访华团来华进行短期旅行的机会，第一次访问了解放后的新中国。当时，他在上海得到《陶行知教育论文选编》(方与严编)、《陶行知先生纪念集》(陶行知先生纪念委员会编)等资料。以后，他又从戴伯韬、严文井、彭飞、毛礼锐等人那里得到了一些有关陶行知的论文和资料。依据这些资料，他翻译了陶行知的31篇论文，并附以详细的解说和注释，出版了译著《民族解放的教育》。该书被收入明治图书出版公司出版发行的《世界教育学选集》从书中，主要供专攻教育学的学生阅读。这套丛书共有60卷，而《民族解放的教育》是唯一一本介绍中国教育家的。

虽然这本《民族解放的教育》只是一部译著，但是斋藤秋男在解说中却明确提出了今后需要深入研究的三个课题：第一，对陶行知从“改良主义者”转变成“革命民主主义者”这一发展过程的分析，包括按照蒋管区与解放区之间的合作、抗日民族统一战线的形成、蒋管区与解放区的分裂和对立等各个历史阶段的时间推移，分析陶行知与师生、朋友等的人与人之间的关系；第二，阐明陶行知生活教育理论从晓庄师范时期到他晚年的大约20年时间中的发展和停滞，以及对解放区教育事业的影响；第三，描述陶行知作为“大众诗人”的一面。这三个课题的提出，反映出斋藤秋男此时对陶行知研究认识的深化，显示出他已力图从整体上去把握和理解陶行知，为他下一步的研究确定了主攻方向。事实上，斋藤秋男后来的所有研究大致上就是围绕着这三个课题而展开的。

基于上述认识，斋藤秋男首先把“课题三”作为突破口，撰写了研究陶行知的第三部专著，描述陶行知作为“大众诗人”的一面。斋藤秋男很早就读过《行知诗歌集》(郭沫若编校，1947年版)，以后又读了萧三的《中国的大众诗人——陶行知》一文(《人物与纪念》，1951年12月)。萧三称陶行知是“政治的抒情诗人”，斋藤秋男非常赞同这个提法，曾在《东洋文化》1954年11月号上发表过一篇题为《陶行知——中国的政治抒情诗人》的文章。1966年春夏，他大体完成了这部书的构思，并反复阅读《行知诗歌集》，写了些片断性的札记。1967年夏，他开始集中精力写稿，仿效日本评论家高杉一郎的《盲诗人爱罗先珂》的写法，终于写出这部《陶行知评传》，并把“政治的抒情诗人”作为该书的副标题。全书共分十章，从与陶行知“邂逅”(实际上他从未见过陶行知，只是在报纸上认识陶行知)写到陶行知逝世为止。写作方式别具一格，每章都引用陶行知的诗篇来阐述主题思想。书中较为详细地叙述了陶行知的生平及其教育实践和学说，介绍了东京池袋“儿童之村”小学与陶行知领导的山海工学团之间的友好交流，描写了陶行知与家人的骨肉深情。斋藤秋男认为，陶行知在 30 年的教育实践中，善于从中国的国情出发，遵循“行是知之始，知是行之成”的辩证法则，在批判继承中外优秀教育遗产（特别是杜威教育学说）的基础上，总结和形成了一套具有中国特色、为中国所用的教育思想。这无疑是值得日本教育界借鉴的。尤其是陶行知深入人民大众生活之中，并站在人民大众的立场上，为实现民族的独立、平等和自由，提倡民主教育，以教育改革配合政治斗争，坚决反对帝国主义和封建主义，这值得战后日本每一个知识分子特别是教育工作者学习。

在完成“课题三”的研究之后，斋藤秋男便全力以赴投入对“课题一”和“课题二”的探讨。1979 年秋，斋藤秋男应中国社会科学院的邀请，来华三个月，专门考察陶行知教育事业和教育思想，重点是他的教育思想对解放区的影响和他的教育事业同中国共产党的关系问题。在华期间，斋藤秋男到北京、合肥、歙县、南京、上海、重庆等地参观、调查和座谈，并阅读了《乡村教师》、《生活教育》等许多珍贵资料，对陶行知有了更具体的了解，丰富了感性认识。在此基础上，斋藤秋男开始撰写他的第四部专著，历经三度春秋，终于写成《陶行知生活教育理论的形成》。这部书比较深入系统地论述了陶行知的生平及其教育理论，是集多年研究成果之大成的力作。

全书共分四章。第一章“陶行知的生涯”，作为全书的背景部分，概述了陶行知的生平事迹，并附带提及了当时中国共产党对国民党反动派的斗争、解放区和蒋管区人民斗争的重要史实和历史人物，以便于读者更加清楚地了解陶行知以及当时的人民解放斗争。第二章“‘生活教育’理论形成的过程”，是全书的重点所在。如前所述，斋藤秋男早在《民族解放的教育》一书中，就把阐明陶行知生活教育理论的形成、发展及其对解放区教育事业的影响，作为今后研究课题之一提了出来。在本章中，斋藤秋男对此课题作了更为深入系统的论述。他阐述了陶行知把王阳明“知是行之始，行是知之成”的唯心论改为“行是知之始，知是行之成”的唯物论，并认为陶行知由原来服膺王阳明的学说而取名“知行”改为“行知”的过程，表明了陶行知思想已产生重大转变。他还论述了陶行知把杜威的“教育即生活”、“学校即社会”理论改为“生活即教育”、“社会即学校”理论的过程，提出了陶行知回归“民族土壤”这一颇有理论深度的命题，认为陶行知虽是杜威的学生，但陶行知对杜威的理论不是全盘照搬，而是以回归“民族土壤”的愿望为媒介来接受和改造杜威理论的。陶行知回国后，根据中国的实际情况，把杜威的理论改造成适合于中国的新学说，创立了独具特色的生活教育理论，学生超过了先生。此外，本章还探讨了生活教育理论以及“小先生”运动与解放区教育的关系。第三章“陶行知与日本”，介绍了陶行知在20世纪30年代初流亡日本的过程、日本教育界对陶行知的认识和宣传，以及围绕陶行知的日中两国民间教育运动的交流情况。第四章是文献部分，介绍了陶行知的10篇教育论文等有关研究资料。

概括起来，斋藤秋男的研究思路是：以陶行知教育理论和实践为研究中心，以三个相互关联的研究课题为主攻方向，以“民族土壤的回归”为核心命题，将陶行知视为“杜威的学生”，把他的思想发展作为“跟老师杜威的学说、理论的格斗过程”来把握，认为在陶行知的思想里，对杜威理论的接受与克服不是毫无媒介地直接相连起来的，而是以“民族土壤”这种中国性质的东西为媒介相连起来的。换句话说，陶行知教育思想的发展过程，也就是“内在地克服杜威理论的过程”。可以看出，斋藤秋男的陶行知研究，思路新颖，见解独特，具有比较浓厚的理论色彩，确已形成一个“斋藤模式”。尤其令人钦佩的是，他并非为研究而研究，而是始终以重建战后日本新教育为旨归，这就对从大正时代尤其是第二次世界大战以来只停留在全面地接受杜威理论还是完全否定它的程度上，并没有在日本的“民族土壤”里克服杜威理论的日本教育界，提出了尖锐的问题。因此，无论是从理论上看，还是从现实上看，斋藤秋男的陶行知研究，都是有意义的，代表着这一时期日本陶行知研究的最高水平。

在此期间，除了斋藤秋男外，比较著名的陶行知研究者还有新岛淳良、市川博等人。新岛淳良是中国研究所研究员，中国近现代思想史和毛泽东思想研究的专家，曾出版《毛泽东的哲学》、《毛泽东的思想》、《我的毛泽东研究》和《历史中的毛泽东》等多种论著，在日本学术界乃至国际学术界，都享有盛名。有意思的是，这位毛泽东研究专家，也对陶行知颇感兴趣，他与斋藤秋男合著了《中国现代教育史》(国土社1962年版)，又为《世界大百科事典》(平凡社1975年版)撰写了“陶行知”词条，对陶行知及其教育理论与实践评价很高。市川博系横滨国立大学教授,中国现代教育史研究专家,曾与斋藤秋男合著《中国教育史》(讲谈社 1975 年版)。他在该书“特殊研究一——实用主义教育思想导入期的公民教育观”中撰有“中国实用主义者的自我批判”一节,专门探讨了陶行知、胡适和舒新城三人的教育思想和实践,称陶行知是 20 世纪 20 年代“新教育运动有力的推进者”。上述几位学者,尽管研究重点不同,观点不尽一致,但都推动了日本陶行知研究向纵深拓展。

三、当今日本和韩国陶行知研究的蓬勃发展

20 世纪 80 年代初至今是第三阶段。这一时期的日本社会与战后那种满目疮痍、百废待兴的情形相比,显然已发生了天翻地覆的巨变。然而,日本教育界仍然面临着不少问题,其中最为突出的,一是日本政府围绕宪法、教育基本法,加强右倾化,准备复活军国主义的问题。战前、战时的日本教育界赞扬日本军国主义发动战争,教师们把学生培养成具有武士道精神的炮灰,使他们心甘情愿地替法西斯卖命。战后日本教育界在深刻反思这次战争的基础上,许多教师从亲身经历出发,决心以后绝对不再为侵略战争培养炮灰。但政府却不愿意教师给学生讲过去的历史事实,教师们在教学实践上受到限制和压力。因此,怎么去阻止军国主义的复活,是当前日本教育界的一个问题。二是日本教育界正在形成的日益严重的人的异化问题。日本的升学竞争比较厉害,同时社会上又存在着严重的学校暴力、家庭暴力、自杀等现象,而且相当普遍。学生们的心理状态,一般来说很不稳定,即使所谓的好学生,也会由很小的原因突然挑起暴力冲突。面临这些情况,怎样在理论上提出解决办法,以保证学生的全面发展,成了一个棘手的问题。三是日本青少年的世界观非常狭隘的问题。他们只关心自己和周围的利害问题,而对于一些政治、经济的问题,即使是日本国内的,也大多漠不关心,更不用说世界性的问题了。在这种情况下,日本教育学在理论上研究日本国民对世界的发展应该有什么贡献,应该培养什么样的国民,这也是一个大问题。为了解决这些问题,日本学者希望从陶行知的教育理论和实践中寻求启示,从而进一步推动日本学术界陶行知研究的开展,使之进入深化期。在此期间,一批优秀的中青年研究者脱颖而出,牧野笃便是其中的佼佼者。

毕业于名古屋大学的牧野笃博士，曾任日本国民教育所研究员、名古屋大学教育学院教授，现任东京大学教育学院教授。他从 20 世纪 80 年代初开始研究陶行知，迄今已近 30 年。1985 年曾来我国南京大学从事陶行知教育思想研究。像绝大多数新一代学者那样，他具有开阔的学术视野，全新的知识结构，并能娴熟地运用中文交谈和写作。凭借这些有利条件，他试图在前辈学者研究的基础上有所创新和发展。他是第一个对“斋藤模式”提出异议的人。在他看来，斋藤秋男分析陶行知教育思想发展过程的理论框架基本上是有效的，因为陶行知留学美国，师从杜威，深受杜威理论的熏陶，而且回国后他的思想发展确实是一个克服杜威理论的过程。但将陶行知视为“杜威的学生”并以此作为陶行知教育思想发展的起点，却是值得推敲的。其实，斋藤秋男所论述的只是杜威理论对于中国教育的有效性，而不是陶行知教育思想的主体性。在“斋藤模式”里，陶行知接受杜威理论的必然性不是分析的对象，而是研究的前提条件。正因为如此，斋藤秋男忽略了贯穿所谓“改良主义者”和“革命民主主义者”双方的陶行知的一贯态度和立场。换言之，他忽略了贯穿陶行知接受杜威理论之前与之后的、陶行知克服杜威理论界限的必然契机。因此，他会说陶行知克服杜威理论尽管是必要的，但不是必然的。这一点正是“斋藤模式”的不足之处。牧野笃认为，陶行知不是回归到“民族土壤”里去，而是“民族土壤”始终存在于陶行知的内部。陶行知接受杜威理论，辞掉官职，深入人民大众的生活里，克服杜威理论，对于民族解放斗争起了积极的作用，形成了民族解放的教育思想。这一过程不是偶然的，而是由陶行知跟自己内部的“民族土壤”交感而造成的必然过程。这个必然正是使陶行知与当时其他教育家区别开来，使陶行知成为其自身的根本所在。

由此认识出发，牧野笃先后发表了《陶行知“生活教育”思想的产生与构成》、《试论陶行知“生活教育”论的基本构造》、《关于陶行知“工学团”运动中共同体的考察》、《陶行知“生活教育”小考》、《陶行知“平民教育”运动的思想结构和行动》、《陶行知“工学团”的集团论》、《陶行知“乡村师范”的集团论》、《陶行知教育思想之根基——金陵大学时代对王阳明思想的解释与吸收》、《陶行知少年时期的活动与教育》、《杜威・陶行知・毛泽东》、《陶行知与日本》、《关于陶行知在美国留学期间学习与生活的若干考察》、《陶行知争论》等论文，从陶行知教育思想主体性的审视角度对陶行知的生平家世、思想演变等问题，进行了许多具有新意的探讨，引起了学术界的广泛注意。牧野笃作为一个有强烈史学主体意识的日本学者，他能站在中国之外，从国际视角、局外身份来审视与思考陶行知思想的生成机理、演变轨迹及其横纵影响，极大地开阔了陶行知研究的理论视野与思维路径。首先，他能广泛考察与体验陶行知故乡的风土人情、风俗文化，并深入思考徽商重视文化、热衷教育的历史传统以及中国的传统教育对青少年时期陶行知的成长所产生的基础性影响。通过两年多对安徽、江苏、四川、上海等陶行知生前活动过的地方的实地考察和对陶行知夫人、儿子、亲属、学生的走访，以及在此基础上所进行的深入研究，他认为，陶行知“接受科学的态度，一边以自己成长的土壤为基础，即以现实生活为基础，一边以自己是一个中国人的强烈意识规范着自己的行为方向”。正是这样的生活环境与文化氛围，才使陶行知产生了“作为一个中国人，要为中国作贡献”的思想。其次，他以丰厚的学养，从中国的主流文化——儒学以及以儒学为核心形成的宋明理学对青年陶行知的基础影响，以及后来以此为基本土壤接纳西方思想文化的视角，去深刻体认了陶行知富有创造性的“行—知—行”思想的深厚根基，明显地将海外陶行知研究引向了纵深，突破了就事论事，以现象求结论的浅层次研究模式。特别是他对陶行知在金陵大学期间学习与吸纳王阳明思想，以及在美国哥伦比亚大学留学期间的生活与学习细节作了细致入微的考察与研究，为深入探究陶行知生活教育学说的生成机理与构建动因提供了真实、具体的依据。再次，牧野笃还较为系统地研究了陶行知的生活教育学说、平民教育思想和重视人的个性发展的思想。他在深入钻研近现代中国的社会环境、陶行知的受教育历程以及世界教育思潮的基础上，探究了这位近现代中国伟大教育家的教育思想体系。他认为，“生活”是连接以救亡为旨归的政治课题和以发展为目的的教育课题的媒介与桥梁，为了更好地实现通过教育课题去“培养能够担负政治课题的主体”的目的，陶行知将“生活教育”作为其教育思想的核心与关键是必然的。牧野笃本着了解陶行知“平民教育”思想是“全面把握、了解并评估他的‘生活教育’思想”的钥匙的研究旨趣，去接触和分析陶行知的“平民教育”思想。通过深入挖掘，牧野笃认为，陶行知平民教育思想的核心内容是“活的机制”、“国家的观念”和“到民间去的运动”，只有领悟了这些理念，才可“阐明陶行知生活教育学说全体结构”。同时，牧野笃还从“个体与人类”、“民族与爱”

相统一的高度去探讨与分析陶行知关于人的个性发展的思想。他认为，陶行知将培养人的个性巧妙地纳入民族解放乃至人类发展的宏观体系中去思考与体认，实现了一种高层次上的教育理论的飞跃。复次，牧野笃从陶行知创办晓庄师范学校、山海工学团等教育实践中，提升出了"集团论"思想。在他看来，陶行知的"集团论"思想体现在各个层次和诸多方面：在教学上，以"教学做合一"为纽带构成师生协作的"集团"；在管理中，以"生活教育"为轴心形成了社会与学校融通的"集团"；在个人发展方面，以增强能力为旨归将个体置于"自立、自卫"的乡村"集团"；在实践活动中，建成"工以养生，学以明生，团以保生"的"集团"；最终上升到民族前途的高度，以实现人民解放、民族独立为目标，努力建成"以人民为主体的共和国"这个大"集团"。牧野笃创造性地将"集团论"看成是陶行知思想与实践的一个闪光点，并作了建构性的理论探讨，为海内外研究陶行知思想提供了新的思路。此外，牧野笃还对陶行知思想对中华人民共和国及日本的影响作了专题研究。他以毛泽东论"书呆子"为话题，纵向钩沉，深入探讨了陶行知反对"死读书，读死书，读书死"，力戒成为"书架子、纸篓子"的思想直接影响到了毛泽东后期的思想；陶行知先前讲过的"向老妈子学习"与毛泽东后期提出的"向人民群众学习"具有相同的取向。他还论及陶行知创造性地吸收西方文化，善于将西方思想本土化的做法，对日本 20 世纪 30 年代一味照搬美国教育模式具有冲击作用，同时也给日本批判地吸收西方文化提供了新的启示。

在这些研究成果的基础之上，牧野驾完成了他的博士学位论文《中国近代教育思想的展开和特质——陶行知"生活教育"思想研究》，并于 1993 年由日本图书中心出版社出版发行。这部研究陶行知教育思想的专著，是牧野笃多年来致力于陶行知研究，精心构思、潜心研究的结果，是代表 20 世纪 90 年代日本陶行知研究最高水平的一部力作。为了完成这部专著，他倾注了大量精力，花费了许多时间，做了充分的语言准备和资料收集工作。作为研究陶行知的外国学者，他首先遇到的最大问题是语言，为了扫除语言方面的障碍，牧野笃在考名古屋大学之前就开始学习汉语，后来又专门来中国南京大学留学。在中国留学的两年中，一方面他的汉语水平取得了长足的进步，另一方面他在陶行知办学与活动最早的南京读书，更便于他了解和体悟陶行知的教育理论与实践，同时在这所学术气氛浓厚的中国名校也培养了他研究中国思想文化的基本素养。再加上他本人对陶行知研究有着浓厚的兴趣和执着的追求，利用在中国留学之机，他几乎跑遍了陶行知生前在中国活动过的主要地方，采访了大部分在世的陶行知的亲属、朋友、同学和学生，收集到了不少鲜为人知的第一手资料，其中有书面资料，也有口碑资料。这些均为他完成这部代表性著作奠定了坚实的基础。

《中国近代教育思想的展开和特质——陶行知"生活教育"思想研究》有这样几个特点：第一，他纠正了斋藤秋男对陶行知思想来源的偏颇认识，提出了自己的新见解。斋藤秋男把美国杜威、孟禄的学说对陶行知的影响视为陶行知思想的起点，牧野笃经过深入中国实地考察、了解和分析，他认为这样的结论不太全面，实际上陶行知在留学美国之前已经比较全面地接受了中国固有文化的熏陶，中国传统文化为陶行知教育思想的形成提供了丰厚的沃土。陶行知教育思想既不是单纯地对杜威理论的移植和接受，也不是后来对"民族土壤的回归"（斋藤秋男语），而是陶行知立足中国固有的土壤，批判地吸收和借鉴美国杜威和孟禄等人的思想的结果，而且陶行知还善于将其加以改造，可以说陶行知是带着创造性思维去接纳西方文化的。第二，他将生活教育理论与陶行知的自身主体形成历程有机地结合起来，进而建构了一个陶行知研究的新框架。牧野笃认为，虽然陶行知把自己的教育思想称为"生活教育"，但实际上他极力倡导这一思想和实践的目的，主要是解放被西方侵略的东方民族，进而实现全体民众的解放，最后建设一个民主的"共和国"，这就是陶行知心目中的东方主体形成思想。他的"生活"不过是一个表达主体形成的概念而已。陶行知作为一个被社会历史规定的个体，既规定了他的历史性积极参与方式，又决定了他主体性选择自己的存在的方式。他自身主体的存在方式以及社会因素的综合作用，决定了生活教育学说与陶行知自身主体的形成具有历史必然性。在其构建的陶行知生活教育学说与其自身主体形成相结合的理论体系中，牧野笃将两者划分为三个时期。他将陶行知的生活教育学说的发展历程分为：第一部分共和国实现的国民论——生活教育学说的根基；第二部分民族解放的大众论——生活教育学说的形成；第三部分抗战建国的人才论——生活教育学说的展开。将陶行知自身主体形成也分为三部分：第一部分包括童幼年时期、金陵大学时期、赴美留学时期、南京高师时期、平民教育时期；第二部分包括创办晓庄师范时期、工学团运动时期、推行“小先生制”时期等；第三部分包括周游各国宣传抗日时期、创办育才学校时期、开办社会大学时期等。这样就将陶行知的思想与实践自然有机地结合在一起了。第三，资料翔实，主体意识强。牧野笃前期做了大量的资料收集工作，获取了许多有价值的第一手材料，因此他的研究比其他关于陶行知研究体现出的鲜明特征是新资料多。同时，他比日本以往学者的研究带有明显的主体性色彩，比斋藤秋男更重视中国传统价值对陶行知教育思想形成的作用，也比斋藤秋男更重视陶行知教育思想的主体性，更重视陶行知在接受杜威理论之前特别是他青少年时期的生活和教育经历，以及中国传统文化对他的潜在制约和影响。他的研究旨在深入领悟陶行知教育思想的内在本质，打破以往日本学者将东西方文化对陶行知教育思想的影响割裂开来的固有思维模式（特别是“斋藤模式”），破除东方与西方价值体系的人为壁垒，将东方固有的价值与西方介入的价值理解为互通互融的大文化气氛，从而创造出一种适用于全人类的新价值体系。而且，牧野笃能够在全面分析把握研究资料的基础上，高度概括陶行知思想的形成、内核及影响，将教育史学研究人员的主体意识贯穿其中。总之，牧野笃是20世纪80年代以来，特别是90年代之后日本研究陶行知的中坚和代表人物之一。

在后起之秀崛起于学界之际，老一辈的学者仍在陶行知研究的园地上辛勤耕耘。斋藤秋男继续发挥着日本陶行知研究指导者的作用。他虽已届花甲之年，但壮心不已，20世纪80年代以后，特别是90年代以来又接连发表了若干有分量的新作，如《陶行知、晏阳初与“平民教育”运动》、《四十年代解放区与“生活教育”——〈中国革命与“生活教育”运动〉续》、《大众诗人陶行知的生与死——兼对旧著〈陶行知评传〉的补充》、《陶行知与他的三个战友（陈鹤琴、董纯才、张文郁）》、《迈向陶行知整体形象的研究——“人民教育家”和“大众诗人”的共存和内在冲突》等。他倡导陶行知研究工作应当迈向陶行知整体人格形象的研究，“而要把握好陶行知的整体人格形象，必须透视到陶的人格内部所共存的‘教育家’和‘诗人’这两种性质的内在冲突和革新，并创造新的人格的过程和机制”。这期间，他频繁来华参观访问，进行学术交流，1995年和1996年先后应邀参加了在上海和武汉召开的陶行知学术研讨会。他还大力奖掖提携年轻的研究者，甘当他们的铺路石，表现了一位前辈学者的宽广胸襟，赢得了年轻学者的尊敬。此外，另一位资深教育史专家、国立教育研究所亚洲教育研究室室长阿部洋研究员也很重视陶行知研究。他根据自己的调查结果，于1988年发表了《哥伦比亚大学留学时代的陶行知——资料调查》一文，对陶行知早年留学哥伦比亚大学期间的学习和生活等有关情况，作了翔实的考证。其中最有价值的是阿部洋博士1984年在哥伦比亚大学师范学院米尔巴科图书馆特藏室主任大卫·门特博士(Dr. David Ment)的帮助下，在米尔巴科图书馆特藏室收集到了一份十分珍贵的资料，那就是陶行知于1916年2月16日写给当时哥伦比亚大学师范学院院长迪安·罗素(J. E. Rurssel)的一封信，信中表达了青年陶行知的理想和抱负。他在信中说："我生活的唯一目的，不是通过革命，而是依靠教育来进行民主主义建设。当看到共和国突然诞生所引起的各种弊端之后，我深信如果没有真正的公共教育，真正的共和国就不能存在。作为我终生的事业——从事教育行政的想法是去年夏天在日内瓦湖举行的基督教青年会夏季大会上才明朗起来的。"文中所披露的有关史料，澄清了陶行知留美学习期间过去一直没有弄清楚的若干史实，具有重要的学术价值。

此外，20世纪90年代以来还有活跃在日本学术界的中野光、世良正浩和华人学者张国生、李燕等人，他们在陶行知研究方面也取得了不少成果。中野光是日本中央大学教育学教授、著名教育家，曾任日本教师教育学会会长、日本生活教育联盟副委员长。1996年，他应邀来华参加了在华中师范大学召开的"陶行知研究国际学术研讨会"，提交给会议的论文是《日本的生活教育历史及其现状——与陶行知的邂逅以及日本生活教育运动的轨迹》。该论文系统地介绍了日本生活教育运动的发展概况，分别从战前、战时与战后三个时期来介绍日本生活教育运动的曲折发展历程。首先，他介绍了日本战前的生活教育运动，以成立于1924年、撤销于1936年的池袋儿童村小学校为例，介绍了这所陶行知曾访问过的"生活学校"的办学风格、教学特色。该校有三个特点：学校教育是以孩子们的生活基础而展开的；注重孩子们的自治与互助精神；非常重视儿童对自然与社会的学习和艺术方面的教育。而且该校还办有《生活学校》杂志，本着"依赖于生活，运用于生活"的宗旨，开展研究。其次，他介绍了战时日本军国主义残酷迫害从事生活教育的教学与研究人员，《生活学校》杂志的编辑乃至读者相继被捕入狱，被判刑者多达116人，使日本的生活教育被迫转入低潮。

最后，他介绍了战后日本《生活学校》复刊，“杂志的中心内容是如何给在荒败的日本社会中生活的孩子们提供品质精良的文化”。20 世纪 50 年代，日本还诞生了一个新的研究团体——日本生活教育联盟。通过中野光的论述，印证了斋藤秋男的结论：“生活教育没有国境。”世良正浩是日本陶行知研究队伍中的重要一员。他是明治学院文学部的教授，也是中国现代教育史研究专家。20 世纪 80 年代，他先后发表了《对晚年陶行知的考察》、《在晓庄实验学校陶行知生活教育论的形成及其实验的研讨》等文章。20 世纪 90 年代初，他又发表了《关于中国近代平等和自由思想的考察——对陶行知所述“平等和自由”的分析》等文章，对陶行知 20 世纪30 年代有关平等与自由的论述作了细致入微的分析，从中可以看出陶行知政治信仰的微妙变化。

华人学者张国生是 20 世纪 90 年代日本涌现出来的研究陶行知的一位新秀，他获有东京都立大学博士学位。他的陶行知研究是从研究日本著名教育家柳田国男与陶行知的比较当中介入陶行知研究领域的，1996 年 3 月，他在东京都立大学人文学部《人文学报》(年刊)270 号上发表了题为《中日两国近代教育思潮的考察——陶行知与柳田国男的比较分析》的文章，将同时代有类似命运的两位中日教育家作了深层次的分析、比较。他认为，两人都是积极倡导教育改革并亲自投身教育实践，对近代教育作出了重大贡献，成为世界教育史上著名的教育家。陶行知以教育为专业，一生献身教育，而柳田国男先为农政官，后来把学问与教育结合起来，开始关注教育。第二次世界大战前他的有关教育的言论对日本教育界产生了较大影响，战后他又投身教育实践；陶行知也是在 20 世纪三四十年代一边从事教育理论研究，一边参加教育实践活动。两人学说的命运也有相近之处，陶行知的教育思想与实践对中国新民主主义革命时期的教育发展作出了很大贡献，但在中华人民共和国成立后不久，却遭到了长期批判，直到 20 世纪 80 年代，其“伟大的人民教育家”的荣誉才得以恢复；柳田国男的教育学说也曾一度被人们冷落，但后来受到日本教育界的重视，现在已成为日本教育学者研究的重点对象。张国生认为，对这两位不同国籍的教育家进行比较，是一件很有意义的事情，对考察现实教育也有启迪。他集中从三个方面对陶行知和柳田国男作了比较：一、晓庄学校教育实验与社会科教育实践。陶行知在学习与借鉴美国进步主义教育运动经验的基础上，在中国创办了晓庄学校作为其生活教育的实验基地；柳田国男也是在国外社会科实验潮流的推动下利用民俗学的研究成果来帮助建立社会科，把教育方针、教育内容、教育方法贯穿在一起，对孩子们进行“田间教育”(即社会生活教育)。二、近代教育批判与传统教育批判。在日本实施教育近代化、统一建立学校教育的过程中，柳田国男发现这种整齐划一的学校教育，抹杀了根植于民间生活、在民间自然形成、对生活有用的“民众教育”或“前代教育”。他认为近代教育脱离了生活实际，妨碍了孩子们的成长；陶行知更是极力批判中国的八股取士制度和空疏无用的传统教育扼杀了人的个性，主张创立以生活教育理论为指导的、教育与生活相结合的大众教育。三、唤起疑问、发现并解决问题与教学做合一。柳田国男反对死记硬背式的学习方法，倡导“解决问题的学习方法”，即唤起疑问、发现问题、解决问题。因为疑问通过一定的综合，就会抽象出问题，为了解决问题，就促使儿童去自己做。陶行知的教育指导方法论是“教学做合一”，用“教育、学习、实践密切联系”的方法，去反对传统的填鸭式教学模式。他们两人的目的均是培养学生的自主学习、独立思考、动手操作等能力。张国生博士的论文立论新颖、视野开阔，通过将陶行知与日本人熟知的柳田国男作比较，进而有助于日本人了解中国教育家陶行知的教育思想，使陶行知教育思想在日本得到更广泛的传播。

华人学者李燕女士现为日本创价大学文学部教授，她的陶行知研究经历是从20世纪80年代中期在东京学艺大学教育学研究科读硕士时开始的，成果发表于20世纪80年代末90年代初。她先后发表了《陶行知教育思想中的“生活即教育”“社会即学校”》、《陶行知“教学做合一”中“做”的概念——晓庄试验乡村师范学校草创时期“做”的实践》、《陶行知的“真知识”论——以批判伪知识阶级为中心的实践和理论》、《陶行知生活教育的“艺术”——通过歌、童话、剧的代表作来分析》、《陶行知生活教育中的“艺术”——陶行知的艺术教育在新教育运动中的位置》等论文。李燕前期重点对陶行知教育思想的本体论、场域论和方法论三个核心内容进行了研究，后来她将研究的视线转向了陶行知的知识论与艺术论。她认为，陶行知生活教育理论的根本目的就是教人们探求“真知识”，即掌握能为现实服务、能解决人生困难的有用知识，而不是要学那些与人民大众生活毫无关系的“伪知识”，因此，陶行知提出要批判“老八股”，反对“洋八股”，打倒“伪知识”。同时，她还认为陶行知主张在知识上人人平等，人人皆有受教育权，尤其是贫苦大众更需要接受教育，只许少数人受教育的文化，是引导人类走向灭亡的文化。所以得出结论，陶行知所倡导的真知识，是引导人类步入兴盛繁荣的知识，是培养真善美和谐统一的新人的文化。李燕还挖掘了陶行知的艺术教育思想，认为艺术教育在陶行知生活教育理论与实践中占有重要地位，而且其艺术教育思想颇有自身的风格与特色。她通过丰富翔实的材料，认真分析了陶行知如何采用歌、童话和剧等喜闻乐见的形式对儿童和大众进行艺术教育。同时，她还通过与同时期其他教育家、文学家的艺术教育思想作比较，来展示陶行知风格的艺术教育个性。

在东亚除了日本之外，韩国的学者在陶行知研究领域也取得了一定的成果。20 世纪 50 年代初韩国落入美国的军政控制之下，教育也就相应地置于美国的进步主义教育思潮的影响之中。其间，杜威的教育理论以及在其影响下产生的陶行知教育思想也开始被介绍到韩国。当韩国人了解到陶行知教育思想之后，便有人着手研究他的思想。韩国的陶行知研究最早开始于 1975 年，当时中国学术界尚处于对陶行知教育思想的批判之中，韩国学者李炳柱首次在韩国发表了《陶行知博士与中共的教育理念》一文，这是中韩关系正常化之前韩国人研究陶行知的第一篇论文。这篇论文客观地论述了陶行知的社会观、教育观、知识观及其与以毛泽东思想为基础的中国教育理念之间的相似之处。

中国改革开放之后，中韩关系逐步好转，特别是 20 世纪 90 年代以来，两国步入了全面交流的新阶段，韩国也开始进入了陶行知研究的新时期。这期间研究成果最为突出者是金贵声。1992 年，金贵声在《圆光大教育研究》杂志上发表了《陶行知的儿童教育论》，1994 年又在《韩国教育史学》杂志上发表了《陶行知的劳作教育思想》，而《中国近代教育中实用主义的影响：以陶行知为中心》一文也被收入《圆光大论文集》。1996 年，他还翻译了陶行知的《生活即教育》，2000 年在《教育开发》杂志上发表了《陶行知：行是知之始，知是行之成》，2001 年在《教育哲学》杂志上发表了《陶行知的生活教育论思想的背景》。金贵声先后对陶行知的儿童教育、劳作教育、知行观以及陶行知生活教育的思想来源与时代背景进行了专门研究。其中他对陶行知的儿童教育思想挖掘得比较深入，他认为，陶行知是中国现代儿童教育的开拓者之一，他的儿童教育思想在整个生活教育理论体系中占有重要地位，是生活教育学说体系的有机组成部分。

这一时期另一位韩国从事陶行知研究有影响的学者是金玟志。他的陶行知研究是从庆北大学读研期间开始的，经过几年的潜心研究，1997 年他完成了题为《陶行知的生活教育学说》的硕士学位论文，该文于翌年在韩国的《中国史研究》杂志上发表。他主要探讨了陶行知生活教育学说的形成、内涵及其影响，为韩国人全面、准确地了解陶行知提供了重要资料。还有一位研究陶行知的新锐李庚子小姐，她在北京师范大学教育学院攻读博士学位，主要从事中国教育史研究。她曾撰写《陶行知研究在韩国》一文，简要介绍了韩国的陶行知研究概况，并对韩国陶行知研究的现状作了分析，为我们了解韩国的陶行知研究情况打开了一扇窗口。

总之，目前在日、韩的陶行知研究界，无论是老一代的学者，还是年轻学者，大家都齐心协力，相互合作，共同为开拓陶行知研究的新局面、建立民族和民主的新教育而努力。

第二节　陶行知研究在美国和欧洲

一、陶行知思想在美国的传播

早在 1929 年，即陶行知创办南京晓庄学校两年后，世界著名教育家、美国哥伦比亚大学师范学院教授克伯屈就对陶行知的教育理论有所评论。是年 10 月中旬，他曾去晓庄学校实地考察，并发表感想说：“在这学校，不读死书本，是在生活上直接接触，办教育用这种生活，可负引导农民的使命，使合乎现代的思潮。这里的小朋友也是很幸福的，因为他们不是过那呆板的固定的生活，而是顺应世界变化的生活。这个运动，这个学校，不是一人，或少数人所能创造出来的。这里的指导员、同学、小朋友都作了运动的一分子。如大家肯努力，过一百年以后，大家再回过头来，纪念晓庄！欣赏晓庄！这就是教育革命的策源地。”还说：“我曾到各处找这一种运动，找这一种试验的方针和办法，以及发动的理想，进步的过程，都合乎我的标准。这也可以代表中国整个民族精神。”并表示：“我现在无论到什么地方，都要宣传在中国的晓庄有一个试验学校，把这里的理想和设施，宣传出去，使全世界的人知道！”因克伯屈是闻名世界的大教育家，他的话在国际教育界是很有影响的，所以，从20世纪30年代起，陶行知及其晓庄学校就开始逐渐引起欧美学者的关注。

20世纪40年代中叶，一些曾在华工作或访问的欧美学者，对陶行知的人格、思想和事业留下了深刻印象，并且评价甚高。比如，英国著名学者、《中国科学技术史》作者李约瑟(Joseph Needham)博士的夫人陶露西·尼达姆(Dorothy Needham)在一篇题为《育才学校》的文章中，对陶行知创办的育才学校大为赞赏，认为"这是一所中国式的运用现代的教学方法的实验学校"，并指出："尽管学校生活是非常艰苦的，但教师们和孩子们都是愉快的，并且是充满信心的。教师们尽管工资异常低，但他们感到学校的气氛十分良好，在教学过程中，他们可以完成一些创造，因为他们能获得充分的自由来自己钻研。"又如，加拿大学者、世界和平理事会副主席文幼章(James G. Endicott)博士格外推崇陶行知的人格，说："陶行知博士具有强大的感召力，使得随便哪一个善良的人，都愿意贡献出他的所能为社会作最大的服务，在实际的工作上教育他们，鼓舞他们。他是目标纯洁，行动笃实，生活刻苦自励。没有一个人比他更知道中国的真正需要，没有一个人像他那样需要勇敢果决的大众教育、为民主的组织和实践奋斗终生。"他称赞陶行知是"一个别有见地的、创造性的教育天才"。再如，美国援华会总干事毕莱士(Mildred Price)女士在1946年7月陶行知去世后曾撰文说："在美国，大家都知道陶博士是一个伟大的教育家。从太平洋的加利福尼亚州到大西洋滨的美国人都认为他是中国一个了不起的教师，并且还用他那'即知即传人'的名言象征中国今天最需要的一种教育。"她断言："我觉得陶博士不仅仅是属于中国的，而且是属于全世界的。"这表明早在20世纪40年代中叶，欧美有识之士已经判定陶行知是一位具有世界影响的大教育家。

这里特别值得一提的是1946年印行的《为了民主中国的教育》一文，这是早年曾在南京高等师范学校教育系师从过陶行知的赵冕，在美国哥伦比亚大学师范学院毕业时所撰写的教育学博士学位论文。他在文中比较研究了陶行知、晏阳初、梁漱溟等人的教育思想与实践，用较大篇幅论述了陶行知为了中国教育的民主化、现代化，刻苦求学，远涉重洋，不畏艰辛，甘于清贫，在中国农村开展教育实验，并创造性地提出了"具有中国化、大众化"性质的生活教育理论，称赞陶行知为"中国现代教育作出了很大贡献"。

当然，严格地说，赵冕的《为了民主中国的教育》一文还谈不上是一部专门研究陶行知的著作。这一时期美国大部分有关陶行知的评介还不能视为真正的学术研究，至多只能看成研究的初级阶段。直到20世纪50年代初，欧美学者才真正把陶行知作为一个特定的研究对象来加以考察。

首先开始对陶行知其人其说作系统研究的，是一位美籍华裔学者朱宕潜。据他自述，陶行知对他的一生影响极大。早在1925年，他还在一所师范学校读书时就首次聆听了陶行知关于民众教育的演讲。从那时起，他就开始阅读陶行知有关民众教育的论著。在1929年至1930年期间，他作为大学生在南京中央大学教育学院做研究时，常去参观陶行知创办的晓庄试验乡村师范学校。这所学校的情形使他明确意识到中国教育应该如何改革。从这时起直到1946年，他钻研陶行知的教育理论并且得以与陶行知本人经常保持着联系。在抗战期间，他任河南信阳师范学校校长时，曾组织他的同事和学生同军队和民兵一起工作，教民众如何更进步地生活和战斗。他还在战区实施"生产教育计划"、"师范教育计划"和"乡村教育试验"等特殊计划，而从事这类实践的观念就源自陶行知的教育哲学。陶行知的教育理论给他的教育实践以巨大的鼓舞和启迪。由于上述原因，朱宕潜在20世纪50年代初赴美攻读哥伦比亚大学师范学院教育学博士学位时，就选择了以陶行知的教育理论和实践作为研究对象，并在1953年向校方提交了题为《陶行知与中国现代教育》的博士学位论文。

这篇博士学位论文由绪论和八章构成。在绪论中，朱宕潜首先对陶行知的历史地位和作用予以充分肯定，指出："陶行知是中国现代教育最有影响的代表者，也是中国历史上最伟大的教育家之一。他批判地分析了中国传统教育。他发起和领导了许多教育改革运动。他的教育理论创立于现实的教育试验基础之上。他根据对中国人生活和社会的直接研究，创立了一种独特的教育模式。虽然他是一位知识分子，却成为民众的导师和朋友。他对中国教育界和政府教育政策的影响是非常大的。历史将表明他所占有的地位类似于美国的贺拉斯·曼(Horace Mann)和智利的多明戈·福斯狄罗·萨明托(Domingo Faustino Sarmiento)。"接着，他阐明了陶行知教育思想与外来文化思想的关系，指出："美国文化和教育对于陶行知发展他的教育理论甚有启迪。当然，其他国家的影响也不可忽略。但陶行知既不是完全拒绝外国的教育理论，又不是毫无保留地接受过来服务于中国人民，他仅仅是利用这些理论以适合中国社会的需要。”因此，他认为从事陶行知研究，不仅有助于了解中国教育，也可以为其他国家，特别是第三世界国家的教育改革与发展提供有益的经验。

基于以上认识，他为自己这篇论文确定了三个任务：(1)阐明什么是陶行知的教育理论和实践；(2)找出其产生的原因；(3)评估陶行知其人其说对中国现代教育所产生的影响。围绕这三点，他撰写了八章内容。第一章探讨了陶行知从1917年到1946年主要的教育实践和理论，介绍其生活和工作；第二章叙述了1917年至1927年期间，陶行知任南京教育界领袖和在平民教育运动中的表现；第三、四、五章分别论述了1927年至1930年期间，陶行知在南京郊外晓庄提倡和从事的教育试验；第六、七两章介绍了陶行知1930年至1936年在上海的教育试验，以及1938年至1946年在重庆的教育试验；第八章是全书的总结。由于作者本人的特殊经历，这篇博士学位论文相当准确地阐述了陶行知的教育理论和实践，比较客观地评价了陶行知在中国教育史上的地位和作用。尽管由于种种原因，这篇博士学位论文在某些史实的记述和思想的解说上尚有不妥之处，但对当时欧美陶行知研究的开展是起了一定推动作用的。

就在朱宕潜博士学位论文提交校方的几年后，知名学者、哈佛大学的孔斐力(Philip A. Kuhn)教授也在哈佛大学东亚研究中心1959年出版的《中国论文》第13卷上发表了一篇题为《陶行知，一位教育改革家，1891—1946年》的论文，介绍了陶行知其人其说，分析了陶行知与杜威以及进步主义教育的关系，并提出了晓庄是陶行知事业上的巅峰的论断。该文所提出的若干论点后为不少学者所赞同，并有进一步发挥。

1966年，朱宕潜将其博士学位论文以《新兴国家的教育型：陶行知在中国的工作，1917—1946》为题，由台湾台南高昌印刷公司正式出版。在该书的正文前面，有哥伦比亚大学师范学院荣誉教授克拉伦斯·林顿(Clarence Linton)写的一篇序言。林顿在序言中称陶行知是“近代中国最伟大的教育改革家之一”，认为他所置身的那个时代——20世纪上半叶，中国所面临的教育问题与今天其他发展中国家所面临的教育问题在许多方面有相似之处。因此，他的教育理论和实践对于今天这些发展中国家的教育改革和发展来说，具有借鉴意义。

进入20世纪70年代以后，欧美陶行知研究的发展速度明显加快了。

这突出表现为越往后研究成果或出版的间隔时间越短，这从一个侧面反映出陶行知研究在欧美学术界日益受到重视。

1970年，陶行知被作为重要条目收入在国际学术界影响极大的《民国名人传记辞典》(Biographical Dictionary of Republican China)第3册，由哥伦比亚大学出版社出版。该辞典主编包华德(Howard L. Boorman)曾于1947—1950年和1951—1954年间先后在美国设于北京、香港的外事机构任中文秘书。这部大型传记辞典是1955年包华德提出建议，由福特基金会提供经费，在哥伦比亚大学国际关系学院主持下编写的。它收入中国辛亥革命以后各方面有名人物的传记595篇，约140万字。除主编包华德外，参加编辑工作的先后有15人。不少传记除根据文献资料外，还采用了一些当事人或知情人的口述资料。在"陶行知"条目中，撰者称陶行知是"教育理论家、改革家"，认为"他的理论依据杜威和王阳明的思想"。他在金陵大学读书期间接受了王阳明的哲学观点和教育理论，在哥伦比亚大学留学时期又潜心研究了杜威的实用主义。"他从王阳明的学说中认识到真知必然具有实际效果，而知和行则是一致的。从杜威那里他获得了真理进化的学说，以及人类一切形式的活动都是解决问题的工具的观念，他又从杜威那里懂得了民主是伦理价值的初始源泉。"陶行知抱着这些观念，开始了他改造中国教育的伟大实践。上述关于陶行知与杜威理论、与王阳明学说相互关系的分析，以后常被研究者作为权威性观点加以引述。

1974年，蒙特·霍约克学院的巴雷·基南(Barry C. Keenan)教授在他那篇著名的论文《中华民国早期的教育改革与政治》(载《亚洲研究杂志》第33卷，1974年2月)中，对杜威以及美国进步主义教育在中国的命运作了简洁而精彩的论述。他的文章《陶行知与教育改革》比较系统地阐述了陶行知的生活教育学说与非正式教育实验运动。巴雷·基南认为，在这个过程中陶行知努力克服中国教育西方化的倾向，通过自己创造出来的教育理念真正促进了中国教育的进步。他引用了陶行知的原话来阐述这一道理："我曾下了一个决心，凡是为外国教育制度拉东洋车的文字一概删除不留，所留下的都是我所体验出来的。"陶行知正是本着这样的宗旨，力求走出一条具有本民族和本国特色的教育发展之路。《郭秉文、蒋梦麟、陶行知与新教育改革运动》是他的又一篇论文，他将中国现代教育改革的亲身实践者陶行知，与几乎同时期留美的郭秉文、蒋梦麟作了比较研究。曾分别任北京大学和东南大学校长的蒋梦麟、郭秉文尽管曾活跃于政界，也力图照搬杜威的教育模式，但相继都陷入困境并宣告失败，而陶行知却与他们走了不同的道路，他步入向来不被人重视的中国贫穷落后的农村，“他在乡村建设教育实践中，对杜威的教育原则作了大幅度的修改”，为中国这个农业大国的教育发展找到了一条在某种程度上具有一定可行性的发展道路。后来巴雷·基南在这些研究成果的基础上写成一本专著《杜威实验在中国：民国早期的教育改革与政治势力》，由哈佛大学出版社于1977年出版。

在研究陶行知的欧美学者中，特别值得一提的是在国际学术界享有盛誉的著名历史学家、美国现代中国学奠基者、哈佛大学教授费正清(John King Fairbank)。20世纪30年代费正清曾在北京学习中国语言、历史和文学，并在清华大学讲授历史课。1936年至1977年在哈佛大学讲授中国历史，培养了大批美国研究中国问题的学者，成为美国现代中国学的鼻祖。他还是20世纪50年代以来美国政府对华政策的高级顾问。第二次世界大战爆发后，他供职于美国政府，有时在华盛顿，有时在美国驻华使馆。在华期间，他曾与陶行知有过深入接触，对陶行知的人格、思想和事业极为钦佩。1946年7月陶行知病逝，同年12月9日，美国教育界在纽约隆重集会追悼陶行知，到会的有美国教育界名流及中国留美人士300余人，费正清曾代表罗格博士讲述陶行知1914年至1915年间在伊利诺伊大学学习时的生活。从某种意义上说，费正清是欧美陶行知研究的先驱者之一。正是受他的影响，一些中国学专家在20世纪50年代便开始研究陶行知。至于他自己，对于陶行知也多有评论。比如，在那本被人们誉为经典之作的名著《美国与中国》(哈佛大学出版社1978年第4版)里，他指出：“陶行知博士的经验就是一个例子。陶在伊利诺伊大学就读和随后在哥伦比亚大学得到杜威的教导后，回中国从事乡村教育，并帮助开展‘小先生’运动，使学童成为其他文盲的先生。这种识字运动形成连锁反应，特别是在1937—1938年政府迁到武汉时的统一战线时期。这项工作显然有点像政治炸药，国民党下令禁止了。”又如，在1986年出版的新作《伟大的中国革命，1800—1985》(纽约哈珀-罗出版股份有限公司出版)中，他对陶行知作了更为精辟的论述：“虽然晏阳初和定县在美国一直很有名，然而，杜威博士的最有创造力的学生却是陶行知(1891—1946)。他是一个穷学生出身，在受到王阳明学说启发之后很多年，才于1915—1917年上师范学院(指哥伦比亚大学师范学院——编者注)念书。他于1921年任南京东南大学教育学系主任。翌年继蒋梦麟之后任《新教育》杂志编辑。他在民众教育运动方面非常积极,为工人和贫苦人民办夜校和各种中心。他展开'小先生'运动,让文盲学会后再以他们的新知识教育其他文盲,这样连锁下去。对于1927年的反共产主义分子来说,这就好像一个政治炸弹一样。在城市里搞民众教育,被视为叛逆而遭禁,陶行知就到农村进行教育和农村恢复计划。美国的进步教育用的现成的学校制,陶行知发现中国普通群众只能就他们的生活、工作、农村、家庭和车间所在地受教育;在哪里聚居,就在哪里学习。在所有美国训练出来的教育者中间,陶作为一个穷人出身的人,使他成为极不寻常地同情于普通人民的需要,而这终于使他比别人更接近共产党。最后他于1946年,在国民党未能下手暗杀他之前,患中风逝世。"毋庸置疑,费正清的上述精辟论述对欧美学者的陶行知研究产生了重要影响。

除了孔斐力外,哈佛大学博士、现为芝加哥大学教授的艾恺(Guy S. Alitto)也深受费正清学术观点的影响。他在曾获"美国东方学奖"的论著《最后的儒家——梁漱溟与现代中国的困境》(加利福尼亚大学出版社1979年版)的前言中,称"我在哈佛受导师本杰明·史华茨(Benjamin I. Schwartz)和费正清的影响明显地体现在该书的每一页里"。尽管这是一本关于梁漱溟的人物传记,但在全书的十三章中,有三章都提到了陶行知的教育理论和实践,特别是在第七章中,专门有"陶行知和晓庄实验乡村师范学校"一节,论述陶行知及其晓庄师范对于梁漱溟教育思想和实践的影响。值得注意的是,另一位著名的中国近代史专家、加利福尼亚大学教授、曾任美国史学会会长的魏斐德(Frederic Wakeman)在为该书所写的序言中,也将陶行知的乡建模式与梁漱溟的乡建模式作了比较,指出了两者的差异。显而易见,艾恺和魏斐德有关陶行知与梁漱溟关系的论析,拓宽了陶行知研究的范围,提出了陶行知研究的新课题。

二、陶行知思想在欧洲的传播

20世纪80年代以来,欧美的陶行知研究出现了新的动向,以往美国学者在这一领域一枝独秀的局面开始被打破,越来越多西方国家的学者对陶行知产生了浓厚的兴趣,陶行知研究日趋国际化。

早在20世纪40年代末,就有一位奥地利籍的詹生博士(Fritz Jensen)

曾作为联合国善后救济总署的工作人员来过中国，他分别到过国统区和解放区，对中国创办的育才学校有所了解。1953 年他作为德意志民主共和国《新德国》报纸的特派记者再度来华。在对陶行知有了比较多的了解之后，他在德国出版了《中国腾空而起》一书，向德国人民介绍了“中国最伟大的教育家陶博士”的业绩，如育才学校和“小先生”运动等，为德国人了解陶行知奠定了良好基础。1975 年刚从西柏林自由大学毕业的艾哈德·内克曼(Erhard Neckermann)，就开始了陶行知教育思想的研究。1975 年至 1976 年冬季，他主办了一期以研究陶行知的生平与著作为重点的研讨班，并与参加研讨的四名大学生和另外两名同事共同翻译了一本文献《生活即教育——中国改革教育学家陶行知之生平》，在西柏林自由大学校内发行。1978 年至 1980 年，他在中国西安外国语学院担任外籍教师，内克曼利用在华之机，收集了大量关于陶行知的资料，并实地考察了南京晓庄师范学校和陶行知纪念馆，采访了在西安的陶行知的学生和同事；还利用回国途经日本之际，专门拜访了日本著名的陶行知研究专家斋藤秋男先生。1981 年在陶行知 90 周年诞辰之际，他撰写了一篇《陶行知——被中国重新认识的人民教育家》的纪念文章，分别在自由柏林广播电台播出和在德文版的《新中国》杂志上发表，对帮助德国人了解陶行知产生了积极作用。1993 年，克尔斯滕·赖希教授将他的博士生丁伟祥翻译与整理的有关陶行知的一些资料，编辑出版了《陶行知——中国 20 世纪的改革教育家》一书，介绍了陶行知的教育思想是一个在批判传统教育的基础上逐步形成的新的教育理论体系，并叙述了陶行知领导下的教育实验运动。德国新起的另一位陶行知研究界学者是华人黄冬，他曾在 1978 年至 1982 年就读于西安外国语学院德国语系，协助内克曼教授收集和整理过关于陶行知的资料，从此他也产生了对陶行知研究的浓厚兴趣。1988 年他到德国马堡大学留学，1993 年获硕士学位，1997 年获德国马堡大学博士学位。他的博士学位论文是《陶行知(1891—1946)与阿道尔夫·莱希维恩(1898—1944)——两个改革教育家之比较》，1999 年由德国汉堡考瓦克博士出版社出版。黄冬将 20 世纪世界两位著名教育家从政治、教育和文化三个方面作了比较研究。两人都是中西文化交流的使者，为世界文化交流与发展作出了杰出的贡献：两人“同作为反对独裁专制、崇尚民主的进步教育家，有着类似的经历、遭遇、政治理想和追求”；两人拥有大致相同的教育理念：他们都主张让广大贫苦大众受到教育的民主教育观，他们都倡导学校应该是学习民主规则的训练场、培养生活能力与社会能力的共同体以及带动乡村文化生活的火车头，莱希维恩创立的“帮手制”与陶行知发明的“小先生制”亦有类似之处，还有莱希维恩所推崇的“意图教学法”与陶行知的“教学做合一”教学观也有共同之处。作为德国华人学者，黄冬对中德两国文化都比较了解，他的论文可以说在德国陶研界是最具权威性的成果之一。

1987 年，法国杰出的汉学家、巴黎国立科学研究中心主任研究员玛丽安·巴斯蒂(Marianne Bastid)女士在她与加拿大中国教育问题专家露丝·海霍(Ruth Hayhoe)博士共同主编的《中国的教育和工业化的世界：文化传递研究》(中译本更名为《中外比较教育史》，上海人民出版社 1989 年版)一书中，发表了《是奴役还是解放？——记 1840 年以来外国教育实践及制度引入中国的进程》的文章，论述了 20 世纪初随着民族主义的日趋高涨，非宗教大同盟运动和收回教育权运动的相继兴起，中国的教育政策开始放弃只用一个外国教育模式的做法，转而采用折中式的借鉴，指出：“到这时受到批评的就是美国的教育制度了，这与以前的日本制度一样，而批评它的正是那些最了解它，也曾帮助它在中国得到广泛承认的人，陶行知就是一例。”并认为“陶行知、梁漱溟、晏阳初在农村地区的教育活动则是中国教育家在根据教育需要活动时能够独立自主的又一明证”。运用文化传播学理论来探讨陶行知以及中国教育与西方教育的关系，无疑有助于包括陶行知研究在内的整个中国近现代教育史研究的深入。

加拿大学术界也一直对陶行知研究比较感兴趣，这与陶行知生前多次访问过加拿大有关，陶行知曾于 1937 年至 1938 年先后四次访问加拿大，积极宣传抗战，号召全世界爱好和平的人们起来反对日本法西斯，在当地引起强烈反响，也使加拿大人记住了这位热爱和平的中国教育家。在近半个世纪后，加拿大约克大学格兰登学院社会学教授维尔默特追忆了他于 1944 年在重庆育才学校与陶行知的交往以及所见所闻，并写成了《陶行知是个了不起的人》(见上海陶行知研究会编的《行知行》，1994 年 8 月 25 日)一文。文章以平实的语言、真挚的情感再现了陶行知的朴实、谦逊、真诚、热情的性格和“始终如一的为人民服务的精神”，使读者感到真实、亲切，为加拿大人了解陶行知提供了一份珍贵的资料。他还在其有关社会学著作中提到了陶行知的教育社会学思想。约克大学历史系教授玛戈·格瓦茨

(Margo S. Gewurtz)则在一篇关于中华职业教育社的论文《社会现实与教育改革:中华职业教育社的个案考察,1917—1927》(《现代中国》第4卷第2期,1978年)中涉及了陶行知的职业教育思想。这种多角度、多层次的考察,意味着欧美的陶行知研究者已较先前眼界更为开阔,研究愈加具体。

20世纪90年代以来,比利时学术界也出现了关注陶行知研究的趋势。代表性人物是波西凯女士,她毕生以陶行知为榜样,力求做陶行知式的教育工作者,她曾先后被中国授予"友谊奖"、"首届行知奖"、"优秀教师"、"外籍专家先进工作者"等荣誉称号。在其学做陶行知式教育家的实践之余,她也撰写了有关陶行知研究方面的文章,她写的《我为友谊和献身而来》一文发表在《人民日报》(海外版)1992年5月22日,文中满怀深情地赞扬了陶行知的伟大人格,并以陶行知的"捧着一颗心来,不带半根草去","以社会为学校,奉万物为宗师"为座右铭,决心学习陶行知的人格风范和献身精神,视教育为天职。1994年她又在《金陵陶行知研究》杂志上发表了《陶行知教育思想对我的帮助》一文,她回顾了自己在中国香港度过的23年和中国内地8年的教学生涯,认为在此期间她之所以能"以充沛的精力、昂扬的斗志,并带着新的美好希望"去教学和工作,就是因为陶行知的伟大精神激励着她。她认为,"陶行知先生是我们的先驱,他的献身普及教育给我们树立了榜样"。在南京任教期间,她先后三次去晓庄学校旧址参观,平时经常向曾是陶行知学生的张一之先生请教,并大量阅读了《陶行知全集》中的文章。她深深地被陶行知的教育思想所打动,"我觉得陶先生很多的观点和自己的想法是相吻合的"。波西凯的这两篇文章严格来讲,还谈不上是陶行知研究的学术成果,但毕竟体现了陶行知及其教育思想对比利时人的影响。

俄罗斯在20世纪90年代以来也开始了对陶行知的研究,这集中体现在曾来南京师范大学做过访问学者的尼·叶·鲍列夫斯卡娅女士的研究成果上。尼·叶·鲍列夫斯卡娅是苏联科学院研究员,1991年来华访学并参加了在北京召开的中国陶行知诞辰100周年纪念大会。她提交给大会的论文是《如何评价陶行知对现代教育的贡献》,该文于1992年在《行知研究》第2期上发表。她在深入分析与思考陶行知在现代中国教育史上地位的基础上,对陶行知生活教育理论中的一些主要观点,如"教学做合一"、"六个自由"、"在劳心上劳力"、"创造的教育"等,作了理论上的分析。经过研究,她认为,“陶行知是一个倡导包括德、智、体、美、劳五育在内的个性和谐发展的教育理论家和实践家”。文中总结了陶行知生活教育的基本特点是“民主的,科学的,群众性的,创造性的”;还强调,陶行知提出的培养“能够独立思考的人”、“培养新的自由人”的思想对当今中国乃至世界教育改革仍具有现实指导意义。总之,尼·叶·鲍列夫斯卡娅的观点颇有新意,成为俄罗斯研究陶行知教育思想的开山之作。

在德、法、加等国学者异军突起之际,美国学者丝毫没有放慢他们的研究步伐。获有哥伦比亚大学、芝加哥大学和斯坦福大学三校哲学博士学位的中国教育思想史专家、曾担任香港大学教育学高级讲师的美国学者休伯特·布朗(Hubert O. Brown)于1987年在前述《中国的教育和工业化的世界:文化传递研究》一书中发表了《中国教育中的美国进步主义:陶行知个案》的长篇论文。与巴斯蒂一样,布朗也是运用文化传播学理论来探讨陶行知与西方教育关系的,但两人的着眼点却不同:巴斯蒂主要是宏观透视,布朗则侧重于微观考察。比较起来,布朗的研究更为细致缜密。布朗在剖析了陶行知与杜威以及美国进步主义教育的关系后断定:“可以毫不含糊地把确切存在他(指陶行知——引者注)思想和行动中的事物归诸进步主义的影响,是很成问题的。从其作品来看,陶显然使用了进步主义的修辞,然而,若就任何具体事物作较仔细的检查,那么他所依仗的实质,至多只是部分的,而且有时整个都可怀疑。许多中国进步主义者都是这种情况,但陶行知尤其如此:他可能接受了进步主义的见解和朝气,在有些事情上接受了杜威所提倡的专门实践。尽管如此,他观念和行为的源泉、延伸和远景,极显然是扎根于陶的个性,他使中国适应社会上存在的文化类型和使西方文化移入的模棱两可性,以及中华民国发展中的历史形势。毫无疑问,陶受到了进步主义的影响,但却是略似太阳的引力使掠过它的星光偏移的方式,而星光的源头和归宿是在别的地方。”不管布朗的结论是否符合历史实际,但他注重探讨文化传播过程中传播者、传播物、传播渠道和被传播者诸种因素之间的复杂关系,却为人们提供了一条新思路,反映出欧美陶行知研究的新动向。

20世纪90年代以来,还有两位美籍华人学者在美国陶行知研究界比较活跃,一位是现任美国加州大学(洛杉矶)教育学院博士生导师、加州州立大学(北岭分校)教育学院教授、中国研究所所长的苏智欣女士。她于

1989 年撰写了《杜威与陶行知的哲学观及教育观》一文，后来将文章分成两部分，前一部分以《杜威和陶行知：关于他们教育哲学的初步比较》为题，作为提交给 1989 年在加拿大召开的“世界比较教育大会”的学术论文；后一部分以《杜威和陶行知：关于他们的教育观》为题，提交给 1990 年在美国加州举行的“比较与国际教育协会年会”。苏智欣教授运用翔实的资料，先评介了杜威的教育哲学观，接着凭借其深厚的理论学养对陶行知在改造杜威教育哲学思想基础上形成的生活教育理论作了分析，最后又将陶行知与杜威的教育观作了哲学层面上的比较。她的结论是：“杜威的思想对于中国的教育产生了巨大的影响，其中也因为陶行知在传播与检验杜威的教育思想中起了如此重要的作用。从大的方面讲，陶行知被誉为中国普及教育的核心人物。他的各种努力在为人民共和国的建立准备更有知识的公民方面做出了贡献。”在她眼中，陶行知在创立生活教育理论的过程中实现了对杜威教育观在中国的扎根与传播。然而，陶行知并未完全将杜威教育观照搬到中国搞试点，而是创造性地走出了一条适合中国农村的有利于民众解放的教育发展之路，“当杜威正在为政治民主中的个体发展一种生气蓬勃的教育理论的时候，陶行知则富有创见地计划着通过一种根植于生活的教育使他的人民获得解放”。1996 年苏智欣教授又在哥伦比亚大学师范学院的学报上发表了《教学做合一：中国师范教育中的杜威实验》一文，该文从“陶行知与杜威教育思想的异同”、“教育是社会改革的工具”、“‘学校即社会’和‘社会即学校’”、“‘教育即生活’和‘生活即教育’”、“进步教育、儿童中心教育和基于经验的教育”、“兴起、跌落：陶行知和杜威思想在中国的复兴”、“杜威思想在晓庄师范学校的实验”、“今日的晓庄师范学校——相同点与差异处”等方面研究了杜威与陶行知的教育思想与实践。在她看来，“陶行知的教育思想主要派生于杜威思想前提的学校和社会、教育与生活以及进步教学法。然而，为使这些思想符合中国现实实际，陶行知对其加以改革，以适应中国的挑战和需要。因此，这些思想与美国的不一样”。这是作者经过精心研究和深思熟虑后得出的比较客观的结论。另一位是毕业于芝加哥大学历史系、由艾恺教授指导的蔡崇平博士，他于 1996 年参加了在华中师范大学召开的“陶行知研究国际学术研讨会”，提交会议的论文是《从教育到政治：陶行知与大众思想》。他从中国现代社会的大众思想、知识分子心态谈到了陶行知的知识分子观、生活教育观及其办学实践活动，以宽阔的视野、凝练的语言、哲学的思维和严谨的态度，认真思考与审视了陶行知在现代中国的教育战线与政治领域中所占据的显著地位和所发挥的积极作用。蔡崇平以他清新的文风、丰厚的学养、坚实的功底，受到了学界的赞誉，被人们视为未来美国陶行知研究的中坚与骨干。

综上所述，不难发现，欧美学者对陶行知的研究，尽管涉猎的范围很广，但早期主要集中在两个相互联系的问题上，即陶行知与杜威以及进步主义教育的关系，陶行知与王阳明以及中国传统文化的关系，近期已开始注意将陶行知与本国教育家进行比较研究。这显示出欧美学者的研究重点有所不同，但在研究难度上，两者实在难分轩轾，各有千秋。特别是20世纪90年代以来，美国也不乏从新视角去探讨陶行知的学术性较强的研究成果。由此，我们可以预料，随着各种主客观条件的成熟，欧美陶行知研究的队伍还将继续扩大，成果还将不断增多，陶行知研究将在欧美中国学领域中占有重要的一席之地。

欧美是东亚之外海外陶行知研究的又一重要地区。陶行知的生活教育理论和实践对中国以及世界上其他国家，尤其是第三世界国家的教育改革与发展，已经产生并且还在继续产生程度不同的影响。陶行知抗战期间曾遍游世界28个国家和地区，宣传中国人民的抗日主张，介绍其独创的“小先生制”。特别是陶行知早年曾留学美国哥伦比亚大学，师从杜威，与进步主义教育结下不解之缘，回国后又曾大力引进和传播杜威的实用主义教育学说，成为20世纪20年代新教育运动的主要领导人之一。所以，陶行知研究在欧美，尤其是在美国学术界历来颇受学人重视，其中不乏蜚声世界的知名学者，如克伯屈、文幼章、费正清等人。知名学者的积极参与，无疑在客观上为陶行知研究跻身欧美中国学研究领域创造了有利条件，同时也展示了陶行知研究良好的发展前景。

第三节　陶行知研究在香港和台湾地区

尽管港台地区都是中国的一部分，尽管两地的学者在研究陶行知的主观条件方面不存在任何障碍，但无论是就其研究队伍，还是就其研究成果来说，均不及日本和欧美学者。这里面的原因颇为复杂，但有一点可以肯定，即都深受政治气候的影响。当然，平心而论，70年来陶行知研究在港台地区还是取得了一定成绩的。

一、香港地区对陶行知思想的研究

应该指出，陶行知的教育理论和实践很早就为香港的广大教师和民众所熟悉。陶行知曾于1936年夏天经香港去英国伦敦参加世界和平大会的第一次会议。会议结束后，他受全国各界救国联合会的委托，担任国民外交使节，赴世界28个国家和地区，宣传中国人民的抗日主张。两年后，因国难严重，他又于1938年8月30日经香港回到内地。在港期间，他积极宣传抗战，推行业余教育活动，并发表声明，回国后要做三件大事。特别值得一提的是，他在香港创办了中华业余学校，并任该校的董事长。这是他生活教育理论的一次重要实践。从此，陶行知的教育思想就在香港广泛传播开来。

陶行知去世后，香港报刊曾刊登他的一些留港学生写的回忆文章，如方与严的《晓庄学校回忆片录》（《文汇报》1948年9月14日）、怀远的《陶行知募捐如打仗》（《大公报》1948年10月4日）、白桃（即戴伯韬）的《陶行知的艺术家的生活》（《大公报》1949年3月13日）和《向老妈子学习——回忆陶行知先生》（《大公报》1949年3月31日）、克炎的《回忆育才生活——纪念陶行知校长》（《大公报》1949年7月25日）等等。当然，这些回忆性文字只是提供了研究的素材，还不是真正的学术探讨。

1951年，中国内地发起对电影《武训传》的批判，涉及曾经称赞过武训的陶行知及其教育思想。1957年，在“反右”运动中，不少陶门弟子和陶行知研究者被打成右派，陶行知研究从此成为禁区。这种情况也不能不影响到与大陆毗邻的香港地区教育界。因此，从20世纪50年代至70年代的整整30年间，香港的陶行知研究成果甚微，其间仅有为数不多的论文和著作。龙文书店曾于1966年出版了一本《陶行知·行知文献：手脑并用，生活教育倡导人》，属资料介绍性的一般著作。同年，原香港罗富国师范学院（现香港教育学院前身之一）教师阮雁鸣，在香港文教图书社出版了《杜威学说与中国教育》一书，其中有一部分内容谈到了陶行知及其教育思想，比较了陶行知与杜威的社会观和教育观，旨在用陶行知做铺垫来阐明杜威教育思想对中国教育的重要影响。作者的结论是：“陶行知几乎全部接受杜威之社会论、知识论和生长论，陶氏的事业，处处依着杜威哲学之基本假设而行。”显而易见，这种观点是很不全面客观的。

1978 年中共十一届三中全会召开以后，经过拨乱反正，内地的陶行知研究也随之恢复。在这一新形势的推动下，香港教育界的有识之士开始着手探讨陶行知的生平事迹和思想遗产。1980 年，香港中文大学教师、知名作家卢玮銮女士在《开卷》杂志 8 月号上发表了《陶行知先生在香港》一文，叙述了 1938 年 9 月至 1939 年 1 月这两个月期间陶行知在香港的社会活动和教育实践，还介绍了新发现的陶行知在香港写的六首诗。翌年 10 月 19 日，卢玮銮又以“小思”的笔名在《明报》上发表《敲钟者》一文，称赞陶行知是近代中国伟大的“敲钟者”。10 月 20 日，张增泰在《大公报》上发表《陶行知二三事》，向香港民众介绍了陶行知的一些往事。值得一提的是，香港中文大学教育学院教授蔡宝琼博士，20 世纪 90 年代在英国牛津大学攻读博士期间撰写的毕业论文《近代中国教育与政治》中有一章是“陶行知、晏阳初、梁漱溟之比较”，对 20 世纪二三十年代曾对中国文化、教育产生过重要影响的三位著名学者、教育家作了简要的比较研究。该文认为，晏阳初从对中国的“社会病”是“愚、穷、弱、私”、“无知孕育贫穷”的认知出发，倡导乡村建设的重心在文化改革；梁漱溟从社会道德沦陷角度提出了“儒家理想的文化重建”计划；陶行知作为“坚定的唯物主义者”，认为乡村的主要问题是发展不平衡的结果，主张开展农村教育运动，“以解决人民的实际生活问题为首要任务”。陶行知为中国指明了依靠科技进步改变中国命运的光明大道。2006 年 5 月，香港浸会大学近代史研究中心与香港近代史学会为纪念陶行知逝世 60 周年，举办了“陶行知与近代中国”研讨会，会上多位香港学者提供了陶行知研究论文，如香港浸会大学近代史研究中心周佳荣教授的《从播种到回馈——陶行知与香港文教界的因缘》、《蔡元培、陶行知、晏阳初——近代中国三大平民教育家的历程》，香港浸会大学历史学系甘颖轩的《空间、资本与实践：陶行知在“南高”“东大”时期的教育活动》，香港浸会大学历史学系区显锋的《陶行知与 1930 年代广西普及教育运动》，香港浸会大学历史学系文兆坚的《陶行知的家庭生活》，新亚研究所李木妙、黄仲夫的《陶行知与无锡荣氏教育事业》，新亚研究所梁耀强、陈树柒的《陶行知生活教育论对香港初中德育教学的启示》，香港公开大学人文社会科学院赵雨乐的《生活教育在乡校——论陶行知的〈中国教育改造〉》，香港理工大学区志坚的《陶行知对杜威教育思想的认识》，香港大学专业进修学院林月秀的《陶行知与蒋梦麟的教育观》等。这次研讨会的文章不仅数量多,而且角度新,标志着香港的陶行知研究已走出了早期一般性介绍阶段,进入了学术研究的新阶段,与内地的陶行知研究开始相互推动,相互影响,共同走向成熟期。

二、台湾地区对陶行知思想的研究

与香港相比较,台湾地区学者对陶行知及其教育理论和实践的研究显然要重视得多。需要指出的是,这除了与陶行知生活教育理论和实践自身具有重要的理论价值有关外,还多少与蒋介石在退守台湾后出于多方面需要而提倡“新生活教育”有关。早在1934年,为了配合“剿共”,加强对国民和青年的思想控制,蒋介石就曾经提倡过所谓的“新生活运动”,要求国民和青年的生活与行动合乎整洁、简单、朴素等要求,而且能够“明礼义”、“知廉耻”、“守纪律”、“重秩序”,“俾达生产化、军事化、合理化的理想生活境地”。1949年,蒋介石败退台湾后,基于其所谓“戡乱建国的环境和需要”,又重弹昔日“新生活运动”旧调,并提出所谓“新生活教育学说”。1951年11月19日,他在《改造教育与变化气质》的演讲中说:“我以为今日教育,要使它发生反共救国的效用,无论是学校教育或社会教育,最要紧的是注重生活教育,必须使生活与教育打成一片。”1953年11月14日,他又发表《民生主义育乐两篇补述》一文,对其“新生活教育”予以进一步阐发。为了贯彻蒋介石讲话和文章的精神,台湾教育行政部门还于1962年6月16日第8176号令颁布了一个《生活教育方案》,训令各级各类学校一律照此执行。其实,蒋介石的所谓“新生活教育”不过是把儒家的那套封建伦理道德与西方现代教育的某些因素糅合在一起,旨在以儒家学说来收拾人心,整饬教育,巩固其统治,与陶行知倡导的充满时代气息的、进步的“生活教育”完全是两码事。不过,如此一来却在客观上为台湾陶行知研究的开展创造了某些条件,这是提倡“新生活教育”者所始料未及的。由于这些缘故,一些在高等院校和研究机构工作的专家、教授,以及因种种原因去了台湾的陶行知的故旧门生,也相继开始介绍和研究陶行知。

1969年,早年在东南大学研究过教育、后来积极鼓吹“国家主义教育”的陈启天将旧作略作修改后易名为《近代中国教育史》,交付台湾中华书局出版。新版对旧作中论及陶行知“教学做合一”思想部分未作任何改动,照原样付排，竟也相安无事。这表明只要不涉及政治方面比较敏感的问题，“纯学术性”的陶行知研究在台湾还是可以展开的。

1977年6月，由在野人士创办、素有台湾“野史馆”之称的传记文学出版社出版了刘绍唐主编的《民国人物小传》第2册。该册有秦贤次撰写的一篇陶行知传略，介绍简明扼要，评价尚属公道，称陶行知“提出‘生活即教育’、‘社会即学校’、‘教学做合一’等口号，为中国教育辟一新蹊径”。又认为陶行知“创办山海工学团，并发明‘小先生制’，在普及教育史上为划时代的创举”。

1978年，陶行知的学生程本海在《艺文志》杂志第152期（1978年5月号）上发表了《陶行知先生与我》一文，满怀深情地回忆了他早年在陶行知指导下从事教育活动的往事，表达了对恩师的怀念之情。

同在1978年，中国教育史专家、台湾师范大学教授郑世兴在《教育发展与文化建设》（幼狮文化事业出版公司1978年版）一书中，发表有关陶行知的论文，对陶行知生活教育派的主张和实践作了具体评述，指出了他们与梁漱溟乡村建设派和晏阳初平民教育派的不同之处，颇有见地。1981年，郑世兴又在新作《中国现代教育史》（台湾三民书局1981年版）里，对陶行知的生活教育理论与近代乡村教育思潮作了更为系统的论析，不过他为抬高蒋介石的“新生活教育”思想而故意贬低陶行知等人生活教育理论，说“一般生活教育所强调的生活，它包含有严肃的和轻松的生活，过去的和现在的生活，落后的和进步的生活，平时的和战时的生活，而新生活教育学说所强调的生活，则专指新的、严肃的、现代的、进步的及战时的生活……此实较一般的生活教育学说更进一步，更具卓见”，这就有些不够实事求是了。

1981年，早年毕业于南京高等师范学校、后为国民党高官的周邦道出版了《近代教育先进传略初集》（中国文化大学出版部1981年版）一书。早在1933年，他就在其主编的《第一次中国教育年鉴》一书中专门辟有《教育先进传略》一章，“冀于以发潜德之幽光，示后人以楷模焉”，颇获士林赞誉。自那以后，他继续搜罗询访，集得更多资料。到台湾后，他经过多年精心编写，撰成260篇人物传略。由于上述特殊经历，书中的陶行知传略写得远较他人翔实可信，评价也颇允当，如他称执掌南京高师时期的陶行知“资学明敏，踔厉风发，与刘伯明、陈容、柳诒征、郑宗海、廖世承、张谔、秉志、胡先骕、朱进、张准、朱君毅、孟宪承、梅光迪、陆志韦诸教授，同寅协恭，施展恢张；故南雍教育，遂树新帜，蜚声海内焉”。又说：“行知依杜威‘教育即生活’、‘适应社会环境’、‘学由于行’之教育哲学，而更迈进一步，以‘生活即教育’，‘社会即学校’为目标。榜书联曰：‘以社会为学校，奉万物作宗师’；‘以教人者教己，在劳力上劳心。’另定‘教学做’为校训，‘我们的信条’十八则，由董事长蔡元培书写，悬于锡名犁宫之礼堂。筚路蓝缕，以启山林，为中华教育开辟得未曾有之崭新途径。从事新教育者，靡然宗之。”文章结尾更是不无感慨地写道：“行知蕴新知，善思维，每倡通俗世之主张，而勇于躬行实践，遗大投艰；可谓瑰琦卓荦，人如其名矣！当代乡村师范学校、中心小学、社会教育馆，多率循其生活教育理论，而变化实施；‘教学做’一原则，尤不胫而走，已应用于一般教育方法，且及于教育、考试、任用，合一焉。倘天假之年，处以安定环境，以彼其才，行彼其志，其所建树，讵可量度乎？”不是对陶行知其人其说有深切了解者，是不会作如是说的。

1985 年，教育学家吴鼎在蔡保田等著《国民教育研究》（汉苑图书出版社 1985 年版）一书中专门撰文，对陶行知主持的南京晓庄乡村教育实验作了全面评介，并指出：“当时的晓庄师范是陶氏实验他的教育理想的场所，他的理想和方法，颇能引起当时社会人士的注意，吸引了各地教育人士前来参观，而许多青年教师，自动地前来晓庄师范学习的为数甚多。”并认为：“陶氏对于教育上的贡献，是他的‘教学做合一’理论。这个理论，是根据他的‘生活即教育’‘社会即学校’理论而来的。此外，还有晓庄师范先后订立的两种信条，是代表乡村教育的精神，予乡村教师以伟大使命的。”以上所言虽然不够全面，倒也自成一家之言。

同在 1985 年，著名学者、教育学家吴俊升在他与罗伯特·克劳普顿、吕聪明三人合编的《杜威在华讲演录》（英文版，中国文化大学出版部 1985 年版）一书中有一长文评述杜威在中国的活动及其影响，文中专门谈到了陶行知与杜威的关系，认为“陶行知的理论和实践可以说是把杜威的主张推向了极端。陶行知的贡献在于扩大了杜威的影响。这一点可以比之于威廉·克伯屈。从他在南京的最初岁月直到 1946 年逝世，陶氏把他的一生都献给了中国教育改造事业。他是杜威的中国信徒中第一个发展出自己的教育理论和实践的体系，并且第一个探索着把杜威的影响从城市里的大学扩大到乡村学校的人”。尽管文章的观点过于绝对化、片面化，但毕竟包孕着某种极有价值的思想因素，值得人们深思。

1987年，台湾学者简溎勤在《历史学报》第5期上发表了《陶行知生活教育的理论与实际》一文，文章长达3万多字，以严谨规范的学术论文形式，比较系统地论述了陶行知生平、生活教育理论的内涵、生活教育实践活动，并对陶行知作出全面评价。简溎勤对生活教育理论的内涵和特质作了详细的论述，认为“陶行知曾受教于美国实用主义教育家杜威，但是，他不是简单地抄袭杜威的教育思想，而是有分析、有批判地吸收其合理部分，做到洋为中用。并且在他自己的教育实践中，逐步形成自己的教育思想”。文章还从陶行知的原话中提升出了“生活教育之特质”是“生活的、行动的、大众的、前进的、世界的、有历史联系的”等六个方面。简溎勤对陶行知生活教育实践的论述颇有创意，将其概括为“六大运动”：一是乡村教育运动，包括师范教育、国民教育、基本教育、社会教育四部分；二是普及教育运动，包括“科学下嫁”运动、山海工学团的普及教育运动、“小先生制”的实行；三是国难教育运动；四是战时教育运动；五是全面教育运动，主要是育才学校的教育活动；六是民主教育运动。作者还引用陶行知的观点对生活教育作了准确的定位：“生活教育是穷国家穷社会的穷办法，是经济实用的教育理论。”“陶行知的‘生活教育’，对当时的社会来说，不啻为一股清流……陶行知一生努力不懈地致力于普及教育事业，追求‘民主、科学’的理想，绝对是值得我们加以尊重和珍惜的情操。”

1997年，台湾花莲师范学院初等教育学系讲师周永珍也在《花莲师院学报》第7期上发表了《陶行知的教育思想与教育改革运动对当前教育之启示》一文。文章重点介绍了陶行知生活教育的内涵以及相关的教育主张，如普及教育、终生教育、女子教育、民主教育、爱心教育、乡村教育等，还从陶行知的教育理论和实践中总结出一些可资借鉴的办学经验，认为对当时台湾的教育改革具有直接指导意义。

值得特别注意的是，20世纪90年代以来曾获台湾师范大学教育学院博士学位、现为台湾医事科技大学幼保系教授的曹常仁在台湾陶行知研究界后来居上。曹常仁是台湾教育界第一位专门研究陶行知教育思想的学者，师从于台湾知名教育学家黄光雄先生。他在台湾师范大学教育学院攻读博士学位期间，根据导师的指点，选定将陶行知研究作为他的博士学位论文选题。经过几年的辛勤笔耕，终于在1998年完成了他的博士学位论文《陶行知师范教育思想之研究》，他从陶行知师范教育思想的渊源与基础，陶氏师范教育观的形成与特性，陶氏师范教育制度、教学做与实践，陶氏师范教育思想之贡献，陶氏师范教育思想之启示等几个方面，深入挖掘了陶行知全集、文集中有关师范教育方面的论述。他在研究中发现，陶行知师范教育思想的渊源有两个方面：一是“接受先秦儒家人文精神，注重人性尊严与道德修持及求知、学习等观念”；二是“受到杜威的知识之继续性、实验性、工具性、活动性及反省思考”等理念的影响。其基础主要有“人性要素、真善美要素、行与知的要素、民主的要素、生活的要素”。陶氏师范教育观特别关注两点：“一是广义的师范教育，不仅以培养教师为限”，“二是具有人才教育、教师进修与辅导、社会服务、符合国情的生活的特质”。他认为，陶行知师范教育思想的贡献表现在：一是促成1922年乡村师范学校普设与法令的出台，二是为中国师范教育树立了楷模，三是成为杜威“反省思考”应用到师范教育之先驱。最后还从借鉴陶行知师范教育思想的精华，促进当今师范教育的发展谈了一些看法。从曹常仁的论文中可以看出，台湾对陶行知的研究正在一步步趋向专题、走向深入。

由此可见，港台地区的陶行知研究已达到相当水准，且形成了自己的特色和优长。随着香港与内地关系的进一步加强，海峡两岸关系的逐渐改善，港台地区与内地（大陆）文教界的交往日益增多，港台地区陶行知研究的特色和优长必将更加充分地发挥出来，成为陶行知研究的一支重要力量。

综观国外及我国港台地区的陶行知研究，我们可以发现有这样几个特点：第一，陶行知研究的发展状况是很不平衡的。有的早已开展，有的刚刚起步，有的尚未着手，即使是在那些已经开展的国家和地区，进展也有快有慢，不尽一致。但总的趋势是，研究陶行知的国家和地区越来越多，研究队伍越来越大，研究成果也越来越丰硕，这表明陶行知研究正日益受到国际学术界的重视。第二，研究的重心正逐渐移向对象主体，移向主体赖以生存和发展的文化土壤，移向主体深层的文化心理结构，这与近年来国际学术思潮的走向是大体一致的。第三，研究的问题更为具体深入，研究者不再满足于过去那种一般性的介绍，而是试图从理论的高度来加以阐发。第四，研究的方法日趋多元化，不仅采用常见的历史方法和比较方法，还运用了系统方法、结构方法、传播学方法和解释学方法等新方法，力求根据不同的研究需要选择不同的研究方法。所有这些都对中国大陆的陶行知研究富有参考意义和借鉴价值。

总之,我们有充分的理由相信,随着时间的推移,特别是中国崛起后带来人们对中国文化教育的进一步关注,国外及我国港台地区的陶行知研究今后还将获得更大的发展和突破。正如毕莱士、斋藤秋男等许多外国友人所说:

"陶行知不仅是属于中国的,而且是属于全世界的!"

本书主要参考资料

一、资料类

程本海著:《在晓庄》,上海儿童书局 1930 年 1 月版。

单纯编:《冯友兰自述》,河南人民出版社 2005 年版。

董宝良主编,喻本伐、周洪宇编:《陶行知教育论著选》,人民教育出版社 1991 年版。

《杜威五大讲演》,北京晨报社 1920 年版。

方与严编:《晓庄一年计划》,上海儿童书局 1933 年 11 月版。

方与严著:《陶行知及其生活教育》,四川教育出版社 1995 年版。

胡适口述、唐德刚整理翻译:《胡适口述自传》,安徽教育出版社 2005 年版。

胡晓风等编:《生活教育文选》,四川教育出版社 1988 年 3 月版。

胡晓风等编:《陶行知教育文集》,四川教育出版社 2007 年版。

华中师范大学教育科学研究所编:《陶行知全集》(第 1—6 卷),湖南教育出版社 1984、1985 年版。

华中师范大学教育科学研究所主编:《陶行知全集》(第 7、8 卷),湖南教育出版社 1992 年版。

葛懋春等编:《胡适哲学思想资料选》(上、下册),华东师范大学出版社 1981 年版。

江苏省陶行知教育思想研究会、南京晓庄师范陶行知研究室合编:《陶行知文集》,江苏人民出版社 1981 年 8 月版。

江苏陶行知研究会等编:《陶行知日志》,江苏教育出版社 1991 年版。

荆世华等编:《陶行知教育论著选编》,山西高校联合出版社 1991 年 7 月版。

蒋梦麟著:《西潮与新潮——蒋梦麟回忆录》,东方出版社 2006 年版。

蒋廷黻著:《蒋廷黻回忆录》,岳麓书社 2003 年版。

梁吉生著:《张伯苓教育思想研究》,辽宁教育出版社 1994 年版。

梁漱溟著:《东西文化及其哲学》,上海商务印书馆 1922 年版。

联共(布)中央特设委员会编:《苏联共产党(布)历史简明教程》(中文版),人民出版社 1954 年第 8 版。

李楚材著:《破晓》,上海儿童书局 1931 年 2 月版。

陆静山编:《晓庄歌曲集》,上海儿童书局 1933 年 6 月版。

马侣贤、戴自俺著:《山海工学团》,上海儿童书局 1935 年版。

上海陶行知研究会等编:《陶行知佚文集》,四川教育出版社 1989 年 6 月版。

中国社会科学院近代史所编:《胡适日记》(上、下册),中华书局 1985 年版。

沈卫威编:《胡适日记》,山西教育出版社 1997 年版。

孙铭勋、戴自俺编:《晓庄批判》,上海儿童书局 1933 年版。

孙铭勋、戴自俺编:《晓庄幼稚教育》,上海儿童书局 1933 年版。

唐文粹编:《乡村小学教师须知》,上海儿童书局 1933 年 7 月版。

陶行知、陈鹤琴等著:《幼稚教育论文集》,上海儿童书局 1934 年版。

吴一葆编:《陶行知诗歌选》,上海教育出版社 1985 年 6 月版。

延安解放社编:《行知教育文选》,延安新华书店 1946 年版。

延安新教育学会编辑部编:《行知教育文选集》,胶东新华书店 1946 年 8 月版。

杨亮功著:《早期 30 年的教学生活·五四》,黄山书社 2008 年版。

杨效春著:《晓庄一岁》,上海儿童书局 1928 年 7 月版。

赵叔愚著、方与严编:《乡村教育丛辑》,上海儿童书局 1934 年版。

赵祥麟、王承绪编译:《杜威教育论著选》,华东师范大学出版社 1981 年版。

中国陶行知研究会主编:《陶行知全集》(第 1—10 卷),四川教育出版社 1991 年 8 月初版。

中央教育科学研究所编:《陶行知教育文选》,教育科学出版社 1981 年 3 月版。

朱泽甫等编:《行知诗歌集》,生活·读书·新知三联书店 1949 年版。

朱泽甫等编:《行知书信集》,安徽人民出版社 1981 年版。

二、专著类

(一)国内

白桃(戴伯韬)著:《陶行知的生平及其学说》,上海三联书店 1948 年初版,人民教育出版社 1982 年 11 月新版。

北京市陶行知研究会编:《生活教育理论体系笔谈文集》,北京市陶行知研究会 1991 年印。

蔡幸福著:《融通与创新——陶行知与牧口常三郎教育思想比较研究》,山东教育出版社 2008 年版。

丁丁等编著:《陶行知教育思想十二讲》,安徽教育出版社 1986 年 6 月初版。

董宝良主编、周洪宇副主编:《陶行知教育学说》,湖北教育出版社 1993 年 10 月版。

方与严著:《生活教育简论》,生活教育社 1947 年初版,1950 年修订版。

郭笙著:《为中国教育寻觅曙光——陶行知教育思想研究》,辽宁教育出版社 1991 年 7 月版。

胡国枢著:《生活教育理论——陶行知教育思想研究》,浙江教育出版社 1991 年 8 月版。

胡国枢著:《中华本土教育家——陶行知》,杭州出版社 2009 年 7 月版。

华中师范大学陶行知研究中心、科研处编:《陶行知研究论文汇编》(第 1 辑),华中师范大学 1989 年印。

金林样主编:《20 世纪陶行知研究》,上海教育出版社 2005 年版。

金林祥、胡国枢主编:《陶行知词典》,上海教育出版社 2009 年版。

金林祥、胡国枢、屠棠主编:《当代中国陶行知教育思想实验》,浙江工商大学出版社 2008 年版。

金林祥、张雪蓉编注:《陶行知教育名著·教师读本》,上海教育出版社 2006 年版。

梅汝莉主编:《陶行知教育思想的现代价值》,华文出版社 2001 年版。

潘冷云等著:《现代生活与现代教育——陶行知生活教育理论与教育实践的启示》,复旦大学出版社 1991 年 9 月版。

生活教育社编:《陶行知先生四周年祭》,新北京出版社 1950 年版。

孙明经主编:《人民的教育家陶行知》,上海电化教育出版社 1950 年版。

童富勇、胡国枢著:《陶行知传》,教育科学出版社 1991 年 5 月版。

唐振宗著:《生活教育》,上海三联书店 1949 年 6 月版。

王洞若编:《生活教育论集》,上海生活书店 1936 年初版。

王桧林主编:《中国现代史》,北京师范大学出版社 1985 年版。

辛元、谢放编:《陶行知与晓庄师范》,江苏教育出版社 1986 年 12 月版。

许宗元著:《陶行知》,人民出版社 1988 年 10 月版。

叶上雄主编:《生活教育十讲》,四川教育出版社 1989 年版。

余子侠著:《山乡社会走出的人民教育家——陶行知》,湖北教育出版社 1999 年 8 月版。

元青著:《杜威与中国》,人民出版社 2001 年版。

袁振国、张癸编著:《伟大的人民教育家——陶行知》,江苏教育出版社 1991 年 7 月版。

章开沅、唐文权著:《平凡的神圣——陶行知》,湖北教育出版社 1992 年 3 月版。

中国陶行知研究会编:《陶行知诞辰 100 周年学术论文选(1891—1991)》,四川教育出版社 1992 年 10 月版。

中国陶行知研究会编:《陶行知教育思想研究文集》,人民教育出版社 1985 年 12 月版。

周洪宇著:《开拓与创建——陶行知与中国现代文化》,山东教育出版社 2010 年版。

周洪宇、余子侠、熊贤君编:《陶行知与中外文化教育》,人民教育出版社 1999 年版。

周洪宇编:《陶行知研究在海外》,人民教育出版社 1991 年 8 月版。

周毅、金成林编著:《创造奇葩——陶行知的弟子们》,四川教育出版社 2001 年版。

朱泽甫编著:《陶行知年谱》,安徽教育出版社 1985 年 2 月初版。

(二)国外

[美]朱宕潜著:《新兴国家的教育型:陶行知在中国的工作 1917—1946》,台湾台南高昌印刷公司 1966 年版。

[日]斋藤秋男编译:《民族解放的教育家——陶行知》,明治图书出版公司 1961 年 2 月初版,1983 年 12 月第 10 版。

[日]斋藤秋男著:《陶行知评传——政治抒情诗人的一生》,劲草书房 1968 年版;中文版,四川教育出版社 1987 年 6 月版。

[日]斋藤秋男著:《陶行知生活教育理论的形成》,明治图书出版公司 1983 年 4 月初版,1987 年 4 月第 2 版。

[日]斋藤秋男著:《新中国教师之父——陶行知》,刀江书院 1951 年 10 月版。

[日]中野光著:《生活教育的探究》,民众社 1984 年版。

[日]牧野笃著:《中国近代教育思想的开展与特质——陶行知"生活教育"思想研究》,东京图书出版社 1993 年版。

三、论文类

(一)国内

陈波:《生活教育的逻辑起点、范畴系统和理论结构》,北京市陶行知研究会编印:《生活教育理论体系笔谈文集》,1991 年 4 月。

陈鹤琴:《近百年来的大教育家》,《纪念陶行知先生文选》,江苏教育学会 1981 年编印。

陈宏毅:《实用主义教育与"生活教育"——杜威与陶行知教育理论之比较》,《求索》2003 年第 4 期。

戴自俺、吴锦璋:《传统教育和生活教育有什么区别》,《生活教育》第 1 卷第 20 期,1934 年 11 月 1 日。

邓宗琦、熊贤君:《为中国教育寻觅曙光——陶行知在晓庄的生活教育实验》,《教育研究与实验》1989 年第 1 期。

董宝良:《再论陶行知与杜威在教育思想上的联系与区别》,《华中师范学院学报》1982 年第 6 期。

董宝良:《陶行知生活教育的中国特色》,《华东师范大学学报》(教育科学版)1987 年第 2 期。

董宝良、喻本伐、周洪宇:《陶行知生平求是》,《教育史研究》1995 年第 1 期。

董宝良:《简析陶行知认识论的发展阶段》,《华中师范大学学报》(社会科学版)1989 年第 2 期。

董纯才:《我对陶行知先生及生活教育的认识》,《人民教育》第 3 卷第 6 期,1951 年 10 月。

方与严:《生活教育产生的时代背景》,《生活教育简论》,上海教育书店 1950 年版。

侯怀银:《陶行知论教育试验》,《教育科学研究》1994 年第 1 期。

何国华:《陶行知的“生活教育”理论及其现实意义》,《教育评论》1987 年第 3 期。

何晓夏:《陶行知生活教育论浅说》,北京市陶行知研究会编印:《生活教育理论体系笔谈文集》,1991 年 4 月。

胡乔木:《在中国陶行知研究会成立大会上的讲话》,《教工月刊》1985 年第 11 期。

胡国枢:《生活教育理论的当代价值与世界意义——兼论陶行知生活教育理论的“三全”功能》,《教育研究》1997 年第 10 期。

胡金平:《陶行知的生活教育理论》,《师范教育》1990 年第 7 期。

胡晓风:《论陶行知思想转变的三个阶段》,《安徽教育学院学报》(社会科学版)1987 年第 3 期。

李鹏:《陶行知先生与育才学校》,《晋察冀日报》1946 年 8 月 15 日。

刘季平:《进一步开展生活教育理论的研究》,北京市陶行知研究会编印:《生活教育理论体系笔谈文集》,1991 年 4 月。

卢自德、刘慧群:《关于陶行知生活教育理论体系之管见》,北京市陶行知研究会编印:《生活教育理论体系笔谈文集》,1991 年 4 月。

苗春德:《陶行知“生活教育”理论述论》,《河南大学学报》(社会科学版)1992 年第 3 期。

申国昌、周洪宇:《陶行知求真务实的治学理念探析》,《华中师范大学学报》(人文社会科学版)2006 年第 4 期。

孙厚銮:《从晓庄师范看陶行知生活教育理论的特点》,《教育评论》1990 年第 6 期。

童富勇:《陶行知的生活课程理论与新课程》,《教育发展研究》2005 年第 11 期。

王洞若:《生活教育运动和生活教育社》,《战时教育》第 4 卷第 9 期,1939 年 5 月。

吴玉章:《回忆陶行知先生》,《新华日报》1946 年 9 月。

吴建君:《陶行知生活教育理论对当前教育改革的意义》,《教学与管理》2002 年第 24 期。

徐特立:《陶行知学说》,《解放日报》1946 年 8 月 12 日。

张癸:《论生活教育理论的形成与发展》,《行知研究》1994 年第 4 期。

张健:《生活教育是什么——为生活教育社成立十五周年纪念而作》,延安《解放日报》1942 年 3 月 15 日。

章开沅:《生活教育已经成为世界文化遗产中的瑰宝——〈陶行知与中国现代化〉一书的序》,《生活教育》2006 年第 10 期。

周洪宇:《生活教育理论体系研究的若干意见》,北京市陶行知研究会编印:《生活教育理论体系笔谈文集》,1991 年 4 月。

周洪宇:《关于人民教育家陶行知的生年问题》,《华中师范学院学报》1983 年第 5 期。

周洪宇:《继承中的超越与超越中的继承——陶行知与杜威关系略论》,《教育研究与实验》1993 年第 6 期。

周洪宇:《欧美陶行知研究概况》,《国外社会科学》1991 年第 10 期。

周洪宇:《日本学者研究陶行知概述》,《教育史研究》1991 年第 2 期。

周洪宇:《60 年来国内陶行知研究文献目录(1928—1991)》,《华中师范大学学报》专刊,1991 年 12 月。

周洪宇:《陶行知论解放儿童创造力》,《课程·教材·教法》1984 年第 3 期。

周洪宇:《试论陶行知的终生教育思想》,《中国教育学刊》1991 年第 5 期。

周洪宇:《生活教育研究如何深入》,《华中师范大学学报》1991 年第 6 期。

周洪宇:《生活教育与中国特色社会主义教育体系》,《教育理论与实践》1992 年第 6 期。

周洪宇:《陶行知生活教育学说的当代价值》(上),《生活教育》2007 年第 7 期。

周洪宇:《陶行知生活教育学说的当代价值(下)》,《生活教育》2007 年第 8 期。

周洪宇:《陶行知研究的方法论问题》,《华中师范大学学报》1989 年第 2 期。

周洪宇:《陶行知生年考》,《历史研究》1983 年第 2 期。

周洪宇:《陶行知生年新证和兄妹问题略考》,《文教资料简报》(宁)1983 年第 5 期。

周洪宇:《陶行知与马克思主义》,《历史知识》1983 年第 5 期。

周洪宇:《陶行知与美国侨界》,《武汉文史资料》2002 年第 4 期。

周洪宇:《中印友谊,一代风范——陶行知与甘地、泰戈尔》,《外国史知识》1984 年第 8 期。

周洪宇:《陶行知研究在国外》,《教育研究》1991 年第 11 期。

周洪宇:《陶行知与基督教》,《安徽史学》1991 年第 4 期。

周洪宇:《陶行知早年生平和思想的重要史料——1916 年 2 月 16 日致 J. E. 罗素函评介》,《南京大学学报》(高等教育版)1991 年第 2 期。

朱小蔓:《以陶为师,献身教育——在生活教育暨浙江陶行知教育思想研讨会上的讲话》,《中国农村教育》2006 年第 1 期。

(二)国外

[日]阿部洋:《保尔·孟禄与中国的近代教育》,《外国教育资料》1996 年第 1 期。

[美]费正清:《陶行知》,《伟大的中国革命》,纽约哈珀-罗出版股份有限公司 1986 年版。

[美]克伯屈:《我对晓庄之感想》,1929 年 10 月 15 日,孙铭勋、戴自俺编:《晓庄批判》,上海儿童书局 1933 年版。

[日]北村胜郎:《解放前中国关于儿童解放的理论——陶行知的生活教育论》,《东北大学教养部纪要》第46卷,1988年12月。

[日]牧野笃:《陶行知“生活教育”论小考》,《信州白桦》第59、60期,1984年9月。

[日]牧野笃:《陶行知生活教育论的基本构造试论》,《教育论丛》第27号,1983年。

[日]牧野笃:《中国近代教育思想史研究——陶行知“生活教育”思想的产生与构成》,《名古屋大学教育学部研究科博士课程论文》,1984年。

[日]世良正浩:《在晓庄实验学校陶行知生活教育论的形成及其实验的研讨》,《东京大学教育学部纪要》第19卷,1980年2月版。

[日]斋藤秋男:《中国革命与生活教育运动》,《社会科学年报》第15号,1981年3月号。

四、报刊类

《大众教育》,1935年创刊。

《东方杂志》,1904年创刊。

《教育杂志》,1909年创刊。

《教育与职业》,1917年创刊。

《平民》,1924年创刊。

《少年中国》,1920年创刊。

《申报》,1872年创刊。

《生活教育》,1934年创刊。

《乡教丛讯》,1927年创刊。

《新教育》,1919年创刊。

《新教育评论》,1925年创刊。

《新青年》,1915年创刊。

《行知研究》,1980年创刊。

《中华教育界》,1912年创刊。

附录一　陶行知年谱简编

1891年(清光绪十七年)

10月18日(农历九月十六日)　陶行知诞生于安徽省歙县西乡黄潭源村,乳名和尚,学名文濬,字世昌。也有资料显示,他生于1892年10月或1893年10月,本书暂从众说。

父亲陶长生,字位朝(一说字槐卿),号笑山(筱山)。祖籍浙江绍兴府会稽县陶家堰,后辗转迁居安徽省歙县(旧称徽州)西乡黄潭源村。曾在安徽省休宁县万安街经营酱园,后出顶他人,回黄潭源村务农,靠几亩薄田为生,兼贩菜和经营酱油等小本生意。初通文墨,一度到乡镇管理文书契约。母亲曹翠仂,安徽省休宁县万安街人。持家节俭,曾给人缝补浆洗做佣人。姐,宝珠,幼殇。

1895年(光绪二十一年,4岁)

开始随父识字。妹,美珠(学名文渼)出生。

1897年(光绪二十三年,6岁)

歙县旸村蒙馆塾师方庶咸秀才因其聪明好学,免费为其开蒙。

1898年(光绪二十四年,7岁)

在方秀才蒙馆读书,接受传统文化教育。

1899年(光绪二十五年,8岁)

外祖父母喜其聪慧,刻意培养,转学到休宁县万安街吴尔宽经馆读书。

1903年(光绪二十九年,12岁)

回歙县,先到程朗斋秀才处学“四书”,后到贡生王藻处求教。

1905年(光绪三十一年,14岁)

经人介绍,父亲加入耶稣教内地会,成为基督徒。母亲被介绍到耶稣教内地会教堂帮工(炊事兼勤杂)。

1906年(光绪三十二年,15岁)

因常随父亲挑菜进城,看望在教堂帮工的母亲,为英籍堂长(校长)唐进贤所喜爱,免费安排进入歙县耶稣教内地会所办的学校崇一学堂读书,开始接受西方文化教育。

1907年(光绪三十三年,16岁)

学习期间,曾邀集同学多人,警告歙县西干寺勾结官府、欺压百姓的和尚,并将该寺泥菩萨推入江中。因学业优秀,堂长唐进贤关照免费在通事(翻译)章觉甫家搭伙。堂长精通医术,对他有所影响。

1908年(光绪三十四年,17岁)

因唐进贤回英国,崇一学堂关闭,遂转到杭州广济医学堂学医学。三天后,因不满校方歧视非教会学生,愤而退学,回到歙县,专心自修英语一年。

1909年(宣统元年,18岁)

得唐进贤帮助,考入南京汇文书院。

1910年(宣统二年,19岁)

汇文书院与同是教会系统的南京宏育书院合并,成立金陵大学堂,陶行知升入金陵大学堂文学系。

1911年(宣统三年,20岁)

辛亥革命爆发后,一度回故乡参加地方起义,任徽州咨议机构秘书半年。信仰孙中山学说,主张民主共和。

1912 年(民国元年,21 岁)

研究王阳明的学说,深受其“知行合一”思想的影响,并仰慕其为人,又取名“陶知行”,但“陶文濬”原名仍继续使用。

1913 年(22 岁)

先后任金陵大学学生杂志《金陵光》中文报中文编辑和中文主笔,发表《〈金陵光〉出版之宣言》、《一夫多妻之恶果》、《因循篇》、《导引新生之倡议》、《为考试事敬告全国学子》、《伪君子篇》、《杀机之天然淘汰》等文章,并发表译文《中华民国之将来》、《美国大统领罗斯福传》等。开始以“陶知行”之名发表文章。在校长包文博士(Dr. Bowen)和亨克教授(Prof. Henke)的指导下,同时受詹克教授(Prof. Jenks)《耶稣的社会原则》一书的影响,特别是受著名传教士艾迪博士现场演讲的影响,敬佩耶稣基督乐于奉献、勇于牺牲的人格精神,成为基督教徒。

夏　在全校考试中,总分名列第一。

1914 年(23 岁)

在《金陵光》发表《民国三年之希望》、《呜呼某校》、《医德》和大学毕业论文《共和精义》,坚定了民主共和政治信仰。出席毕业典礼,宣读毕业论文《共和精义》,并接受美国纽约大学承认的文科学士文凭。

与汪纯宜女士结婚。在金陵大学校长包文的赞助下,并通过向亲友借贷,赴美国伊利诺伊大学攻读市政学硕士学位,并担任学生会秘书,热心公共事务。

1915 年(24 岁)

1 月　父亲去世。长子陶宏(又名桃红)出生。

夏　获伊利诺伊大学政治学硕士学位。

秋　转入纽约哥伦比亚大学师范学院,在教育行政学权威斯特雷耶教授指导下,攻读教育学博士学位,同时修读杜威、克伯屈、孟禄等人教育哲学和教育史等课程,成为杜威实用主义哲学与教育学的信徒。

1916年(25岁)

2月16日　致函哥伦比亚大学师范学院院长罗素(我的生活经历和今后打算)。

秋　接替凌冰,任哥伦比亚大学师范学院中国学生会和中国教育研究会年度主席。

1917年(26岁)

受时任南京高等师范学校教务主任郭秉文(哲学博士、原哥伦比亚大学师范学院校友)的鼓动,作回国任教的准备。在孟禄博士的争取下,通过哥伦比亚大学学位委员会组织的博士学位论文口试,得到允许,可以回国收集资料,撰写博士学位论文。完成后,寄交哥伦比亚大学即可获得博士学位(由于回国后事务缠身,博士学位论文虽完成,但还未寄出,就在一场大火中被烧毁)。获哥伦比亚大学师范学院"都市学务总监"资格文凭,离美回国。在船上与人谈及回国志向时说:"我要使全中国人都受到教育。"

9月　应聘担任南京高等师范学校教育学专任教员,主讲教育学、教育行政和教育统计等课程。

1918年(27岁)

3月　郭秉文代理南京高等师范学校校长后,陶行知接任南京高等师范学校教务主任。支持学生成立教育研究会,研究中国教育改造问题。

4月　在《金陵光》发表《试验主义之教育方法》,提倡杜威的实用主义教育研究方法。

5月　南京高师教育专修科(相当于现在的教育学院,下辖三个系)成立,拟聘其担任该科主任。由于其改"教授法"为"教学法"的主张在校务会议上受到部分持保守主张者的反对而未获通过,坚不接受教育专修科主任一职。

6月　次子晓光(小桃)出生。

9月　在《南京高等师范日刊》发表《智育大纲》。

11月　在《教育与职业》发表《生利主义之职业教育》。

1919 年(28 岁)

1 月　参加由江苏省教育会、北京大学、南京高师、暨南学校、中华职业教育社共组的新教育共进社。任该社《新教育》月刊的南京高师编辑代表。

2 月　发表《教学做合一》。闻哥伦比亚大学教授杜威到日本讲学,托南京高师校长、哥伦比亚大学师范学院校友郭秉文邀请杜威来华讲学。在《新教育》创刊号上发表《试验主义与新教育》。

3 月 12 日　致函胡适(闻杜威到日本讲学),谈邀请杜威来华讲学,以推动中国教育改革。

3 月 31 日　发表《介绍杜威先生的教育学说》,为杜威来华讲学做铺垫。

3 月　发表《普露士教育之基本改革》。

4 月 14 日　发表《试验教育的实施》。

4 月 21 日　发表《第一流的教育家》。

4 月 30 日　与蔡元培、蒋梦麟等人在上海迎接杜威抵华。

5 月 1 日　陪同杜威夫妇参观《申报》馆,与经理史量才等人合影留念。

5 月 9 日　上午,在南京六千人声援“五四”运动的游行集会上,痛斥卖国的“二十一条”。下午,参加江苏省教育会举行的国耻纪念大会,发表演说,强烈要求归还青岛。

5 月 10 日　与南京各校代表一起,会见英、美两国领事,表明中国人民强烈要求归还青岛的严正立场。

5 月 14 日　参加南京绅、商、学各界召开的国民请愿大会。

5 月 18 日　参加南京学界联合会会议,报告该会组织法,并解释会章概要。

5 月 28 日　被聘为南京学生单独成立的学生联合会顾问。

5 月下旬　在南京高师学监主任兼代理校务陈容辞职后,暂时代理校务。

9 月 14 日　在全体教务会议上报告教务处及各科组织计划。被推举主持研究股。

9月20日 接待来宁访问的贵州教育实业代表团。

10月3日 发起成立南京学术讲演会。被推为临时主席，起草阐述该会之旨趣。

10月4日 任南京高师教务主任。

12月7日 在南京高师校务会议上提出《规定女子旁听办法案》，主张应允许女生进入大学学习，实行男女平等。

12月8日 参加南京各界4万余人为“福州惨案”而举行的抗议集会，被推为大会副会长。

12月21日 参加筹款建筑南京讲演厅委员会。报告该会活动经过及计划。

本年将南京高师全部课程中的“教授法”一律改为“教学法”。主持全体校务会议，提出《改良课程案》。计划将本校课程改为“选课制”。任南京高师“工读协助研究”、“改良考试”等委员会主任，还任“学生自治”、“暑期学校”和“女生研究”等委员会委员。三子陶刚出生。开始正式更名为“陶知行”。

1920年(29岁)

年初 陪同杜威讲学并担任翻译。

4月15日 在校务会议上报告招生问题，强调“不论男女，均可录取”，规定了录取女生的数额。

4月21日 在南京高师第十一次校务会议上报告“招收新生问题”。

4月 主持接待杜威来南京高师讲学。

6月2日 在南京高师第十四次校务会议上提出《南京高等师范学校招收特别生办法》。

夏 为提高中小学师资水平，在南京高师举办首次暑期学校。组织留校学生教附近平民识字。与胡适、王伯秋等人谈论个人抱负时说：“我的志愿就是要用四通八达的教育来创造一个四通八达的社会。”

9月 促成南京高师首次招收女生。

11月25日 在南京高师教育研究会上谈“教育厅长之产出问题”。

12月16日 东南大学筹备处成立。

1921年(30岁)

春 对南京的教育状况进行深入调查。

2月28日　致函胡适(借材异地亦无不可)。

3月　发表《地方教育行政为一种专门事业》。

夏　到安庆支援安徽学生争取教育经费独立的运动。讲演“民权初步”。与胡适等联名发表《改造安徽省教育会宣言》,倡议将“会长制”改为“委员制”。

5月1日　发表译作《未来之中国》。

7月　送杜威归国。

8月　写《义务教育入手办法之商榷大纲》。

9月5日　在沪与教育界同人迎接美国哥伦比亚大学师范学院教授孟禄。

9月7日　在江苏省教育会口译孟禄演讲“共和与教育”。

10月17日　在南京教育界讨论会上口译孟禄演讲和答客问。

10月21日　在苏州教育界同人宴会上口译孟禄演讲和答客问。

10月22日　发表《师范教育之新趋势》。在江苏省立第一师范学校口译孟禄演讲“旧教育与新教育的差异”。

10月31日　在广州全国教育联合会上口译孟禄演讲“‘德谟克拉西’的教育”。

11月7日　由广州回沪。

11月中旬　《新教育》杂志主干(主编)蒋梦麟赴美,接手主持《新教育》4卷1期主编工作。

11月23日　在浙江省教育会口译孟禄演讲“学理与应用”。

11月28日　回南京。送孟禄去济南。

12月初　被新教育共进社正式聘为《新教育》杂志主干(主编)。着手整顿该刊的组织机构,筹划增加刊物内容。

12月8日　在江苏省教育厅召开的《学制系统草案》讨论会上发言。

12月16日　在北京积极主张由实际教育调查社、新教育共进社和新教育编辑社合组中华教育改进社。被推为《中华教育改进社简章》的起草者。

12月17日　陪同孟禄参观北京香山慈幼院。

12月21日　在有孟禄参加的中国教育问题讨论会上演讲“关于师范教育的意见”。

12月23日　出席实际教育调查社在北京为孟禄举行的饯别会。会上，中华教育改进社宣布诞生。

12月下旬　与胡适等人着手编辑《孟禄的中国教育讨论》。

1922年(31岁)

1月7日　在沪送孟禄归国。

1月18、19日　发表《活的教育》。

1月19日　致函《学灯》记者。

1月　发表《我们对于新学制草案应持之态度》、《评学制草案标准》和《中国建设新学制的历史》。演讲"新学制与师范教育"。

2月8日　在中华教育改进社于沪召开的董事会上，被聘为主任干事。

2月15日　起草《筹划全国教育经费委员会简章》。

3月　发表《对于参与国际教育运动的意见》、《女子教育在学制上占领地位之十五周纪念》和《新学制与师范教育》。

4月12日　中华教育改进社总事务所在北京正式成立。主持所内日常事务。

4月　以中华教育改进社名义致函全国，调查中国的教育状况。

5月13日　与蔡元培、李大钊、胡适等17人联名发表《我们的政治主张》。

5月　赴山东接洽改进社第一届年会具体事宜。

上半年　与胡适、凌冰合译《中华教育改进社简章》。

7月3—8日　改进社第一届年会在济南举行，负责年会组织工作。于社务报告中谈到要学习武训办学的精神。与王伯秋合提《创办青岛大学案》，获通过。

7月7日　在《民国日报·觉悟》发表演讲词《教育者的机会与责任》。

7月　在中华教育改进社第一届年会上报告本社社务。

8月10日　被推选为中华教育改进社委员会委员。

8月20日　为中华教育改进社第一届年会报告号作序。

9月6日　代表中华教育改进社向教育部提出有关学制问题的八条议案。

9月10日　在南京邀集东南大学、南京高师教授多人与美国教育心理学家麦柯尔讨论进行教育心理测验的办法。

9月18日　在北京召集北京大学、北京高师有关教授学者，与麦柯尔讨论教育心理测验的实行计划。

9月22日　在改进社讨论美国科学家推士考察及改良中国理科教育的会议上，介绍推士履历。

9月23日　在欢迎推士和麦柯尔的大会上，报告社务。

9月25日　参加“筹划全国教育经费委员会”会议，议决增加教育税部。

9月下旬　参加教育部举行的学制会议，就学制问题发表了意见。

9月　发表演讲词《办公原则》。被聘为杭州大学董事。

10月10日　在《新南京》发表《南京教育谈》。

10月29日　参加由南开大学主办的科学教授法讨论会。

11月2日　在北京，为东南大学、南京高师下年度的经费问题访教育总长汤尔和。

11月5日　在《新南京》发表《市乡教育分治与南京教育》。

12月6日　南京高师归并东南大学。任东南大学教授、教育科主任和教育系主任。

12月17日　出席在上海召开的改进社第七次董事会。主持筹备教育陈列所。

12月23日　在北京举行的改进社周年纪念会上，报告一年社务。

12月27日　参加改进社女子教育委员会北京部委员会议。反对清华学校和教育当局停派女生留学的决定。

当年　应聘担任《教育大辞书》的特约编辑。主持制定了改进社十二年度计划。

1923年(32岁)

1月15日　发表演讲词《教育与科学方法》。

1月　领导中华教育改进社举办国民音乐会。提倡以“国民音乐”来陶冶国民精神。与北京《导报》记者谈女子高等教育问题。发表《为反对中学男女同学的进言》。

2月 为改进社参加万国教育会议作准备。

3月4日 在改进社于天津召开的京、津董事会上被推选为出席万国教育会议的代表。

3月6日 在北京中华教育改进社总事务所参加讨论英、日两国退还庚款问题时，被推举起草对于各国赔款的总办法。

3月 发表《为万国教育会议事敬告全国教育界同人》。

4月 与改进社薛鸿志共同整理调查资料，合撰《中国之教育统计》(英文)；撰写《中华教育改进社之历史组织和事业》(英文)，准备作为资料携往万国教育会议。

6月 发表演讲词《教育部学制会议经过情形》。参观浙江嘉兴的平民教育。与朱其慧、晏阳初等人在上海组织中华平民教育促进会筹备会。与朱其慧、晏阳初联名致函胡适(关于编辑国民基础教育教科书的目标)，被收入1979年中华书局出版的《胡适往来书信选》。与朱其慧、王伯秋等人共同发起成立了南京平民教育促进会。因准备改进社第二届年会，未能赴美参加万国教育会议。

夏 受聘为安徽公学校长，筹备开学四十余日。迁家至北京。

7月28日 致函东南大学代理校长刘伯明，请辞东南大学教育科和教育系主任职务。

7月 发表英文论著 *Statistical Summaries of Chinese Education*(《中国教育之统计》)。

8月中旬 通电各省教育厅、教育会和办理平民教育的机关团体，拟在北京举行第一次全国平民教育大会。

8月20—25日 改进社第二届年会在北京清华学校举行。负责年会的组织工作，并报告社务。参加平民教育促进会筹备大会，被推为大会书记，起草组织大纲。重视教育调查，提出《地方教育行政机关应编教育概况统计案》。

8月22日 演讲"《平民千字课》编辑主旨"。

8月26日 中华平民教育促进总会正式成立，被推选为董事部书记兼安徽省执行董事。任筹设平民学校委员，筹办北京羊市大街平民学校。

8月底 东南大学准其辞职。此后专任改进社总干事。

9月初 以全国儿童的名义设宴招待交通部职员，感谢他们对改进社第二届年会提供的方便。

9月20日　致函程仲沂(《学问之要素》)。

9月下旬　去上海、杭州商议推行平民教育的具体办法。

10月3日　致函朱其慧(《建议聘晏阳初为总干事》)。

10月4—16日　在南京推行平民教育。与南京教育界及教育当局议定:每一区立学校担任开办平民学校一班以上。从长子、次子读《平民千字课》的经验中,悟出"连环教学法"。召开平民学校教育促进会董事会,报告新发现的"连环教学法"。参加平民教员会议,讨论改良教学问题。演讲"活的平民教育运动要有活的干事"、"孔子纪念日与平民教育"等。给栖霞乡人张大写信,附寄《平民千字课》一本,建议他请和尚教,并鼓励他学会教人。建议将南京歙县馆的所有收入,全用来推行家乡的平民教育。

10月8日　致函陶宏、陶晓光(《"连环教学法"之发现》)。致函胡适之夫人(《能使全家识字的"连环教学法"》)。

10月10日　致函程仲沂(《作十万新民,寿六旬王母》)。

10月17日　由宁赴皖。

10月18日—11月　初在安庆推行平民教育。参加安徽省平民教育促进会成立大会。被推选为该会董事。向一女师学生演讲"女子领袖对于平民教育之使命"。向全城学校讲"社会服务的精神"。对圣公会学生衙全城牧师布道团演讲平民教育。对全城小学教员和省立小学讲平民教育。对徽州同乡讲促进平民教育的方法。对全城商董讲"商界对于平民教育之使命"。出席安徽省平民教育促进会董事会。向全城警察讲"警察与平民教育之关系"。对私塾教员讲"私塾与平民教育"。对和尚讲"平民教育与宗教"。在安庆各界一万七千余人庆贺平民教育的集会上演讲,会后参加游行。

10月22日　发表《〈平民千字课〉编辑大意》。

10月30日　致函金鸣岐(《平民教育下乡》)。

10月31日　致函胡自华(《女子平民教育》)。

11月初　离安庆赴江西。

11月上旬　在南昌推行平民教育。会见江西省督,提出由省长令省署内不识字之人限期读书。举行平民教育庆贺活动。将平民读书机构命名为"平民读书处",并迅速推广。在南昌监狱对四百余名囚犯演讲,推广平民教育。参加南昌全城庆贺平民教育运动的集会游行。

11月11日　离南昌前往武昌。

11月12日　致函陶文渼(《创造一个四通八达的社会》)。

11月13—27日　在武汉三镇推行平民教育。与朱其慧一起,到各学校、团体以及教育厅和监狱等处演讲平民教育。倡导成立了湖北省平民教育促进会。参加武汉三镇约定同时举行的集会游行,庆贺平民教育运动的开展。

11月28日　离汉。

11月底　在芜湖与徽州旅芜同乡共同拟定《徽州推行平民教育八条》。

11月　出版《平民千字课》(1—4册)。

12月上旬　回京后组织了十几个平民读书处。在家里设立"笑山平民读书处",鼓励儿子教祖母识字。应邀去北京师范大学平民教育社讲演"长江流域平民教育运动之性质、组织及方法"。

12月3日　发表《平民读书处之试验》。

12月10日　发表《平民读书处组织大纲》。

12月23日　发表《社会改造之出发点》。

12月底　北京平民读书处迅速发展到一百多个。

12月　发表演讲词《长江流域平民教育运动之性质、组织及方法》。发表《平民教育运动与国运》。

下半年　与朱经农合编的《平民千字课》4册陆续出齐。

1924年(33岁)

1月3日　致函朱经农(《请看〈三字经〉之流行》)。

1月5日　致函吴立邦(《预备钢头碰铁钉》)。

1月7日　由北京前往张家口。

1月8—10日　在张家口推行平民教育。参加察哈尔区平民教育会筹备会议。与政学各界领袖开会商讨推行平民教育。出席察哈尔全区平民教育促进会成立大会。在蒙古学生举行的欢迎会上,演讲平民教育。得一蒙名:麦勒根亚布达拉图。

1月中旬　调查平民教育现状,并进行初步总结。

1 月 16 日　致函温佩珊(《我们送的寿礼》)。

1 月 20 日　致函汪镜人(《希望于县知事的》)。致函朱其慧(《深入蒙古教育之梦》)。

1 月 30 日　在北京参加平民教育促进会总会举行的平民学校试验班毕业仪式。报告平民学校组织经过,颁发毕业文凭。

2 月 8 日　致函卢绍刘(《希望您做一位三千万人的教育厅长》)。

3 月初　改进社和东南大学拟在南京举办全国教育展览。任筹备委员会副主任。

3 月 2 日　在北京举行专题演讲会,报告提倡平民读书处的办法和经验。

3 月 17 日　发表《五族共和与教育者之责任》。

3 月 25 日　作诗《自勉并勉同志》。

3 月 26—29 日　在河南推行平民教育。抵开封后,对河南九十余县教育局局长演讲平民教育。对各界领袖演讲平民教育。参加河南全省平民教育促进会会议。在开封庆祝开展平民教育的集会上演讲。

3 月 30 日　离豫赴沪。

3 月　发表《全国平民教育之现状》和《徽州推行平民教育办法》。

4 月 15 日　在南京召集有关学校领导,讨论编制学校模范报告的进行计划。

4 月 20 日　以中华教育改进社名义致函东南大学,奉商在该校设立改进社分事务所。

4 月 21 日　发表《论平民读书处之得失》。

4 月　筹组科学教员暑期研究会,被推选为该会副会长。拟定中、英文说明书及报告单。

5 月　筹备出版《平民周刊》。发起筹备由文学界、教育界知名人士组织平民文学委员会,编辑出版平民文学书刊。

6 月 29 日　《平民周刊》在上海《申报》创刊。

7 月 3—9 日　改进社第三届年会在南京举行。筹办的全国教育展览在年会期间正式展出。提出两项参加世界教育会议的提案,获通过。在改进社董事会上,被公推连任改进社主任干事。就日本利用庚款实行文化侵略问题发表意见,力主维护我国主权。演讲“蒙古生活与教育”。修订《请求力谋收回教育权案》，获通过。

7月10日　在改进社董事会上，被推选为出席下届世界教育会议的代表。

7月　在中华教育改进社第三届年会上谈对《请求力谋收回教育权案》的修改意见。作《半周岁的燕子矶国民学校——一个用钱最少的活学校》。撰写《平民教育概论》。

夏　与赵叔愚一同参观南京燕子矶国民学校。回后撰文宣传。扩充南京安徽公学班级，拟定该校训育方案。

8月上旬　去清华学校，视察科学教员暑期研究会的举办情况，并征求意见。

8月9日　发表诗作《村魂歌》。

8月11日　致函清华学校(《协商合办科学教员暑期研究会》)。

8月14日　致函姚文采(《师生共生活》)。

8月　组织成立平民文学委员会，为平民教育运动提供“有营养”的读物。修改《平民千字课》，拟再版。

10月　发表《平民教育概论》。

12月8日　发表《南京安徽公学创学旨趣》。

12月13日　四子陶城(蜜桃)出生。

年底　主持制定中华教育改进社下年度方针，提出“适合本国国情，满足生活需要”。

是年　为程湘帆所著《小学课程概论》写序。作英文论著《中国》。作诗《每事问》、《问到底》。

1925年(34岁)

2月7日　发表《民国的政府》。

2月21日　发表《主动的民意》。

2月28日　北京京兆尹公署举行附设平民补习学校开学式，参加并演讲。

2月　不再担任《新教育》主干(主编)。

5月　为陈鹤琴所著《语体文应用字汇》写序。为中华教育改进社所编的《柏克赫司特女士与道尔顿制》写序。

6月　出版英文论著 *Education In China 1924*（《民国十三年中国教育状况》）。

7月28日　在中华教育文化基金董事会开幕式上，被聘为该会干事部执行秘书。

7月　筹备改进社第四届年会，未能出席世界教育会议。

8月17—23日　改进社第四届年会在太原山西大学举行，汉、满、蒙、回、藏五族均有代表参加。负责年会组织工作。在社务报告中特别强调："本社现在所办理之事业，一为科学教育，一为乡村教育。"

8月　在中华教育改进社第四届年会上演讲，介绍柏克赫司特女士。演讲"中国教育政策之商榷"。提出《请组织国家教育政策委员会案》、《请发起并筹备中华女子教育促进会案》等。

9月　发表《〈新教育评论〉创刊缘起》。

11月14日　致函吕镜楼（《小学理科》）。

11月中旬　参观吕镜楼教课后，针对当时小学教员漠视科学教育的状况，疾呼："科学教育应当从儿童时代下手。"

12月上旬　就北京女子师范大学更名事发表意见。

12月1日　发表演讲词《学生的精神》。

12月4日　发表《本刊之使命》。

12月6日　参加由北京师范大学教育系发起成立的"乡村教育研究会"成立大会，在演讲中主张：先试办小学，再试办乡村师范学校，以为改良乡村生活之中心。

12月11日　发表书评《陈著之〈家庭教育〉——愿与天下父母共读之》和《女师大与女大问题之讨论》。

12月18日　发表《驳特定学区议》。

12月25日　发表《内蒙革命与教育》。

年底　在南开中学演讲"学做一个人"。与程其保用英文合写的《民国十三年中国教育状况》的论文被收入《世界教育年鉴》。

1926年（35岁）

1月初　撰文介绍江苏省立师范在乡间设分校，培养乡村师资之举。

1月1日　发表《四年前的这一周》。

1月8日 发表《师范教育下乡运动》。

1月 致函杨继宗(《教会学校与私立学校》)。

春 被推选为中华教育改进社“国家教育政策委员会”委员和“促成宪法中制定教育专章委员会”委员。

2月5日 发表《整个的校长》。

2月19日 致函徐正之(《如何引导学生努力求学》)。

2月26—28日 在北京出席中华教育文化基金董事会首次常会。

3月16日 在讨论“英国国会关于庚款处置办法”的会上表示极端反对此办法,要求英国无条件归还庚款。

3月17日 致函有关单位,阐述改进社对英国处置庚款法案的立场。致函庚款咨询委员会的中国委员,劝勿就职,以维护我国主权。

3月22日 与教育界同人联名发表《对于英国处置庚款办法之宣言》。

3月27日 致函丁文江、胡适等人(《反对英国政府关于庚款处置办法》)。

4月16日 发表《尊重公有财产》。

4月 致函邵振青(《女子大学与女子师范大学联合并存》)。

5月 主持中华教育改进社与在京其他单位合办北京暑期学校。

夏 被推选为第二届科学教员暑期研究会书记。

9月16日 致函陈陶遗(《幼稚园应有之改革及进行方法》)。

9月17日 致函陈陶遗(《农村急需设立幼稚园》)。

9月20日 作《我之学校观》。

9月 参加江苏省教育会讨论乡村标准学校的会议。

10月3日 在南京安徽公学召开燕子矶试验乡村幼稚园董事会,被推选为副董事长。

10月5日 去江宁县立师范学校参观,深为该校坚持面向农村的办学精神所感动,演讲时为之下泪。

10月9日 参观无锡开原乡立第一小学,讲述了“知难行易”和“知易行难”的道理。

10月15日 抵天津,参加南开大学22周年校庆。

10月22日 发表《天将明之师范学校——江宁县师范学校半日生活

记》。

10月29日　以中华教育改进社的名义发表《创设乡村幼稚园宣言书》，主张"用科学的方法来建设一个省钱的、平民的、适合国情的乡村幼稚园"。

11月5日　发表《南京中等学校训育研究会》。

11月7日　致函宋鼎(《惟有学校负社会，没有社会负学校》)。

11月12日　发表《幼稚园之新大陆——工厂与农村》。

11月21日　在中华教育改进社特约乡村教师研究会上演讲"我们的信条"。在南京参加特约乡村试验学校第一次研究会暨乡村教育研究会成立大会，建议在明陵小学举办特约乡村小学成绩展览会。

11月24日　为《燕子矶小学》写序。

11月26日　发表《无锡小学之新生命——开原乡立第一小学一日生活记》。

11月　撰写《中国师范教育建设论》。组织特约乡村试验学校互相参观。首创"艺友制"教育。

12月初　为乡村教育事业筹集资金。

12月3日　发表《中国师范教育建设论》、《中华教育改进社改造全国乡村教育宣言书》。

12月12日　在上海邀集改进社在沪社员，召开乡村教育讨论会。报告说："乡村教育系改进社所认为最重要之事业。"演讲"中国乡村教育之根本改造"。拟定推行乡村教育计划。

12月14日　致函凌冰(《山穷水尽》)。

12月17日　发表《中华教育改进社设立试验乡村师范学校第一院简章草案》。

12月19日　作《本校生长程序》。

12月25日　在南京参加改进社特约乡校联合宣誓仪式，誓词题为《我们的信条》。提议组织乡村教育同志会，宣读了简章。并在讲话中提出："打破死的教育，创造活的教育。打破假的教育，创造真的教育。"

12月28日　作《试验乡村师范学校答客问》。

12月31日　获江苏省教育厅复函，准允设试验乡村师范学校第一院。

12月　作《中国乡村教育之根本改造》。

年底　筹办中华教育改进社乡村教育同志会会刊《乡教丛讯》，为乡教工作者提供园地。

1927年(36岁)

1月1日　中华教育改进社乡村教育同志会主办的会刊《乡教丛讯》创刊。召开试验乡村师范学校筹备会。议决了开校计划，落实了专人负责。

1月2日　与赵叔愚、丁超等人赴南京北郊黑墨营勘察乡村师范校址。初步确定后，立下界牌。

1月3日　在青年会演讲“中国乡村教育之根本改造”。

1月15日　在无锡河埒口开原一小参加改进社特约乡校教师研究会第三次会议，讨论乡村教育实际问题。复函清华学校学生操震球，充分肯定他有志乡村教育的精神，欢迎他前来投考乡村师范。

1月中旬　因黑墨营交通不便，决定将乡村师范校址改在南京神策门外老山脚下的小庄。

1月28日　在《新教育评论》上刊出《试验乡村师范学校招生》的广告。其中声明：“小名士，书呆子，文凭迷最好不来。”

1月31日　在南京用筹得的款项买下创校所需地皮。

1月下旬　在沪为创办乡村师范筹款。

2月3日　致函石民佣、费锡胤等人(《师范教育之彻底改革》)。

2月4日　下乡安排试验乡村师范学校立础礼。当晚，住小庄农友陆健祥家。稻草地铺，与耕牛(戏称其为“牛大哥”)同卧一室。

2月5日　立春。主持乡村师范立础礼，宣布改“小庄”为“晓庄”，取日出而作之意。

2月9日　致函潘一尘(《试就小学办师范》)。

2月10日　在上海召开试验乡村师范学校董事会，被推选为董事会书记兼学校校长。推举袁观澜为董事长。通过了学校《组织大纲》。

2月11日　致函曹聚仁(《加入乡村教育运动》)。

2月21日　致函王琳(《为中国教育寻觅曙光》)。

2月27日　在南京安徽公学召开试验乡村师范学校第一院院务会议。报告董事会议决的事项。议决了招考及开学日期等问题。

2月下旬　委派钱向志在晓庄附近的佘儿岗筹办晓庄小学，贯彻办理师范应以小学为中心的主张。

3月上旬　北伐军进逼南京，战云密布。协助南京红十字会办起收容所和救护队，以减轻离难平民的痛苦。

3月5日　晓庄小学开学。

3月11日　主持乡村师范招考工作。对前来应试的学生，除笔试、口试外，要求每人开垦荒地两分。

3月15日　在试验乡村师范学校开学典礼上谈该校特点。

3月下旬　带领晓庄学生参加救护、收容难民的工作。在晓庄设立了救护队和妇孺收容所。在收容所内创办妇女教育班。在安徽公学设立的妇孺收容所内，创办了临时幼儿园、小学、平民学校和临时看书处，晚上还举行"同乐会"。组织晓庄乡村师范和安徽公学师生成立慰劳队，慰劳北伐军。

4月2日　致函晓庄师范全校同学(《晓庄学校之使命》)。

4月　协助当地农民组织农民协会。在上海等地为晓庄和安徽公学筹集经费。动员师生在晓庄附近荒山上植树。

5月6日　发表《北齐庙会期内之农民教育运动》。

5月15日　致函晓庄师范全校同学(《实际生活是我们的指南针》)。

5月　创设寅会。于每日清晨，由师生轮流演讲工作计划及学习心得一刻钟左右。

6月12—14日　参加晓庄乡村师范的建校劳动，自己动手盖厕所、浴池和厨房。

6月16日　参加晓庄小学迁址后补行的开学典礼。利用晓庄小学原址开办乡村医院，为学校周围农友治病。

6月19日　晓庄乡村教育先锋团成立，兼任先锋团团长。

6月　晓庄乡村师范礼堂"犁宫"落成，亲笔书写"和马牛羊鸡犬豕做朋友；对稻粱菽麦黍稷下工夫"对联于犁宫大门两侧。组织晓庄小学课程设计会。

7月10日　上午，组织"晓庄信用合作社"，宣传、发动"到民间去"。晚上，与全体师生一起到民间去"会朋友"。

7月16日　主持制定晓庄小学课程设计办法。将小学课程分为五门:语言文字、公民训练、自然农艺、健康卫生、正当娱乐。主动兼任语言文字指导员。

7月19日　在晓庄师范寅会上演讲“农夫的身手”。

7月　创设农村改造设计会和民众学校。将到民间“会朋友”形成制度。

8月14日　对南京市教育局局长和各校校长谈“晓庄试验乡村师范学校创校概况”。

8月15日　发表《如何教农民出头》。

8月　创设晓庄武术会,劝导青年农友入会练拳。

9月初　晓庄师范第二期招生,招收了两名女生。赞扬她们是中国历史上第一个到乡下去的女学生。组织成立了民众教育研究会。主持编订儿童生活历。

9月1日　发表《平等与自由》。

9月27日　发表《中国乡村教育运动之一斑——中国代表送坎拿大世界教育会议报告之一》。

9月　致函胡适(《拜金主义》)。

10月2日　蔡元培应邀来晓庄师范就任董事长职。

10月26日　演讲“政治家与政客”。

11月2日　演讲“教学做合一”。

11月3日　演讲“在劳力上劳心”。

11月5日　演讲“以教人者教己”。

11月7日　演讲“本校产生时的催生娘娘”。

11月9日　作诗《锄头舞歌》。

12月　应冯玉祥邀请,去开封实地考察河南教育。帮助冯玉祥制定普及军队教育计划。婉言谢绝出任河南省教育厅厅长一职。

1928年(37岁)

1月1日　在寅会上宣布:“十七年的晓庄要彻底的科学化。”

1月5日　将培养师资的“徒弟制”改名为“艺友制”。

1月8日　晓庄乡村师范、燕子矶小学、尧化门小学、晓庄小学、鼓楼幼稚园、燕子矶幼稚园联合招收艺友。

1月9日　作《艺友制师范教育答客问——关于南京六校招收艺友之解释》。

1月　在晓庄乡村师范推行国语(普通话)。

2月10日　担任中华职业教育社与晓庄师范合办的中心木匠店指导。

2月　与中华职业教育社合办晓庄中心茶园。晓庄师范第三期招生。创设第三中心幼稚园(晓庄幼稚园)。主持召开晓庄附近30余村的村长会议。

3月7日　参加晓庄师范吉祥庵中心小学的开学典礼。

3月8日　指导筹创的晓庄师范万寿庵中心小学开学。

3月15日　演讲"晓庄试验乡村师范的第一年"。

3月20日　创设晓庄师范三元庵中心小学。

3月24日　筹创的晓庄联村救火会成立。

3月26日　上午,参加晓庄师范神策门中心小学的开学典礼,报告开办缘由。下午,晓庄师范黑墨营中心小学开学。

3月　正式试行艺友制。接待蒋梦麟、沈定一等人来晓庄参观。商谈在浙江成立乡村师范事直。作诗《风雨中开学》。

4月1日　在杭州出席关于设立浙江乡村师范的筹备会议。受托创办该校。

4月4日　为自编教育论文集《中国教育改造》写《自序》。

4月22日　主持联村运动会。参与竞赛的农友有80余人。

4月　发表《从野人生活出发》、《生活工具主义之教育》、《答操震球之间》、《如何使幼稚教育普及》和《"伪知识"阶级》等。创设和平门、万寿庵两民众学校。与中国科学社联络,计划研究南京当地生物。主持召开晓庄附近160余村村长会议。

5月1日　带领全校师生做粗工8小时纪念劳动节。

5月15—28日　参加南京举行的全国教育会议。任全国教育会议分组审查委员会普通教育组委员和初等及中等学校教学组提案预备委员会委员。会议期间,提出了改革教育和社会的提案十余件。在追悼高仁山遇害的大会上发表演说。陪同全国教育会议代表参观晓庄学校及所属燕子矶中心小学。

5月中下旬　在第一次全国教育会议上提出《乡村小学、师范学校标准案》、《调查全国幼稚教育案》、《各省、各县、各市实验小学设立幼稚园案》、《推广乡村幼稚园案》、《各省开办试验幼稚师范案》、《设立教育研究所案》、《审查编辑幼稚园课程及教材案》、《小学目标案》、《减少校工以实现劳动教育案》、《改革乡村教育案》、《请大学院呈请国民政府，划出地方数处献与人类，俾抱有改造社会理想之学者，得以运用科学方法，实现极乐世界，俟试有结果，再行从事推广，以收大同之效案》等。

5月　建议晓庄地区民众组织晓庄联村会，以防匪患。组织“五四”和“五九”纪念会，组织对英日经济绝交委员会。提倡乡村卫生运动——灭蚊灭蝇。

6月27日　与操震球、程本海、王琳同赴杭州，筹办浙江乡村师范。

6月　作诗《功友》。

7月3日　偕同建筑家朱葆初到湘湖定山勘定了浙江乡村师范校址。

8月1日　致函中国科学社(《重视生物学》)。

8月15日　致函大学生(《介绍一件大事》)。

8月18日　致函冯玉祥(《武八股》)。

夏　接待冯玉祥来晓庄参观。

秋　联村自卫团举行成立大会，自任团长。冯玉祥到会授枪。

10月1日　浙江省立乡村师范(湘湖师范)开学。

10月10日　演讲“今后中华民族的使命”。晓庄学校第一院院长赵叔愚病逝，作《祭赵院长叔愚兄文》。

1929年(38岁)

1月20日　致函田汉，欢迎南国社到晓庄演出。

1月下旬　南国社来校演出后，成立晓庄剧社。任晓庄剧社社长，创作剧本，与学生同台演出。

1月　由上海亚东图书馆出版《知行书信》。

2月　发表《地方教育与乡村改造》。

3月10日　晓庄学校成立妇女工学处。聘胞妹陶文渼为指导员。

3月12日　在寅会上作“定于一”演讲，指出真假三民主义的区别在于“考察他是不是在认真为民众做”。

3月15日　发表《这一年》、《对于乡村教育及本校赞助人之总致谢》。

春　与前往江苏淮安创办新安小学的李友梅等人谈话。

4月21日　在和平门小学开会，讨论“武进乡村教育促进会”捐款在晓庄建筑武进馆事宜。

4月28日　为程本海所著的《在晓庄》写序。

4月30日　发表《定于一》。

5月15日　发表《哥伦布。探得新大陆》。

6月6日　新安小学开学。兼任校长。妹文渼病逝。

7月8日　主持晓庄学校全体会议，议决将本校事业分设为五个学院。兼任和平学院院长。

7月30日　发表《行是知之始》。

夏　辞去安徽中学校长职。

9月17日　被教育部聘为教育方案编制委员会委员、常委。

9月28日　主持召开乡村教育先锋团团部会议，讨论晓庄学校计划。

9月29日　主持召开五院联席会议和晓庄学校全体会议，议决将晓庄已成立的几个幼稚园集合成一个独立的学院（即蟠桃学园）。

10月14日　参加教育方案编制委员会第一次会议，担任义务教育组主任、师范教育组委员。

10月15日　接待美国哥伦比亚大学师范学院教授克伯屈参观晓庄学校。

10月28日　在晓庄学校幼稚教育研究会上演讲“今日之幼稚园”。

10月29日　指导召开和平门村民大会，民主解决村民和学校的吃水用井问题。

11月10—11日　在湘湖师范教学做讨论会上答客问。

11月15日　发表《和平门的村民大会——解决吃水问题的教学做》、《教学做合一测验》和《〈谈心集〉序》。

11月中旬　拟定教学做合一测验题，并对全校学生进行测验。

11月下旬　带领晓庄剧社去镇江、无锡、苏州、上海、杭州等地演出，颇获好评。

12月4日　在上海接受圣约翰大学授予的荣誉理学博士学位。

12月17日　乡村教育先锋团举行大会，决定出版《乡村教师》周刊，被推选为筹备委员会委员。

12月20日　作诗《小庄晓》。

12月22日　作诗《乡下先生小影》。

12月24日　在《乡村教师》周刊第一次委员会会议上，被推选为委员会主席。

12月25日　出席晓庄学校指导会议。要求每个团体和个人都要对下年的工作列出计划。

年底　致函朱端琰(《谈教学做合一》)。

1930年(39岁)

1月初　拟定自己的一年计划和晓庄学校一年计划大纲。

1月5日　召开乡村教育先锋团全体大会，通过晓庄学校十九年计划。决定办初级中学，定名“劳山学园”。

1月8日　作诗《告书呆子》。

1月26日—2月7日　主持乡村教师讨论会，研讨乡村教育问题，邀请各地乡村教师和教育行政人员参加。

2月1日　发表《本刊宣言》、《生活即教育》、《社会即学校》和《晓庄学校民国十九年的计划大纲》。

2月　作为教育部遴聘的专家，被定为出席第二次全国教育会议代表。

3月15—17日　主持晓庄学校成立三周年的纪念活动。举办成绩展览会、专家讲演，举行联村运动会、救火会演习、植纪念树等各项活动。发表《晓庄三岁敬告同志书》。

3月18日　亲自筹创的迈皋桥幼稚园成立。

3月中旬　呈请江苏省民政厅划定北固乡为试验乡，以谋村治研究之精深，并图乡村工作人才训练之切实。获批准。

3月29日　发表《生活即教育》和《为组织试验乡推行村治呈民政厅文》。

春　写《实施义务教育初步计划提要》。

3月下旬　日本舰队泊留南京。对蒋介石政府奴颜媚外表示愤慨。

4月1日　函复孙科，要求当局“拟定小学生免费旅行条例”，为儿童考察、浏览创造条件。

4月3日　对南京英商和记工厂的华工被殴事件非常关心，进城了解情况。

4月4日　从城里写信，通知晓庄同学第二天进城参加游行示威。

4月5日　鼓励晓庄游行队伍，要他们冲破阻拦，达到示威目的。

4月7日　首都(南京)卫戍司令部司令官谷正伦奉命训令晓庄学校停办。

4月8日　教育部派赵迺传、顾树森等5人接管晓庄学校。

4月9日　写《护校宣言》，反对政府强行封校。

4月11日　晓庄学校学生和农友代表赴教育部请愿，沿途散发《护校宣言》。

4月12日　晓庄学校被国民党武装军警强行封闭。遭国民党政府通缉。

4月13日　在上海致函《时事新报》，痛斥该报记者关于封闭晓庄学校原因的造谣诬蔑。

4月15日　第二次全国教育会议开幕。因"为国府明令通缉，教育部改聘中大教育学院院长韦悫担任代表"。

4月30日　在极端困难的情况下，回函、汇款给新安小学的同学们，并勉励他们要"捧着一颗心来，不带半根草去"。

夏　在上海召集晓庄师生座谈。一致认为晓庄学校是"用教育的形式反封建、反帝国主义"，并指出"我们是实际的革命者"。

7月　发表《教育改进》、《生活历》、《艺友制的教育》。

秋　被迫东渡日本。

11月7日　作诗《一双手》。

12月15日　作诗《贺胡适先生40岁》。

是年　作诗《改作黄金时代歌》。

1931年(40岁)

1月16日　在日本上桃山谒明治陵时，观察到日本工人对天皇冷漠的态度。

1月25日　在日本作诗《人与煤炭》。指出："工人不是主人翁。如此人间即地狱，翻造天宫。”

春　作诗《春天不是读书天》、《儿童工歌》、《敬赠师范生》、《诗的学校》和《糊涂的先生》等。

4月7日　作诗《学生或学死》。

4月15日　发表《师范生的第一变——变个孙悟空》。

4月18日　作诗《小孩不小歌》。

4月　指导方与严主编出版《师范生》月刊。以时雨为笔名，为《师范生》月刊撰稿。

5月1日　发表《一只鸽子》。后改题为《白鸽》，由上海儿童书局作为《创作故事丛书》之一出版。

5月15日　发表《师范生的第二变——变个小孩子》。

夏　接受史量才资助，创办自然学问，开展“科学下嫁”运动。主编《儿童科学丛书》。

6月6日　作诗《教师节》(一)(二)。

7月1日　发表《乌鸦歌》。后改题为《乌鸦》，由上海儿童书局作为《创作故事丛书》之一出版。

7月19日　回信新安小学的同志，进行理论指导，并允诺给予经济上的支持。

7月　发表《中华民族之出路与中国教育之出路》。

8月　发表《教学做合一下之教科书》。

9月2日　在《申报·自由谈》上辟“不除庭草斋夫谈荟”专栏，发表时评和杂感。

9月4日　在《申报·自由谈》发表《胡适捉鬼》。

9月21日　写《科学的生活》。

9月24日　发表《托尔斯泰与穆罕默德的信徒》，对“九一八”事变中蒋介石集团的不抵抗主义进行猛烈抨击。

9月25日　在《申报·自由谈》发表《假好人》。

秋　作诗《三伐》，收入1933年上海儿童书局版《知行诗歌》。致函问真、探真(科学的孩子)。

10月1日　发表《战时的功课》。

10月10日　发表《背起四个十字架》。

10月18日　发表《我的小怀抱》。

10月20日　发表《陶知行的颜色》。

10月30日　发表《工业文明》。

10月　由上海儿童书局出版《儿童的度量衡》(上)(下)、《空气的科学把戏》(一)(二)和《肥皂的把戏》,前列五书均属《儿童科学丛书》。

11月4日　发表《笼统哥之统一》。

11月11日　发表《思想的母亲》。

11月12日　发表《莫轻看徒弟》。

11月26日　发表《新旧时代之学生》。

11月　作诗《死》、《活》。

12月上旬　支持上海青年自发组织的"援马抗日团"北上抗日。

12月11—12日　发表《一个教师与家长的答复——出头处要自由》。

冬　作诗《儿子教学做之四个阶段》、《手脑相长歌》。

是年　被申报馆总经理史量才聘请为总管理处顾问。致函一位青年小学教师(《如何可以不做一个时代落伍者》)。

1932年(41岁)

1月1日　发表《新年三问三答》。

1月8日　发表《颠倒的逻辑》。

1月9—10日　发表《从烧煤炉谈到教育》。

1月11日　发表《主人教育》。

1月16日　发表《创造中之中华民族》。

1月21—22日　发表《是非》。

1月23—24日　发表《儿子教学做之一课》。

1月29日　发表《国民的军队》,对"一·二八"事变中顽强奋战的十九路军将士给予声援。

2月中旬　与史量才就《申报》登载《伍豪启事》密商,决定推迟发表该启事,并接受中共对策,刊登《致伍豪先生启事》。

3月22日　致函庄泽宣(《关于科学教育》)。

3月　发表《怎样做一个科学的孩子》、《怎样选书》。

4月17日　致函教师、家长和小朋友(《〈儿童科学丛书〉的用法》)。

4月25日　致函伍朝枢(《贺先生抱开辟的精神出治琼崖》)。

4月　由申报馆出版杂文集《斋夫自由谈》。

夏　写《乡村工学团试验初步计划说明书》。作诗《活的教育》、《拉车的教员》、《拉车》、《士之小影》、《两位先生的对话》和《招生》等。

5月13日　在杭州师范学校演讲"儿童科学教育"。

5月21日　开始发表教育小说《古庙敲钟录》

5月30日　致函台和中(《以大自然为生物园》)。

6月20日　发表《仍在不辍研究中的"活的教育"》。

6月23日　成立儿童科学通讯学校。

6月24日　致函徐笃仁(《全民族五大训练》)。

6月　起草《乡村工学团试验初步计划说明书》,筹备创立将"工场、学校、社会打成一片"的工学团。

7月　派戴自俺、马侣贤、王作舟等人分头物色创办工学团地点。

8月30日　在上海沪江大学演讲"国难与教育"。

9月4日　晓庄小学在佘儿岗复校开学。

9月11日　派马侣贤、王作舟去山海与宝山县交界处选择创办工学团的地点。

9月15日　中秋,亲赴大场,察看创办工学团的地点。

9月20日　在《消息》月刊上发表《从教育上谋国难的出路》。

9月　发表为李楚材所著《破晓》所写的《序》。

10月1日　出席大场孟家木桥山海工学团成立大会。

10月　出版《教学做合一讨论集》。作诗《自动学校小影》。

11月　与陈立廷、沈嗣庄、丁柱中共同署名补呈设立"山海实验乡村学校"(即山海工学团)。

11月28日　发表在暨南大学教育学系的演讲词《目前中国教育的两条路线——教劳心者劳力,教劳力者劳心》。

12月　与孙铭勋谈"幼稚园要重视科学的训练"。

冬　作诗《留级》。在报纸上刊登《卖艺广告》,为工学团筹集基金。指导晓庄学生徐一冰在上海北新泾创办了"晨更工学团"。

1933年(42岁)

1月1日　上午,参加山海工学团成立三周月纪念会。下午,应中社邀请，前往演讲“手脑相长”。

1月16日　发表演讲词《手脑相长》。

1月21日　宝山县政府批准设立山海试验乡村学校。

2月　在程霖生家，请人讲解马克思主义，约严竟成、戴伯韬等人参加。

3月14日　参加与蔡元培、陈望道、李公朴等共同发起的纪念马克思逝世50周年的纪念大会。

3月15日　作诗《新锄头舞歌》。

3月　发表在上海大夏大学的演讲词《创造的教育》。

4月2日　作诗《儿童节歌》。

约4月　作诗《瞄准乡村向前冲》。

7月　由上海儿童书局出版《知行诗歌集》。指导张世德(张劲夫)、严钝组织沈家楼棉花工学团。亲自下地劳动，推广条播技术。

夏　指导方友竹(方明)、陈挺夫创办报童工学团。

9月16日　与山海少年工学团谈“为农人服务的方针和做学问的方法”。

10月1日　陪同马莱率领的国际反战大同盟代表团参加山海工学团成立一周年纪念活动。

10月25日　看望来沪参观的新安儿童旅行团团员，为他们拟定参观计划。

10月26日　与新安儿童旅行团谈“参观和演讲的方法”。

10月　出版《幼稚教育论文集》。

10月下旬—12月上旬　陪同、指导新安儿童旅行团在上海开展各项活动。

11月1日　萧场工学团成立。

11月26日　陶母去世。

11月　在《女青年月刊》上发表在基督教女青年会的演讲词《农工教育对于社会改造的重要》。

12月10日　去上海火车站为新安儿童旅行团送行。

12月15日　致函承国英(《乡村教育要不会办教育的人办》)。

12月　派陆静山、侣朋到宜兴指导承国英创办西桥工学团。

是年　由儿童科学通讯学校自刊函授教材《儿童天文学活页指导》(一)(二)(三)和《算学的把戏》。主编《晓庄丛书》、《山海工学团丛书》。创办侯家宅养鱼工学团、红庙儿童工学团等。在山海工学团总部开设了木工场、图书馆和诊疗室。

1934 年(43 岁)

1 月 4 日　致函潘一尘(《小孩子有不可思议的力量》)。

1 月 12 日　参加山海工学团计划讨论会。

1 月 20 日　致函生活教育社全体同志(《各人对于劳苦大众干了什么事》)。

1 月 28 日　在山海工学团参加“一・二八”事变两周年纪念会。同时举行儿童自动工学团小先生普及教育队授旗典礼及宣誓,“小先生制”正式诞生。

2 月 16 日　发表《生活教育》、《普及什么教育》和《小先生》。

春　多方营救被国民党以“左翼文化联盟负责人”罪名逮捕的山海工学团团长马侣贤。

3 月 1 日　发表《从穷人教育想到穷国教育》、《从救水想到小孩的力量》、《怎样培养普及教育的人才》和《创立山海工学团的呈文》等。

3 月 16 日　发表《从守财奴想到守知奴》。作诗《小先生歌》。

4 月 1 日　发表《怎样指导小先生》。劳工幼儿团正式成立,专门招收劳工子女免费入学。山海工学团开始利用电影、收音机等设备施行电化教育。

4 月 4 日　在山海工学团庆祝儿童节大会上演讲“普及教育与学武训”。

4 月 16 日　在《生活教育》第 1 卷第 5 期上发表《从今年的儿童节到明年的儿童节》。

4 月　出版《儿童节歌曲集》(陶行知词,赵元任曲)。在浙江湘湖师范、杭州市翁家山小学等地推广小先生制。

5 月 1 日　在《生活教育》第 1 卷第 6 期上发表《从学军到工学军》。

5 月 6 日　与山海工学团全体工师及艺友谈“怎样达到工以养生”。

5 月 16 日　发表《暑期普及教育运动》。作诗《教师歌——献给儿童教育社同人》。

5月　派戴自俺在山海工学团总部成立了乡村幼儿园。在山海工学团为农友放映电影。亲自改写电影说明书，要求农友认识说明书后方能进场。

6月1日　发表《杀人的会考与创造的考成》。

6月16日　发表《文言白话又一战》。

7月1日　发表《大众语文运动之路》。

7月16日　发表《行知行》。

8月1日　发表《小先生解》、《四十万人民是参考书吗?》和《评〈分部教科书〉》。

8月20日　致函汪达之(《你们走的是创造之路》)。

夏　山海工学团所在地旱灾严重。捐款购买抽水机救灾。

9月1日　发表《女子教育总解决》。

9月18日　在山海工学团参加纪念“九一八”事变三周年大会。

10月1日　参加山海工学团成立两周年纪念会。领读自己创作的儿歌。

10月上旬　北行卖艺演讲。遇南开大学校长张伯苓时，贺南开中学“会考”失败。

10月14日　由天津到济南推行普及教育。

10月　发表《教育的新生》、《大众的力量伟大》和《普及教育运动小史》等，收入同年上海儿童书局出版的《普及教育》。

11月8日　中国普及教育助成会筹备会在上海成立，任负责人。

11月10日　发表《读书与用书》。

11月11日　参加山海工学团星期讨论会。

11月15日　在山海工学团星期总集会讨论会上谈“传统教育与生活教育有什么区别”。

11月16日　发表《怎样指导小朋友明白时事》。

11月23日　为新安儿童旅行团编著的《我们的旅行记》写序。

11月26日　会见甘肃省教育厅长水楚琴，商议把“小先生制”推广到甘肃。

12月1日　发表在宝山县民众教育馆主办的民众教育服务人员训练

班开学典礼上的演讲词《小先生与民众教育》。

12 月 16 日　发表《答复子钵先生之批评》。

12 月 24 日　在安徽大学演讲“普及教育”。

冬　应安徽教育厅邀请，赴安庆演讲“小先生攻破二十七道难关”，并带领程本海、朱泽甫等 6 人在安徽大力推广小先生制。

是年　作诗《兴学的乞丐》。编选出版《普及教育》。编印《老少通千字课》(1—4 册)。主编《小先生丛书》。

1935 年(44 岁)

1 月 1 日　发表《不费钱的课本》和《拉夫教育》。

1 月 16 日　发表《谈文字符号》和《谈调查学龄儿童》等。

1 月 21 日　将自著的童话寓言《乌鸦》题字赠送给日本东京池袋儿童之村生活学校。向日本介绍生活教育、山海工学团和小先生制。

1 月 24 日　召开山海工学团小先生谈话会，提出把山海工学团交给儿童自己办。

1 月 25 日　列席獐社会第一次筹备会，建议由小先生起草獐社会的组织大纲和宣言。

1 月 30 日　在獐社会第二次筹备会上被推举为辅助团主任。

1 月　在《中华教育界》发表《普及现代生活教育之路》，系统阐述了普及教育的理论及攻破普及教育之难关的方法。

2 月 1 日　发表《胡适的普及教育理论》、《从孔德成的教育说到孔子的故乡与祖国》和《一来一去》等。

2 月 9 日　参加中华职业教育社召开的专家会议，讨论“复兴民族目标下之青年职业训练问题”。

2 月 12 日　主编的中国普及教育助成会筹备会《普及教育周刊》在上海《晨报》创刊。

2 月 12—26 日　在上海《晨报・普及教育周刊》连载演讲词《普及教育》。

3 月 1 日　发表《乡村小学比赛表》、《中国普及教育方案商讨》、《私塾改造会组织大纲草案》和《攻破普及教育之难关》。

3 月 4 日　致函山海儿童社会(《新的旅行法》)。

3月8日　在汉口市立第三小学演讲“怎样做小先生”。

3月上旬　到南京、九江、汉口推行“小先生制”。

3月10日　与李公朴等发起、推行手头字运动，同时公布手头字第一期字汇表。

3月24日　参加沪郊农村工作协进会成立大会，发表演说。

4月1日　作诗《凤阳花鼓改作》。

4月4日　在山海工学团参加儿童节纪念会。

4月10日　创办“30分钟普及教育”（即空中学校），由上海中西药房无线电台播送。内容为教《老少通千字课》、唱歌、自然科学和社会科学。由陶晓光用普通话讲解指导。晚上，与郭秉文、陈鹤琴、廖世承等人以哥伦比亚同学会的名义，宴请过沪的哥伦比亚大学教授孟禄。

4月16日　发表《五千万匹马力的普及教育机器》。

4月26日　主编的《民丛学校教科书》由世界书局出版。

4月　由上海商务印书馆出版普及教育识字课本《老少通千字课》（1—4册）。作诗《儿童节献歌》（之一）（之二）。作诗《儿童节献词》。

5月1日　发表《文化细胞》。

5月16日　发表《文化网》和《强迫教育新义》。

5月中旬　派密野和鸿达去创办郭家桥工学团。

6月1日　发表《对于上海市普及初步教育之意见》、《儿戏与儿教》。

6月9日　参加沪郊农村工作协进会首次理事会。任该会干事，负责普及教育委员会的工作。提出《沪郊各县初步普及教育办法案》。

6月16日　发表《通不通》。

6月18日　对来沪参观的山西大学教育学院教育系毕业生和山东省社教考察团演讲“普及教育”。

6月19日　山海工学团接待前来参观的山东省社教考察团。

7月1日　发表《从跑狗场谈到教育》。

7月2日　参加中华儿童教育社全体理事会会议。

7月9日　在中华职业教育社参加沪郊农村工作协进会卫生委员会成立大会。被推选为沪郊农村工作协进会卫生事业委员会委员。

7月16日　发表《读〈实施义务教育暂行办法大纲〉有感》。

7月25日　发表《大众读书谈》。

8月1日　发表《普及教育之组织与方法》和《再论普及教育之组织与方法》。

8月16日　发表《新文字创造之商榷》。

9月4日　作《佘儿岗儿童自动小学三周纪念》。

夏　在泰山给冯玉祥讲学。

秋　指导汪达之筹建"新安旅行团"。

约10月　作诗《新文字歌》(一)(二)。

10月10日　新安旅行团出发。

11月1日　发表《新诗路线》等。

11月11日　发表《普及教育与店员》。

11月16日　发表《怎样写大众文》、《再谈怎样写大众文》。

11月19日　在《晨报·普及教育周刊》发表《家庭妇女与普及教育》。

11月　出版专著《怎样做小先生》。

12月1日　发表《大众画报——一个需要,一个建议》和《流通图书馆与普及教育》等。

12月12日　与宋庆龄、何香凝、马相伯、沈钧儒等知名人士联名发表《上海文化界救国运动宣言》。

12月16日　载文支持"一二·九"北平学生运动。

12月23日　发表《四个先生——教人写大众文,不取学费》。

12月27日　发起成立了上海文化界救国会,被推选为执行委员。

12月　出版《知行诗歌别集》。

冬　聘请冼星海到山海工学团做音乐教师。

是年　由上海儿童书局出版论文集《普及教育续编》。

1936年(45岁)

1月1日　发表《连环的矛盾》和《十月运动与五四运动》。

1月6日　起草的《上海文化界救国会国难教育方案》经上海文化界救国会通过。

1月16日　发表《白话文与大众文》和《上海文化界救国会国难教育方案》。

1月28日　上海各界举行"一·二八"事变四周年纪念会,与沈钧儒等人率领工人、农民及各界爱国人士近万人参加游行示威，徒步四十五里，到宝山庙行扫墓前呼吁：国人团结起来抗日救国。

1月　代表生活教育社与上海文化界救国会、职业界救国会、妇女救国会等团体及其他爱国人士，组成上海各界救国联合会，被选为理事。

2月1日　发表《战斗》。

2月10日　致函冯玉祥(《对士兵实施国难教育》)。

2月16日　发表《民族解放大学校》。

2月23日　国难教育社成立，被选为理事长。主持起草《发起组织国难教育社缘起》、《国难教育社成立宣言》、《国难教育社简章》等文件，经会议通过。

2月　到沪东、沪西和浦东开办工人夜校、识字班、训练习班等。

春　与陈鹤琴、方明一起参观“亭子间工学团”，并写诗赞颂。接待美国进步作家、记者史沫特莱女士参观山海工学团，由张分健、侣朋两位“小先生”接待，自己在旁担任翻译。

3月1日　发表《国难教育方案之特质》。

3月16日　发表《生活教育之特质》。

3月25日　作诗《儿童节献歌》。

4月1日　发表《儿童节对全国教师谈话》。

4月4日　发表《谈谈儿童节》。

4月16日　发表《教育逃走》和《新文字和国语罗马字——答复黎锦熙先生》。

4月17日　应广西民团干部学校之聘前往讲学。

4月23日　离上海去广西。

4月30日　在广州中山大学大礼堂演讲“怎样才能粉碎日本的大陆政策”。

5月1日　在广州中山大学大礼堂演讲“大众教育问题”。发表《我们对于执行新文字的意见》等。发表英文论著 *China's New Language*(《中国的新文字》)。

5月10日　发表《大众教育与民族解放运动》和《我们的态度》。

5月16日　发表《叶诚一先生的教育主张》等。对南宁市中学生演讲“中国的出路”。

5月19日 致函芝冈(《新文字为推进大众文化之最有效的工具》)。

5月22日 在南宁《民国日报》发表《我和女工们讲的话》。

5月30日 发表《国难教育问题——答香港〈工商日报〉记者问》。

5月31日 沈钧儒、宋庆龄、何香凝、邹韬奋等人及其他地方救亡团体代表在上海开会,成立“全国各界救国联合会”。被选为常务委员会委员和执行委员会委员。

6月1日 发表《新大学》。

6月14日 发表《文化解放》。

6月16日 发表《民族解放与大众解放》等。

6月20日 参加香港民众歌咏团演唱会。

6月21日 发表《民众运动》。

6月22日 发表《抵抗论》。

6月28日 发表《从大众歌曲讲到民众歌咏团》。

6月 由上海儿童书局出版论文集《普及教育三编》。发表《普及教育之歧路》、《民族解放中小先生之使命》、《答复庶谦先生》、《普及民族自救的教育》、《沪郊各县初步普及教育办法草案》和《普及什么教育——普及教育的四种精神》等。

上半年 夫人汪纯宜病逝。

7月1日 发表《争取时间》和《和民族解放运动配合的中等教育——和一位大规模的省立中学校长的谈话》。

7月5日 发表《树下谈话记——怎样才可以做一个前进的青年》。

7月7日 受全国各界救国会委托,前往欧美亚非各国宣传抗日救国,发动侨胞共赴国难。

7月10日 离港赴英,参加世界新教育会议。

7月11日 发表与该报记者的谈话记录《南京若与红军携手,救亡实力大有可观》。

7月14日 抵新加坡。

7月16日 在星洲青年励志社演讲“新中国与新教育”。发表《苏联宪法草案中之公民权》。

7月22日 抵印度。

7月25日 与沈钧儒、章乃器、邹韬奋4人联合签署的《团结御侮几个基本条件与最低要求》正式发表。

7 月 27 日　发表《第二次"新文字讨论会"演辞》。

7 月　作诗《团结御侮文件》。

8 月 1 日　发表《我对联合战线的认识》。

8 月 7 日　抵伦敦。在世界新教育青年会上作了题为《推行"小先生制"普及教育》的报告。

8 月 10 日　毛泽东就《团结御侮的几个基本条件与最低要求》,写信给陶行知与沈钧儒等 4 人,表示:"我们同意你们的宣言纲领和要求,诚恳的愿意与你们合作,与一切愿意参加这一斗争的党派、组织或个人合作,以便如你们纲领与要求上所提出的一样,来共同进行抗日救国的斗争。"

8 月 22 日　参加巴黎中国学生会、妇女救国会欢迎会。

8 月　由上海大众文化社出版论文集《中国大众教育问题》。

8 月底—9 月初　与钱俊瑞、陆璀在日内瓦参加世界青年和平大会。

9 月 3—7 日　在布鲁塞尔参加世界和平大会第一次会议,被参加大会的中国代表推选为中国代表团主席,并在大会上被选为大会主席团成员。会议结束时,被推选为世界和平理事会中国执行委员。与陈铭枢、王礼锡、钱俊瑞、胡秋原、黄清源等致函国际和平会议主席,"要求国际和平大会的常务委员会尽速派遣代表到中国去,以资常务委员会与中国委员会有所联系"。

9 月 12 日　在巴黎华侨各界欢迎会上演讲"联合奋起,抗日救亡"。

9 月 15 日　会见旅德华侨代表。

9 月 18 日　参加巴黎中国学生会召开的纪念"九一八"事变大会并演讲。

9 月 20 日　在巴黎出席全欧华侨抗日救国联合会成立会,即席创作并朗诵《中华民族大团结》长诗。

9 月 21 日　作诗《赞〈救国时报〉》。

10 月 3 日　调查巴黎华工生活及历史。

10 月 5 日　作诗《跟青年学》。

10 月 10 日　在巴黎万花楼与中法友人共庆"双十节"并演讲。

10 月 18 日　与陆璀赴伦敦。

10 月 30 日　作诗《马克思墓》。

10月　发表《儿童的世界》，收入同月上海生活书店版《今日之儿童》。作诗《中国人》。

11月9日　抵纽约。

11月中旬　会见克伯屈、杜威等人。访中国学生抗日会、农联、华侨学校等。

11月22日　在全美华侨抗日救国大会上演讲"《团结御侮的几个基本条件与最低要求》之再度说明"。

11月23日　救国会领导人沈钧儒、章乃器、邹韬奋、王造时、史良、沙千里、李公朴"七君子"在上海被捕。

11月24—29日　在纽约哥伦比亚大学演讲。参加东南大学同学会宴会。访问各团体。

12月1—11日　先后会见哥伦比亚大学师范学院教授孟禄、杜威、克伯屈等人。在美国非侵略会演讲。

12月12日　去波士顿，访当地华侨组织。

是年　《普及教育三编》、《中国大众教育问题》等出版。由上海儿童书局出版《知行诗歌三集》。

1937年(46岁)

1月4—8日　应邀去红十字会男职员俱乐部、女青年会、国际研究所、中央护士俱乐部等处演讲。

1月28日　出席纽约华侨学校"一·二八"事变纪念会。

1月　和在美国的华侨冀朝鼎等33人，发起救援"七君子"。杜威、爱因斯坦、孟禄等世界知名人士16人致电蒋介石，表示严重关切。

2月—3月　出席美国洗衣工会联合会议，并建议印制"请不要买日本货"的卡片，放在洗好的衣袋里，以宣传抗日救国。去妇女协会、外国教士会演讲。

4月3日　被国民党江苏省高等法院以"危害民国并宣传与三民主义不相容之主义"罪名再次予以通缉。

4月14日　在加拿大温哥华演讲"中国的抗战是不自由就受奴役的斗争"，英文记录稿载同月加拿大报纸 *Sun*。

4月15日　出席国际扶轮社午宴，并作政治形势演讲。

5月4日　在洛杉矶五千人集会上演讲，表示强烈反对美国军火商贩卖废铁等军火原料给日本侵略者制造武器，屠杀中国人民。

6月　发表《对于中国学生运动之认识与希望——祝全国学联成立周年纪念并述我个人》。

7月　到钵仑(波特兰)、西雅图等地演讲。出席欢迎西班牙人民之友会等。"七七"事变后，将"国难教育运动"改名为"战时教育运动"。

8月上旬　出席中华会馆与中华总商会、抗日会执委会会议。去大中华戏院、孔教学校演讲。

8月11—16日　出席中国学生大会。与华工、美国码头工人谈话。

8月27日　去墨西哥。

8月30日—9月7日　在墨西哥接受记者访问。到妇女人民阵线会议、墨西哥中华小学演讲。

9月20日　会见墨西哥总统。

9月24日　在墨西哥城午宴上致告别词。

9月25日　离墨西哥去美国。

10月10日　对美国工人演讲，指出：过去工人制造汽船、铁路、机器，今日的工人制造工会、民生，甚至永久和平。

10月11日　接见记者和美国青年大会与英国劳工代表。

10月16日　致函胡适，对其承认伪满洲国以换取和平的主张表示反对。

10月22日　在美国反战反法西斯联盟演讲"中国与西班牙"。

11月2日　会见美国青年大会芝加哥代表主席。

11月15日　出席大使馆纪念周并演讲。会见《华盛顿邮报》记者。

11月17日　在华盛顿，参加与胡敦元等人组织发起的中华经济研究社成立会。

11月18日　离美去加拿大，宣传抗日救国。

11月26日　返纽约。到美国的"中国人民之友会"演讲。

12月6日　代发经杜威同意的致甘地、罗曼·罗兰、罗素、爱因斯坦电稿。

12月8日　代为草拟的杜威、甘地、罗曼·罗兰、罗素、爱因斯坦5人宣言发表，谴责日本侵略中国。

12月11日　致函陶晓光、陶城，要他们“到最信仰民为贵的地方去”。

12月23日　会见妇女国际和平自由大会代表路威兹、查尔斯等人。

12月24日　作诗《战场即学校——写第八路军对日军之宣传教育》，收入1947年大孚出版公司出版的《行知诗歌集》。

12月28日　演讲《教育在中国为自由而战斗中的地位》。

1938年(47岁)

1月4日　致函吴树琴(《十二个字的理论》)。

1月5日　致函戴伯韬、刘季平(《把战场变作学堂》)。

1月9日　出席离美送别会。

1月中、下旬　在加拿大，参加民众大会，出席科鲁尼茶会，参观工厂和调查矿物，并多次演讲。

2月3日　离美去英。

2月9日　抵英国。

2月10日　在伦敦出席世界反侵略大会。

2月10—15日　与吴玉章再次拜谒马克思墓。

2月17—18日　去都柏林调查爱尔兰与日本的贸易情况。

2月20日　去利物浦，访问当地华侨抗日救国后援会。

2月23日　去荷兰鹿特丹、海牙，访问华侨会馆及救国后援会。

2月24日　去阿姆斯特丹。

2月25日　去比利时。在布鲁塞尔访问华侨抗战后援会。

2月26日　去巴黎。为救济中国留学生事访问中国学生会。

3月7日　回纽约。

3月14日　赴加拿大。

3月—4月　访问国际研究所。到加拿大各大城市演讲。把演讲所得之款，购买医药器材，通过宋庆龄转送八路军白求恩医疗队。调查加拿大华人情况。

4月24—25日　到美国西雅图，积极推动购买公债及捐款活动。

4月26—27日　访工业组合大会一般福利研究会及经济社会研究所。

4月28日　抵旧金山，会见加州华工合作会代表彭飞及洗衣工会临时主席黄垣。

5月3日　离旧金山去洛杉矶。

5月4日　在洛杉矶五千人集会上，揭露美国军火商运送军用物资帮助日本军阀屠杀中国人民的事实，引起各方震动。

5月9日　作诗《笔伐平时教育》。

5月12日　作诗《〈先锋〉八周年》(一)。

夏　作诗《衣联歌初稿》。

5月14日　抵芝加哥。

5月23日　到华盛顿。

6月10日　谴责日本轰炸平民。

6月12日　出席致公堂茶会，向各团体辞行。

6月15日　离美去英。在美期间，积极推动《鲁迅全集》征订工作。

6月24日　离伦敦去巴黎。在英期间，与李信慧女士一道，第三次拜谒马克思墓。写诗祝贺《鲁迅全集》出版。

6月26日　离巴黎去意大利。

6月28日　在罗马访抗日会。

6月30日—7月2日　离意大利，经奥地利、捷克，到德国柏林。

7月3日　访柏林华侨学生会。

7月6日　第一届第一次国民参政会在汉口举行。根据《国民参政会组织条例》第三条(甲)项，被安徽省选为参政员，因在国外未出席会议。

7月11日　离德去法。

7月16日　访问参战华工联合会、亚西华工总工会、旅法华工联合会。营救因努力救国而被拘捕、驱逐的王庆元与陈曙光。

7月18—20日　经奥地利、匈牙利、南斯拉夫，抵希腊雅典。

7月21日　访苏格拉底石牢。去埃及。

7月24—26日　在开罗会见埃及爱兹哈尔大学中国留学生、爱兹哈尔大学校长麦拉额。出席回民学生集会并演讲。

7月27日　用英文致函Gandhi(甘地)、Tagore(泰戈尔)等人。

7月28—29日　离埃及去印度。在船上组织唱歌团。船过红海时组织医药急救班。

8月10—12日　抵印度加尔各答。访泰戈尔，出席全印学生、工人、农民代表及全印大会领袖举行的欢迎茶会。后去孟买。

8月14日　访甘地，答应撰写关于中国大众教育的文章，将“小先生制”介绍给印度。

8月18日　到科伦坡，出席华侨工会欢迎会。

8月19日　出席锡兰红十字会集会。

8月27日　抵达西贡，访问侨胞团体。

8月30日　抵香港。

8月31日　与邓颖超一起参加香港文化界人士举行的欢迎大会，并介绍遍游欧美诸国的情况。

9月1日　在香港各界欢迎会上演讲“国际形势与中国抗战”。

9月9日　完成英文论著 *The People's: Education Movement In China*(《中国的大众教育运动》)。该文系应甘地约请而作。

9月上、中旬　在香港青年会、香港四妇女联合会、香港女子筹委会演讲，动员华侨支援抗战。在港期间，向报界和各界人士发表谈话，表示在抗战中要从事三件工作：一是创办晓庄学院，以培养高级人才；二是创办难童学校，使难童能受到一定的教育；三是在香港创办中华业余补习学校(即店员职业补习学校)，以教育方式发动侨胞救国。在香港筹组中华业余补习学校，并任董事长。

9月20日　离港归来，路过衡阳，对湘省中学军训学生演讲。

10月1日　深夜，与作曲家任光同船抵武汉。

10月4日　出席汉口临时儿童保育院欢迎大会并演说。见蒋介石，谈晓庄复校、改创晓庄学院计划。

10月5日　拜会周恩来。听周恩来谈陕北军民坚持抗战情况，深受鼓舞。

10月6—12日　先后访问白崇禧、李宗仁、宋美龄、黄仁霖、陈启东等人。

10月14日　到战时妇女工学团演讲。在新安旅行团成立三周年庆祝会上讲话，勉励孩子们“骑到真理的背上去”。

10月15日　作诗《鲁迅先生逝世两周年纪念》。

10月16日　与任光一起参观武汉儿童保育院。

10月17日　离汉赴渝，前往参加国民参政会第二次会议。在汉期间，谢绝任安徽省教育厅长之聘，应邀参加“设计委员会”，帮助从武汉迁到四川去的八九所保育院的开办工作。

10月24日　作诗《〈鲁迅全集〉出版祝》。

10月28日—11月6日　以国民参政员身份，出席国民参政会一届二次会议。在国民参政会上，提出《推行普及教育及增加抗战力量树立建国基础案》等提案。

11月初　参观重庆临时儿童保育院。

11月5日　在《新华日报》发表与该报记者谈话记录《谈战时民众教育》。在重庆保育院演讲“小朋友是民族未来的巨子”。

11月21日　抵桂林。筹组生活教育社。

12月15日　生活教育总社在桂林正式成立，被选为理事长。

12月23日　离广西去香港。在桂林期间，考察了广西战时教育状况，制订《桂林战时民众教育工作人员须知》。

12月25日　发表《一个建议——桂林山洞教育》。

12月29日　在香港，接待《星岛日报》记者访问。

12月　在香港，应东江华侨回乡服务团训练班的邀请演讲“回乡去怎样工作”。

是年　创立中国战时教育协会。作英文论著*China*(《中国》)。

1939年(48岁)

1月2日　作诗《生活教育小影》和《战时民众教育》。

1月10日　发表《生活教育目前的任务》。

1月13日　出版《东江》创刊号。

1月14日　发表《说书》。

1月25日　发表《推行生活教育之又一方式》。

1月底　离港赴重庆参加第三次国民参政会。

1月　出席香港记者座谈会、新年聚餐会。在明德中学、业余联谊会、中国青年记者学会、红磡自强体育会等社团演讲。在香港召开晓庄学校董会议，决定筹设晓庄研究所。

2月10日　发表《桂林战时民众教育工作人员须知》。

2月　回川途经桂林时，看望新安旅行团的同志。

3月初 由重庆到北碚。计划将筹组中的晓庄研究所设于北碚。着手筹办招收和培养难童中天才儿童的育才学校。

3月6日 在北碚实验区署纪念周演讲,谈自己的来碚观感和周游各国的情况。

3月10日 发表《评加强教育党化》。

3月14日 致函宋美龄(育才学校创办旨意)。

3月15日 在《生活教育十二周年纪念刊》上发表在香港中华业余学校的演讲词《全面抗战与全面教育》。写《告生活教育社同志书——为生活教育运动十二周年纪念而作》。

3月24日 作诗《儿童节歌》(一)(二)(三)。

4月初 在北碚各界欢迎抗日游击队英雄队赵老太太大会上讲话,号召全国的老太太都变成赵老太太。

4月10日 发表《评〈第三届全国教育会议宣言〉》。

4月 在北碚成立育才学校筹备处,领导王洞若、马侣贤、陆维特等人开始筹办育才学校。

5月初 在欢送三峡志愿战士的大会上演讲,并赠诗勉励志愿战士。为使志愿战士能安心服役,向三峡实验区出征将士家属优待委员会建议:以"志愿捐"来配合"志愿兵"。自己首先认捐每月50元。

5月30日 致函邓哲熙(《生活教育的目的》)。

5月 积极筹组育才学校:聘请吴晓邦、陈烟桥等人来校任教;组织测验团,用智力测验、公组测验、普通课测验方法,到各儿童保育院、教养院、孤儿院等难童所在地,为育才学校选拔有才能的学生。

6月 写《育才学校教育纲要草案》。

7月20日 演讲"育才学校创办旨趣"。

7月 写《讨论生活教育的提纲》,原件存晓庄师范。

9月9日 致函陶晓光、陶城(《青年至少要学好一种外国语》)。

9月10日 发表《精诚团结是民族存亡的头》。

9月 参加国民参政会第四次会议。香港中华业余补习学校终因局势动荡、师资缺乏和经费不足等问题而停办。

11月10日 提出今年孙中山先生的诞辰纪念应以宪政期成为运动中心,举行宪政座谈会,将中山先生有关宪政的重要言论提出来展开研究。

11 月 16 日　写《宪政运动与国民教育》。

11 月 25 日　发表《填鸭教育》。

11 月 27 日　致函吴羽白(《学问与革命是一件事》)。

11 月下旬　和沈钧儒、黄炎培、章伯钧等人,在重庆发起组织“统一建国同志会”。

12 月 12 日　给尹来弟小朋友寄药方,用心治疟疾、痢疾和咳嗽。

12 月 25 日　发表《我的民众教育观》。

12 月 31 日　与吴树琴结婚。不请客,极简朴。

12 月　写《我们的校徽》。致函一位朋友(《谈生活教育》)。

是年　晓庄研究所成立,并写出一批研究报告。育才学校得到迅速发展,已有学生 120 名,分设音乐、戏剧、文学、社会科学、绘画、自然科学六组。

1940 年(49 岁)

1 月 3 日　出席沈钧儒、郭沫若、邹韬奋、李公朴、史良等人为庆贺他结婚而举办的茶会。美国记者安娜·路易斯·斯特朗也到会祝贺。

1 月 10 日　发表《谈未来的东亚新秩序》。

1 月 11 日　发表《〈新华日报〉二周年纪念》一诗。

1 月 25 日　发表《游击区教育》。

1 月　将结婚所收到的贺仪,捐助给香港的反汪工友。

2 月 1 日　致函高士其,要他为学术珍重身体,并为他募捐住院治疗的费用。

2 月 10 日　发表在重庆保育院院长会议上的演讲词《儿童保育问题》。

3 月 10 日　发表《小学教师之烦恼》。

3 月 15 日　出席教育社十三周年纪念会,报告社务并指明生活教育运动的方向。

3 月 25 日　发表《生活教育运动十三周年纪念告同志》。

4 月上旬　在参政会上提出,政府应规定教育为人民之义务和权利。

4 月 9 日　与《新华日报》记者谈话“抗战必须坚持团结停止摩擦”。

4 月 25 日　发表《结婚歌》一诗。

5月1日 为纪念五一劳动节，组织育才师生修路。

7月7日 致函业勤(《儿童教育的任务》)。

8月10日 致函潘畏三(《我们不是企图取消学校教育》)。

9月上旬 拟订一份改革教育制度的大纲，对大中学课程及修业期限等问题提出意见。主张大学生不一定入校读书，可采取自修办法，读完学校规定的课程后，再通过考试取得学位。

9月24日 出席周恩来等人在北温泉招待文化界知名人士的宴会，并聆听了周恩来作的形势报告。

9月25—26日 周恩来、邓颖超为育才学校的学生健康捐款。

10月11日 函告马侣贤：周恩来、邓颖超为育才学校的学生健康捐款。

10月29日 致函皎然(《教育要起推动作用》)。

11月4日 请德国医生到育才学校检查学生身体。

12月10日 发表《谈海外回国青年之教育》。

12月23日 连任第二届国民参政会参政员。

12月26日 邀请周恩来、邓颖超、叶剑英、冯玉祥等人及中外记者，参加育才学校音乐组在重庆举行的儿童音乐会。

1941年(50岁)

1月4日 "皖南事变"后，派人通知戴伯韬等共产党人，要他们赶快隐蔽起来，以免遭不测。

1月10日 发表《清水沙盘——献给全国的小朋友》。

1月25日 致函陶晓光(《追求真理做真人》)。

3月 为克服育才学校艺术教师不足的问题，组织成立了"见习团"，到重庆各艺术团体向各方面专家请教。春，物价飞涨，育才学校的经济十分困难，但仍严词拒绝国民政府教育部长陈立夫，以解决育才学校立案和经费作为交换条件向育才学校派出训育主任的要求，保持育才学校的独立性。

4月6日 提出"跟武训学"、"做一个集体的武训"等口号，以克服育才办学中的经济困难。定4月6日为"育才兴学节"。

6月1日 发表《新武训》。

6月　发表《育才二周岁前夜》，总结育才办学初步经验，探讨培养人才幼苗的基本方法。

7月20日　为因公遇难的育才学校会计富醒泉书写碑文，称他为“会计英雄”。

7月23日　致函陶晓光(《在集体创造上学习创造》)。

9月26日　作诗《荷叶舞歌》。

9月　试验“育才幼年研究生制”。为充分发挥学生的学习潜力，选拔了“少年研究生”27名，进行专门培养。

10月10日　与张澜、沈钧儒、胡愈之等人发起组织民主政团同盟。

10月　在国民参政会二届二次会上提出《设立中央儿童学园以倡导幼年社会教育案》和《化除青年烦闷发挥青年精神以保全民族元气而增加抗战建国力量案》等。

冬　约请翦伯赞到育才学校讲学三周。

是年　送萧志鹏、刘国钧、王智等7名育才学生赴延安学习。

1942年(51岁)

1月11日　作诗《〈新华日报〉四周年纪念》。

1月19日　作诗《把自由还给我们》。

1月—2月　组织育才师生向社会汇报见习后的创作成果，举行戏剧公演、绘画展览和音乐演奏。

3月15日　在生活教育社15周年纪念会上演讲记录稿。

春　作诗《自嘲》。

5月　组织育才师生学习毛泽东《在延安文艺座谈会上的讲话》以及延安整风的文献资料。

春夏之际　在育才学校经费极度困难的情况下，为募集经费而四处奔走，使育才学校得以维持。

7月7日　致函赵冕(《培养人才幼苗的六字诀和十字诀》)。

7月20日　在育才学校三周年纪念晚会上演讲“每天四问”。作《育才三周年祭同志文》。

8月18日　写《写在〈植物小世界〉创刊号之后》。

10月16日　在重庆育才学校晚间音乐会上演讲“把‘创造之神’迎接

回来了”。

11月7日　发表诗作《向斯大林格勒战士致敬》和《苏联革命二十五周年纪念献词》。

11月28日　作诗《长青不老歌》。

12月4日　演讲“育才十字诀”。

12月24日　作诗《育才戏剧组共勉》。

12月25日　在育才学校纪念牛顿诞辰300周年、伽利略逝世300周年大会上，朗诵了《纪念牛顿与伽利略》，号召育才学生向牛顿和伽利略学习，争取为人类作贡献。

1943年(52岁)

1月11日　作诗《贺〈新华〉五周年》。

1月21日　致函育才师生，希望他们进城观看莫扎特的《安魂曲》，以受教育。

2月11日　致函陶宏(《人生最大的目的还是博爱》)。

3月22日　到育才学校所办的光铁坡农场指导工作，并带现金500元慰劳垦荒大军。

3月　生活教育社改选，连任理事长。

9月25日　作诗《百侯中学复校十周年纪念》。

秋　写《学习外国文》。

10月13日　写《创造宣言》。

10月15日　在育才朝会上宣读《创造宣言》，指导教育者要创造的是真善美的活人，教师的成功是创造出使自己崇拜的人。

10月　邀请《新华日报》记者陆诒来育才主讲时事形势。

11月28日　作诗《育才学校校歌》。

12月　致函育才之友(《关于育才学校的创办》)。总结“幼年研究生制”和见习团的经验，认为这是一种行之有效的好办法，决定继续试行下去。

是年　为营救萨空了而到处奔走。接受周恩来所送的一套南泥湾垦荒大生产图片和一件用延安毛线织成的毛衣。作诗《创造年献诗》。写《怎样培养十六常能》。

1944年(53岁)

1月5日　作诗贺董必武60大寿。

1月　发表《育才之方针》、《育才十二要》、《育才卫生教育二十九事》、《育才学校之礼节与公约》、《育才学校创造年计划大纲》、《育才学校创造奖金办法》、《育才二十三常能》和《育才学校节略》等，收入同月时代印刷出版社出版的《育才学校手册》。

3月　动员育才师生到光铁坡农场去开荒劳动，生产自救。

4月　育才学校重庆办事处在管家巷28号成立。

5月　派员到重庆难童收容所、保育院等单位选拔学生。

6月25日　发表关于民主与教育问题的若干看法。

6月　写《从五周年看五十周年》。

7月　在育才学校建校五周年之际，再次强调在战时，学校不只是一个研究学问的组织，而且应该是个战斗体，要加强军训。写《〈武训先生画传〉再版跋》。

约8月　作诗《追思韬奋先生》、《邹韬奋先生挽歌》(一)。

9月18日　作诗《邹韬奋先生挽歌》(二)。

9月25日　作诗《武训先生画赞》。

9月26日　与宋庆龄等70余人联名发起邹韬奋先生追悼会，并写诗以寄追思、怀念。在儿童福利工作人员会议上演讲。

9月　派舞蹈组戴爱莲、庄严学习《兄妹开荒》等秧歌剧。亲自修改、审订《朱大嫂送鸡蛋》的歌词。倡导补习班、青年班、夜校及识字班，为青年、农民补习文化服务。

10月上旬　为育才学生王士毅参军抗战举行欢送会，并题词相勉。

10月8日　作诗《民主到哪里去》(一)(二)(三)。

10月10日　作诗《歌唱现代》、《民主》、《政治的盘尼西林》、《言论自由》和《民主第一》等。

10月13日　致函育才全体同志(《召开校务会议》)。

秋　再次约请翦伯赞来育才讲学11天。

12月5日　在育才学校武训诞辰纪念会上谈“武训精神”，记录稿载次日《新华日报》。

12 月 16 日　在中国儿童福利协会成立大会上，对儿童福利问题提出具体建议。在重庆《大公报》上发表《创造的儿童教育》。在《时事新报》上发表《敲碎儿童的地狱，创造儿童的乐园》。

12 月 25 日　作诗《迎接民主年》。

冬　鼓励、帮助育才戏剧组学生张本治创作四川方言话剧《郎格办》。写成后又推出公演。

是年　与沙千里、周竹安等人筹建大孚出版公司。

1945 年(54 岁)

1 月 1 日　发表诗作《迎接民主年》。

1 月　写《创造的社会教育论纲》，原件存晓庄师范。

3 月 15 日　在育才学校同学会成立会上讲话，号召同学们加强团结。

4 月初　动员各界人士在儿童节(4 月 4 日)这一天向乡下儿童送礼。

4 月 4 日　在重庆《新华日报》上发表《民主的儿童节》。

4 月 8 日　慰问郭沫若时，希望他筹办民主研究院。

4 月 9 日　在《新华日报》上发表与该报记者的谈话，希望郭沫若筹办民主研究院。

4 月 22 日　写《假如我重新做一个小孩》。

春　请延安来的陈波儿到育才学校教跳秧歌舞。育才学校成立了两个秧歌队，深入工厂、农村，为群众演出。

5 月　协助中国民主同盟主编《民主》星期刊。为社会青年开设民主星期六讲座。发表《实施民主教育的提纲》。

7 月 20 日　参加育才学校六周年校庆活动，接受美国援华会赠育才的儿童读物，并与贵宾一起将读物分发给育才小朋友。

8 月　任中国人民救国会中央常务委员兼组织部部长。

9 月 4 日　贺重庆荣军互助会成立。

9 月 9 日　与冯亦代、倪斐君等人筹办的国际难童学校开学。

9 月 18 日　刊行 *Education For All*(《全民教育》)、*Yu Tsai School for Talented Refugee Children*(《育才学校英文手册》)和 *The People's Education movement China*(《中国大众教育运动》)。发表《育才学校的创办》。

9月　多次晤见来重庆谈判的毛泽东。

10月1—12日　民盟在重庆召开临时全国代表大会。被推选为民盟中央常务委员、教育委员会主任委员。

10月6日　发表译作《学习怎样运用自由》。作诗《四万万五千万人的大公司，四万万五千万人做老板》。

10月8日　作诗《胜利带来了一切》。

10月10日　由生活教育社刊行论文集《普及现代生活教育之路及其方案》。

10月11日　送毛泽东返延安，并在机场合影。

10月27日　完成诗作《民之所好三首》。

10月　作诗《立刻停止内战》。

11月1日　在《民主教育》创刊号上发表《民主》和《民主教育》。

11月6日　致函杜威(《论中美两国关系》)。

11月18日　参加重庆各界团体举行的"陈嘉庚安全庆祝大会"。祝贺陈嘉庚安全回到新加坡。

12月1日　在《民主教育》第2期上发表《民主教育之普及》。在《民主》第10期上发表《把武训先生解放出来——为武训先生诞辰一百零七周年纪念而写》。作诗《莫吞原子弹》。

12月7日　作诗《昆明因反内战被杀于再先生及荀极中、潘琰、李鲁连同学千古》。

12月9日　参加重庆各界追悼昆明"一二·一"死难烈士大会，大义凛然，将生死置之度外。

12月20日　作诗《赠勉功先生》。

12月22日　作诗《政治协商会议之路》。着手筹办重庆社会大学。

12月23日　发表《抗战时代之乡下先生》。

约12月　作诗《中国救国会祭昆明反内战被害师生哀词》和《民主进行曲》。

是年　任大孚出版公司总编辑。

1946年(55岁)

1月1日　提出生活教育的四大方针，即民主的、大众的、科学的、创造的方针。作诗《新年的希望》。

1月2日　作诗《社会大学颂》。

1月3日　与周恩来、郭沫若等50余人，发起冼星海先生纪念演奏会，协助组织周恩来倡议成立的星海合唱团和民主合唱团，并任民主合唱团团长。

1月5日　作诗《向民主小姐求爱》。

1月10日　组织育才师生出席欢迎叶挺出狱的联欢会。

1月11日　作诗《贺〈新华日报〉八周岁》。作诗《敬赠政治协商会议代表》和《新闻大学——贺〈新华日报〉八周岁》。

1月15日　与李公朴、史良等人共同筹创的重庆社会大学（夜大学）开学。任校长。

1月28日　发表《"一·二八"十四周年纪念》一诗。

1月　发表《大众的艺术》。写《社会大学运动》。

年初　将育才学校迁往红岩村。带领育才师生参加重庆沧白堂政协促进会。

2月2日　作诗《大闹沧白堂有感》。

2月10日　参加较场口庆祝政协会议成功大会。

2月14日　登报聘请史良为育才学校常年法律顾问。

2月　就《新华日报》工作人员遭国民党特务殴打事，前往中共代表团慰问和致意。

3月8日　请邓颖超到育才学校讲革命经历，对育才师生进行革命传统教育。

3月15日　发表与《民主》杂志社记者的谈话《谈社会大学》。

3月22日　发表《领导者再教育》。

3月下旬　发动各界朋友为乡下苦孩子送节礼，提出使穷孩子们能得到"一天的快乐，一年的教育"。

4月1日　发表《值得我们学习的一件事》。

4月4日　作诗《儿童节儿歌》、《儿童节大人歌》和《饯行歌——送别党化教育》。

4月6日　出席新武训节纪念会并讲话。

4月11日　由重庆飞南京，筹备育才迁校和筹办上海社会大学。

4月14日　到南京晓庄扫墓，受到晓庄农民和儿童的热烈欢迎。

4月中旬　去南京梅园看望周恩来，谈及对育才学校迁校的设想。

4月18日　抵上海。接受《联合晚报》记者访问。

4月21日　对上海一千多名小学教师作《小学教师与民主运动》的专题演讲。

4月23日　与山海工学团所在地的农友见面谈话，讨论如何恢复山海工学团等问题。

4月25日　发表《自我再教育》一诗。在上海市教育团体联合会举行的欢迎会上演讲。

5月1日　出席上海百货业职工纪念“五一”的联欢会并演讲。

5月6日　参加中华职业教育社成立29周年纪念会，介绍美国的职业教育情况。

5月16日　发表《跟人民和小孩学习》。

5月23日　发表对教师所作的系列讲话第一讲《第一件大事》。

5月中、下旬　在沪江大学、圣约翰大学等校作专题讲演。与郭沫若等人宴请美洲爱国华侨司徒美堂。指导筹组的生活教育社上海分社成立。

5月30日　发表对教师所作的系列讲话第二讲《谈接收主权》。

6月2日　参加欢迎美国援华总干事毕莱士的欢迎会，致欢迎词，并朗诵诗歌。

6月6日　发表对教师所作的系列讲话第三讲《教师自动进修》。

6月8日　与上海文化界知名人士马叙伦、马寅初、周建人、茅盾、巴金、赵丹等164人写信给蒋介石，呼吁停止内战。

6月13日　发表对教师所作的系列讲话第四讲《谈扫除文盲》。

6月14日　与柳湜谈教育问题。

6月19日　在大同大学反内战要和平大会上发表演讲。作诗《春风文艺社题词》。

6月23日　在上海北站欢送人民代表马叙伦等人赴京请愿的10万人大会上发表演说，斥责反对派搞假和平、真内战的阴谋。上海“和平运动”联合会在大会上宣告成立。

6月25日　代表上海54个团体向外国记者发表谈话，抗议国民党特务所制造的“下关事件”，并要求美军立即撤离中国。

6月 探望高士其，并赠罐头食品。筹办生活教育社上海分社暑期进修班。发表《怎样可以得到和平》。作诗《诗人节祝词》。

约6月 与上海日文《改造日报》记者小野三郎谈自己的教育生涯。

7月初 在沪江大学演讲“新中国之新教育”。

7月3日 在上海青年会举行的招待外国记者茶会上，用英文宣读郭沫若拟订的发言稿，揭露国民党特务阴谋，并即席答记者问。

7月7日 作诗《赠女工夜校毕业典礼》。

7月15日 在回答翦伯赞劝他提防“无声手枪”时说：“我等着第三枪。”

7月16日 致函育才同学会上海分会全体同学(《为民主斗争前仆后继》)。写《给育才全体师生的一封信》，信中说：“只要我们肯为民主死，真民主就会到来，而中华民族就也一定可以活到万万年。”

7月18日 作诗《追思李公朴先生》。

7月21日 作《祭邹韬奋先生文》。

7月22日 参加邹韬奋逝世两周年暨遗体安葬大会。

7月24日 与郭沫若等三十余人致电美国哥伦比亚大学，要求派代表调查李公朴、闻一多遭特务暗杀事件。为生活教育社赶写对联和整理自己历年的诗稿直至深夜。

7月25日 患脑出血抢救无效，于12时30分逝世于上海，终年55岁。

附录二　陶行知研究文献

一、史料

（一）陶行知本人著述的图书要目

《儿童度量衡》（上、下册），上海儿童书局1931年10月版。

《儿童节歌曲集》（赵元任制谱），上海商务印书馆1934年版。

《儿童科学指导》（1—3册），上海儿童书局1932年3月版。

《儿童天文学活页指导》，上海儿童科学通讯学校1933年版。

《肥皂的把戏》，上海儿童书局1931年10月版。

《古庙敲钟录》，上海儿童书局1933年3月版。

《教学做合一讨论集》，上海商务印书馆1931年7月版。

《空气的科学把戏》（1、2册），上海儿童书局1931年10月版。

《老少通千字课》（1—4册），上海商务印书馆1935年2月版。

《平民千字课》（1—4册），上海商务印书馆1923年8月版。

《普及教育》，上海儿童书局1934年10月版。

《普及教育三编》，上海儿童书局1936年6月版。

《普及教育续编》，上海儿童书局1935年6月版。

《普及现代生活教育之路及其方案》，生活教育社1945年10月自刊版。

《算学的把戏》，上海儿童科学通讯学校1933年版。

《育才学校手册》，时代印刷出版社1944年1月版。

《怎样做小先生》，上海生活书店1935年11月版。

《斋夫自由谈》，上海申报馆1932年4月版。

《知行诗歌别集》，上海儿童书局1935年12月版。

《知行诗歌集》，上海儿童书局1933年7月版。

《知行诗歌集》,上海生活书店 1936 年 11 月版。

《知行诗歌三集》,上海儿童书局 1936 年 11 月版。

《知行诗歌续集》,上海儿童书局 1935 年 10 月版。

《知行书信》,上海亚东图书馆 1929 年 1 月版。

《中国大众教育问题》,上海大众文化社 1936 年 8 月版。

《中国教育改造》,上海亚东图书馆 1928 年 4 月版,安徽人民出版社 1981 年重印版。

(二)陶行知主编的丛书要目

1. 晓庄丛书

潘一尘著:《儿童故事集》,上海儿童书局 1933 年版。

孙铭勋、戴自俺编:《晓庄批判》,上海儿童书局 1933 年版。

孙铭勋、戴自俺编:《晓庄幼稚教育》,上海儿童书局 1933 年版。

孙铭勋、戴自俺编:《幼稚园的生活进程》,上海儿童书局 1934 年版。

陶行知、陈鹤琴等著:《幼稚教育论文集》,上海儿童书局 1934 年版。

赵叔愚著、方与严编:《乡村教育丛辑》,上海儿童书局 1934 年版。

2. 山海工学团丛书

程本海著:《在晓庄》,上海儿童书局 1930 年 1 月版。

方与严编:《晓庄一年计划》,上海儿童书局 1933 年 11 月版。

李楚才著:《破晓》,上海儿童书局 1931 年 2 月版。

陆静山编:《晓庄歌曲集》,上海儿童书局 1933 年 6 月版。

马侣贤、戴自俺著:《山海工学团》,上海儿童书局 1935 年版。

唐文粹编:《乡村小学教师须知》,上海儿童书局 1933 年 7 月版。

杨效春著:《晓庄一岁》,上海儿童书局 1928 年 7 月版。

(三)他人编辑的图书要目

陈贻鑫、陶晓光编:《行知歌曲集》,人民音乐出版社 1983 年 10 月版。

戴自俺、龚思雪主编:《陶行知幼儿教育的理论和实践》,四川教育出版社 1987 年 8 月版。

董宝良主编,喻本伐、周洪宇编:《陶行知教育论著选》,人民教育出版社 1991 年版。

方明编:《陶行知教育名篇》,教育科学出版社 2005 年版。

方明编:《陶行知名篇精选》,教育科学出版社 2006 年版。

方与严编:《陶行知・行知文献》,香港龙文书店 1966 年版。

方与严编:《陶行知教育论文选辑》,上海生活书店 1948 年版。

方与严著:《陶行知及其生活教育》,四川教育出版社 1995 年版。

郭沫若校:《行知诗歌集》,上海大孚出版公司 1947 年 4 月版。

胡晓风等编:《生活教育文选》,四川教育出版社 1988 年 3 月版。

胡晓风、金成林等编:《陶行知教育文集》,四川教育出版社 2007 年版。

华中师范大学教育科学研究所编:《陶行知全集》(第 1—6 卷),湖南教育出版社 1984、1985 年版。

华中师范大学教育科学研究所主编:《陶行知全集》(第 7、8 卷),湖南教育出版社 1992 年版。

江苏省陶行知教育思想研究会、南京晓庄师范陶行知研究室合编:《陶行知文集》,江苏人民出版社 1981 年 8 月版。

江苏陶行知研究会等编:《陶行知论师范教育》,江苏教育出版社 1990 年版。

江苏陶行知研究会等编:《陶行知日志》,江苏教育出版社 1991 年版。

金林祥、张雪蓉编注:《陶行知教育名著教师读本》,上海教育出版社 2006 年版。

荆世华等编:《陶行知教育论著选编》,山西高校联合出版社 1991 年 7 月版。

聂大朋编:《陶行知儿歌》,中国和平出版社 1987 年 12 月版。

陕西省陶行知研究会编:《陶行知论乡村教育改造》,陕西师范大学出版社 1989 年版。

上海陶行知研究会等编:《陶行知佚文集》,四川教育出版社 1989 年 6 月版。

吴一葆编:《陶行知诗歌选》,上海教育出版社 1985 年 6 月版。

延安解放社编:《行知教育文选》,延安新华书店 1946 年版。

延安新教育学会编辑部编:《行知教育文选集》,胶东新华书店 1946 年 8 月版。

张达扬、李红梅编:《陶行知论普及教育》,安徽教育出版社 1985 年版。

中国陶行知研究会编:《陶行知教育思想、理论和实践》,安徽教育出版社 1986 年 8 月版。

中国陶行知研究会组编:《陶行知全集》(第 1—10 卷),四川教育出版社 1991 年 8 月版。

中央教育科学研究所编:《陶行知教育文选》,教育科学出版社 1981 年 3 月版。

朱泽甫等编:《行知诗歌集》,三联书店 1949 年版。

朱泽甫等编:《行知书信集》,安徽人民出版社 1981 年版。

二、专著

(一)国内

1. 编著

白桃(戴伯韬)著:《教学做合一概论》,上海中华书局 1932 年版。

本书编写组编:《育彼英才——陶行知和育才学校在重庆》,重庆出版社 1984 年版。

丁丁等编著:《陶行知教育思想十二讲》,安徽教育出版社 1986 年 6 月版。

董宝良主编、周洪宇副主编:《陶行知教育学说》,湖北教育出版社 1993 年 10 月版。

方与严编:《人民教育家与大众诗人》,上海教育书店 1949 年版,1950 年修订再版。

方与严著:《创造风》,上海文建书店 1947 年版,1950 年修订再版,改名为《教育创造风》。

方与严著:《教学做合一概论》,上海中华书局 1932 年版。

方与严著:《生活教育简论》,生活教育社 1947 年版,1950 年修订再版。

郭笙著:《为中国教育寻觅曙光——陶行知教育思想研究》,辽宁教育出版社 1991 年 7 月版。

哈华著:《新安旅行团》,海燕书局 1950 年版。

何国华编著:《陶行知教育学》,广东高等教育出版社 1991 年 6 月版。

何荣汉著:《陶行知——一位基督徒教育家的再发现》,香港基督教文艺出版社 2004 年版。

胡国枢著:《生活教育理论——陶行知教育思想研究》,浙江教育出版社 1991 年 8 月版。

胡国枢著:《中华本土教育家陶行知》,杭州出版社 2009 年版。

胡同炳编著:《南京儿童自动学校 10 年努力记》,四川教育出版社 1990 年版。

胡晓风主编:《工学团史料》,四川教育出版社 1992 年 10 月版。

华东师范大学教育系中国教育史教研室编:《陶行知师德讲座》,华东师范大学出版社 1991 年 5 月版。

荆世华等编著:《陶行知教育思想与实践》,山西高校联合出版社 1991 年 6 月版。

金林祥主编:《20 世纪陶行知研究》,上海教育出版社 2005 年版。

金林祥、胡国枢、屠棠主编:《当代中国陶行知教育思想实验研究》,浙江工商大学出版社 2008 年版。

金林祥主编:《陶行知词典》,百家出版社 2009 年版。

孔棣华编著:《陶行知教育名著选讲》,广东高等教育出版社 1991 年 4 月版。

邝忠炽、徐仲林主编:《陶行知与育才学校》,西南师范大学出版社 2006 年版。

李楚才编:《陶行知和儿童文学》,少年儿童出版社 1986 年版。

李刚著:《历史与范型:陶行知研究的知识社会学考察》,东北师范大学出版社 2006 年版。

潘开沛著:《陶行知教育思想的批判》,大众书店 1952 年 3 月初版。

潘冷云等著:《现代生活与现代教育——陶行知生活教育理论与教育实践的启示》,复旦大学出版社 1991 年 9 月版。

孙铭勋著:《从行知诗歌看教育》,生活教育社 1950 年版。

孙铭勋著:《人民经与陶派诗》,生活教育社 1950 年版。

唐振宗著:《生活教育》,上海三联书店 1949 年 6 月版。

陶行知系列研究江苏课题组编:《论陶行知师范教育思想》,江苏教育出版社 1991 年版。

陶行知与中国现代化课题组著:《陶行知与中国现代化》,四川教育出版社 2008 年版。

王洞若编:《生活教育论集》,上海生活书店 1936 年版。

王世英主编:《陶行知创造教育思想》,安徽教育出版社 1991 年 11 月版。

萧陵主编:《陶行知与湖湘师范》,四川大学出版社 1992 年 5 月版。

辛元、谢放编:《陶行知与晓庄师范》,江苏教育出版社 1986 年 12 月版。

徐德春编:《做学教 ABC》,上海世界书局 1930 年版。

徐明聪著:《陶行知与现代名人》,合肥工业大学出版社 2006 年版。

叶上雄主编:《生活教育十讲》,四川教育出版社 1989 年版。

张劲夫著:《思陶集》,华夏出版社 1994 年 8 月版。

浙江陶行知研究会编:《陶行知教育思想讲话》,浙江教育出版社 1989 年版。

周洪宇编:《陶行知研究在海外》,人民教育出版社 1991 年 8 月版。

周洪宇著:《开拓与创建——陶行知与中国现代文化》,山东教育出版社 2010 年版。

周洪宇著:《陶行知生活教育学说》,湖北教育出版社 2011 年版。

周毅、金成林编著:《创造奇葩——陶行知的弟子们》,四川教育出版社 2000 年版。

朱子善、郑云树编著:《陶行知德育思想新编》,中国文联出版社 1999 年版。

2. 文集

安徽省陶行知纪念馆等编:《陶行知纪念馆五年》,安徽省陶行知纪念馆 1989 年印。

安徽省陶行知教育思想研究会编:《陶行知一生》,湖南教育出版社 1984 年 10 月版。

北京市陶行知研究会编:《生活教育理论体系笔谈文集》,北京市陶行知研究会 1991 年印。

北京市陶行知研究会编:《陶行知研究》,湖南教育出版社 1987 年 2 月版。

广东省陶行知教育思想研究会编:《学习陶行知,促进教育改革》,广东教育出版社 1985 年版。

广东省陶行知研究会编:《陶行知思想新探》,广东教育出版社 1989 年 4 月版。

合川县生活教育整体改革领导小组编:《陶行知教育思想与合川教育整体改革》,四川教育出版社 1991 年 8 月版。

胡晓风著:《创业教育——教育整体改革的新构想》,四川教育出版社 1989 年 8 月版。

胡晓风著:《教育研究文集》,四川教育出版社、西南财经大学出版社 1989 年 6 月版。

华中师范大学陶行知研究中心、科研处编:《陶行知研究论文汇编》(第 1 辑),华中师范大学 1989 年印。

华中师范学院高教会陶行知研究小组编:《陶行知先生诞辰 90 周年纪念专辑》,华中师范学院高教会 1981 年 10 月印。

江苏省陶行知教育思想研究会编:《纪念陶行知》,湖南教育出版社 1984 年 10 月版。

李定开主编:《为中国教育寻觅曙光》(上册),四川教育出版社 1989 年 12 月版。

李定开主编:《为中国教育寻觅曙光》(下册),四川教育出版社 1991 年 4 月版。

陆维特著:《陶行知研究论文集》,福建教育出版社 1991 年 3 月版。

山东省陶行知研究会编:《学习陶行知》,山东教育出版社 1988 年版。

生活教育社编:《陶行知先生四周年祭》,新北京出版社 1950 年版。

四川省纪念陶行知先生诞辰 90 周年大会筹备组编:《陶行知纪念文集》,四川人民出版社 1982 年 5 月版。

陶行知先生纪念委员会编:《陶行知先生纪念集》,1946 年编印。

吴奕宽、方善森主编:《陶行知研究集粹》,广西师范大学出版社 1994 年 2 月版。

徐志辉、卢爱萍主编:《吴树琴与陶行知》,江苏人民出版社 2006 年版。

中国革命博物馆编:《民族小号手——新安旅行团史料选》,春秋出版社 1989 年版。

中国陶行知研究会、基金会编:《为中国教育改革探路》,江苏教育出版社 1988 年 4 月版。

中国陶行知研究会编:《改革师范教育的新路》,安徽教育出版社 1990 年 3 月版。

中国陶行知研究会编:《农村教育的出路》,人民教育出版社 1991 年 9 月版。

中国陶行知研究会编:《陶行知诞辰 100 周年学术论文选》(1891—1991),四川教育出版社 1992 年 10 月版。

中国陶行知研究会编:《陶行知教育思想研究文集》,人民教育出版社 1985 年 12 月版。

中国陶行知研究会编:《伟大的人民教育家陶行知诞辰 100 周年纪念册》(1891—1991),四川教育出版社 1992 年 10 月版。

周洪宇、余子侠、熊贤君编:《陶行知与中外文化教育》,人民教育出版社 1999 年 9 月版。

3. 传记、年谱

安徽省陶行知教育思想研究会编:《人民教育家陶行知》(画册),上海教育出版社 1984 年 6 月版。

安徽省陶行知研究会编:《陶行知青少年时代的故事》,安徽少年儿童出版社 1989 年 5 月版。

白桃(戴伯韬)著:《陶行知的生平及其学说》,上海三联书店 1948 年初版,人民教育出版社 1982 年 11 月新版。

华中师范学院高教会陶行知研究小组编:《陶行知年谱》,华中师范学院高教会 1981 年 10 月印。

贾培基著:《陶行知》,重庆出版社 1991 年 8 月版。

麦青著:《陶行知》,上海三联书店 1949 年初版,香港新中国书局 1949 年版。

上海市陶行知研究会编:《陶行知故事集》,上海书店 1991 年 4 月版。

孙明经主编:《人民的教育家陶行知》,上海电化教育出版社 1950 年版。

汤翠英、吴梦进编著:《陶行知与当代中国名人》,南京大学出版社 1991 年 9 月版。

童富勇、胡国枢著:《陶行知传》,教育科学出版社 1991 年 5 月版。

徐大文、刘大康著:《陶行知》,江苏古籍出版社 1985 年版。

许宗元著:《陶行知》,人民出版社 1988 年 10 月版。

叶良骏著:《陶行知的故事》,人民教育出版社 1991 年 4 月版。

余子侠著:《山乡社会走出的人民教育家——陶行知》,湖北教育出版社 1999 年 8 月版。

袁振国、张癸编著:《伟大的人民教育家——陶行知》,江苏教育出版社 1991 年 7 月初版。

张癸著:《陶行知传》(《中国各民主党派史人物传》第 3 卷),华夏出版社 1991 年 7 月初版。

章开沅、唐文权著:《平凡的神圣——陶行知》,湖北教育出版社 1992 年 3 月版。

中央教科所本书编写组编:《陶行知年谱稿》,教育科学出版社 1982 年 9 月版。

周毅、向明著:《爱满天下——陶行知文学传记》,江苏教育出版社 1991 年 8 月版。

周毅著:《陶行知环行世界录》,江苏教育出版社 1988 年 7 月版。

周毅、向明著:《陶行知传》,四川教育出版社 2010 年版。

朱泽甫编著:《陶行知年谱》,安徽教育出版社 1985 年 2 月版。

(二)国外

[日]坂本清泉著:《生活教育运动论》,民众社 1984 年版。

[日]川合章著:《生活教育的理论》,民众社 1981 年版。

[日]户塚廉著:《小先生的发展》,粟田出版会 1973 年 3 月版。

[日]斋藤秋男著:《新中国教师之父——陶行知》,刀江书院 1951 年 10 月版。

[日]斋藤秋男编译:《民族解放的教育家——陶行知》,明治图书出版公司 1961 年 2 月初版,1983 年 12 月第 10 版。

[日]斋藤秋男著:《陶行知评传——政治抒情诗人的一生》,劲草书房 1968 年版;中文版,四川教育出版社 1987 年 6 月版。

[日]斋藤秋男著:《陶行知生活教育理论的形成》,明治图书出版公司 1983 年 4 月初版,1987 年 4 月第 2 版。

[日]中野光著:《生活教育的探究》,民众社 1984 年版。

[美]朱宕潜著:《新兴国家的教育型:陶行知在中国的工作(1917—1946)》,台湾台南高昌印刷公司 1966 年版。

Lin Yin Gao. Academic and Professional attainments of Native Chinese Students Graduating from Teachers College, Columbia University(1909—1950),哥伦比亚大学 1951 年博士学位论文,第 41 页。

三、论文

(一)国内

《从陶行知先生说起》,《新民晚报》1946 年 7 月 27 日。

《发展生活教育——敬悼陶行知氏》,上海《文汇报》1946 年 7 月 27 日。

《革命的教育家陶行知先生——纪念陶先生逝世四周年》,《人民教育》第 1 卷第 4 期,1950 年 7 月。

《共产党员应当参加关于〈武训传〉的批判》,《人民日报》1951 年 5 月 20 日。

《继承陶行知先生的精神》,重庆《新华日报》1946 年 7 月 27 日。

《全国陶行知生活教育理论与实践研讨会纪要》,《行知研究》1989 年第 1 期。

《生活教育社十五周年》,延安《解放日报》1942 年 3 月 15 日。

《陶行知教育思想的几个问题》,《文汇报》1957 年 2 月 7 日。

《陶行知先生评价问题(座谈会摘要)》,《安徽史学通讯》第 3 期,1958 年 5 月。

《我们对于陶行知先生颂扬武训的看法——晓庄学校讨论武训辑要》,《教学生活》(宁)第 1 卷第 3 期,1951 年 7 月。

《永远的哀思——悼陶行知同志之丧》,重庆《民主报》1946 年 7 月 27 日。

艾观贤:《要用陶行知精神搞陶研》,《行知研究》1989 年第 3 期。

艾芜:《陶行知先生印象记》,1946 年 8 月 16 日,陶行知先生纪念委员会编印:《陶行知先生纪念集》。

安秀玲:《陶行知的考试观及其现实意义浅探》,《河南教育学院学报》(哲学社会科学版)2001 年第 3 期。

敖洁:《论陶行知的〈实施民主教育的提纲〉》,《现代教育论丛》2002 年第 5 期。

敖洁:《试论陶行知教育民主思想的基本特征》,《贵州大学学报》(社会科学版)2003 年第 2 期。

白韬:《教学做合一的新发展》,《山东教育》第 3 号,1949 年 8 月。

包仁娟、王运来:《在金大和南高东大求学与执教的陶行知》,《南京大学学报》(高等教育版)1987 年第 2 期。

鲍小东:《陶行知故里的平民教育》,《中国农村教育》2007 年第 2 期。

鲍义来:《珍贵的友谊——记周恩来同志与陶行知先生》,《安徽日报》1981 年 10 月 1 日。

鲍兆宁:《陶行知的教育思想、理论和实践对我们的启示》,《山东师范大学学报》1987 年第 6 期。

暴侠:《论陶行知的生利主义职业教育》,《职业教育研究》2006 年第 8 期。

毕定一:《陶行知先生的乡村师范教育思想和实践》,《行知研究》1990 年第 3 期。

毕明生:《学习陶行知教育思想,让课堂成为创造的摇篮》,《生活教育》2006 年第 8 期。

毕明生:《论陶行知职业教育思想及其对当代职业教育的启示》,《生活教育》2007 年第 11 期。

毕明生:《陶行知生活教育理论的德育理论探析》,《思想政治教育研究》2010 年第 1 期。

毕汝钦:《陶行知与群众文化》,《行知研究》1988 年第 1 期。

边守正:《论陶行知的人口教育思想》,《邢台师范高等专科学校学报》1996 年第 2 期。

卞放:《陶行知的职业教育思想》,《教育与职业》1996 年第 8 期。

卞桂兰:《陶行知道德思想探微》,《佳木斯师范专科学院学报》1992 年第 1 期。

卞国华:《学习陶行知教学思想,探讨课堂教学美感效应》,《小学语文教学》2000 年第 1 期。

蔡建清:《陶行知“教学做合一”对实施素质教育的启示》,《苏州教育学院学报》2000 年第 3 期。

蔡建永:《陶行知德育观管窥》,《江苏教育研究》1991 年第 4 期。

蔡棋瑞:《陶行知职工教育理论初探》,《行知研究》1991 年第 3 期。

蔡勇强:《陶行知普及教育思想初探》,《漳州师范学院学报》(哲学社会科学版)1998 年第 2 期。

操晓林:《记先父操震球追随陶行知的一生》,《江淮文史》1998 年第 3 期。

操震球、朱泽甫:《陶行知年表》,《行知研究》总第 7 期,1983 年 1 月。

操震球:《高山仰止悼陶师》,1946 年 9 月 10 日,陶行知先生纪念委员会编印:《陶行知先生纪念集》。

操震球:《学习陶行知先生的献身精神,为促进高度的社会主义精神文明而努力》,《行知研究》总第 4 期,1981 年 12 月。

操震球:《一个平凡伟大的人——陶行知》,《行知研究》1986 年第 3 期。

曹春霞:《谈陶行知与近代山西的义务教育》,《吕梁教育学院学报》2005 年第 3 期。

曹恩迪:《陶行知教育思想的发展及其生活教育理论述评》,《辽宁教育学院学报》1987 年第 1 期。

曹孚:《中国教育的生命线》,《浙江教育》第 2 卷第 2 期,1937 年 2 月。

曹富饶:《陶行知教育思想在高中数学教学中的应用》,《生活教育》2009 年第 8 期。

曹聚仁:《忆陶行知》,《生活教育》2010 年第 12 期。

曹建培:《我所仰慕的陶先生》,《解放日报》1946 年 8 月 1 日。

曹景滇:《陶行知〈卖艺〉、〈实艺第一夜〉两诗探源》,《行知研究》总第 9 期,1983 年 10 月。

曹淑芳:《对陶行知的教师职业观的认识》,《廊坊师范学院学报》1995 年第 2 期。

曹子超:《从杜威的“教育即生活”到陶行知的“生活即教育”》,《江苏高教》1996 年第 4 期。

查有梁:《科学方法与教育理论》,《中国社会科学》1990 年第 1 期。

柴耀祖:《陶行知重视校风建设》,《行知研究》1989 年第 3 期。

常国良:《陶行知乡村教育思想的当代启示》,《生活教育》2009 年第 4 期。

陈爱民:《论陶行知的书法教育思想》,《南京晓庄学院学报》2001 年第 1 期

陈爱民:《陶行知的书法教学做》,《生活教育》2010 年第 3 期。

陈安生:《陶行知的乡村教育试验》,《教育艺术》2007 年第 1 期。

陈蓓:《论陶行知普及教育思想的形成和发展》,《咸阳师范专科学校学报》2000 年第 4 期。

陈本铭:《关于陶行知的教育思想和活动的评价》,《福建师范大学学报》1982 年第 1 期。

陈波:《金海观与陶行知》,《丽水师范专科学校学报》1996 年第 3 期。

陈波:《生活教育的逻辑起点、范畴系统和理论结构》,北京市陶行知研究会编印:《生活教育理论体系笔谈文集》,1991 年 4 月。

陈波:《陶行知的大教育思想》,《行知研究》1989 年第 1 期。

陈波:《陶行知的教育社会学思想》,《高教研究》1990 年第 2 期。

陈波:《陶行知论创造性教育的基本途径与方法》,《师范教育》1986 年第 4 期。

陈伯安:《陶行知的读书观》,《语文教学与研究》2002 年第 4 期。

陈采柏:《试论陶行知的教师观》,《陶研通讯》(闽)1985 年第 2 期。

陈采柏:《试论陶行知的教育经济观》,《陶研通讯》(闽)1990 年第 1、2 期。

陈昌铎:《陶行知的"六大解放"教育主张的现实意义》,《河南教育》2005 年第 7 期。

陈大文、周泰桂:《陶行知 1936 年广西之行》,《行知研究》1987 年第 1 期。

陈殿伟:《试论陶行知先生的生活教育及现实意义》,《大学物理实验》2002 年第 4 期。

陈鼎中:《捧着一颗心来,不带半根草去——〈人民教育家陶行知教育

文选〉评介》,《中学历史教学参考》2001 年第 10 期。

陈芳:《陶行知创造教育理论对我国基础教育课程改革的若干启示》,《福建陶研》2006 年第 1 期。

陈菜德:《他促成了白求恩来华——杰出的民间外交家陶行知》,《贵阳文史》2003 年第 2 期。

陈敦继:《千教万教教人求真,千学万学学做真人——浅淡陶行知教育理论与高中新课程实践的融合》,《生活教育》2008 年第 3 期。

陈徐东:《用陶行知教育思想为大学生配"人格营养餐"》,《生活教育》2008 年第 4 期。

陈福翔:《从陶行知的考试观看他的素质教育思想》,《天津教育》1999 年第 1 期。

陈福翔:《陶行知创造教育思想给我们的启示》,《山西教育》2002 年第 21 期。

陈福翔:《陶行知美育思想初探》,《教书育人》2005 年第 3 期。

陈更生:《陶行知写通俗诗》,《阅读与写作》2000 年第 6 期。

陈桂生:《徐特立对陶行知及其教育思想的评价》,《教育评论》1990 年第 5 期。

陈汉才:《教育改革家的风范,革新鼎故的楷模》,中国陶行知研究会编:《改革师范教育的新路》,安徽教育出版社 1990 年版。

陈汉才:《借鉴陶行知平民教育理论和实践,贯彻落实温总理的平民教育主张》,《生活教育》2006 年第 7 期。

陈汉才:《借鉴陶行知平民教育理论实践,更好地贯彻落实温总理的平民教育主张》,《爱满天下》2006 年第 3 期。

陈汉才:《略析陶行知先生的教育诗》,《学习陶行知,促进教育改革》,广东教育出版社 1985 年 4 月版。

陈汉才:《试论陶行知的师范教育改革观》,《华南师范大学学报》1988 年第 2 期。

陈汉才:《试论陶行知的中西文化教育观》,《华南师范大学学报》(社会科学版)1997 年第 6 期。

陈汉才:《试论陶行知教育思强的哲学基础》,《华南师范大学学报》1992 年第 2 期。

陈汉才:《陶行知师范教育思想与实践》,《光明日报》1984 年 10 月 12 日。

陈鹤琴:《介绍〈古庙敲钟录〉(陶行知先生的一部教育名著)》,《活教育》第 6 卷第 2 期,1950 年 2 月。

陈鹤琴:《近百年来的大教育家》,《生活教育》第 4 卷第 7、8 期,1947 年 9 月。

陈鹤琴:《陶行知先生的精神鼓舞我前进》,《光明日报》1981 年 10 月 18 日。

陈鹤琴:《回忆陶行知》,《生活教育》2010 年第 10 期。

陈宏韬:《忆晓庄、念陶师——为纪念陶行知 90 诞辰而作》,《行知研究》总第 5 期,1982 年 10 月。

陈宏毅:《实用主义教育与"生活教育"——杜威与陶行知教育理论之比较》,《求索》2003 年第 4 期。

陈会忠:《陶行知创造教育思想与师范教育建设——中国陶行知研究会师范教育专业委员会首届三次学术研讨会综述》,《南京晓庄学院学报》2001 年第 1 期。

陈会忠:《陶行知师德思想的生成与构成》,《南京晓庄学院学报》2007 年第 2 期。

陈会忠:《陶行知乡村教育思想简论》,《南京晓庄学院学报》2001 年第 1 期。

陈会忠、梅潇:《借鉴陶行知教育理论,推动教育改革——与顾泠沅教授一席谈》,《生活教育》2010 年第 11 期。

陈佳清:《陶行知的生存教育思想探析》,《连云港职业技术学院学报》2002 年第 3 期。

陈家康:《陶行知的思想路线》,1946 年,陶行知先生纪念委员会编印:《陶行知先生纪念集》。

陈家生、邵良祺:《学习陶行知师范教育思想的一点体会》,《陶研通讯》(闽)1989 年第 3、4 期。

陈家生:《试论陶行知进步的荣辱观》,《福建陶研》2006 年第 1 期。

陈家生:《试论陶行知进步的荣辱观》,《生活教育》2007 年第 3 期。

陈家生:《陶行知创新教育思想简评》,《生活教育》2006 年第 4 期。

陈家生:《“无一非为学生也”——论陶行知以学生为主体的教育思想》,《生活教育》2007年第10期。

陈晋燕:《陶行知生活教育理论的核心是素质教育》,《山西财经大学学报》2001年第1期。

陈竞蓉:《孟禄与陶行知》,《文教资料》2005年第17期。

陈丽:《论陶行知的德育思想》,《临沂师范学院学报》2001年第5期。

陈隆高:《关于评价陶行知教育思想的几个问题》,《杭州师范学院学报》1982年第1期。

陈梦雄:《从陶行知倡导“乡村教育”到当前“关注农村教育”的思考》,《福建陶研》2007年第2期。

陈敏:《陶行知——把人写上现代化的旗帜》,《中国改革》2002年第5期。

陈飘:《陶行知生活教育学说是中国现代教育的基石》,《行知研究》1991年第2期。

陈飘:《学习陶行知,培养创造型人才》,《教育研究》1984年第12期。

陈屏:《光辉的榜样,学习的楷模》,《山西省陶行知研究会首届二次学术年会论文选集》,1989年6月。

陈全新:《教育的行动、思想和创造——陶行知教育思想与新课程改革》,《生活教育》2007年第1期。

陈仁发:《陶行知在香港》,《达县师范高等专科学校学报》1997年第4期。

陈仁发:《忆陶行知在香港创办的“中华业余学校”》,《西南师范大学学报》(哲学社会科学版)1995年第3期。

陈善卿:《陶行知提倡“学生自治”的当代价值》,《南京晓庄学院学报》2003年第1期。

陈韶峰:《陶行知治校实践中的民主与法治思想论略》,《南京师范大学学报》(社会科学版)2006年第3期。

陈士奇:《从陶行知办学路线获取教益》,《行知研究》1989年第4期。

陈松信:《生活教育不容忽视》,《生活教育》2008年第4期。

陈水利:《陶行知德育思想的现代价值》,《生活教育》2007年第3期。

陈滔娜:《试论陶行知的普及教育思想与实践》,《湛江师范学院学报》

1999 年第 3 期。

陈卫东:《在生活中培养儿童的良好习惯——陶行知论习惯》,《少年儿童研究》2002 年第 3 期。

陈文斌:《以陶行知教育思想引领学校发展》,《生活教育》2006 年第 10 期。

陈文达:《陶行知与武训精神》,《行知研究》1986 年第 1 期。

陈文东:《陶行知的幼儿科学教育思想及其对幼儿科学教育的启示》,《四川教育学院学报》2004 年第 8 期。

陈文东:《陶行知科学教育思想探新》,《生活教育》2006 年第 9 期。

陈侠:《略谈陶行知先生对我国教育理论的重大贡献》,《课程·教材·教法》1986 年第 7 期。

陈侠:《学习、宣传、实践——纪念陶行知先生诞辰 100 周年》,《课程·教材·教法》1991 年第 10 期。

陈秀玲:《实践陶行知教育思想,培养中学生体育骨干》,《体育学刊》2000 年第 5 期。

陈璇:《简论陶行知的教育思想非杜威教育思想的翻版》,《西北师范学院学报》1983 年第 1 期。

陈学军:《论陶行知生活化民主教育管理思想》,《南京师范大学学报》(社会科学版)2006 年第 3 期。

陈洵:《论陶行知的师德观及其对现代教师的启示》,《河南师范大学学报》(哲学社会科学版)2000 年第 4 期。

陈训慈:《陶行知早期在高教的实践和贡献》,《行知研究》1987 年第 4 期。

陈烟桥:《陶行知先生及育才学校》,1946 年 8 月 1 日,陶行知先生纪念委员会编印:《陶行知先生纪念集》。

陈燕红:《试析陶行知的〈乡村小学比赛表〉》,《生活教育》2007 年第 11 期。

陈一鸣:《陈鹤琴与陶行知》,《教育研究》1992 年第 3 期。

陈一铮:《论陶行知的师德及其现实意义》,《行知研究》1991 年第 3 期。

陈贻鑫、吕长春等:《育才学校师生谈〈武训传〉》,《大众电影》第 14 期,

1951年1月1日。

陈贻鑫:《陶行知先生对我的教诲》,《生活教育》2007年第2期。

陈倚石:《在陶行知教育思想哺育下——兼忆陶行知教育思想在缅甸华侨中的传播》,《陶研通讯》(闽)1985年第2期。

陈永标、何国华:《试论陶行知的教育美学思想》,《教育论丛》1986年第3期。

陈勇军:《陶行知社会教育思想初探》,《吉林广播电视大学学报》2006年第1期。

陈友松:《陶行知先生的教育遗产是新中国教育学的源泉之一》,《文汇报》1956年10月16日。

陈育辛:《陶行知的教育思想与中国社会主义教育学》,《上海师范大学学报》1986年第3期。

陈允豪:《通俗、明朗、赤诚——〈行知诗歌集〉读后》,《人民日报》1981年10月30日。

陈运富:《陶行知感召白求恩》,《党史文汇》1995年第9期。

陈泽民:《浅论陶行知的教师素质观》,《华中师范大学学报》专刊,1991年12月。

陈之平:《对陶行知先生教育思想的检讨》,《人民教育》1953年8月号。

陈志科:《我国创造教育的首倡者并非陶行知》,《上海教育科研》2005年第3期。

陈仲豪:《陶行知治学纲要——读〈我之学校观〉笔记》,《高教研究》1990年第2期。

陈珠琳:《我对教学做合一的认识》,《行知研究》1989年第1期。

谌安荣:《陶行知"教学做合一"的理论内涵及教学论意义》,《云梦学刊》2004年第6期。

谌安荣:《陶行知生活教育理论的内涵及其意义》,《广西社会科学》2004年第9期。

谌安荣:《陶行知生活教育理论探源》,《云梦学刊》2006年第4期。

成尚荣:《陶行知课程思想与基础教育课程改革》,《课程·教材·教法》2005年第5期。

成云雷:《论陶行知教育观念的现代性》,《河南师范大学学报》(哲学社会科学版)2000 年第 4 期。

程本海:《发扬晓庄精神以纪念老夫子》,1946 年 7 月 27 日,陶行知先生纪念委员会编印:《陶行知先生纪念集》。

程彩金:《一切乡村建设必须为农民谋福利——论陶行知“三农”思想及其现实意义》,《生活教育》2008 年第 10 期。

程家福:《借鉴陶行知平民教育理论,指导新时期平民教育工作》,《生活教育》2007 年第 1 期。

程今吾:《坚持抗日民主教育的旗帜——纪念陶行知逝世三周年》,《中国青年》第 12 期,1949 年 7 月。

程今吾:《教育的本质》,《新教育体系》,重庆时代印刷出版社 1944 年版。

程平:《学习陶行知职业教育思想,推动职业教育的改革与发展》,《生活教育》2009 年第 9 期。

程若礼:《运用陶行知思想指导教学实践——读〈爱满天下——陶行知名言警语〉的体会》,《山东教育》2000 年第 6 期。

程小江:《中国教育的远航——浅谈陶行知教育思想在现行教育实践中的应用》,《生活教育》2009 年第 9 期。

程小江:《中国困顿的教育,呼唤陶行知》,《生活教育》2009 年第 2 期。

程雪清:《陶行知乡村教育思想对当代农村教育改革的启示》,《池州师范专科学校学报》2004 年第 1 期。

程英豪:《也说陶行知的考试观》,《作文成功之路》2004 年第 4 期。

程志宏:《对陶行知教育思想的评价》,《安徽史学通讯》第 6 期,1958 年 11 月。

程志宏:《陶行知与杜威教育思想辨析》,《安徽教育学院学报》1988 年第 3 期。

程志宏等:《陶行知创造教育思想的特色》,《安徽教育学院学报》1990 年第 4 期。

持大:《陶行知与中国新教育》,1932 年 8 月 30 日,孙铭勋、戴自俺编:《晓庄批判》,上海儿童书局 1933 年版。

仇乃桐:《方与严对陶行知生活教育理论的重大贡献》,《黄山学院学报》2000 年第 4 期。

储朝晖、储淡如:《平民教育与皖西农民运动的兴起》,《教育史研究》

1990 年第 3 期。

储朝晖:《论陶行知教师培养目标的逻辑系统》,《高等师范教育研究》2003 年第 1 期。

储朝晖:《论陶行知人口科学思想》,《南京人口管理干部学院学报》1999 年第 3 期。

储朝晖:《生活教育境况是 60 年中国教育发展的晴雨表》,《生活教育》2009 年第 9 期。

储朝晖:《生活教育的当代发展》,《生活教育》2006 年第 4 期。

储朝晖:《陶行知教育思想与 90 年代中国教育》,《教育史研究》1993 年第 4 期。

储朝晖:《陶行知文章学思想刍议》,《教育时报》(郑州)1991 年 11 月 6 日。

储朝晖:《陶行知与抗日战争》,《抗日战争研究》2005 年第 1 期。

储朝晖:《陶行知与内蒙古教育》,《教育史研究》1992 年第 2 期。

丛小泉:《陶行知创造教育思想的现代价值及启示》,《山西教育》2000 年第 23 期。

崔同寅:《陶行知的"学生自治"观点的继承与发展》,《行知研究》1988 年第 2 期。

崔英杰:《对陶行知创造教育思想的认识和思考》,《赤峰学院学报》2004 年第 6 期。

崔玉婷:《胡适、陶行知接受杜威实用主义教育思想的方法论比较》,《宁波大学学报》(教育科学版)2005 年第 6 期。

崔玉婷:《异源同流,和而不同——梁漱溟、陶行知乡村教育思想比较研究》,《河北师范大学学报》(教育科学版)2006 年第 1 期。

崔玉婷:《生活教育理论对梁漱溟之邹平乡村教育的影响》,《生活教育》2008 年第 10 期。

崔玉婷:《生活教育理论在陕甘宁边区》,《生活教育》2009 年第 9 期。

大朋:《发扬新安旅行团的好传统好作风——回忆新安旅行团成立 50 周年》,《人民日报》1985 年 6 月 9 日。

戴伯韬:《对陶行知教育思想认识的初步检讨》,《人民教育》第 3 卷第 6 期,1951 年 10 月。

戴伯韬:《歌颂武训是原则性的错误》,《光明日报》1951年6月1日。

戴伯韬:《看了〈武训传〉之后的意见》,《新闻日报》1951年1月1日,《大众电影》第14期,1951年1月1日。

戴伯韬:《论陶行知的教育思想》,《学术月刊》第1期,1958年1月。

戴伯韬:《论陶行知先生的生活教育》,《安徽史学通讯》第6期,1958年11月。

戴伯韬:《生活教育发展史纲——为纪念生活教育运动十三周年而作》,《战时教育》第5卷第10期,1940年3月。

戴伯韬:《陶行知先生的教育思想》,《解放日报》1950年7月20日。

戴伯韬:《学习陶行知先生》,1948年7月,《纪念陶行知》。

戴建平:《素质教育与陶行知创造教育思想》,《平原大学学报》1999年第4期。

戴建新:《贵在求真,贵做真人——谈陶行知先生德育观》,《河南大学学报》1992年第2期。

戴佩涼:《试论陶行知生活教育理论的形成》,《苏州大学学报》1988年第2期。

戴申生:《陶行知与中国民主同盟》,中国陶行知研究会、基金会编:《为中国教育改革探路》,江苏教育出版社1988年版。

戴世俊:《论陶行知生活教育理论及其现实意义》,《西南民族学院学报》1992年第4期。

戴爱莲:《陶行知博士》,1946年,陶行知先生纪念委员会编印:《陶行知先生纪念集》。

戴续威:《陶行知生活教育的新说》,《行知研究》1987年第4期。

戴哲人:《学习陶行知先生革命的创造精神》,《行知研究》总第11期,1984年5月。

戴自俺、方与严:《生活教育的中心是什么》,《生活教育》第1卷第13期,1934年8月16日。

戴自俺、吴锦璋:《传统教育和生活教育有什么区别》,《生活教育》第1卷第20期,1934年11月1日。

戴自俺:《从南京晓庄试验乡村师范学校到晓庄学校》,《行知研究》1991年第3期。

戴自俺:《人民教育家陶行知》,《群言》1986年第9期。

戴自俺:《陶行知的乡村幼儿教育思想》,《幼教通讯》1983年第10期。

戴自俺:《陶行知的幼儿教育理论及其实践》,《教育研究与实验》1984年第1期。

戴自俺:《陶行知的幼儿教育遗产》,《幼儿教育》1982年第7期。

戴自俺:《陶行知与黄齐生的深厚友谊》,《行知研究》1993年第2期。

戴自俺:《讨论生活教育之彻底的实现》,《生活教育》第1卷第7期,1934年5月16日。

戴自俺:《中国现代教育史上的一座宝库》,《行知研究》总第11期,1984年5月。

戴自俺:《回忆陶行知先生二三事》,《行知研究》总第5期,1982年10月。

邓初民:《略论陶行知主义》,1946年9月18日,陶行知先生纪念委员会编印:《陶行知先生纪念集》。

邓初民:《陶行知先生在中国教育史上的地位和作用》,《安徽史学通讯》第2期,1958年3月。

邓恩远:《顾公德讲私德,建筑人格长城——陶行知德育思想再探》,《思想教育研究》2004年第12期。

邓恩远:《求真知,说真话,做真人——陶行知德育思想初探》,《思想教育研究》2002年第7期。

邓俊俊:《陶行知的德育观与当代德育》,《洛阳师范学院学报》2001年第4期。

邓颖超:《纪念陶行知先生90诞辰大会开幕词》,《光明日报》1981年10月19日。

邓颖超:《纪念伟大的人民教育家陶行知先生》,《生活教育》2006年第10期。

邓宗琦、熊贤军:《陶行知的教育试验思想与实践给我们的启示》,《行知研究》1987年第2期。

邓宗琦、熊贤军:《陶行知关于师范院校的附校是"教育学的实验室"思想探微》,《华中师范大学学报》1989年第3期。

邓宗琦、熊贤军:《为了提高国民素质——陶行知的教育理论与实践述评》,《湖北大学学报》1990 年第 6 期。

邓宗琦、熊贤军:《为中国教育寻觅曙光——陶行知在晓庄的生活教育实验》,《教育研究与实验》1989 年第 1 期。

邓宗琦、周洪宇:《陶行知——人民教育的伟大先驱》,《高等师范教育研究》1993 年第 3 期。

邓宗琦:《陶行知——伟大的人民教育家》,《华中师范大学学报》专刊,1991 年 12 月。

丁柏生:《陶行知与农民教育》,《行知研究》总第 8 期,1983 年 5 月。

丁丁:《从党的总任务看陶行知的教育思想》,《行知研究》总第 12 期,1984 年 8 月。

丁丁:《大众教育问题研究》,《行知研究》1986 年第 2 期。

丁丁:《生活教育浅识》,《行知研究》1990 年第 4 期。

丁丁:《什么是生活教育》,《行知研究》1986 年第 4 期。

丁丁:《陶行知的教育思想和实践》,《人民教育》1991 年第 9 期。

丁冠英:《研究生活教育理论,促进当前教育改革》,《行知研究》1985 年第 2 期。

丁浩川:《纪念人民教育家陶行知先生》,《北方文化》1946 年 8 月。

丁明宽:《陶行知的教学论思想及其现实意义》,《南京师范大学学报》1986 年第 1 期。

丁明宽:《陶行知师范教育思想和实践》,《南京师范大学学报》1992 年第 2 期。

丁十:《在止于人民之幸福》,1946 年作,《陶行知先生纪念集》。

丁水娟、陈泉森:《教学做合一,情智思谐成——试论陶行知"生活教育理论"体现的和谐教育思想》,《生活教育》2007 年第 11 期。

丁右涵:《试论生活教育产生的时代背景及其不断发展丰富的过程》,《行知研究》1985 年第 2 期。

丁右涵:《学习陶行知先生的彻底革命精神——忆育才学校皖南事变后的一段生活》,《行知研究》总第 4 期,1981 年 12 月。

东草、傅江:《陶行知教育思想中的"真人观"》,《南京大学学报》(高等教育版)1991 年第 2 期。

冬景:《陶行知在哥伦比亚大学师范学院》,《教育史研究》1990 年第

3 期。

董宝良、喻本伐、周洪宇:《陶行知生平求是》,《广东教育学会通讯》1985 年第 8 期。

董宝良、周洪宇、喻本伐:《陶行知家世考略》,《教育研究与实验》1983 年第 1 期。

董宝良:《“捧着一颗心来,不带半根草去”——陶行知师德观新论》,《华中师范大学学报》专刊,1991 年 12 月。

董宝良:《简析陶行知认识论的发展阶段》,《华中师范大学学报》1989 年第 2 期。

董宝良:《论陶行知的中西教育观》,《教育研究》1997 年第 1 期。

董宝良:《试论陶行知“教学做合一”同杜威“从做中学”的本质区别》,《教育研究与实验》1984 年第 1 期。

董宝良:《陶行知和杜威在教育思想上的联系和区别》,《华中师范学院学报》1982 年第 6 期。

董宝良:《陶行知生活教育的中国特色》,《华东师范大学学报》(教育科学版)1987 年第 2 期。

董宝良:《陶行知生活教育学说探源》,《江汉大学学报》增刊,1991 年 8 月。

董宝良:《学习借鉴陶行知教育思想,全面推进素质教育》,《理论月刊》2000 年第 1 期。

董纯才:《我对陶行知先生及生活教育的认识》,《人民教育》第 3 卷第 6 期,1951 年 10 月。

董纯才:《一个人民教育家所走的路》,《东北教育》第 1 卷第 4 期,1949 年。

董群:《陶行知健身思想探析》,《体育与科学》2006 年第 3 期。

董渭川:《武训问题给我的教训》,《光明日报》1951 年 7 月 12 日。

董玉梅:《陶行知与汉口三小的“小先生”活动》,《武汉文史资料》1996 年第 3 期。

杜贵:《陶行知论培养自学能力与创造能力》,《普教研究》1987 年第 6 期。

杜宏记:《陶行知成人教育思想探析》,《河南师范大学学报》(哲学社会科学版)2006 年第 3 期。

杜学元:《浅谈陶行知的普及教育思想》,《四川师范学院学报》1991 年第 6 期。

端木蕻良:《追悼陶行知先生》,1946 年,陶行知先生纪念委员会编印:《陶行知先生纪念集》。

段芬果:《陶行知邀请白求恩到中国》,《党史博采》2000 年第 8 期。

段力佩:《纪念陶行知先生》,《文汇报》1981 年 10 月 18 日。

段力佩:《学习人民教育家陶行知先生》,《上海教育》1979 年第 8 期。

范吉明:《用陶行知教育思想点击作文教学的"三度空间"》,《福建陶研》2007 年第 2 期。

范金豹:《让陶行知先生走进中小学课本》,《教育文汇》2005 年第 10 期。

范金党、胡天非:《学习陶行知的献身精神》,《阜阳师范学院学报》1991 年第 3 期。

范文澜:《武训是个什么人? 为什么有人要歌颂他?》,《人民日报》1951 年 7 月 6 日。

范晓晖:《陶行知与南京安徽公学》,《南京晓庄学院学报》2006 年第 2 期。

梵洲:《陶行知艺术教育观与实践》,《美术教育》1986 年第 6 期。

方宏:《陶行知求"真"的故事》,《贵州教育》2000 年第 9 期。

方健华:《陶行知的校长观浅议》,《江苏教育学院学报》2002 年第 3 期。

方健华:《做整个的校长——浅议陶行知先生的校长观》,《教学与管理》2002 年第 13 期。

方静:《陶行知女性教育观考论》,《南京晓庄学院学报》2007 年第 2 期。

方利山:《陶行知生活教育与东原思想》,《黄山学院学报》1996 年第 3 期。

方明、张健:《继承和发扬人民教育事业的光荣传统——纪念晓庄学校建校和生活教育运动 60 周年》,《教工》1987 年第 5 期。

方明:《努力实现陶行知的创造愿望》,《中国农村教育》2006 年第

1期。

方明:《填补了陶行知研究史的空白——推荐一本好书》,《生活教育》2006年第3期。

方明:《以陶行知教育思想改革师范教育》,中国陶行知研究会编:《改革师范教育的新路》,安徽教育出版社1990年版。

方庆和:《试论陶行知的师德观》,《行知研究》1990年第4期。

方善森:《试论陶行知的教师观——纪念陶行知先生诞辰100周年》,《浙江师范大学学报》1991年第3期。

方善森:《陶行知"每天四问"的学生主体思想》,《行知研究》1994年第3期。

方善森:《陶行知"在劳力上劳心"教育理论的现实意义》,《浙江师范大学学报》1992年第4期。

方寿彭:《浅谈陶行知的人才教育思想》,中国陶行知研究会、基金会编:《为中国教育改革探路》,江苏教育出版社1988年版。

方相成:《论陶行知的知识观》,《理论界》2005年第3期。

方与严:《教人民起来做主人》,1946年,陶行知先生纪念委员会编印:《陶行知先生纪念集》。

方与严:《生活教育产生的时代背景》,《生活教育简论》,上海教育书店1950年版。

方与严:《生活进程》,《生活教育》第1卷第14期,1934年9月1日。

方与严:《陶行知先生的教育学说及其诗歌》,《天津教育》(沪)第1卷第4、5期,1950年。

方与严:《陶行知的教育事业与教育思想》,《安徽史学通讯》第3期,1958午5月。

方展画:《陶行知的创造教育理论及其实践》,《上海教育》1985年第3期。

费玉林:《以陶行知教育思想滋养素质教育》,《人民教育》2005年第23期。

费晓蕾:《给孩子一片属于自己的音乐天地——浅谈陶行知儿童观对小学音乐课堂教学的启示》,《生活教育》2008年第10期。

冯国晨:《浅谈陶行知教育思想与武训精神——再评〈武训传〉》,《克山师范专科学校学报》1987 年第 1 期。

冯锦英:《陶行知的职业教育思想探析》,《福建陶研》2006 年第 1 期。

冯克义:《陶行知教育思想研究——与社会主义教育思想相通的基本要素问题》,《金陵陶研》1994 年第 3 期。

冯敏:《试析陶行知平民教育思想及其现实意义》,《民国档案》1994 年第 2 期。

冯乃超:《大公无私的人——陶先生的一个特点》,《读书与出版》1946 年 8 月 15 日。

冯世泽:《陶行知富有创造精神的教育实践》,《山西教育学院学报》2000 年第 3 期。

冯世泽:《陶行知师范教育思想刍议》,《继续教育研究》2002 年第 3 期。

冯淑瑞:《陶行知教育思想及对师范教育的意义》,《太原城市职业技术学院学报》2004 年第 3 期。

冯素陶:《伟大的人民教育家陶行知》,《行知研究》总第 5 期,1982 年 10 月。

冯雪红:《陶行知教育思想的主体性解读》,《西北第二民族学院学报》2002 年第 1 期。

冯雪红:《陶行知女子教育思想刍议》,《西北第二民族学院学报》(哲学社会科学版)1998 年第 2 期。

冯雪红:《陶行知三次出国的不同背景及收获》,《西北第二民族学院学报》1999 年第 3 期。

冯雪红:《陶行知乡村教育思想的当代启示》,《西北民族大学学报》(哲学社会科学版)2005 年第 5 期。

冯雪红:《中国落后的教育现状与陶行知教育思想的形成》,《西北第二民族学院学报》(哲学社会科学版)1997 年第 3 期。

冯雪红:《最近 10 年来陶行知热点问题研究概观》,《中南民族大学学报》(人文社会科学版)2003 年第 6 期。

冯毅:《借鉴陶行知教育思想,发扬老解放区教育革命传统,把教育改革引向深入》,《行知研究》1990 年第 1 期。

冯毅:《借鉴陶行知教育思想,进一步深化教育改革》,《教育理论与实践》1990 年第 2 期。

冯元场:《陶行知的政治教育思想初探》,《行知研究》1991 年第 3 期。

符国云:《试论陶行知的德育思想》,《廊坊师范学院学报》1996 年第 1 期。

傅彬然:《陶行知先生论读书》,《读书与出版》1946 年 8 月 15 日。

傅荣:《陶行知的手脑并用论及其现代科学依据》,《行知研究》1989 年第 3 期。

高德群:《让作文向生活延伸——谈陶行知生活教育学说与作文教学改革》,《无锡教育学院学报》2004 年第 3 期。

高海燕:《陶行知文艺美学思想研究》,《南京晓庄学院学报》2003 年第 3 期。

高焕祥:《陶行知思想的当代人文精神价值》,《南京晓庄学院学报》2005 年第 1 期。

高嘉:《诗人陶行知》,1946 年,陶行知先生纪念委员会编印:《陶行知先生纪念集》。

高嘉:《学习陶行知教育思想的现实意义》,《行知研究》总第 12 期,1984 年 8 月。

高启沃:《陶行知教育思想的初步探讨》,《安徽史学通讯》第 3 期,1958 年 5 月。

高谦民:《陶行知的儿童教育观》,《南京师范大学学报》1991 年第 4 期。

高谦民:《陶行知乡村教育思想管窥》,《中国农业教育》2002 年第 3 期。

高谦民:《陶行知与晓庄师范学校》,《江苏教育》2000 年第 6 期。

高时良:《论陶行知》,《福建师范大学学报》1986 年第 1 期。

高士其:《陶行知先生对我的鼓舞和帮助》,《人民日报》1981 年 10 月 18 日。

高维真:《陶行知的生活教育理论与农村教育改革》,《高教研究》1990 年第 2 期。

高维真:《学习陶行知的生活教育学说,加快教育发展与改革》,《山东教育科研》1991 年第 4 期。

高喜、高越:《在暴风雨中诞生成长的育才学校》,《行知研究》1989 年第 2 期。

高艳平:《音乐教学要教会学生“做”与“学”——学习陶行知教育思想的实践》,《吕梁教育学院学报》2004 年第 4 期。

高缨:《伟大人格的诗化》,《四川陶行知研究会生活教育理论讨论会会志》,1987 年 9 月。

高越:《陶行知和育才学校》,《教学研究》1981 年第 7 期。

葛天民:《武训精神与陶行知先生》,《新教育》(沪)第 13 卷第 5 期,1951 年 7 月。

葛伟星、张宝生:《陶行知教育思想及其现实意义》,《辽宁教育学院学报》1991 年第 4 期。

葛永娟:《生活·教育·发展·树人——陶行知生活教育理论的实践与探索》,《教育科研论坛》2003 年第 2 期。

葛艳艳:《脚踏实地,爱满天下——读〈陶行知教育名篇〉有感》,《生活教育》2010 年第 11 期。

龚财枝:《黄炎培、陶行知农村教育思想比较研究》,《福建陶研》2007 年第 2 期。

龚大明:《抗战时期的陶行知》,《贵州师范大学学报》(社会科学版)1999 年第 3 期。

龚放:《南高师的暑期学校》,《南京大学学报》(高等教育版)1987 年第 2 期。

龚瑾:《陶行知“生活教育理论”与公民教育课程实施策略》,《常州师范专科学校学报》2003 年第 4 期。

龚思雪:《浅谈生活教育及其现实意义》,《行知研究》1986 年第 4 期。

龚思雪:《陶行知对中国现代教育的卓越贡献》,《教育科学论坛》(成都)1988 年第 3 期。

龚思雪:《伟大的人民诗人陶行知》,《四川教育学院学报》增刊,1986 年第 1 期。

龚思雪:《一个无保留追随党的党外布尔什维克——陶行知》,《重庆师范学院学报》1983 年第 3 期。

龚思雪:《正确评价陶行知的教育思想》,《西南师范学院学报》1985 年第1期。

龚思雪:《周恩来与陶行知》,《党史博采》1997年第4期。

古人伏:《全面发展,德为根本——陶行知的素质教育观》,《生活教育》2007年第8期。

古人伏:《谈陶行知对师范生品格的培养》,《辽宁师范大学学报》1988年第4期。

古人伏:《陶行知的德育思想与实践》,《教育科学》(大连)1989年第2期。

谷国华:《论陶行知道路》,《阜阳师范学院学报》1991年第3期。

顾久:《探寻梁漱溟和陶行知的内心世界》,《生活教育》2010年第3期。

顾书龙:《论陶行知"教学做合一"的教学模式》,《巢湖学院学报》2002年第2期。

顾伟:《陶行知乡村师范教育思想影响下的乡村师范的历史嬗变》,《生活教育》2007年第3期。

甘颖轩:《陶行知在"南高"和"东大"时期的教育理念》,《生活教育》2010年第9期。

关道明:《纪念伟大的人民教育家》,《广东教育与文化》(沪)第1卷第3期,1950年。

郭椿炎:《学习行知精神,发扬行知精神》,《龙岩师范专科学校学报》1991年第2期。

郭道成:《没有创造的教育是病态教育——读陶行知的〈创造宣言〉》,《行知研究》1990年第3期。

郭道成:《陶行知与创造教育》,《行知研究》1989年第4期。

郭洪亮:《陶行知教育思想对师范教育改革的启示》,《保定师范专科学校学报》2001年第1期。

郭杰:《生活与教育——再解陶行知的生活教育学说》,《生活教育》2006年第9期。

郭沫若:《读陶先生的最后一封信》,1946年7月30日,《文汇报》1946年8月2日。

郭沫若:《陶行知先生最值得学习的地方》,1946年7月30日,《读书与出版》1946 年 8 月 15 日。

郭沫若:《痛失人师》,1946 年 4 月 26 日,陶行知先生纪念委员会编印:《陶行知先生纪念集》。

郭少榕:《陶行知女子教育理论对我们的启示》,《爱满天下》2006 年第 2 期。

郭笙、刘硕:《陶行知对半殖民地半封建社会的旧教育的批判》,《行知研究》总第 8 期,1983 年 5 月。

郭笙:《简论陶行知师范教育思想及现实意义》,《中国教育学刊》1988 年第 4 期。

郭笙:《试论陶行知对传统教育的批判及其生活教育观》,《华东师范大学学报》(教育科学版)1986 年第 3 期。

郭维廉:《教师的楷模——陶行知的十大精神》,《锦州师范学院学报》(哲学社会科学版)1995 年第 4 期。

郭维廉:《陶行知的崇高师德观及其伟大实践》,《普教研究》1995 年第 4 期。

郭文超:《陶行知的职业教育思想及其对我国农村职业教育的启示》,《河北农业大学学报》(农林教育版)2004 年第 2 期。

郭星波:《提倡“做中学”、反对“坐中学”——陶行知教育思想在“勾股定理”教学中的启示》,《数学教学通讯》2000 年第 3 期。

郭阳:《陶行知与图书馆的不解之缘》,《生活教育》2010 年第 5 期。

郭以实:《“科学下嫁”——陶行知关于科学普及的实践》,《行知研究》总第 8 期,1983 年 5 月。

郭以实:《陶行知怎样进行智力开发》,《学术研究》1985 年第 3 期。

郭志明:《聆听陶行知的足音前行》,《生活教育》2006 年第 6 期。

国现华:《借鉴陶行知教育思想,推进我校教育改革》,《邢台师范高等专科学校学报》2000 年第 1 期。

哈尔宜:《毕竟兴邦先教化,犹记锄头革命歌——陶行知先生纪念馆抒笔》,《党史纵览》2003 年第 6 期。

海巴根:《陶行知创造教育思想的现实意义》,《内蒙古师范大学学报》(教育科学版)2002 年第 1 期。

韩冰清:《论“六大解放”及其实施——陶行知的“六大解放”思想对培

养学生创新素质的启示》,《黄冈师范学院学报》2002 年第 2 期。

韩富叶:《陶行知诗歌得失谈》,《现代语文》(理论研究版)2004 年第 6 期。

韩剑平:《陶行知特色之我见》,《江南论坛》2004 年第 8 期。

韩克柱:《陶行知师德实践理论评析》,《连云港师范高等专科学校学报》2002 年第 3 期。

韩西芹:《"捧着一颗心来,不带半根草去"——忆人民教育家陶行知与他的育才学校》,《今日重庆》2007 年第 7 期。

韩延明:《陶行知的乡村教育思想及其现实意义》,《行知研究》总第 12 期,1984 年 8 月。

杭苇:《纪念人民教育家陶行知先生》,《行知研究》总第 5 期,1982 年 10 月。

杭苇:《全面认识陶行知》,中国陶行知研究会、基金会编:《为中国教育改革探路》,江苏教育出版社 1988 年版。

郝秋爱:《学习陶行知教育思想,全面提高学生素质》,《晋中师范高等专科学校学报》2001 年第 3 期。

郝士英:《悼陶行知先生》,1946 年 7 月 26 日,陶行知先生纪念委员会编印:《陶行知先生纪念集》。

郝喜明:《学习陶行知先生的三种精神》,《教育理论与实践》1997 年第 2 期。

何炳章:《论陶行知的"教育癔"》,《合肥学院学报》2001 年第 1 期。

何炳章:《远东一种伟大之现象——晓庄精神和它的锻造者陶行知先生》,《学术界》2002 年第 6 期。

何长辉:《论陶行知教育思想的创新观》,《学术论坛》2002 年第 2 期。

何长辉:《陶行知教育革新观探析》,《安徽史学》2001 年第 4 期。

何国华:《生活教育在粤东》,《行知研究》1985 年第 2 期。

何国华:《试论陶行知在育才学校的教育思想和实践》,《行知研究》总第 10 期,1984 年 3 月。

何国华:《陶行知的"生活教育"理论及其现实意义》,《教育评论》1987 年第 3 期。

何国华:《陶行知的德育原则和方法》,《教育论丛》(广州)1991 年第

5 期。

何国华:《陶行知的学校管理思想初探》,《教育创新》(广州)1991 年第 4 期。

何国华:《陶行知高等教育思想和实践》,《华南师范大学学报》1991 年第 4 期。

何国华:《文化巨子南征的第一人——陶行知在粤、港的教育活动》,《华南师范大学学报》1986 年第 2 期。

何国华:《新发现的陶行知关于广东教育问题的通信和演讲词》,《广州教育》1986 年第 5 期。

何美玲:《学习陶行知教育思想,深入改革幼儿教育》,《学前教育研究》1992 年第 1 期。

何其芳:《驳对于武训和〈武训传〉的种种歌颂》,《学习》第 4 卷第 5 期,1951 年 6 月 16 日。

何其芳:《陶行知先生的教育学说》,重庆《新华日报》1946 年 9 月 18 日。

何瑞芝:《论陶行知崇高的精神风范对师德建设的价值》,《生活教育》2007 年第 11 期。

何尚武、闫德明、郭文招:《精心耕耘"生活教育"试验田——访陶行知生活教育基地广东大埔百侯中学》,《生活教育》2008 年第 3 期。

何晓夏:《陶行知生活教育论浅说》,北京市陶行知研究会编印:《生活教育理论体系笔谈文集》,1991 年 4 月。

何晓夏:《陶行知师范教育思想浅说》,《行知研究》1987 年第 4 期。

何永峰:《陶行知教育思想研究》,《党史文苑》2004 年第 8 期。

何兆华:《论陶行知的生活教育评估学说》,《教育理论与实践》1991 年第 2 期。

何忠:《忆晓庄——纪念陶行知先生》,《广东教育与文化》(沪)第 1 卷第 3 期,1950 年。

何柞:《认真研究与借鉴陶行知教育思想,建立具有中国特色的社会主义教育科学体系》,《行知研究》总第 11 期,1984 年 5 月。

贺武华:《陶行知与保罗·弗莱雷教育思想的共性比较》,《江西教育科研》2006 年第 6 期洪成文:《陶行知思维艺术谈》,《高等师范教育研究》1995年第4期。

洪桥:《纪念陶行知先生》,《人民日报》(海外版)1991年10月24日。

洪桥:《陶行知生活教育的理论和实践》,《师范教育》1986年第9期。

洪世恩:《陶行知教育思想的哲学基础》,《徽州师范专科学校学报》1991年第2期。

洪祥生、吴一德:《陶行知论创造性教师和校长的素质》,《安徽教育学院学报》1991年第3期。

洪祥生:《把中华民族造就为一个科学的民族——析陶行知的"科学下嫁"》,《安徽教育学院学报》1988年第1期。

洪祥生:《试论陶行知教育思想的中国特色》,《安徽教育学院学报》2003年第4期。

洪祥生:《陶行知的终生教育思想》,《安徽教育学院学报》2001年第5期。

洪晓航:《师德的典范——陶行知》,《安徽教育学院学报》1991年第2期。

洪晓菁:《陶行知教育思想的现代性和中国性》,《安徽教育学院学报》1989年第4期。

洪晓青:《国难时期的陶行知》,《江淮文史》1996年第2期。

洪志强:《热爱学生——陶行知的德育原则》,《教书育人》2003年第22期。

侯德础:《陶行知先生与武训精神》,《文史杂志》1994年第5期。

侯怀银:《论陶行知"教学做合一"理论的特点——兼论"教学做合一"与杜威"从做中学"的联系与区别》,中国陶行知研究会、基金会编:《为中国教育改革探路》,江苏教育出版社1988年版。

侯怀银:《论陶行知关于教育民主化理论与实践》,《山西省陶行知研究会首届二次学术年会论文选集》,1989年6月。

侯怀银:《试析生活教育理论的功能》,《行知研究》1993年第2期。

侯怀银:《陶行知的全面教育观探微》,《太原师范学院学报》(社会科学版)1996年第2期。

呼明虎:《陶行知论青年道德修养》,《南京师范大学学报》1991年第4期。

胡风:《对陶行知二三理解》,1946 年 7 月 27 日,陶行知先生纪念委员会编印:《陶行知先生纪念集》。

胡福星:《借鉴陶行知思想,改革高师教育》,《行知研究》1988 年第 1 期。

胡国枢:《生活教育理论的当代价值与世界意义——兼论陶行知生活教育理论的“三全”功能》,《教育研究》1997 年第 10 期。

胡国枢:《生活教育理论的真正春天》,《行知研究》1987 年第 2 期。

胡国枢:《生活教育理论面临两大挑战》,《生活教育》2010 年第 2 期。

胡国枢:《陶行知对人民教育的三大不朽贡献》,《四川陶行知研究会生活教育理论讨论会会志》,1987 年 9 月。

胡国枢:《陶行知搞生活教育为什么把张謇当做第一个先生》,《行知研究》1990 年第 4 期。

胡国枢:《陶行知教育思想的精华及其历史意义》,《行知研究》总第 12 期,1984 年 8 月。

胡国枢:《陶行知教育思想——时代的先导,改革的启示》,《人民日报》1989 年 4 月 7 日。

胡国枢:《陶行知——杰出的中华本土教育家(上)》,《生活教育》2006 年第 3 期。

胡国枢:《陶行知——杰出的中华本土教育家(中)》,《生活教育》2006 年第 4 期。

胡国枢:《陶行知——杰出的中华本土教育家(下)》,《生活教育》2006 年第 5 期。

胡国枢:《陶行知——校长的典范、卓越的实干教育家》,《生活教育》2006 年第 6 期。

胡国枢:《中国近代两次扫除文盲的启示——迎接国际扫除文盲年兼论陶行知的办学精神》,《人民日报》1990 年 4 月 6 日。

胡汉民:《解散晓庄师范学校的原因和经过》,1930 年 4 月 14 日,孙铭勋、戴自俺编:《晓庄批判》,上海儿童书局 1933 年版。

胡继渊:《杜威和陶行知行动研究思想及实践的浅析》,《外国中小学教育》2004 年第 1 期。

胡继渊:《杜威与陶行知教育思想的比较研究》,《外国中小学教育》

2003 年第 5 期。

胡继渊:《略论杜威和陶行知的知识观》,《外国中小学教育》2004 年第 11 期。

胡继渊:《陶行知有效教学思想的浅析》,《爱满天下》2006 年第 2 期。

胡金平:《民间意义的发现与教师角色的转换——陶行知教师知识人角色理论的分析》,《南京师范大学学报》(社会科学版)2005 年第 1 期。

胡金平:《陶行知的生活教育理论》,《师范教育》1990 年第 7 期。

胡金平:《知识人与政治人——陶行知教师角色理论的分析》,《华东师范大学学报》(教育科学版)2004 年第 2 期。

胡乔木:《在中国陶行知研究会上的讲话》,《行知研究》1985 年第 4 期。

胡尚志:《怎样认识晓庄》,1929 年 11 月 30 日,孙铭勋、戴自俺编:《晓庄批判》,上海儿童书局 1933 年版。

胡少兆:《简论"生活教育"的哲学基础》,《安徽教育学院学报》1991 年第 1 期。

胡绳:《为什么歌颂武训是资产阶级反动思想的表现》,《学习》第 4 卷第 4 期,1951 年 6 月 1 日。

胡同炳:《怀念陶行知先生在晓庄》,《江苏教育》1979 年第 5 期。

胡同炳:《陶行知与儿童自动学校》,《行知研究》总第 4 期,1981 年 12 月。

胡纬华:《试论陶行知教育思想对当前职业技术教育的借鉴意义》,《上海商业职业技术学院学报》2001 年第 2 期。

胡无非:《陶行知德育思想初探》,《行知研究》1988 年第 4 期。

胡小明:《要重视陶行知教育思想的研究》,《教育研究》1980 年第 2 期。

胡晓风、姚文忠、金成林:《创业教育简论》,《四川师范大学学报》1989 年第 1 期。

胡晓风、叶上雄:《生活教育的理论体系》,北京市陶行知研究会编印:《生活教育理论体系笔谈文集》,1991 年 4 月。

胡晓风:《关于更新教育思想进行创造教育的探讨》,《人民日报》1989 年 1 月 16 日。

胡晓风:《关于教育思想与教育改革》,《人才与现代化》1989 年第 1 期。

胡晓风:《两位献身平民教育的先驱——纪念晏阳初、陶行知诞辰 100 周年》,《教育史研究》1990 年第 3 期。

胡晓风:《论陶行知思想转变的三个阶段》,《行知研究》1987 年第 2 期。

胡晓风:《论陶行知以新教育推进中国现代化的思想》,《社会科学研究》2003 年第 2 期。

胡晓风:《生活教育的理论体系》,叶上雄主编:《生活教育十讲》,四川教育出版社 1989 年版。

胡晓风:《生活教育是中国革命和建设需要的教育学说》,《行知研究》1986 年第 4 期。

胡晓风:《陶行知创造教育的理论和方法》,《教育科学研究》1994 年第 6 期。

胡晓风:《陶行知创造教育及其现代价值》,《教育科学论坛》2000 年第 4 期。

胡晓风:《陶行知诞辰考》,《教育研究》1996 年第 11 期。

胡晓风:《陶行知与现代教育》,《西南教育论丛》(创刊号)1985 年。

胡晓风:《陶行知与现代性》,《南京晓庄学院学报》2007 年第 1 期。

胡晓风:《为陶行知创造教育答客问》,《丽水师范专科学校学报》2000 年第 4 期。

胡晓风:《为中国教育觅曙光》,《四川教育学院学报》增刊,1986 年第 1 期。

胡晓风:《关于陶行知影视专题片的通信》,《生活教育》2010 年第 1 期。

胡晓风:《我所认识的陶行知》,《生活教育》2006 年第 2 期。

胡晓风:《行以求知知更行——〈陶行知全集〉第 11 卷(补遗 1 卷)介绍》,《丽水师范专科学校学报》1999 年第 3 期。

胡晓风:《生活教育引论》,《四川教育学院学报》1988 年第 1 期。

胡晓风、金成林:《陶行知研究反思札记之一》,《生活教育》2008 年第 12 期。

胡晓风、金成林:《陶行知研究反思札记之二》,《生活教育》2009 年第 1 期。

胡晓风、金成林:《陶行知研究反思札记之三》,《生活教育》2009 年第 5 期。

胡晓风、金成林:《陶行知研究反思札记之四》,《生活教育》2009 年第 6 期。

胡晓风、金成林:《陶行知研究反思札记之五》,《生活教育》2009 年第 8 期。

胡晓风、金成林:《陶行知研究反思札记之六》,《生活教育》2009 年第 10 期。

胡晓风:《蔡元培、黄炎培最早引进“生活教育”论》,《生活教育》2010 年第 10 期。

胡愈之:《关于教育问题的一封信》,《行知研究》1985 年第 2 期。

胡愈之:《纪念陶行知同志,大力普及人民教育》,《光明日报》1981 年 10 月 19 日。

胡愈之:《陶行知活在马来西亚》,1946 年 7 月 29 日,江苏陶行知研究会编:《纪念陶行知》,湖南教育出版社 1984 年 10 月版。

胡振铎:《生活教育与终身体育——学习陶行知教育思想的感悟》,《体育函授通讯》2002 年第 2 期。

华中师范学院高教会陶行知研究小组:《陶行知教育思想管窥》,华中师范学院高教会编:《陶行知先生诞辰 90 周年纪念专辑》,1981 年 10 月。

黄从浒:《情谊与合作的一面伟大旗帜》,《行知研究》1990 年第 4 期。

黄风漳:《学习陶行知献身教育事业的精神》,《广州教育》1986 年第 5 期。

黄贵祥:《学习“手脑并用”思想,提高师范教育质量》,《行知研究》总第 7 期,1983 年 1 月。

黄锦群:《论陶行知教育思想对语文研究性学习选题的指导意义》,《福建陶研》2007 年第 2 期。

黄景钧:《伟大的教育家,慈爱的父亲——陶行知先生家庭教育纪实》,《父母必读》1983 年第 10 期。

黄瓅:《陶行知“小先生制”的成人教育学启示》,《陕西师范大学继续教育学报》2007 年第 1 期。

黄岭峻:《中国近代知识分子与实用主义中国化——以张东荪、胡适、陶行知为例》,《安徽史学》1997 年第 2 期。

黄明:《陶行知教育思想对我们的启示》,《陶行知纪念文集》,四川人民出版社 1982 年 5 月版。

黄明:《学习陶行知先生的教育革命思想,贯彻党的社会主义教育方针》,《四川日报》1981 年 10 月 19 日。

黄乃一:《回忆陶行知二三事》,《行知研究》总第 11 期,1984 年 5 月。

黄宁:《从陶行知先生教育观浅析学生创新能力的培养》,《芜湖职业技术学院学报》2004 年第 1 期。

黄齐生:《社会大学的我见》,《社会大学》,北门出版社 1946 年版。

黄瑞彩:《论陶行知儿童创造教育思想》,《华中师范大学学报》专刊,1991 年 12 月。

黄瑞彩:《陶行知的终生教育思想论析》,《江汉大学学报》增刊,1991 年 8 月。

黄瑞彩:《陶行知高等教育思想简论》,《华中师范大学学报》1991 年第 6 期。

黄书光:《简析陶行知的教育目的观》,《上海教育学院学报》1991 年第 3 期。

黄书光:《陶行知——杜威教育理论的改造与超越》,《科学课》2003 年第 2 期。

黄书光:《陶行知"生活教育"理论在上海的传播与发展》,《南京晓庄学院学报》2005 年第 6 期。

黄伟:《陶行知德育思想探微》,《教育研究》1996 年第 11 期。

黄夏梅:《重温陶行知,走进新课程》,《宁波大学学报》(教育科学版)2004 年第 2 期。

黄晓光:《陶行知生活创造教育思想及其启示》,《南京晓庄学院学报》2003 年第 3 期。

黄晓玲:《试论陶行知的教材思想及现实启示》,《中国教育学刊》2005 年第 5 期。

黄新宪:《陶行知的女子教育观探微》,《教育理论与实践》1990 年第

6 期。

黄雪霞:《陶行知全面教育思想新探讨》,《生活教育》2006 年第 6 期。

黄炎培:《陶行知不死(之三)》,《生活教育》2010 年第 7 期。

黄友珍:《论陶行知的乡村教育思想及现实意义》,《教师教育研究》2006 年第 4 期。

黄云龙:《陶行知生活教育理论与社区教育》,《国家教育行政学院学报》2007 年第 2 期。

黄云龙:《陶行知——校长的楷模》,《师范教育》1985 年第 4 期。

黄云龙:《陶行知学校管理思想探议》,《上海师范大学学报》1991 年第 3 期。

黄哲文:《陶行知科学教育思想与实践的评价》,《福建陶研》2006 年第 1 期。

黄祖界:《以陶行知生活教育理论为指导,促进学科教学与综合实践活动的整合》,《生活教育》2007 年第 12 期。

徽州师范学校:《试验陶行知教育理论,改革师范教育》,中国陶行知研究会、基金会编:《为中国教育改革探路》,江苏教育出版社 1988 年版。

霍玉敏:《论陶行知乡村教育思想》,《理论导刊》2005 年第 10 期。

吉三:《陶行知和爱国主义教育》,《行知行》1994 年 6 月 25 日。

季新如、黄伟:《浅谈陶行知的师德教育》,《行知研究》1991 年第 3 期。

季新如:《学习陶行知教育思想,落实义务教育法》,《行知研究》1986 年第 2 期。

蓟阳侠:《陶行知民族教育思想浅析》,《江汉大学学报》增刊,1991 年 8 月。

贾慧:《解读陶行知"学生自治"思想》,《南京晓庄学院学报》2002 年第 2 期。

贾霁:《不足为训的武训》,《文艺报》第 4 卷第 1 期,1951 年 4 月 25 日。

贾培基:《教育家求援——陶行知先生未发表的三封信》,《红岩春秋》1996 年第 2 期。

贾培基:《陶行知创办的晓庄试验乡村师范学校》,《重庆师范学院学报》1991 年第 3 期。

贾培基:《陶行知生活教育理论的形成和特点》,《重庆社会科学》1988 年第1期。

贾培基:《陶行知是党的战友》,《重庆日报》1981年10月16日。

贾香花:《陶行知的“生活教育”思想及现实意义》,《周口师范学院学报》1995年第3期。

贾玉金、吴洪波:《对陶行知师德学说的思考》,《蒲裕学刊》(哈尔滨)1989年第1期。

翦伯赞:《记古圣寺》,《生活教育》丛刊第1辑,1948年3月15日。

翦伯赞:《纪念陶先生,学习陶先生》,《读书与出版》1946年8月15日。

翦伯赞:《我和行知先生》,1946年9月18日,陶行知先生纪念委员会编印:《陶行知先生纪念集》。

吉同权:《陶行知的教师观对乡村教师专业化的启示》,《生活教育》2007年第9期。

江晨:《从陶行知在安徽的教育实践看他的教育思想》,《教学研究》1981年第7期。

江荻:《回忆育才学校》,《教育研究》1981年第11期。

江荻:《生活教育有没有现实意义》,《教育科学研究》(湖北大学)1989年第1期。

江荻:《陶行知不是武训——兼及电影〈武训传〉拍摄点滴》,《陶研通讯》(闽)1985年第2期。

江林:《〈武训传〉丑化了劳动人民》,《新民报》1950年3月31日。

江露:《陶行知创造教育思想的时代魅力》,《黔西南民族师范专科学校学报》2000年第4期。

江巧珍:《陶行知与施剑翘》,《江淮文史》1998年第3期。

江问渔:《我对于行知先生逝世后的感言》,1946年,陶行知先生纪念委员会编印:《陶行知先生纪念集》。

江问渔:《乡村教育——晓庄的根本理论与现有事业》,《中华教育界》第18卷第4期,1929年。

江泽民:《中国进步知识分子的典型——在陶行知纪念会上的讲话》,《教工》1987年第1期。

姜乐仁:《评“小先生制”》,《人民教育》第3卷第5期,1951年8月。

姜霞:《陶行知儿童“六大解放”理论的再认识》,《理论观察》2003 年第 5 期。

姜新:《陶行知“四块糖”的批评艺术》,《班主任》2002 年第 3 期。

蒋纯焦:《密切农村教育与农村社会的关系——试析陶行知乡村教育思想的现代价值》,《河北师范大学学报》(教育科学版)2003 年第 4 期。

蒋纯焦:《试析陶行知乡村教育思想对新农村建设的启示》,《教育发展研究》2006 年第 10 期。

蒋廷玉:《从陶行知的教育思想看中学政治课的个性化教学》,《广西教育》2004 年第 5 期。

蒋威宜:《陶行知生活教育理论与高校德育》,《生活教育》2007 年第 8 期。

蒋维贤:《行知路——陶行知生平及其教育思想》,《合肥教育学院学报》1984 年第 1 期。

蒋友棠:《陶行知“生活教育”的理论和实践及其现实意义》,《乐山师范专科学校学报》1991 年第 4 期。

金海观:《论吾国的乡村师范》,1932 年 6 月 25 日,《湘湖生活》第 2 卷第 1 期。

金辉:《陶行知的教育观与素质教育》,《丹东师范专科学校学报》2001 年第 2 期。

金建:《一面闪亮的镜子——陶行知人格论》,《南京大学学报》(高等教育版)1991 年第 2 期。

金建楷:《陶行知与“诗教”》,《宁波教育学院学报》2000 年第 1 期。

金立人:《陶行知与工人教育》,《行知研究》总第 5 期,1982 年 10 月。

金林祥:《20 世纪 90 年代陶行知教育思想研究综述》,《教育研究》2001 年第 6 期。

金林祥:《论陶行知的创造教育思想及其现实意义》,《华东师范大学学报》(教育科学版)2000 年第 1 期。

金林祥:《论陶行知对武训精神的倡扬》,《教育学报》2007 年第 3 期。

金林祥:《论斋藤秋男对陶行知研究的贡献》,《华东师范大学学报》(教育科学版)2001 年第 3 期。

金林祥:《日本陶行知研究的两位先驱》,《教育评论》2001 年第 5 期。

金林祥:《深入开展陶行知乡村教育思想研究》,《南京晓庄学院学报》2005 年第 1 期。

金林祥:《一本在革命根据地出版的陶行知著作》,《生活教育》2007 年第 7 期。

金林祥:《加强“陶行知教育思想实验学校”建设》,《生活教育》2010 年第 3 期。

金林祥:《陶行知是历史的,也是现实的——以教育实验为视角》,《生活教育》2009 年第 5 期。

金培雄:《陶行知校本研究思想对新课改的启示》,《教育科研论坛》2004 年第 5 期。

金萍:《有感于陶行知先生的创造教育》,《小学语文教学》2004 年第 10 期。

金铁宽:《一切从我国国情出发——陶行知普及义务教育思想学习笔记》,《行知研究》1986 年第 4 期。

晋启生、仲兰村:《陶行知与南京安徽公学》,《教学研究》1981 年第 7 期。

晋启生:《论陶行知的教育管理思想》,《安徽师范大学学报》1991 年第 4 期。

晋启生:《评近现代中国教育史教材中对陶行知的曲解》,《行知研究》1986 年第 3 期。

晋启生:《陶行知论学制改革》,《行知研究》总第 12 期,1984 年 8 月。

荆世华:《陶行知的人才观》,《教育理论与实践》1992 年第 1 期。

荆世华:《陶行知的社会大学教育思想》,《教育理论与实践》1993 年第 6 期。

荆世华:《陶行知新论》,《学术论丛》1992 年第 1 期。

荆世华:《陶行知职业教育思想的探索与思考(上)》,《生活教育》2006 年第 7 期。

荆世华:《陶行知职业教育思想的探索与思考(下)》,《生活教育》2006 年第 8 期。

荆世华:《陶行知职业教育思想的探索与思考》,《爱满天下》2006 年第 2 期。

景宋(许广平):《痛悼陶先生》,1946年,陶行知先生纪念委员会编印:《陶行知先生纪念集》。

景耀勤、董辛元:《陶行知是一位杰出的爱国者》,《中国陶行知研究会会讯》1994年12月。

凯旆:《“教学做合一”的批判》,《人民教育》1952年1月号。

康德:《培养开发中华民族的创造力——评〈陶行知创造教育思想〉》《安徽师范大学学报》1992年第4期。

康建琴:《陶行知的师范教育思想及其启示》,《生活教育》2007年第7期。

康庄、宁冰:《最伟大的人民教育家陶行知》,《教学研究》1981年第7期。

康庄:《“教学做合一”的精神实质》,《行知研究》总第11期,1984年5月。

康庄:《“教学做合一”意义探究》,《安徽教育学院学报》1991年第3期。

柯小卫:《捧出一片赤诚,关心西部教育——陶行知教育思想与西部农村教育发展论坛举行》,《生活教育》2009年第10期。

孔棣华:《创造性地教,创造性地学——继承和发扬陶行知创造教育的思想》,《课程·教材·教法》1987年第1期。

孔棣华:《论陶行知的科教兴国思想》,《广州日报》1991年11月8日。

邝忠龄:《学习陶行知生活教育理论,使儿童得到全面充分的发展》,《行知研究》1985年第4期。

赖丹:《陶行知生活即教育的光辉思想和哲学观》,《龙岩师范专科学校学报》1991年第2期。

赖德一:《陶行知“教学做合一”教学法初探——兼谈查有良的〈大教育论〉》,《达县师范高等专科学校学报》1997年第4期。

赖少其:《新旅与时代同进》,《行知研究》1985年第3期。

兰军:《使中国教育走向世界的尝试——陶行知与国际教育会议》,《安徽史学》2006年第5期。

兰石财:《陶行知的教材思想及其现实意义》,《福建陶研》2007年第1期。

蓝敏:《刍议陶行知德育思想》,《福建陶研》2006 年第 1 期。

劳山人:《论陶行知的幼儿教育遗产》,《教学研究》1981 年第 7 期。

乐嘉:《试谈陶行知先生的评价问题》,《安徽史学通讯》第 2 期,1958 年 3 月。

雷军平:《西部大开发与陶行知农村教育思想初探》,《科学·经济·社会》2001 年第 4 期。

雷专平:《陶行知师范教育思想探微》,《教育史研究》1994 年第 4 期。

黎克明:《学习陶行知教育思想,推动高师改革》,《行知研究》1988 年第 1 期。

李兵:《陶行知普及教育思想及其启示》,《南京晓庄学院学报》2004 年第 2 期。

李炳均:《论陶行知提倡"新武训精神"的积极意义》,《行知研究》1986 年第 1 期。

李炳坤:《陶行知的宗教观》,《生活教育》2010 年第 10 期。

李长秀:《怎样评价陶行知的教学思想》,《行知研究》总第 7 期,1983 年 1 月。

李承勋:《在世界各地宣传中国抗日的陶行知》,《文史精华》1995 年第 9 期。

李楚材:《人民教育家陶行知先生》,上海政协文史资料研究会编:《文史资料选辑》第 3 辑,1981 年 11 月。

李楚材:《他山之石——介绍〈陶行知研究在海外〉》,《中国陶行知研究会会讯》1993 年第 64 期。

李楚材:《陶行知青少年时期种种》,《行知研究》总第 9 期,1983 年 10 月。

李春芳:《还生活教育以本来面目》,《行知研究》1991 年第 3 期。

李春芳:《陶行知论自觉的集体教育》,《生活教育》2006 年第 12 期。

李春芳:《陶行知与苏霍姆林斯基教育思想比较》,《高教研究》1990 年第 2 期。

李春芳:《论陶行知的养成教育思想》,《生活教育》2007 年第 9 期。

李大章、侯怀银:《论陶行知教学做合一的教育观》,《教育理论与实践》1987 年第 1 期。

李大中:《创新教育与教育民主化——试论陶行知的创造教育与教育民主思想》,《自贡师范高等专科学校学报》2003 年第 2 期。

李代尚:《努力学习陶行知,全面推进素质教育》,《达县师范高等专科学校学报》2001 年第 3 期。

李德馨、轩辕轲:《关于陶行知民主教育的评价》,《教育研究》1982 年第 8 期。

李定开:《试析陶行知的生活教育理论》,《西南师范学院学报》1982 年第 2 期。

李定开:《陶行知的抗战教育理论及其实践》,《西南师范大学学报》1987 年第 1 期。

李定开:《再论陶行知的生活教育理论——兼及与杜威实用主义教育思想的联系与区别》,《四川陶行知研究会生活教育理论讨论会会志》,1987 年 9 月。

李凤元:《陶行知教育思想在当代教育改革中的意义》,育星教育网教师天地栏目,2005 年 12 月 27 日。

李刚:《从"人民教育家"到"教育万能论者"——评 20 世纪 50 年代对陶行知教育思想的再评价》,《南京晓庄学院学报》2005 年第 4 期。

李刚:《对陶行知三篇佚文的初步考证》,《南京晓庄学院学报》2007 年第 1 期。

李刚:《回到陶行知的历史世界》,《南京晓庄学院学报》2005 年第 1 期。

李刚:《史料学取向与宗教体验渗透的张力——评〈陶行知:一位基督徒教育家的再发现〉》,《南京晓庄学院学报》2006 年第 1 期。

李刚:《陶行知研究范型的嬗变(上)》,《南京晓庄学院学报》2007 年第 2 期。

李更生:《全体·基础·生活——新课程视野中孔子、陶行知教育理念之重拾》,《浙江教育学院学报》2004 年第 4 期。

李庚靖:《论陶行知德育思想的现代价值》,《思想·理论·教育》2002 年第 9 期。

李庚靖:《论陶行知的教育功能观》,《广西师范学院学报》(哲学社会科学版)1999 年第 2 期。

李庚靖:《试述陶行知生活教育理论产生的历史背景》,《广西师范大学学报》(哲学社会科学版)1999 年第 2 期。

李庚靖:《陶行知教育思想研究之现状》,《上海教育科研》2002 年第 4 期。

李庚靖:《中国陶行知研究 80 年概述》,《广西师范学院学报》(哲学社会科学版)2002 年第 1 期。

李公朴:《怎样办社会大学》,1946 年 1 月 28 日,昆明社会大学编:《社会大学》,北门出版社 1945 年版。

李桂林、赵家骥:《试评陶行知的生活教育》,《吉林师范大学学报》1979 年第 4 期。

李国杰:《陶行知"生活教育理论"对当代教育的指导意义》,《邢台学院学报》2003 年第 4 期。

李鸿金:《重提陶行知的"六大解放"》,《江西教育》2000 年第 12 期。

李海云:《一部生活教育的创造史——重温陶行知先生的〈生活教育的创立与成长〉》,《生活教育》2006 年第 11 期。

李嘉曾:《国立东南大学时期的陶行知及其早期教育思想》,《中国大学教学》2002 年第 4 期。

李建求:《陶行知的幼儿教育思想评价》,《杭州大学学报》1988 年第 2 期。

李建文:《捧着一颗心来,不带半根草去——陶行知论教师》,《山东教育》2002 年第 8 期。

李箭:《生活教育与传统教育的区别》,《生活教育》2006 年第 6 期。

李箭:《陶行知乡村教育思想对新农村教育的启示》,《生活教育》2007 年第 4 期。

李解:《我和行知师》,1946 年 8 月 15 日,陶行知先生纪念委员会编印:《陶行知先生纪念集》。

李菁华:《浅谈陶行知的教学改革思想及其现实意义》,《教育探索》2001 年第 9 期。

李军靠:《陶行知"生活教育理论"中的主体教育思想及其启示》,《延安大学学报》(社会科学版)2002 年第 4 期。

李良玉:《陶行知研究的几个问题》,《南京晓庄学院学报》2007 年第

2 期。

李凌:《回忆人民教育家陶行知——从育才学校音乐组谈起》,《人民教育》1979 年第 9 期。

李明汉:《陶行知论创造型人才的培养》,《教育论丛》1987 年第 4 期。

李明月:《从实用主义教育到“生活教育”——杜威与陶行知教育理论之比较》,《福建论坛》(社会科学教育版)2007 年第 6 期。

李楠:《生活教育学说与新安旅行团的教育实践》,《行知研究》总第 8 期,1983 年 5 月。

李能寿:《从对教育本质问题的争鸣看陶行知的教育思想》,《育才》第 1 期,1981 年 10 月 17 日。

李能寿:《陶行知思想的来源和组成部分》,《四川陶行知研究会生活教育理论讨论会会志》,1987 年 9 月。

李鹏:《在中国陶行知研究会上的讲话》,《行知研究》1985 年第 4 期。

李清华:《陶行知“社会即学校”观的现实意义》,《教育评论》2007 年第 2 期。

李清华:《陶行知的人生价值观探析》,《福建教育学院学报》2005 年第 10 期。

李清华:《陶行知乡村教育思想的现实借鉴意义》,《福建陶研》2006 年第 1 期。

李球:《论素质教育与陶行知生活教育观》,《江西科技师范学院学报》1995 年第 1 期。

李榷:《徐特立与陶行知》,《行知研究》总第 11 期,1984 年 5 月。

李榷:《学习陶行知的教育评价学说,加强中小学教育的教育评价》,《行知研究》1986 年第 1 期。

李任:《陶行知教育思想与育才办学经验》,《重庆教育学院学报》2001 年第 1 期。

李日仙:《陶行知在育才学校的美育实践述评》,《太原师范学院学报》(社会科学版)1998 年第 4 期。

李荣盛:《陶行知乡村教育思想的时代魅力——兼论目前我国农村教育的改革方向》,《辽宁师范高等专科学校学报》2000 年第 1 期。

李尚群:《对科学世界的遗忘——陶行知生活教育学说的当代解读》,

《中国农业教育》2007 年第 2 期。

李绍彬:《陶行知教育思想浅论》,《教育研究》1986 年第 10 期。

李生兰:《学习陶行知,开创幼儿教育新局面》,《行知研究》总第 11 期,1984 年 5 月。

李士龙:《陶行知教育思想与高师教学法的改革》,《继续教育研究》1997 年第 1 期。

李士钊:《我初步认识了崇拜与宣传武训的错误》,《光明日报》1951 年 5 月 30 日。

李世峰:《陶行知人口论初探》,《人口与经济》1998 年第 6 期。

李世宏:《陶行知工学团教育思想初探》,《生活教育》2006 年第 11 期。

李树田:《从陶行知"社会即学校,生活即教育"思想所想到的》,《前沿》2005 年第 9 期。

李顺松:《实践陶行知人格教育理念,探索"引导学生自我建构健康人格"学校辅导模式》,《教育导刊》2003 年第 6 期。

李天星:《师德建设呼唤陶行知》,《爱满天下》2006 年第 2 期。

李天星:《我们心目中的陶行知》,《爱满天下》2006 年第 4 期。

李天星:《我对陶行知师德观的理解》,《生活教育》2010 年第 2 期。

李维汉:《对人民忘了自己》,1946 年 7 月 29 日,江苏陶行知研究会编:《纪念陶行知》,湖南教育出版社 1984 年 10 月版。

李文奎:《"教学做合一"并非"从做中学"的变种》,《陶行知纪念文集》,四川人民出版社 1982 年 5 月版。

李先明:《我为什么崇拜陶行知先生》,《经济前沿》2004 年第 11 期。

李晓宏:《陶行知现代教育思想探微》,《晋东南师范专科学校学报》2004 年第 1 期。

李晓星:《陶行知师德教育理论与现代师德建设》,《教书育人》2001 年第 4 期。

李信慧:《陶行知崇拜马克思》,《新闻报》1949 年 7 月 25 日。

李兴德:《陶行知的电化教育思想解读》,《电化教育研究》2006 年第 12 期。

李雄杰:《浅论陶行知的教育观》,《浙江工商职业技术学院学报》2002 年第 3 期。

李秀:《陶行知生活教育理论对适应性功能教育的启示》,《安康师范专科学校学报》2004 年第 3 期。

李迅:《陶行知先生与绘画》,《黑龙江教育学院学报》2001 年第 2 期。

李亚英:《试论陶行知的"教学做合一"教学观》,《江西教育科研》1995 年第 5 期。

李亚英:《陶行知论教师的精神》,《上饶师范专科学校学报》1991 年第 4 期。

李瑶章:《德国职业技术教育与陶行知"生活教育"比较研究》,《绵阳经济技术高等专科学校学报》1996 年第 1 期。

李一氓:《清除武训一类错误教育思想》,《人民日报》1951 年 6 月 2 日。

李鹰:《试论陶行知的教师修养观》,《山东教育科研》1991 年第 4 期。

李永刚:《浅谈陶行知"生活教育"理论对语文教学的指导作用》,《甘肃教育学院学报》(社会科学版)2001 年第 3 期。

李玉峰:《陶行知"千分法"量表的特点及启示》,《浙江树人大学学报》2003 年第 6 期。

李煜:《从陶行知"生活即教育"的内涵看当前幼儿园教育》,《南京晓庄学院学报》2007 年第 2 期。

李镇西:《民主教育与语文素质教育——实践陶行知民主教育思想的体会》,《成都大学学报》(社会科学版)2000 年第 2 期。

李镇西:《真教育是心心相印的活动——素质教育背景下重温陶行知伟大的师爱精神》,《辅导员》2003 年第 3 期。

李中红:《陶行知的生活教育理论及实践》,《黑龙江教育学院学报》2004 年第 4 期。

李柞明:《有关陶行知几则史实的商榷》,《行知研究》1990 年第 3 期。

炼虹:《陶行知的"诗教"》,《学习陶行知,促进教育改革》,广东教育出版社 1985 年 4 月版。

梁迪:《试论陶行知"五解放"教育思想》,《广西师范大学学报》(哲学社会科学版)2002 年第 3 期。

梁迪:《陶行知"五解放"教育思想与大学生创新精神的培养》,《高教论坛》2002 年第 5 期。

梁峰:《陶行知"教学做合一"理论在生物学教学法的实践》,《生物学杂志》2002 年第 4 期。

梁赫:《陶行知与内蒙古的教育事业》,《内蒙古教育》1999 年第 3 期。

梁建军:《陶行知教师道德观的核心——博爱·责任心·做真人》,《生活教育》2008 年第 3 期。

梁茂林:《试探治道与生活教育》,《生活教育》2010 年第 1 期。

梁树人、苏耀荣:《试论陶行知的乡村教育观》,《行知研究》1989 年第 2 期。

梁漱溟:《抱歉——苦痛——一件有兴味的事(参观南京晓庄学校的所见)》,1928 年夏讲,《漱溟卅后文录》,商务印书馆 1930 年版。

梁漱溟:《悼念陶行知先生》,1946 年,陶行知先生纪念委员会编印:《陶行知先生纪念集》。

梁漱溟:《怀念我敬佩的陶行知先生》,《生活教育》2006 年第 11 期。

梁伟生:《刍议陶行知的幽默》,《河南职业技术师范学院学报》(职业教育版)1996 年第 3 期。

梁晓凤:《陶行知教育的试验与创新思想初探》,《南京晓庄学院学报》2007 年第 2 期。

梁晓凤:《晓庄精神的现代价值——陶行知与晓庄师范》,《内蒙古师范大学学报》(教育科学版),2003 年第 5 期。

梁宇光:《论陶行知的创造教育思想》,《丽水师范专科学校学报》2000 年第 4 期。

梁忠义:《陶行知生活教育学说与杜威实用主义教育思想的根本区别》,《文汇报》1957 年 2 月 7 日。

梁忠义:《陶行知生活教育再探》,《沈阳师范学院学报》1983 年第 1 期。

廖家骅:《陶行知重视音乐教育》,《师范教育》1985 年第 3 期。

廖其发:《论陶行知的抗战建国教育思想》,《河北师范大学学报》(教育科学版)2007 年第 4 期。

廖义军:《陶行知儿童创造教育思想浅析》,《学前教育研究》2006 年第 11 期。

廖宗明:《试论陶行知创办的社会大学》,《高等教育研究》2006 年第

1 期。

林炳伟:《陶行知的创造性人格特质解析》,《生活教育》2007 年第 5 期。

林伯渠:《向陶行知先生学习》,延安《解放日报》1946 年 8 月 12 日。

林承节:《陶行知的印度之行》,《历史教学》1995 年第 3 期。

林焕平:《创造天才》,1946 年,陶行知先生纪念委员会编印:《陶行知先生纪念集》。

林木:《评“古庙敲钟录”》,《人民教育》1952 年 2 月号。

林培玲:《陶行知是我国科普事业的先驱者》,《安庆师范学院学报》1985 年第 2 期。

林宪章:《借鉴陶行知教育思想,深化当前教育改革》,《华中师范大学学报》专刊,1991 年 12 月。

林永希:《陶行知的创造教育思想述评》,《郧阳师范高等专科学校学报》2000 年第 5 期。

林永希:《陶行知职业教育思想特色及其现实意义》,《教育与职业》2007 年第 18 期。

林泳海:《论陶行知的乡村幼稚教育思想》,《山东教育科研》1991 年第 4 期。

蔺晓琳:《浅谈小学创新教育的实施——再学陶行知的教育思想有感》,《四川教育学院学报》2004 年第 4 期。

冷学宝:《我们应该怎样“回望”陶行知》,《生活教育》2009 年第 2 期。

凌汉如:《试论陶行知先生评价》,《安徽史学通讯》第 3 期,1958 年 5 月。

凌瑛:《浅谈陶行知诗歌特色》,《生活教育》2008 年第 9 期。

凌文:《浅论陶行知的爱》,《生活教育》2009 年第 5 期。

凌文:《陶行知的“三问”》,《生活教育》2010 年第 2 期。

刘长贵:《陶行知“基督徒教育家”定位的逻辑追问》,《南京晓庄学院学报》2006 年第 1 期。

刘长贵:《以行动研究法推进陶行知教育思想的实践转化》,《南京晓庄学院学报》2005 年第 1 期。

刘长贵:《陶行知生活德育理论的当代价值》,《常熟理工学院学报》

2005年第9期。

刘承焜:《陶行知教育思想对当今小学创新教育的启示》,《辽宁教育》2001年第2期。

刘春霞:《实践陶行知艺术教育思想的启示》,《克山师范专科学校学报》1997年第2期。

刘大康:《陶行知学位名称应统一》,《行知研究》总第9期,1983年10月。

刘道玉:《陶行知——中国第一位创造教育家》,《教育文汇》2004年第7期。

刘公绰:《试论陶行知"爱满天下"的教育思想的现实意义》,《淮海论坛》1990年第1期。

刘光:《陶行知为什么自称新武训》,《社会科学战线》1986年第3期。

刘光:《我国教师中的巨人——纪念人民教育家陶行知》,《东北师范大学学报》1985年第3期。

刘广伊:《陶行知音乐教育思想和实践对音乐教育改革的启示》,《生活教育》2007年第9期。

刘国清:《陶行知创造教育思想及其现实意义》,《成都教育学院学报》2005年第2期。

刘好兰:《陶行知与杜威教育思想比较》,《温州师范专科学校学报》1988年第2期。

刘红斌:《创新、实践与陶行知创造教育思想》,《广西师范学院学报》(哲学社会科学版)2002年第1期。

刘唤群:《陶行知与茶馆》,《农业考古》2003年第4期。

刘慧群:《试论陶行知的价值观》,《四川师范大学学报》(哲学社会科学版)1996年第1期。

刘季平:《〈武训传〉批判对教育的影响》,《行知研究》1986年第1期。

刘季平:《关于〈晓庄学校史稿〉中几个史实问题》,《行知研究》1988年第4期。

刘季平:《关于试办社会主义工学团的几封信》,《行知研究》总第6期,1982年10月。

刘季平:《进一步开展生活教育理论的研究》,北京市陶行知研究会编印:《生活教育理论体系笔谈文集》,1991 年 4 月。

刘季平:《略论陶行知先生的哲学观点》,《人民教育》第 4 卷第 1 期,1951 年 11 月。

刘季平:《论生活教育同志的使命》,《生活教育通讯》第 6 期,1940 年 1 月。

刘季平:《论陶行知教育思想》,《行知研究》总第 11 期,1984 年 5 月。

刘季平:《培养众多现代陶行知》,《行知研究》1987 年第 4 期。

刘季平:《浅谈社会主义教育学与陶行知教育思想》,《行知研究》1985 年第 4 期。

刘季平:《试谈社会主义教育与陶行知教育思想》,《教工》1985 年第 11 期。

刘季平:《我国需要众多的现代陶行知》,《人民日报》1988 年 4 月 4 日。

刘季平:《我们今天的任务是奠基开路——告生活教育的同志》,《生活教育通讯》,1939 年 9 月。

刘季平:《学习讨论精神文明决议和搞好陶研工作的关系》,《行知研究》1986 年第 4 期。

刘季平:《造成教育思想上一个伟大的革命》,1949 年 7 月,《陶行知先生三周年祭》。

刘季平:《正确评价陶行知教育思想》,《行知研究》总第 9 期,1983 年 10 月。

刘家纪:《陶行知教学做合一思想探微》,《河南教育学院学报》(哲学社会科学版)1999 年第 4 期。

刘家绍:《关于办好师范教育的几点思考——学习陶行知的师范教育思想所想到的》,《钦州师范高等专科学校学报》1999 年第 4 期。

刘建:《陶行知的道德领导思想及其现代意义》,《江西教育科研》2006 年第 8 期。

刘建君:《陶行知关于解放儿童创造力的教育思想》,《幼儿教育》2000 年第 6 期。

刘腊梅:《试论陶行知"教学做合一"对职业教育改革的借鉴意义》,《职业技术》2003 年第 1 期。

刘猛:《劳动教育——从陶行知到毛泽东》,《江苏教育学院学报》2003 年第 2 期。

刘琪:《平民教育运动中的陶行知》,《行知研究》总第 8 期,1983 年 5 月。

刘清扬:《纪念行知先生逝世两周年》,1948 年 7 月 20 日,《纪念陶行知》。

刘荣琴:《唤起儿童的创造潜能——陶行知教育思想对语文教学的启示》,《安阳大学学报》2003 年第 3 期。

刘瑞:《人民教育家陶行知》,《教育科研情况交流》1985 年第 1 期。

刘若曾:《纪念伟大的人民教育家陶行知》,华中师范学院高教会编:《陶行知先生诞辰 90 周年纪念专辑》,1981 年 10 月。

刘硕:《生活教育理论浅析》,《行知研究》1985 年第 2 期。

刘硕:《陶行知的创造教育思想》,《内蒙古教育》1984 年第 10 期。

刘维汉:《论陶行知的生活教育与师范生创造精神的培养》,《蒲峪学刊》(哈尔滨)1989 年第 2 期。

刘维汉:《浅论陶行知改革师范教育的思想》,《蒲峪学刊》(哈尔滨)1990 年第 1 期。

刘维鸿:《陶行知"中国式教育道路"浅谈》,《内蒙古师范大学学报》(教育科学版)2003 年第 4 期。

刘小红:《农村教育改革旨在"为何"——论陶行知"为农"的乡村教育目的观及其当代启示》,《教育科学研究》2007 年第 6 期。

刘晓梅:《陶行知的语言文字思想及其实践》,《南京晓庄学院学报》2002 年第 2 期。

刘筱荣:《谈谈陶行知的对联艺术》,《行知研究》1988 年第 1 期。

刘筱荣:《作为语言大师的陶行知》,《行知研究》1989 年第 3 期。

刘心村:《陶行知与胡适》,《教学研究》1981 年第 7 期。

刘欣梅:《中国必须全面受科学洗礼——陶行知科学教育活动浅探》,《教育论丛》1989 年第 2 期。

刘星:《中国教育社会学的先驱者——陶行知先生》,《沈阳教育学院学刊》1984 年第 3 期。

刘以榕:《学习陶行知先生开拓进取的精神,投身基础教育课程改革》,

《生活教育》2008年第12期。

刘延东:《在纪念陶行知诞辰110周年座谈会上的讲话》,《民主》2001年第10期。

刘艳慧:《陶行知教育思想与生物课堂教学改革》,《教书育人》2001年第21期。

刘艳梅:《陶行知的生活教育学说解读》,《基础教育参考》2007年第6期。

刘尧庭:《从鲁迅看陶行知》,《学习陶行知,促进教育改革》,广东教育出版社1985年4月版。

刘尧庭:《陶行知的崇高师德和德育思想》,《光明日报》1991年10月16日。

刘尧庭:《陶行知说"问"》,《行知研究》1990年第1期。

刘义普:《毋忘继承教育遗产,致力振兴师范教育》,《行知研究》总第12期,1984年8月。

刘影:《陶行知的"生活教育"之借鉴》,《长春工业大学学报》(高等教育研究版)2003年第3期。

刘友开:《汪达之对陶行知生活教育学说的继承、创新和发展》,《生活教育》2007年第6期。

刘玉有:《践行陶行知教育理论,培养创造型高职人才》,《教育与职业》2005年第16期。

刘在琳、李清华:《陶行知"教学做合一"教育思想的现实价值》,《生活教育》2007年第12期。

刘治修:《陶行知教育思想的强大生命力——纪念陶行知诞辰110周年》,《重庆师范专科学校学报》2001年第2期。

流池泉:《人民教育家——陶行知先生》,《察哈尔文教》第2卷第4期,1950年。

柳湜:《记最后一夜——回忆陶行知先生》,1946年8月12日,陶行知先生纪念委员会编印:《陶行知先生纪念集》。

柳之榘:《陶行知与杜威不同——陶行知与杜威教育思想的关系三论》,《教学研究》1981年第7期。

龙显均:《陶行知教育思想简论》,《教育艺术》2001年第9期。

楼化篷、裴诒、王武峰:《民族解放和大众解放的先驱——陶行知》,《行知研究》1987 年第 3 期。

楼化篷:《论陶行知的革命转变》,《行知研究》1986 年第 2 期。

楼化篷:《学习陶行知的新武训精神》,《行知研究》1987 年第 1 期。

楼化篷:《评价陶行知在国民党白色恐怖年代的政治抒情诗》,《行知研究》总第 9 期,1983 年 10 月。

卢苇:《陶行知教育思想和教师继续教育》,《爱满天下》2006 年第 3 期。

卢自德、刘慧群:《关于陶行知生活教育理论体系之管见》,北京市陶行知研究会编印:《生活教育理论体系笔谈文集》,1991 年 4 月。

卢自德:《两种对立的教育哲学思想——陶行知与杜威比较》,《四川教育学院学报》1989 年第 3 期。

卢自德:《生活即教育是教育的普遍规律》,《四川师范大学学报》1991 年第 6 期。

卢自德:《陶行知与杜威教育哲学思想之比较》,《邢台师范高等专科学校学报》1996 年第 2 期。

卢作光:《浅论陶行知的乡村教育及其现实意义》,《河池师范专科学校学报》1988 年第 2 期。

芦根荣:《试论陶行知生活教育理论中的生命教育》,《生活教育》2006 年第 10 期。

芦苇:《陶行知幼儿教育思想及其现实意义》,《东南亚纵横》2002 年第 10 期。

鲁家:《"小先生"与"俞子夷先生"——一个小先生辅导员的答复》,《生活教育》第 3 卷第 3 期,1935 年 5 月 1 日。

鲁文:《教学做合一教育思想初探》,《上海教育》1990 年第 11 期。

鲁永琦、王昌畴:《学习陶行知,改革乡村师范教育》,《行知研究》1985 年第 4 期。

陆璀:《陶行知在国外从事抗日救国活动的片断回忆》,《行知研究》1985 年第 2 期。

陆璀:《痛悼陶行知先生》,《大众日报》1946 年 8 月 14 日。

陆定一:《悼人民教育家陶行知先生》,延安《解放日报》1946 年 8 月

12 日。

陆定一:《全党应该知道科学技术知识和知识分子的重要性》,《行知研究》总第 7 期,1983 年 1 月。

陆家骏:《陶行知创造教育思想和实践对我们的启示》,《中国教育学刊》2000 年第 2 期。

陆静山:《陶行知的教育方法——“教学做合一”》,1946 年 7 月 29 日,江苏陶行知研究会编:《纪念陶行知》。

陆克俭:《试论陶行知“学生自治”理论与实践》,《湖北大学学报》(哲学社会科学版)2006 年第 5 期。

陆黎明:《陶行知教育理论对现代素质教育的启示》,《思想·理论·教育》2005 年第 24 期。

陆平:《生活教育理论与小学语文教学实践》,《生活教育》2008 年第 4 期。

陆维特:《陶行知先生在抗日战争前后的伟大贡献》,《行知研究》1987 年第 3 期。

陆维特:《陶行知教育思想在当代》,《陶研通讯》(闽)1986 年第 1 期。

陆维特:《陶行知先生不朽》,1947 年 7 月 31 日,《纪念陶行知》。

陆诒:《等于泰山崩》,1946 年 7 月 28 日,陶行知先生纪念委员会编印:《陶行知先生纪念集》。

陆诒:《我所认识的陶行知先生》,《上海师范学院学报》1980 年第 2 期。

陆雍裕:《陶行知先生的教育思想》,《文汇报》1956 年 11 月 16 日。

吕长春:《从创办“育才”看陶行知教育思想》,《文汇报》1979 年 7 月 22 日。

吕长春:《集体的新武训是一种斗争精神》,《行知研究》1986 年第 1 期。

吕长春:《教人民起来做主人的“生活教育提要”——〈生活教育提要〉解读》,《生活教育》2006 年第 12 期。

吕长春:《育才学校的优良传统》,《行知研究》总第 10 期,1984 年 3 月。

吕景星、壬世杰:《关于黄炎培与陶行知职业教育思想的探讨》,《行知研究》1989 年第 3 期。

吕景星:《陶行知的大职业教育观》,《行知研究》1988 年第 2 期。

吕景星:《陶行知的家庭教育观》,《行知研究》1986 年第 2 期。

吕景星:《陶行知、黄炎培乡村教育思想方法论的特点及其现实意义》,《教育与职业》1990 年第 4 期。

吕景星:《陶行知教育思想与农科教结合》,《教育研究》1991 年第 10 期。

吕景星:《陶行知与职教社》,《教育与职业》1986 年第 4 期。

吕西忠、夏阳:《陶行知普及教育思想探要》,《河南师范大学学报》(哲学社会科学版)1994 年第 6 期。

吕岳鹏:《陶行知科教思想述评》,《教育科研论坛》2004 年第 3 期。

吕云飞:《试论陶行知对农村师范教育问题的探索》,中国陶行知研究会编:《改革师范教育的新路》,安徽教育出版社 1990 年版。

罗坚:《陶先生与戏剧运动》,1946 年 9 月 11 日,陶行知先生纪念委员会编印:《陶行知先生纪念集》。

罗克汀:《陶行知的哲学思想——仅以此纪念陶行知先生》,1946 年 8 月 28 日作,《陶行知先生纪念集》。

罗明:《借鉴生活教育,推动社会主义教育改革》,《行知研究》1987 年第 2 期。

罗明:《陶行知的教学做合一》,《中师教育研究》1991 年第 2 期。

罗明:《学习陶行知,办好乡村教育》,《南京晓庄学院学报》2001 年第 1 期。

罗明涛:《陶行知教师职业观的五种精神》,《行知研究》1990 年第 4 期。

罗慕法:《我不同意李士钊先生的检讨》,《光明日报》1951 年 6 月 5 日。

罗若群:《陶行知论比较教育研究》,《湖北教育学院学报》1988 年第 4 期。

罗叔章:《敬吊行知先生》,《读书与出版》1946 年 8 月 15 日。

罗伟源:《陶行知的创造教育宗旨与我国的教育方针》,《广东教育学院学报》1991 年第 4 期。

罗先凤:《解析陶行知与当代诚信教育》,《教育与职业》2007 年第 3 期。

罗有岩:《借鉴陶行知教育思想,构建新型语文课堂》,《云南教育》2004 年第 2 期。

罗佑才:《学习陶行知,做教育改革的促进派》,《学习陶行知,促进教育改革》,广东教育出版社 1985 年 4 月版。

马昌实:《教学做合一新释》,《生活教育》第 2 卷第 13 期,1935 年 9 月 1 日。

马昌实:《生活教育与国难教育方案》,《生活教育》第 2 卷第 24 期,1936 年 2 月 16 日。

马崇褥:《怀念陶行知先生》,《上海教育》1979 年第 8 期。

马飞海:《最后 100 天——纪念陶行知先生逝世 40 周年》,《文汇报》1986 年 7 月 21 日。

马海:《陶行知纪念馆在素质教育中的作用》,《上海教育科研》2003 年第 5 期。

马姬、王琴:《陶行知教育思想是少先队体验教育活动的基石》,《生活教育》2007 年第 3 期。

马加乐:《论陶行知教育思想的心理学基础》,《上海师范大学学报》1986 年第 3 期。

马加乐:《陶行知教育思想中的非智力因素观念》,《上海师范大学学报》1991 年第 3 期。

马建强:《伟大的人民教育家陶行知与小学教育》,《小学青年教师》2003 年第 7 期。

马力:《陶行知哲学思想的探讨》,《安徽师范大学学报》1984 年第 3 期。

马立武:《论陶行知教育民主化思想及其现实意义》,《湖北教育学院学报》1999 年第 3 期。

马侣贤:《〈武训传〉观后感》,《大众电影》第 14 期,1951 年 1 月 1 日。

马侣贤:《忆陶师,话育才》,《新教育》(沪)第 1 卷第 5 期,1950 年。

马能源:《寓教于诗,教人求真——谈陶行知教育诗篇的思想建构》,《职教通讯》1998 年第 2 期。

马朋人、宋之保:《“六大解放”的现实意义》,《师范教育》1985 年第 10 期。

马朋人:《生活教育理论是教育革命的理论》,《行知研究》总第 4 期,1981 年 12 月。

马朋人:《谈陶行知“六大解放”的现实意义》,《赣北教育》1985 年第 3 期。

马数鸣:《给评价陶行知先生提供一点参考》,《安徽史学通讯》第 3 期,1958 年 5 月。

马寅初:《痛悼陶李二先生》,1946 年,陶行知先生纪念委员会编印:《陶行知先生纪念集》。

马永霞:《陶行知的普及平民教育思想及其启示》,《沈阳师范学院学报》(社会科学版)1999 年第 1 期。

麦坚弥:《生活教育在香港》,《行知研究》1985 年第 2 期。

满力涛(刘季平):《教与学》,《生活教育》第 2 卷第 19 期,1935 年 12 月 1 日。

满力涛(刘季平):《文化与教育一般之特质》,《生活教育》第 2 卷第 17 期,1935 年 11 月 1 日。

满力涛(刘季平):《祭陶行知先生》,1949 年 7 月,《行知研究》1985 年第 4 期。

满力涛(刘季平):《科学化的生活教育》,《生活教育》第 3 卷第 12 期,1936 年 8 月 16 日。

满力涛(刘季平):《凝膨教学活动法》,《生活教育》第 2 卷第 20 期,1935 年 12 月 16 日。

毛礼锐:《人民教育家陶行知教育思想的进步作用》,《教育研究》1979 年第 3 期。

毛泽东:《在边区国防教育会成立大会上的讲话》,1938 年 4 月 11 日。

茅盾:《悼人民教育家陶行知先生》,《读书与出版》1946 年 8 月 15 日。

茅盾:《我们有责任使他们不死》,《周报》第 48 期,1946 年 8 月。

梅纳新:《论陶行知的教育思想及其特征》,《华北水利水电学院学报》(社会科学版)2002 年第 4 期。

梅汝莉:《多元和谐是陶行知教育思想方法的精髓》,《人民教育》2006 年第12期。

梅汝莉:《让历史启迪未来——人民教育家陶行知对未来教育的天才构想》,《中小学管理》1998年第1期。

梅汝莉:《试析陶行知德育思想的历史渊源》,《教育史研究》1993年第3期。

梅汝莉:《陶行知与新世纪的教育》,《北京教育》2001年第12期。

梅汝莉:《陶行知与新世纪的教育》,《民主》2001年第10期。

梅汝莉:《以科学发展观为指导,探索陶行知构建教育思想体系的方法论》,《生活教育》2008年第2期。

梅汝莉:《珍惜历史的启示——写在〈陶行知教育思想的现代价值〉重印之时》,《生活教育》2006年第7期。

门智韬:《论陶行知的马克思主义观》,《总裁》2009年第10期。

孟维杰:《谈陶行知体育思想的启示》,《松辽学刊》1998年第1期。

孟旭:《陶行知与山西的教育》,《文史研究》(太原)1991年第3期。

苗春德:《陶行知生活教育理论述论》,《河南大学学报》1992年第3期。

明道:《民主教育的导师》,《读书与出版》1946年8月15日。

缪爱明:《陶行知教育思想与新形势下的校园文学社活动》,《教学与管理》1997年第4期。

缪葵慈:《论陶行知的天才教育观》,《菏泽学院学报》2006年第1期。

莫增荣:《论陶行知的教师职业精神》,《教育研究》1987年第9期。

莫增荣:《论陶行知的教育本质观》,《行知研究》1991年第3期。

莫增荣:《论陶行知的师范教育思想》,《行知研究》总第11期,1984年5月。

莫增荣:《论陶行知的新知观》,《江淮论坛》1991年第2期。

莫增荣:《陶行知——唯一从总体上探索中国教育的智者》,《社会科学学报》1992年12月17日。

莫增荣:《陶行知的乡村师范教育思想》,《师范教育》1985年第1期。

莫增荣:《陶行知教育经济思想浅探》,《行知研究》1987年第2期。

莫增荣:《陶行知教育艺术中的辩证法思想》,《行知研究》1989年第1期。

莫增荣:《陶行知论教师的职业精神》,《行知研究》1986年第3期。

莫增荣:《沿着陶行知开辟的教育生路继续探索》,《行知研究》1990年第4期。

慕光哲:《论批判〈武训传〉株连陶行知对我国教育事业的危害》,《行知研究》1986年第1期。

纳光舜:《陶行知"生活教育论"浅析》,《贵州社会科学》2000年第1期。

倪素梅:《陶行知教育思想与研究性学习》,《教育实践与研究》2004年第7期。

聂大朋:《论汪达之的教育创造》,《行知研究》1989年第2期。

聂大朋:《陶行知和儿童教育》,《行知研究》1987年第2期。

聂荣贵:《纪念陶行知,学习陶行知》,《四川教育学院学报》增刊,1986年第1期。

聂祖芬:《陶行知教学做合一论的哲学基础》,《华南师范大学学报》1986年第2期。

聂祖芬:《陶行知教育理论的哲学基础》,《行知研究》1986年第4期。

宁波:《"改造乡村生活的灵魂"——陶行知的乡村教师观》,《生活教育》2007年第6期。

农兴强:《浅谈陶行知的创造教育思想》,《广西教育》1999年第11期。

区巾雄:《我在晓庄长期参观的经过与心得》,1929年10月,孙铭勋、戴自俺编:《晓庄批判》,上海儿童书局1933年版。

区显锋:《陶行知与1930年代广西普及教育运动》,《生活教育》2010年第8期。

欧本谷:《试论陶行知的普及教育思想及其现实意义》,《西南教育论丛》1986年第1、2期。

欧阳文珍:《陶行知与杜威教育思想比较》,《阜阳师范学院学报》1991年第3期。

《让幼儿做生活的主人——陶行知生活教育理论下的特色劳作活动》,《生活教育》2009年第10期。

潘道皑:《发扬光大陶故先生的教育理论》,1946年,陶行知先生纪念委员会编印:《陶行知先生纪念集》。

潘东标:《陶行知、黄炎培的职业教育目的观》,《生活教育》2010年第12期。

潘汉年:《纪念人民教育家陶行知先生》,《生活教育》2010年第8期。

潘开沛:《陶行知教育思想中几个问题的商榷》,《人民教育》第4卷第2期,1951年12月。

潘冷云:《陶行知的教育哲学》,《行知研究》1986年第2期。

潘明:《论陶行知的健康教育思想》,《体育学刊》2002年第3期。

潘清河:《走进行知诗歌世界——读陶行知诗歌有感》,《生活教育》2008年第12期。

潘逸耕:《学习批判"武训精神",检讨我的教育思想》,《桂林文教》第1卷第4期,1951年10月。

庞柏树:《陶行知的创造教育思想及其现实意义浅探》,《钦州师范高等专科学校学报》1999年第4期。

庞桂美:《试论陶行知的乡村社区教育思想及启示》,《当代教育科学》1996年第6期。

裴跃进:《陶行知创造教育思想新探》,《河南职业技术师范学院学报》2002年第2期。

彭福权:《以陶行知教育思想指引办学之路》,《生活教育》2008年第8期。

彭佩红:《陶行知的幽默》,《教育与职业》1996年第1期。

彭小虎:《论陶行知创造教育的思想体系》,《南京晓庄学院学报》2007年第2期。

彭云生、冀标:《陶行知先生的教育思想》,《安徽史学通讯》第3期,1958年5月。

平洁:《悼念新音乐的保姆》,1946年,陶行知先生纪念委员会编印:《陶行知先生纪念集》。

漆新贵:《陶行知生活教育理念的现代价值》,《西南民族大学学报》(人文社会科学版)2003年第9期。

齐春燕:《陶行知与中国近现代教育的本土化》,《成都教育学院学报》2006年第4期。

齐易:《陶行知与他创办的育才学校音乐组》,《人民音乐》1997年第

8 期。

蕲阳侠、黄瑞彩:《试论陶行知的女子教育观》,《华中师范大学学报》1989 年第 2 期。

蕲阳侠:《浅论陶行知幼儿教育的理论与实践》,《华中师范大学学报》1991 年第 6 期。

蕲阳侠:《陶行知教育观散论》,《华中师范大学学报》专刊,1991 年 12 月。

千家驹:《假如陶行知先生还活着——纪念生活教育运动二十二周年》,1949 年 3 月 9 日,《陶行知先生三周年祭》。

钱广荣:《陶行知的爱国思想述论》,《安徽师范大学学报》(哲学社会科学版)1994 年第 4 期。

钱广荣:《陶行知的德育自治思想及其意义》,《思想教育研究》1995 年第 4 期。

钱广荣:《陶行知的公与私》,《行知研究》1989 年第 4 期。

钱广荣:《陶行知论"人中人"》,《行知研究》1987 年第 4 期。

钱锦:《建构主义与陶行知的生活教育理论》,《生活教育》2007 年第 4 期。

钱俊瑞:《从讨论武训问题我们学到些什么》,《人民日报》1951 年 8 月 27 日,《人民教育》第 3 卷第 5 期,1951 年 8 月。

钱俊瑞:《一代巨人陶先生》,延安《解放日报》1946 年 8 月 12 日。

钱立纬:《论陶行知教育思想的现实性》,《华中师范大学学报》专刊,1991 年 12 月。

钱伟长:《研究宣传陶行知的教育思想,为我国教育事业发展作贡献》,《行知研究》1990 年第 3 期。

钱业荣、章钟涛:《陶行知的教育法制思想与〈义务教育法〉》,《行知研究》1986 年第 3 期。

乔金霞:《中国儿童科学教育的先驱——读陶行知〈儿童科学教育〉有感》,《生活教育》2007 年第 6 期。

乔木:《拿什么来纪念陶先生》,延安《解放日报》1946 年 8 月 12 日。

乔植英:《武训对陶行知教育思想的影响》,《齐鲁学刊》1989 年第 2 期。

秦赛玉:《陶行知艺术教育思想初探》,《安徽教育学院学报》1991 年第 2 期。

秦同、杨曙明:《论陶行知教育思想对教育现代化的启迪》,《江苏教育研究》1991 年第 4 期。

秦同:《论陶行知教育思想与教育现代化》,《南通师范学院学报》1996 年第 2 期。

秦同:《陶行知的师范教育课程论和方法论》,《课程・教材・教法》1991 年第 10、11 期。

秦同:《献身教育,自化化人——陶行知的师德建构》,《南通师范专科学校学报》1991 年第 2 期。

秦有花:《陶行知生活教育理论对教学的启示》,《小学教学研究》2003 年第 9 期。

秦裕芳:《创新——陶行知教育思想的灵魂》,《南京晓庄学院学报》2002 年第 3 期。

青家:《我所知道的陶先生》,1946 年,陶行知先生纪念委员会编印:《陶行知先生纪念集》。

求泉:《艺友制——陶行知提倡的师资培训方法》,《幼儿教育》1986 年第 7 期。

曲铁华:《论陶行知的科学教育思想及其现代价值》,《东北师范大学学报》(哲学社会科学版)2004 年第 6 期。

曲铁华:《论陶行知对中国现代师范教育的杰出贡献》,《辽宁教育学院学报》1997 年第 4 期。

屈伸:《陶行知教育思想初探》,《吉林省教育学会会刊》1981 年 12 月。

任白戈:《学习陶行知为人民服务献身革命的精神——在四川省纪念陶行知诞生 90 周年大会上的讲话》,《陶行知纪念文集》,四川人民出版社 1982 年 5 月版。

任鸣钟、黄忠等:《陶行知教育思想与基础教育课程改革研究成果概要》,《生活教育》2006 年第 8 期。

任宗德:《危难中的陶行知在我家辞世》,《炎黄春秋》1997 年第 3 期。

汝秀梅:《陶行知乡村教育思想的现代启示——兼论发展有中国特色的农村教育》,《番禺职业技术学院学报》2004 年第 4 期。

阮巧玲:《从人文视野审视陶行知的体育观》,《浙江体育科学》2006 年第 1 期。

阮巧玲:《陶行知体育思想蕴含以人为本》,《生活教育》2008 年第 2 期。

阮素莲:《陶行知“六大解放”思想与儿童创造力培养》,《江苏教育学院学报》2002 年第 1 期。

三男:《敬悼陶行知先生》,1946 年,陶行知先生纪念委员会编印:《陶行知先生纪念集》。

商继宗:《陶行知和比较教育》,《外国中小学教育》1987 年第 1 期。

邵仲香:《由一张照片所想到的——陶行知、冯玉祥及“联村自卫团”》,《行知研究》总第 4 期,1981 年 12 月。

邵祖德:《从实用主义走向新民主主义——陶行知教育思想的发展》,《杭州大学学报》1982 年第 1 期。

申国昌、周洪宇:《陶行知求真务实的治学理念探析》,《华中师范大学学报》(人文社会科学版)2006 年第 4 期。

申丽娟:《从社会互动论视角看陶行知的生活教育学说》,《民办高等教育研究》2006 年第 1 期。

申宣成:《从陶行知的教学观看当代教师的角色定位》,《教育导刊》2004 年第 1 期。

沈百英:《知行与行知》,1946 年,陶行知先生纪念委员会编印:《陶行知先生纪念集》。

沈慧伟:《论陶行知教育理论与师范教育》,《江苏教育学院学报》(社会科学版)1999 年第 2 期。

沈钧儒:《一切着眼于救国》,1947 年 6 月 20—23 日,《纪念陶行知》。

沈俊峰:《陶行知和吴树琴的患难之爱》,《陕西教育》1997 年第 9 期。

沈黎明:《用陶行知教育思想促进学校内涵发展》,《生活教育》2010 年第 5 期。

沈路:《试论陶行知德育思想的“真善美”》,《江淮论坛》2002 年第 2 期。

盛风:《陶行知诗讽胡适》,《江淮文史》1997 年第 4 期。

盛克猷:《生活教育与教育的发生发展》,北京市陶行知研究会编印:

《生活教育理论体系笔谈文集》,1991 年 4 月。

施伟臣:《"社会即学校"理论与当前大学生社会实践》,《行知研究》1988 年第 1 期。

施先明:《陶行知教育评价理论初探》,《行知研究》1990 年第 1 期。

石鲸:《回忆陶行知先生及其教育思想在安徽的传播》,《行知研究》1991 年第 3 期。

石奇印:《陶行知的师德及其现实意义》,《池州师范专科学校学报》2001 年第 4 期。

石生:《论生活教育之真谛》,《山西省陶行知研究会首届二次学术年会论文选集》,1989 年 6 月。

石生:《陶行知在太原》,《山西文史资料》总第 54 辑,1987 年。

石卫星:《陶行知创造教育思想与小学生创新精神实践能力培养的研究报告》,《生活教育》2006 年第 7 期。

石中英:《试论陶行知育才音乐教育思想》,《教育研究与实验》1992 年第 2 期。

史保生:《陶行知的民主教育思想》,《河南师范大学学报》1982 年第 6 期。

史臣铨:《陶行知的教育学说》,《陕西教育》1981 年第 10 期。

史良:《吊行知同志》,1946 年 8 月 3 日,陶行知先生纪念委员会编印:《陶行知先生纪念集》。

舒文:《伟大的人民教育家——陶行知》,《内蒙古教育》1979 年第 5 期。

庶谦(廖庶谦):《对于〈国难教育方案〉的意见》,《大众生活》第 1 卷第 14 期,1936 年 2 月 14 日。

宋传庆:《"敢探未发明的新理"——学习、实践陶行知教育思想》,《人民教育》2001 年第 12 期。

宋红霞:《试论陶行知的创造教育思想及其现代启示》,《安阳师范学院学报》2004 年第 1 期。

宋丽娜:《陶行知平民教育思想与当今乡镇社区教育》,《大连教育学院学报》2002 年第 4 期。

宋丽霞:《浅论陶行知的师德思想》,《松辽学刊》1991 年第 4 期。

宋良文:《陶行知教育思想在安徽革命根据地的传播和运用》,《行知研究》1987 年第 3 期。

宋松平:《陶行知论“生利”的乡村教育及其启示》,《生活教育》2007 年第 8 期。

宋学亮:《生活教育理论在教育哲学上的重大意义》,《东岳论丛》1989 年第 5 期。

宋学亮:《陶行知对孔子教育哲学思想的继承和发扬》,《东岳论丛》1991 年第 5 期。

苏斐亚:《学习陶行知教育思想,培养创造型学生》,《行知研究》1989 年第 1 期。

苏甫:《略述陶行知教育思想的现实意义》,《教育论丛》1983 年第 3 期。

苏令:《陶行知的校长观》,《山西教育》2006 年第 10 期。

苏雪卿:《陶行知的道德品质》,《徽州师范专科学校学报》1988 年第 1 期。

苏燕峰:《生命教育视角下的陶行知德育目标》,《福建陶研》2006 年第 1 期。

苏永扬:《哭陶师,谈创造》,1946 年 8 月 21 日,陶行知先生纪念委员会编印:《陶行知先生纪念集》。

苏瑜:《陶行知“新师范教育”思想述评》,《生活教育》2006 年第 10 期。

孙伯才:《“做学教合一”之理论与实际》,《教育杂志》第 20 卷第 11、12 号,1928 年 11 月。

孙长缨:《陶行知创造教育理论与实践》,《殷都学刊》1997 年第 3 期。

孙崇文:《试论陶行知的教育救国思想》,《蒲峪学刊》(哈尔滨)1992 年第 1 期。

孙崇文:《陶行知高等教育思想初探》,《高等教育研究》1991 年第 4 期。

孙崇文:《陶行知试验主义的教育思想研究管窥》,《教育理论与实践》1992 年第 1 期。

孙崇文:《陶行知学法指导初探》,《内蒙古教育》1992 年第 10 期。

孙传华、徐曼华:《陶行知的人民教育思想和实践》,《南京大学学报》

1982 年第 1 期。

孙传华:《论陶行知由民主主义向共产主义转变》,《行知研究》1988 年第 4 期。

孙传华:《陶行知的教育经济学思想》,《行知研究》1985 年第 4 期。

孙传华:《陶行知的人才学思想》,《学术研究》1983 年第 5 期。

孙德玉:《陶行知的幼教观与素质教育》,《安徽师范大学学报》(人文社会科学版)1997 年第 2 期。

孙厚銮:《从晓庄师范看陶行知生活教育理论的特点》,《教育评论》1990 年第 6 期。

孙菁:《陶行知的情感管理活动初析》,《教书育人》2005 年第 17 期。

孙景峰:《陶行知教材编辑出版思想与实践》,《内蒙古大学学报》(人文社会科学版)2001 年第 5 期。

孙铭勋:《论生活教育》,1931 年,《孙铭勋教育文选》,重庆出版社 1984 年版。

孙铭勋:《生活教育的发祥地》,1946 年 8 月 17 日,陶行知先生纪念委员会编印:《陶行知先生纪念集》。

孙若南:《陶行知“学生自治理论”与高校学生参与宿舍管理》,《安庆师范学院学报》1995 年第 3 期。

孙喜连:《陶行知创造教育思想浅析》,《辽宁师范专科学校学报》2000 年第 2 期。

孙晓村:《人民的心声》,《行知研究》1987 年第 3 期。

孙瑜:《编导〈武训传〉记》,《光明日报》1950 年 2 月 26 日。

孙志学:《简论陶行知的爱》,《行知研究》1988 年第 1 期。

邰爽秋:《武训与陶行知》,《文汇报》1947 年 8 月 12 日。

覃崇生:《陶行知教育思想与我的学校管理实践》,《生活教育》2007 年第 2 期。

谭斌:《陶行知现象及陶行知形象的政治性建构——兼对中国社会 1949 年前后“共同叙事”逻辑作社会学分析》,《南京晓庄学院学报》2004 年第 1 期。

谭斌:《追寻先贤的足迹——陶行知的教育及生活历程》,《中国教师》2003 年第 4 期。

谭德礼:《从杜威的“教育即生活”到陶行知的“生活即教育”》,《河南师范大学学报》(哲学社会科学版)2003 年第 3 期。

谭德礼:《论道德教育的模式——从杜威“教育即生活”到陶行知“生活即教育”》,《临沂师范学院学报》2003 年第 4 期。

谭德礼:《论陶行知“生活即教育”的德育思想》,《山西师范大学学报》(社会科学版)2003 年第 3 期。

谭风:《陶行知先生谈“创造”》,《甘肃教育》1982 年第 5 期。

谭佛佑:《黄质夫——陶行知教育思想的伟大实践家》,《生活教育》2006 年第 6 期。

谭海清:《论陶行知的德育原则》,《当代教育论坛》2005 年第 13 期。

谭虎:《学习陶行知教学做合一思想》,《江西教育学院学报》1990 年第 4 期。

谭运启:《陶行知人本教育思想研究》,扬州大学 2007 年硕士学位论文。

谭伟才:《教育家陶行知的成功之路》,《社会科学家》1992 年第 3 期。

谭兆鹏:《论陶夫子的“生活即教育”思想的五要义》,《陶研通讯》(闽)1986 年第 1 期。

檀庆双:《用和谐教育推进社会和谐——论陶行知的和谐教育思想》,《生活教育》2008 年第 11 期。

汤翠英:《试论生活教育理论的现实意义》,《四川陶行知研究会生活教育理论讨论会会志》,1987 年 9 月。

汤翠英:《陶行知教育思想的时代价值》,《黔东南民族师范高等专科学校学报》2004 年第 1 期。

唐爱民:《陶行知成人教育思想述要》,《成人教育》2001 年第 10 期。

唐高华:《陶行知“生利主义之职业教育”的当代诠释》,《职教通讯》2007 年第 8 期。

唐恒振:《做创新型教师,育创新型人才——再读陶行知创造教育理论之启示》,《丹东师范专科学校学报》2002 年第 1 期。

唐淑:《中国农村幼教事业的开拓者——陶行知》,《南京师范学院学报》1982 年第 1 期。

唐为民:《陶行知“生活即教育”理论的形成及其发展》,《上海教育学院学报》1991 年第 3 期。

唐文权:《青年陶行知人生观奠基所在——金陵大学》,《行知研究》1989 年第 3 期。

唐文权:《人口问题——陶行知生活教育理论体系的重要基石》,北京市陶行知研究会编印:《生活教育理论体系笔谈文集》,1991 年 4 月。

唐文权:《30 年代初陶行知生活教育的新视野——〈中华民族之出路与中国教育之出路〉述评》,《高教研究》1990 年第 2 期。

唐现之:《悼陶行知先生》,1946 年,陶行知先生纪念委员会编印:《陶行知先生纪念集》。

唐迅:《陶行知现代教育思想命题新探》,《教育研究》1999 年第 11 期。

唐智松:《陶行知居渝期间的教育思想研究》,《邢台职业技术学院学报》2003 年第 4 期。

陶城:《爸爸去世前后》,1946 年 7 月 28 日,陶行知先生纪念委员会编印:《陶行知先生纪念集》。

陶城:《学习先父陶行知教育思想,努力办好科技培训》,《行知研究》总第 12 期,1984 年 8 月。

陶鹤:《我和爷爷陶行知在重庆》,《生活教育》2010 年第 6 期。

陶宏:《我和我的父亲》,1946 年 7 月 28 日,陶行知先生纪念委员会编印:《陶行知先生纪念集》。

陶宏:《我看了〈武训传〉电影》,《光明日报》1950 年 2 月 26 日。

陶景飏、张华新:《陶行知的教育社会学思想初探》,《华中师范大学学报》1989 年第 2 期。

陶萍、王镇生:《从“三个面向”看陶行知的生活教育理论》,《行知研究》1987 年第 4 期。

陶晓光:《回忆父亲陶行知》,《光明日报》1981 年 10 月 19 日。

陶晓光:《我的父亲陶行知》,《文物天地》1982 年第 6 期。

陶晓丽:《试论陶行知的教师专业化思想》,《教书育人》2006 年第 20 期。

陶行知研究室:《陶行知教学观》,《教育评论》1986 年第 1 期。

陶有峰:《解放孩子是培养创新能力的前提——学习〈陶行知文集〉之解放孩子的几点思考》,《中小学教师培训》2001 年第 7 期。

陶铮:《深切的怀念,不懈的追求——读陶行知家书有感》,《爱满天下》2006 年第 5 期。

陶铮:《我的爷爷陶行知与我的父亲陶晓光》,《生活教育》2010 年第 7 期。

陶竹君:《学习陶行知教育思想,深化高等职业教育教学改革》,《生活教育》2007 年第 5 期。

滕瀚:《论陶行知教育技术思想对课程教学的启迪》,《四川教育学院学报》2004 年第 7 期。

田充:《陶行知与"文言白话论战"及"太白"》,《生活教育》2010 年第 9 期。

田利军:《陶行知谈计划生育与教育》,《文史杂志》2003 年第 3 期。

田圣友:《陶行知的"五观"对素质教育实践的指导》,《教育科研论坛》2004 年第 1 期。

田忠杰:《陶行知教育思想的批判、改革精神和现实意义》,《华中师起大学学报》专刊,1991 年 12 月。

童富勇:《陶行知与晓庄师范》,《教育评论》1992 年第 4 期。

童富勇:《对建国以来陶行知研究的回顾》,《教育评论》1991 年第 6 期。

童富勇:《陶行知的生活课程理论与新课程》,《教育发展研究》2005 年第 11 期。

童富勇:《陶行知生活教育理论的若干特色》,《教育评论》2003 年第 4 期。

童富勇:《陶行知研究综述(1927—1991)》,《教育史研究》1992 年第 1 期。

童富勇:《陶行知与浙江教育》,《杭州师范学院学报》(社会科学版)2004 年第 2 期。

童跃年:《陶行知个性教育思想探微》,《行知研究》1990 年第 3 期。

涂怀京:《从争鸣到复兴——陶行知教育思想研究述评(1979—1985)》,《福建师范大学学报》(哲学社会科学版)2004 年第 5 期。

涂怀京:《赫尔巴特的"统觉"与陶行知的"常能"》,《福建师范大学学报》(哲学社会科学版)2007 年第 3 期。

涂怀京:《陶行知学习能力培养思想探析》,《生活教育》2006 年第 5 期。

涂雪峰:《论陶行知的中西文化观——纪念陶行知诞辰 115 周年暨逝世 60 周年》,《湖北教育学院学报》2006 年第 5 期。

涂雪峰:《陶行知“政富教合一”思想及其对构建社会主义和谐社会的启示——纪念陶行知诞辰 115 周年暨逝世 60 周年》,《文教资料》2006 年第 9 期。

涂雪峰:《陶行知的乡村教育改造思想和实践述评》,《河北农业大学学报》(农林教育版)2006 年第 2 期。

涂雪峰:《陶行知的乡村教育改造思想述评——纪念陶行知诞辰 115 周年暨逝世 60 周年》,《中国农村教育》2006 年第 4 期。

涂雪峰:《陶行知经济改造思想探析》,《南京晓庄学院学报》2005 年第 3 期。

涂雪峰:《陶行知以交通促教育的思想》,《高教发展与评估》2006 年第 1 期。

涂雪峰:《陶行知与近代山西的义务教育——纪念陶行知先生诞辰 110 周年》,《太原教育学院学报》2001 年第 3 期。

涂雪峰:《陶行知与近代中国的交通事业——纪念陶行知先生诞辰 110 周年》,《克山师范专科学校学报》2001 年第 4 期。

涂雪峰:《陶行知与内蒙古的平民教育》,《内蒙古民族大学学报》(社会科学版)2001 年第 2 期。

屠棠:《陶行知教育思想的现代价值(上)》,《南京晓庄学院学报》2002 年第 1 期。

屠棠:《陶行知教育思想的现代价值(下)》,《南京晓庄学院学报》2002 年第 2 期。

屠棠:《陶行知论师德修养》,《教育科研论坛》2003 年第 6 期。

屠棠:《陶行知先生永远活在人民心中》,《爱满天下》2006 年第 4 期。

屠棠:《陶行知先生永远活在人民心中》,《中国农村教育》2006 年第 10 期。

屠棠:《生活教育理论的精神阐述——重读〈晓庄三岁敬告同志书〉有感》,《生活教育》2006 年第 3 期。

屠棠:《“教育智慧的升华”——陶行知的教育辩证法》,《生活教育》2010年第12期。

万华瑞:《陶行知教育思想的三大特色》,《新视野》1991年第10期。

汪金海、黄从浒:《陶行知师范教育思想体系及其现实意义》,《安徽教育学院学报》1991年第4期。

汪孔德:《陶行知与档案工作》,《档案学研究》1996年第1期。

汪明霞:《勇于实践,创造全面发展的人才——实践陶行知教育思想的感想》,《金陵陶研》1994年第2期。

汪刃锋:《创造与探索——忆育才学校绘画组》,《行知研究》总第10期,1984年3月。

汪日升:《学习陶行知思想,实施创造教育》,《四川教育》2000年第1期。

汪太戈:《早年的柯庆施与陶行知》,《党史纵览》2004年第10期。

汪文风:《教育史话・重庆社会大学》,《人民教育》1979年1月号。

汪永昶:《陶行知先生的“生活教育”论》,《教育探索》(哈尔滨)1991年第5期。

汪月霞:《陶行知教育思想的实践者方怀毅》,《黄山学院学报》2003年第2期。

王安琪、储朝晖:《陶行知与印度》,《南开研究》1992年第1期。

王柏乐:《浅议陶行知的师德建设思想》,《黑河学刊》2001年第3期。

王保军:《陶行知的教育改革实践及给我们的启示》,《周口师范高等专科学校学报》2002年第3期。

王本余:《简论陶行知的生活教育课程思想》,《南京晓庄学院学报》2001年第2期。

王冰蔚:《陶行知职业教育思想探析》,《职教通讯》2002年第7期。

王承绪:《〈中华本土教育家陶行知〉序》,《生活教育》2010年第1期。

王承鳌:《陶行知与育才学院——育才学院实现陶行知办学遗愿的成功探索路》,《生活教育》2009年第8期。

王川:《生活教育理论讨论会综述》,《教育研究》1990年第3期。

王川:《陶行知与杜威教育思想之比较》,《四川教育学院学报》1991年第1期。

王春秋:《陶行知对“新教育中国化”的探索》,《生活教育》2007年第1期。

王德威:《新安旅行团在抗日战火中办刊》,《文物天地》1982年第5期。

王德中:《陶行知教育思想体系的创造和意义刍议》,《黄山学院学报》2000年第3期。

王德中:《陶行知教育思想体系述要》,《镇江师范专科学校学报》2000年第3期。

王冬艳:《陶行知人口理论与教育》,《黑龙江高教研究》2002年第2期。

王洞若:《〈生活教育论集〉外言》,1937年2月5日,《生活教育论集》,生活书店1937年4月版。

王洞若:《集体主义的自我教育》,《战时教育》(旬刊)创刊号,生活书店1937年9月25日。

王洞若:《生活教育到国难教育之理论上的联结》,《生活教育论集》,生活书店1937年4月版。

王洞若:《生活教育的涵义》,《战时教育》第3卷第11期,1939年。

王洞若:《生活教育运动和生活教育社》,《战时教育》第4卷第9期,1939年5月。

王凤玉:《陶行知儿童创造力教育思想》,《辽宁教育学院学报》1999年第1期。

王根宝:《陶行知教育思想和现代语文教学》,《上海教育科研》2003年第5期。

王光辉:《陶行知的教育案例给我们的启示》,《生活教育》2008年第4期。

王贵州:《绝知此事要躬行——运用陶行知生活教育理论进行作文教学》,《黑龙江教育》2003年第4期。

王国斌:《陶行知电化教育思想初探》,《电化教育研究》(兰州)1991年第4期。

王海明:《陶行知教育思想对探究性学习能力培养的启示》,《教育科研论坛》2003年第12期。

王海平:《孔子与陶行知德育思想之比较研究》,《中国教育研究论丛》2006年第10期。

王汉材:《陶行知的教育思想》,《常德师范专科学校学报》1983年第2期。

王红云:《借鉴学习陶行知创造教育思想,重视培养创新能力》,《河南教育学院学报》(哲学社会科学版)2002年第2期。

王厚宏:《陶行知教育思想今天仍然有很强的针对性》,《行知研究》1986年第2期。

王慧:《陶行知师范教育思想和实践》,《河北师范学院学报》1991年第2期。

王健:《浅谈陶行知教育思想对研究性学习的指导意义》,《新疆石油教育学院学报》2004年第3期。

王健:《我们需要什么样的新教育——读陶行知关于新教育的演讲有感》,《生活教育》2007年第6期。

王建华:《遵循生活教育理念,推进现代开放教育》,《生活教育》2007年第5期。

王金桂:《陶行知——作为教育家的儿童诗人》,《生活教育》2006年第9期。

王金国:《陶行知教育思想的现代价值》,《山西教育学院学报》2000年第1期。

王镜虞:《试论陶行知生活教育理论中的系统观点》,《山西省陶行知研究会首届二次学术年会论文选集》,1989年6月。

王镜虞:《陶行知的教育哲学观浅析》,《行知研究》1991年第3期。

王克:《陶行知的德育思想》,《行知研究》1989年第3期。

王克:《有继承,有发展——陶行知教育思想与淮北根据地教育事业》,《行知研究》1987年第3期。

王坤:《陶行知的学习观与老师学习》,《生活教育》2007年第11期。

王阑西:《新安旅行团的光辉历史——〈足迹五万里〉一书的前言》,《行知研究》1985年第3期。

王雷:《“开民智”、“作新民”——陶行知与近代教育家群体论社会教育》,《南京晓庄学院学报》2007年第2期。

王莉:《学陶行知思想,树师德之风范》,《生活教育》2006 年第 12 期。

王丽萍:《陶行知教育思想现代价值研究报告》,《邯郸师范专科学校学报》2002 年第 2 期。

王林义:《简论陶行知的儿童诗》,《山西大学师范学院学报》2000 年第 4 期。

王琳:《关于陶行知的教育事业》,《安徽史学通讯》第 3 期,1958 年 5 月。

王琳:《晓庄学校史稿》,《江苏文史资料选辑》1982 年第 5 辑。

王明元:《陶行知与师范教育》,《四川师范学院学报》1991 年第 6 期。

王乃明(王洞若):《对小先生的评估——潘一尘著〈小先生运动〉序》,王洞若编:《生活教育论集》,生活教育书店 1937 年 4 月版。

王培:《陶行知诗歌的教育魅力》,《生活教育》2006 年第 3 期。

王培:《生活教育在行动》,《生活教育》2008 年第 3 期。

王清:《论陶行知的课程思想及其现实意义》,《教育探索》2005 年第 1 期。

王清:《陶行知创造教育思想与素质教育》,《扬州教育学院学报》2002 年第 2 期。

王清:《陶行知师德教育思想对提高新世纪教师素质的影响》,《辽宁教育行政学院学报》2004 年第 9 期。

王群生:《"天下第一关"——我所认识的陶行知先生》,《重庆社会主义学院学报》2002 年第 1 期。

王荣成:《陶行知与中国近代学制》,《达县师范高等专科学校学报》2001 年第 3 期。

王荣国:《陶行知的教育思想与五四新文化启蒙》,《东南文化》1992 年第 2 期。

王荣国:《陶行知对中西文化的态度》,《厦门大学学报》1990 年第 2 期。

王如:《生活教育理论是具有中国特色的教育理论》,《行知研究》1985 年第 2 期。

王如:《陶行知教育思想中的美育思想——兼述其美学观》,《行知研究》总第 9 期,1983 年 10 月。

王尚义:《陶行知乡村教育思想对农村教育和教师队伍建设的现实意义》,《生活教育》2007 年第 5 期。

王胜勇:《学习陶行知,培育小主人——徐州市解放路小学生活教育掠影》,《江苏教育》2007 年第 2 期。

王盛鑫:《学习陶行知创造教育思想,推进素质教育的步伐》,《江西省团校学报》2004 年第 3 期。

王士芬:《生活教育之下学校教育之特色初探》,《华中师范大学学报》专刊,1991 年 12 月。

王士芬:《陶行知的教育理论与实践述评》,《湖北师范学院学报》1992 年第 4 期。

王士芬:《陶行知师范教育思想若干问题刍议》,《黄石师范学院学报》1983 年第 3 期。

王士毅:《陶行知对“觉悟之启发、创造力之培养”的实践》,《行知研究》1988 年第 2 期。

王士毅:《陶行知是教育革命配合政治革命的典范》,《行知研究》1990 年第 1 期。

王世杰:《具有中国特色的社会主义现代教育理论的基石》,《行知研究》1991 年第 3 期。

王世杰:《陶行知的创造教育思想》,《江淮论坛》1991 年第 5 期。

王世杰:《陶行知的创造教育思想》,《教育理论与实践》1992 年第 1 期。

王世杰:《陶行知的创造教育思想初探》,《合肥教育学院学报》1998 年第 4 期。

王树人:《试谈陶行知德育思想的现实意义》,《蒲峪学刊》(哈尔滨)1990 年第 1 期。

王泰然:《关于陶行知先生以教育改良社会的思想》,《人民教育》1952 年 3 月号。

王桃英:《论陶行知“教人求真”“学做真人”的德育思想》,《南昌高等专科学校学报》2004 年第 1 期。

王维中:《陶行知科学教育思想的启示》,《安徽教育学院学报》2001 年第 5 期。

王文格:《陶行知先生的结婚证书》,《生活教育》2010 年第 11 期。

王文岭:《陶行知诗歌的历史解读》,《生活教育》2006 年第 6 期。

王文岭:《陶行知诗歌研究述评》,《南京晓庄学院学报》2007 年第 2 期。

王文岭:《陶行知与陶渊明》,《安庆师范学院学报》(社会科学版)2004 年第 5 期。

王祥:《陶行知创造教育思想对新课程改革的启示》,《教育探索》2005 年第 7 期。

王向友:《陶行知先生与晓庄》,《南京晓庄学院学报》2000 年第 3 期。

王小丘:《读陶行知家书,谈陶行知教子观》,《行知研究》1990 年第 1 期。

王小丘:《学习陶行知教育思想,深化农村教育改革》,《陶研通讯》(闽)1989 年第 3、4 期。

王小洁:《陶行知生活德育的践行与思考》,《生活教育》2008 年第 11 期。

王小英:《为孩子开辟一片"自留地"——从实践中感悟陶行知先生提出的"解放儿童的空间"》,《教育科研论坛》2004 年第 4 期。

王笑伟:《略论陶行知在教育理论上的贡献》,《扬州师范学院学报》1989 年第 3 期。

王笑伟:《陶行知办师范教育的基本特点》,《行知研究》1986 年第 1 期。

王笑伟:《陶行知师范教育思想的启示》,《山西教育科研通讯》1984 年第 6 期。

王秀南:《介绍革命的晓庄学校——从他们的信条,看出他们的努力》,1929 年 5 月 1 日,孙铭勋、戴自俺编:《晓庄批判》,上海儿童书局 1933 年版。

王秀南:《晓庄学校与中心小学》,1929 年 10 月 20 日,孙铭勋、戴自俺编:《晓庄批判》,上海儿童书局 1933 年版。

王艳:《生活教育——体育教学的活力剂》,《生活教育》2007 年第 8 期。

王义君:《生活教育理论对新课程改革的指导意义》,《生活教育》2006 年第 7 期。

王滢滢:《创新教育的前提是要解放人——学习陶行知"六大解放"思想体会》,《基础教育课程》2006 年第 9 期。

王永辉:《"教学做合一"——陶行知教育思想与远程教学》,《现代远程教育研究》2003 年第 3 期。

王玉洁:《从陶行知"教学做合一"的教育思想谈高职教育的社会适应性》,《九江医学》2001 年第 3 期。

王玉洁:《陶行知教学做合一思想的启迪》,《职教论坛》2001 年第 2 期。

王渊:《论陶行知的民众教育思想》,《皖西学院学报》2007 年第 1 期。

王媛媛、宁波:《"为了苦孩,甘为骆驼"——陶行知的教师人际关系思想》,《生活教育》2008 年第 3 期。

王越:《论陶行知与胡适》,《教育论丛》1988 年第 4 期。

王越:《缅怀伟大的人民教育家陶行知先生》,广东省教育学会编印:《纪念人民教育家陶行知诞辰 90 周年专辑》,1981 年 10 月 18 日。

王越:《陶行知的手脑相长说》,《学习陶行知,促进教育改革》,广东教育出版社 1985 年 4 月版。

王铮:《陶行知的育才学校》,《教育史研究》1991 年第 2 期。

王中华:《陶行知创造教育思想及其启示》,《生活教育》2007 年第 9 期。

王中华:《陶行知的考试思想及其启示》,《生活教育》2009 年第 10 期。

王卓民:《关于陶行知创造教育思想的哲学思考》,《山西师范大学学报》1989 年第 2 期。

王子元:《借鉴陶行知创造教育思想实施素质教育》,《基础教育研究》2001 年第 9 期。

王祖兰:《从国情出发是生活教育的鲜明特色》,北京市陶行知研究会编印:《生活教育理论体系笔谈文集》,1991 年 4 月。

望之:《对陶行知先生评价问题的一些意见》,《安徽史学通讯》第 5 期,1958 年 9 月。

魏翠芳:《论教师的职业素质》,《行知研究》1989 年第 4 期。

魏红军:《陶行知"教学做合一"教育观对素质教育的启示》,《郑州铁路职业技术学院学报》2001 年第 2 期。

魏名国、周志俊:《论陶行知的师德》,《安徽师范大学学报》1987年第2期。

魏名国:《试论陶行知的革命人生观》,《行知研究》1990年第3期。

魏燕:《陶行知楹联论教育》,《班主任》2003年第11期。

温和:《陶行知教育思想对聋校教育的启示》,《南京特殊教育学院学报》2006年第4期。

文代君:《论陶行知培养儿童创造力思想的当代价值》,《兵团教育学院学报》2001年第2期。

文刀:《从〈科学的生活〉一文看陶行知的认识论思想》,《钦州师范高等专科学校学报》1999年第4期。

文履平:《陶行知与共和国第一个文化冤案》,《红岩春秋》2001年第2期。

文敏:《浅谈陶行知的师范教育思想及对我们的启示》,《辽宁师范专科学校学报》2002年第3期。

文侠:《白求恩来华是受陶行知邀请的》,《党史文苑》1999年第2期。

文兆坚:《陶行知与中国儿童教育》,《生活教育》2010年第11期。

邬蓉桦:《相濡以沫在"育才"——记抗战时期陶行知先生与共产党人的友谊》,《文史杂志》1997年第5期。

吴慈生:《陶行知与南京安徽公学》,《江海学刊》1992年第3期。

吴得民:《生活教育即创造教育》,《行知研究》1990年第4期。

吴定初:《刍议生活教育理论及其意义》,《四川师范大学学报》1988年第3期。

吴凤仙:《赤子之忱——浅议陶行知教学思想》,《中南民族大学学报》(人文社会科学版)2004年第2期。

吴桂就:《陶行知与雷沛鸿教育实践的相互关系》,《中国教育学刊》1993年第4期。

吴晗:《陶行知先生在上海的回忆》,1947年5月24日,《纪念陶行知》。

吴涵真:《我和陶行知先生》,重庆《新华日报》1946年9月22日。

吴华钿:《创造教育——陶行知教育思想的精华》,《教育探索》2000年第7期。

吴华钿:《论陶行知的考试观》,《教育探索》2001 年第 12 期。

吴建君:《陶行知生活教育理论对当前教育改革的意义》,《教学与管理》2002 年第 24 期。

吴锦璋:《向伟大的人民师表学习——纪念陶行知老师三周年忌辰》,1949 年 7 月 24 日,《陶行知先生三周年祭》。

吴梦进:《非党共产主义战士陶行知的思想轨迹》,《徽州社会科学》1990 年第 6 期。

吴树琴:《像陶行知那样追求真理做真人》,《行知研究》1991 年第 3 期。

吴树琴:《忆陶行知的政治生活片断》,《行知研究》总第 12 期,1984 年 8 月。

吴似鸿:《陶行知先生给我的印象》,1946 年,陶行知先生纪念委员会编印:《陶行知先生纪念集》。

吴畏:《陶行知教育思想——历久常新,与时俱进》,《中国教育学刊》2003 年第 6 期。

吴翔:《1931—1934 年:作为〈申报〉新闻改革家的陶行知》,《南京晓庄学院学报》2004 年第 1 期。

吴艳冬、章忆:《陶行知教育思想研究讨论综述》,《宁夏教育学院学报》1987 年第 4 期。

吴耀宗:《关于陶行知先生评价的两点意见》,《安徽史学通讯》第 3 期,1958 年 5 月。

吴耀宗:《陶行知先生给我的印象》,1946 年,陶行知先生纪念委员会编印:《陶行知先生纪念集》。

吴一德:《浅谈陶行知论教师》,《徽州师范专科学校学报》1987 年第 4 期。

吴一德:《试论陶行知创造发明思想》,《安徽教育学院学报》1992 年第 4 期。

吴一德:《试论陶行知科学教育思想及其意义》,《安徽教育学院学报》(社会科学版)1996 年第 1 期。

吴一德:《陶行知的创造教育思想及其在当代世界的传播》,《安徽教育学院学报》1989 年第 3 期。

吴一德:《陶行知的创造教育与素质教育述论》,《行知研究》1994年第4期。

吴一德:《陶行知论试验的方法》,《行知研究》1989年第4期。

吴一德:《延安〈解放日报〉评价陶行知教育思想述要》,《行知研究》总第9期,1983年10月。

吴贻芳:《纪念陶行知,学习陶行知》,《行知研究》总第5期,1982年10月。

吴奕宽:《陶行知报刊活动述略》,《行知研究》1990年第4期。

吴奕宽:《陶行知对杜威教育思想的借鉴》,《浙江师范大学学报》1991年第1期。

吴奕宽:《陶行知对孔子教育思想的继承与创新》,《黄山学院学报》1996年第3期。

吴奕宽:《陶行知职业教育思想初探》,《浙江师范大学学报》1986年第4期。

吴玉良:《"生活教育"理念引领下的生活化英语课堂构建》,《生活教育》2010年第2期。

吴玉章:《回忆陶行知先生》,重庆《新华日报》1946年9月22日。

吴育桂:《陶行知的教学论思想与学习心理学》,《山西大学学报》1989年第3期。

仵学元、李仲山、石焕林:《陶行知教育思想在延安》,《行知研究》1988年第1期。

伍德勘:《陶行知的乡村教育思想》,《阜阳师范学院学报》1991年第3期。

仇德勤:《陶行知关于学生自治的思想与实践》,《安徽理工大学学报》(社会科学版)2005年第3期。

伍坤江:《学陶师贵在实践》,《行知研究》1989年第1期。

伍文、熊贤军:《试论陶行知科学技术教育思想和实践》,《华中师范大学学报》1989年第2期。

武丰旭:《陶行知主体教育思想及其启示(上)》,《教育科研论坛》2003年第2期。

武丰旭:《陶行知主体教育思想及其启示(下)》,《教育科研论坛》2003年第3期。

武西娜:《陶行知教学做合一思想与现代教学过程理论》,《铜陵学院学报》2004年第4期。

郗伯侯:《陶行知教学法理论探讨》,《四川师范大学学报》1987年第6期。

席春玲:《陶行知生活教育理论对当今中小学英语教学的启示》,《课程·教材·教法》2006年第10期。

夏翠霞:《平民教育,实现教育公平的重要途径——陶行知〈平民教育概论〉读后》,《生活教育》2008年第3期。

夏德清、武素月:《陶行知在内蒙古的教育实践》,《华中师范大学学报》1991年第6期。

夏德清:《论陶行知的创造教育思想》,《华中师范学院学报》1984年第4期。

夏德清:《论陶行知的民族教育思想》,《云南民族学院学报》1985年第4期。

夏德清:《社会大学实践陶行知的教育思想》,《行知研究》总第4期,1981年12月。

夏德清:《试论陶行知的人才教育思想》,《华中师范学院学报》1983年第5期。

夏德清:《陶行知的职业教育思想简述》,《职业技术教育》1985年第9、10期。

夏德清:《陶行知和社会大学》,《教育研究和实验》1982年第1期。

夏德清:《陶行知人口统制论教育思想之研究》,《行知研究》总第7期,1983年1月。

夏德清:《陶行知生年质疑》,《长江日报》1982年3月12日。

夏德清:《陶行知生于1892年的又一佐证》,《长江日报》1982年3月18日。

夏德清:《陶行知先生论教科书》,《课程·教材·教法》1984年第6期。

夏嘉、应之:《陶行知、梁启超、张学良与南开学校》,《天津师范大学学报》1987年第3期。

夏秀火:《游离传统而走向现代的生活教育》,《生活教育》2010 年第 10 期。

晓长:《陶行知及其教育思想》,《湖北教育学院学报》1987 年第 1 期。

晓肇:《认真研究陶行知教育思想》,《陶行知纪念文集》,四川人民出版社 1982 年版。

肖洪寿:《陶行知的教育社会学思想》,《江苏教育研究》1991 年第 4 期。

肖建彬:《论陶行知生活教育学说的精神实质》,《广东教育学院学报》1991 年第 4 期。

肖起清:《陶行知教育思想的现实思考》,《玉林师范学院学报》2001 年第 4 期。

肖三:《中国的大众诗人陶行知》,巴黎《救国时报》1936 年 12 月 12 日。

肖杏村:《对陶行知先生的点滴回忆》,《教育科学研究》(武汉师范学院)1983 年第 2 期。

肖韵:《论陶行知德育思想对大学生德育的启示》,《钦州师范高等专科学校学报》2003 年第 2 期。

肖韵:《论陶行知德育思想对大学生德育的现实意义》,《四川职业技术学院学报》2003 年第 2 期。

肖宗六:《简论陶行知的办学思想》,《中国教育学刊》1991 年第 5 期。

谢豹:《论晓庄师范被封事》,1930 年 4 月,孙铭勋、戴自俺编:《晓庄批判》,上海儿童书局 1933 年版。

谢美华:《陶行知的考试观及其现实观照》,《当代教育论坛》2005 年第 10 期。

谢瑞俊:《教师的楷模——陶行知》,《苏州教育学院学报》1998 年第 4 期。

辛国俊:《陶行知——中国师范教育改革的先驱》,《南京晓庄学院学报》2000 年第 3 期。

辛治洋:《学陶研陶为师陶,继承创新求发展——全国陶行知教育思想与当代教育改革学术研讨会综述》,《西南师范大学学报》(人文社会科学版)2002 年第 1 期。

信国斌:《让伟大人民教育家的形象活在师范生心中》,中国陶行知研究会编:《改革师范教育的新路》,安徽教育出版社 1990 年版。

邢培华:《论陶行知的武训研究》,《南京晓庄学院学报》2006 年第 2 期。

邢奕斐:《生活教育和陶行知教育哲学的启示》,《华中师范大学学报》专刊,1991 年 12 月。

熊贤军:《陶行知的办学思想管窥》,《江汉大学学报》增刊,1991 年 8 月。

熊贤军:《陶行知对中西文化的批判》,《华中师范大学学报》1988 年第 6 期。

熊贤君:《论陶行知早期"教育救国"思想》,《理论月刊》1997 年第 3 期。

熊贤君:《世纪性的"陶研"学术总结——金林祥主编〈20 世纪陶行知研究〉读后感》,《生活教育》2006 年第 3 期。

熊贤君:《陶行知创造教育思想探微》,《教育研究》1999 年第 11 期。

熊贤君:《陶行知的乡村教育利弊得失谈》,《华中师范大学学报》专刊,1991 年 12 月。

熊贤君:《陶行知研究国际学术研讨会综述》,《华中师范大学学报》(人文社会科学版)1997 年第 1 期。

秀和、家贺:《陶校长与音乐组》,1946 年,陶行知先生纪念委员会编印:《陶行知先生纪念集》。

须养本、王思清:《全面正确评价陶行知先生的教育思想》,《教育研究》1980 年第 1 期。

须养本:《关于对〈生活教育的我见〉一文的补充意见》,《教育通讯》1952 年 3 月号。

须养本:《批判陶行知先生的"教育万能"观点》,《教育通讯》第 7 卷第 3 期,1951 年 10 月。

须养本:《陶行知教育思想研究的几个原则问题》,《学术研究》1982 年第 2 期。

许琼华:《陶行知关于科学教师培养的论述及其现实指导意义》,《生活教育》2007 年第 4 期。

徐承伦:《陶行知与行知学校》,《理论学习》1985 年第 4 期。

徐春霞:《陶行知的生活教育学说探微》,《教育探索》2004 年第 10 期。

徐广义:《陶行知的科学教育思想的现实意义》,《行知研究》1991 年第 3 期。

徐海明、顾月良:《走平民教育之路,做好乡村教育——结合学校的发展实践谈陶行知教育思想与农村小学教育》,《生活教育》2009 年第 12 期。

徐鸿:《试论陶行知的师范教育思想》,《西南民族大学学报》(人文社会科学版)2004 年第 11 期。

徐化麟:《陶行知与新民主主义教育》,《广东教育与文化》(沪)第 1 卷第 3 期,1950 年。

徐家杰:《陶行知体育思想研究》,《武汉体育学院学报》1999 年第 5 期。

徐丽丽:《从陶行知"生活教育理论"谈"学以致用"》,《当代教育论坛》2005 年第 18 期。

徐明聪:《陶行知幼儿教育思想及其现实意义》,《学前教育研究》2000 年第 1 期。

徐明聪:《万世师表陶行知》,《教育文汇》2003 年第 2 期。

徐明聪:《陶行知创造教育思想及其时代意义》,《生活教育》2007 年第 11 期。

徐明清:《对陶行知先生的再认识》,《行知研究》总第 11 期,1984 年 5 月。

徐琦:《真·善·美——从陶行知看如何构筑现代新型师生关系》,《班主任之友》2002 年第 5 期。

徐润俭、麦坚弥:《陶行知与香港中华业余学校》,《生活教育》2010 年第 5 期。

徐少锦:《陶行知德育理论研究的新贡献——读〈生活德育论〉》,《生活教育》2006 年第 6 期。

徐少锦:《陶行知教育理论研究的一个创见》,《南京晓庄学院学报》2002 年第 3 期。

徐思源:《生活教育与语文教学》,《生活教育》2010 年第 7 期。

徐书业:《陶行知科学教育思想论略》,《行知研究》1989 年第 2 期。

徐特立、范文澜:《延安新教育学会致函陶行知先生,庆祝生活教育社十五周年》,延安《解放日报》1942 年 3 月 15 日。

徐特立:《陶行知的学说》,延安《解放日报》1946 年 8 月 12 日。

徐特立:《再论我们怎样学习》,延安《解放日报》,1942 年 4 月 1 日。

徐特立:《中国教育家陶行知先生的学说》,延安《边区教育通讯》1946 年 9 月 1 日、12 月 1 日。

徐伟:《陶行知思维能力培养思想探析》,《生活教育》2007 年第 7 期。

徐文武:《陶行知的音乐教育思想与实践初探》,《西安音乐学院学报》1999 年第 1 期。

徐扬:《陶行知先生的童少年时代》,《安徽日报》1981 年 10 月 17 日。

徐耀斌:《陶行知教育思想的现实意义》,《行知研究》总第 11 期,1984 年 5 月。

徐耀斌:《陶行知试验主义是教改实验的利器》,《行知研究》1987 年第 2 期。

徐莹晖:《陶行知的教育信仰》,《生活教育》2010 年第 10 期。

徐远瑛:《陶行知先生教育思想的初步批判》,《安徽史学通讯》第 6 期,1958 年 11 月。

徐则浩:《斋藤秋男访问陶行知故乡》,《江淮文史》1999 年第 2 期。

徐志辉:《教育为了什么?生活教育给我们的启示》,《生活教育》2009 年第 6 期。

徐志辉:《本世纪前五年陶行知研究综述》,《南京晓庄学院学报》2006 年第 3 期。

徐志辉:《研究陶行知必须有真正的学术精神》,《南京晓庄学院学报》2005 年第 1 期。

徐仲林、李定开:《一所民主抗日的学校——育才学校概况》,《西南师范学院学报》1980 年第 1 期。

徐铸成:《陶行知开罪江青始末》,《出版参考》2004 年第 35 期。

许波:《陶行知与梁漱溟农村教育思想比较研究》,《远程教育杂志》2000 年第 5 期。

许涤新:《镰刀到处无荆棘》,《北京市陶行知研究会成立大会纪念专刊》1984 年 10 月。

许涤新:《陶行知在反动派的迫害中致死》,《百年心声·中国民主革命史话》,生活·读书·新知三联书店1979年版。

许涤新:《学习陶先生的教育思想》,《行知研究》1985年第4期。

许良廷:《对陶行知怎样成为党外共产主义者的探索》,《安徽史学》2001年第3期。

许梦瀛:《我对“生活即教育、社会即学校”的理解》,《行知研究》1985年第2期。

许士骐:《爱满天下,古庙敲钟》,《行知研究》总第8期,1983年5月。

许士骐:《陶行知先生的事业及其生平》,1946年,陶行知先生纪念委员会编印:《陶行知先生纪念集》。

许向峰:《苍凉时代的“人民经”——浅谈陶行知诗歌的“教育气韵”》,《生活教育》2006年第3期。

许向峰:《陶行知先生的“人”与“文”》,《生活教育》2007年第10期。

许振明:《陶行知生活教育理论闪耀着和谐教育思想的光辉——浅谈对生活教育理论的新认识》,《生活教育》2008年第7期。

许宗元:《论陶行知的旅游观》,《江淮论坛》2001年第2期。

许宗元:《中国新文学史上不能没有陶行知的位置》,《江淮论坛》1991年第5期。

许宗元:《重读陶诗祭陶师》,《安徽日报》1981年10月18日。

宣谛之:《关于社会大学的回忆》,《行知研究》1986年第1期。

延安新教育学会编辑部:《〈行知教育论文选集〉序》,1942年3月10日,《行知教育论文集》。

严纯:《陶行知先生二三事》,《安徽史学通讯》第2期,1958年3月。

严建:《生活教育在小学数学教学中的实践》,《生活教育》2008年第6期。

严兴福、李杏葆、毛大伦:《略论陶行知的教育思想》,《上海师范学院学报》1989年第2期。

阎广芬:《情感教育的典范——陶行知》,《河北大学学报》(哲学社会科学版)1998年第4期。

阎国华:《陶行知教师论思想研究》,《河北大学学报》1992年第2期。

阎立强:《陶行知德育思想对教育工作的启示》,《运城高等专科学校学报》2002 年第 2 期。

阎学儒:《陶行知教育思想和实践的现实意义》,《西北师范大学学报》1992 年第 1 期。

阳光:《陶行知教育思想之启示》,《贵阳师范专科学校学报》1994 年第 4 期。

杨纯:《陶行知的艺术创造教育思想》,《高等函授学报》(哲学社会科学版)2000 年第 1 期。

杨东平:《现代中国的教育哲学——对陶行知生活教育理论的再认识》,《生活教育》2006 年第 1 期。

杨东平:《作为教育家和思想家的陶行知——〈陶行知与中国现代化〉一书的序》,《生活教育》2006 年第 10 期。

杨耳:《评武训和关于武训的宣传》,《学习》第 4 卷第 5 期,1951 年 6 月 16 日。

杨耳:《陶行知先生表扬"武训精神"有积极作用吗?》,原载《文艺报》第 4 卷第 2 期,1951 年 5 月 10 日,后由《人民日报》1951 年 5 月 16 日重新发表。

杨刚:《对陶行知先生哲学思想的初步探讨》,《安徽史学通讯》第 3 期,1958 年 5 月。

杨国龙:《陶行知教育思想对西部乡村教育实践和指导思想的启示》,《楚雄师范学院学报》2005 年第 5 期。

杨进发:《陶行知先生与创造教育》,《教育理论与实践》1993 年第 5 期。

杨克贵:《略论"教学做合一"中的"做"》,《安徽师范大学学报》1991 年第 4 期。

杨克贵:《略论陶行知教学思想的几个问题》,《教育研究》1997 年第 10 期。

杨克贵:《陶行知的"全民教育"思想论略》,《宁波职业技术学院学报》2002 年第 3 期。

杨克贵:《陶行知的师范教育思想与当前师范教育的改革》,《安徽师范大学学报》1988 年第 2 期。

杨立俊:《坚持和发展陶行知的教育思想》,《阜阳师范学院学报》1991 年第3期。

杨连山:《浅谈陶行知的幼儿教育思想》,《师范教育》1986年第11期。

杨连山:《陶行知的德育观》,《天津教育》1991年第10期。

杨明远:《陶行知26国之行——爱国主义的凯歌》,《行知研究》总第9期,1983年10月。

杨乃虹:《从"教学做合一"看陶行知的教育哲学观》,《河北大学学报》(哲学社会科学版)1999年第3期。

杨平:《陶行知学习思想及其现实意义》,《中国教育学刊》2004年第1期。

杨平:《中国教育现代化进程中的里程碑——陶行知师范教育思想述评》,《北方论丛》1998年第6期。

杨琦:《陶行知创造教育思想探微》,《青海师范大学学报》(哲学社会科学版)2003年第5期。

杨桥:《回忆重庆社会大学——从"民主讲座"到"社会大学"》,《教学研究》1981年第7期。

杨群祥:《陶行知"生活教育"思想的校本化探索》,《高教探索》2007年第4期。

杨荣春:《学习陶行知的教育改革精神》,《学习陶行知,促进教育改革》,广东教育出版社1985年4月版。

杨瑞清、李亮:《学习陶行知,探索乡村教育新路》,《行知研究》1985年第4期。

杨瑞清:《学会赏识——陶行知先生儿童教育思想学习心得》,《中小学教学研究》2002年第1期。

杨瑞清:《学习陶行知,探索农村小学教育新路》,《南京晓庄学院学报》2007年第2期。

杨瑞清:《基于生活教育理论的小班化实验》,《生活教育》2010年第12期。

杨寿南:《我对陶行知先生的一些看法》,《安徽史学通讯》第3期,1958年5月。

杨韬:《调查·总结·创新——简述陶行知形成生活教育理论的科学方法》,《教育科学论坛》(成都)1988年第3期。

杨韬:《试验·继承·发展——再述陶行知形成生活教育理论的科学方法》,《教育科学论坛》(成都)1989 年第 2 期。

杨韬:《陶行知论劳动教育》,《四川教育学院学报》1988 年第 3 期。

杨望友:《陶行知体育思想初探》,《华中师范大学学报》专刊,1991 年 12 月。

杨威涛:《让教育走向生命世界——以大学生生命教育为支点践行陶行知生活教育理论》,《福建陶研》2010 年第 4 期。

杨晓:《陶行知的创造教育思想体系探析》,《沈阳师范学院学报》(社会科学版)1995 年第 4 期。

杨效春:《我们的教育》,《中华教育界》第 20 卷第 7 期,1933 年。

杨秀英:《学习陶行知创造教育思想,培养幼儿的创造思维》,《基础教育研究》2000 年第 4 期。

杨学敏:《陶行知哲学思想的探讨》,《安徽师范大学学报》1984 年第 3 期。

杨雅文:《陶行知师范教育思想及启示》,《长春师范学院学报》1996 年第 4 期。

杨应彬:《纪念伟大的人民教育家陶行知先生》,《南方日报》1981 年 10 月 13 日。

杨应彬:《陶行知教育思想浅识》,《行知研究》1986 年第 2 期。

杨应彬:《学习陶行知,促进教育改革》,《行知研究》1985 年第 2 期。

杨应彬:《研究陶行知教育思想,促进教育事业发展》,《南方日报》1983 年 10 月 18 日。

杨应彬:《永恒的怀念》,《羊城晚报》1981 年 12 月 3 日。

杨振升:《陶行知生活教育理论对当今教育改革的启示》,《教育与职业》2006 年第 8 期。

姚成:《陶行知教育思想与现代教育刍议》,《安徽教育》2005 年第 1 期。

姚建忠:《陶行知创造教育思想给我们的启示》,《教育科研论坛》2004 年第 12 期。

姚敬华:《陶行知教育考试观的当代启示——兼谈高中思想政治课学习质量评价的改良》,《生活教育》2006 年第 9 期。

姚明:《陶行知的生活教育与青少年学生的养成教育》,《芜湖职业技术学院学报》1997 年第 1 期。

姚培玲:《陶行知培养学生创造力的教育思想的启示》,《行知研究》1988 年第 2 期。

姚文忠:《生活教育理论的现代价值需要现代教育实践的继续检验》,《生活教育》2009 年第 5 期。

姚新吾:《〈创造的社会教育〉读后笔记片断》,《行知研究》1990 年第 3 期。

姚新吾:《陶行知的职业教育思想和实践》,《行知研究》1987 年第 2 期。

姚永强:《论陶行知的职业教育思想及现实意义》,《成都中医药大学学报》(教育科学版)2004 年第 1 期。

姚远:《陶行知与汇文书院》,《东南文化》2003 年第 1 期。

叶常绿:《环境在生活教育中的重要作用》,《生活教育》2009 年第 10 期。

叶存洪:《陶行知普及教育思想研究》,《江西教育学院学报》2001 年第 2 期。

叶金文:《孔子与陶行知》,《杭州师范学院学报》1990 年第 5 期。

叶平衡:《陶行知论普及乡村教育》,《行知研究》1991 年第 3 期。

叶启明:《陶行知智育观管窥》,《行知研究》1991 年第 2 期。

叶上雄:《关于生活教育的理论体系》,《行知研究》1990 年第 1 期。

叶圣陶:《生活教育——怀念陶行知》,《生活教育》2006 年第 2 期。

叶昕:《陶行知和抗日救亡》,《江苏教育学院学报》1995 年第 3 期。

易群:《陶行知的卖艺启事与对联》,《对联·民间对联故事》2004 年第 2 期。

易铁夫:《我所认识的晓庄之理论与实际》,1929 年 10 月,孙铭勋、戴自俺编:《晓庄批判》,上海儿童书局 1933 年版。

殷洁:《试论陶行知教育思想中的幼儿自治》,《学前教育》2004 年第 2 期。

殷洁:《试论陶行知教育思想中幼儿自治的几对关系》,《山东教育》2004 年第 15 期。

殷雪华:《学陶行知教育理论,促中专语文教改》,《徐州教育学院学报》2001 年第 2 期。

尹祥霞:《陶行知关于女子教育的理论与实践》,《阜阳师范学院学报》1991 年第 3 期。

尹样保:《陶行知生活教育理论中的哲学思想》,《扬州师范学院学报》1989 年第 3 期。

应西芳:《用爱心去开启学生心灵的窗户——走近陶行知后的感悟与实践》,《教育科研论坛》2003 年第 11 期。

营恩迪:《伟大的人民教育家——陶行知》,《辽宁教育》1979 年第 11 期。

尤亚东:《高起点塑造教师的人格精神——陶行知教师素质思想探求》,《生活教育》2006 年第 6 期。

尤在:《报人陶行知》,1946 年 7 月 28 日,陶行知先生纪念委员会编印:《陶行知先生纪念集》。

游晔:《践行陶行知教育思想,构建人文管理模式》,《福建陶研》2007 年第 1 期。

游宇明:《学点陶行知的"心计"》,《教书育人》2001 年第 13 期。

于朝贵:《陶行知美育思想探讨》,《西南师范学院学报》1985 年第 3 期。

于川:《陶行知与工学团运动》,《民国档案》1997 年第 3 期。

于飞:《陶行知与南京平民教育运动》,《江苏地方志》2006 年第 5 期。

于秋华:《论陶行知德育观与课堂教学原则》,《池州师范专科学校学报》2000 年第 3 期。

于仰南、徐明:《陶行知教育经济学思想初探》,《吉林师范学院学报》1988 年第 1 期。

余广寿:《从孔夫子到陶行知——汤有祥校长教育理念与实践述评(上)》,《生活教育》2006 年第 6 期。

余广寿:《从孔夫子到陶行知——汤有祥校长教育理念与实践述评(下)》,《生活教育》2006 年第 8 期。

余受之:《我所认识的陶行知先生》,《今日四川》1996 年第 2 期。

余万予:《陶行知学校体育思想初探》,《行知研究》1988 年第 1 期。

余小平:《陶行知劳动教育理论与实践的研究》,《行知研究》1993 年第 2 期。

余之介:《认识陶行知的思想与奋斗》,1946 年 8 月 20 日,陶行知先生纪念委员会编印:《陶行知先生纪念集》。

余之介:《伟大的人民教育家陶行知》,《大公报》1949 年 7 月 25、26 日。

余之介:《愿大家承继陶行知先生伟大的精神遗产》,《读书与出版》1946 年 8 月 15 日。

余子侠:《陶行知的三次武汉之行》,《武汉文史资料》2000 年第 6 期。

余子侠:《陶行知生平事迹五考》,《安徽史学》2001 年第 3 期。

余子侠:《陶行知研究国际学术研讨会综述》,《理论月刊》1997 年第 1 期。

余子侠:《陶行知早期德育观探论》,《湖北大学学报》(哲学社会科学版)1999 年第 5 期。

余子侠:《重在学习研究,贵在实践发展——陶行知研究国际学术研讨会综述》,《教育研究》1997 年第 1 期。

余子侠:《陶行知与近代中国教会教育》,《河北师范大学学报》(教育科学版)2002 年第 5 期。

余子侠:《陶行知与近代中国教会教育(续)》,《河北师范大学学报》(教育科学版)2002 年第 6 期。

愈成火、黄昌富:《践行生活教育理论,促进教师专业成长》,《生活教育》2008 年第 3 期。

俞华:《深切怀念人民教育家陶行知》,《教育研究丛刊》1980 年第 1 期。

俞克斌:《简论陶行知教育思想发展的四个阶段》,《上海师范大学学报》1986 年第 3 期。

俞润生:《陶行知论校长工作》,《安徽教育学院学报》1990 年第 1 期。

渔歌:《一卷在手,全豹可识——〈陶行知教育论著选〉评介》,《华中师范大学学报》专刊,1991 年 12 月。

虞肯堂:《浅谈陶行知普及教育思想》,《光明日报》1994 年 3 月 9 日。

虞肯堂:《谈谈陶行知改革教育的创新精神》,《学习陶行知,促进教育改革》,广东教育出版社 1985 年 4 月版。

虞伟庚:《教育就是教人做人——陶行知教育思想对当前德育工作的启示》,《江西社会科学》2002 年第 4 期。

宇文:《中国陶行知研究会开展女学生教育研究》,《妇女研究论丛》2004 年第 1 期。

育才文学组同学:《陶校长与文学组》,1946 年,陶行知先生纪念委员会编印:《陶行知先生纪念集》。

喻本伐:《论陶行知的人道观》,《江汉大学学报》增刊,1991 年 8 月。

喻本伐:《陶行知普及教育理论的现实可行性探究》,《华中师范大学学报》1989 年第 2 期。

喻本伐:《陶行知艺友制师范教育理论述评》,《湖北教育学院学报》1986 年第 1 期。

喻本伐:《陶行知与"教学法"》,《北京教育》1984 年第 6 期。

遇桂敏:《陶行知师德学说浅论》,《教育探索》1998 年第 2 期。

员非伍:《学习陶行知精神,办好高等师范教育》,中国陶行知研究会编:《改革师范教育的新路》,安徽教育出版社 1990 年版。

原育才在渝师生:《育才学校的诞生与成长》,《重庆文史资料选辑》第 5 辑,1979 年 12 月。

袁采:《扎实开展陶研,建立有中国特色的教育体系》,《行知行》1991 年 5 月20 日。

袁敏智:《陶行知教育思想与素质教育》,《浙江树人大学学报》2002 年第 5 期。

袁锐锷:《作为教育改革家的陶行知与杜威比较》,《华南师范大学学报》1986 年第 4 期。

袁舒白:《我对萌芽学校及其"生活教育"理论的看法》,《教育通讯》1952 年 2 月号。

袁逸娟:《"猫"和"老鼠"——陶行知自治理论在班级管理中的实践》,《生活教育》2009 年第 11 期。

袁翔、王建新:《试论陶行知"终生教育"——思想及其现实意义》,《教育探索》(哈尔滨)1991 年第 5 期。

袁忠霞:《陶行知终生教育思想与教师的继续教育》,《继续教育》2001 年第5期。

袁宗金:《回到基本元素——陶行知幼儿科学教育思想解读》,《南京晓庄学院学报》2007年第2期。

远芃(李鹏):《陶行知先生与育才学校》,《晋察冀日报》1946年8月15日。

曾繁铭:《从陶行知和胡适的分道扬镳看两种不同的世界观和人生观》,《教育研究》1991年第10期。

曾华:《陶行知师范教育理论与实践的启示》,《广西师范学院学报》1990年第2期。

张爱萍:《纪念新旅,学习新旅》,《行知研究》1985年第3期。

张邦民:《试论陶行知世界观的发展过程——兼评〈陶行知教育思想研究的几个重要原则问题〉》,《教育科学研究》1984年第3、4期。

张邦民:《陶行知的生活教育哲学对杜威实用主义哲学的扬弃》,中国陶行知研究会、基金会编:《为中国教育改革探路》,江苏教育出版社1988年版。

张宝书:《陶行知与梁漱溟的农村教育思想之比较》,《当代教育论坛》2004年第7期。

张彬:《陶行知教育思想探析》,《河北师范大学学报》(教育科学版)1998年第3期。

张炳生:《论陶行知的教师伦理思想》,《商丘师范学院学报》2002年第6期。

张炳生:《陶行知的师范教育思想》,《河北师范大学学报》(教育科学版)2001年第3期。

张炳生:《陶行知师范教育思想与我国师范教育现代化》,《南京晓庄学院学报》2002年第3期。

张炳生:《陶行知主体性德育思想探求》,《兰州学刊》2004年第5期。

张炳生:《陶行知主体性德育思想探求》,《云南民族大学学报》(哲学社会科学版)2004年第6期。

张伯华、张乐群:《陶行知教育思想的世界意义》,《行知研究》1990年第4期。

张伯兴:《活教育、真教育、好教育——陶行知先生一生的教育追求》,《中国教育学刊》2004年第4期。

张伯兴:《陶行知的课程观及其现代价值》,《中国教育学刊》2004 年第 10 期。

张伯兴:《陶行知关于教学方法的论述及其现实指导意义》,《生活教育》2006 年第 2 期。

张伯兴:《陶行知教育思想中的辩证法例谈》,《爱满天下》2006 年第 4 期。

张伯兴:《学习陶行知关于师生关系的论述,促进和谐师生关系的构建》,《生活教育》2007 年第 6 期。

张彩霞:《陶行知论创造教育》,《郑州铁路职业技术学院学报》2001 年第 1 期。

张彩霞:《陶行知论乡村教育》,《河南职业技术师范学院学报》2002 年第 4 期。

张达扬、李红梅:《学习陶行知毕生从事人民教育的献身精神》,《学术研究》1984 年第 4 期。

张达扬:《蒋管区一朵鲜艳的奇葩——育才学校》,《行知研究》总第 10 期,1984 年 3 月。

张达扬:《深入研究陶行知,开创教育新局面》,《成都大学学报》1984 年第 4 期。

张丹:《陶行知教育思想对当代乡土教育的启示》,《生活教育》2009 年第 10 期。

张德鹏:《陶行知和新安旅行团》,《广西党史》1996 年第 2 期。

张典兵:《陶行知实践教育思想的表现与启示》,《河南教育学院学报》1998 年第 3 期。

张风山:《陶行知德育思想浅析》,《教育研究》1987 年第 10 期。

张癸:《论生活教育理论的形成与发展》,《行知研究》1994 年第 4 期。

张癸:《陶行知的人生观》,《行知研究》1990 年第 1 期。

张癸:《陶行知的中西文化观》,《行知研究》1988 年第 1 期。

张癸:《陶行知与中国共产党》,《行知研究》1987 年第 1 期。

张桂平:《陶行知"活的教育"思想在科技教育中的应用》,《教育科研论坛》2003 年第 10 期。

张国:《教育现代化与陶行知研究》,《广州师范学院学报》1998 年第

12 期。

张国良:《陶行知先生两则逸事》,《江淮文史》1997 年第 1 期。

张国良:《我所知道的陶行知》,《教学研究》1981 年第 7 期。

张国良:《再记我所知道的陶行知先生》,《行知研究》总第 11 期,1984 年 5 月。

张华新:《论陶行知的实践教育思想》,《武汉理工大学学报》(社会科学版)2002 年第 3 期。

张惠人:《晓庄 23 年》,《光明日报》1950 年 3 月 23 日。

张嘉巽:《陶行知创造教育理论的启示》,《生活教育》2006 年第 4 期。

张建平:《试论陶行知"健康第一"的学校体育思想》,《体育文化导刊》2002 年第 5 期。

张建平:《论生活教育的开放性》,《生活教育》2007 年第 1 期。

张建华:《创"生活教育"特色,走自主发展之路》,《生活教育》2006 年第 9 期。

张建仁:《论陶行知的乡村教育思想》,《教育史研究》1990 年第 3 期。

张建中:《情感与理性的合力——试论陶行知"知情意合一"的美育观》,《生活教育》2006 年第 11 期。

张健:《积极开拓陶行知研究工作的新局面》,《华中师范大学学报》1987 年第 4 期。

张健:《略谈陶行知教育思想的阶级性》,《人民教育》1953 年 5 月号。

张健:《略谈陶行知先生的生平与事业》,《东北教育》第 1 卷第 4 期,1949 年。

张健:《认真学习陶行知的人民教育思想》,《教育研究》1991 年第 10 期。

张健:《山海工学团是党在白区教育的一个据点》,《行知研究》总第 6 期,1982 年 10 月。

张健:《生活教育是什么? ——为生活教育社成立十五周年纪念而作》,延安《解放日报》1942 年 3 月 15 日。

张健:《试论毛泽东和陶行知的人民教育思想》,《邢台师范高等专科学校学报》1996 年第 3 期。

张健:《伟大的人民教育家陶行知先生》,华中师范学院高教会编:《陶行知先生诞辰 90 周年纪念专辑》,1981 年 10 月。

张健:《重新认识陶行知先生的哲学观点》,《人民教育》第 4 卷第 1 期,1951 年 11 月。

张锦贤:《学习行知思想,弘扬行知精神——纪念陶行知先生诞辰 110 周年》,《江南论坛》2002 年第 2 期。

张劲夫:《从他身上吸收光和热》,胡晓风等编:《生活教育文选》,四川教育出版社 1988 年版。

张劲夫:《纪念陶行知先生》,《新教育》(沪)第 1 卷第 5 期,1950 年。

张劲夫:《学习陶行知,研究陶行知》,北京市陶行知研究会编印:《生活教育理论体系笔谈文集》,1991 年 4 月。

张劲夫:《学习陶行知损己利人的高尚精神》,《行知研究》总第 4 期,1981 年 12 月。

张劲夫:《研究陶行知留下的宝贵的精神财富》,《行知研究》1985 年第 4 期。

张劲夫:《一部具有宝贵精神财富的巨著——祝新版〈陶行知全集〉出版》,《人民日报》1991 年 10 月 19 日。

张劲夫:《在和陶夫子相处的日子里》,《光明日报》1993 年 8 月 9 日。

张劲夫:《在纪念山海工学团成立 50 周年座谈会上的讲话》,《行知研究》总第 7 期,1983 年 1 月。

张劲夫:《在晓庄师范建校和生活教育运动 60 周年纪念大会上的发言》,《行知研究》1987 年第 1 期。

张劲夫:《中国近代教育史上的一座宝库——祝〈陶行知全集〉出版》,《行知研究》1986 年第 2 期。

张劲夫:《追忆伟大的人民教育家陶行知先生》,《行知研究》总第 12 期,1984 年 8 月。

张俊杰:《论陶行知的政治诗》,《山西师范大学学报》1991 年第 2 期。

张乐群:《创造力最能发挥的条件是民主——兼论陶行知的民主教育思想》,《中国教育学刊》2007 年第 2 期。

张莉莉:《浅谈陶行知的素质教育思想》,《宿州师范专科学校学报》2003 年第 2 期。

张黎明:《浅论陶行知与安徽平民教育运动》,《徽州社会科学》1990 年第4期。

张丽娟:《陶行知教育思想对提升高等教育教学质量的启示》,《重庆教育学院学报》2007年第2期。

张丽玉:《陶行知"生活即教育"理论述评》,《生活教育》2006年第9期。

张良才:《"敲碎儿童的地狱,创造儿童的乐园"——陶行知论解放儿童的创造力》,《山东教育科研》2000年第2期。

张良才:《试论陶行知精神》,《教育科学》1997年第3期。

张良瑞:《陶行知健康教育思想与学校体育思想变革》,《成都教育学院学报》2000年第5期。

张林发:《陶行知"创造教育"略论》,《湖南师范大学教育科学学报》2003年第5期。

张凌光:《评"生活即教育,社会即学校"》,《人民教育》1952年1月号。

张敏:《陶行知民主教育思想及其实践意义》,《重庆教育学院学报》2007年第1期。

张鸣年:《陶行知诗歌理论之理性思索》,《黄山学院学报》2002年第4期。

张牧:《汪达之和新安事业》,《行知研究》1989年第2期。

张乃平:《学习陶行知教育思想的三点思考》,《学校管理》1991年第5期。

张乃清:《陶行知的好学生——张翼》,《生活教育》2007年第4期。

张平:《陶行知家庭教育思想举隅》,《生活教育》2006年第5期。

张蓉:《批判与反思:1951　1978年的陶行知研究》,《华东师范大学学报》(教育科学版)2005年第3期。

张瑞征:《陶行知教育思想在印尼的传播》,《陶研通讯》(闽)1986年第1期。

张申府:《这打击得了民主运动么》,1946年,陶行知先生纪念委员会编印:《陶行知先生纪念集》。

张世斌:《重温陶行知创造教育思想》,《天津教育》2001年第1期。

张世德(张劲夫):《捞在生活教育网里》,《生活教育》第1卷第1期,1934年2月16日。

张守中:《我对实践教育的认识和检讨》,《东北教育》1952 年 5 月号。

张寿祺:《我们应该向陶行知先生学习些什么》,《广东教育与文化》(沪)第 1 卷第 3 期,1950 年。

张书丰:《武训义学及陶行知对武训精神的升华》,《山东师范大学学报》(人文社会科学版)2001 年第 4 期。

张淑清:《学习陶行知的生活教育理论,深化师专教育改革》,《忻州师范学院学报》1999 年第 1 期。

张水根:《突显主体:从他律走向自律——陶行知学生自治问题研究的启示》,《爱满天下》2006 年第 2 期。

张涛:《陶行知教育思想对现代创造教育的启迪》,《扬州教育学院学报》2002 年第 1 期。

张廷贵:《陶行知的创造教育思想与学生创新能力的培养》,《教学与管理》2001 年第 16 期。

张伟:《陶行知人格教育思想与素质教育》,《江西教育学院学报》1995 年第 4 期。

张纬:《陶行知依法治教思想与教育法制化》,《江西教育科研》1995 年第 3 期。

张文明:《陶行知创造教育观探微》,《苏州教育学院学报》2002 年第 3 期。

张文婷:《陶行知的教师素质观与现代教师素质》,《濮阳教育学院学报》2002 年第 2 期。

张文郁:《关于陶行知教育思想的评价》,《文汇报》1956 年 11 月 21 日。

张文郁:《生活教育是进步发展的》,《天津教育》(沪)第 1 卷第 4、5 期,1950 年。

张文郁:《试论陶行知的教育思想》,《行知研究》总第 5 期,1982 年 10 月。

张文郁:《陶行知的乡村教育运动——思想和实践》,《华东师范大学学报》(教育科学版)1985 年第 1 期。

张文郁:《伟大的人民教育家陶行知》,《上海师范大学学报》1980 年第 1 期。

张小琴:《解放儿童的创造力,培养儿童的创造力——学习陶行知“创造的儿童教育”的几点思考》,《中华家教》2002 年第 2 期。

张效珍:《陶行知生活教育理论的特征及其启示》,《宁波教育学院学报》2000 年第 1 期。

张心龙:《论陶行知的德育思想》,《山西大学师范学院学报》1999 年第 1 期。

张新平:《陶行知校长学的七个命题探析》,《南京师范大学学报》(社会科学版)2006 年第 3 期。

张行、唐厚元:《略评陶行知改革师范教育的措施、实践及其贡献》,《江苏教育研究》1990 年第 4 期。

张秀宏:《以陶行知创造教育思想为指导培养学生的创造力》,《黑龙江教育学院学报》2000 年第 1 期。

张秀琴:《陶行知师范教育思想及其意义》,《青海师范专科学校学报》2001 年第 5 期。

张秀熟:《加强教育理论研究,向陶行知先生学习》,《四川日报》1981 年 10 月 19 日。

张亚钧:《论陶行知的职教思想》,《唐山师范学院学报》1999 年第 3 期。

张萦:《践行生活教育思想,全面推进素质教育》,《生活教育》2009 年第 11 期。

张晔:《陶行知“私德与公德”观引领教师职业道德新规范构建》,《生活教育》2008 年第 12 期。

张永峰:《陶行知的儿童诗》,《重庆日报》1981 年 10 月 16 日。

张友渔:《略论陶行知先生的政治思想》,重庆《新华日报》1946 年 9 月 18 日。

张正君:《陶行知、布鲁姆教育评价体系比较谈》,《信阳师范学院学报》(哲学社会科学版)1996 年第 3 期。

张正江:《陶行知论灌输》,《生活教育》2008 年第 6 期。

张正元、唐皖宁:《陶行知的勤俭办学思想及其意义》,《安徽师范大学学报》(哲学社会科学版)1994 年第 1 期。

张正元、魏名国:《论陶行知生活教育的理论体系及历史地位》,《行知研究》1990 年第 1 期。

张正元、魏名国:《论陶行知生活教育学说的认识论基础》,《行知研究》1988 年第 4 期。

张正元:《论陶行知生活教育理论的特质》,《行知研究》1991 年第 3 期。

张正元:《陶行知生活教育理论体系的特点》,北京市陶行知研究会编印:《生活教育理论体系笔谈文集》,1991 年 4 月。

张志刚:《民主思想是陶行知"真人"教育理论的核心》,《生活教育》2009 年第 3 期。

张仲实:《悼创造的教育家陶行知先生》,延安《解放日报》1946 年 8 月 12 日。

张宗麟:《对陶行知先生的认识和我的初步检讨》,《人民教育》1952 年 3 月号。

张宗麟:《跟着时代前进》,1949 年 3 月 10 日,《陶行知先生四周年祭》。

张宗麟:《关于陶行知先生》,《人民教育》1957 年 7 月号。

张宗麟:《学习伟大的人民教育家陶行知先生》,《光明日报》1950 年 7 月 25 日。

张宗麟:《学园制的乡村师范》,《中华教育界》第 23 卷第 11 期,1936 年 5 月16 日。

章开沅、唐文权:《伟大的爱国主义者陶行知》,《华中师范大学学报》专刊,1991 年 12 月。

章开沅:《大教育:建设中国的支点——〈陶行知与中国现代化〉序》,《中国改革》2002 年第 7 期。

章开沅:《生活教育已经成为世界文化遗产中的瑰宝——〈陶行知与中国现代化〉一书的序》,《生活教育》2006 年第 10 期。

章锡麟:《陶行知普及教育思想初探》,《山西师范大学学报》1987 年第 3 期。

赵传芳:《试论陶行知的幼儿教育思想》,《韶关学院学报》2002 年第 10 期。

赵刚:《陶行知研究在日本》,《日本研究》1989 年第 3 期。

赵红亚:《论陶行知的终生教育思想》,《成人教育》2003 年第 12 期。

赵家骥:《学习陶行知教育思想,推进素质教育深化发展》,《生活教育》2008 年第 7 期。

赵加钧:《我对陶行知先生的一点认识》,《人民教育》1953 年 8 月号。

赵剑平:《谈陶行知教育思想对培养适应新课程师资的启示》,《教育与职业》2006 年第 17 期。

赵军:《由陶行知生活教育观谈网络时代的创新教育》,《南京晓庄学院学报》2001 年第 2 期。

赵立法:《党的教育方针与陶行知教育思想》,《山西大学学报》1991 年第 2 期。

赵沛荣:《陶行知教育思想对高中生物新课改的实践指导》,《现代教育科学》2006 年第 10 期。

赵拓:《白求恩来华“是受陶行知邀请的”吗?》,《文史精华》2000 年第 1 期。

赵文衡:《陶行知先生的政治思想和学术思想》,《安徽史学通讯》第 1 期,1959 年 1 月。

赵雅丽:《陶行知“教育与知识”思想观探究》,《教育探索》2002 年第 10 期。

赵彦俊:《陶行知活的教育思想对校本教学的启示》,《生活教育》2007 年第 4 期。

赵一民:《陶行知“生活教育”对语文教学的指导意义》,《山东省农业管理干部学院学报》2003 年第 5 期。

赵一明:《缅怀陶行知先生》,《四川教育学院学报》增刊,1986 年第 1 期。

郑登云、崔运武:《论陶行知的师德》,《华东师范大学学报》(教育科学版)1991 年第 3 期。

郑登云:《陶行知的普及教育思想和实践》,《华东师范大学学报》(教育科学版)1988 年第 2 期。

郑国民:《从“教授法”到“教学法”——陶行知对我国现代教学理论的贡献》,《教育研究》1994 年第 9 期。

郑国民:《陶行知的语文教育思想》,《中学语文教学》1995 年第 4 期。

郑涵慧:《陶行知教育思想在陕甘宁边区》,《行知研究》1987 年第 1 期。

郑红红:《陶行知的“创造教育观”对当前实施创新教育的启示》,《福建教育学院学报》2003 年第 12 期。

郑华:《陶行知传统教育观述评》,《山东教育科研》1988 年第 3 期。

郑梅钦:《陶行知教育机构均等思想的当代启示》,《生活教育》2010 年第 6 期。

郑清士:《陶行知先生二三事》,《安徽教育》1979 年第 11 期。

郑显银:《陶行知素质教育思想初探》,《达县师范高等专科学校学报》1998 年第 3 期。

郑晓生:《研究性学习——陶行知教育思想的现实体现》,《福建陶研》2006 年第 1 期。

郑艳芬:《浅析陶行知的创造教育观》,《语文学刊》2003 年第 2 期。

郑友训:《陶行知的师德理论及其现实意义》,《徐州教育学院学报》1991 年第 3 期。

郑振铎:《敢说敢做的大教育家》,1946 年 7 月,陶行知先生纪念委员会编印:《陶行知先生纪念集》。

钟杨:《陶行知论教育科学试验》,《教育史研究》1991 年第 2 期。

周彼:《育才学校的文艺活动》,上海政协文史资料研究会编:《文史资料选辑》第 3 辑,1981 年 11 月。

周波:《忆育才学校在上海的艺术实践》,《行知研究》总第 10 期,1984 年 3 月。

周德昌:《探索、实践、创新》,《学习陶行知,促进教育改革》,广东教育出版社 1985 年 4 月版。

周德昌:《陶行知早期教育思想论略》,《华南师范大学学报》1986 年第 4 期。

周德厚:《我眼中的陶行知夫妇》,《山东教育》2002 年第 5 期。

周德厚:《我在陶行知家干活》,《红岩春秋》2004 年第 3 期。

周东明:《论陶行知的教育思想及其人格精神》,《青岛大学师范学院学报》1996 年第 2 期。

周恩来:《一个无保留追随党的党外布尔什维克》,1946 年 7 月 25 日,

《人物》1980年第4辑。

周洪宇:《〈陶行知传〉的特色之所在》,《教育评论》1993年第2期。

周洪宇:《关于人民教育家陶行知的生年问题》,《华中师范学院学报》1983年第5期。

周洪宇:《国外及港台陶行知研究资料索引》,《文教资料》(南京)1991年第5期。

周洪宇:《湖北省陶行知研究会成立大会暨学术讨论会综述》,《华中师范大学学报》1987年第4期。

周洪宇:《继承中的超越与超越中的继承——陶行知与杜威关系略论》,《教育研究与实验》1993年第6期。

周洪宇:《近代知识分子与教会教育——一项以陶行知为观照基点的历史透视》,《中西文化与教会大学——中国首届教会大学史国际学术研讨会论文集》,湖北教育出版社1990年12月版。

周洪宇:《60年来国内陶行知研究文献目录(1928—1991)》,《华中师范大学学报》专刊,1991年12月。

周洪宇:《欧美陶行知研究概况》,《国外社会科学》1991年第10期。

周洪宇:《千里"陶缘"一线牵》,《光明日报》1993年9月27日。

周洪宇:《日本学者研究陶行知概述》,《教育史研究》1991年第2期。

周洪宇:《生活教育理论体系研究的若干意见》,北京市陶行知研究会编印:《生活教育理论体系笔谈文集》,1991年4月。

周洪宇:《生活教育研究如何深入》,《华中师范大学学报》1991年第6期。

周洪宇:《生活教育与中国特色社会主义教育体系》,《教育理论与实践》1992年第6期。

周洪宇:《试论陶行知的终生教育思想》,《中国教育学刊》1991年第5期。

周洪宇:《谈谈生活教育理论的研究》,《江汉大学学报》1991年8月。

周洪宇:《陶行知——现代终生教育思想的先驱》,《生活教育》2007年第3期。

周洪宇:《陶行知》,《影响中国文化的100人》,武汉出版社1992年12月版。

周洪宇:《陶行知创办的重庆社会大学》,《历史知识》1984年第3期。

周洪宇:《陶行知的教育诗》,《教育研究与实验》1984年第1期。

周洪宇:《陶行知对人民教育的三大贡献》,《行知研究》1994年第4期。

周洪宇:《陶行知二三事》,《武汉春秋》1983年第6期。

周洪宇:《陶行知教育思想与学校和家庭教育的重构》,《生活教育》2006年第5期。

周洪宇:《陶行知解放儿童创造力教育思想的研究》,《行知研究》总第11期,1984年5月。

周洪宇:《陶行知论解放儿童创造力》,《课程·教材·教法》1984年第3期。

周洪宇:《陶行知生活教育学说的当代价值(上)》,《生活教育》2007年第7期。

周洪宇:《陶行知生活教育学说的当代价值(下)》,《生活教育》2007年第8期。

周洪宇:《陶行知生年考》,《历史研究》1983年第2期。

周洪宇:《陶行知生年新证和兄妹问题略考》,《文教资料简报》(宁)1983年第5期。

周洪宇:《陶行知诗嘲胡适》,《长江日报》1983年5月18日。

周洪宇:《陶行知研究的方法论问题》,《华中师范大学学报》1989年第2期。

周洪宇:《陶行知研究在国外》,《教育研究》1991年第11期。

周洪宇:《陶行知与基督教》,《安徽史学》1991年第4期。

周洪宇:《陶行知与马克思主义》,《历史知识》1983年第5期。

周洪宇:《陶行知与美国侨界》,《武汉文史资料》2002年第4期。

周洪宇:《陶行知早年生平和思想的重要史料——1916年2月16日致J. E. 罗素函评介》,《南京大学学报》(高等教育版)1991年第2期。

周洪宇:《现代终生教育思想的先驱——陶行知》,《高等函授学报》(哲学社会科学版)2007年第1期。

周洪宇:《中印友谊,一代风范——陶行知与甘地、泰戈尔》,《外国史知识》1984年第8期。

周纪焕:《新课改背景下对陶行知“教学做合一”理论的再认识》,《湖北社会科学》2005年第4期。

周建人:《判断坚决,信念坚定》,1946年7月,陶行知先生纪念委员会编印:《陶行知先生纪念集》。

周莉:《生活教育是成功之本》,《生活教育》2009年第12期。

周列茜:《略论陶行知改革师范教育的思想和实践》,《海南师范学院学报》1990年第3期。

周先友:《讲究批评的艺术——从陶行知奖糖说起》,《湖南教育》2004年第20期。

周险峰:《陶行知与近现代教学法中国化》,《湖北大学学报》(哲学社会科学版)2001年第2期。

周相权:《陶行知的劳动教育观及其现实意义》,《行知研究》1987年第4期。

周小方:《陶行知教育思想研究的新成果——评〈陶行知教育学说〉》,《华中师范大学学报》(哲学社会科学版)1994年第4期。

周晓平:《浅谈陶行知在晓庄时期的对联创作》,《四川陶行知研究会生活教育理论讨论会会志》,1987年9月。

周辛:《我对陶行知先生教育学说的看法》,《安徽史学通讯》第6期,1958年11月。

周新民:《悼陶行知先生》,1946年7月29日,陶行知先生纪念委员会编印:《陶行知先生纪念集》。

周雅光:《学习陶行知,献身社会主义教育事业》,《陕西教育》1991年第12期。

周扬:《要重视陶行知的研究》,《教育研究》1980年第4期。

周毅:《大哉陶子万世师》,《学习陶行知,促进教育改革》,广东教育出版社1985年4月版。

周玉琴:《陶行知的德育思想及现代价值反思》,《江淮论坛》2004年第3期。

周蕴石:《生活教育在日本》,《行知研究》1985年第2期。

周昭坎:《爱满天下的陶行知》,《海内与海外》1999年第1期。

周志俊、魏名国:《试论陶行知的美育思想》,《安徽师范大学学报》1985年第4期。

周志俊:《陶行知健康教育的理论与实践》,《安徽师范大学学报》1984年第4期。

朱伯骞:《试论陶行知先生诗歌中的德育思想》,《教育科学论坛》(成都)1992年第6期。

朱德君、朱权回忆,陈勤红整理:《陶行知与朱庆澜》,《行知行》1994年6月25日。

朱光宝:《陶行知生活教育的目的与宗旨》,《教育科学论坛》(成都)1991年第5期。

朱洪:《陶行知生活教育理论哲学特征述评》,《安徽农业大学学报》(社会科学版)1995年第2期。

朱慧丽:《注重实践,学以致用——陶行知生活教育理论给我们的启示》,《黄淮学刊》1989年第4期。

朱丽:《生活与教育——杜威"教育即生活"与陶行知"生活即教育"之比较》,《北京教育学院学报》2002年第4期。

朱勤:《陶行知教育思想对职业院校图书馆工作的指导意义》,《浙江高校图书情报工作》2006年第5期。

朱晓春:《陶行知"健康第一"教育思想的研究》,《南京晓庄学院学报》2005年第3期。

朱晓春:《陶行知学校体育思想研究的新取向》,《南京晓庄学院学报》2007年第2期。

朱小蔓:《以陶为师,献身教育——在生活教育暨浙江陶行知教育思想研讨会上的讲话》,《中国农村教育》2006年第1期。

朱小蔓:《中国教育需要在生活教育里吸取营养——〈感悟序〉》,《生活教育》2010年第2期。

朱小英:《多样式践行特色化发展——陶行知教育思想在幼儿园的实践》,《生活教育》2008年第10期。

朱云:《试论陶行知的人口教育思想》,《镇江师范专科学校学报》2000年第1期。

朱泽甫:《山海工学团诞生前后》,《行知研究》总第6期,1982年10月。

朱志仁:《生活教育理论引领素质教育的方向、道路和方法》,《生活教育》2006 年第 6 期。

朱子善:《毋忘求真——关于陶行知生平事迹的几点辨析》,《杭州大学学报》(哲学社会科学版)1998 年第 2 期。

祝彦:《陶行知的乡村教育思想及其实践》,《生活教育》2006 年第 12 期。

卓东榕:《在那"陶花"盛开的地方——从陶行知的教育思想看综合实践的教育功能》,《生活教育》2008 年第 8 期。

卓绿波:《创造值得自己崇拜的学生——学习陶行知教育思想的一点体会》,《师范教育》1985 年第 2 期。

子钵(尚仲衣):《陶知行先生的黄色烟幕弹》,天津《大公报》1935 年 1 月25 日。

子钵(尚仲衣):《陶知行主义是中国教育的出路吗——陶知行主义人口统制论的教育之批判》,天津《大公报》1934 年 10 月 29 日,11 月 12、19、26 日。

宗志文:《陶行知》,李新、孙思白主编:《民国人物传》第 1 卷,中华书局 1978 年 8 月版。

邹开煌:《课程改革需要陶行知生活教育理论——陶行知教育思想与基础课程改革理念比较分析》,《生活教育》2009 年第 8 期。

邹国华:《有感于陶行知"喂鸡"》,《江西教育》2001 年第 10 期。

邹韬奋:《令人兴奋的报告——记陶行知先生海外归来谈话》,《全民战线》第 31 号,1938 年 10 月 20 日。

邹荫章:《循着陶行知的道路前进》,《生活教育》第 6 卷第 6 期,1950 年 9 月。

邹远航:《伟大的人民教育家陶行知》,《中学历史教学参考》2000 年第 1 期。

祖德、伯英:《陶行知和"小先生制"》,《浙江教育》1981 年第 10 期。

曹常仁:《陶行知师范教育思想之研究》,台湾师范大学教育研究所 1997 年教育学博士学位论文。

陈启天:《新教学法》,《近代中国教育史》,台湾中华书局 1969 年版。

程本海:《行知先生与晓庄学校》,《中外杂志》,1977 年印。

程本海:《陶行知先生与我》,台湾《艺文志》第 152 期,1978 年 5 月号。

方与严:《新教育的发轫——晓庄学校回忆片断录》,《文汇报》1948 年 9 月 14 日。

何荣汉:《陶行知——一位基督徒教育家的再发现》,香港基督教文艺出版社 2004 年 6 月版。

怀远:《陶行知募捐如打仗》,《大公报》1948 年 10 月 4 日。

卢玮銮:《陶行知先生在香港》,《开卷》1980 年 8 月号。

李国祥:《陶行知的遗产走向世界》,《信报》1992 年 2 月 2 日。

吕秋慧:《陶行知社会教育思想之研究——其生活教育理论与实际》,台湾师范大学社会教育学系 1997 年教育学硕士学位论文。

简淮勤:《陶行知生活教育的理论与实际》,台湾政治大学历史学系历史研究所:《历史学报》1987 年第 5 期。

季旭东:《陶行知办教育二三事》,《大公报》2011 年 4 月 3 日。

江明洲:《民初陶行知、晏阳初教育理论与民间文学之关系研究》,花莲师范学院民间文学研究所 2003 年硕士学位论文。

克炎:《回忆育才学校——纪念陶行知校长》,《大公报》1949 年 7 月 25 日。

秦贤次:《陶行知传略》,刘绍唐主编:《民国人物小传》第 2 册,台湾传记文学出版社 1977 年 6 月版。

秦孝仪:《陶行知》,《中国现代史辞典——人物部分》,台湾近代中国出版社 1985 年版。

《陶知行・行知文献:手脑并用,生活教育倡导人》,龙文书店 1966 年版。

吴相湘:《中华平民教育促进会总会》,《晏阳初传——为全球乡村改造奋斗 60 年》,台北时报文化出版企业有限公司 1987 年版。

吴鼎:《南京晓庄的乡村教育实验》,《70 年来我国国民教育实验研究之演变》,台湾汉苑图书出版社 1985 年版。

吴俊升:《陶行知与杜威在中国的影响》,罗伯特・W. 克劳普顿、吴俊升、吕聪明合编:《杜威在华讲演录》,台北中国文化大学出版部 1985 年版。

许珮铃:《陶行知儿童教育观之研究》,台北市立教育大学国民教育研究所 2007 年教育学硕士学位论文。

周继文:《生活中心教育研究》,1952 年 6 月,台湾师范大学教育研究所硕士学位论文。

周邦道:《陶行知传略》,《近代教育先进传略初集》,中国文化大学出版部 1981 年版。

曾秀卿:《民初平民教育思想的发展与实践之研究——以晏阳初、陶行知、梁漱溟为例》,台湾师范大学社会教育学系 2004 年教育学博士学位论文。

郑世兴:《我国近代乡村教育与文化建设》,《教育发展与文化建设》,台湾幼狮文化事业公司 1978 年 12 月版。

张增泰:《陶行知二三事》,《大公报》1981 年 10 月 20 日。

(二)国外

[美]艾恺:《陶行知和晓庄实验乡村师范学校》,《最后一个儒家——梁漱溟与现代中国的困境》,加利福尼亚大学出版社 1979 年版。

[日]岸本辰三(牧泽伊平):《中华民国的新教育——世界新教育运动的动向》,《生活学校》创刊号,1935 年 1 月 1 日。

[英]爱务华·罗波夫:《育才播种民主》,《育才学校手册》英文版,重庆育才学校 1945 年印。

[日]阿部宗光:《陶行知》(词条),平冢益德主编:《世界教育事典》,行政出版社 1972 年第 1 版,1980 年增订版。

[日]阿部洋:《哥伦比亚大学留学时代的陶行知——资料调查》,斋藤秋男、土井石兴、本多公荣编:《教育领域的民族问题——日本与中国》,明石书店 1988 年版。

[日]阿部洋:《保尔·孟禄与中国的近代教育》,《外国教育资料》1990 年第 1 期。

[美]毕莱士:《纪念陶行知博士》,陶行知先生纪念委员会编印:《陶行知先生纪念集》,1946 年。

[美]包华德:《陶行知》,《民国名人传记辞典》第 3 册,哥伦比亚大学出版社 1970 年版。

[法]巴斯蒂:《折中式的借鉴》,选自《是奴役还是解放——记 1840 年以来外国教育实践及制度引入中国的进程》,见海霍和巴斯蒂主编:《中国的教育与工业化的世界——文化传递研究》英文版,1987 年版;《中外比较

教育史》中文版，上海人民出版社 1990 年版。

［日］北村胜朗：《解放前中国关于儿童解放的理论——陶行知的生活教育论》，《东北大学教养部纪要》第 46 卷，1988 年 12 月。

［比］波西凯：《陶行知属于全世界》，《行知研究》第 3 期，1991 年 9 月。

［比］波西凯：《陶行知教育思想对我的帮助》，《金陵陶研》1994 年第 4 期。

［美］巴雷·基南：《中华民国早期的教育改革与政治势力》，《亚洲研究杂志》第 33 卷，1974 年 2 月。

［美］巴雷·基南：《杜威实验在中国：民国早期的教育改革与政治势力》（专著），哈佛大学出版社 1977 年版。

［俄］鲍列夫斯卡娅：《如何评价陶行知对现代教育的贡献》，《行知研究》1992 年第 2 期。

［日］赤津益造：《陶行知先生》，《教育》1950 年 1 月号。

［美］陈鸿韬：《怀晓庄，念陶师》，《教育研究》1982 年第 8 期。

［日］长谷川丰：《以上海为中心的陶行知的工学团运动的探讨——着眼于教育的改造与普及》，《京都大学大学院教育学博士学位课程论文》，1991 年 10 月。

［日］村田孜郎：《抗日中国的背景——陶行知与国难教育社》，《日本评论》杂志临时增刊《抗日中国的解剖》，1937 年 8 月 10 日。

［日］大久保庄太郎：《近代支那的平民教育运动》，《东亚人文学报》第 2、3 期，1942 年。

［日］大川隆明：《杜威、陶行知、毛泽东——"书呆子"论的源流》，《中国研究》第 85 号，1977 年 9 月。

［美］傅里曼：《悼陶行知》，陶行知先生纪念委员会编印：《陶行知先生纪念集》，1946 年。

［美］费正清：《陶行知》，《美国与中国》，哈佛大学出版社 1978 年第 4 版。

［美］费正清：《陶行知》，《伟大的中国革命》，纽约哈珀—罗出版股份有限公司 1986 年版。

［日］国分一太郎：《中国的孩子——以其为主体的文化生活基础》，城户幡太郎、波多野完治、百田宗治编：《儿童文化》（上册），西村书店 1941 年

2月版。

[日]国分一太郎:《中国旧秩序下的儿童文化性格》,《新儿童文化》第2册,有光堂1944年5月版。

[日]国分一太郎:《评〈新中国教师之父——陶行知〉》,《教师之友》1952年1月号。

[日]沟口贞彦:《陶行知论争》,《东京大学教育学部纪要》第16卷,1977年。

[日]户塚廉:《从全体国民生活的实际需要出发》,《生活学校》创刊号,1935年1月1日。

[日]户塚廉:《陶行知送给孩子们的礼物》,《生活学校》1935年3月号。

[日]户塚廉:《世界的少年少女——中国的小先生》,《小笠的少年少女报》第4期,1955年4月25日。

[日]户塚廉:《生活学校》,《学校教育》第2卷《日本教育之遗产》,明治图书1957年版。

[日]户塚廉:《陶行知与连茶先生从战前已有了很亲密的关系》,《父母子女报》第121期,1960年1月10日。

[日]户塚廉:《由小先生运动的发祥地中国寄来了12本书》,《父母子女报》第123期,1960年1月20日。

[日]户塚廉:《陶行知先生的小先生运动——拼命地保护小孩子》,《父母子女报》第123期,1960年1月20日。

[日]户塚廉:《生活学校教育运动》,《教育》1963年7月号。

[日]户塚廉:《中国式很相似的连茶式》,《父母子女报》第265期,1964年1月10日。

[日]户塚廉:《教父母的小先生》,《父母子女报》第429期,1966年9月15日。

[日]户塚廉:《父母子女报运动宣言》,1972年4月5日油印件。

[日]户塚廉:《中国大学者的赠物——陶行知先生所著童话的新发现》,《父母子女报》第555期,1972年4月25日。

[日]户塚廉:《从南京晓庄师范来的友好书信》,《父母子女报》第812期,1982年5月15日。

[日]海后宗臣:《近代中国儿童的特点》,《近代中国文化读本》,光风馆

1944年5月版。

[日]海老原治善:《陶行知》,《昭和教育史概说》,三省堂1971年11月版。

[美]克伯屈:《我对晓庄之感想》,1929年10月15日,孙铭勋、戴自俺编:《晓庄批判》,上海儿童书局1933年版。

[美]孔斐力:《陶行知——一位教育改革家》,康桥,哈佛大学东亚研究中心:《中国论文》第13卷,1959年12月。

[日]留冈清男:《应用同样程度的关心来注视邻邦中国的动向》,《教育》1935年6月号。

[美]林顿:《朱宕潜〈发展中国家的教育模式〉序》,台湾台南高昌印刷公司1966年版。

[日]牧野伊平著、赵如珩译:《怎样看待小先生运动》,《青年教师》1939年5月号。

[日]牧野伊平:《中国的生活教育运动》,《训导生活》1940年2月号。

[日]牧野笃:《陶行知生活教育论的基本构造试论》,《教育论丛》第27号,1983年。

[日]牧野笃:《关于陶行知"工学团"运动中共同体论的考察》,《名古屋大学教育学部纪要》第30卷,1983年。

[日]牧野笃:《陶行知"工学团"的集团论》,《名古屋大学教育学部纪要》第32卷,1985年。

[日]牧野笃:《陶行知"生活教育"论小考》,《信州白桦》第59、60期,1984年9月。

[日]牧野笃:《陶行知"乡村师范"的集团论——记晓庄师范学校》,《名古屋大学教育学部社会教育研究室年报》第5卷,1985年。

[日]牧野笃:《我为什么要研究陶行知教育思想》,《行知研究》第20期,1986年12月。

[日]牧野笃:《抗日战争时期难童的漂泊与成长——孩子剧团的轨迹》,斋藤秋男、土井石兴、本多公荣编:《教育领域的民族问题——日本与中国》,明石书店1988年版。

[日]牧野笃:《陶行知教育思想的根基——金陵大学时期对王阳明思想的解释与吸收》,《教育学研究》第56卷第2号,1989年6月。

［日］牧野笃：《陶行知儿童少年时期的活动与教育》，《现代中国》第 63 号，1989 年 7 月 15 日。

［日］牧野笃：《陶行知与日本》，《中国研究月报》1989 年 10 月号。

［日］牧野笃：《关于陶行知在美国留学期间学习与生活的若干考察》，《教育史学会纪要》第 33 号，1990 年 10 月 27 日。

［日］牧野笃：《人的个性发展与陶行知教育思想》，《行知研究》1992 年第 2 期。

［日］牧野笃：《中国近代教育思想史研究——陶行知"生活教育"思想的产生与构成》，《名古屋大学教育学部研究科博士课程论文》，1984 年。

［加］玛戈·S. 格瓦茨：《社会现实与教育改革》，《现代中国》第 4 卷第 2 号，1978 年 4 月。

［德］内克曼：《陶行知——被中国重新认识的人民教育家》，《新中国》1981 年德文版，自由柏林广播电台 1981 年。

［美］佩梅拉·凯亭：《约翰·杜威与陶行知的哲学观与教育观》，中国"陶行知诞辰 100 周年纪念大会暨学术会议"论文，1991 年 10 月，《行知研究》1992 年第 2 期。

［日］桥川时雄：《陶行知》，《中国文化界人物总鉴》，中华法令编译馆 1940 年。

［日］青柳纯一：《国共内战期间的社会大学运动——有关重庆政协会议时期的陶行知、李公朴》，《中国研究月报》1989 年 2 月号。

［美］司徒雷登：《我所认识的陶行知》，陶行知先生纪念委员会编印：《陶行知先生纪念集》，1946 年。

［日］世良正浩：《在晓庄实验学校陶行知生活教育论的形成及其实验的研讨》，《东京大学教育学部纪要》第 19 卷，1980 年 2 月。

［日］世良正浩：《五四时期中国教育改造的课题》，《日本的教育史学》总 24 期，讲谈社 1981 年版。

［日］陶行知述、牧野伊平译：《中华民国的"小先生"普及教育运动》，《教育》1935 年 6 月号。

［日］《陶行知》，《亚洲人名事典》，创元社 1940 年 4 月版。

［日］《陶行知》，《外国人名事典》，平凡社 1954 年版。

［日］《陶行知》，《中国近代史研究指南》，《大安》1959 年 11 月号。

[日]陶行知述、斋藤秋男译:《乌鸦的故事》,《父母子女报》第 555、557 期,1972 年 4 月 25 日、5 月 15 日。

[英]陶露西·尼达姆:《育才学校》,《育才学校手册》英文版,重庆育才学校 1945 年印。

[美]唐纳德·E. 威尔莫特:《我所认识的陶行知教授(节选)》,《生活教育》2006 年第 9 期。

[加]文幼章:《悼念我的朋友陶行知博士》,陶行知先生纪念委员会编印:《陶行知先生纪念集》,1946 年。

[日]尾上兼英:《学者的政治运动》,《近代亚洲思想史:中国篇》,弘文堂 1960 年 12 月版。

[日]小野三郎:《中国的民众教育家》,《改造评论》1946 年 9 月号。

[日]小林文男:《亚洲接受杜威思想的问题》,砂泽喜代次编:《杜威教育思想之研究》,1957 年印。

[日]小林善文:《平民教育运动小史》,《五四运动的研究》第 3 函(京大人文共同研究报告),同朋社 1985 年版。

[日]新岛淳良:《中国教育之现状和课题》,《中国研究所研究资料》,1958 年。

[美]贤明大将军:《哀念陶行知博士》,陶行知先生纪念委员会编印:《陶行知先生纪念集》,1946 年。

[日]新岛淳良:《陶行知》(词条),《世界大百科事典》,平凡社 1975 年版。

[日]西田洁:《坚持"生活即教育"的方向》,《高校教育》1984 年 7 月号。

[日]小林善文:《陶行知和山海工学团》,多贺秋五朗编:《现代亚洲教育史研究》,不昧堂 1983 年版。

[美]休伯特·布朗:《中国教育中的美国进步主义——陶行知个案》,海霍和巴斯蒂主编:《中国的教育与工业化的世界——文化传递研究》英文版,1987 年;《中外比较教育史》中文版,上海人民出版社 1990 年版。

[美]休伯特·布朗:《陶行知——民国时期的进步教育家》,《传记》第 13 卷,1990 年。

[美]姚昀记:《教育救国——陶行知的教育激进主义》,明尼苏达大学 1999 年教育学博士学位论文。

[美]余英时:《陶行知》,《中国近代思想史上的胡适》,台北联经出版事业公司 1984 年版。

[日]中保与作:《抗日人民战线派的背后——陶行知与国难教育社》,《日本评论》杂志临时增刊《抗日中国的解剖》,1937 年 8 月 10 日。

[美]詹生:《纪念陶先生》,1946 年,陶行知先生纪念委员会编印:《陶行知先生纪念集》。

[美]赵冕:《为了民主中国的教育》,哥伦比亚大学师范学院 1946 年教育学博士学位论文。

[美]朱宕潜:《陶行知与中国教育》,哥伦比亚大学师范学院 1953 年教育学博士学位论文。

[日]斋藤秋男:《重庆社会大学的设想》,《新中国》1947 年 3 月号。

[日]斋藤秋男:《陶行知——中国的政治抒情诗人》,《东洋文化》1954 年 1 月号。

[日]斋藤秋男:《从武训问题到陶行知的批判》,《教师之友》1954 年 4 月号。

[日]斋藤秋男:《反动势力支配下之中国知识分子先驱——陶行知从改良到革命的转变》,《思想》1954 年 12 月号。

[日]斋藤秋男:《陶行知——中国教育史上人物的研究》,《教育研究》1956 年 3 月号。

[日]斋藤秋男:《陶行知》,教育史研究会编:《教育史研究》第 3 卷,东洋出版社 1958 年 3 月版。

[日]斋藤秋男:《方明先生和上海教师运动》,《教师之友》1958 年 3 月号。

[日]斋藤秋男:《民族统一战线时期之"生活教育"论战》,《中国近代思想史研究会会刊》第 4 号,1960 年 1 月。

[日]斋藤秋男、新岛淳良:《陶行知》,《中国现代教育史》,国土社 1962 年版。

[日]斋藤秋男:《山海工学团与生活学校》,《中国教育研究会会报》第 3 卷,1962 年 9 月。

[日]斋藤秋男:《牧泽伊平与户塚廉》,《朝日新闻》1972 年 7 月 21 日。

[日]斋藤秋男、市川博:《陶行知》,《中国教育史》,讲谈社 1975 年版。

[日]斋藤秋男:《日本对陶行知的研究与介绍》,《中国研究月报》1980年2月号。

[日]斋藤秋男:《皖南纵断纪行——陶行知故里访问记》,《龙溪》1980年3、4月合刊号。

[日]斋藤秋男:《重庆——"民主派"陶行知战斗过的地方》,《东方》第11号,1980年4月。

[日]斋藤秋男:《陶行知实地研究之一:南京北郊晓庄师范访问记;实地研究之二:上海宝山县陶行知教育事业的考察》,《专修大学人文科学研究所月报》第72号,1980年6月。

[日]斋藤秋男:《中国革命与儿童的发现》,《现代教育科学》,明治图书出版1980年12月版。

[日]斋藤秋男:《中国革命与生活教育运动》,《社会科学年报》第15号,1981年3月。

[日]斋藤秋男:《〈救国时报〉与陶行知、邹韬奋》,《中国研究月报》1980年7月号。

[日]斋藤秋男:《怀念先驱者——鲁迅、陶行知》,《文汇报》1981年9月25日。

[日]斋藤秋男:《陶行知——中国革命与儿童的发现》,阿部洋编:《现代生活教育学说》第8卷,1981年10月。

[日]斋藤秋男:《到陶行知那儿去访问》,《专修人文论集》第29号,1982年7月。

[日]斋藤秋男:《陶行知研究文献目录(1979—1981)》,《近邻》第4号,1983年8月。

[日]斋藤秋男:《陶行知、晏阳初与"平民教育运动"》,《东亚》,霞山会1984年4月号。

[日]斋藤秋男:《旧地重游》,《专修大学人文科学研究所月报》第92号,1984年4月。

[日]斋藤秋男:《陶行知是属于全世界的》,《行知研究》1984年9月号。

[日]斋藤秋男:《"陶行知年谱"考》,《专修商学论集》第38号,1984年10月。

[日]斋藤秋男:《文献介绍:〈陶行知全集〉(全6卷)》,《中国研究月报》

1985年3月号。

[日]斋藤秋男:《安徽—浙江纪行》,《专修大学人文科学研究所月报》第103、104合刊号,1985年5月。

[日]斋藤秋男:《陶行知、晏阳初与教育运动的曲折——留美归国者的社会活动》,阿部洋编:《美中教育交流的轨迹》,霞山会1985年12月版。

[日]斋藤秋男:《关于〈陶行知全集〉完结以及朱泽甫编著〈陶行知年谱〉的若干问题——"陶行知年谱"考续》,《专修商学论集》第42号,1986年9月。

[日]斋藤秋男:《苏北淮安纪行》,《专修大学人文科学研究所月报》第108合刊号,1986年2月。

[日]斋藤秋男:《40年代解放区与"生活教育"——〈中国革命与"生活教育"运动〉续》,《专修大学人文科学研究所月报》第282合刊号,1987年1月。

[日]斋藤秋男:《大众诗人陶行知的生与死——兼对旧著〈陶行知评传〉的补充》,《专修大学人文科学论集》第39号,1987年2月。

[日]斋藤秋男:《陶行知和他的三个战友——陈鹤琴、董纯才、张文郁》,《专修大学人文科学研究所月报》第38号,1991年2月25日。

[日]斋藤秋男:《陶行知的学生——刘季平(及续文)》,《近邻》第12、13号,1987年11月、1988年5月。

[日]斋藤秋男:《民主派知识分子与国民党》,《现代中国》第2卷,大修馆书店1969年版。

[日]植田享:《关于陶行知教育思想的考察——以育才学校为中心》,大阪教育大学教育学研究室编:《教育学论集》第18卷,1987年3月。